"博学而笃志，切问而近思。"
（《论语》）

博晓古今，可立一家之说；
学贯中西，或成经国之才。

复旦博学·复旦博学·复旦博学·复旦博学·复旦博学·复旦博学·复旦博学

内容提要

本书是大学人力资源管理、劳动经济与劳动关系、社会保障等专业的基础课教材，是作者根据国际通用的人力资源管理理论分析框架，紧扣中国企业发展的最新及优秀实践，在多年的讲课积累和企业管理咨询实践的基础上编写而成的。

首先，本书第三版反映了人力资源管理面临的新问题、新挑战与新趋势，融入了最新的理论研究成果、中国企业的优秀实践案例，以及最前沿的人力资源管理工具和方法，同时删减了一些不符合时代的内容，以求做到与时俱进，确保学生吸收的观点、掌握的知识和方法能够迎接新的管理挑战；其次，在原有结构基础上新增员工关系、大数据与人力资源管理两个章节，使全书结构更系统完善、贴近实践前沿；再次，邀请多位学界、企业界人力资源领域的专家参与访谈，形成了包含30个视频的"HR之我见"栏目，并将其融入全书各章，使教材更加动态、鲜活、丰富和有趣；最后，严谨性是一本教材的生命线，本书第三版进一步规范了各章节的参考文献，并提升了资料引用的权威性。

作为"复旦博学·21世纪人力资源管理丛书"之一，本书适合大学人力资源管理专业及相关经济管理专业师生作为教材使用，也可作为企业人力资源主管的参考书。

丛书编辑委员会

主　任　曾湘泉
委　员（按姓氏笔画排序）
文跃然　孙健敏　刘子馨　刘尔铎　萧鸣政
苏荣刚　郑功成　徐惠平　彭剑锋

总策划

文跃然　苏荣刚

参与编写人员

第一版：
朱兴东　罗　军　叶　华　荆小娟
徐继军　欧阳袖　陈　莹　吴雯芳

第二版：
夏　光　孟泽元　王黎广　胡淑珍
刘　坚　杜贺敏　薛冬霞　童汝根

第三版：
西　楠　甘罗娜　曹　毅　彭雄良
李梦抒　刘凤麟　白馨宇　李　昶
刘满楸　冯丽萍

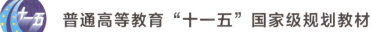
普通高等教育"十一五"国家级规划教材

复旦博学
21世纪人力资源管理丛书

人力资源管理概论

（第三版）

彭剑锋　主编

本丛书荣获
第六届高等教育
国家级教学成果奖

复旦大学出版社

主编简介

彭剑锋，中国人民大学教授、博士生导师，华夏基石管理咨询集团董事长，中国人力资源开发研究会常务副会长兼企业人才分会会长，中国企业联合会管理咨询委员会副主任，长期从事人力资源管理教学、科研、管理与咨询，是我国人力资源管理专业创始人之一，也是我国管理咨询业的开拓者之一，曾任中国人民大学劳动人事学院副院长。

彭剑锋教授长期深入企业，为企业提供咨询服务，先后被深圳华为公司、美的公司、山东六和集团、新奥集团等企业聘为高级管理顾问、专家组组长。他所领导的专家团队为数十家著名企业提供过咨询，《华为基本法》《华侨城宪章》《TCL 以速度抗击规模》《新奥企业纲领》《三星（中国）文化》《山东六和集团微利经营与服务营销》《白沙集团人力资源三大机制六大体系》《美的第三条道路》《联想文化研究》《京东文化整合》等均出自其所领导的管理咨询团队之手。曾荣获第二届中国人力资源管理大奖"十佳人物"，被中国企业联合会管理咨询委员会评为"十大值得尊敬的管理咨询专家"。

如何学习这本书？

01 本章要点：通过问题导向的形式，让学生快速浏览该章应了解和掌握的关键内容。

02 导读案例：将本章的内容和实际工作中的问题相联系，启发学生从人力资源管理的角度探寻问题的根源，鼓励学生带着问题去阅读本章内容。

03 学习资料：针对章节中重要的内容进行拓展延伸或详细说明，例如，深入探讨前沿观点、进一步辨析关键概念、详细介绍方法和工具。

04 即时案例：紧扣章节中重要知识点的案例，强化学生对知识点的掌握，加深学生对知识点的理解。案例的选取反映了实践领域的最新举措，因而也具有即时性。

05 讨论案例：学完整章内容后，通过对一个最优实践案例进行综合解读，让学生对章节内容进行系统梳理。讨论案例配有思考题，学生需要综合章节所学来解决问题，有利于学生迁移与应用知识。当然题目不设标准答案，鼓励学生进行批判性思考。

06 HR之我见：由30个人力资源管理资深从业者访谈视频及文本构成，包括被访者的职业发展历程，贴近人力资源实践前沿的观点，以及对希望从事HR的学生的建议。增强学生对HR工作的体验感，鼓励学生批判性思考理论与实践的异同。

07 本章思考题：针对每章核心概念和理论提出一系列问题，用于回顾和检验对关键知识点的掌握程度。

08 阅读提示：提供与本章主要内容相关的经典书目和论文，鼓励学生阅读经典、回归原文。特别适合有志从事学术研究的同学。

"HR之我见"栏目简介

笔者兴奋地向读者介绍新增的一个栏目——"HR之我见"。这个栏目由30个人力资源管理资深从业者访谈视频及文本构成,分布在教材的各个章节,通过资深从业者现身说法,化抽象为具象,让学生体验HR如何为企业创造价值,激发同学的专业学习兴趣与热情。

"HR之我见"研究的设计

"HR之我见"的核心研究问题是:资深从业者眼中的人力资源管理理念变化与前沿实践是什么?研究采用理论抽样的思路,选取最有代表性的样本,共采访28人,达到理论饱和。本次访谈的人力资源管理资深从业者中男性占比64%,访谈对象的男女比例较为均衡。涉及的职业类型有:人力资源管理者(39%)、企业管理者(32%)、人力资源服务业(咨询、外包、行业协会)从业者(18%)、人力资源研究者(11%),所访谈的企业和人力资源管理者基本都负责人力资源全模块,甚至整个企业管理,这有利于读者从访谈中了解企业人力资源管理的系统全局。从业者所在行业涉及:互联网和相关服务业、房地产业、商务服务业、化学原料和化学制品制造业、电气机械和器材制造业、科学研究和技术服务业、卫生行业、教育行业、娱乐业、保险业等。各种行业、各类企业的从业者为读者感知人力资源管理提供了差异化的视角。

"HR之我见"研究的意义

首先,理论与实践互补。访谈视频中的实践观点与教材中的理论观点形成有效互补,让同学们探索和反思实践与理论的异同。

其次,系统思考。访谈有的综合了HR全局,有的涉及多个专业职能模块,目的是培养学生打破HR按专业职能划分的思维,从战略的角度对HR进行系统思考。

最后,兼听则明。不同从业者的观点可能不尽相同,有时甚至是矛盾和对立的,这就需要同学们结合自身实际情况,对不同的观点进行辩证性的学习与反思。

第三版前言

一本教科书是否成熟并得到读者认可,一个重要的指标就是它能否不断重印和再版。《人力资源管理概论》自 2003 年面世以来,承蒙读者的厚爱,15 年间累计重印了近三十次,但由于本人的懈怠,时隔 8 年修订第二版,又隔 7 年才修订第三版。相比西方长销教材 2 年左右修订一个版本,本书迭代的周期略显漫长,以至于不能及时纠正前一版本的错误和疏漏,并与时俱进地充实新观点和内容,以满足广大读者的需求,这是有愧于读者的。

过去七年是中国的经济社会及企业巨变的时期:经济方面,2010 年中国 GDP 超过日本成为全球第二大经济体,2017 年中国 GDP 已经是日本 GDP 的三倍之多。2012 年中国 GDP 增速"破八",此后中国经济进入新常态,中国开启战略性调整并通过深化供给侧改革加快转变发展方式。社会方面,中国社会主要矛盾从人民日益增长的物质文化需要同落后的社会生产之间的矛盾,转化为人民日益增长的美好生活需要和不平衡不充分的发展之间的矛盾。企业方面,中国公司的体量发生了巨大的变化,在世界五百强的名单中,中国公司的数量从 2011 年的 69 家增加到 2018 年的 120 家,仅次于美国。改革开放四十年以来,中国也产生了一批像华为、美的、海尔、联想、苏宁、腾讯这样的世界级民营企业,中国企业的人力资源管理实践也已初具特色并产生了一些原创性的实践成果。中国企业人力资源管理的变革挑战、转型升级、经验积累与实践创新,既是本书第三版撰写的压力和动力,也为第三版的修订提供了壮阔的背景、丰富的素材和创新的成果。

核心变化

在对第二版进行修订时,笔者深感可修改、可充实、可打磨的地方真是太多了,有时还有调整全书理论基础并将全书框架推倒重构的冲动,但冷静下来想,作为一本教科书应保持其基础理论和结构的相对稳定性,不能变动太大,以免给长期采用这本教科书的教师和学生带来不便,给读者带来困惑。因此,第三版定的撰写原则是:尽量继承前两版的理论基础,不打破第二版的结构,将修改的重心放在订正第二版的错误和疏漏,反映人力资源管理的最新前沿理论研究成果,充实国际、国内领先企业的人力资源管理最优实践成果,补充自己这七年人力资源管理教学与咨询实践的最新研究心得与成果,根据新生代本科生学习兴趣与阅读习惯,通过数字化技术提升教材内容的延展性、动态性和趣味性。

与第二版相比，第三版的核心变化是：首先，新版教材反映了人力资源管理面临的新问题、新挑战与新趋势，融入了最新的理论研究成果、最新中国企业优秀实践案例，以及最新的人力资源管理工具方法，同时删减了一些不符合时代的内容，以求做到与时俱进，确保学生吸收的观点、掌握的知识和方法能够迎接新的管理挑战；其次，在原有结构的基础上新增员工关系、大数据与人力资源管理两个章节，让全书结构更系统完善、更贴近实践前沿；再次，将包含 30 个视频的"HR 之我见"栏目融合进全书各章，让教材更加动态、鲜活、延展和有趣；最后，严谨性是一个教材的生命线，新版教材进一步规范了各章节的参考文献，并提升了资料引用的权威性。

逐章新变化

第一章，人力资源管理与企业核心能力。本章增加人力资源管理机构设置——HR 三支柱模式；修订了基于资源基础观的人力资源管理模型；更新了人力资源管理的角色模型、胜任力模型和发展阶段的观点；增加战略人力资源管理的哈佛模型；搜集了中外学者有关人力资源管理与组织绩效元分析的结论，将其作为人力资源管理提升组织核心能力的佐证；结合品质发展时代的背景，重新撰写了人力资源管理面临的十大问题，并提出了新的十大趋势。

第二章，人力资源管理的系统设计与构建。对本书的人力资源管理系统模型进行修订；修订人力资源系统设计的价值取向——人性的基本假设，补充其他人性假设及相关理论；增加人力资源管理系统设计的理论基础，包括资源基础观和知识基础观；修订人与组织的矛盾及新变化；增加"组织发展与组织系统研究"部分，包括组织发展现状、组织系统、工作系统，在组织系统部分增加网络式组织和平台式组织结构，在工作系统部分增加战略人力资源管理的密歇根模型；修改人力资源价值链管理模式，把价值发现部分融进价值创造。

第三章，人力资源战略规划。新增人才盘点一节内容，修订人力资源战略规划的八大内容。

第四章，人力资源管理的基础——职位管理。在原有的以职位分析与职位评价为核心的职位体系基础上，增加职位筹划的内容，从而形成一个闭环的职位管理体系；对职位分析和职位评价的定义进行修订；职位分析部分增添职位说明书案例；对 PAQ 的介绍增加了计分标准、填写过程等内容。

第五章，人力资源管理的基础——胜任力模型。增加对胜任力词典的介绍，增加华为战略领导力模型案例。

第六章，人力资源的获取与再配置。修订了人力资源获取的系统模型与操作流程，增加招聘的利润-成本分析；增加社交招聘、AI 智能招聘、内部推荐等新型招聘形式以及招聘的替代方法；增加雇主的品牌效应；增加招聘中的社会伦理道德；修订人力资源再配置途径，增加了通过内部创业实现人才再配置这一新举措。

第七章，企业绩效管理体系。更新了绩效管理的十大困惑；在绩效管理体系构建的基本思路和方法部分，对平衡计分卡（BSC）、经济增加值（EVA）、360度周边绩效考核等方法进行了修订，新增了基于目标与关键成果（OKR）的绩效管理体系。

第八章，薪酬设计及管理。对全面薪酬进行了补充，增加美世3P薪酬方法论案例，在高管薪酬部分增加股权激励模型和事业合伙制。

第九章，人力资源培训与开发系统。增加了人力资源培训与开发系统模型；新增教练技术、企业大学等两节内容，反映人力资源培训与开发领域的最新进展。

第十章，员工关系管理。员工关系部分在前两版中仅在人力资源管理系统模型中做简要介绍，没有与之对应的章节进行详细介绍，本次修订新增了这一章节，弥补了这个遗憾。本章在传统的员工关系体系中增加了员工幸福感、纪律管理等方面的内容。

第十一章，企业人力资源外包。本章从广义的人力资源外包出发，重构了章节框架；新增人力资源外包的发展趋势，体现人力资源外包的新变化。

第十二章，大数据与人力资源管理。为适应数字化时代对人力资源管理的新要求，本次修订新增了这一章节，构建了大数据人力资源管理的章节框架，对大数据人力资源管理的定义、特点、应用等方面进行了全面、系统的梳理和介绍。

理念与方法论

第三版修订过程始终严格遵循二十条人力资源管理的基本理念与方法论，这也是三十多年来笔者在教学、研究、咨询实践中所倡导，以及在企业进行实践探索的过程中所提出的人力资源管理理念与方法论，具体如下：

（1）企业经营的本质是经营客户，经营人才，但经营客户最终还是经营人。人才经营三大核心内容是经营知识、经营能力与经营心理资本。人才经营的核心任务是要通过知识管理构建有效的知识共享、应用、转换、创新平台，去放大组织的人力资源价值与效能；通过打造人才供应链与能力发展系统，支撑战略目标的实现与业务的增长；通过有效的心理资本管理体系，提升人才的工作场景体验与幸福指数，进而提升人才对组织的认同感与忠诚感。

（2）人力资源管理不仅仅是人力资源部门的事情，而是全体管理者的责任，人力资源第一责任人是CEO，是各级管理者。每一位管理者都要承担两大绩效责任，一是率领团队完成目标任务绩效，二是维系团队实现人才发展绩效。企业的首席人才官要跳出专业职能层面，像企业家一样去思考人的问题，要对未来趋势有洞见力、对客户需求有洞察力、对人才需求有洞悉力。

（3）人力资本的投资优于财务资本的投资，人才要优先投、舍得投、连续投。最贵的人才，只要有效使用，就是最便宜的人才；最便宜的人才，如果得不到有效使用，就是最贵的人才。有多大人才投入，才会有多大产出，试图用三流的待遇去获取一流人才，还希望其做出一流贡献，无异于白日做梦。唯有一流待遇，才能吸纳一流人才，让其做出一流贡献。

（4）战略确定后，干部就是决定因素。企业家的自我超越与干部队伍建设是战略性人力资源管理的核心。企业家的领导力是企业成长的"天花板"。如果企业家不能自我批判、自我超越，企业的成长就会受制于企业家自己而"封顶"了。干部队伍建设三要素是使命、责任、能力，即赋予干部持续的使命激情、构建干部勇于担当责任的机制、打造有效的领导力发展系统。

（5）以人为本，不是简单以人性为本，而是要以用为本。只追求拥有人才，而不提供人才有效使用的机会和舞台，是对人才最大的不尊重，也是对人才最大的浪费。合适即人才，有用即价值，有为才有位，不求人才最高端，但求人才最合适。

（6）人无完人，优点突出的人，往往缺点也是突出的，残缺本是一种美；用人不求全责备，要包容有缺点的人。从来没犯过错误的干部不是好干部，只有包容才能海纳百川，集聚各类英才于麾下。要激活高智商的人才，用人就要有"灰度"思维，老板有时要"装傻"，对其小毛病、小缺点要视而不见，"水至清则无鱼，人至察则无徒"。

（7）经营管理要善于发现短板，及时补短板，而人的管理则要善于发现"优势"，不急于补短板。没有完美的个人，只有互补性的完美团队。短板不是自补，而是互补。要扬长避短，而不是取长补短。保留你的缺陷，发掘自身优势并欣赏别人的优势，与志同道合的人形成优势（个性、能力）互补的团队，进而发挥团队结构和聚变的力量。

（8）人是企业最大资产，也是最大风险。人的道德风险最难控制。道德风险控制除了流程、制度、信息对称，更需靠文化的自我约束与自我控制力。人的发展的最大敌人是自己，自己最大的敌人是习惯性的思维方式与行为方式，组织最难、最深层次的变革是文化习性的变革。人的最高层次的需求不是自我实现，而是自我超越，追求心灵成长。

（9）文化管理是人力资源管理的最高境界。文化能减少内部交易成本，实现人才自我驱动、自我管理，使人的管理变得简单有效。文化使人做事有底线，对规律有敬畏感，做人做事有良知、有羞耻感。

（10）自然法则永远大于人为法则，人力资源管理的根本目的不是管控，而是激活和价值创造，要让每一个人都成为价值创造者并有价值地工作。对知识型人才的授权、激活和赋能，远比管控更重要。

（11）人才竞争本质上是机制与制度的竞争，是人力资源管理体系的竞争。人力资源管理体系包括四大支柱、四大机制、十大职能，其核心是绩效与薪酬。要以问题为导向，基于战略，渐进式、系统性推进人力资源体系的构建。

（12）人力资源管理的核心是人力资源价值链管理，即形成全力创造价值、科学评价价值、合理分配价值的管理循环体系。人力资源管理机制设计的核心是形成责、权、利、能四位一体的管理机制。

（13）要从人才所有权思维转为人才使用权思维。不求人才为我所有，但求人才为我所用。要打造开放、跨界、融合的数字化人才管理平台，整合全球人才。

（14）"树挪死、人挪活"，人才内外适度流动和动态配置产生新价值。人才不能放任懈怠，激活就是价值。人才要以奋斗者为本，要适度竞争淘汰，对没有能力和贡献的人要无情淘汰、有情退出。

（15）学习是人才成长与发展的永恒主题。学习有三种心态：谦虚地学、批判地学、创新地学。要与正能量的人为伍，与高手过招，学会尊重对手，永怀空杯心态。

（16）人力资源管理既是一门科学又是一门艺术，是科学与艺术的融合，它需要专业工具与方法，更需要洞悉人性，有阅人的充足智慧与丰富经验。人力资源管理者要成为价值创造者，要致力于贡献三大核心价值：战略支撑价值、业务增长价值、员工发展价值。

（17）以人为本，就是要尊重人性，让人有尊严、有成就感地工作和生活。信任对人才是最大的压力和动力，信任与承诺是正确处理人与组织关系的基本前提。

（18）沟通是人力资源管理的生命线，没有沟通就没有管理。企业内部的人际矛盾，70%来自误解，而误解的产生根源于沟通不畅。

（19）人才是客户，客户是人才，粉丝也是人力资本。要洞悉人性与人才需求，构建客户化、流程化的人力资源产品服务平台，让人力资源产品与服务具有产品属性、客户属性。

（20）企业要致力于构建三个共同体：利益共同体、事业共同体、命运共同体。利益共同体是基础，事业共同体是根本，命运共同体是目标。光讲使命与事业，不谈利益分配，是将人才当傻瓜、对人才要流氓，骗不长；只谈利益，不讲文化，没有使命激情，充其量是雇佣军，走不远。事业合伙制将成为正确处理货币资本与人力资本矛盾关系的核心制度安排。华夏基石事业合伙制的三十二字方针是：志同道合，利他取势；共担共创，增量分享；相互赋能，自动协同；价值核算，动态进退。

致谢

参加第三版编写的人员有：西楠、甘罗娜、曹毅、彭雄良、李梦抒、刘凤麟、白馨宇、李昶、刘满楸、冯丽萍等。他们在梳理中外文文献、提炼案例、推敲观点、创新呈现形式等过程中，投入了大量的时间和精力，贡献了诸多创造性的想法。其中中国人民大学劳动人事学院的西楠博士，实质上担当了第三版修改的副主编职责，参与了全书的修改组织与统稿工作。第三版修订还要感谢几位审稿人的智慧贡献，他们是中国人民大学劳动人事学院的孙健敏教授、文跃然教授、徐世勇教授、骆南峰副教授，首都经济贸易大学劳动经济学院的徐芳教授、徐斌教授、杨旭华副教授、苗仁涛副教授，山西财经大学工商管理学院的孙利虎副教授，他们结合多年的研究教学经验对书中没有考虑周全的问题进行了雅正。华夏基石管理咨询集团的张小峰团队、宋劲松团队为教材提供了咨询实践过程中沉淀和总结的宝贵资料。另外，第三版修订得到了复旦大学出版社的大力支持和帮助，在此一并致谢。

尽管再版时想尽量做得完美一些，但当第三版将要付梓印刷时，还是发现许多瑕疵与问题。也许缺陷也是一种美，它为第四版的修订预留了空间，驱动我们不断去探索和完善。为此,我还是用第一版前言的结语作为第三版前言的结语:这本教科书的价值如何,最终还是需要读者来评判。作为一种尝试和探索,本书值得探讨的问题和需要改进的地方很多,但我想,只要我们坚持科学的探索精神,就一定能研究开发出具有国际视野又根植于中国本土企业的人力资源技术和方法。我相信只要我们持续努力去做,这一愿望总有一天会实现。

中国人民大学
劳动人事学院
彭剑锋
2018 年 10 月

目 录

- 001　第三版前言

001　第一章　人力资源管理与企业核心能力

- 003　第一节　人力资源与人力资源管理
- 009　第二节　企业的核心能力与人力资源
- 017　第三节　战略人力资源管理：打造企业核心能力
- 029　第四节　人力资源管理的角色、职责分担和胜任力模型
- 039　第五节　人力资源管理组织架构
- 050　第六节　人力资源管理的历史、现状与未来
- 073　讨论案例
- 076　本章思考题
- 077　本章阅读推荐

079　第二章　人力资源管理的系统设计与构建

- 081　第一节　人力资源管理系统设计的依据
- 092　第二节　人力资源管理系统构建的基点——组织与人
- 109　第三节　战略性人力资源管理系统的"10+1"职能模块
- 114　第四节　人力资源管理系统运行机理
- 119　讨论案例
- 121　本章思考题
- 121　本章阅读推荐

123　第三章　人力资源战略规划

- 125　第一节　人力资源战略规划的含义、功能与内容
- 136　第二节　人才盘点

143	第三节	人力资源战略规划模型
146	第四节	人力资源战略规划的程序
153	第五节	人力资源战略规划的方法
159	讨论案例	
161	本章思考题	
161	本章阅读推荐	

163　第四章　人力资源管理的基础——职位管理

165	第一节	职位管理
168	第二节	职位筹划
175	第三节	职位分析
202	第四节	职位评价
229	讨论案例	
230	本章思考题	
231	本章阅读推荐	

233　第五章　人力资源管理的基础——胜任力模型

235	第一节	胜任力与胜任力模型
253	第二节	胜任力模型建立的流程、技术与方法
263	第三节	胜任力模型的应用
272	讨论案例	
274	本章思考题	
274	本章阅读推荐	

275　第六章　人力资源的获取与再配置

277	第一节	人力资源的获取
297	第二节	人员甄选技术
315	第三节	人力资源再配置
332	第四节	跨文化的人力资源获取与配置
337	讨论案例	
340	本章思考题	
340	本章阅读推荐	

341　第七章　企业绩效管理体系

- 343　第一节　绩效与绩效管理的概念
- 356　第二节　绩效管理循环
- 363　第三节　绩效管理体系
- 402　讨论案例
- 403　本章思考题
- 403　本章阅读推荐

405　第八章　薪酬设计及管理

- 407　第一节　薪酬的概念及基本原理
- 425　第二节　薪酬理念与薪酬策略
- 428　第三节　薪酬设计体系的内容
- 453　第四节　高管薪酬
- 467　第五节　薪酬设计与管理中的两个重要问题
- 475　讨论案例
- 478　本章思考题
- 479　本章阅读推荐

481　第九章　人力资源培训与开发系统

- 483　第一节　人力资源培训与开发概述
- 489　第二节　企业培训与开发系统的构建与管理
- 505　第三节　培训效果评估
- 507　第四节　培训开发技术与方法
- 513　第五节　教练技术
- 518　第六节　管理人员的培训与开发
- 527　讨论案例
- 530　本章思考题
- 531　本章阅读推荐

533　第十章　员工关系管理

- 535　第一节　员工关系管理概述
- 546　第二节　员工关系的确立与终止
- 550　第三节　员工关系的处理

589	第四节　员工关系管理评价
593	讨论案例
594	本章思考题
595	本章阅读推荐

597　第十一章　企业人力资源外包

599	第一节　人力资源外包概述
604	第二节　人力资源外包的步骤
608	第三节　人力资源外包的发展趋势
612	讨论案例
614	本章思考题
615	本章阅读推荐

617　第十二章　大数据与人力资源管理

619	第一节　大数据概述
631	第二节　大数据人力资源管理
639	第三节　大数据在人力资源管理中的应用
643	讨论案例
643	本章思考题
644	本章阅读推荐

第一章 人力资源管理与企业核心能力

【本章要点】
通过对本章内容的学习,应了解和掌握如下问题:
- 什么是人力资源?人力资源具有哪些特征?
- 什么是人力资源管理?不同学者对人力资源管理的看法存在着什么样的差异?
- 什么是战略人力资源管理?如何从不同角度界定战略人力资源管理?
- 什么是企业的核心能力与核心竞争力?
- 企业核心竞争力的来源是什么?
- 人力资源管理是如何形成和维持企业的核心能力的?
- 人力资源管理者在现代企业中扮演着什么样的角色?
- 企业各层各类人员如何实现人力资源管理的责任分担?人力资源部主要承担什么样的职责?
- 作为一个优秀的人力资源管理者,应该具备哪些素质?
- 关于人力资源管理的发展历程主要有哪几种观点?
- 中国企业人力资源管理主要面临着哪些挑战?在品质发展时代人力资源管理的主要发展趋势有哪些?

【导读案例】

人力资源管理与企业核心能力

1. S集团：滞后的人力资源管理制约企业发展

S集团是中国医药行业的龙头企业之一，拥有原料药、成药、创新药、大健康等业务板块，主要从事医药及相关产品的开发、生产和销售。

随着S集团的快速发展，人员规模极速扩增，企业整体出现了"业绩先行，管理滞后"的问题。特别是人力资源管理发展的速度滞后于业务发展的速度，不能有效地支撑公司战略目标的实现。首先，S集团总部人力资源管理职能薄弱，人力资源政策制定与研究能力不强，使得人力资源管理停留在经验化层面，缺少系统性的思维与解决方案。其次，S集团人力资源管理政策难以跟随集团战略的变化和业务的发展进行及时调整。例如，2016年S集团实现利润增长35.4%，增长情况居国内制药企业前列，但是薪酬水平的变化不大，薪酬体系并没有随着业务的发展做到与时俱进，使得企业中的人才得不到有效的激励。

那么，S集团的人力资源管理出现了哪些问题？这些问题的根源在哪里？

2. A集团：人心不稳，则大业不固

A集团经过20多年的发展，已经成为国内体育用品的领跑品牌、中国体育事业发展的支持者、中国体育用品转型的领导者。A集团2017年的业绩创造了历史最佳，突破了160亿元人民币，在国内已经进入了"无人区"。

随着国际品牌在中国市场的品牌下沉、国内品牌的紧追不舍，A集团所在行业出现了激烈的人才争夺，A集团在国内品牌中的领先性也带来了跟随者的恶性挖角，人才队伍开始出现不稳定。在A集团多品牌战略背景下，人才的多层次、多元化带来了人才供应难度的增加。公司原有企业文化与战略要求之间已经难以匹配。

那么，A集团的人力资源管理出现了哪些问题？这些问题的根源在哪里？

3. K公司：战略脱节，HR无法帮助公司获取竞争优势

K公司是北京一家著名的高科技企业。该公司主要从事网络技术方面的软件开发，其市场主要面向中国北方和沿海城市的企业客户。随着公司的发展壮大，公司开始考虑管理规范化的问题，并聘请咨询顾问为企业建立起了包括招聘录用、培训开发、绩效考核和薪酬管理等在内的一套人力资源管理制度。

但当整个人力资源管理制度体系建立起来之后，他们发现这一套人力资源管理制度在实际的运行过程中仍然存在很多问题。K公司是一家高科技企业，其面对的软件市场的竞争要点在于对市场的反应速度和软件的质量，但公司在设计人力资源管理系统时没有充分考虑其市场特点和战略要求，结果导致人力资源管理制度主要从成本控制的角度来进行安排，无法与企业的战略和行业的特点相匹配，无法帮助公司在激烈的市场竞争中获得竞争优势。因而，人力资源管理的规范化和制度化无法得以有效地推行。

那么，K公司的人力资源管理制度建设为什么失败？其失败的根源在哪里？人力资源管理系统的设计应该为什么服务呢？

上面三个案例共同反映出如下主题：一方面，公司在经营与管理过程中面临的挑战，有相当一部分与人力资源管理密切相关；另一方面，上述案例中公司的人力资源管理出现问题或转型失败的根源，在于其没能从公司战略出发有效地支撑企业的竞争优势，没有帮助企业提升其核心能力。那么，人力资源管理是否能够真正支撑企业的竞争优势，企业究竟应该如何建立基于核心能力的人力资源管理系统呢？这就是本章所要解决的主要问题。

资料来源：华夏基石管理咨询集团、百思特管理咨询集团内刊。

第一节 人力资源与人力资源管理

一、人力资源的内涵与特点

现代企业人力资源管理的对象是企业所拥有的人力资源。因此，要研究人力资源管理，必须首先对人力资源的概念进行明确界定。不同的学者从不同的角度来对其进行界定，因而各自界定的概念呈现出较大的差异。鉴于此，本书对国内外著名的管理学家和人力资源管理学者所提出的人力资源概念进行了总结。为了更好地让读者把握人力资源的概念，本书从人力资源的内涵，其与人口资源、人才资源的关系，以及人力资源的特点等三个角度进行概念梳理。

（一）人力资源的内涵

从内涵的角度来看，国内外学者主要将人力资源作为一种特殊资源来进行研究。本书首先罗列该领域的重要观点，其次对这些观点的内在联系进行提炼，最后在综合分析的基础上提出人力资源的定义。

1. 重要观点

（1）1954 年，彼得·德鲁克（Peter Drucker）在《管理的实践》（*The Practice of Management*）一书中引入了"人力资源"这一概念。他指出，人力资源有一种其他资源所没有的特性，即具有协调、整合、判断和想象的能力。作为一种资源，人力能为企业所"使用"；然而作为"人"，唯有这个人本身才能充分地自我利用，发挥所长。这是人力资源和其他资源最大的区别[1]。

（2）苏珊·E. 杰克逊（Susan E. Jackson）、兰德尔·S. 舒勒（Randall S. Schuler）在《管理人力资源：合作伙伴的责任、定位与分工》（*Managing Human Resources: A Partnership Perspective*）一书中指出，人力资源是组织可以将其看作能够为创建和实现组织的愿景、使命、战略与目标做出潜在贡献的人所具备的可被利用的能力与才干[2]。

（3）约翰·布里顿（John Bratton）和杰弗里·高德（Jeffrey Gold）在《人力资源管理——理论与实践》（*Human Resource Management: Theory and Practice*）一书中把人力资源定义为人在工作中的特性——智力、态度、承诺、隐性知识、技能，以及学习能力[3]。

（4）赵曙明则主要从生产要素角度对人力资源进行界定，认为人力资源是包含在人体力中的一种生产能力，是表现在劳动者身上的、以劳动者的数量和质量为载体的资源[4]。

（5）董克用从能力的角度出发来理解人力资源，指出人力资源就是指人所具有的对价值创造有所贡献，并且能够被组织所利用的体力和脑力的总和[5]。

（6）黄维德和董临萍认为人力资源是推动社会发展和经济运转的人的劳动能力[6]。

（7）张德从宏观和微观两个方面对人力资源进行了界定，指出人力资源是指能够推动整个经济和社会发展的劳动者的能力,即处在劳动年龄的已直接投入建设和尚未投入建设的人口的能力。宏观意义上的概念是以国家或地区为标准进行划分和计量的;微观意义上的概念是以部门和企事业单位为标准进行划分和计量的[7]。

(8) 刘昕综合宏观和微观两个方面对人力资源进行了界定:一个国家、经济或者组织所能够开发和利用的,用来提供产品和服务、创造价值或实现既定目标的所有以人为载体的能力总和[8]。

2. 概念间的内在联系

以上学者主要从三个维度对人力资源的概念进行了界定,包括人力资源是什么、人力资源在何种层面上划分或计量,以及人力资源有何功能。这有助于厘清不同学者提出的概念间的内在联系。

从人力资源是什么的角度来看,大部分学者在提出人力资源概念时,认为人力资源是某种特征或具有某种特征。这些特征一般包括价值观、智力、态度、知识、技能,以及能力。在众多特征中,学者普遍选择将人力资源定义为能力,例如,协调、整合、判断和想象的能力。也有一小部分学者认为人力资源是某种生产要素,例如,赵曙明认为人力资源是以劳动者的数量和质量为载体的生产要素。

从人力资源划分或计量的层面来看,人力资源既可以是国家或地区、经济体等宏观层面的概念,也可以是组织、部门等微观层面的概念。提出不同概念的学者研究领域略有不同,总的来说,从事公共管理学、劳动经济学等领域研究的学者倾向于将人力资源在宏观层面进行划分或计量;从事工商管理学领域研究的学者将人力资源聚焦在组织或部门等微观层面。

从人力资源有何功能的角度来看,众多学者认为组织层面的人力资源能够被组织合理开发与有效利用,布里顿和高德认为人力资源能够创建和实现组织的愿景、使命、战略与目标,刘昕认为人力资源助力企业为客户提供产品和服务、创造价值。也有学者阐述了宏观层面人力资源的价值,认为人力资源能推动社会发展和经济运转。

3. 本书对人力资源的定义

从宏观角度看,人力资源是指一个国家或地区中以人为载体的特殊生产要素,其对价值创造起决定作用,是能够为组织所利用、开发的体力和智力劳动的总和。

从微观角度看,人力资源是蕴含在人身上的、以人为载体的,具有主观能动性的特殊价值创造要素,是在组织的价值创造与实现过程中能够广泛、深入、持续不断地开发的人的一系列内在特征之总和,包括内驱力、个性、品质、价值观、体力、智力、知识、经验和技能等。

(二) 人力资源、人口资源和人才资源的关系

从整个社会经济发展的宏观角度,国内目前对人力资源、人口资源和人才资源的关系有了较为统一的认识,具体如下:

(1) 人口资源指一个国家或地区所拥有的人口总量。

（2）人力资源指一个国家或地区中的人所具有的对价值创造起贡献作用并且能够被组织利用的体力和脑力劳动的总和。

（3）有关人才资源的概念，《国家中长期人才发展规划纲要（2010—2020）》中提出，人才是指具有一定的专业知识或专门技能，进行创造性劳动并对社会做出贡献的人，是人力资源中能力和素质较高的劳动者。人才是我国经济社会发展的第一资源。

（4）人口资源、人力资源和人才资源的关系在概念上是包含关系，在数量上是依次递减的金字塔形关系（如图1-1所示）。

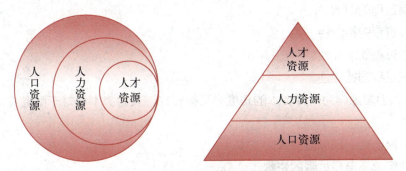

图1-1　人力资源、人口资源和人才资源的关系

【学习资料1-1】

人力资源与人力资本的异同

研究人力资源时常见的另一个概念是人力资本。人力资本是指体现于劳动者身上，通过投资形成并由劳动者的知识、技能和体力所构成的资本①，是蕴藏于组织中、能够产生价值增值的人力资源所拥有的知识、经验、技能、个性、内驱力、团队意识等各种因素的集合。

人力资源与人力资本的构成要素都是人，且都具有一定的能动性及层次性特征。但两者在学科背景、理论视角、核心要素以及研究内容上都有差异。简单来说，人力资源侧重于强调人的能力，人力资本则强调人的价值增值。

（三）人力资源的特点

基于不同的角度，人力资源的特点也不尽相同，目前有关人力资源外在特征的分类主要如下：

（1）基于人力资源与其他资源相比较的角度，中国台湾地区学者黄英忠（1997）提出了人力资源所具备的主要特征，具体包括：

- 人力资源属于人类自身特有，具有不可剥夺性。
- 存在于人体之中，是一种活的资源，具有生物性。
- 其形成受时代条件的制约。

- 在开发过程中具有能动性。
- 具有时效性。
- 具有可再生性。
- 具有智力与知识性。

（2）从人力资源的形成与发展角度，人力资源具有如下特征：

- 人力资源生成过程的时代性。
- 开发对象的能动性。
- 使用过程的时效性。
- 开发过程的持续性。
- 闲置过程的消耗性。
- 组织过程的社会性。

（3）从人力资源作为一种资本的角度来进行研究，人力资本相对于财务资本具有如下特征：

- 高价值创造、高风险投入的资本。
- 自我经营、自我扩张的资本。
- 经营复杂缓慢、收益难以计量的资本。
- 人性化的资本。

二、人力资源管理的内涵与特点

（一）人力资源管理概念的提出

人力资源管理作为企业的一种职能性管理活动的提出，最早源于工业关系和社会学家怀特·巴克（E. Wight Bakke）于1958年出版的《人力资源功能》（*The Human Resources Function*）一书。该书首次将人力资源管理作为管理的普通职能来加以讨论。巴克主要从以下七个方面说明为什么人力资源管理职能超出了人事或工业关系经理的工作范围：

（1）人力资源管理职能必须适应一定的标准，即"理解、保持、开发、雇佣或有效地利用以及使这些资源成为整个工作的一个整体"。

（2）人力资源管理必须在任何组织活动的开始就要加以实施。

（3）人力资源管理职能的目标是使企业所有员工有效地工作和取得最大的发展机会，并利用他们与工作相关的所有技能从而使工作达到更高的效率。

（4）人力资源管理职能不仅包括和人事劳动相关的薪酬和福利，还包括企业中人们之间的工作关系。

（5）人力资源管理职能和组织中各个层次的人员都息息相关，甚至包括CEO。

（6）人力资源管理职能必须通过组织中负责监督他人的每一个成员来实现。直线管理者在期望、控制和协调等其他活动方面承担着基本的人力资源职能。

（7）所有人力资源管理的结果所关注的一定是企业和员工根本利益的同时实现。

（二）当代人力资源管理的主流观点

随着人力资源管理理论和实践的不断发展，当代人力资源管理的各种流派不断产生，同时也使得学者们很难在人力资源管理的概念上达成一致。本书在此引用在人力资源管理学界一些比较具有代表性的观点来阐释人力资源管理的基本内涵和主要特征。

1. 重要观点

（1）加里·德斯勒（Gary Dessler）在《人力资源管理》一书中提出了人力资源管理的定义，他认为人力资源管理关注管理过程（计划—组织—人事—领导—控制）中的人事方面，是获取人员、培训员工、评价绩效和给付报酬的过程，同时也关注员工关系、工作安全以及公平等方面的问题[10]。

（2）劳伦斯·克雷曼（Lawrence S. Kleiman）在《人力资源管理：获取竞争优势的工具》一书中提出：人力资源管理是注重对组织中的人进行管理的过程，它贯穿雇佣周期的各个阶段——挑选前、挑选中和挑选后，是能够帮助组织有效处理员工事务的实践[11]。

（3）美国俄亥俄大学的雷蒙德·A. 诺伊（Raymond A. Noe）教授等在《人力资源管理：赢得竞争优势》[12]一书中提出：人力资源管理是指会对员工的行为、态度以及绩效产生影响的各种政策、管理实践以及制度的总称。

（4）杰克逊、舒勒在《管理人力资源：合作伙伴的责任、定位与分工》[13]一书中提出：人力资源管理是采用一系列管理活动来保证对人力资源进行有效的管理，其目的是实现个人、社会和企业的利益。

（5）美国哈佛大学的迈克·比尔及其同事（1984）在《管理人力资本》一书中认为，人力资源管理包括会影响到公司与雇员之间（人力资源性质的）关系的所有管理决策和行为[14]。

（6）约翰·布里顿和杰弗里·高德在《人力资源管理——理论与实践》一书中把人力资源管理视为管理员工关系的方法，强调开发和利用人的潜能和承诺，对获取持续竞争优势至关重要，通过结合组织和社会背景下的各种员工政策、活动和实践获得这种优势[15]。

（7）中国台湾地区高雄大学的黄英忠教授提出：人力资源管理是将组织所有人力资源作最适当的获取、开发、维持和使用，以及为此所规划、执行和统制的过程[16]。

（8）南京大学商学院的赵曙明教授（1991）在《国际企业：人力资源管理》一书中将人力资源管理界定为对人力这一特殊的资源进行有效的开发、合理的利用与科学的管理。

2. 概念间的内在联系

（1）从内容角度界定人力资源管理。在诸多定义中，一部分学者概括了人力资源管理实践活动的内容或类别。德斯勒认为，人力资源管理实践的内容包括获取人员、培训员工、评价绩效、给付报酬、员工关系、工作安全以及公平等；黄英忠认为，人力资源管理实践活动包括人力资源的获取、开发、维持和使用等；赵曙明也认为，人力资源管理实践活动涉及对人力资源的有效开发、合理利用与科学管理；克雷曼将人力资源管理实践按照雇佣周期各阶段（挑选前、挑选中和挑选后）进行了分类。

(2) 从功能角度界定人力资源管理。有很多学者关注人力资源管理的功能，突出强调了人力资源管理创造的价值。例如诺伊认为，人力资源管理对员工的行为、态度以及绩效产生影响；杰克逊和舒勒认为，人力资源管理的结果是实现个人、社会和企业的利益；布里顿和高德认为，人力资源管理的结果是为组织获取可持续的竞争优势。

3. 本书对人力资源管理的定义

综合国内外学者对人力资源管理概念界定的各种不同观点，本书认为：

> 人力资源管理是根据组织和个人发展的需要，对组织中的人力这一特殊的战略性资源进行有效开发、合理利用与科学管理的机制、制度、流程、技术和方法的总和。

三、战略人力资源管理的内涵与特点

战略管理是"企业高层管理者为保证企业的持续生存和发展，通过对企业外部环境与内部条件的分析，对企业全部经营活动所进行的根本性和长远性的规划与指导"[17]。相对于传统人力资源管理，战略人力资源管理（Strategic Human Resources Management，SHRM）定位于在支持企业战略管理前提下的人力资源管理活动。

1984年出版的两本先驱性著作，标志着战略人力资源管理领域的开端[18]。第一本是由密歇根大学罗斯商学院的丰布兰（Fombrun）、蒂奇（Tichy）和戴瓦娜（Devanna）等学者所著的《战略人力资源管理》（*Strategic Human Resource Management*），该书提出的人力资源循环（The Human Resource Cycle）模型被后人称为"密歇根模型"（The Michigan Model，将在第二章介绍）。第二本是由哈佛商学院的比尔（Beer）、斯佩克特（Spector）、劳伦斯（Lawrence）、米尔斯（Mills）和沃尔顿（Walton）等学者所著的《管理人力资本》（*Managing Human Assets*），该书提出的人力资源领域导图（Map of the HRM Territory）模型被后人称为"哈佛模型"（The Harvard Model，将在本章第三节介绍）。

1. 重要观点

战略人力资源管理领域的学者从不同角度给出了战略人力资源管理的定义：

（1）怀特（Wright）和麦克马汉（Mcmanhan）从功能角度提出，战略人力资源管理是为企业实现目标所进行和采取的一系列有计划、具有战略意义的人力资源部署和管理行为[19]。该定义强调了人力资源的目标导向性、系统性、应变性以及战略匹配性等重要特点。

（2）斯奈尔（Snell）提出战略人力资源管理是通过能力获取、使用、保持与替换以及行为控制与协调实现人力资源管理与组织战略的系统整合[20]。这一定义为人力资源管理与组织战略提供了一个系统构建的框架。

（3）马特尔（Martell）和卡罗（Carol）提出，战略人力资源管理要符合长期性、匹配性、绩效性和参与性等特征，即要有长期的人力资源战略规划、人力资源管理与组织战略匹配、人力资源管理提升组织绩效并且直线主管参与人力资源政策制定[21]。

（4）达乐瑞（Delery）和多提（Doty）提出战略人力资源管理实践包括七方面的内容，即内部职业机会、正规培训体系、业绩测评、利润分享、就业安全、员工意见投诉机制和工作设计[22]。

（5）从资源基础观（Resource-Based View, RBV）的视角，科尔伯特（Colbert）指出人力资源管理体系是一个复杂的系统，受制度、情境和外部各种因素的影响[23]。企业竞争优势的形成也不仅源于组织战略的有效实施，而且是企业在其成长过程中长期积累的结果。

（6）艾伦（Allen）和怀特提出，人力资源在企业管理中承担战略角色，使得组织绩效提升成为战略人力资源管理的核心[24]。

2. 本书对战略人力资源管理的定义

综合战略人力资源管理概念界定的各种不同观点，本书认为：

> 战略人力资源管理是根据组织战略发展和个人职业发展的需要，将人力资源视为组织的核心能力的源泉，通过具有战略意义的人力资源管理相关实践活动形成组织竞争优势并支撑企业战略目标实现的过程。

第二节　企业的核心能力与人力资源

一、企业核心能力的价值

在全球化竞争和知识经济时代，企业的可持续成长与发展从根本上来讲取决于企业的竞争优势，只有具备竞争优势的企业才能在市场中占据先机，在为顾客创造独特价值的过程中找到自身存在和发展的理由和价值。具体而言，企业的竞争优势的获取有两条完全不同的途径（见图1-2）。

图1-2　企业可持续发展与企业的核心能力

第一条是外部途径，即企业可以通过准确的行业选择和在生态中的定位，使企业的成长与发展能够依托一个具有巨大市场空间和高速成长机会的行业生态，并通过对外部行业机会的把握和对外部威胁的防御来使企业具备竞争优势；第二条则是内部途径，即企业可以依靠对组织内部资源的整合提升企业的竞争能力，通过能力提升来建立企业的竞争优势。上述两种不同的路径，在企业的战略理论中，体现为外生战略学派和内生战略学派的不同观点。但事实上，企业的可持续成长与发展在实践中必然是外部途径和内部途径的统一：一方面，需要进行理性的外部行业选择和对行业竞争要点进行准确的把握；另一方面，又需要依靠不断苦练内功来提升企业的竞争能力，只有两者兼备的企业才能够在日趋激烈的竞争环境中脱颖而出。

对于改革开放 40 年背景下的中国企业而言，首先，越来越多的企业实现了全球化、集团化经营。新兴产业不断随技术快速发展而诞生，能够为企业的成长提供新的行业平台。随着全球化所带来的市场的扩展，绝大多数传统行业仍具有较大的市场空间和成长潜力，能够为企业的发展提供充足的空间。其次，中国企业更多依靠硬扩张模式完成量的积累，这种硬扩张模式带来的核心问题是企业核心能力的缺失；中国企业需要进行战略思考，通过核心能力为企业打造持续竞争优势，提高产品和服务的品质、提升品牌附加价值、向全球价值链的中高端进发。因此，通过内部能力的提升来构建企业的竞争优势对中国企业而言往往具有更加现实的意义。最后，相较西方企业过去 100 年经营管理模式探索，现代企业在中国的发展历程较为短暂，企业的经营模式虽然在不断完善和创新，但管理水平仍较为低下，导致企业的内在竞争力普遍不足。即使是一批在各自经营领域成为全国第一，乃至世界第一的中国企业，在管理领域，它们仍在继续学习西方的管理理论、实践经验，提升、探索自己的核心能力[25]。因此，本书将以企业内部能力的培育与提升为出发点，来研究和介绍企业的战略性人力资源管理。

企业核心能力的理念正是在内生战略理论的基础上逐步发展起来的。它突破了传统的内生战略学派的观点，更为科学地诠释了企业的组织能力与个人能力、一般资源之间的差别，为企业竞争力的培育、为战略在企业内部组织和管理上的落实，提供了重要的理论桥梁。

二、企业核心能力的内涵与特点

核心能力（Core Competence），又称核心竞争力，是战略管理领域中一个发展较为成熟的概念。但是，不同学派的管理学家在如何界定核心能力方面，尚未取得完全一致的看法。西方管理学者对核心能力的界定主要包括以下定义：

美国著名的战略管理专家加里·哈默尔（Gary Hamel）和 C. K. 普拉哈拉德（C. K. Prahlad）于 1990 年在《哈佛商业评论》上发表了《公司的核心能力》一文，首次提出企业的"核心能力"这一概念。他们认为，企业的核心能力是组织中的一种集体学习，尤其是关于如何来协调多样化的生产技能以及把众多的技术流一体化的一种组织能力[26]。后来哈默尔和普拉哈拉德又于 1994 年对企业核心能力的概念进行了进一步的发展,将核心能力界定为能够提供给消费者特殊价值的一系列技能和技术的组合[27]。例如,索尼公司的核心能力是微型设计,因此索尼率先为消费者创造出便携式的电子产品;而联邦快递公司的核心能力是物流管理,其为消费者带来的好处是准时送货。

在普拉哈拉德和哈默尔的经典定义里,强调了以下几点:

- 核心能力是学识。
- 核心能力是"积累性的"。
- 核心能力是协调不同的生产技能和有机结合多种技术流的能力。
- 核心能力是要求组织整体协同的。

在哈默尔和普拉哈拉德之后,又有大量的管理学家从不同的角度来对企业的核心能力进行诠释和界定。比如,蒂斯(Teece)、皮萨诺(Pisano)和舒恩(Shuen)将核心能力定义为提供企业在特定经营中的竞争能力和支柱优势基础的一组相异的技能、互补性资产和规则。埃里克森(Ericsson)和米克尔森(Mickelson)则从组织资本和社会资本的角度认为核心能力是组织资本和社会资本的有机结合,组织资本反映了协调和组织生产的技术方面,而社会资本显示了社会环境对企业核心能力的重要性。

许多管理咨询公司也对企业的核心能力进行了深入的研究,其中较为典型的是麦肯锡公司。麦肯锡认为,核心能力是组织内部一系列互补的知识和技能的组合,它具有使企业的一项或多项业务达到世界一流水平的能力;同时核心能力由洞察预见能力和一线执行能力构成。洞察预见能力主要来源于科学技术知识、独有的数据、产品的创造性、卓越的分析和推理能力等;一线执行能力产生于这样一种情形,即最终产品或服务的质量会因一线工作人员的工作质量而发生改变。

在各种对企业核心能力的界定中,哈默尔和普拉哈拉德、麦肯锡公司分别代表了国外学术界和咨询公司对企业核心能力的界定。在国内管理学界对核心能力的研究中,李悠诚等人的观点比较具有代表性,他们认为企业核心能力就是无形资产,核心能力的内容包括技术、技能和知识。它在本质上是企业通过对各种技术、技能和知识进行整合而获得的能力。

虽然不同的研究者对核心能力的界定存在着一定的差异,但总的来说,核心能力的概念必然会围绕着以下四个特征展开[28],这四个特征也是识别某项因素是否构成企业核心能力的重要标准。

第一,价值性(Valuable)。价值=收益/成本,即企业获取并持续拥有这项因素的收益与成本之比必须大于 1,否则企业得不偿失。收益成本之比越高,它对企业核心能力的贡献也就越高。因此价值标准位列四个标准之首。

第二,独特性(Unique)。一个企业拥有的核心能力应该是独一无二的,即其他企业所不具备的,至少暂时不具备,是企业成功的关键因素。核心能力的独特性决定了企业之间的异质性和效率差异性,是解释一个企业竞争优势的重要原因。

第三，难模仿性（Inimitable）。核心能力在企业长期的生产经营活动过程中积累形成，深深打上了企业特殊组成、特殊经历的烙印，其他企业难以模仿，至少在短期内难以模仿。

第四，组织化（Organized）。核心能力不是组织拥有的某一单一要素、资源或者技术，而是多种能力相互整合而形成的组织化的系统能力。任何一项要素要成为企业核心能力的源泉，除了要具备前面的三个特征之外，还必须深度融入企业的组织之中，通过与其他要素的系统整合来发挥作用。

本书在对上述各种有关核心能力的概念进行比较分析，并结合核心能力关键特征的基础上，将核心能力界定为：

> 企业自主拥有的，能够为客户提供独特价值的，竞争对手在短时间内无法模仿的各种知识、技能、技术、管理等要素的组合。

三、企业核心能力的来源

核心能力是企业中能为顾客创造独特价值的一系列的知识、技能、技术、管理等要素的组合。因此许多人力资源管理专家用智力资本的概念来解释企业核心能力的来源。当代管理学界在研究企业的价值问题时，发现企业的市场价值与财务报表所反映出来的账面价值之间存在着巨大的差异，并且将这种差异归结为企业所拥有的智力资本。根据经济合作与发展组织（OECD）对智力资本的界定，所谓智力资本，是指一个公司两种无形资产的经济价值：组织资本和人力资本。

（一）组织资本

组织资本是组织成员在特定的组织环境下协同工作而形成的、能够为组织创造价值的资本形式，它植根于企业的价值观系统、组织结构、业务流程、组织制度、知识管理系统、客户和公共关系系统之中。典型的组织资本包括：

- 部分编码化或者全部编码化的组织共享知识、信息和数据。
- 制造流程与方法、分销模式与体系、研发模式体系。
- 组织愿景与核心价值观、组织运行机制、典型人物与案例、报酬与激励系统。
- 与顾客、供应商、合作伙伴、社区、政府以及其他利益相关者之间的关系。
- 商标、专利、品牌知名度、客户关系和客户忠诚度。

（二）人力资本

人力资本是指蕴藏于组织中、能够产生价值增值的人力资源所拥有的知识、经验、技能、个性、内驱力、团队意识等各种因素的集合。典型的人力资本主要包括：

- 个人的知识、经验和技能。
- 个性品质、态度、可靠性和组织忠诚感等。

- 内驱力,如分享信息的渴望,对团队的参与和对组织目标的关注。
- 学习力与创造性。

上述把智力资本归结为组织资本和人力资本的方法来自埃德文森(Edvinsson)和马龙(Malone)于1997年所提出的斯堪地亚(Skandia)价值计划模型。除了这种模型之外,还有许多学者提出了不同的分析智力资本的模型。这些模型主要包括(见表1-1):

- 无形资产监管者模型。
- 平衡计分卡模型。
- 资源分类模型。
- 斯堪地亚价值计划模型。

表1-1 几种不同的分析模型对智力资本的主要分析维度

发展人	框架	分析维度
斯维比(Sveiby),1989,1997	无形资产监管者	• 内部结构 • 外部结构 • 人员素质
卡普兰(Kaplan)和诺顿(Norton),1992	平衡计分卡	• 财务的角度 • 顾客的角度 • 内部过程的角度 • 学习与成长的角度
	资源分类	• 素质 • 关系
埃德文森和马龙,1997	斯堪地亚价值计划	• 人力资本 • 组织资本

但所有这些分析智力资本的模型,在实际的内容上主要关注两个方面:一是与人有关的方面,即蕴藏于企业人力资源之中的个人知识、技能、技术和胜任力;二是与组织系统有关的方面,即蕴藏于企业组织之中的流程、文化、方法、关系和技术等。本书主要采用埃德文森和马龙的模型作为分析智力资本的框架体系。

在分析智力资本如何支撑企业的核心能力时,美国学者斯奈尔教授提出,企业的核心能力来源于企业的智力资本,包括人力资本、社会资本和组织资本。而人力资本、社会资本和组织资本又来源于组织中的知识、技术、关系和流程四个方面的资源。其中,知识主要包括顾客知识、技术知识、运营知识和管理知识;技术主要指企业员工所掌握的,能够在组织中进行分享、传播和增值的核心技术,比如,IT企业的主页技术、软件安装、客户购买系统等;关系指组织所建立和维持的各类社会关系所形成的一种资源,比如,客户的熟悉程度、顶尖的专家顾问、与供应商的合作关系、员工参与等;流程指组织内部运作的业务流程和管理流程,主要包括客户细分、准时生产、模块用户化、以订单为核心的生产系统等。

上述四个方面的要素,任何一个都无法单独形成企业的核心能力,必须通过相互整合共同支撑企业的竞争优势。在上述四个方面的要素中，知识与技术更多地储藏于员工个体之中，而关系和流程更多地存在于组织系统之中。因此，企业必须通过人与系统的有机整合，形成企业的人力资本、社会资本和组织资本，进而形成企业核心能力的源泉。

四、人力资源是企业核心能力的根本来源

通过本书前面部分的阐述，我们知道智力资本是形成企业核心能力的来源，但明确人力资源与智力资本的关系以及人力资源在现在企业中的第一资源地位后，本书认为人力资源是形成企业核心能力的根本源泉。

随着全球化竞争和知识经济时代的到来，人力资源日益成为企业的第一资源和竞争优势的基础的观点也已经受到管理学者、企业家和管理实践者的普遍认同。而人力资源推动企业竞争优势的获取和维系，是通过人力资源成为企业的核心能力要素来实现的。之前我们已经谈到了识别企业核心能力要素的四个基本特征，因此要研究人力资源能否成为企业的核心能力要素，就必须从它是否具备这四个基本特征来加以分析。

（一）人力资源的价值有效性

人力资源对现代企业而言，具有价值有效性，可以从以下三个方面来进行分析。

1. 核心人力资源是企业价值创造的主导要素

所谓企业的核心人力资源，主要是指企业家和企业中的知识工作者。人类社会步入21世纪，知识经济已成为一种新的经济形态。知识创新型企业的竞争环境和运营模式与以前的企业相比发生了根本性的变化，企业价值创造的主导已经从传统的体力劳动逐步向知识的创造、传播、分享、应用与增值的知识管理领域转变。企业家和知识工作者作为企业中知识管理的主要载体，日益成为现代企业价值创造的主导要素，从而使人力资源逐步具备了成为企业核心能力要素的价值前提。

2. 人力资源能够为企业持续性地赢得客户、赢得市场

在当今竞争日益激烈的市场环境中，企业的生存和发展主要取决于两方面的因素：一方面是企业生存与发展的理念基础，即企业的使命、追求和核心价值观。使命、追求和核心价值观的树立能够激活组织内在的生命力和潜能，并且成为企业的战略、组织与人力资源管理体系设计的哲学基础。另一方面则是企业生存与发展的客观基础，即企业的市场与客户。只有在赢得客户满意、提高市场地位的前提下，企业才能够持续不断地从市场中获取利润、获取价值，使企业有足够的实力去实现自身的使命与追求。

人力资源作为企业价值创造的主导要素，其价值创造的作用主要通过如下的机制来实现的（见图1-3）。

通过图1-3，我们可以看到：企业经营的本质是经营客户、经营人才，最终是经营人。

一个企业能不能持续经营下去，最关键就是它能不能持续拥有客户。所谓持续拥有客户就是在企业的客户中，忠诚的客户占有多大的比重。忠诚的客户有三个标志：

第一个标志是客户持续购买。企业和客户的关系不是简单的一次性交易关系，而是多

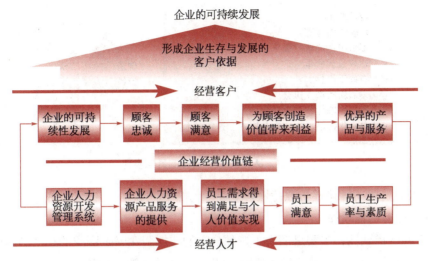

图1-3　企业的经营价值链——人力资源如何来为企业创造价值

次交易关系,甚至是终身交易关系。

第二个标志是客户的相关购买。当客户从对企业产品的认同上升到对企业品牌的认同时,客户会产生相关购买行为,品牌能够给企业带来持续的价值。

第三个标志是客户的推荐购买。客户除了自己买企业的产品,还会推荐亲戚购买企业的产品,这样客户就会产生口碑效益,从而给企业带来持续的客户价值。

从企业经营价值链来看,客户的忠诚来自客户的满意,而客户是否满意在于企业能否为客户创造价值、带来利益,能否为顾客提供优异的产品与服务;而优异的产品与服务来自哪里?来自员工生产率与素质。而员工的劳动积极性为什么高,为什么企业能够吸纳一流的人才?是因为员工满意。为什么员工满意?是因为员工的需求得到了满足、个人价值得到了实现,而员工的需求能否得到满足、个人价值能否实现关键在于企业人力资源产品与服务的提供。企业要经营人才,就必须持续向人才提供人力资源产品与服务,从这种意义上讲,员工也是客户,作为企业人力资源专业职能部门,是企业人力资源产品的研发与生产机构,要站在企业发展与员工需求的角度去研究开发适合不同类别、不同层次人才需要的人力资源产品与服务。

因此,通过这样一个可逆的传导机制,人力资源以及对人力资源的科学管理就成为能够为企业持续地赢得客户、赢得市场的关键。因此,在现代企业中,人力资源能够具备成为企业核心能力要素的价值性。

3. 人力资源价值性的其他表现

人力资源对企业具有价值性,不仅表现在为企业持续地赢得客户、赢得市场,同时还在于在企业的战略与组织变革、质量管理、开拓商机、生产率提高、成本节约等诸多方面具有至关重要的作用[20](见图1-4)。

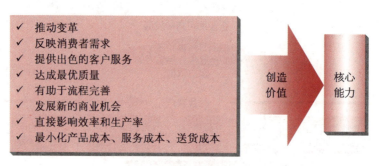

图 1-4　人力资源价值性的其他表现

（二）人力资源的稀缺性与独特性

1. 人力资源的稀缺性

所谓资源的稀缺性，主要是指由于资源分布的非均衡性导致资源的相对有限性。人力资源的稀缺性分为两种：一种是显性稀缺，即一定时期内劳动力市场上具有某一特性的人力资源供给数量绝对不足；另一种是人力资源的隐性稀缺，即由于人力资源某种特性往往呈非均衡分布状态而导致企业人力资源的结构性失衡。

2. 人力资源的独特性

人力资源的稀缺性是人力资源具有独特性的重要前提。除此之外，人力资源对于某一企业的独特性还具体表现在：人力资源无法从市场随意获取，不能购买和转让，难以模仿和复制，难以替代，必须为企业量身定做，必须接受实际工作经验的培育，与竞争对手具有差异性等①（见图 1-5）。

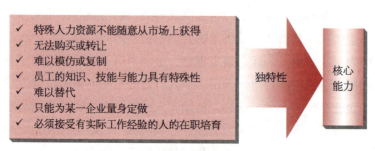

图 1-5　人力资源的稀缺性和独特性

（三）人力资源的难以模仿性

人力资源成为企业的核心能力要素的第三个特征在于，认同企业独特文化，可形成与企业经营管理模式相匹配和融合的、员工独特的价值观、核心专长与技能，具有高度的系统性和一体化特征，使得竞争对手难以准确地加以识别，更难以进行简单的模仿。比如，美国杜邦公司的竞争对手难以引进杜邦公司卓有成效的安全教育体系，是因为"在这个制造炸药起家的公司里，安全意识早已通过企业的文化教育和制度体系深深铭刻在每位员工的心里了"；新加坡航空公司的空姐服务于顾客的核心专长与技能，与新加坡航空公司的整体战略、经营模式、组织体制与企业文化融为一体，竞争对手无法简单地从空姐的培训入手来简单地塑造与之相类似的人力资源；海尔总裁张瑞敏提出，海尔集团的人力资源是一种珍贵的、稀有的、可不完全模仿的，并且可以创造价值的能力，因此成为一种特殊的内部资源。

（四）人力资源的组织化特征

所谓资源的组织化，是指这种资源与整个组织系统相融合而成为整个组织的一个有机组成部分。人力资源在现代企业中已成为一种高度组织化的资源，因为它已经完全与整个企业的战略、经营模式、组织结构与业务流程、管理方式等方方面面相融合，不再是一种游离于组织系统之外的资源。正如国内著名的华为技术有限公司所主张的：认真负责和管理有效的员工是华为最大的财富。其所强调的"管理有效"，所指的正是人力资源的组织化特征。

综上所述，正是因为人力资源具备了价值性、稀缺性与独特性、难以模仿性、组织化这四个基本特征，所以在现代企业中，人力资源已经成为重要的核心能力要素，支撑企业核心能力的构建。

第三节 战略人力资源管理：打造企业核心能力

前面我们揭示了人力资源是企业核心能力与竞争优势的根本源泉，可以由此推导，人力资源管理必然成为支撑企业核心能力与竞争优势的重要力量。关于这一点，我们将从两方面加以说明：一是通过介绍国内外的战略人力资源管理模型，揭示人力资源管理通过什么样的方式来打造企业核心能力；二是通过引用国外实证研究的数据来证明人力资源管理在实践中能否支撑企业的竞争优势。

一、基于资源基础观的人力资源管理模型

（一）模型的主题

怀特和斯奈尔教授等人在对知识经济时代的人力资源管理进行研究的过程中，基于资源基础观提出战略人力资源管理模型[①]。该模型以知识经济和全球化浪潮两大时代主旋律为研究背景，强调静态资源与动态管理相结合[②]，系统分析了企业如何通过有效的人力资本管理，为企业有效地进行知识竞争，在激烈的市场竞争中获取和保持自身的竞争优势。

（二）模型的基本思路和主要内容

当今企业面临着全球化和科技高速发展所带来的冲击，企业的运营模式和管理方式发生了深刻的变化。企业必须通过有效的知识管理，培育核心能力，来建立和维持其竞争优势。模型的理论基础是资源基础观，巴尼（Barney）教授认为企业的竞争力来源于企业拥有的有价值的、稀缺的、难以替代和模仿的、不易移动的资源。RBV理论是人力资源管理理论和战略管理理论的结合，是战略人力资源管理领域的一个重要理论基础。

1. 模型的总体框架

基于资源基础观理论，怀特及同事综合人力资源管理系统、智力资本、知识管理、动态能力和核心竞争力等要素，提出了一个战略人力资源管理模型框架，如图1-6所示。模

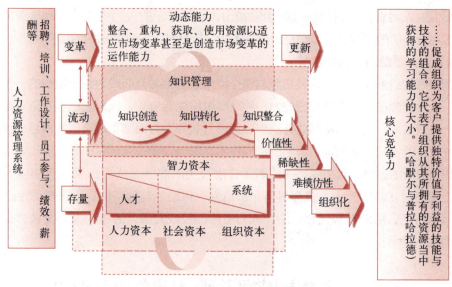

图 1-6 战略人力资源管理模型

型左侧是人力资源管理系统,这是人力资源管理研究的重点。右侧是核心竞争力,是战略管理研究的重点。

智力资本和知识管理是联系人力资源管理和战略管理两个领域的桥梁,人力资源管理系统影响了智力资本,企业通过知识管理来增加和维持智力资本的存量(Stock),核心竞争力的基础是智力资本与知识管理。动态能力是一个不断更新的部分,随着时间的推移将人力资源管理系统、智力资本、知识管理和核心竞争力这四个部分联系在一起。

2. 模型的起始:人力资源管理系统

模型的左侧是人力资源管理系统,包括招聘、培训、工作设计、员工参与、绩效、薪酬等人力资源实践。模型起始于人力资源管理系统,并不代表企业所有核心竞争力都始于人力资源管理,这样做的目的是强调这是一个聚焦人力资源管理的模型。

3. 模型的结果:企业的核心竞争力

该模型认为企业的核心竞争力是能够给顾客带来特殊价值的一系列技术和技能的组合。它具有价值性、独特性、持续学习和可扩展性四个基本特征(见图1-7)。而四个特征中,价值性和独特性是区分企业的核心竞争力要素的关键。

(1)价值性。价值=收益/成本,即企业获取并持续拥有这项因素的收益与成本之

图 1-7 核心竞争力的特征

比必须大于1，否则企业得不偿失。价值标准位列四个标准之首。

（2）独特性。独特性＝社会的复杂性＋原因的模糊性，即企业的核心竞争力所具有的独特性是由于复杂的社会和种种机遇巧合所造成的，因此复制或模仿的可能性较小。

（3）持续学习。持续学习＝经验×挑战，组织是通过持续学习才获取该项核心竞争力的，即组织经历了学习→接受新的挑战→积累相关经验→学习，这是循环往复的过程，而该过程有助于组织获得持续的竞争优势。

（4）可扩展性。一是该项核心竞争力的内容可以不断更新、增加；二是组织应用该项核心竞争力时，可以因地制宜、因时制宜，灵活应用。

4. 模型的过程机制

人力资源管理系统可以通过以下三种过程机制来实现对企业核心竞争力的支撑：

（1）智力资本。智力资本的存量包含人力资本（涉及人才的知识、技能和能力等）、社会资本（涉及人与人之间有价值的关系）、组织资本（涉及公司内部的流程和程序等）。模型突破了以往仅关注"人"的人力资源管理研究局限，拓展到了关注公司内的知识、技术、人际关系和流程等。通过上述的人力资源管理系统，企业可以更好地管理知识、技术、关系和流程等要素，进而实现人才与系统的有机整合，打造企业的人力资本、社会资本和组织资本，共同形成有价值的、稀缺的、难以模仿和具有组织化特征的智力资本，最终支撑企业的核心能力和竞争优势（见图1-8）。

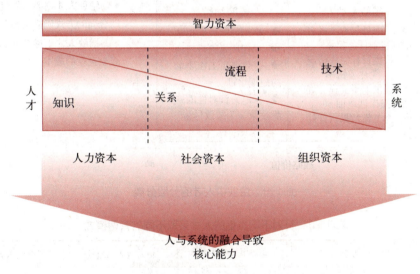

图1-8　核心竞争力的形成机制

【学习资料1-2】

分层分类的人力资源管理为企业打造核心人力资本

上文概述了人力资源管理系统能为企业打造人力资本，然而在企业内部的人才具有异质性的特点，如果实施"一刀切"的人力资源管理，不利于形成高质量的人力资本。企业需要针对不同类型的人才采用不同的雇佣模式、工作方式和管理方式。

　　模型提出人之一斯奈尔教授与同事在另一项研究中认为，不同的人力资本在价值性和独特性这两个特征上的表现存在着高低差异。因此，可以依据这两个维度将企业内部的人才分为核心人才、独特人才、通用型人才和辅助型人才四类，并针对不同类型的人才采用不同的雇佣模式、工作方式和管理方式。在四种不同类型的人才中，只有核心人才是企业知识管理的重心，是形成企业核心竞争力的关键要素。关于企业人才的分层分类见图1-9，如何根据不同类别人才的特点采取适当的工作方式和雇佣模式见表1-2。

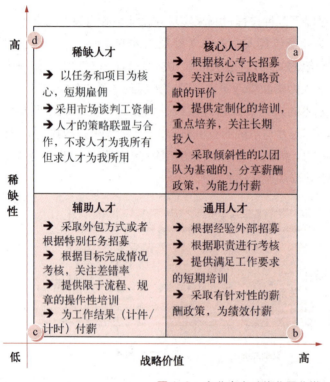

图1-9　企业中人才的分层分类

表1-2　针对不同类型的人才采取不同的管理模式

	核心人力资本	通用型人力资本	辅助型人力资本	独特人力资本
价　值	高价值：直接与核心竞争力相关	高价值：直接与核心竞争力相关	低战略价值：操作性角色	低战略价值：与核心价值间接联系
独特性	独一无二：掌握了公司特殊的知识和技能	普遍性：普通知识和技能	普遍性：普遍性知识和技能	独一无二：特殊的知识和技能
工作方式	知识工作	传统工作	合同工	伙伴
雇佣模式	组织为核心	以工作为核心	交易	合作

（续表）

	核心人力资本	通用型人力资本	辅助型人力资本	独特人力资本
人力资源管理系统	以责任为基础的人力资源管理系统	以生产率为基础的人力资源管理系统	以服从为基础的人力资源管理系统	合作的人力资源管理系统
工作设计	• 授权、提供资源 • 因人设岗	• 清晰定义 • 适度授权	• 准确定义 • 圈定范围	• 团队为基础 • 资源丰富/自主
招募	• 根据才能（学习能力） • 内部提升	• 外部招募 • 根据业绩	• 人力资源外包 • 为特别的任务招聘	• 能够合作 • 根据成绩
开发	• 在职培训 • 具有公司特色	• 局限于公司的具体情况 • 关注短期效果	• 局限于规章、流程	• 在职培训 • 根据公司具体情况
考核	• 关注对战略的贡献 • 开发	• 培训效果 • 关注绩效	• 服从性	• 团队为核心 • 目标的完成情况
薪酬	• 外部公平（高工资） • 为知识、经验、资历付薪 • 持股	• 外部公平（市场比率） • 为绩效付薪	• 按小时或临时工作付薪	• 团队为基础的激励 • 合同、年薪、为知识付薪

资料来源：Lepak, D. P. & Snell, S. A. (1999). The Human Resource Architecture：Toward a Theory of Human Capital Allocation and Development. *Academy of Management Review*, 24（1），31-48.

（2）知识管理。随着信息和知识渗透到企业的方方面面，且重要性越来越强，对知识的管理显得迫切且重要。知识管理由知识创造、知识转化和知识整合等一系列过程构成。知识管理促进企业内部的知识流动，企业可以保持、提高智力资本存量，支撑企业的核心竞争力。此外，学习资料中的分层分类人力资源管理可以更好地促进企业内部的知识管理，使知识得以高效地整合、转化、创新，从而帮助组织尤其是知识创新组织提高其核心竞争力。

（3）动态能力。动态能力是企业通过资源整合、资源重组、资源获取和资源退出，来匹配甚至引领市场变化的组织与战略日程。动态能力严格地说并不是模型的过程机制之一，它是模型随时间推移、随环境变化而不断更新的部分，用以反映模型的动态性。动态能力与人力资源管理系统、智力资本、知识管理和企业核心竞争力的联系是，通过人力资源管理系统形成企业的核心人力资本，促进企业知识的流动，企业保持和提高智力资本存量。动态能力通过变革促进公司内的智力资本存量和知识流动的变化，使公司更新其核心竞争力以适应市场的变化。

【HR之我见】

杨伟国：中国人民大学劳动人事学院院长，劳动经济学教授、博士生导师，中国人民大学中国就业研究所副所长

扫描栏目中的二维码学习杨伟国针对下列提问的精彩回答：

1. 您是怎么与人力资源结缘的？为什么要从事人力资源管理的教学研究工作？
2. 人力资源管理在企业中的定位是什么样的？
3. 从改革开放40年的角度来讲，您见证了人力资源管理什么样的变化和发展？
4. 您对未来希望从事HR工作的学生有何建议？

视频版：　　　　　　　　文字版：

二、人力资源管理实践获取竞争优势的模型

（一）模型的主题

关于人力资源管理如何支撑企业的可持续成长与发展，学者们除了从企业核心能力的角度来进行研究外，还往往通过将人力资源管理实践直接与企业的竞争优势相联系来进行研究。美国的人力资源管理专家劳伦斯·S. 克雷曼在其所著的《人力资源管理：获取竞争优势的工具》一书中，提出了一个人力资源管理实践支持企业竞争优势的模型（见图1-10）[33]。

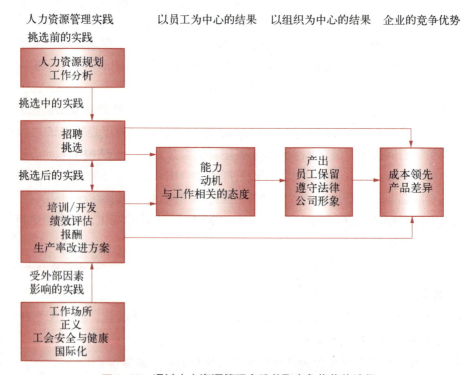

图1-10　通过人力资源管理实践获取竞争优势的途径

（二）模型的基本思路与主要内容

1. 竞争优势

根据著名战略管理专家迈克尔·波特在其著名的《竞争优势》一书中所提出的理论，企业的竞争优势可以分为三种，即成本领先、产品差异化和集中化。其中，集中化在本质上是在一个相对狭窄的市场范围内追求成本领先和差异化。因此，我们今天谈企业的竞争优势，主要关注企业的成本优势和产品差异。因此，这两种竞争优势形成了研究战略人力资源管理的出发点和导向。

2. 人力资源管理实践

在该模型的另一端，是企业的人力资源管理实践。劳伦斯·S. 克雷曼将企业的人力资源管理划分为：挑选前的实践（人力资源规划、工作分析）、挑选中的实践（招聘和挑选）、挑选后的实践（培训/开发、绩效评估、报酬、生产率改进方案）和受外部因素影响的实践（工作场所正义、工会、安全与健康、国际化）。这些人力资源管理实践对企业竞争优势的影响可以通过两条道路来产生：一条道路是直接影响，另一条道路是间接影响。

3. 人力资源管理对竞争优势产生的直接影响

对成本领先的影响：与人力资源管理有关的成本涉及企业的招聘、挑选、培训和报酬等多方面的费用，这些费用共同组成了企业的人工成本，人工成本是企业总体成本中的重要组成部分。特别是在劳动密集型产业中，人工成本的差异直接决定了企业之间的成本差异。因此，企业可以通过采取以成本削减为导向的人力资源管理实践，提高企业人力资源的成本产出率，降低企业的人工成本，直接产生企业的成本领先优势。事实也证明，那些在人工成本控制上表现最佳的公司也的确获得了财务上的竞争优势。

对产品差异化的影响：对服务型企业而言，其产品直接表现为员工为客户提供的服务；对生产型企业而言，客户服务也是产品差异化的重要组成部分。因此，与竞争对手直接相区别的人力资源管理实践，可以改变员工对客户提供服务的方式、态度和水平，从而能够直接影响企业的竞争优势。

4. 人力资源管理对竞争优势的间接影响

人力资源管理间接影响企业的竞争优势的过程可以通过如图 1-10 所示的传导机制来实现，即人力资源管理实践→以员工为中心的结果→以组织为中心的结果→企业的竞争优势。

（1）人力资源管理实践→以员工为中心的结果。以员工为中心的结果包括员工的能力、动机和态度，它们是人力资源管理活动所直接影响的变量。其具体的内容为：

- 员工的能力：包括员工拥有工作所需的知识、技能和能力。
- 员工的动机：包括员工的工作意愿和努力程度。
- 员工的态度：包括员工的工作满意度、组织承诺和组织公民行为。

各项人力资源管理活动都对员工的能力、动机和态度产生影响，具体如表 1-3 所示。

表1-3 各项人力资源管理活动对员工的能力、动机和态度的影响

	招聘、挑选	培训	绩效评估	报酬	生产率改进方案
员工的能力	通过识别、吸引和挑选出最能干的求职者，大幅度提高整个公司的人力资源队伍的能力	通过培养员工与工作相关的知识、技能与能力，来提高员工胜任工作的比率	通过绩效考核来牵引员工的行为，并通过绩效改进来促进整个公司的人力资源队伍能力的提高	通过具有内部公平性和外部竞争性的薪酬，使公司能够吸引和保留那些有能力的员工	
员工的动机	通过识别员工的内驱力，来使公司所挑选的求职者与公司的期望保持一致		通过绩效考核与绩效反馈，并且将考核结果与员工的报酬相挂钩来改变员工的工作动机		通过强化正确行为的生产率改进方案和对员工的授权来改变员工的工作动机
员工的态度	雇员的工作态度包括工作满意度、组织承诺、组织公民行为等，这些与工作有关的态度都受到人力资源管理的公平性的影响，而这种公平性也是贯穿于各项人力资源管理活动之中的				

(2) 以员工为中心的结果→以组织为中心的结果。以组织为中心的结果，包括组织的产出、员工保留、遵守法律和公司形象等方面。具体而言，以员工为中心的结果可以通过如下方式来实现以组织为中心的结果：

• 有能力胜任工作，并且具有较高工作意愿和积极性的员工往往也具有较高的生产率，从而提高组织的产出。

• 员工的工作满意度、组织承诺的提高能够有效地降低员工的离职倾向，从而提高组织的员工保留率。

• 员工的组织公民行为能够有效地提高团队的凝聚力，从而提高组织的生产率，并能够减少员工的离职。

• 员工的工作满意度和组织承诺往往是建立在公平、公正的人力资源管理实践的基础之上的，而公平公正的人力资源管理制度能够降低企业遭受就业法律诉讼的可能，并能够提高公司的社会形象。

(3) 以组织为中心的结果→企业的竞争优势。企业的竞争优势主要有两种：一种是成本领先，一种是差异化。以组织为中心的结果，最终能够形成企业的竞争优势，其具体传导机制可以从以下几个方面来进行解释：

• 在人员数量保持不变的情况下，组织产出的增加能够有效降低企业产品的单位成本，从而增强企业的成本优势。

• 员工保留能力的提高，能够降低由于人员流失所增加的替代原来员工所需的人工成本和组织成本，从而增强企业的成本优势；并且员工保留能力的提高能够建立一支高度稳定的员工队伍，从而有利于提高顾客的保持率，为企业带来财务价值的增加。

• 遵守就业立法能够减少企业的法律诉讼，节约企业的成本。

• 公司形象的提高和公平公正的人力资源管理都能够帮助企业提高产品的差异化程度，增强企业的竞争优势。

通过上述机制的层层传导，人力资源管理就能够有效地支撑企业的竞争优势，保障企业的可持续成长和发展。

三、哈佛模型：管理者视角的战略人力资源管理

（一）模型的主题

哈佛商学院的迈克尔·比尔及其同事于1984年首次对"什么是人力资源管理的本质""人力资源管理、管理目标和特定的人力资源结果的关系是什么"等问题提供了全面的论述。他们提出了人力资源管理范围导图，即哈佛模型。

传统的人力资源管理中，管理者们希望完全依赖于人力资源部及HR们在人力资源管理上发挥关键作用。比尔教授等人试图改变这种状况，他们从管理者的视角（而非HR的视角）出发，设计这个人力资源管理模型，指出管理者们在保证竞争战略、人力资源政策和其他会影响到人的政策的大方向上应承担更多责任，人力资源部员工的任务是制定政策、提供人力资源活动执行和开展的方法。这个观点会在本章第四节展开介绍。

哈佛模型由六个基本元素构成：情境因素、利益相关者权益、人力资源管理政策的选择、人力资源结果、长期成果，以及一个反馈循环。反馈循环描述了长期成果如何"流向"组织和利益相关者[㉚]，如图1-11所示。

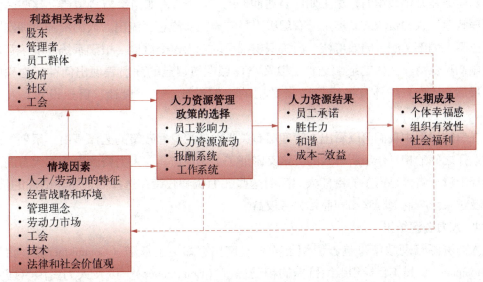

图1-11　人力资源管理范围导图——哈佛模型

（二）模型的基本思路与主要内容

1. 情境因素

模型左下角的情境因素部分，结合了劳动力或人才的特征、组织的管理哲学、劳动力市场的法律条例、社会价值观，以及工会化的模式等因素。这些因素分布在环境中或者在公司内部，在人力资源管理政策形成时扮演着约束的角色，影响着管理者采用哪种人力资

源政策。同时从长期来看，所有的具体情境因素都在一定程度上受创造性的人力资源管理政策的影响。

考虑情境因素的模型之所以有价值，在于组织不是在真空中运行的，政策、市场、社会等因素都在影响着组织的运行，这样的模型往往更贴合实际情况。无论是HRM领域的学者还是管理实践者，都对包含多种情境变量的模型更加青睐。

2. 利益相关者权益

组织中的利益相关者一般包括股东、员工、政府、社区、工会以及管理者。模型的假设是管理者必须认识到多重利益主体的存在，理解每一类利益相关者的利益诉求。在思考各种人力资源管理政策和实践时，通过权衡的思想平衡好所有者的利益与雇员及其组织、工会的利益之间的关系。同时不同利益相关者的观点差异与角色冲突是动态变化的，因此在处理利益相关者关系时，管理者要充分考虑情境因素的影响。

3. 人力资源管理政策的选择

比尔教授等人将众多零散的人力资源管理与劳动关系实践归纳到四个人力资源实践维度中，即员工影响力、人力资源流动、报酬系统、工作系统。员工影响力是比尔教授等人提出的概念，与员工参与的概念近似，是指员工在组织中被赋予了多少影响力以维护自身的经济利益、保障心理需求得到满足。管理者需要考虑在制定绩效目标、工资待遇、工作条件、职务晋升等政策时，员工如何表达他们的"呼声"，如何参与"塑造"这些人力资源管理政策。人力资源流动涉及所有层级人员的流入、流过、流出。人力资源管理实践如员工招聘、内部调配、绩效考核、员工退出都可以归入这个维度。报酬系统体现了管理层想要创造和保持什么样的组织结构，以及管理层期待自己的雇员表现出何种行为和胜任力。最后，工作系统涉及各级管理者做出的组织设计、工作设计、目标设置、人员安排等。

在总的模型中我们可以看出，管理层有关人力资源管理政策的选择是由一系列约束条件和选择之间的相互作用所导致的。这又印证了上述观点，在人力资源政策的大方向把握和选择上管理者才是真正的责任人。同时这些人力资源政策在选择后，随着时间的推移，也会反过来影响情境因素和利益相关者权益[36]。

4. 人力资源结果

人力资源管理政策影响着组织上的直接产出，如员工承诺（Commitment）、胜任力（Competence）、员工目标和组织目标的和谐程度（Congruence），以及人力资源管理实践的成本-效益情况（Cost-effectiveness）。此"4C"作为管理者评价人力资源管理有效性的一般标准，会进一步影响个体幸福感等组织长期成果。

模型背后的基本假设是，员工拥有很大的潜能，并渴望通过工作获得成长，但员工的潜能在组织中很少被充分地发挥出来，组织需要引入更加人性化的管理实践，即能够促进人的成长、提升工作的尊严。有学者因此认为，哈佛模型应该是基于道格拉斯·麦格雷戈（McGregor）[36]"Y理论"的假设[37]。

5. 长期成果

人力资源管理政策除了给组织带来"4C"这类直接产出，还会影响组织的长期成果。

长期成果区分个体、组织和社会三个层面。在员工个体层面，长期的成果包括员工努力付出所获得的内在成就动机的满足；在组织层面，提高组织的有效性确保了公司的生存；在社会层面上，由于充分开发和利用组织的员工，社会的一些总体目标，例如就业和经济增长也同时达到了。应该说，哈佛模型的优势就在于其同时在个体、组织和社会层面探讨了人力资源管理政策带来了哪些长期成果。

6. 反馈循环

哈佛模型的第六部分是一个反馈循环。基于情境因素和利益相关者权益的人力资源管理政策的选择，影响了"4C"和长期成果。反过来，长期成果又会影响情境因素、利益相关者权益和人力资源政策的选择。例如，造成社会负面影响的集体罢工事件会影响劳动立法的改变。又如，出现持续的亏损会影响股东的利益，也会不可避免地改变公司在招聘、培训、薪酬等方面的策略。

哈佛模型自提出以来对战略人力资源管理实践和学术研究领域皆有深远的影响。2015年是哈佛模型提出的30周年，管理类国际顶级刊物《人力资源管理》（*Human Resource Management*）出版了一期专题研究，模型的提出者比尔教授及其同事论述了模型仍具有很好的实践相关性[38]。

四、人力资源管理支持企业的核心能力或竞争优势的实际证据

前面，我们通过对国内外研究战略人力资源管理的主要模型进行介绍，分析了人力资源管理通过什么样的方式来支撑企业的核心能力和竞争优势。但这些分析仅仅停留在理论的层面，而没有给出人力资源管理支撑竞争优势的直接证据。接下来，我们将引入国内外著名的人力资源管理专家从实证的角度进行研究所获得的证据进而说明，人力资源管理能否支撑企业的竞争优势，或者人力资源管理的哪些职能能够更为有效地支撑企业的竞争优势。

美国的人力资源管理专家马克·休斯里德（Mark A. Huselid）1995年在一项研究中对人力资源管理的有效性进行了考查。该研究对美国35个行业中的968家公司的人力资源管理实践和生产率水平进行了问卷调研。每个公司的人力资源管理实践的有效性根据以下事件的出现来加以评定：激励计划、雇员投诉系统、正式的绩效评估系统以及员工参与决策。该研究揭示了人力资源管理的有效性与生产率水平之间的某种密切联系，即人力资源管理有效性较高的公司，其绩效显著优于那些人力资源管理有效性较低的公司。具体而言，在人力资源管理评分中的一个标准差的提升，就会为公司带来27 044美元的销售增长，给公司带来18 641美元的市场价值提升，为公司多创造3 814美元的利润[39]。

美国康奈尔大学的帕特里克·怀特（Patrick M. Wright）教授对美国公司高层管理者和人力资源经理所认同的、与组织核心能力和成功关键密切相关的人的因素进行了调查。得出的结论如表1-4所示。从表1-4中，我们可以看出，与组织核心能力和成功关键密切相关的人力资源管理职能中，排在前五位的职能分别是：学习与开发、管理组织承诺的工作环境、吸引/甄选/维系人才、管理继承人的储备、绩效管理/薪酬设计[40]。

表1-4 与组织核心能力和成功关键密切相关的人的因素

要 素	百 分 比	重 要 程 度
学习与开发	47%	1
管理组织承诺的工作环境	34%	2
吸引/甄选/维系人才	29%	3
管理继承人的储备	21%	4
绩效管理/薪酬设计	20%	5

此外，怀特教授还对理想的人力资源职能对获取竞争优势的作用进行了调查，其结果如表1-5所示[41]。

表1-5 理想的人力资源职能对获取竞争优势的作用

职能和角色	百 分 比	重 要 程 度
业务合作伙伴	30%	1
与战略密切相关的人力资源实践	29%	2
与战略紧密联系的培训与开发	24%	3
提供与人相关的咨询服务	22%	4
甄选最优秀的人才	13%	5

自休斯里德教授发表第一篇人力资源管理系统与组织绩效的实证研究以来，该领域陆续发表了众多实证研究，学界对于人力资源管理系统对组织绩效的作用形成了大方向上的共识，即人力资源管理系统能提升组织绩效。但是人力资源管理系统对组织绩效的具体关系强度没有统一结论。

俄亥俄州立大学的学者姜铠丰（Kaifeng Jiang）及同事对这个领域的众多实证研究进行了元分析[42]，他们选取了116个实证研究，涉及的组织有31 463家。他们在研究中将人力资源管理系统区分为技能导向（Skill-enhancing）人力资源管理实践、动机导向（Motivation-enhancing）人力资源管理实践和参与机会导向（Opportunity-enhancing）人力资源管理实践等类型，他们认为：在三种类型的人力资源管理实践评分中，技能导向、动机导向、参与机会导向人力资源管理实践每提升1个标准差，就会分别为公司带来13%、18%或9%的财务绩效提升[43]。

人力资源管理具有很强的制度背景，西方人力资源管理有效性研究几乎都是以美国大中型企业为样本，这些企业处在相对单纯、成熟的市场经济中，它们已从严格的工业化管理模式向高承诺、高参与的管理模式转变，这些特点对提高企业绩效是十分有利的。而中国企业处在一个经济社会转型期，其管理情境在很多方面与西方国家均存在较大差异[44]。我国学者张徽燕、李端凤和姚秦选取了53篇中国情境下人力资源管理系统与组织绩效的实证研究，涉及58 946家组织，进行元分析。她们认为人力资源管理对中国企业的绩效存在显著的促进作用，整体上两者的相关系数为0.419。她们对比了詹姆斯·库姆斯（James Combs）及同事的元分析结论[45]提出中国情境下人力资源管理与企业绩效的相关性比在西方文化背景下更大[46]。

然而，有些学者通过实证研究得出人力资源管理与组织绩效无关系的结论[47]。例如，菲奥里托（Fiorito）等基于美国国家企业调查（NOS）的数据分析发现人力资源管理与组织内部绩效没有显著的关系。国内学者蒋春燕和赵曙明针对香港248家企业的实证研究，发现并非所有的人力资源管理实践均能提高组织绩效。

【HR之我见】

孙晓芙：大连亿达房地产有限公司人力资源部总经理

扫描栏目中的二维码学习孙晓芙针对下列提问的精彩回答：

1. 您为什么选择从事HR？
2. 人力资源管理能否为组织创造绩效，以及在这个过程中人力资源管理起什么样的作用？
3. 人力资源规划的落地实施有哪些经验以及好的做法？
4. 您对未来希望从事HR工作的学生有何建议？

视频版：

文字版：

第四节　人力资源管理的角色、职责分担和胜任力模型

人力资源管理要支撑企业的竞争优势，帮助企业获得可持续成长与发展，除了要建立以核心能力为导向的人力资源管理体系之外，还必须对人力资源管理在企业中扮演的角色重新进行界定，并在此基础上，进一步明确人力资源管理不仅是人力资源部门的职责，更是企业的高层管理者与直线管理者所必须履行的职责，是他们管理工作的关键组成部分。因此在本节中，我们将研究提高人力资源管理战略地位的三个关键命题：一是人力资源管

理在现代企业中的角色定位,二是人力资源管理在企业各层各类人员中的责任分担,三是人力资源管理者的胜任力模型。

一、人力资源管理在现代企业中的角色定位

随着 21 世纪知识经济时代的到来,人力资源是企业的第一资源,是企业获取竞争优势的根本源泉已成为企业界的共识。这一变化使人力资源管理发生了深刻的变化,即逐步从传统的强调专业职能角色的人力资源管理向基于战略的人力资源管理转变。要实现这种转变,除了要在理论、技术和方法上解决人力资源管理如何支撑企业战略外,还需要对人力资源管理在企业中的角色重新进行定位,在企业的日常运营中强化人力资源管理的战略职能,提升人力资源管理在整个运作体系中的位置。目前,国内外有关人力资源管理新角色定位主要有四种观点。

(一)雷蒙德·A. 诺伊等的四角色论

雷蒙德·A. 诺伊等在《人力资源管理:赢得竞争优势》[⑬]中指出人力资源管理在现代企业中主要扮演四种角色:战略伙伴、行政专家、员工激励者和变革推动者。

① 战略伙伴角色:人力资源管理战略与企业的战略保持一致,帮助执行企业战略。

② 行政专家角色:人力资源管理能够设计和执行效率较高且效果较好的人力资源管理制度、流程以及管理实践,其中包括对员工的甄选、培训、开发、评价以及报酬等。

③ 员工激励者角色:人力资源管理承担着对员工的组织承诺和贡献进行管理的任务。

④ 变革推动者角色:人力资源管理能够帮助企业完成转型和变革,以使企业能够适应新的竞争条件。

(二)IPMA 的四角色论

美国国际公共人力资源管理协会(IPMA)则提出人力资源管理角色包括人事管理专家、业务伙伴、领导者和变革推动者(如图 1-12 所示)。

① 人事管理专家角色:人力资源管理要发挥传统的专业职能作用。

② 业务伙伴角色:人力资源管理流程、活动与业务流程相适应、相匹配,为业务活动提供合适有效的人力资源解决方案。

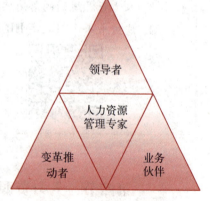

图 1-12 IPMA 的人力资源管理者四角色模型

③ 领导者角色:人力资源管理部门参与制定公司战略,建设与推进企业文化。

④ 变革推动者角色:人力资源管理能够主动参与变革,引导变革中员工的理念和行为,营造变革的文化氛围,提供变革中人力资源问题的系统解决方案。

(三)戴维·尤里奇的四角色模型

四角色模型是戴维·尤里奇在 1998 年《哈佛商业评论》的一篇文章中提出的。尤里

奇认为，HR 要想更好地创造价值应该扮演好四大角色：战略伙伴、效率专家、变革先锋和员工后盾（见图 1-13）。四个角色既需要 HR 自身提高角色背后的胜任素质，也需要高层的推动。

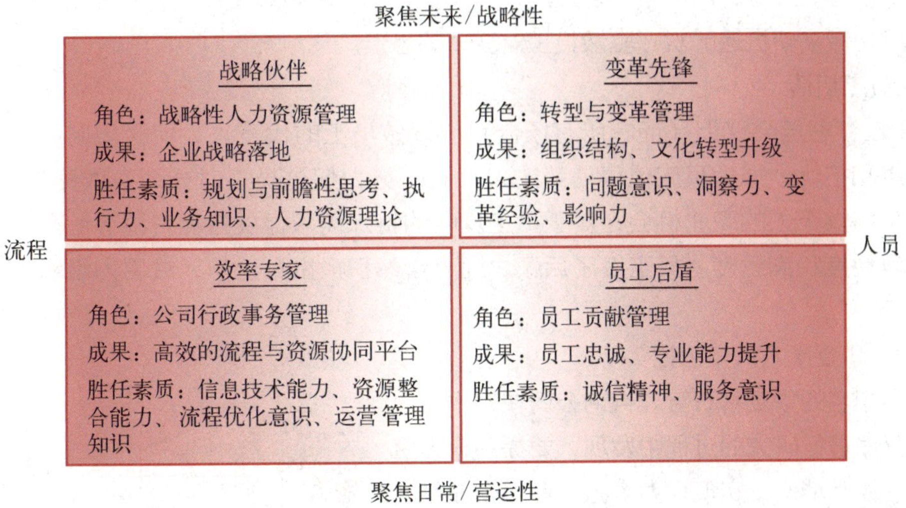

```
                    聚焦未来/战略性
        ┌─────────────────────┬─────────────────────┐
        │  战略伙伴            │  变革先锋            │
        │ 角色：战略性人力资源管理│ 角色：转型与变革管理  │
        │ 成果：企业战略落地    │ 成果：组织结构、文化  │
        │ 胜任素质：规划与前瞻性│       转型升级        │
        │  思考、执行力、业务    │ 胜任素质：问题意识、  │
        │  知识、人力资源理论    │  洞察力、变革经验、   │
        │                      │  影响力              │
流程    ├─────────────────────┼─────────────────────┤  人员
        │  效率专家            │  员工后盾            │
        │ 角色：公司行政事务管理 │ 角色：员工贡献管理    │
        │ 成果：高效的流程与资源│ 成果：员工忠诚、专业  │
        │       协同平台       │       能力提升        │
        │ 胜任素质：信息技术能力│ 胜任素质：诚信精神、  │
        │  、资源整合能力、流程 │   服务意识            │
        │  优化意识、运营管理知识│                     │
        └─────────────────────┴─────────────────────┘
                    聚焦日常/营运性
```

图 1-13 尤里奇的四角色模型

1. 战略伙伴

人力资源管理要成为战略落地过程中的合作伙伴，通过引导和推动一些圆桌讨论让管理者发现问题，协助高层管理者根据市场情况制订计划，而不是在会议室里闭门造车。实际上，角色的背后是对 HR 胜任素质的要求。作为战略伙伴，HR 要提升规划与前瞻性思考能力、执行力，了解一定的业务知识，融会贯通人力资源理论等，为组织更好地提供组织架构设计、组织文化匹配、变革步骤方法等方面的建议和方案。

2. 效率专家

效率专家一方面指 HR 要搭建资源优化配置的平台，实现内部流程协同，人才、知识资源的共享，从而降低成本、提高效率。角色背后的胜任素质是信息技术能力、平台建构能力、资源整合能力。另一方面是指 HR 要成为人事服务的运营专家。运营通常是指研、产、销过程的管理，而人力资源运营管理是对人力资源服务性产品的研、产、销的过程管理。从运营管理变身为运营专家，角色背后的胜任素质新要求是流程优化意识、质量管理知识、运营管理知识等，这样 HR 能不断改进、优化服务流程，保证服务质量，降低运营成本，提升组织的效率。

3. 变革先锋

HR 应该成为持续变革的推动者。变革涉及文化导向调整、建立高效能的团队、缩短创新周期、应用新技术等项目。HR 要通过流程重组和文化再造来增强公司的变革能力。作为变革先锋，HR 首先要有问题发现意识和洞察力，能够在纷繁的因素中找到管理问题的症结所在。其次，要具有较强的逻辑思维能力。逻辑就是分类和排序，HR 对多个变革项目按重要和紧急性分类，并梳理合理的优先次序，快速抓住问题的本质、根源。再次，HR 要结合以往的变革经验，提供适合的变革模型及配套工具、方法，有效推动变革落地，积累变革经验。最后，HR 始终要以坚定的信念来消除人们对变革的种种疑虑和抵触，用对变革成功带来新机遇的欢呼驱散员工对变革的恐惧。

4. 员工后盾

HR 在管理层会议上（而非所有场合）应该做员工的代言人，积极地向高层反映员工的顾虑和担忧，成为员工值得信赖的人，同时努力促进员工对公司多做贡献。HR 通过向员工提供个人的职业机会，对于员工反映的特殊需求提供各种资源等服务，以提高员工的敬业度和满意度。员工没了后顾之忧，自然积极投身工作，甘愿为组织奉献自己的价值。

（四）华夏基石六角色论

国内知名的华夏基石管理咨询公司在对本土人力资源管理进行研究的过程中发现，要提高人力资源管理的战略地位，实现人力资源管理与企业经营管理系统的全面对接，有效支撑企业的核心能力，帮助其在激烈的竞争中获取竞争优势，人力资源管理必须在企业中扮演六个关键角色（如图 1-14 所示）。

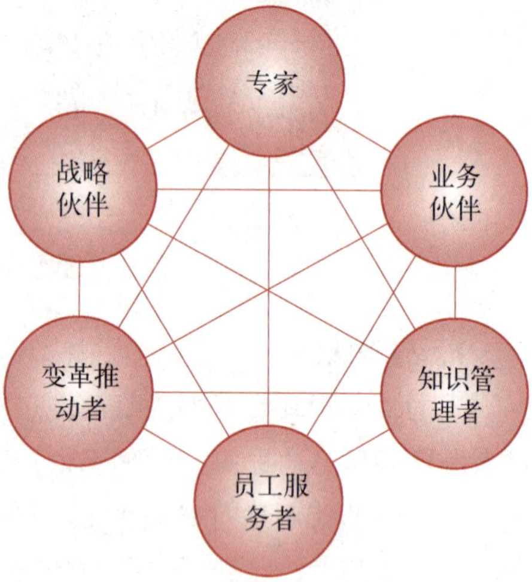

图 1-14 华夏基石人力资源管理六角色模型

资料来源：彭剑锋，《战略人力资源管理：理论、实践与前沿》，中国人民大学出版社 2014 年版。

1. 专家角色

现代企业中的人力资源管理者是"工程师+销售员"。所谓工程师，意味着人力资源管理者首先要专业化，要为企业人力资源问题提供专业化的解决方案，要以其人力资源专业知识与技能赢得组织成员的尊重。

2. 战略伙伴角色

现代企业的人力资源管理者要能理解企业的战略，熟悉企业的业务，具有很强的专业能力，能为企业提供系统化的人力资源管理解决方案。具体地说：第一，要能解读企业的战略，理解企业的战略，思考企业战略对人力资源管理提出了什么样的要求；要能领悟企业高层的战略意图，任何一个企业都有它的战略思路，有的可能在企业家脑子里，有的战略思路已经变成文本了，人力资源管理者要通过各种方式去领悟高层的战略意图。第二，要成为企业战略伙伴就必须熟悉业务，必须了解企业的员工，甚至要了解客户。这对人力资源管理者的视野和眼光提出了新要求，要从封闭式的人力资源管理工作中跳出来，站在企业的战略、经营、业务、员工和客户的角度去思考人力资源管理问题。第三，必须要具有很强的专业能力，要有制定基于企业战略的人力资源规划能力，以及支持企业战略落地的人力资源专业管理能力。第四，要成为战略伙伴就必须要基于客户价值导向，提供人力资源的系统解决方案，既要为高层提供人力资源解决方案，去影响并促进高层在进行决策时把人力资源管理纳入整个战略决策体系；又要从权利驱动真正转向客户价值驱动，为员工提供人力资源产品与服务。

3. 业务伙伴角色

人力资源管理者要懂得如何将人力资源管理的职能活动与企业业务系统相衔接，要善于与业务部门沟通，站在改善与推进业务的角度，以其专业知识和技能帮助业务经理解决实际问题，帮助业务经理分担带队伍的责任、提高工作绩效。

4. 变革推动者角色

从本质上讲，企业的组织与流程变革是人与文化的变革。如果不能通过人力资源的机制与制度的创新从深层次上改变人的思维方式和行为习性，组织的变革就会流于形式。因此，人力资源管理者要主动参与变革，通过相应的人力资源变革方案驱动组织变革。同时，组织在并购重组过程中，在危机与突发事件面前，都需要人力资源管理专业人士提供相应的配套解决方案。

5. 知识管理者角色

企业最大的浪费是知识的浪费，企业最大的价值创造源泉是知识的应用与创新，而人是知识的承载者、应用者、创新者。企业通过有效的知识管理，不仅使蕴含在员工个体身上的知识转化为组织的公共资产，并使之得到传播、应用；更重要的是，通过知识管理平台的构建，员工借助知识管理系统可以放大每个人的能力，提高每个人的工作绩效。因此，知识管理与人力资源管理的融合可以提高一个企业人力资源管理的整体竞争力。

6. 员工服务者角色

现代人力资源管理者要具有平衡企业各方利益的能力。一方面，要站在股东的角度思考问题，提出解决企业人力资源问题的方案，妥善处理劳资冲突与矛盾；另一方面，要站在员工的角度，帮助员工获得人性的尊重，维护员工的相关利益，指导帮助员工进行职业生涯设计，将员工当客户，及时提供员工需要的支持与服务。

二、人力资源管理的职责分担

在现代人力资源管理的参与者中，越来越强调人力资源管理不仅是人力资源部门的事，更是各层各类管理者的职责。因此，必须对人力资源管理的各类参与者进行明确界定，并对其职能进行合理定位，有效促进企业内部人力资源管理的职责分担，从而使人力资源管理真正变成企业的战略伙伴和人力资源管理产品的开发者和提供者。

本书认为，在企业中参与人力资源管理的责任主体包括公司的高层管理者、直线管理人员、人力资源部门和公司的每一位员工，他们各自在人力资源管理中的职责如表1-6所示。

表1-6　企业各层各类人员对人力资源管理的责任分担

高层管理者	• 主持或提出并确立人力资源管理的理念并达成共识 • 主持或参与确定人力资源的发展战略与目标 • 主持或参与制定人力资源的政策与制度体系 • 主持或参与组织整体绩效目标与标准的确定，主持并参与绩效述职与绩效面谈，承担本部门或本系统的绩效责任 • 主持或参与组建各级领导管理团队及核心团队（人才的选拔、配置、应用、开发与激励） • 对所属员工的成长和发展承担责任（培育、开发、约束、激励） • 发现并推荐优秀人才 • 为承担人力资源管理责任建立组织保障：成立人力资源决策委员会作为保障机制，不仅述职而且述能
直线管理人员	• 参与人力资源管理理念与政策的确定 • 贯彻执行人力资源的理念与战略举措 • 依据部门业务发展提出部门用人计划 • 参与部门岗位与职责设计与职务分析 • 制定本部门（团队）绩效目标与绩效计划，并对绩效最终结果承担责任，主持本部门绩效考核面谈 • 当教练，辅导员工制定行动计划，对员工的绩效进行评估 • 与员工进行有效的沟通，对员工的行为进行指导、约束与激励 • 配合公司人力资源的各项举措提出本系统、本部门的解决方案 • 参与人员的招募与人才选拔 • 营造良好的企业团队文化氛围 • 发现并推荐优秀人才
人力资源部门	• 参与制定公司战略，建设与推进企业文化 • 系统规划与构建人力资源管理体系并推进实施 • 提供人事服务，促进组织内的沟通交流，营造内部和谐氛围，提供心理咨询 • 与业务经理共同承担组织的绩效目标，使HR管理流程、活动与业务流程相适应、相匹配，为业务经理提供合适、有效的人力资源解决方案 • 主动参与变革，引导变革中员工的理念和行为，营造变革的文化氛围，提供变革中人力资源问题的系统解决方案 • 推进企业内部的知识共享，创建学习型组织
员　工	• 由他律到自律，自我驱动、自我开发与管理，自我变革与自我超越等

三、人力资源管理者的胜任力模型

有了好的定位，还必须有优秀的人才进行支撑。要同时提高人力资源管理的战略地位和人力资源管理的专业水平，必须确保企业的人力资源管理者具备胜任人力资源管理工作的能力，从而能够有效地结合自身的专业知识与技能，为提高企业人力资源管理的有效性做出贡献。为此，许多学者致力于研究人力资源管理者的胜任力模型，以揭示什么样的人力资源管理者能够满足当代企业人力资源管理的要求。

（一）密歇根大学罗斯商学院提出的人力资源胜任力模型

在对人力资源管理者的素质模型的研究成果中，美国密歇根大学罗斯商学院的研究获得了较为一致的认可，他们每5年对模型进行更新反映人力资源胜任力的动态变化。戴维·尤里奇教授带领该学院的课题组从1987—2016年进行七轮人力资源胜任力模型调研。他们至今已经对6万多名人力资源从业者及他们的非人力资源管理同事进行了访问，以期获得人力资源管理者的素质模型，并了解其随着全球经济和管理思潮发生的变化，如表1-7所示。

表1-7 七轮胜任力调研情况

	业 务		人 力 资 源		变 革	文 化	个 人
第一轮 1987年	业务知识		HR工作		变革		
第二轮 1992年	业务知识		HR工作		变革		个人信誉
第三轮 1997年	业务知识		HR工作		变革	文化	个人信誉
第四轮 2002年	业务知识	战略贡献	HR工作	HR技术	战略贡献		个人信誉
第五轮 2007年	商业结盟	战略构造者	人才经理和组织设计者	运营执行官	文化和变革组织者		可信赖的行动派
第六轮 2012年	战略定位者		HR创新者和整合者	技术支持者	变革推动者	能力构筑者	可信赖的行动派
第七轮 2016年	战略定位者		人力资本引进者	合规管控者	文化和变革倡导者		可信赖的行动派
			薪酬福利大管家	技术和媒体整合者			
			数据的设计和解读者	矛盾疏导者			

2016年的调研得出了三大层次九项内容的人力资源胜任力模型，分别是核心驱动者（战略定位者、矛盾疏导者、可信赖的行动派），战略推动者（文化和变革倡导者、人力资本引进者、薪酬福利大管家），基础推动者（合规管控者、数据的设计和解读者、技术和媒体整合者），如图1-15所示。

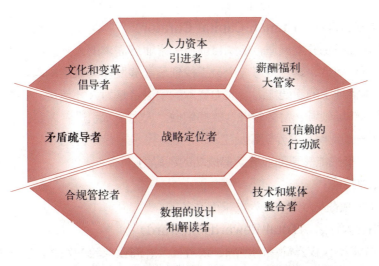

图1-15 密歇根大学罗斯商学院提出的人力资源胜任力模型

从这个模型中我们可以看出，要成为优秀的人力资源管理者必须具备以下几个方面的素质。

1. 战略定位者（Strategic Positioner）

该胜任力主要考查人力资源从业者评估内、外部商业环境的能力，以及将其转化为洞见的能力。战略定位者是人力资源九大胜任力模型的关键板块。作为连接"人"与"业务"的重要胜任力，这要求人力资源从业者不光要有商业远见，更要能结合组织实际，转化远见为洞察，切实地帮助组织完成战略的布局和决策的制定。

2. 矛盾疏导者（Paradox Navigator）

人力资源从业者必须能够处理组织中的各种矛盾，以最大化地满足各方的需求。矛盾疏导者指明了人力资源在面对经济转型和组织架构调整时，会遇到的各方阻力。要想在各个利益相关者的矛盾中，找到并保持自己前进的方向，就要求人力资源从业者能够处理和疏导各种矛盾。

3. 可信赖的行动派（Credible Activist）

该胜任力主要考查人力资源是否能在组织内部赢得信任和尊重，从而被视为有价值并能创造价值的合作伙伴。可信赖的行动派强调了人力资源从业者的信誉和行动力。无论是日常事务的执行，还是组织改革的推动，人力资源都需要建立自身信誉，积极高效，以充足的正能量来影响他人。

4. 文化和变革倡导者（Culture & Change Champion）

该胜任力的作用是保证组织架构刚柔并济，以应对多变的商业需求。创造一个积极应对变化的组织，需要人力资源从业者做文化变革的先锋和旗帜，从组织结构上确保变革的可行性。人力资源从业者要学习塑造企业文化，发动变革并管理变革。这就要求人力资源能认识到文化的价值，并能够用商业化语言表达，能够为文化变革规划蓝图，有规划地发起变革。

5. 人力资本引进者（Human Capital Curator）

该胜任力旨在识别并发展适合组织目前及未来业务需求的人才。将对人才的把握与对工作职能的了解相结合，真正为每一个员工找到最能够发挥其效能的职位，是人力资源从业者在人力资本管理上的重要能力。人力资本的引进者是为人才负责，其职责是从战略领域开始，延伸到市场领域、财务领域、数据领域。人力资本引进者需要：

- 从招聘一直到离职培养照顾员工；
- 让组织中形成能够帮助业务获得成功的领导力；
- 培养专业技能；
- 保证组织中的人力资本是为未来而准备的。

6. 薪酬福利大管家（Total Rewards Steward）

薪酬福利职能不仅仅是简单的薪酬，或者社会、商业保险的发放。薪酬福利大管家需要为员工和团体创造有形和无形的价值。人力资源从业者在保障员工的薪酬福利有竞争力的同时，还要为员工提供无形的价值，包括创造和展示组织发展前景和工作的价值。有意义和价值的工作比薪酬更能提高员工的归属感和忠诚度，提升团队凝聚力。如果人力资本是关于如何招聘、培养适合企业的人才，那么薪酬福利便是关于如何对待这些人才。薪酬福利大管家需要创建一个薪酬体系建立正面的责任感，同时需要满足以下两点：

- 薪酬和福利：研究如何帮助员工在经济层面获得较好的结果，给他们公平的报酬。
- 价值感、幸福感和目标感：人们希望工作有价值与意义，不是财务上的意义，薪酬系统中需要报酬财务数据，需要价值感与幸福感，报酬是一个门槛（要有平等的报酬），但是激励的真正驱动力是幸福感与目标感，这种意义是人力资源管理者应该提供给员工的。

薪酬福利大管家需要同时具备给予员工意义与薪酬的能力，有一套帮助员工取得成功的方法。

7. 合规管控者（Compliance Manager）

随着全球化进程的发展，人力资源从业者们需要适应越来越多的来自国际、国家、组织的法规。因此人力资源从业者们需要对合规有更深刻的理解，肩负起合规管控的职能，来保障组织运营的稳定性和可持续性。人力资源从业者怎么保证合规？合规有时候在某种程度上变成了一种负面词汇，就像政策的警察。其实合规不一定是负面的，在人力资源管理工作中合规会成为长期成功的因素之一。

8. 数据的设计和解读者（Analytics Designer and Interpreter）

在互联网浪潮和信息技术飞速发展的今天，数据分析占据了各行各业的核心地位，人力资源分析已经成为一大热门词汇。数据的设计和解读者主要是识别与人力资源有关的数据，包括管理、处理数据以及为决策解读和运用数据。数据为人力资源决策提供了理论上的坚实依据。在大数据背景下，商业活动对大数据的依赖日趋明显。人力资源从业者对数据的运用和理解能力，成为利益相关者们对人力资源核心竞争力的期待之一。人力资源从业者的挑战不是收集数据，而是如何获得这些数据，并从中制定可持续发展的政策从而帮助决策。

9. 技术和媒体整合者（Technology & Media Integrator）

人力资源从业者必须能够运用技术和社交媒体来辅助创造出高绩效组织和团队；整合各项技术，并应用各类媒体来帮助资源从业者加强对内对外的沟通，提高组织的效率。技术和媒体改变了人力资源从业者的世界：从内部来看，技术能够用在人力资源实践中的各个方面——招聘、培训、薪酬。从外部来看，技术和媒体整合者需要采用社交媒体工具，如通过领英进行招聘和培训、线上学习、线上进行员工反馈；需要用社交媒体来驱动业务结果；需要将内部的系统与外部的社交媒体相结合。

（二）美国国际公共人力资源管理协会提出的管理者素质模型

美国国际公共人力资源管理协会（IPMA）将人力资源管理者的素质要求与人力资源管理者的4种不同角色相结合，提出了针对HR管理者的素质模型。该模型共包括22项素质要素，并认为人力资源管理者的素质分别在人力资源管理者的 4 种角色中发挥作用。每一项素质要素可能同时对两种或多种角色产生驱动作用。表 1-8 总结了该模型提出的人力资源管理者的 22 项素质，以及每项素质与人力资源管理者角色之间的关系。

表 1-8　IPMA 提出的人力资源管理者的素质与角色关系

人力资源管理者的素质	业务伙伴	变革推动者	领导者
了解所在组织的使命和经营战略	x		
了解业务程序，能实施变革以提高效率和效果	x	x	
了解客户和企业文化	x	x	
了解公立组织的运作环境	x	x	
了解团队行为			x
具有良好的沟通能力	x	x	x
具有创新能力，创造可冒风险的环境			
平衡相互竞争的价值		x	x
具有运用组织建设原理的能力	x		
理解整体性业务系统思维	x	x	
在人力资源管理者中运用信息技术		x	
具有分析能力，可进行战略性和创造性思维	x		x
有能力设计并贯彻变革进程		x	
能运用咨询和谈判技巧，有解决争端的能力		x	x
具有建立信任关系的能力	x		
具有营销及代表能力		x	
具有建造共识和同盟的能力		x	x
熟悉人力资源法规、政策及人事管理流程	人事管理专家		
将人力资源与组织的使命和服务效果相联系	x		
展示为顾客服务的趋向		x	
理解、重视并促进员工的多元化			x
提倡正直品质，遵守职业道德			x

从表 1-8 中我们可以看出，只有一项素质与人事管理专家这一角色相联系，其余要素则主要用来支持业务伙伴、变革推动者和领导者这几个角色发挥作用。但这并不意味着作为人力资源管理者，熟悉人事管理法规、政策和流程不重要，而是因为这一素质模型是在西方发达国家的社会背景下提出来的。在发达国家中，人力资源管理者职业化素养较高，对人力资源管理的基本知识和技能的掌握已经非常成熟，因此区分高绩效和绩效水平一般的人力资源管理者不再主要取决于其知识和技能的高低，而在于是否具备了其他方面的潜在素质特征。但在中国，现代企业的人力资源管理还处于起步阶段，人力资源管理者的专

业知识和技能尚未普及，因此中国企业人力资源管理者的素质模型还需要进一步强调专业知识和技能所发挥的作用，这是西方人力资源管理者素质模型在中国加以推广时需要重点修正和强化的部分。

（三）雷蒙德·A. 诺伊等提出的人力资源管理的专业人员能力模型

在雷蒙德·A. 诺伊等人所著的《人力资源管理：赢得竞争优势》一书中，作者指出从事战略人力资源管理的专业人员需要具备4个方面的基本能力（见图1-16）[49]。

首先，人力资源管理专业人员必须具备"经营能力"——了解企业的经营，并且知道企业的经济状况和财务能力。

其次，人力资源管理专业人员还必须具备与人力资源管理实践的最新发展相关的"专业和技术知识"，这些人力资源管理实践所包括的领域有人员配备、开发、报酬、组织设计以及沟通等。

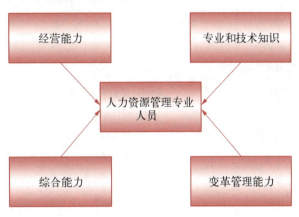

图1-16　人力资源管理专业人员能力模型

再次，人力资源管理专业人员还必须掌握高超的"变革管理能力"，比如，诊断问题、实施组织变革以及评价变革结果等。

最后，人力资源管理专业人员还必须具有"综合能力"，即综合利用其他三个方面的能力来增加企业的价值。

第五节　人力资源管理组织架构

企业在人力资源管理实践中真正关心的是人力资源管理如何在企业中得到应用与实施，而正确的实施只有通过一定的组织架构才能实现[50]。

一、人力资源管理者及人力资源部门的职责

为了更好地理解人力资源组织架构，本节对人力资源管理者及人力资源部门的职责进行了单独研究。美国著名人力资源管理专家加里·德斯勒认为：管理者的五大职能工作是计划、组织、人事、领导、控制，人力资源管理者更加关注在人事[51]。因此，人力资源管理者首先需要在人力资源部门中进行直线管理，其次需要根据人事专业职能在组织中进行协调，提供人力资源管理建议。

由人力资源专业职能人员所组成的人力资源部门发挥着至关重要的作用，是设计和实施整个企业人力资源管理系统的组织者和监控者。因此，它的运行质量的好坏直接关系到整个企业人力资源管理水平的高低。关于人力资源部的职责，国内外学者结合企业实践对

其进行了归纳。

雷蒙德·A. 诺伊等人列举了在美国公司中人力资源部通常所履行的职责[32]，其具体内容见表1-9。

表1-9 美国学者提出的人力资源部门所履行的职责

雇用和招募	面试、招募、测试、临时性人员调配
培训与开发	新员工上岗培训、绩效管理方面的技能培训、生产率强化
薪酬	工资与薪金管理、工作描述、高级管理人员薪酬、激励工资、工作评价
福利	保险、带薪休假管理、退休计划、利润分享、股票计划
雇员服务	员工援助计划、员工的重新安置、被解雇员工的再就业服务
员工关系与社区关系	员工态度调查、劳工关系、公司出版物、劳工法律的遵守、员工纪律关系
人事记录	人力资源信息系统、各种人事记录
健康与安全	安全检查、毒品测试、健康、健身
战略规划	国际化人力资源、人力资源预测、人力资源规划、兼并与收购

但上述对人力资源部门的职责界定，一方面带有较为严重的美国色彩，与美国的劳动力市场环境、社会文化、就业立法等具有非常紧密的联系，很多职责并不完全适用于中国企业人力资源部门的职责界定。另一方面，在中国，企业面临人力资源管理的转型，我们不仅要研究人力资源部门现实情况下做什么，更为重要的是要去研究为了提升企业的核心能力和竞争优势，人力资源部门应该承担什么样的职责。带着这样的目的，本书在对中国企业的人力资源管理现状和问题进行研究的基础上，提出了中国企业人力资源部门应该履行的10项工作职责。其具体内容见表1-10。

表1-10 中国企业人力资源部门应该履行的主要职责

一、人力资源战略规划	1. 战略解读与分析 2. 人力资源盘点与战略需求差异性分析 3. 进行行业最佳人力资源实践研究与差异性分析 4. 人力资源市场供给情况分析 5. 人力资源规划的价值取向与依据研究 6. 组织建设规划 7. 人力资源总量与结构规划：人力资本投资发展规划、职位系统规划、胜任力系统规划、人力资源结构规划 8. 核心人才队伍建设规划：核心人才素质能力提升及职业发展通道规划 9. 战略性人力资源职能活动规划
二、职位管理	1. 业务结构、组织结构与流程的深刻认识与理解 2. 职能、职类、职种体系的设计与构建 3. 在职能、职类、职种的基础上设计职位体系
三、胜任力管理	1. 全员通用的胜任力体系（核心胜任力体系）构建 2. 领导者胜任力体系构建 3. 专业领域胜任力体系构建 4. 关键岗位胜任力体系构建 5. 团队胜任力体系构建

(续表)

四、招募与配置	1. 开辟招聘渠道，广纳人才，建立人才储备库 2. 选择各类人员甄选工具量表 3. 实施人员甄选录用程序，挑选所需的人才 4. 招聘效果评估
五、绩效管理	1. 绩效指标体系及考核标准的设计 2. 绩效实施、沟通与辅导 3. 绩效考核与反馈 4. 考核结果应用 5. 绩效改进 6. 绩效管理体系的选择
六、薪酬管理	1. 确定薪酬理念及薪酬策略 2. 通过外部薪酬调查、行业比较等方式确定薪酬水平 3. 公司内部薪酬结构设计 4. 薪酬水平及薪酬结构调整 5. 日常薪酬管理 6. 福利管理
七、培训与开发	1. 培训体系建设及培训方案设计 2. 培训预算管理 3. 培训实施与效果评估 4. 管理者能力开发和评价 5. 员工职业生涯规划
八、再配置与退出	1. 竞聘上岗制度建设与实施 2. 末位淘汰制度建设与实施 3. 人员退出机制建设与实施 4. 通过轮岗、兼岗等方式提高人岗匹配度
九、员工关系管理	1. 劳资协调、劳资纠纷、集体谈判、对就业立法建议 2. 人事申诉处理、员工基本权益保障 3. 员工人事关系日常管理（入、离职手续办理，合同签订等） 4. 员工敬业度、满意度调查 5. 员工心理健康援助计划（EAP）
十、大数据人力资源管理	1. 人力资源信息化平台建设 2. 知识管理 3. 人力资源运营分析与预测 4. 人力资源数据可视化

二、直线制与直线职能制人力资源组织架构

与整个企业的组织架构分类相似，人力资源管理部门的组织架构也有多种形式，如直线制人力资源部、直线职能制人力资源部等。

（一）直线制人力资源组织架构

在直线制人力资源部中，由于人力资源经理属于经理序列，他需要负责部门内部的计划、组织、领导、控制等直线管理工作。当然，人力资源经理最主要的工作还是设计、实施编制、考核、发薪等传统人事管理工作（见图1-17）。直线制人力资源部往往没有将各种人力资源管理专业职能分开，就需要人力资源经理成为人力资源通才，从而能够把握人力资源管理的全局工作。

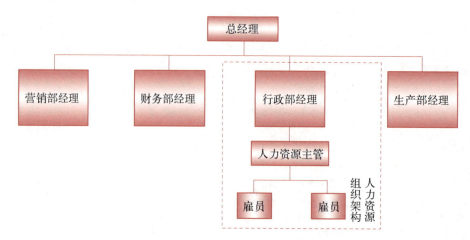

图 1-17　直线制人力资源组织架构

资料来源：魏炜、李震、廖建桥，《企业人力资源部组织结构探讨》，《科学管理研究》2001 年第 3 期，第 63—67 页。

（二）直线职能制人力资源组织架构

直线职能制人力资源组织架构的出发点是将人力资源管理各类职能进一步细分，各部门分管人力资源管理的一部分功能，这样可以使人力资源管理更加有效与系统，培养更多人力资源专才，人力资源管理的职能得到更加充分的发挥。这是其与直线制人力资源组织架构的最大不同。人力资源部门一般由许多各自独立的小部门构成，每个部门的经理（如招聘经理）要进行部门内的直线管理工作，并将重心放在某一个或某几个人力资源管理专业职能上（如招聘工作），如图 1-18 所示。国内外大多数企业的人力资源部采用的是直线职能制组织架构[33]。

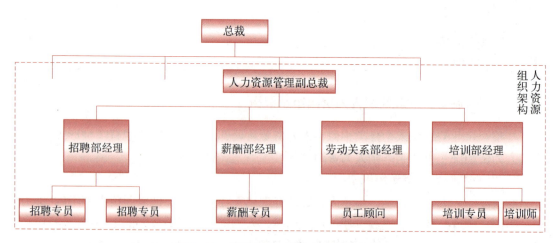

图 1-18　直线职能制人力资源组织架构

资料来源：魏炜、李震、廖建桥，《企业人力资源部组织结构探讨》，《科学管理研究》2001 年第 3 期，第 63—67 页。

三、人力资源组织架构的升级：HR 三支柱

（一）HR 三支柱模式的由来

1. HR 三支柱以福特和 GE 的实践为开端

20 世纪 80 年代初，距企业的工资单首次实现信息化、自动化已有 30 年，信息技术正在重新定义管理工作，美国的福特公司在欧洲成立了世界第一个共享服务中心，主要用途是借助信息化加强公司对财务的管控、提高运营效率、降低企业成本。稍后，1984 年 GE 在北美建立并实施了当时还叫作财务服务操作中心（FSO）的共享服务中心。作为 HR 三支柱之一的共享服务中心，福特和 GE 对其的实践探索是广泛意义上 HR 三支柱模式（HR Three Pillars Model）的起源。

到了 80 年代后期，美国的杜邦和 DEC 公司（Digital Equipment Corporation）建立了财务共享服务中心。GE 在此阶段进一步建立了人力资源共享服务中心，成为共享服务中心在人力资源管理领域的最早探索者。在榜样的带动下，90 年代北美和欧洲的一些企业掀起了一阵建立共享服务中心的热潮。商业界耳熟能详的大企业，如 IBM、微软、惠普，都在本土建立了共享服务中心。值得一提的是，IBM 在 1992 进行人力资源共享服务中心的探索，并沿着戴维·尤里奇的思想发展了 HR 三支柱模式。

由此可以得出两点结论：第一，实践是最伟大的导师，HR 三支柱的起源，广义上来说是美国的福特和 GE 公司的实践；第二，HR 三支柱是跨界融合的产物，其中的人力资源共享服务中心理念源自财务共享服务中心。

2. 戴维·尤里奇对 HR 三支柱理论的贡献

虽然共享服务中心最早来自美国企业的实践，但共享服务理论可以追溯到 20 世纪 70 年代甚至更早的理论界关于合伙制（Partnership）的研究。该理论讲的是多个组织之间如何配置资源，创造共享价值，具体表现为让学生提升学习成绩、为患者就医提供便利。常见的研究有学校（大学-社区学校）间的共享服务、医院间的共享服务等。HR 三支柱中共享服务中心的理论不同于合伙制的研究，从研究的对象看，前者是指企业内部的共享服务，后者是指组织间的共享服务。从研究的目的来看，前者是通过共享服务降低运营成本，后者是组织间相互合作，发挥资源的共享优势。

首次系统论述 HR 三支柱中的共享服务理论是耿氏公司（Gunn Partner）的创始人耿氏（Robert W. Gunn）、强生（Johnson & Johnson）公司的卡伯里（David P. Carberry）、GE 公司的弗里戈（Robert Frigo）以及 DEC 公司的贝伦斯（Stephen Behrens），他们于 1993 年联合发表了一篇文章，对企业共享服务中心的实践探索进行归纳总结。

1995 年戴维·尤里奇发表文章《共享服务：从追求时尚到创造价值》（*Shared Services: From Vogue to Value*），除了系统论述共享服务理论，还首次提出了人力资源共享服务中心的理论。

在实践方面，共享服务中心是企业 HR 三支柱的最早探索，但在理论方面，人力资源

业务伙伴是最先被提出来的。1987 年，戴维·尤里奇就在一篇工作论文（Working Paper）中，通过对 8 000 多位人力资源专业人士的胜任素质调研分析，指出人力资源专业人士要成为业务伙伴。

1997 年，戴维·尤里奇出版《人力资源转型：为组织创造价值和达成成果》（*Human Resource Champions: The Next Agenda for Adding Value and Delivering Results*）一书，这部里程碑式的著作中清晰可见 HR 三支柱的理论框架雏形。他在书中介绍四角色模型的效率专家时就提出对人力资源管理进行组织、流程再造，通过建立专家中心、共享服务中心和业务伙伴，来实现四角色模型在企业的落地。但实际上尤里奇并没有提出 HR 三支柱或类似概念。

IBM 自 20 世纪 90 年代初开始一直在实践中探索尤里奇的理论，经历了近 17 年的探索，从组织层面实现了对人力资源部的重构，将人力资源部门分为三个部分：专家中心、共享服务中心和业务伙伴，并于 2007 年提出了 HR 三支柱模式。之后，HR 三支柱这个概念也得到了尤里奇的认可和众多公司的实践运用。

（二）HR 三支柱模式的内涵

HR 三支柱是一种人力资源组织架构方式，兼有矩阵制、事业部制、网状组织架构的特征，如图 1-19 所示。

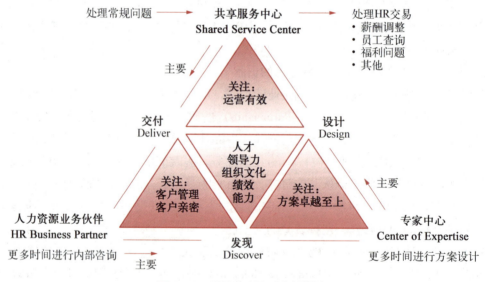

图 1-19　IBM 的 HR 三支柱模式

（1）支柱一：专家中心（Center of Expertise，COE）。COE 可以用人力资源战略价值选择来概括，即 COE 的核心价值在于服务高管、决策层，为其制定正确的战略。

COE 的角色是领域专家，要通晓人力资源管理理论，掌握 HR 相关领域精深的专业技能，追踪、对标最优实践。专家中心很好地回应了 HR 不承接战略，不能像市场、财务一样为战略制定提供有效建议的问题。COE 服务的对象是公司管理层和人力资源业务伙伴。

服务管理层体现在 COE 参与公司战略制定，制定人力资源战略。总部 COE 负责设计全球/全集团统一的战略、政策、流程和方案的指导原则，而地域/业务线 COE 则负责结合地域/业务线的特点进行定制化，这样的 COE 设置可以实现在全公司一致的框架下满足业务所需的灵活性。

（2）支柱二：人力资源业务伙伴（Human Resource Business Partner，HRBP）。HRBP 可以用业务策略的选择来概括，即 HRBP 利用自己所掌握的专业知识、经验，辅助一线业务负责人对组织、团队、人才进行管理。

HRBP 的角色是人力资源通才，要掌握 HR 各职能的专业技能，同时要了解所在部门的业务。如果说 COE 解决的是 HR 上不接战略的问题，那么 HRBP 解决的就是 HR 下不接地气的问题。HRBP 服务的对象是业务部门，HRBP 协助业务领导干部进行组织的管理、团队和人员的管理。HRBP 不是被动地等待业务提出需求，而是主动地发挥灵敏洞察力，找到业务团队管理问题的症结，诊断业务发展过程中的 HR 诉求，综合运用 HR 专业方法论及工具，如分析人员需求、招聘计划、培训要求、绩效考核、薪酬激励等，提供特种部队式的精准支持，解决业务出现的问题，优化流程以适合业务部门，同时帮助业务各级领导干部培养和发展人力资源管理能力。

（3）支柱三：共享服务中心（Shared Service Center，SSC）。SSC 可以用人力资源平台与服务的选择来概括，即 SSC 为组织提供一体化、数据化、自助化的 HR 平台支撑。

平台的选择是指 SSC 为组织中的员工、管理者提供一体化、信息化、自助化的 HR 系统，从而实现平台化服务，实现规模经济。服务的选择是指 SSC 一方面是标准化服务的提供者，他们负责解答管理者和员工的问询，帮助 HRBP 和 COE 从事务性、重复性工作解脱出来，并对内部客户的满意度和卓越运营负责。SSC 另一方面还要研究员工需求，为员工提供定制化、可信赖的 HR 服务。

【HR 之我见】

朱虹：人人车公司人力资源部高级经理（HRBP）

扫描栏目中的二维码学习朱虹针对下列提问的精彩回答：

1. 您为什么选择从事 HR？
2. 公司为什么要从原来传统的职能管理转向 HR 三支柱的管理模式？
3. 您对未来希望从事 HR 工作的学生有何建议？

视频版

文字版

（三）HR 三支柱模式的特点

HR 三支柱模式帮助企业管理者、人力资源管理者厘清了以下三个基本关系。

1. 各部门管理者与人力资源管理的关系

本章第四节已经介绍过人力资源管理的职责分担，核心观点是人力资源管理不仅是人力资源部门的事情，更是各层各类管理者的职责。这一观点同样是 HR 三支柱的设计理念。高层管理者或部门管理者不能把 HR 三支柱的转型及落地实施推给人力资源部来做。因为 HR 三支柱转型不仅是对企业人力资源组织结构的创新，而且还是管控模式上的创新。高层管理者、部门经理和人力资源经理必须结成转型的合作伙伴，以便迅速而彻底地重新设计和确定 HR 三支柱的职能，从而将一个原本忙于各种活动的部门转变为注重结果的部门。

2. HR 三支柱与职能模块的关系

人力资源专业职能管理一般分为"选、育、用、留、出"，或者分为工作分析、招聘、培训与开发、组织发展、绩效管理、薪酬福利、员工关系、退出管理等模块，这是根据人力资源管理开展工作的过程链条划分的。相比重视过程的职能化管理体系，HR 三支柱模式更强调人力资源管理的成果与产出，即人力资源管理能为管理层、业务团队、基层员工带来哪些管理组织、管理人员上的支持。强调结果并不代表 HR 三支柱模式推翻了人力资源管理职能，而是以人力资源的各大职能作为方法论和工具，更好地进行人力资源管理活动。

那么 HR 三支柱模式与人力资源各职能模块的关系是怎么样的呢？职能模块实际上是嵌入 HR 三支柱模式的每一个支柱之中的，即每一个支柱都从事与人力资源职能相关的招聘、培训与开发、绩效管理、薪酬福利、员工关系等工作，三个支柱在从事人力资源职能工作时的侧重点有所不同（见表 1-11）。以招聘为例，三个支柱都会涉及招聘职能的工作，但侧重不同。COE 招聘要思考招聘的渠道与资源，规划人员编制（Headcount），负责管理者的招聘、猎聘，思考雇主品牌建设等；HRBP 要基于对业务的了解、业务团队的人员构成，分析业务最需要具备哪些胜任素质、潜质的人才，组织某些层级业务人员的面试；SSC 使用 HRBP 提供的招聘关键词，进行简历搜索和评级。这样才能体现出人力资源管理的效率。

表 1-11　HR 三支柱与职能模块的关系

	COE	SSC	HRBP
招聘	人才盘点与人才规划，雇主品牌，招聘渠道与资源	内部招聘供应商（简历搜索、评级），招聘信息系统，数据化人力资源管理	承接 COE 招聘政策，招聘、猎聘，了解、反映业务侧用人需求
培训与开发	负责培训平台搭建，逐级培训、各专业族培训、领导力培训体系设计，导师制设计，职业发展体系设计	新员工培训，区域共性问题的针对性培训，COE 培训计划承接，培训、职业发展信息系统	承接 COE 培训计划，业务培训需求挖掘与培训实施

（续表）

	COE	SSC	HRBP
绩效管理	牵头组织 BSC 绩效管理，业内绩效管理最优实践研究，绩效评估方案	绩效评估信息系统	参与业务的 KPI 设定，绩效评估落地实施，定制化绩效评估方案设计
薪酬福利	薪酬调研，薪酬策略，员工固定薪酬与短期激励，长期激励，福利，向业务提供支持，处理 SSC 升级给 COE 的员工咨询	录入算薪数据，发薪，解答员工薪酬问询，窗口办事大厅	业务定制化薪酬方案落地
员工关系	员工关系政策及 FAQ 制定，处理 SSC 升级给 COE 的员工咨询，入职、离职、异动流程管理，毕业生/实习生接收	员工关系答疑热线，窗口办事大厅，入职、离职、异动办理	承接 COE 的员工关系政策
组织发展	组织设计，干部管理（盘点、任免、评估、培养），组织变革	对组织变动进行发文通告，在人事架构图中对变动进行修改	通过人才诊断，配合业务的组织变革
企业文化	组织氛围，各级沟通机制，内刊		承接 COE 文化政策，在业务内部进行沟通，宣传策划，来自业务部门的内刊记者

资料来源：马海刚、彭剑锋、西楠，《HR+三支柱：人力资源管理转型升级与实践创新》，中国人民大学出版社 2017 年版。

总结来看，COE 内部一般仍按职能划分，属于人力资源专才。COE 侧重各职能模型的政策制定与方案设计，对员工的人力资源专业问询有最终解释权，对其他企业在人力资源各职能的优秀实践进行研究。SSC 侧重各职能模块中基础性、行政性工作，对各职能工作流程中的事务性环节进行处理，对各业务在从事人力资源职能活动中共性的工作进行整合、标准化处理。有些企业在 HRBP 这个支柱下设立职能组和 HRBP 组。职能组强调与 COE 职能的对接；HRBP 组属于人力资源通才，侧重通过 HR 专业职能素养来发现业务中的管理问题，综合运用人力资源职能方法论和工具，为业务提供更适合的问题解决方案或设计更加合理的工作流程。

3. HR 三支柱间的协同互动关系

（1）HR 三支柱是专业同质和目标一致的三套班子。HR 三支柱 COE、HRBP、SSC 都有一套完整的"选、育、用、留、出"，这会不会引起内部矛盾冲突？会不会带来工作的交叉和重叠？其实，存在于 HR 三支柱中的这种"矛盾冲突"不属于内耗，而是一种健康大混序。健康大混序带来的作用和好处是：首先三个支柱的专业背景同质，都受过人力资源管理相关专业训练，知识结构、培养发展的技能相似。其次，三个支柱的目标是一致的，虽然各自的定位不同，HRBP 基于业务、COE 基于战略、SSC 基于平台和服务，但他们对外都是 HR，最终的目标都是为组织创造价值。最后，"混序"之后形成简单易行的方案。单从业务的价值链条来说，HR 不是价值链，不产生价值。HR 在业务的价值链里，帮业务产生附加价值。产生这种附加价值，它最核心的功能不是去扰乱和干扰业务，而是把业务端各种各样的复杂问题在 HR 三支柱内部消化，虽然这个过程可能争执得不可开交、面红耳赤，但三个支柱最终要得出一个公式，向业务部门表达的时候要用一个简单的输出，能够让业务得到一个肯定的答复，这其实就是一个 HR 的好处。这种好处，只靠一套班子的"选、育、用、留、出"去做是远远不够的。

（2）HR 三支柱的协同性。首先，架构搭建从对立发展到协同。为什么现在有些企业虽然实施过 HR 三支柱，但最终失败了呢？通过调查我们发现，这些企业的某一个支柱没有建设好，甚至没有搭建，比如 SSC 做得很弱，这样就由两套 HR 班子决策，一个代表战略价值的选择，一个代表业务策略的选择，在他们站在各自视角给出建议时，若没有另外第三方介入，容易让问题变成"是与非""对与错"的两难选择，不利于决策的产生。

其次，组织流程从割裂发展到协同。职能化人力资源管理各模块间缺乏协同，特别是流程上的协同。这将造成重复、多标准，无法从更宏观视角看问题，各模块都不对最终结果负责，出现问题相互指责等问题。HR 三支柱分属职能流程的上、中、下游，并不断产生新的循环。HR 三支柱让外界感受到一个 HR，而非多个 HR。HR 三支柱内对标准产生了共识，看问题也更宏观、全面、系统。打破了传统的按职能划分的 HR，面向业务时就输出一个决策，三个支柱都要为决策承担责任。一旦决策出现问题，也可以很容易地从流程中找到问题归属，或谁的责任更大。HR 三支柱的共享服务中心是组织协同的另一种表现，可以整合不同业务单元有共性的事务性工作，以提高效率，节约 HRBP、COE 的时间，让 HR 从事更能创造价值的工作。

最后，人才与知识经验从分散发展到协同。HR 三支柱有利于组织中人才的协同，共享知识和成功经验，这对于业务间的跨界创新起到支撑作用。HR 三支柱模式下，HRBP 更全面地了解业务，可以为业务提供所需的人才，HR 也可以将成功的组织活力诊断、组织变革等经验和知识沉淀，复制和推广到其他业务单元或部门。

【学习资料 1-3】

中国企业 HR 三支柱的设计与运用

HR 三支柱模式诞生于讲理性、重事实，轻关系、弱互惠的西方世界，在融入看重情感多于法理的中国文化背景时，中国企业出现了"水土不服"的现象。中国标杆企业进行的 HR 三支柱实践对中国特有的人情面子、关系信任、传统文化等因素进行了考量，在设计理念和逻辑上进行了创新。

HR 三支柱理论指出，COE 要紧贴战略，制定政策；HRBP 要以业务为中心，深耕业务需求，满足业务需求；SSC 对分散在各部门的独立运作业务进行整体运作，提高效率。HR 三支柱经历了二十几年的理论和实践探索，观点逐步完善，模式逐步成型。

在大变革、大颠覆的时代，人力资源管理理念在变，内外部客户的需求在变，甚至一些常识也在改变。在这种背景下，人力资源管理如果被动地适应变化，未来前景令人担忧，只有主动求变，在变化中大胆升级，才能生存、发展、创造更大的价值。结合前沿的理论，与华为、腾讯等中国企业在 HR 三支柱方面的实践探索，马海刚、彭剑锋、西楠等提出了中国企业 HR 三支柱模式（见图 1-20）。

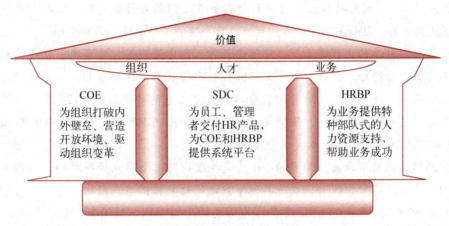

图 1-20　中国企业 HR 三支柱模式

从整体来看，中国企业 HR 三支柱模式是一个房屋，价值做房顶，HR 三支柱做房屋的三根顶梁柱，平台化的共享交付中心（Shared Deliver Center, SDC）托起另外两个 HR 支柱作为房屋的底盘。人力资源服务的对象——组织、员工、管理者等作为房屋的房梁，HR 三支柱不断与服务对象达成共识，让体系结构更加稳固。

分别来看，COE 创造战略价值，是 HR 的战略指挥部，为组织打破内外壁垒、营造开放的环境、驱动组织变革；HRBP 创造业务价值，是深入业务的特种部队，帮助业务成功；SDC 创造平台价值，是配置作战资源的后台，通过 HR 共享服务产品交付，为用户创造价值。

HR 三支柱之间存在着互动关系。

COE 与 SDC：COE 作为战略指挥部，在 SDC 的工作中起着引领指导的作用。SDC 要以 COE 制定的战略、制度、政策为依据和准则，将 COE 的具体工作通过系统化、流程化、精细化的操作落实和细化。同时，SDC 还要积极向 COE 反馈操作过程中遇到的问题，协助修正人力资源管理制度的科学性和准确性，提高人力资源管理效率。

COE 与 HRBP：HRBP 是 COE 制定的公司战略落实到内部客户的重要中介。COE 根据内部客户制定出人力资源管理制度后，HRBP 需根据业务部门的特点对其进行本地化处理，使其更符合该业务部门的情况，促进员工对政策方针的认同和理解。同时，HRBP 也需要向 COE 积极反馈业务部门的需求，帮助 COE 制定更符合业务部门个性化需求的战略和政策。

HRBP 与 SDC：HRBP 作为深入业务部门的特种部队，需要对业务部门进行人力资源需求管理、员工沟通，从而发现最本质的问题，并且提出一个符合业务部门需求的解决方案。而 SDC 需要做的就是通过信息化技术、资源信息平台为这些解决方案提供技术支持，最终交付各个部门产品化的服务，满足其需求。

COE、HRBP 和 SDC 构成了资源流动、行为互动,有一定制度规范及联结关系的企业内部网络,COE、HRBP 和 SDC 是网络中的三个关键节点。西方的 HR 三支柱理论和实践中,HR 三支柱重视信息资源的流动,互动过程频率较小,互惠程度较低,整体呈现弱联系。组织网络权威专家格兰诺维特指出,弱联系让各节点之间的差异性大增,资源多元化程度提高,信息更为丰富。这种策略在西方讲理性、重事实的工作环境中具有优势。

在中国重视关系的文化背景下,中国企业导入西方讲理性、重事实、轻关系和互惠的弱联系 HR 三支柱理论,容易出现水土不服。相比弱联系,强联系 HR 三支柱理论除重视信息资源的获取,还重视人情资源的获取以及复杂信息的传递。图 1-20 展示的模型体现了 HR 三支柱之间的相互联系,强联系模式让中国企业的 HR 三支柱间信任感增强,使得 HR 三支柱间能够以更低的成本实现资源流动。

从信息传递的角度来看,西方的 HR 三支柱理论将三个节点等同对待,选取某个节点作为中心,中心具有数据优势,成为其他节点之间的数据桥梁、枢纽。作为人力资源数据产生、维护和分析者角色的 SDC 适合作为信息的中心节点,随着数据规模增大,能成为 HR 三支柱的大数据平台,起到支撑 COE、HRBP 的作用。同时,由于对数据高度敏感,SDC 还能从数据中提炼价值与趋势,让 HR 创造价值。

资料来源:马海刚、彭剑锋、西楠,《HR+三支柱:人力资源管理转型升级与实践创新》,中国人民大学出版社 2017 年版。

第六节 人力资源管理的历史、现状与未来

一、人力资源管理的历史沿革

关于人力资源管理的发展,可以从两个不同的方面来进行研究,即人力资源管理实践的发展和人力资源管理理论的发展。但由于管理实践和管理理论两者之间相辅相成、相互促进,使得我们难以将两者截然分开,因此对人力资源管理的发展历史的研究,往往是综合了理论发展和实践推进两个方面的内容,相互交织而形成的。国内外学者研究人力资源管理的发展历史,一般都将其划分为若干个不同的阶段。典型的理论观点包括 6 阶段论、5 阶段论和 4 阶段论。这些观点从不同的角度揭示了人力资源管理的发展历史。下面我们将对此做具体介绍。

(一)国内外学者的常见划分模式

1. 弗伦奇提出的 6 阶段论

美国华盛顿大学的弗伦奇(W. L. French)在 1978 年提出:早在 1900 年初,现代人力资源管理的内容已经形成,以后的发展主要是观点和技术方面的。弗伦奇将人力资源管理的发展划分为以下 6 个阶段。

(1)第一阶段:科学管理运动。在 20 世纪初,泰罗与吉尔布雷思夫妇开创了科学管理

理论学派，并推动了科学管理实践在美国的大规模推广和开展。泰罗针对以前企业管理实践的弊端提出了科学管理理论，其主要内容可以概括为以下 4 个方面：

① 对工人工作的每一个要素开发出科学方法，用以代替老的经验方法。

② 科学地挑选工人，并对他们进行培训、教育，使之成长（而在过去，则是由工人自己挑选工作，并尽自己的可能进行自我培训）。

③ 与工人们衷心地合作，以保证一切工作都按已形成的科学原则去办。

④ 管理当局与工人在工作和职责的划分上几乎是相等的，管理当局把自己比工人更胜任的各种工作都承揽过来（而在过去，几乎所有的工作和大部分责任都推到了工人们头上）。

泰罗及其后继者吉尔布雷思夫妇的理论对美国工业管理产生了巨大的影响，极大地推动了美国工业生产率的提高。从泰罗的科学管理理论中，可以看到人力资源管理（或人事管理）理论和方法的雏形。在科学管理阶段，主要注重通过科学的工作设计来提高工人的生产率；同时，注重采用科学的方法对员工进行招聘和挑选，用企业的系统培训来取代以前的自我培训，以提高工人的生产率；并且科学管理理论还创造出了最初的劳动计量奖励工资制度——差异计件率系统，并最早提出了将生产率改进所获得的收益在企业和工人之间分享的思想。这些理论都对现代企业人力资源管理的发展产生了重要的影响。

（2）第二阶段：工业福利运动。工业福利运动几乎与科学管理运动同时展开。美国全国现金公司在 1897 年首次设立了一个叫作福利工作的部门，此后，福利部、福利秘书、社会秘书等名称相继出现。设立这些部门或职位的主要目的是改善工人的境遇——听取并处理工人的不满意见，提供娱乐和教育活动，安排工人的工作调动，管理膳食，照顾未婚女工等。总之，这是基于关心工人的福利的主张建立起的一套有关企业员工管理的思想体系。这种福利主义的人事管理观点也成为现代企业人事管理的来源之一。

（3）第三阶段：早期的工业心理学。以"工业心理学之父"雨果·闵斯特伯格（Hugo Munsterberg）等人为代表的心理学家的研究结果，推动了人事管理工作的科学化进程。雨果·闵斯特伯格于 1913 年写的《心理学与工业效率》一书标志着工业心理学的诞生。在第一和第二次世界大战期间，根据这些研究成果制作的测验用于军方选拔和安置人员取得了极大的成功，此外，试图把机器的特点和人的特点相互匹配的因素测定技术也开始发展并得到应用。随后，工业心理学得到了飞速的发展，并开始用于商业中的人事选拔和测评。这样，工业心理学就从人与工作的关系、人员的选拔和测评等方面对人事管理产生了极大的影响，使人事管理开始从规范化步入科学化的轨道。

（4）第四阶段：人际关系运动时代。20 世纪 30 年代，著名的霍桑实验的研究结果使管理从科学管理时代步入人际关系时代。1924—1932 年，梅奥等人在位于芝加哥的西屋电器公司的霍桑工厂进行了著名的霍桑实验。该实验证明，员工的生产率不仅受到工作设计和报酬的影响，而且更多地受到社会和心理因素的影响，即员工的情绪和态度强烈地受到工作环境的影响，而这种情绪和态度又会对生产率产生强烈的影响。因此，采用行为科学理论，改变员工的情绪和态度将对生产率产生巨大的影响。这在管理实践领域引发了人际关系运动，推动了整个管理学界的革命。在人际关系运动阶段，人力资源管理发生了很多变革，包括在企业中设置培训主管、强调对员工的关心和支持、增强管理者和员工之间的沟通等，这些都作为新的人事管理方法被企业所采用。至此，人力资源管理开始从以工作为中心转变到以人为中心，把人和组织看成相互和谐统一的社会系统。

（5）第五阶段：劳工运动。雇佣者与被雇佣者的关系，一直是人力资源管理的重要内容之一。从 1842 年美国马萨诸塞州最高法院对劳工争议案的判决开始，美国的工会运动快速发展起来，1869 年就形成了全国网络。1886 年，美国劳工联合会成立。大萧条时期，工会也处于低潮。1935 年，美国劳工法案《瓦格纳法案》（*Wagner Act*）的颁布使工会重新兴盛起来。罢工现象此起彼伏，缩短工时、提高待遇的呼声越来越高，因此出现了集体谈判。到 20 世纪 60—70 年代，美国联邦政府和州政府连续颁布了一系列关于劳动和工人权利的法案，促进了劳工运动的发展，人力资源管理成为法律敏感行业。对工人利益、工人权利的重视，成为组织内部人力资源管理的首要任务，因此在今天西方国家的人力资源管理中，处理劳工关系、使企业避免劳动纠纷诉讼，也成为人力资源管理的重要职能。

（6）第六阶段：行为科学与组织理论时代。进入 20 世纪 80 年代，组织管理的特点发生了变化。在日趋激烈的竞争环境中，企业越来越强调对外部环境的反应能力和根据外部环境进行变革的组织弹性，并以此为基础增强企业的竞争力。因此在这个阶段，人力资源管理的特点是：一方面，将组织看作一个系统，而人则是这个系统的组成部分；另一方面，组织又是整个社会系统的一个子系统，这样就形成了现代组织理论和行为科学的管理思路，即人力资源管理要符合组织的要求，符合提升企业竞争力的要求。这就进一步要求从单个的人上升到组织人，把个人放在组织中进行管理，强调文化和团队的作用。

2. 卡西乔提出的 4 阶段论

科罗多拉（丹佛）大学的韦恩·F. 卡西乔（Wayne F. Casicio）于 1995 年提出了人力资源管理发展的 4 阶段论。

（1）第一阶段：档案保管阶段——20 世纪 60 年代。这一阶段人力资源管理的主要特点是：企业内部设立独立的或非独立的人事部门负责新员工的录用、岗前教育、个人资料的管理等工作。但这个阶段，人力资源尚未被作为一种资源来看待，人力资源管理也缺乏对工作性质和目标的明确认识，企业内部往往也没有清晰的人事管理的条例和制度，因此这个阶段被称为档案管理阶段。

（2）第二阶段：政府职责阶段——20 世纪 70 年代前后。在这一阶段，由于政府对企业内部管理的介入和反歧视法等法律的制定，企业的人力资源管理开始受到政府和法律的巨大影响。因此，人力资源管理的重要职能就是帮助企业应付政府的要求，避免法律上的问题。但在这一阶段，企业的高级领导人仍将人力资源管理看作为了应对政府和法律不得已而为之的工作，因此仍然将人力资源管理视为不能为企业直接创造价值的非生产性成本，认为它不能给企业直接带来利润。

以美国为例，继 1964 年通过《民权法》之后，政府相继通过了《种族歧视法》《退休法》《保健安全法》等涉及公民雇佣的多种法规，企业如果违反这些法规就会造成巨大的经济损失。这就迫使企业各层领导对劳动人事管理工作给予足够的重视，要求日趋严格，不允许任何环节有丝毫的疏忽，力求缓解和避免劳资纠纷，在出现劳资纠纷时能争取主动。美国电话电报公司曾于 1973 年与联邦政府达成一项协议，同意将晋升到管理职位上的女员工的起点工资与晋升到同样职位上的男员工的工资拉平。这本属于纠正性别歧视的合理之举，但在当时的企业中被认为是"错误的人事管理"，因为该公司为此损失了 3 亿多美元。正是在上述背景条件下，企业人事管理工作不得不强调规范化、系统化和科学化。工作内容逐渐变为主要包括吸收、录用、维持、开发、评价和调整的工作链，为完成上述各种任务所需要的各类人事专家也纷纷进入企业。而为此所支出的一切费用，仍然被许多企业的高层管理者视为整个组织的非生产性消耗，企业不过是为了应付政府不得已而为之。所以，这个阶段也被称为"政府职责"阶段。

（3）第三阶段：组织职责阶段——20 世纪 70 年代末 80 年代初。进入 20 世纪 80 年代，企业的领导人不再认为人事管理是"政府的职责"，而把它真正视为自己企业的"组织的职责"。这种认识的转变是有其历史背景的。首先，心理学、社会学和行为科学日益渗透到企业管理领域，在这种学科交融的基础上形成的理论日益受到企业的重视，并被广泛接受。其次，1972—1982 年，美国的生产率平均年增长 0.6%，而同期日本、西德和法国则分别增长了 3.4%、2.1% 和 3%，员工的懒散和管理的平庸使企业高层领导日益忧虑。再次，劳资关系日益紧张。最后，政府官员对企业进行了非公正的干预。加上劳动力的多样化、教育水平的提高，使企业对人的管理更加困难。因此，企业高层领导被迫从企业内部寻找出路，最终发现人力资源管理是重要的突破口。

许多企业的高层领导人相信：调动人的积极性和掌握处理人际关系的技能非常重要，它既是保证企业摆脱当前困境的有效方法，也是保证企业未来成功的关键因素。40% 的经理说他们一周要花费 5~20 个小时来处理人事问题，这比 5 年前增加了 50%。这些经理迫切需要人事部门的协助，因为人力资源管理工作的复杂性正在日益增加，做好人力资源管理工作远比做好财务管理更加重要。"它不仅是个战术问题，而且是个战略问题。"为此，企业开始吸收人事经理进入企业高层领导集团，共同参与企业的经营决策，并认为人力资源是一种最重要的战略资源，是企业成败兴衰的关键。20 世纪 80 年代初期，美国和欧洲纷纷出现了人力资源开发和管理组织，人事部门改名为人力资源管理部。企业从强调对物的管理转向强调对人的管理。

（4）第四阶段：战略伙伴阶段——20 世纪 90 年代。把人力资源战略作为公司重要的竞争战略，或者从战略的角度考虑人力资源管理问题，是 20 世纪 90 年代后企业人力资源管理的重要发展。在这个阶段，人力资源管理成为整个企业管理的核心，其原因在于人们已经达成共识：在国际范围的市场竞争中，无论是大公司还是小公司，要想获得和维持竞争优势，核心的资源是人力资源。20 世纪 80 年代后期，美国各行业开始对这一趋势予以重视,有影响的商业杂志和学术期刊纷纷发表权威性的文章,讨论这种变化和可能带来的问题。诸如"人事主管成为新的公司英雄""人力资源管理进入新时代""人力资源经理不再是公司无足轻重的人""人力资源总监影响 CEO 的决策"等充满诱惑性的文章,成为反映这个时期特征的重要指标。

3. 赵曙明提出的 2 阶段论

国内学者赵曙明在对国外的人力资源管理发展史进行研究的基础上,将人力资源管理的发展划分为人事管理的发展和人力资源管理的发展 2 个阶段。这种划分方法重在体现出人事管理和现代人力资源管理之间的差异性。

(1) 人事管理阶段。人事管理阶段,又可细分为以下 3 个阶段:

- 科学管理理论阶段。
- 霍桑实验和人际关系运动阶段。
- 组织行为学理论的早期发展以及对人事管理的影响。

前面两个阶段的内容已在前文提及,下面我们着重介绍第三个阶段。

人际关系理论建立在过于简单的员工行为分析的基础上,它强调只有理解员工的需要,才能提高员工的满意度和生产力。而行为科学的研究发现,组织中员工的行为是多种多样、复杂多变的,不能仅仅认为组织中员工的行为方式就是人际关系。组织本身对员工的表现具有塑造、控制和协调的作用,而员工的行为还要受到员工所处的职位、工作和技术要求的影响。组织行为学是"一个研究领域,它探讨个体、群众以及结构对组织内部行为的影响,以便应用这些知识来改善组织的有效性"。组织行为学是和社会学、心理学以及政治学等密切相关的学科,其分支是工业心理学(又称组织心理学)。组织行为学通过对个体、群体以及组织在工作中行为的研究,说明它们是如何影响个体、群体的生产力水平以及产生绩效的。组织行为学的发展是人事管理中对个体的研究与管理扩展到了对群体与组织的整体研究与管理,人事管理的实践也为此发生了很大的变化。组织行为学理论对人力资源管理发展的影响,包括早期的雨果·闵斯特伯格的理论、20 世纪 50 年代的激励理论(包括马斯洛的需求层次论、麦格雷戈的 X 理论和 Y 理论、赫茨伯格的双因素理论等)。这些理论对人力资源管理的理论和技术方法的发展都产生了深远的影响。

(2) 人力资源管理阶段。人力资源管理是作为替代传统的人事管理的概念提出来的,它重在将人看作组织中的一种重要资源来探讨如何对人力资源进行管理和控制,以提高人力资源的生产效率,帮助组织实现其目标。该部分又分为人力资源管理的提出和人力资源管理的发展两个阶段。

① 人力资源管理的提出。"人力资源"一词是由当代著名的管理学家彼得·德鲁克于 1954 年在其著名的《管理的实践》一书中提出来的。在这部著作中,德鲁克引入了"人力资源"的概念,并且指出,和其他所有资源相比较而言,唯一的区别就是它是人,并且是经理们必须考虑的具有"特殊资产"的资源。因此,德鲁克要求管理人员在设计工作时要充分考虑到人的精神和社会需求,要采取积极的行动来激励员工,为员工创造具有挑战

性的工作以及对员工进行开发。

之后，工业关系和社会学家怀特·巴克（E. Wight Bakke）于1958年发表了《人力资源功能》。该书首次将人力资源管理作为管理的普通职能来加以讨论，并提出了一系列的普遍原则。巴克主要从7个方面说明为什么人力资源管理职能超出了传统的人事或工业关系经理的工作范围。这成为对人力资源管理最早的界定。

1965年，雷蒙德·迈勒斯在《哈佛商业评论》上发表了一篇论文，使得"人力资源"的概念引起了资深学者和管理人员的注意。

② 人力资源管理的发展。到了20世纪70年代中期，人力资源管理的定义发生了变化，"人力资源管理"一词已为企业所熟知。但在最初，人力资源管理的概念和传统的人事管理非常接近，两者基本上没有本质的分别。但随着理论的不断成熟和实践的不断发展，人力资源管理逐步和人事管理区分开来。比如，在1992年，斯托里提出了人力资源管理和人事管理之间的27个不同点，并把这27个不同点分为3大类：信念和假设、战略领域以及重要程度。并且根据斯托里的理论，人力资源管理的活动已经从国内转向国外甚至全球。现在人们越来越重视包括生态环境在内的人力资源管理的环境，以及人力资源的健康保护和受教育程度。从组织的角度来看，人事管理是管理人的活动，而人力资源管理的活动则更多的是参与组织的战略发展规划的制定和实施活动。从管理实践来看，人力资源管理人员与业务人员之间的工作关系将更为密切。人事管理的目标是吸引、保留和激励员工，而人力资源管理的目标则更关注组织在竞争力、利润、生存能力、竞争优势和劳动力的灵活性等方面的提高。人事管理注重的是开发人力资源的产品和服务，而人力资源管理则更为关注人力资源对企业的影响。人事管理的实践是以个体为中心，人力资源管理则是以团队为中心，对人力资源的开发也由个体转向团队。

另外，随着人力资源管理理论的发展，学者们更多地开始探讨人力资源管理如何为企业的战略服务，即提出了战略人力资源管理的观点。在战略人力资源管理理论中，最具有影响力的观点是由比尔等人于1984年在《管理人力资本》一书中提出来的，他们认为应该在组织中统一管理个体的不同方面，人力资源管理综合了组织行为学、劳工关系以及人事行政管理学等学科的特点；并且，他们还指出人力资源管理的研究领域已经拓展为对影响组织和员工之间关系的所有管理决策和活动的研究。

【HR之我见】

张海香：北京城乡商业集团人力资源部副部长

扫描栏目中的二维码学习张海香针对下列提问的精彩回答：

1. 您为什么选择从事HR？

2. 很多国企都经历过从人事管理到人力资源管理的正规化过程，这个过程中您有什么经验或体会可以跟我们分享？

3. 人力资源管理走向正规化的过程中，HR 既要做基础的人事工作，也要做把眼光放高到顶层设计的工作，这个过程贵公司有哪些好的实践、好的设计？

4. 国企的人力资源管理与其他类型企业的人力资源管理有什么不同？

5. 您对未来希望从事 HR 工作的学生有何建议？

视频版：

文字版：

4. 尤里奇提出的 4 阶段论

美国密歇根大学的戴维·尤里奇于 2009 年提出了人力资源管理发展的 4 阶段论，如图 1-21 所示。每一阶段都有着相似的随时间变化的曲线：开始、学习、成长，然后进入稳定态。

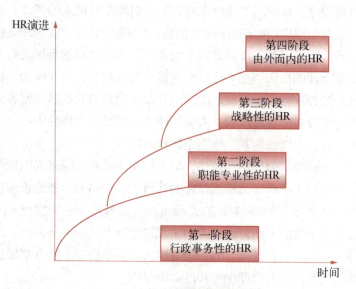

图 1-21　人力资源管理的演进阶段

（1）第一阶段：行政事务性的 HR。第一阶段强调 HR 的行政事务性工作，那时的 HR（人事部门）关注的是劳动协议的条款与条件、提供 HR 服务以及保证法规遵从性。HR 的显著特点被形容为"行政和事务性机构"。所以，只要 HR 能够提供始终如一、低本高效的基础服务——薪酬结算、养老金管理、出勤监控、员工招聘等，就算担当职责了。

第一阶段中，HR 的角色主要由优秀的行政人员担当，不过这绝不是说 HR 没有做出其他重要的贡献，它在员工培训、员工满意度和敬业度评估及人才发展计划实施等工作中都有所贡献，只是说 HR 部门的首要职责是行政和事务性工作。即使到了今天，很多企业中对 HR 的行政与事务性工作的需求也依然存在，但是完成方式与之前已大不相同，它们可以通过外包和其他技术手段解决。HR 的行政类工作要一如既往地高效完成，但当某项工作有了例行工作后，HR 就应该将注意力转向其他更重要的工作。

第一阶段 HR 的效能体现在效率的提升，即以更少的资源完成更多的事务，以及通过完美无瑕的事务处理能力建立起 HR 的信誉。

（2）第二阶段：职能专业性的 HR。HR 的第二阶段强调 HR 在人才搜寻、报酬与奖励、学习、沟通等方面进行的创新实践设计。举例来说，通用电气公司的高管们意识到，公司能否快速地、高质量地在各个管理层级上培养出能够支撑国际业务成长的领导者，对公司长远的业绩表现会有深远影响。这就直接促成了克罗顿维尔管理学院的建立。这一坐落在纽约市郊区的大型学院旨在培养新一代的领导者。学院的教员包括外部专家、内部的 HR 和组织发展职员及公司的高级管理人员。类似的改革创新活动也发生在奖励、沟通、继任者计划及其他 HR 实践领域。这些 HR 实践不仅在"做什么"和"怎么做"方面进行了创新，它们之间的相互影响关系也得到了重视，这就提高了 HR 实践的系统一致性。

第二阶段 HR 的效能体现在 HR 实践的创新和整合，HR 的信誉来自他们所提供的最佳实践。

（3）第三阶段：战略性的 HR。HR 第三阶段的关注点是通过战略性人力资源管理，使员工个体与已整合过的 HR 实践体系能够促进企业经营成功。在过去的 15~20 年间，HR 们致力于将人力资源工作同企业的战略或业务目标关联起来。他们的努力使 HR 实践的关注点得到了扩展，除了最基础的"人才"方面，还包括对企业文化与领导力的贡献。当企业明确了经营战略后，HR 人员就要担负起评估和改善人才、文化和领导力水平的重任，目的是使这三项要素足以协助企业达成战略。在这一阶段，HR 人员要将企业战略转化为人力资源工作的具体计划，以便真正实现战略意图。为更好地完成战略性人力资源工作，HR 的转型随之发生了：HR 人员的专业知识水平需要升级，HR 部门的架构也需要重新规划。

第三阶段的 HR 效能体现在：能够在企业战略与 HR 的行动之间建立起清晰的关联路径，HR 的信誉来自战略制定过程中的参与及贡献。

（4）第四阶段：由外而内的 HR。HR 的第四阶段要利用 HR 的政策流程等实践活动来促成某些外部经营条件的变化，以及对外部变化及时做出回应。我们将这一阶段称为"由外而内的 HR"（HR from the outside in）阶段。"由外而内"的 HR 比战略性 HR 走得更远，他们会根据企业的商业环境、利益相关者需求而调整自身的工作。我们承认，HR 的前三个阶段所代表的都是必须完美实现的 HR 工作——行政事务性的 HR 工作必须完成得毫无瑕疵，HR 的政策流程等实践活动必须进行创新与整合，HR 还必须将战略性的远大志向转化为 HR 方面的具体行动。但我们看到，着眼未来的 HR 们并未停留在前三个阶段，而是将眼光投向组织之外的客户、投资者和社区，以他们的视角来定义成功的 HR 是什么样。

在第四阶段，HR 的效能将会体现在客户占有率、投资者信心和社会名声等方面，而 HR 的信誉不仅来自前述的企业内部要求，还要包括企业外部相关角色的意见。

（二）本书作者提出的人力资源管理演进 4 阶段新论

中国人民大学彭剑锋教授和周禹博士在对国内外的人力资源管理发展史进行研究的基础上，将人力资源管理的发展划分为人事行政管理、人力资源专业职能管理、战略人力资源管理、人力资本价值管理四个阶段（见图 1-22）。

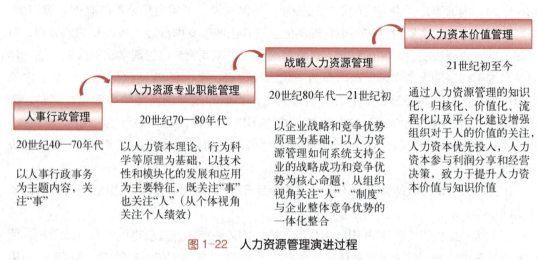

图 1-22　人力资源管理演进过程

（1）人事行政管理阶段。20 世纪 40—70 年代，以人事行政事务为主要内容，主要关注"事"。在人事管理阶段，人力资源管理政策和实践均被视为价值消耗活动。

（2）人力资源专业职能管理阶段。到 20 世纪 70—80 年代，人力资源管理真正成为一个专业职能，以人力资本理论、行为科学等原理为基础开始发挥它的专业作用。在这一时期，企业既关注事（工作分析），也关注人，以及人与组织之间的有效配置。这个阶段仍以关注"事"为主，但逐步开始从以"事"为中心转向以"人"为中心。

（3）战略人力资源管理阶段。20 世纪 80 年代以后，新经济真正开始进入发展时期。在这个时期，人力资源管理以企业战略与竞争优势原理为基础、以人力资源管理如何系统支持企业的战略成功和竞争优势为核心命题。这一时期的人力资源管理不仅仅是一个专业职能，而是成为企业的战略合作伙伴，与企业的战略实现系统的整合。也就是说，人力资源管理不只是人与事的有效配置，还要完成与企业整个战略的配置，使不确定性成为企业的一个主要特征。这就带来了两个问题：一是从外部来讲，人力资源管理如何适应外部环境的变化；二是从内部来讲，人力资源管理如何适应战略管理能力的要求，如何通过人力资源管理来打造企业核心竞争力、提升企业核心竞争优势。此时开始从组织的角度而不仅仅是个体的角度去关注问题。

战略人力资源管理阶段又可以具体分为三个子阶段：人与工作匹配阶段、系统匹配阶段和竞争潜力阶段（见表 1-12）。

表1-12 战略人力资源管理的三阶段

阶段内容	人与工作匹配阶段	系统匹配阶段	竞争潜力阶段
时间	20世纪80年代初	20世纪80—90年代中期	20世纪90年代中期以后
组织挑战	效率最大化	系统匹配	知识成为竞争的关键
战略驱动因素	垂直整合 规模经济 (生产/服务)效率	全球化 多元化 全面质量管理(TQM) 业务流程再造(BPR)	知识竞争力 创新与变革 外包、联盟 虚拟化组织
人力资源理念	人力资源成本消耗	人力资源服从战略需求	人力资源成为核心竞争优势
战略人力资源管理重心	行政性管理 以工作为中心	战略实施 系统 行为/角色	战略制定 能力 知识与文化
关键设计要素	劳动力划分 工作标准化 员工稳定性 效率	内部匹配 外部匹配 集成 高绩效工作系统	资本战略价值 独特性 知识创造与整合 柔性、匹配性、多元化
绩效管理重点	效率 效用 流失率与缺勤率 部门规模	实践的匹配性 评价的可靠性 战略 组织绩效	知识资本与软资本 平衡计分卡 能力
与组织战略的关系	服从组织战略	服务组织战略	组织战略建立在人力资源能力与战略人力资源管理潜力的基础上

资料来源: Snell, S. A., Shadur, M. & Wright, P. M. (2002). Human Resources Strategy: The Era of Our Ways. In Hitt, M. A., Freeman, R. E. & Harrison, J. S. (Ed.), *Handbook of Strategic Management*. Blackwell.

(4) 人力资源价值管理阶段。21世纪以来,随着外部环境的变化,组织发展进入一个面临质变与转型的时代,人力资源管理也升级到一个新的阶段——人力资源价值管理阶段,逐步增强对于人的价值的关注、对于管理效率的提升。具体而言,该阶段有以下五方面的特点:一是知识化。人力资源管理注重将员工的个人智慧转化为组织的知识资源,从强调员工管理的"留人""留心"转向"留智"的智慧资源管理阶段,解决组织知识的获取、应用与创新问题。二是归核化。通过人力资源专业服务与运营管理的合理外包,凸显人力资源管理中组织人才能力发展与组织能力发展这两大核心。三是价值化。人力资源管理强调组织中的每个人都成为价值创造者,通过价值评价与价值分配激发员工潜能和创造力,提升人力资源价值创造能力。四是流程化,通过以客户为核心构建人力资源价值创造流,人力资源管理从权利驱动转向客户价值驱动。五是平台化,基于互联网与信息化,人力资源管理实现集中化、整合化、平台化与智能化伙伴式管理。

【HR之我见】

李震:中国人力资源开发研究会秘书长

扫描栏目中的二维码学习李震针对下列提问的精彩回答:

1. 您是如何与人力资源管理结缘的？为什么选择 HR 这个行业？
2. 您见证了人力资源行业哪些重大的变化？
3. 您认为共享经济的理念对于人力资源管理有哪些重要的影响？
4. 您对未来希望从事 HR 工作的学生有何建议？

视频版：　　　　　　　　　　文字版：

二、品质发展时代人力资源管理基本问题

中国经济正从量变走向质变，进入品质发展时代。所谓品质发展包括以下几个方面的含义：首先，经济增长的目标不再是单一追求 GDP 的量的增长，而是追求有质量的增长；其次，经济发展的驱动力不再来源于低劳动力成本优势、粗放式资源投入及出口拉动，而是创新与人才成为新动能，内需消费升级成为新拉力；最后，经济增长方式不再是漠视环境、破坏生态的掠夺式、野蛮增长方式，而是敬畏自然规律、注重环保与人文价值的文明生态性成长方式。从企业的角度看，就是要回归客户价值和人的价值的创新与重构，适应消费升级与供给侧改革的需要，为社会提供安全、可靠、环保、健康、高品质的产品与服务，通过加大技术、人才、管理、品牌、文化等软实力要素的投入与创新，提高产品和服务的品质，提升产品创新附加价值与品牌溢价，推动企业向全球价值链的中高端进发，从而打造中国企业的全球竞争力与可持续发展能力。中国企业在品质发展时代所面临的人力资源管理基本问题与转型升级需求主要体现在以下十个方面。

1. 企业家难以自我超越，高层领导团队转型变革领导力滞后

企业家与企业高层领导团队是企业第一战略性人力资源，企业家能否自我超越与高层领导团队是否具有转型变革领导力，是中国企业在品质发展时代人力资源转型升级的首要与核心问题。高品质产品首先源于企业家与企业高管团队对高品质产品与服务的追求，来源于企业家高品质产品与服务的供给领导力。如果企业家还是机会导向，受单一短期利益驱动，热衷于挣快钱、捞一把就跑，不愿在环保上承担更多的社会责任，不愿在产品、技术、人才、管理上加大投入，是难以领导企业进行转型和系统变革的。中国企业要转型升级，核心是企业家要实现自我超越，要打造基于价值观的转型变革领导力。

一方面，企业家与高管团队的经营理念要从单一追求规模成长转向有效成长；从机会导向、"捞浮财"思维转向战略导向、打造百年老店思维；要从习惯投机取巧转向培育核心能力，做产品要真材实料，致力于做好产品而不是做便宜的产品；要真正在技术、人才、管理、品牌等软实力上舍得投入，提高产品附加价值；要有信仰，回归客户价值，决

不做假冒伪劣、不安全、不环保产品，对得起良心，守得住法律的底线。要从凭借个人能力转向靠机制、靠制度、靠组织去经营企业，去提升组织整体运营效率，从而为社会提供稳定、可靠的高品质产品与服务。

另一方面，要推动企业家与高管团队的领导力转型与升级，打造适应互联网和品质发展时代的新领导力。这就要求企业家与高层领导团队承担新使命、肩负新责任、打造新能力。从新使命的角度看，企业家与高层领导者要使命驱动、目标高远，坚守并践行公司核心价值观与目标追求，成为公司价值观的率先垂范者；企业家与高层领导者要自我驱动、永葆事业激情，要不安于现状、不图安逸舒适，具有持续奋斗精神。从新责任的角度看，企业家要有变革创新的责任担当、自我批判的品格，不回避问题，敢于批评与自我批判，面对机遇与挑战敢于拍板和决策，敢于担责。从新能力的角度看，企业家与高管团队要致力于培育和发展适应品质与互联网时代的新领导力，包括愿景与数字化领导力、跨界与竞合领导力、跨部门与跨团队融合创新领导力，以及跨文化与全球领导力等。

2. 人力资源战略管理能力短缺，人力资源管理与业务发展脱节

在品质发展时代，中国企业要从机会导向转向战略导向，企业的内在驱动力要从低劳动力成本与粗放式资源投入转向创新与高素质人才驱动。这就要求提升企业人力资源战略准备度与战略管理能力，提高人才对企业战略成长与业务增长的价值贡献度。但目前大多数企业的人力资源管理还停留在专业职能层面，没有上升到战略层面，人力资源难以支撑并驱动企业的战略转型与变革；人力资源管理与业务发展脱节，新的战略与新的业务面临着人才的严重短缺，核心人才队伍难以形成。企业无法快速培养员工技能以适应当前及未来业务发展的需要，企业业务增长的人力资源内在价值驱动力不足，人才价值对业务增长贡献度不够。为此，在品质发展时代，人才要成为经济与企业转型升级的核心要素，中国企业的人力资源管理必须要优先转型升级。这体现在：第一，对于人才要优先投入、优先发展，真正将人才作为企业战略成长和业务发展的第一要素。第二，确立人才供应链战略思维，打造高效和优质的人才供应链以满足组织战略和业务发展需要。高品质产品与服务的背后是高素质与高效能的人才供给，要以战略需求为核心打造战略性顶尖人才供应链（精准选人，全球搜寻最聪明、最能干、最有意愿干的人才），以业务发展为核心构建能力发展链；以人才需求为核心打造人力资源产品服务链。第三，推动人力资源专业职能部门的转型升级，通过三支柱模型的引入、优化与创新，使人力资源管理真正成为企业战略伙伴、业务伙伴与变革推动者。

3. 人力资源管理的顶层设计缺失，整体转型与系统变革能力不足

品质发展时代是中国企业从量变到质变的时代，也是中国整体转型升级与系统变革的新时代，这就需要企业的转型升级不再是单一的问题与机会导向，而是要基于企业的文化价值观，基于企业的战略完成转型与变革的系统思考与顶层设计。企业的转型与变革要从蒙着双眼"变"、摸着石头过河"变"，转向看着"变"、盯着目标"变"，企业的变革思路与方案要系统设计、整体推进。从人力资源管理角度看，首先，当前中国企业普遍缺乏

系统的人力资源管理顶层设计，人力资源管理变革往往是单一问题导向的，或追求管理时尚，人力资源机制与制度不配套，"头痛医头，脚痛医脚"。而系统的人力资源管理顶层设计要从文化、战略、组织与人四个层面完成系统思考与设计，从"责、权、利、能""选、育、用、留、出"等角度进行转型并设计可行的变革路径。其次，中国许多企业在推进人力资源管理的系统转型与变革时，缺乏足够的变革耐心，"东一榔头，西一棒子"，系统变革与构建的战略定力不足。遇到阻力与挫折就往回退，使每一次人力资源的转型变革或退回原点或推倒重来，引起"改革多动症"。因此，如何完成企业基于品质时代人力资源转型升级与变革的系统思考与顶层设计是中国企业人力资源管理整体转型升级的一个重大问题。

4. 人力资源管理角色不清、职能错位，客户化的人力资源产品与服务意识淡薄、供给能力不足

企业就是经营产品、经营客户、经营人才，而经营产品与客户最终是经营人，因为高品质产品与服务的创造与提供要靠高素质、高绩效的人才，而高素质与高绩效人才的背后是高品质的人力资源产品与服务供给，以及高素质与高绩效的人力资源部门与人才管理队伍。中国大多数企业的 HR 的角色定位还停留在行政事务层面，没有上升到战略支撑与业务驱动层面；HR 作为"管人才"的人才理应优先发展，但现在 HR 的专业能力反而是滞后的，体现在 HR 人才客户服务意识淡薄、存在行政权力导向、自身专业知识和技能短缺、职业化素养低下，以及难以为业务发展与人才发展提供专业化的人力资源解决方案。虽然许多企业从人力资源组织架构的角度引入了 HR 三支柱模式，但是 HR 三支柱中的 COE、HRBP、SSC 在实践过程中难以达到预期成效。首先，COE 在企业中"上不来，下不去"，即目前 COE 在运营层面的工作仍然占很大比重，同时又缺乏战略制定参与力及对战略决策的影响力；指导业务的专业技能与业务经验不足，导致 COE 上不能连接战略、承载战略任务，下不能指导业务；其次，面对业务扩张和人员规模的扩大，HRBP 往往靠增加自身人员投入来被动地适应变化，而不能以专业技能提升和工作效能提升来满足业务发展需要；最后，随着人工智能的发展，SSC 如果仅局限于效率提升，而不与时俱进地进行角色升级，提升整合创新的人力资源产品交付能力，该支柱会逐步被人工智能取代。

因此，"管人"的专业职能部门与人才队伍如何优先发展、品质发展，如何将人才当客户，为人才提供有效的、高品质的人力资源产品与服务，人力资源部门如何从权利驱动到客户价值驱动，如何赋予人力资源产品与服务的产品化与客户化属性，将成为品质时代人力资源专业职能自身转型升级的核心问题与内容。

5. 绩效价值导向偏离品质发展时代要求，绩效指标与管理方向迷失

企业的绩效文化价值取向与考核指标设计导向是组织、团队、个体行为的指挥棒、内在牵引与约束机制，绩效文化追求什么，考核指标偏重什么，企业和员工的行为就导向什么。中国经济和企业在单一追求量的规模发展阶段，从宏观经济层面上看，单一追求 GDP 的绩效发展观，带来了巨大的社会资源浪费与环境破坏；社会财富急剧增长的同时，带来了社会收入分配的不公、贫富差距的悬殊、社会矛盾的激化。从企业的层面上看，单一的追求规模成长，忽视有质量的成长，企业规模越大盈利能力越差；单一的股东价值最大化绩效导向，忽视相关利益者价值，尤其漠视了客户价值与人才价值，使不安全、不环保、不健康的产品充斥市场；单一的短期结果考核指标忽视了企业的长期发展，使企业的成长不具可持续性；单一的财务硬绩效考核指标忽视了人才、技术、管理、品牌等软实力绩效指标，使企业创新能力低、产品附加价值低、全球竞争力不足；单一的 KPI 与控制型绩效管理体系抑制了组织活力的激发和人才的创新。因此，在品质发展时代，中国经济与企业能否真正转型升级，关键在于能否走出过去的绩效价值陷阱，变革与创新绩效价值取向与文化，构建适应品质发展时代的新绩效文化与绩效管理体系。具体来看，要实现以下几方面转型：从单一 GDP 绩效价值观转向绿色绩效价值观，从单一追求规模绩效转向有品质的规模绩效，从单一追求股东价值最大化绩效转向相关利益者价值平衡绩效，从单一财务结果绩效指标设计转向财务与非财务指标相互平衡的指标设计。

6. 组织与人才管理机制僵化，抑制组织活力与人才创新

在品质发展时代，企业战略成长的驱动力在于人才与创新驱动，而要实现创新与人才驱动，除了加大对技术创新与人才的投入外，最关键的是通过组织变革与人才机制创新使组织始终充满价值创造活力，并为高素质人才提供充足的人才创新创业的动力和机会。目前中国绝大多数企业的组织模式与人才机制还是以金字塔式科层官僚组织模式为主，人在组织中不是价值创造主体而是工具。组织与人才机制面临的问题与变革需求主要体现在以下六个方面。

第一，行政权力导向的组织运行，而非客户导向。这会导致官本位，行政权力驱动，导致员工"脑袋对着领导，屁股对着客户"，天天围着领导转，而不是围绕市场和客户转，使得企业内部官僚主义、形式主义盛行，人才没有客户价值创造的方向与动力。因此，企业如何打造客户化组织，反官僚主义、反形式主义，驱动人才主动面向客户与市场，是新时代组织变革与人才机制创新所要解决的重要问题。

第二，组织离客户太远，决策重心过高，审批环节过多，机构臃肿，信息不畅，机体僵硬，行动缓慢，对外部反应迟钝。因此，组织如何"瘦身"，如何简化程序（简化审批），如何进行机构合并（大部制），如何使组织扁平化（减少层级），打造贴近客户的敏捷性组织，是品质发展时代组织变革的核心需求。

第三，组织人浮于事，人才互相制造工作，许多人很忙、很累但不创造价值，不能成为价值创造者，也不能有价值地工作。企业内部有五类人——懒人，搭便车的人，庸人，占着位子不作为、慢作为、假作为、乱作为的人，制造工作不创造价值的人，这五类人在企业里面会占到总人数的 25%~30%。企业如何通过组织变革来减人增效，提升人力效率，真正让每个人成为价值创造者，减少内耗，让人有价值地工作，是现在组织所面临的一个难题。

第四，组织内部等级森严，信息不公开、不透明，"部门墙"、本位主义严重，"流程

桶"、流程冗长不畅，部门之间难配合、不协同，各自为政。在数字化与品质发展时代，组织需要的是跨团队、跨职能的平行合作，要打破部门边界去引导、开放任务市场，真正建立平台+项目化+生态组织模式。

第五，组织封闭、不开放，功能模块板结，机制僵化，危机意识淡薄，员工守成，组织气氛沉闷，员工被动工作，活力不足。如何激发活力，如何使大企业组织"微化"，具有小企业的活力，围绕市场让员工自主管理，通过机制创新激活组织，也是企业所面临的重要问题。

第六，组织存在雇佣军文化，单一利益驱动，不能共享事业目标与文化；价值观不统一，凝聚力差，一盘散沙，空降部队与地面部队文化难以融合，员工被动工作，缺乏持续奋斗动力与激情。因此，如何通过文化理念整合达成共识，打造基于价值观的各层级团队，如何通过事业合伙机制引入和构建共识、共担、共创、共享的人才机制，也是组织变革与人才机制创新所面临的核心问题。

7. 转型变革中员工压力增大，心理健康问题凸显，工作与生活平衡矛盾加剧

品质发展时代既是创新与人才驱动时代，也是变化加速的不确定时代，面对转型和变化，人才的压力和心理健康等问题将日益突出，对人才心理资本的经营与人才心理体验价值的提升将成为人力资源管理的新课题。在转型变革中，员工工作压力与心理健康的问题主要来自以下几方面：第一，在转型变革中，许多员工的知识和工作技能难以适应品质时代新的战略和新的业务发展的需要，员工知识结构的更新与新技能学习提升的压力将大大增大；第二，随着人工智能的加速应用，许多人才的工作有可能被机器人替代，人才与机器人抢饭碗，人与机器人合作或竞争，将使人才面临新压力；第三，组织日益扁平化，组织与人的关系的重构，人与组织、人与人、人与岗位的匹配关系日益动态调整，导致部分员工职业发展不清晰、对组织发展前景疑虑不安，甚至出现抵触情绪。这些心理压力如果持续堆积、无法排遣，可能引发员工的生理、心理问题，甚至出现"过劳死"、自杀等悲剧；第四，房价居高不下，员工生活成本高、生活压力大、社会收入差距增大、公共服务非均等化等引发员工心理落差大，对社会分配不公的不满情绪增加；第五，人才需求层次、参与感提高。人才对自主、个性的尊重、机会的提供、赋能与发展空间等有更多的需求，仅靠单一的物质激励难以满足人才要求，如何创新企业薪酬激励内容与模式，让员工有参与感、成就感、幸福感、体验感成为组织与人才发展的核心内容。

8. 企业创新型顶尖人才与国际化人才匮乏、跨文化人才管理能力不足

在品质发展时代，中国企业要从模仿创新走向原创技术创新，从应用层面的创新走向底层技术的创新，从本土竞争力走向全球竞争力，所面临的最大挑战之一，是创新型顶尖人才与国际化人才的严重短缺与匮乏。现有教育理念和体制还停留在应试教育与知识传授层面，缺乏创新机制，难以培养创新型人才。同时，中国企业要从本土化走向国际化，要提升全球竞争力，其人力资源管理面临的主要挑战有：人力资源管理者的语言障碍；对当地文化和劳动就业法规制度理解不足；在当地影响力不足导致企业招聘困难；如何解决员

工异地安置问题；如何处理中国员工与当地员工的融合问题等。

9. 人力资源管理信息化基础薄弱，人力资源平台化与数字化能力不足

数字化与人工智能技术正在中国许多企业得到应用，但人力资源管理目前难以适应数字化时代的要求。第一，多数企业的人力资源管理者尚缺乏数字化战略思维，在决策时仍较大程度地依赖自己的主观判断，而不是客观数据。第二，人力资源管理的信息化程度低，基础薄弱，中国大量企业还没有完善的信息化平台，缺乏平台作为决策的支撑会导致诸多制度的实施如"无源之水，无本之木"。第三，人力资源数字化专业人才、跨界人才短缺。第四，人力资源管理的数据量积累不足。对于中国企业而言，如何加速人力资源管理数字化转型、提升人力资源管理的数字化生存能力是品质时代值得加倍关注和加大投入解决的问题。

10. 人力资源效能低下，机器替代人才加速，人才难以退出和转换

品质发展时代要求人力资源管理也要从粗放式人才投入模式转向高素质、精益化、高效能模式。但目前很多企业人力资源管理机制僵化，人才价值创造活力不足，人力资源效能低下；在转型变革中人才退出通道单一，退出机制缺失，导致人才置换通道堵塞、人才退出压力凸显。具体体现在：第一，企业面临转型与去产能的压力，人力资源管理却缺乏与之配套的人才退出机制。第二，随着人工智能的加速应用，体力劳动、重复性、事务性工作大量被机器取代，被替代的员工何去何从？这使许多企业在推进数字化与智能化转型中倍感压力。此外，在品质发展时代，越来越强调对人的价值的尊重，对人的价值创造能力与贡献进行科学合理的计量，但目前人力资源管理信息化、数字化水平低，计量方法滞后，难以对人力资源的价值创造过程与结果进行量化管理，员工对组织的价值贡献与单位工时附加价值难以独立核算，使人力资源管理仍然粗放，精细化管理不足，导致效能低下。

三、人力资源管理未来十大趋势

（一）人力资源管理面临的新环境

1. 组织外部环境

当前中国企业所处的生存环境具有高度的不确定性，具体体现在如下三个方面。

（1）技术换代加速商业模式演进。进入 21 世纪，全球 IT 行业在经历了硬件换代、软件升级与"软硬融合"之后，开始进入互联网技术综合应用的全新阶段。数字化、大链接和人工智能等技术在企业层面上得到广泛应用，加速了企业商业模式的创新与升级。

（2）国内外政治、经济与社会环境呈现新特征。首先，在习近平新时代中国特色社会主义思想的指导下，中国进入了相对稳定发展的新时期；其次，中国经济进一步深化供给侧改革，推动高质量发展；再次，中国社会主要矛盾已经转化为人民日益增长的美好生活需要和不平衡、不充分的发展之间的矛盾；又次，中国"一带一路"倡议将营造一个各国间经济、贸易、技术、文化交流合作的大平台；最后，中美战略性竞争加剧，美国的贸易保护主义和民粹主义倾向给中美竞争增添不确定性。

（3）劳动力结构发生改变。根据2014年的统计数据，我国16~34周岁的活跃劳动力群体占比从2007年的70%降低至43%，人口红利逐步衰减。此外，中国还面临人口老龄化程度加剧和生育率下降等问题，这些都会进一步影响中国未来的劳动力结构。

2. 组织内部环境

（1）新生代员工工作价值观改变。受成长环境的影响，新生代员工一方面生来就认为科技与技术进步是理所当然的，更年轻的"90后"和初入职场的"00后"甚至是移动互联网和人工智能的原住民，因而更能接纳和拥抱变化；另一方面，他们生长在改革开放这一经济走向繁荣的峥嵘岁月里，相比先前一代人他们更看重影响力与成就感。此外，新生代员工更加追求自我驱动、自我实现、体验感、参与感，看重组织和个人的未来发展潜力，同时追求工作的意义、价值以及工作与生活的平衡。

（2）组织变革成为常态。组织的模式和员工的工作方式要适应客户需求、用户行为的变化而不断变革。不断变革恰恰是组织发展永恒不变的主题。戴维·尤里奇认为组织变革的节奏具有易变性、不确定性、模棱两可和错综复杂等特点，这使得职位之间的关系日趋复杂，职位向任务转变，组织的边界越来越模糊。其涉及的主要变化有：第一，组织设计的基点发生了变化，过去组织设计是基于目标和功能的，现在则是以战略业务发展的需求和客户需求为导向。第二，新组织形态不断涌现，例如，互联网企业探索的"项目式、小团队"模式，传统企业互联网转型采用的"大平台+小前端"的自组织模式，共享经济催生的生态化组织模式等。第三，企业战略导向正在悄然转变，中国企业从机会导向转向战略导向。

（二）人力资源管理的十大新趋势

基于以上分析，本书认为，未来中国企业的人力资源管理将呈现如下所示的十大新趋势。

1. 全球人才供应思维与人力资源管理的全球化趋势

目前，虽然全球化与逆全球化思维正进入激烈博弈阶段，但越来越多的中国企业通过产品走向全球化，通过资本的力量收购兼并，整合全球产业链资源。国际化企业将中国作为战略市场，不断融入中国已成趋势，越来越多的组织实现了全球化。组织的全球化，必然要求人力资源管理的全球化。

首先，确立人才供应的全球化思维，致力构建全球人才供应链。企业需要创新人才供应思维，构建全球人才供应链，全球人才为我所用。随着互联网与数字化技术的综合应用，远程工作与数字化虚拟办公正在兴起，人才的供应超越了地域、国界限制，企业所面对的是人才流动的国际化以及无国界的人力资源市场。企业要有"世界就是我的人才库"，"全球人才为我所用"的视野与战略眼光并致力打造全球人才供应链系统。

其次，打造人才全球胜任力。国家"一带一路"倡议给中国企业"走出去"提供了战略机遇，中国企业需要建立经理人员与员工全球胜任力标准体系，加大国际化人才培训与能力提升的投入，整合全球人才培训发展资源，加速人才能力转型与升级。

最后，强化国际化与跨文化的人力资源管理新职能。企业的全球化布局由全球范围内的人力资源支撑，人力资源管理对象由一国为主扩展到全球人力资源。对不同文化背景、不同种族、不同地域、不同信仰的员工如何以中国企业的文化价值观进行跨文化的整合与协同管理，中国企业跨国并购过程中人力资源管理的并购整合要素与方案设计，中国企业全球扩张过程中如何尊重所在国的文化与宗教信仰差异，如何迅速了解和遵从所在国的就业、劳动法律、法规等将成为中国企业人力资源管理的新问题。

2. 人力资源价值链管理与人力资本价值增值管理趋势

数字化与智能化时代，人力资本日益成为企业价值创造的主导要素，人的创新创业成为企业持续成长的新动能，许多传统工作及传统的人力资源管理职能将逐渐被人工智能取代，而员工的时间精力可以越来越多地放在创造性和自我提升的地方。由此，人力资源管理的核心变为如何通过人力资源价值链的管理，即人力资源在企业中的价值创造、价值评价和价值分配一体化的环节，来达到人力资本价值的实现及其价值的增值。

这一趋势将带来三大变化：第一，更加尊重人的价值与人的价值创造。基于对人性的洞悉及对人的价值的尊重构建人力资源机制，以人为本不是简单地以人性为本，而是以价值创造者为本。同时，通过人力资源管理机制与制度创新激发人的价值创造的潜能与动力，让组织始终充满价值创造的活力。第二，更加强调人力资源管理的效能，关注人力资本的投入与产出，关注如何计量人力资本对企业业务增长的贡献度、如何衡量人力资本价值增值、人力资源效能的构成与影响因素、效能提升的方法与途径。人力资源管理的核心目标就是通过激活员工价值创造活力，让每个员工实现自身的发展。通过不断提升人力资源管理的效能，激活每个个体的价值创造潜能，实现人力资本价值增值。第三，更加强调人力资本价值回报和激励，关注人力资源管理价值链循环的管理观念，致力于形成全力创造价值、科学评价价值、合理分配价值的三位一体的价值管理循环系统。随着组织和人的发展，知识型员工成为企业价值创造的主体，对人力资本的认可就是要人才得到合理的价值回报和激励。这三大变化，使得组织不断强调人力资源价值链管理与人力资本价值增值管理。

3. 人力资源管理转变为基于任务+能力的复合式管理趋势

国内外大部分的企业还是基于职位+能力的管理体系，即以职位管理系统及胜任力管理系统为基础。基于职位+能力的复合式人力资源管理的前提是：在静态的组织结构与相对稳定的流程的基础上，构建和设计企业的职位。随着组织向网状化、无边界化、社会化转变，组织结构不再是静态的。同时，随着区块链技术的发展和平台经济的兴起，组织里固定的职位逐渐被平台上动态的工作任务所替代。人力资源管理将以工作任务管理为核心而非以职位管理为核心，这一变化有可能使基于职位的人力资源管理职能逐渐被基于任务的人力资源管理职能所替代。

未来的战略人力资源管理要求组织的发展和人力资源的变化都要适应任务发展的变化，人力资源管理要设计新的劳动组织方式、团队合作方式、内部分工机制，并体现动态适应的特点，组织的人力资源效能也将大幅提升。

4. 战略支撑、业务价值贡献与 HR 三支柱发展趋势

如今出现了新的组织架构和新的经营管理模式，人与组织关系实现了重构。在这样的背景下，人力资源管理需要建立起新的思维体系和能力体系。人力资源部门要考虑如何适应企业战略的需求、业务发展的诉求、人才竞争的要求，去研究和设计企业战略业务发展所需的人力资源产品与服务，满足企业与员工的需求，为企业提高效能做出贡献。HR 三支柱模式由此提出，试图让人力资源部真正从较低层次升华为战略管理的层次。HR 三支柱影响了绝大多数世界 500 强公司的人力资源实践，中国企业人力资源管理在实践 HR 三支柱的过程中亦对其进行了创新，并触发了 HR 三支柱的升级与重构。

（1）HR 三支柱的升级。第一，建立 COE "能上能下，能左能右" 的机制。COE 内部要有竞争淘汰机制，设立做研究的指标，制定解决问题、出方案的评价标准，让专家在竞争中脱颖而出。COE 要建立轮岗、兼岗的机制，让 COE 积累业务、组织变革的经验。第二，HRBP 从激励转向赋能。HRBP 要从传统的辅助业务负责人进行员工管理和激励，转向成为业务负责人的领导力教练，让业务负责人掌握人力资源管理技能。第三，SSC 角色升级应对人机替代挑战。SSC 首先需要进行工作价值观及动机的升级，从职能导向转变为客户导向；其次是进行工作职责的升级，从服务到交付，将为客户迭代出有价值的人力资源精品产品作为目标；最后是进行工作模式的升级，从人工对共性需求进行整合和办理，到人工智能提供共性需求的整合和办理服务，HR 转向关注产品化、个性化的交付。

（2）HR 三支柱的重构。第一是四支柱模式，建立整合变革中心。由于 COE 制定的政策制度与 HRBP 没有明确的汇报关系，使得政策制度在业务部门难以落地，在 HR 三支柱上增加整合变革中心 ICC（Integrated Change Center），形成 HR 四支柱模式。整合变革中心更加适用于全球化经营、有全球文化一致性诉求的公司的 HR 三支柱模式。从职能来看，ICC 向上充分把握 COE 制定的战略政策，向下深入业务推行变革，指导各国家、区域、事业群的 HRBP 团队，策划变革路径，落地 COE 的全球政策和变革方案，对人力资源部门支持全球整合的公司战略起到关键作用。第二是双支柱模式，聚合 COE 和 SSC。根据双元性理论，人力资源部门从组织结构上设立两个部门：一个部门放眼中长期，进行人力资源管理的探索式创新；另一个部门聚焦中短期，主要进行人力资源管理的应用式创新。当未来人力资源管理的共性需求可以大量地被人工智能替代时，通过合并 COE 与 SSC 可以实现 HR 双支柱转型。合并的支柱从人力资源战略性产品的角度出发，专门从事人力资源产品研发、人力资源行业研究、人力资源战略与政策制定等探索式创新工作。HRBP 支柱主要进行人力资源管理的应用性创新，为业务创造价值。

5. 人力资源管理的重心转向知识型员工管理趋势

进入品质发展时代，中国企业面临动能转换，需要依靠创新与人力资本驱动。人才的核心是知识创新者与企业家，两者均为知识型员工。人力资源管理要关注知识型员工的特点，其重点是如何激发知识型员工的价值创造潜能和创新创业激情，推动中国实现创新与人才驱动的新动能转型。

（1）知识型员工的有效开发。对知识型员工来说，发展机会逐渐成为最重要的留任因素之一，企业需要为知识型员工建立起双通道或多通道发展机制，建立扁平化组织配套的轮岗、兼岗机制。知识型员工具有较高的流动意愿，不希望终身在一个组织中工作，由追求终身就业"铁饭碗"，转向追求终身职业能力。来自领英公司的任期制实践可以很好地回应知识型员工的这一职业发展诉求，企业和领导者首先应通过真诚的对话与员工建立信任："我知道我的员工可能会在某个时间离开公司，承认这一事实并不会影响企业对他们的投资意愿。"其次，企业和领导者有义务向员工赋能，使其在任期内承担一系列对其个人职业发展有意义的不同任务，从而帮助他们提升能力和开发潜力，创造改变其职业轨迹的机会。任期制实现了员工与企业的共同成长。

（2）知识型员工的有效管理。同样追求经济上的成功，知识型员工更具有事业精神，看重工作带来的自我价值的实现与自我超越的机会，而非简单地将工作视为谋生手段。组织如果不能为员工提供发挥知识的机会并做到科学评价和有效激励，组织将丧失创造价值的活力，而知识型员工的工作成果形式多样，难以准确衡量。因此，企业必须建立与知识型员工工作价值观相适应的、能够激活其全面需求的价值评价和价值分配体系。

第一，绩效管理要有利于激发人才的价值创造活力。例如，领导者可以让员工自主设定有挑战的目标，鼓励创新行为，允许员工试错，甚至犯错，领导者从关注考核转移到关注员工发展和学习。

第二，薪酬福利要回应知识型员工的新需求。知识型员工有着新的内在需求要素，这些要素是传统的需求模型难以囊括的，企业的全面薪酬策略要回应这些新需求。例如，对企业家人才建立事业合伙人机制肯定人力资本贡献，平衡高层管理人才的短期激励与长期激励，平衡知识创新者的物质激励与精神激励，营造员工的工作体验，实施认可激励等。

6. 未来人与组织关系的重构：从单一雇佣的契约关系到多元的相互雇佣合作伙伴关系

随着知识型员工成为企业价值创造的主体，未来人与组织的关系将发生重大变化。

（1）从管理的角度看，建立劳动契约和心理契约实现人与组织共同成长。企业依据市场法则确定人才与组织双方的权、责、利关系。随着人才的地位上升为组织的战略合作伙伴，企业要更加关注心理契约，即人才对组织的心理期望与组织对人才的心理期望之间达成的"默契"，通过在组织和人才之间建立信任与承诺关系，人才的敬业度、忠诚度得到提升，人才的潜力与自驱力得以进一步开发，最终目的是实现个人与组织的共同成长。

（2）从公司治理的角度看，人力资本与货币资本从雇佣关系走向相互雇佣关系。进入品质发展时代，核心知识型员工和企业家日益成为企业价值创造的主导要素，这将改变过去货币资本和人力资本之间的"零和博弈"关系。原来是货币资本雇佣人力资本，而现在已经是两者相互雇佣。在这样的背景下，事业合伙人的机制得到组织人力资源管理的青睐，即通过一种"资合"的法律结构，表达一种人力资源"智合"的管理逻辑，这与权力下放的趋势相辅相成，有利于降低企业的监督成本，快速应对市场变化，实现人才与企业共创、共担、共享。

7. 劳动组织形式多元化、用工方式灵活化趋势

2014年《劳务派遣暂行规定》颁布及两年过渡期到期，2016年"营改增"，2018年《深化党和国家机构改革方案》中提出各项社会保险费交由税务部门统一征收，类似政策的颁布与执行增加了企业合规用工的成本；共享经济加速了零工经济的出现，互联网、数字化正在改变原有的劳动组织形式；新生代员工的就业观念和就业行为悄然发生变化，他们更加追求灵活多样的选择和发展空间。

这些环境因素对劳动组织形式和用工方式产生五大改变：第一，劳动组织形式更加多元化。过去企业的劳动组织形式是看得见、摸得着，有鲜明的组织结构，比如直线制、职能制、事业部制。而现在随着业务需求的变化，组织形式更多是组织与组织、组织与个体、个体与个体的临时性结合，如基于平台的项目制。第二，用工思路从"为我所有"转到"为我所用"。第三，用工方式更加灵活化。通过劳务合作、人力资源外包、自雇合作、兼职、劳务派遣、短期合同等灵活用工方式，企业能够实现人力资源的快速调整、精确匹配和弹性管理。第四，人力资源外包成为灵活用工趋势下企业的最优选择之一。人力资源外包不仅能帮助企业节约成本、转移用工风险，还能让人力资源管理专注于核心职能。第五，借助科技对灵活用工进行精益时间管理。劳动组织形式的变化让企业对灵活用工的管理成本陡然升高，企业需要借助大数据、云以及人工智能技术实现灵活用工的精益时间管理。

8. 数字化人力资源管理与人机替代、人机互补合作趋势

数字化、人工智能在中国已得到加速应用，数字经济将成为未来中国经济增长的新动能，大数据成为企业竞争力及商业模式创新的核心战略资产。随着中国人口结构趋于老龄化，中国的劳动力人口红利已经逐渐减弱，但中国13亿人口基数给大数据提供了新的红利。无论是消费市场、资本市场还是劳动力市场，每年都有大体量的数据产生。大数据等技术的发展支撑了人工智能产业的爆发，人工智能成为下一轮技术变革的核心。通过大数据、人工智能技术，数据挖掘分析的实时性、预测性大幅提升，机器学习的效能远远超过人类，这些技术变革既是对人力资源管理的冲击，也是对人力资源管理的赋能，企业人力资源管理在数字化浪潮中探索组织与人才机制的创新显得尤为重要。

（1）打造人力资源管理的数字化生存能力。在未来，数字化的组织与人才机制创新体现在：第一，构建数字化的人性与需求思维。未来，人性特征与人的需求可能都是通过数字化来表达与传递的。第二，要具备数字化能力发展思维。管理者要有数字化经营与管理意识，要用数字化的知识体系与任职资格、数字化应用与工作技能等，助力人才实现数字化转型与数字化能力发展。第三，打造数字化的人力资源平台与数字化的人才决策体系。第四，人才价值创造过程与成果全部由数字化衡量、数字化表达、数字化呈现。第五，企业内部的组织结构、人岗匹配变成了数字化工作任务与数字化人才匹配。未来人岗匹配是

动态的，是基于工作任务来进行人才匹配和调节的。第六，构建数字化的工作场景体验与数字化的员工激励。例如，企业的很多激励变成积分制，人的价值创造报酬变成了一种基于人才区块链的内部虚拟货币与内部任务市场化价值的交换。

（2）人、机与组织关系的构建。人工智能既会让人力资源变得不重要，也会让人力资源变得更重要。处于价值链低端的人力资源管理工作，包括基础性、可重复性的脑力劳动，甚至处于价值链中低端较为复杂的分析工作都将被人工智能取代。人才、人工智能机器人与组织的关系是一个结构问题，突出表现为人机替代与人机融合并存。

● 数字化组织与人才机制创新——人机替代。人工智能创新性的应用，使得大量的无人虚拟性组织出现，如京东的立体仓库、青岛港的无人码头、富士康的无人工厂等。同时，未来的人力资源共享服务中心 80% 的工作要被机器人替代。

● 数字化组织与人才机制创新——人机融合。虽然人工智能会替代一部分处于价值链中低端的人力资源管理工作，同时也会产生新的人力资源管理工作。有人类就有人力资源管理，人力资源从业者会被更智慧、更具能动性的需求与机会赋予新的职位。届时，人力资源管理者和人工智能机器人的特点都会发生变化。人力资源从业者将由生长在数字时代的"原住民"构成，他们生来具备与人工智能的互动能力。同时，人工智能机器人也开始有公民身份。这些特点的变化会改变整个企业的生产作业方式以及人与人之间的协同方式，未来企业需要设计的是人机协作和交互的机制。

9. 人力资源从业者的使命、能力跨界与新职业趋势

根据 2017 年中国 HR 职业发展状况报告，在较大工作压力和对薪资不满的现状下，多数 HR 从业者相信人力资源管理工作能够为他们带来技能方面的提升以及职业上的发展，因此更多人选择坚守在 HR 领域，寻求自我的职业突破。未来 HR 的职业发展将走向何方，对 HR 能力跨界的需求又昭示着人力资源管理领域将有哪些新职业产生？

（1）人力资源总监的职业突破口是成为 CEO。未来企业的英雄是人力资源总监与 CHO，这是时代赋予人力资源从业者的使命。菲勒与戴维·尤里奇在 2014 年《哈佛商业评论》的一篇文章里总结了优秀企业 CEO 的能力画像，在对比了 CFO、CHO 和 COO 的画像后，发现 CHO 的能力画像和 CEO 的能力画像最相像。未来人力资源总监、首席人才官突破职业成长天花板就是要像 CEO 一样去思考，既懂业务又懂人，转型成为企业的一把手。

（2）对人力资源部门能力跨界人才的需求提升。人力资源部门的人才要能跳出现有的人力资源能力，站在战略、业务的角度看人力资源管理。在强调战略思维和客户需求的导向下，组织内部 HR 的价值创造依托于人才的跨界组合。

（3）人力资源管理新职业应运而生。未来人力资源管理领域会产生三个重要的职业：第一是人力资源总架构师，第二是人力资源产品经理，第三是人力资源大客户经理。

● 人力资源总架构师是对人力资源组织模式、技术、HR 能力进行整体架构，从而推动人力资源变革、升级和价值创造的高端人才。组织对于人力资源总架构师的胜任力要求如图 1-23 所示，他能将云、大数据与人工智能、移动化等技术新趋势迁移到人力资源管理，对组织的相关利益者之间的关系有清晰的认知，还能准确把握 HR 能力的新要求。

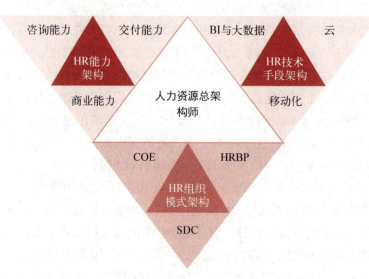

图 1-23　人力资源总架构师模型

- 人力资源产品经理要想满足用户的需求，就要提升产品意识、设计思维，为用户创造价值和惊喜；要想满足人力资源内部客户的需求，核心是与之达成共识。总之，人力资源产品经理应将重心从优化日常工作转向打磨人力资源产品，为用户、客户迭代出有价值的人力资源精品产品。
- 人力资源客户经理是面向事业群的人力资源通才，也是我们通常说的 HRBP。HRBP 深入企业的各个区域、各个业务领域、各个分子公司，一定有一些实力强、规模大、内部地位高、管理更规范的区域、事业群或分子公司。这时需要将一些 HRBP 部门升级成人力资源大客户部，设立人力资源大客户经理（Strategic Business Partner，SBP）。人力资源部对 SBP 有更高的要求。大客户规模大、管理更规范，需要对 HRBP 的工作进行更细致、专业的切分，首先在大客户部设立职能组，如招聘、组织发展、员工关系等职能，这些 SBP 仍然是 HR 某职能的专才，主要职责是对接 COE 的战略和政策，属于人力资源大客户部中的专家。其次在大客户部设置 SBP，并对他们的胜任素质有更高的要求，例如问题发现能力、教练式赋能能力、资源整合能力。

人力资源管理自身职能也在不断延展拓宽，并由此催生了新职业的产生。未来人力资源管理职位还有 HR 大数据分析师与前线战略机动部队，这两个职位要协同发挥作用：战略机动部队了解一线需求、提出决策、寻求资源，大数据分析师在平台上提供分析与决策支持，两者可以很好地发挥大数据+平台的作用。

10. 人力资源管理产品与服务客户化、场景体验与多技术综合应用趋势

数字化与智能化时代是移动互联、物联网、大数据、云计算、人工智能等数字化技术综合应用的时代,是组织与人共同进化、人机相互融合的时代,也是人力资源产品与服务客户化、工作场景体验化、多技术综合应用与创新的时代,新的管理思想与模式也将催生许多新的人力资源管理产品与技术,使得人力资源管理技术与方法在应用层面不断推陈出新,人力资源管理理论与实践创新也将进入一个新时代。

(1) 人力资源管理的新技术、新方法主要包括:基于大数据的智能化人才需求与供给精准匹配模型以及系统构建;大数据人才决策模型与应用;智能化招聘面试、能力测评平台与分布式测评工作台;全方位工作场景体验与人才激励创新;人才消费购买与工作行为习惯分析与画像技术;人力资源产品与服务的产品属性与客户化设计;人才业务活动数字化与全面认可激励;数字化与智能化人力资源效能诊断与评估研究;等等。

(2) 借助于大数据与人工智能技术,人力资源管理理论与学术研究也将转型升级,呈现如下趋势:① 理论与学术研究将从封闭走向开放,人力资源理论工作者要走出研究象牙塔,走进企业,贴近实践,贴近人才;② 要从为发表学术论文而研究、为职称而研究转向负责任地研究,做研究不仅要对科学负责,更要对社会负责,要为企业、社会和人才发展创造价值;③ 要从单一学术研究方法转向跨界合作研究,注重多元和多学科合作,例如,用大数据方法完善定量研究,又如将定性研究与定量研究有机融合;④ 要从简单模仿西方学术研究方法、工具、范式到立足本土进行原创性创新,基于中国研究情景与案例,长期连续追踪研究对象,树立人力资源管理研究者更高的研究事业追求,耐得住寂寞,守得住科学研究底线,出原创性研究成果,出世界级研究成果,出对企业、对社会、对人才发展有价值、有用的研究成果。

三星的人才经营之道

三星抓住了成就世界级伟大企业的本质:企业就是经营客户、经营人才,而经营客户最终是经营人。正如韩国三星集团前会长李健熙所言:"企业就是人事,人事就是万事。"

1. 为什么李秉喆与李健熙的用人哲学截然相反

"三星"的创始人李秉喆喜爱用内敛稳健、大智若愚的人才,而李健熙则偏爱个性张扬、能做出异于常人的思考和行为的奇才、怪才、天才。李秉喆的用人哲学集中体现在其提出的独特的"木鸡人才观"。"木鸡"出自《庄子·达生》。"木鸡"即三星内部的"模范生"人才,李秉喆要求他们忠诚、稳重、严谨。

与父亲不同,极富个性的"偏执狂"李健熙并不喜欢规规矩矩的"模范生",而偏爱有个性、能力突出的人才。李健熙强调天才要拥有想象力和创造力,"天才"看见马车就会萌发制造汽车的想法,而"人才"则能把这一想法同交易和经营联系起来。2002年,他敏锐地觉察到新时代和世界格局的变化,提出了"天才经营论"。他认为在这样一个全球化竞争无止境的年代，输赢取决于一小部分有创意的天才，"一个天才能够养活10万人"。

尽管李健熙与李秉喆的用人偏好有差异，但人才始终是三星经营理念的核心，贯穿整个三星经营发展及其变革过程之中。三星的人才经营不是一个封闭系统，而是一个全球化的开放系统，也是一个人才辈出的创新系统。

2. 一个天才可以养活十万人的天才经营论

什么是天才？李健熙有自己的定义。第一，主导今后"新树种"事业的人才，即能开发出新的事业、创造市场的需求、引领整个企业发展的人才；第二，主导革新变化的人才，即能够打破固有观念、提出革新观点、促进革新的人才；第三，具有明确价值观和组织观的人才；第四，品德高尚的人才。

三星的"人才经营"新战略明确为：注重吸纳"天才"，善用"个性"人才，敢用奇才、怪才。抓住天才是人才战略的首要任务，一个"天才"开发出一个软件，一年就能很轻松地赚几十亿美元，可以创造出几十万个就业岗位。所以李健熙说："仅仅培养人才是不够的，要种苹果树。"

3. 天才级人才为什么能够在三星存活，如何让空降人才融入三星

天才往往是极度聪明、能力超群，但又极富个性，甚至浑身毛病，天才级空降人才往往一落地，就落在沼泽地上，难以存活，难以与地面部队融合共同创造价值。三星却能让空降人才不仅存活、创造价值，而且许多天才真正融入了三星文化，成为三星人。

首先三星舍得在天才级人才上投入，往往以国际市场价3~5倍的价格不惜代价挖人，抛出了让人无法抗拒的高薪。第二，三星将国际化天才的引入上升到战略层面，李健熙亲自花大量时间在全世界约见人才，对国际化人才的引入舍得投资金，同时不急功近利，有足够的耐心。第三，李健熙从制度上规定三星的CEO们每年30%的绩效评价取决于他们为公司吸纳和保留了多少天才级人才。为此，CEO们必须对相关领域进行学习，并自发地去寻找这些人才。最后，三星对引进的人才没有要求他们急于求成，而是保持足够耐心，采用包容开放的方式，让来自全球的人才适应公司文化。

4. 三星人为什么能"享受竞争"，在竞争中成长

三星奉行的是"能力成果主义"，是一种追求卓越的"竞争意识"。三星的人力资源管理有活力、有压力，以贡献者为本、以价值创造者为本，坚持成果主义导向，员工经得起竞争的考验，在竞争中成长。

首先三星有先天"竞争文化"的基因，从李秉喆时代开始就奉行"第一主义"。其次，基于成果的绩效考核难于"高考"。例如，三星对于销售额和成长的贡献度等按结果分级，根据考核结果给予员工薪资和奖金，"人事评价系统"多达250项。再次，三星的内部竞争不是恶性竞争，三星公司有其独特的"1+1>2"的竞争性合作体制。三星公司强调的是"同一个三星"意识，因此三星子公司间的自发性合作的范围和强度比起独立企业之间的战略性合作更加广泛、更加强大。最后，真正在竞争中取得成功的三星人，并不是那些成天担惊受怕担心自己因为绩效不好被淘汰的人，而是真正忘我去工作的人，他们想的不是竞争，而是工作。因此，三星人应对竞争的秘诀就是享受竞争、投入工作。

5. 混血进化的人才创新驱动企业创新

三星主要走混血经营的创新之路，这种混血战略的具体执行可归纳为四点：第一是制定标准化流程，大胆引进国外最先进的东西；二是人才国际化，国外人才引进来，三星人才走出去，不断营造更为开放的三星文化，求新求变，不断实现"驱动生存"下的新人事，确保其优秀的人力资本管理能力，确保以人才为动力的核心竞争力；三是不断加强人才和技术的投入，通过经营管理上的变革，在迭代创新中不断进化混血式经营管理体系；四是管理体系在扎实地学习西方的基础上大胆创新，这点类似于华为提出的"先僵化、后优化、再固化"。

6. 高薪酬、高福利为何没有使三星陷入"养懒人、养庸人"的困境

三星薪酬福利制度的设计，其实与李健熙的"天才经营"理论如出一辙，它的高薪酬与高福利并没有造成"养懒人"的现象。三星薪酬福利体系的神秘特点，概括起来有以下五个方面。

第一，三星坚持人力资本优先，"信赏必赏"。三星倡导信任员工，信任员工的前提就是给他们高薪酬、高福利，承认人力资本的价值。第二，以"能力成果主义"为薪酬制度之魂。员工的薪资由基于组织的能力薪资、个人的能力薪资和基本薪资共同决定。第三，采用"上厚下薄"的薪酬体系。为了充分调动有能力的员工的积极性，三星给予核心人才极为优厚的待遇。对一般员工采取个人贡献工资制，根据"能力高低分等级，努力程度给奖赏"。第四，三星确保贡献者的尊严与荣誉，对其进行精神嘉奖。例如，对于晋升人员实行"状元及第任命仪式"。第五，三星实行全面福利制度。这一制度不仅吸引人才进入三星，更能够留住人才。员工能够在三星拿到相对高薪，又能够得到从自身到家庭成员全面的福利保障。

总结来看，仅靠低劳动力成本优势和市场营销模式创新是难以成就具有全球竞争力的世界级企业的。具有全球竞争力的世界级企业一定是靠人力资本驱动和技术创新驱动，即人才机制和制度牵引与造就人才，人才驱动技术创新，进而驱动企业不断创造出令消费者满意和市场认可的产品与服务。因此，人才与技术创新是成就世界级企业的真正内在驱动力，而技术创新背后依然还是创新性人才的驱动，最终还是回归于人。

资料来源：彭剑锋、金贤洙，《赢在用人：三星人才经营思变》，浙江大学出版社 2015 年版；彭剑锋，《人才经营的"铁三角"》，华夏基石 e 洞察公众号，2018 年。

案例讨论与思考

1. 人力资本在世界级企业中占据何种地位？

2. 作为世界级企业的三星在经营人才方面有哪些特色实践？这些实践是如何与组织的战略相结合的？

3. 人才经营是如何支持三星公司获得持续的核心竞争力的？

 本章思考题

1. 什么是人力资源？人力资源有哪些特征？
2. 企业的核心能力是什么？企业核心能力的来源是什么？
3. 人力资源管理在现代企业中扮演什么样的角色？
4. 当前人力资源管理有哪些基本问题？
5. 人力资源管理的发展趋势有哪些？

注释

① 彼得·德鲁克：《管理的实践（珍藏版）》，机械工业出版社 2009 年版。
②⑬ 苏珊·E. 杰克逊、兰德尔·S. 舒勒：《管理人力资源：合作伙伴的责任、定位与分工》，中信出版社 2006 年版。
③⑮㉞㊲ Bratton, J. & Gold, J. (2017). *Human Resource Management: Theory and Practice* (6 ed.). United Kingdom：Macmillan Education.
④ 赵曙明：《国际企业：人力资源管理（第 4 版）》，南京大学出版社 2010 年版。
⑤ 董克用：《人力资源管理概论（第 4 版）》，中国人民大学出版社 2015 年版。
⑥ 黄维德、董临萍：《人力资源管理（第 4 版）》，高等教育出版社 2014 年版。
⑦ 张德：《人力资源开发与管理（第 5 版）》，清华大学出版社 2016 年版。
⑧ 刘昕：《人力资源管理（第 2 版）》，中国人民大学出版社 2015 年版。
⑨ 舒尔茨：《论人力资本投资》，北京经济学院出版社 1990 年版。
⑩㉛ 加里·德斯勒：《人力资源管理（第 14 版）》，中国人民大学出版社 2017 年版。
⑪ Kleiman, L. (Ed.) (2012). *Human Resource Management: A Managerial Tool for Competitive Advantage* (6 ed.). U. S.：Kendall/Hunt Publishing.
⑫㊽㊾㊼ 雷蒙德·A. 诺伊等：《人力资源管理：赢得竞争优势》，中国人民大学出版社 2018 年版。
⑭ 迈克尔·比尔等：《管理人力资本》，华夏出版社 1998 年版。
⑯ 黄英忠：《人力资源管理概论》，台湾丽文文化事业 2007 年版。
⑰ 伊戈尔·安索夫：《战略管理（珍藏版）》，机械工业出版社 2013 年版。
⑱ Kaufman, B. E. (2015). Evolution of Strategic HRM as Seen Through two Founding Books：A 30th Anniversary Perspective on Development of the Field. *Human Resource Management*, 54 (3), 389–407.
⑲ Wright, P. M. & Mcmahan, G. C. (1992). Theoretical Perspectives for Strategic Human Resource Management. *Journal of Management*, 18 (2), 295–320.
⑳ Wright, P. M. & Snell, S. A. (1991). Toward an Integrative View of Strategic Human Resource Management. *Human Resource Management Review*, 1 (3), 203–225.
㉑ Martell, K. & Carol, S. J. (1995). How Strategic is Human Resource Management? *Human Resource Management*, 34 (2), 253–267.
㉒ Delery, J. E. & Doty, D. H. (1996). Modes of Theorizing in Strategic Human Resource Management：Tests of Universalistic, Contingency, and Configurational Performance Predictions. *Academy of Management Journal*, 39 (4), 802–835.
㉓ Colbert, B. A. (2004). The Complex Resource-based View：Implications for Theory and Practice in Strategic Human Resource Management, *Academy of Management Review*, 29 (3), 341–358.
㉔ Allen, M. R. & Wright, P. M. (2008). Strategic Management and HRM. *Oxford Handbook of Human Resource Management*.
㉕ 马海刚、彭剑锋、西楠：《HR+三支柱：人力资源管理转型升级与实践创新》，中国人民大学出版社 2017 年版。
㉖ 迈克·波特等著、刘守英主编：《45 位战略家谈如何建立核心竞争力》，中国发展出版社 2002 年版。
㉗㉘㉙㉚ Wright, P. M., Dunford, B. B. & Snell, S. A. (2001). Human Resources and the Resource Based View of the Firm. *Journal of Management*, 27 (6), 701–721.
㉜ 颜士梅：《国外战略性人力资源管理研究综述》，《外国经济与管理》2003 年第 9 期，第 29—33 页。
㉝ Kleiman, L. (2012). *Human Resource Management: A Managerial Tool for Competitive Advantage* (6 ed.). U. S.：

Kendall/Hunt Publishing.

㉟ 迈克尔·比尔等:《管理人力资本》,华夏出版社1998年版。

㊱ McGregor, D. M. (1960). *The human side of enterprise.* New York: McGraw Hill.

㊲ Beer, M., Boselie, P. & Brewster, C. (2015). Back to the Future: Implications for the Field of HRM of the Multistakeholder Perspective Proposed 30 Years ago. *Human Resource Management*, 54 (3), 427-438.

㊳ Huselid, M. A. (1995). The Impact of Human Resource Management Practices on Turnover, Productivity, and Corporate Financial Performance. *Academy of Management Journal*, 38 (3), 635-672.

㊵㊶ 彭剑锋、饶征著:《基于能力的人力资源开发与管理》,中国人民大学出版社2003年版。

㊷ 元分析:综合已做过的研究,把相关的单个研究的统计结果汇集成大样本资料,再进行统计分析得出总结性的结论。

㊸ Jiang, K., Lepak, D. P., Hu, J. & Baer, J. C. (2012). How Does Human Resource Management Influence Organizational Outcomes? A Meta-analytic Investigation of Mediating Mechanisms. *Academy of Management Journal*, 55 (6), 1264-1294.

㊹㊻ 张徽燕、李端凤、姚秦:《中国情境下高绩效工作系统与企业绩效关系的元分析》,《南开管理评论》2012年第3期,第139—149页。

㊺ 库姆斯等的元分析是对92篇以西方企业为样本、对高绩效人力资源管理系统与组织绩效关系的实证文献进行元分析,研究结果显示在西方人力资源管理与企业绩效相关性的总体效应值为0.20,两者显著正相关。Combs, J., Liu, Y., Hall, A. & Ketchen, D. (2006). How Much do High-performance Work Practices Matter? A Meta-analysis of Their Effects on Organizational Performance. *Personnel Psychology*, 59 (3), 501-528.

㊼ 乔坤、周悦诚:《人力资源管理实践对组织绩效影响的元分析》,《中国管理科学》2008年10月,第544—550页。

㊿○53 魏炜、李震、廖建桥:《企业人力资源部组织结构探讨》,《科学管理研究》2001年第3期,第63—67页。

本章阅读推荐

Lepak, D. P., & Snell, S. A. (1999). The Human Resource Architecture: Toward a Theory of Human Capital Allocation and Development. *Academy of Management Review*, 24 (1), 31-48.

Wright, P. M., Dunford, B. B., & Snell, S. A. (2001). Human Resources and the Resource Based View of the Firm. *Journal of Management*, 27 (6), 701-721.

戴维·尤里奇:《人力资源转型》,电子工业出版社2015年版。

彭剑锋:《战略人力资源管理:理论、实践与前沿》,中国人民大学出版社2014年版。

第二章　人力资源管理的系统设计与构建

【本章要点】
通过对本章内容的学习，应了解和掌握如下问题：
- 人力资源管理系统设计的依据是什么，怎样理解？
- 人力资源系统设计的价值取向——人性的基本假设方面的理论研究有哪些？
- 目前组织发展形态有什么新变化？
- 组织系统、职位系统以及胜任力系统的内容有哪些？
- 组织、职位以及人的矛盾是什么以及有哪些新的变化？
- 基于职位的人力资源管理、基于能力的人力资源管理以及基于职位+能力的复合式人力资源管理各有什么样的特点？
- 人力资源管理系统十大职能模块有哪些？具体内容是哪些？
- 人力资源管理系统运行机理中的四大支柱、四大机制、一个核心、最高境界分别是什么？具体如何理解？

【导读案例】

基业长青的基础是人力资源管理系统

《基业长青》的作者吉姆·柯林斯（Jim Collins）和杰里·波勒斯（Jerry Porras）指出："优秀企业的发展不是规划出来的，而是像达尔文所说的生物进化一样地尝试进化而来的。"他们向企业界的多位CEO发放了调查问卷，让他们选取心目中的优秀企业。随后他们小心选取了历史较长、能找到可比企业作为对照组的18家企业进行研究对比，试图找到优秀企业能够基业长青的一些因素。其中，排在首位的就是"要做造钟人，而非报时者"，即企业有一套非常完善的制度，在创始人离开之后仍能够确保企业有效运转。

以通用电气公司为例，创立于1892年，而到2017年6月，BrandZ最具价值全球品牌100强榜单中，通用电气公司排名第19位。该公司的第八任董事长兼CEO杰克·韦尔奇曾经在《赢》一书中，结合亲身管理实践，提出如何才能赢的要素包括但不限于：企业文化（使命感和价值观）、战略、六西格玛、领导力、招聘、员工管理等，而这些要素都需要人力资源管理系统的支持。

以惠普公司为例，自1939年以来，创立近80年的惠普经历了七次转型依然基业长青，依靠的是不断调整、不断完善的人力资源管理体系。惠普的人力资源管理体系，包括每个模块的设计，目的都是与公司的战略相匹配。通过把人力资源变成企业的战略伙伴，创造快速应变的工作环境、建立并培养具有战略特质或高潜团队、设计业务导向型的人力资源体系等，去帮助企业实施战略，使得企业能够在近80年的市场变动中屹立不倒。人力资源管理是个系统工程，当企业战略与人力资源管理体系相匹配的时候，企业才有竞争力。

以中国运载火箭技术研究院为例，自1957年11月16日成立以来，经历过集体转业、市场经济、军民融合和二次创业等转型，60多年的风雨塑造了航天精神和众人瞩目的骄人成绩。在整个火箭院的工作运行中，起到重要支撑作用的就是航天系统工程。通过型号设计师系统作为技术体系，与作为管理系统的行政指挥系统进行"四线合一"，打造强大的工作系统，集中资源，达到系统最优。

因此，通过这三个企业的案例，我们可以看出企业基业长青的基础就是人力资源管理系统。一个有效的人力资源管理系统要随着企业战略、内外部环境的变化而发生相应的调整。那么，一家企业如何来进行人力资源管理系统的设计？这些系统包括哪些模块？这些模块之间如何整合？如何来避免不同的模块之间相互扯皮和打架？这就是本章所要解决的基本问题。

资料来源：詹姆斯·C.柯林斯、杰里·I.波拉斯，《基业长青》，中信出版社2002年版；杰克·韦尔奇、苏茜·韦尔奇，《赢》，中信出版社2009年版。

第一节 人力资源管理系统设计的依据

战略性人力资源管理的最终目标，是要通过对企业人力资源的整合来驱动企业核心能力的形成与保持，因此设计出一套适合企业自身的人力资源管理系统对实现企业战略、获取竞争优势至关重要。而在人力资源管理系统设计中，设计依据的正确选择则是整个系统设计成功的关键。本书认为人力资源管理系统设计的依据主要包括两个方面：一方面是企业的使命、愿景、文化以及战略解读，另一方面是人力资源管理系统设计的价值取向。在对人力资源管理系统设计依据解读的基础上，本书将对人力资源管理系统设计的理论基础进行进一步阐述。

一、企业的使命、愿景、文化与战略解读

所谓使命，就是企业存在的理由和价值，即回答为谁创造价值，以及创造什么样的价值。任何现代企业都是在一个产业社会的生态环境中寻找生存和发展的机会。这个产业社会的生态环境主要包括该企业的供应商、分销商、最终顾客、企业的战略伙伴、所在社区以及其他利益相关者。企业要获得可持续性的发展，必须在其所在的产业社会生态环境中找到自身存在和发展的价值和理由，即要明确企业能够为其供应商、分销商、顾客、战略伙伴等一系列的相关利益群体创造什么样的价值。企业只有持续不断地为它们创造价值，使各利益相关者都离不开自身，才能够获得可持续成长和发展的机会。例如，惠普公司的使命就是为人类的幸福和发展做出技术贡献。在这个基础上，惠普公司进一步提出了公司价值观："我们对人充分信任与尊重，我们追求高标准的贡献，我们将始终如一的情操与我们的事业融为一体，我们通过团队、通过鼓励灵活与创新来实现共同的目标，我们致力于科技的发展是为了增进人类的福利。"

"愿景"一词，最早由美国著名的管理学家和组织行为专家彼得·M.圣吉（Peter M. Senge）在其著名的《第五项修炼》一书中提出。所谓愿景，就是企业渴求的未来状态，即回答其在未来将成为什么样的企业。当前，越来越多的企业开始着手建立企业的愿景规划。一般而言，企业的愿景规划包括两个组成部分：一是企业在未来的 10~30 年要实现的远大目标，二是对企业在实现这些目标后将会是什么样子的生动描述。

【学习资料 2-1】

知名公司的经营理念（使命或愿景）

1. Space X

让人类成为跨星球物种。

2. Walt Disney

成为全球的超级娱乐公司。

3. 阿里巴巴集团

让天下没有难做的生意。我们旨在构建未来的商务生态系统。我们的愿景是让客户相会、工作和生活在阿里巴巴,并持续发展最少 102 年。

4. 百度集团

用科技让复杂的世界更简单,从连接信息到唤醒万物。

5. 光启集团

未来即现在。

6. 华为技术有限公司

把数字世界带入每个人、每个家庭、每个组织,构建万物互联的智能世界。

7. 今日头条

要做全球创作与交流平台。

8. 京东集团

科技引领生活,成为全球最值得信赖的企业。

9. 联想集团

成为由 AI 驱动的智能变革时代的推动者和赋能者;智慧联想,服务中国。

10. 腾讯集团

通过互联网服务提升人类生活品质,做最受尊敬的互联网企业。

11. 小米集团

始终坚持做"感动人心、价格厚道"的好产品,让全球每个人都能享受科技带来的美好生活。

12. 中国运载火箭技术研究院

铸就国际一流宇航公司,永当建设航天强国的主力军,勇当建设世界科技强国的排头兵。

13. 华夏基石管理咨询集团

管理构筑基石,咨询引领未来。

资料来源:改编自各公司网站或其他宣传资料,排名不分先后。

企业文化是由某一个特定群体/组织在长期的生产和经营中,为实现共同的目标而在组织实践中共同形成且不断遵循的基本信念、价值标准和行为规范。因此,企业文化包含且不限于企业的使命与愿景。企业独特的文化对企业内部人员的行为和管理起到规范化的整合作用。不同的企业会形成自己独特的文化和文化背后的价值观。从制度经济学的角度来看,文化的作用在于它是信息的载体,在于生长在同一文化氛围内的人们共享着它所载的信息,交易成本便由此而降低。组织解决的是工作的问题,而精神、文化解决的是人的问题。

企业通过建立自己的使命与愿景，找到了发展的目标和方向，逐渐形成自己的独有文化，而企业的战略则是将这样的使命和愿景进行落实的关键步骤。一般来讲，企业的战略主要包括三个层面，即公司层的战略、事业层的战略和职能层的战略。公司层战略主要描述一个公司的总体方向，包括一家公司如何建立自己的业务组合、产品组合和总体增长战略。例如，一家公司决定同时从事家电、IT 和通信终端设备等几个领域来保持企业的快速成长。事业层战略主要发生在某个具体的战略事业单位（如事业部或者子公司），具体是指该战略事业单位采用什么样的策略来获取自己的竞争优势，保持本战略事业单位的成长与发展，以及如何来支持公司层面的总体战略。例如，某家公司决定在其彩电事业领域通过采取低成本战略吸引低端消费者来获取自己的竞争优势。职能层战略主要在某一职能领域中采用，如企业的人力资源战略、财务战略、研发战略、营销战略等，它们通过最大化公司的资源产出率来实现公司和事业部的目标和战略。

企业的使命、愿景、文化和战略共同形成了企业一整套时间跨度由长到短的目标体系，以及支撑这些目标的策略体系。它们又共同形成了企业的组织与人力资源管理体系的设计依据，并且成为组织所有经营和管理系统所要服务的对象。

二、基于人性价值取向的人力资源系统设计依据

人力资源管理的基本假设包括人性的基本假设、人与自然关系的假设、组织与人的关系假设、人际关系的假设、货币资本与人力资本关系的假设等。其中，最基础的还是人性的基本假设，这也是下文将要阐述的内容。基于不同人才的特性与需求的人性价值取向是企业人力资源管理系统设计的参照依据。因为人的行为在一定程度上依赖于他们个人所拥有的一系列假设和价值观，而人力资源管理者的管理实践更是建立在一系列假设和价值观的基础之上的。例如，一位管理者对于员工是否值得信赖、员工是喜欢工作还是厌恶工作、员工是只能做控制范围内的工作还是具有创造性、员工是否具有潜能等方面的认识，将会从根本上决定他会采取何种人力资源管理实践。因此本书认为，人力资源的系统设计要以企业的核心价值观为基础，对人性的基本假设是人力资源管理系统设计的重要哲学基础。

著名管理学家德鲁克曾提出："离开人性，人的合作性，就不能称之为管理。"德鲁克认为，管理要围绕着人与权力、价值观、组织机构和制度来进行研究，最重要的是把管理作为一门真正的博雅艺术来研究。人既是管理系统中的构成要素，又是管理系统中诸要素协调的唯一的活的灵魂。人在管理系统中居于中心地位，人的主动性和创造力的发挥程度决定了管理系统内外部相互协调的效果。如何调动和激发人的主动性和创造力成为管理的首要目标。为此，管理者必须要充分了解人的各种行为和动机，对管理中的人的观念和需要进行深入细致的研究。人性假设是一种管理者关于被管理者需要的观念，这种观念是管理主体协调管理客体行为的思想依据。因此，就管理理论的内在逻辑来看，人性假设问题

的研究是探索管理理论中激励、控制、组织、领导、创新等重大基本理论问题的逻辑前提。美国学者沙因（Edgar. H. Schein）在1965年出版的《组织心理学》[①]一书中，认为西方管理思想与实践大致是沿着"经济人—社会人—自我实现人—复杂人"的人性假设路线[②]行进的。下面，我们对国内外管理学者对人性的基本假设和相关理论进行了总结。

【HR之我见】

　　李洁：曾就职于IBM公司21年，7年专业教练实践，德鲁克管理学院学习体系架构师

　　扫描栏目中的二维码学习李洁针对下列提问的精彩回答：
　　德鲁克思想对人力资源管理最大的启示是什么？

视频版：　　　　　　　　　文字版：

（一）"经济人"假设与X理论

"经济人"假设主要包括以下几点：

① 职工们基本上都是受经济性刺激物的激励的，不管是什么事，只要能向他们提供最大的经济利益，他们就会干。② 因为经济性刺激物又是在组织的控制下，所以职工们的本质是一种被动的因素，要受组织的左右、驱使和控制。③ 感情这东西，按其定义来说，是非理性的，因此必须加以防范，以免干扰了人们对利害的理性权衡。④ 组织能够而且必须按照能中和并控制人们感情的方式设计，也就是要控制住人们的那些无法预计的品质。沙因认为，这一假设的主要问题，"倒不在于根本没有人符合这种假设，而是在于它把人们的行为过于一般化、简单化了。"

美国管理学家道格拉斯·麦克戈雷格（Douglas McGregor）通过对管理者的行为进行深入观察后，得出结论：一个管理者关于人性的观点是建立在一系列特定的假设基础之上的。管理者倾向于根据这些假设来塑造自己对下属的行为[③④]。1957年，道格拉斯·麦克戈雷格提出了关于人性的两种截然不同的理论：X理论和Y理论。其中，X理论与"经济人"假设相近，认为应对员工施以物质性激励和安全感满足为主要手段来达到管理的目的。

根据X理论，管理者持有以下四种假设：
- 员工天生厌恶工作，并尽可能地逃避工作。
- 由于员工厌恶工作，必须对其进行管制、控制或惩罚，迫使其达成目标。
- 员工逃避责任，并且尽可能地寻求正式的指导。

- 大多数员工认为，安全感在工作的相关因素中最为重要，并且员工不具备进取心。

（二）"社会人"假设与人际关系理论

"社会人"假设主要包括以下各点：

① 社交需要是人类行为的基本激励因素，而人际关系则是形成人们身份感的基本要素。② 从工业革命中延续过来的机械化，使工作丧失了许多的内在意义，这些丧失的意义现在必须从工作中的社会关系里找回来。③ 跟管理部门所采用的奖酬和控制的反应比起来，职工们更容易对同级同事组成的群体的社交因素做出反应。④ 职工们对管理的反应能达到什么程度，当视主管者对下级的归属需要、被人接受的需要能满足到什么程度而定。

与社会人假设相关的是人际关系理论，最早是由梅奥在从 1924 年开始的霍桑实验中获得的启发提出人际关系假说，后由弗里茨·朱利斯·罗特利斯伯格（F. J. Roethlisberger）构建起人际关系学派的严谨的理论体系。人际关系理论承认组织中非正式群体的存在，把人际关系看成工作小组的核心，人际关系理论有以下六点假设：

- 人存在于一定的组织环境中，而不是无组织的社会中。
- 以人为本，而不是以机器和经济为本。
- 人际关系中的关键活动是激励人。
- 激励是以团队精神为导向的，这需要其成员的协调一致和积极合作。
- 通过集体合作，人际关系既能满足个人需要，又能实现组织目标。
- 个人和组织都有对效率的追求，即他们都想以最小的投入获得最大的产出。

（三）"自我实现人"假设与 Y 理论

"自我实现人"假设主要包括以下各点：

① 人的动机可归结为由多种动机组成的一个层次系统。从最基本的出发，分别是基本生理需要、生存安全的需要、情感归属的需要、自我满足和受人尊敬的需要以及自我实现的需要等。自我实现的需要是指人所具有的力求最大限度地利用自己才能和资源的需要。当人们的最基本需要（对食物、饮水、住所）得到满足时，他们就会转而致力较高层次需要的满足。即使是那些被认为"胜任力不足"的人，在他们的其他需要或多或少已获满足之后，也会在自己的工作中寻求意义和任务完成的满足感。② 个人总是追求在工作中变得成熟起来，他们通过行使一定的自主权，采用长远观点来看问题，培养自己的专长和能力，并以较大的灵活性去适应环境，使自己真正变得成熟。③ 人主要是由自己来激励和控制自己的，外部施加的刺激物和控制很可能对人变成一种威胁，并把人降低到一种较不成熟的状态。④ 自我实现和使组织的绩效更富成果，这两方面并没有什么与生俱来的矛盾。如果能给予适当的机会，职工们是会自愿把他们的个人目标和组织的目标结合为一体的。

美国管理学家道格拉斯·麦克戈雷格根据 Y 理论，提出管理者持有与 X 理论相反的 4 个假设：

- 员工会把工作看成同休息或娱乐一样自然的事情。
- 员工如果对工作做出承诺，他能自我引导和自我控制。
- 一般的人都能学会接受甚至主动承担责任。
- 人们普遍具有创造性决策的能力，而不只是管理层的核心人物具有这种能力。

显然，X 理论与 Y 理论这两组假设存在着根本性的差异。X 理论是悲观的、静态的和僵化的，它强调控制主要来自外部，也就是由上级来强制下级工作。相反，Y 理论则是乐观的、动态的和灵活的，它强调自我指导并把个人需要与组织要求结合好。

（四）"复杂人"假设与超 Y 理论

针对管理中人性问题的复杂性，沙因提出了自己的"复杂人"假设。沙因认为："不仅人们的需要与潜在欲望是多种多样的，而且这些需要的模式也是随着年龄与发展阶段的变迁、随着所扮演的角色的变化、随着所处境遇及人际关系的演变而不断变化的。"它主要包括以下内容：

① 人类的需要是分成许多类的，并且会随着人的发展阶段和整个生活处境而变化。这些需要与动机对每一个人会各具变化不定的重要程度，形成一定的等级层系，可是这种层系本身也是变化的，会因人而异、因情景而异、因时间而异。② 由于需要与动机彼此作用并组合成复杂的动机模式、价值观与目标，所以人们必须决定自己要在什么样的层次上去理解人的激励。③ 职工们可以通过他们在组织中的经历，学得新的动机。这就意味着一个人在某一特定的职业生涯中或生活阶段上的总的动机模式和目标，乃是他的原始需要与他的组织经历之间一连串复杂交往作用的结果。④ 每个人在不同的组织或是同一组织中不同的下属部门中，可能会表现出不同的需要来；一个在正式组织中受到冷遇的人，可能在工会或是非正式工作群体中找到自己的社交需要和自我实现需要的满足。如果工作职务本身包含多样性的技巧要求，那么在不同的时间，对于不同的工作任务，就可能有众多的动机发挥作用。⑤ 人们是可以在许多不同类型动机的基础上，成为组织中生产率很高的一员，全心全意地参加到组织中去。对个人来说，能否获得根本的满足，以及对组织来说，能否实现最大的效益，仅部分地取决于这种激励的性质。所要完成的工作任务的性质、工作的能力和经验及其同事所创造的环境气氛，这些因素都互相作用进而产生一定的工作模式与感情。⑥ 职工们能够对多种互不相同的管理策略做出反应，这要取决于他们自己的动机和能力，也取决于工作任务的性质；换句话说，不会有在一切时间对所有的人全能起作用的唯一正确的管理策略。

在 X、Y 理论的基础上，约翰·莫尔斯和杰伊·洛希[5]（ J. J. Morse & J. W. Lorsch）提出了超 Y 理论。该理论认为 X 理论不一定过时，Y 理论也不是灵丹妙药。该理论主张组织和工作的匹配性，个人的胜任感和工作的效率要相辅相成、互为补充。实际上，隐含在"超 Y 理论"中的是"复杂人假设"。其主要内容是：

- 人们怀着许多不同的动机和需要参加工作，但最主要的需要是去实现胜任感。
- 胜任感每个人都有，但因人而异，不同的人有不同的满足方法，而要看这种需要与个人的其他需要——如权力、自立、地位、物质、待遇、成就、归属感等的相互作用。
- 当工作任务与组织相适合时,胜任感的动机极可能得到实现。
- 即使胜任感达到了目的,它仍继续起激励作用,一旦达到一个目标后,一个新的、更高的目标就树立起来了。

超 Y 理论在管理上主张:
- 设法把工作、组织和人密切配合起来,使特定的工作由适合的组织与适合的人员来担任。
- 先应从对工作任务的知悉和对工作目标的了解等方面来考虑,然后决定管理阶层的划分、工作的分派、酬劳和管理程度的安排。
- 合理确定培训计划和强调适宜的管理方式,使组织更妥当地配合工作与人员,这样能够产生较高的工作效率和较高的胜任感的激励。
- 各种管理理论,不论是传统的或是参与式的,均有其可用之处,主要应由工作性质、职工对象而定。

超 Y 理论的重点在于权变,即认为对人性的认识要因人而异,人和人不同。人们的需要有不同的类型,当工作和组织设计适于这些需要时,他们就能最好地进行工作。

(五) 其他人性假设与相关理论

继沙因之后,国内外诸多文献著作中对于新的人性假设也在不断探讨中。20 世纪 80 年代,美国管理学者研究发现日本企业的成功在于独特的企业文化,使得"文化人"假设,即认为个人的行为要受到其组织文化的影响,在 20 世纪 80 年代流行起来。

日裔美籍学者威廉·大内(William Ouchi)在 20 世纪 80 年代初期提出 Z 理论,这是一种比较组织理论而非一种关于人性的假设,它包括组织类型、结构、文化和工作方式等方面的内容。在这一理论中,威廉·大内从对日美企业的不同文化背景、价值观念和管理模式的剖析入手,批判了美国企业仅重技术而忽视人的问题,提出生产率与信任、微妙性、亲密性密切相关的命题,显示了他对工作中人的社会需要的关心。尽管威廉·大内并没有明确提出自己的人性假设,但就 Z 理论的实质而言,它是包含了"社会人"假设并把其作为自己的人性论基础的。Z 理论重视人的尊严和价值,强调人际关系的和谐合作,本质是人际关系学派管理理论的运用和发展。

不过,Z 理论与人际关系学说也有显著的区别。首先,Z 理论重视组织中在价值目标一致性基础上形成的信任感、微妙性和亲密性及其社会历史文化背景,而人际关系学说不仅关注人的社会需要这一系统本身的内在状况,更从人的内在状态来看人的需求。Z 理论更注重从影响人的社会文化因素等外部环境入手来看人的需要,它对共同文化价值观念的强调,使其具有一种广阔的视野并染上社会学、伦理学和文化学的浓厚色彩。其次,Z 理论在社会和组织文化、价值观念的层次上探讨组织管理的一系列问题,加之威廉·大内深受麦格雷戈和阿吉利斯(Chris Argris)等人的影响,这就使 Z 理论高出人际关系学说的"社会人"假设之上,具有将"社会人""自我实现人"和"文化人"结合的色彩。

20世纪90年代，以美国为首的西方国家，掀起了建立学习型组织的热潮，相应地，"学习人"假设也应运而生。到了21世纪，又有学者提出如"创新人""智慧人"等人性假设。国内学者何凡兴在对西方学者提出的人性假设理论进行深入研究的基础上，提出关于人性的正态分布模型（又称人性优缺点模型或超XY理论）（见图2-1）。

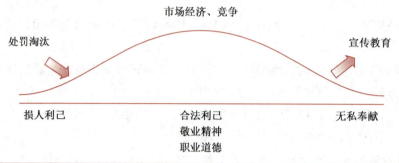

感性	中性	理性
……		……
人性的缺点	马斯洛的（中性）需要	人性的优点
惰性、投机取巧、X理论	自我实现	好竞争、好创新、Y理论
妒忌、死要面子、斤斤计较	自尊（不愿被淘汰）	追求公开、公平、公正
孤独、厌世、自闭、无聊	爱、归属、娱乐	爱工作、爱社交、感谢生活
今朝今醉、贪婪、贪污受贿	安全、内心平衡	居安思危、勤奋
纵欲、斩断欲望	衣食住行	有节制、张弛有度

图2-1 超XY理论

该理论认为，人性既有优点、美德，也有缺点、弱点。人性化管理的关键就是要根据人性的优缺点来设计企业的制度、机制，尤其是人才机制，从而使企业的制度和机制能够充分发挥人性的优点，能够最大限度地制约人性的弱点，从而使员工和企业都获得可持续发展，实现四个满意。

该模型概括起来，主要有以下几点：

（1）人的很多现象（如身高、体重、智力等）都呈正态分布曲线，即中间大，两头小。企业员工的表现（无私奉献、合法利己和损人利己）也是这样。如前所述，马斯洛的需要理论可以扩展为三部分，其中，"自我实现"被定义为：一个人做他自己喜欢的事情。

（2）在大多数情况下，大多数人的行为动机是合法利己。所谓合法利己，就是通过合法的途径去获取个人的最大利益，去满足个人的各种需要。市场经济和各类竞赛（如奥运会）的人性基础都是合法利己。马斯洛的需要理论的实质就是合法利己论。

（3）无私奉献也是人性中不可分割的组成部分。无私奉献至少有四种情况：① 只有付出，没有回报；② 付出大大高于回报；③ 有权对他人的成绩进行评价时，不犯红眼病；

④ 有机会获得提级、晋升和学习机会时，能够从企业整体利益出发，让更优秀的人上。后两种无私奉献是企业在任何时候都需要的，而前两种无私奉献只在以下四种情况下需要：① 在企业艰苦创业时；② 在企业遭遇困难时；③ 在企业遭遇突发事件时；④ 在同事遭遇天灾人祸时。

对人性的优点应该采取上限法则，即通过宣传教育、优秀企业文化的熏陶，使尽可能多的员工在工作中表现优点，以及在需要的时候能够无私奉献。

（4）由于多方面的原因，在任何地方、任何时候，总会有一些人做出损人利己的行为，总有一些人会跟不上企业的发展而落伍。惰性、逃避责任等都是人性弱点的表现。克服惰性和造就大量优秀人才的最有效手段是在企业内实行公开、公平、公正的竞争、淘汰。

对于人性的损人利己或弱点，企业管理中必须采取"下限法则"，这类似于经济学中的"水桶短板法则"。下限法则表明：一只沿口不齐的木桶，它盛水的多少，不在于木桶上最上面的木板，而在于木桶最下面的那块木板，要想多盛水——提高木桶的整体效应，首先不是去增加最上面的那块木板的长度，而是要下功夫依次补齐木桶最下面的那些木板。对人的管理中的下限法则告诉管理者：企业的制度必须能够防止人性弱点的自由泛滥，必须通过有效措施将人性弱点控制在对工作影响尽可能小的范围内。

（5）上述模型适合一个人不同时刻的表现，也适合所有员工在同一时刻的表现。运用它需要思维方式的改变，需要将一元论与概率论有机地结合起来，同时也需要将精确与模糊、大多数与少数的对立协调起来。

此外，关于生命的意义的讨论也开始出现在一些著作中，如维克多·弗兰克尔（Viktor Frankl）在《追寻生命的意义》中提到，约翰斯·霍普金斯大学社会科学工作者曾经对48所学院的7 948名学生做过一次统计调查。这项调查的初步报告是全国心理卫生研究所主持的一项为期两年的研究课题的组成部分。在被问到目前他们认为什么是"极其重要"的一栏里，16%的学生选择"赚大钱"，78%的学生回答说他们的首要目标是"寻找人生的目的和意义"[6]。人探索生命意义，是其生命的原动力，而不是对本能驱力的"继发性文饰"[7]。生命意义是独特而具体的，必须而且能够由个人独自实现；只有这样，生命意义才有价值，才能满足本人的意义意志。

而尤瓦尔·赫拉利（Yuval Noah Harari）在其著作《人类简史》中也提到相似观点，认为每个不同的个体协作要以共同的虚拟故事作为协作基础[8]。因此，是否存在一种"意义人"假设，即人活着是为了获得人生的意义。而获得人生意义的途径有三种：一是通过创造，或者做一番业绩。二是体验某事物，或者结识某人；换句话说，人生意义不只是通过工作才能找到，在爱中也同样可以找到。三是即使沦于绝境的无助的受难者，面对无法改变的命运，也依然能够超越自己，成长发展，从而改变自己。在人工智能时代，科学和新技术无法做出道德判断，在激烈的竞争环境中必须坚持正确的价值导向，强调人性化管理，以拓展组织和个人持续发展的途径。

上述对人性的基本假设以及相关管理理论的总结对现代企业的人力资源管理具有十分重要的影响，因为它形成了企业各层各类人员开展人力资源管理实践的内在依据。对于高层管理者而言，他持有何种人性假设将会影响他如何确定企业的人力资源政策和战略，以及公司的人事管理哲学。对于人力资源专业人员而言，他们持有何种人性假设，将会影响他们如何设计公司的人力资源技术、流程、工具和制度。对于直线管理者而言，其所持有的人性假设则会影响其如何来操作和运用公司的人力资源管理的工具和制度，以及他们会如何来作出具体的人力资源管理决策。当然对于一个组织而言，不同的管理者所持有的人性假设可能会具有较大的差异，但在一个企业中必然会存在着占据主流地位的人性假设，这种主流的人性假设将会从整体上决定该企业的人事哲学、人力资源政策与战略以及公司的人力资源管理的制度、流程、工具和技术。

例如，某企业的人性假设偏向于 X 理论，那么，其人力资源管理体系必然会更加倾向于建立有效的约束机制，而对牵引机制和激励机制不甚重视，甚至更加重视对人力资源成本的控制，而非通过对员工的有效开发和激励来提高人力资源的产出。相反，如果该企业的人性假设偏向于 Y 理论，那么整个企业的人力资源管理体系必然更加重视开发员工的潜能，并对其进行有效的激励，而非将控制和约束放在很重要的位置。需要指出的是，判断人性假设及其理论的合理性，应将其放入具体管理情境中，并以其是否体现人性价值观的主体性和其对管理实践的匹配性作为判断依据。

三、人力资源管理系统设计理论基础

（一）资源基础理论

20 世纪 70 年代，在宏观经济学上，理性预想思想被引入；在微观经济学上，现代企业理论与信息经济学得到发展。现代企业理论在思想上最大的特点就是放弃了新古典企业理论中同质性企业的假设，接受差异性企业的现实，并试图用经济学的方法对这种差异给出有力解释。产业组织理论根据"为什么企业之间会表现出竞争力的差异性"分为三派：贝恩的产业组织理论（哈佛的产业组织理论）、熊彼特和芝加哥学派的产业组织理论、科斯和威廉姆斯的产业组织理论。这些产业组织理论成为 20 世纪 70 年代战略管理吸收现代企业理论思想的主要来源。例如，波特的五力模型、普拉哈拉德和哈默的核心能力理论，还有就是资源基础理论。

本书认为企业资源理论可回溯到 20 世纪 50 年代彭罗斯（Penrose）的著作《企业增长理论》，80 年代以后经过沃纳菲尔德（Wernerfelt）和巴尼（Barney）等人的努力逐渐成为企业战略管理研究领域的一种理论。1984 年，沃纳菲尔德在《战略管理》期刊上发表论文《公司的资源基础观》（*A Resource-based View of the Firm*），标志着资源基础观的开端。巴尼（Barney）在 1986 发表观点，认为波特为代表的竞争优势理论过分强调外部产业环境分析和行业选择，忽视了企业自身的资源特性，无法解释同一产业内企业间为什么会存在绩效差异。该理论依据企业的资源和能力是异质的观点，强调组织持续竞争优势的

获取主要依赖于组织内部的一些关键性资源。这些资源必须是有价值的、稀缺的、难以替代和模仿的,以及不易移动的。假设行业中的组织可能拥有不同的资源,这些资源在组织间具有不可复制性,因此从资源方面来看,组织差异可以持续相当长的一段时间。战略人力资源管理领域的著名学者 P. M. 赖特(P. M. Wright)在系列研究中逐渐认同人力资源管理实践能形成企业可持续的竞争优势,并指出资源基础理论已经成为战略人力资源管理研究最重要的理论基础,为人力资源管理研究和战略管理研究的结合搭起了一座桥梁①。

(二)知识基础理论

从20世纪末开始,伴随"知识经济"的兴起,工作不再是一种有形商品的大规模生产,而是与组织的无形资产——知识有关。企业越来越重视企业家和知识创新者等知识型员工,也逐渐认可知识型员工参与企业的价值分配。因此,业界逐渐从关注资源基础观延展到知识基础理论。战略管理领域的另外一位著名学者格兰特(Grant)的观点认为,知识是生产的关键投入和主要价值来源,企业通过有效地创造、储存和应用知识,创造超额利润,为实现持续生存奠定了基础。知识基础理论最初的目的是以知识作为企业竞争优势的切入点,来研究不同形式的公司间的合作问题,并填补组织学习中如"知识链接"现象的理论空白。图2-2反映的是企业资源基础观与企业知识基础观的比较和联系。在知识基础理论中,具有以下几个特性的知识才是对企业创造竞争优势有利的知识:可转移性、聚合能力、价值回报等值性、专业化、关键投入和价值来源。

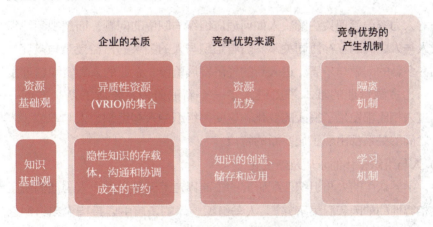

图2-2 资源基础观与知识基础观

知识基础理论的出现,既是对现代社会越来越强调"知识经济"的呼应,也对组织设计和股东价值理论产生了巨大的冲击。一方面,过去的组织设计中强调层级制,但是这就涉及一个信息处理加工问题。组织层级在某种程度上限制了知识的跃迁,如垂直知识如何转移。这就使得越来越多的企业开始考虑通过专家流动来实现跨职能之间的协调。此外,知识型员工日益重要,这就对公司决策分配产生了影响,公司的决策权与所有权不得不向知识型员工倾斜。例如,企业合伙制度就是知识基础理论在实践中一个充分的体现。另一方面,知识基础理论涉及对股东价值理论的冲击。经典的股东价值理论认为,企业重组和战略变革背后的主要驱动力是追求股东价值最大化和增强股东权力。而从国内知名的科技巨头公司阿里巴巴创始人马云先生和华为集团创始人任正非先生关于利润分配的决策来看，他们分别采取了同股不同权、虚拟股权制度的规则来加强对知识型员工的重视和倾斜，足以说明知识基础理论在实践中的重要指导作用。

第二节　人力资源管理系统构建的基点——组织与人

人与组织的矛盾是人力资源管理的基本矛盾，如何正确处理组织与人之间的矛盾关系，平衡组织与人相互之间的利益与价值，是人力资源管理研究中的一道难解之题。因此，人力资源管理系统构建的基点有两个：一个是组织，一个是人。要理清人力资源管理系统构建的基点，就必须要把握一个矛盾、三大系统和三种模式。一个矛盾是指人与组织的矛盾，是人力资源管理模式转变的原因；三大系统是人力资源管理系统构建的基点，包括组织系统、职位管理系统以及胜任力系统；三种模式是指人力资源管理的三种模式，包括基于职位的人力资源管理模式、基于能力的人力资源管理模式以及基于职位+能力的复合式人力资源管理模式。下面，本节将对上述提及的内容进行进一步阐述。

一、人与组织的矛盾及新变化

传统的人力资源管理关注解决人如何适应组织与职位的问题，而忽视了组织与人的相互适应及人与人之间的互补协同关系。随着组织与人的关系的日益复杂与多变，人力资源管理面临许多新的问题与矛盾。进入新的经济发展阶段，企业的人力资源管理发生了重大的转变，人力资源管理的基本矛盾进入了一个新的阶段，矛盾的两个方面——组织与人——同过去相比都发生了很大的变化，这使得组织中人与组织、人与职位、人与价值以及人与人之间的关系都出现了很多新的特点。

（一）人与组织整体的矛盾及新变化

目前，学界认可的人与组织匹配研究的主流界定范围是，关于人与他们所工作的组织之间产生相容性的前因和后果研究[⑩]。人与组织整体的矛盾主要是指人和组织之间的适应性的问题，人的素质与能力要跟企业的愿景、使命、战略、文化与核心能力相匹配，要保持组织和人的同步成长和发展，使人内在的需求能够在组织中得到满足、个人价值得到实现；同时，人也要符合组织战略与文化的需求，个人目标与组织目标一致。人与组织的整体协同又包括三个层面的内容：第一，整个企业的核心人才队伍建设要与企业的核心能力相匹配，以支撑企业核心能力的形成；第二，企业的人才结构要符合企业业务结构与发展模式的需求，要依据企业业务结构的调整与优化进行人才结构的调整与优化；第三，每个个体的能力要符合企业战略和文化的需求，个体要认同组织的文化，形成自己的核心专长与技能。

（二）人与职位的矛盾及新变化

人与职位的矛盾主要是指人与职位的适应性问题，人要符合职位的需求，人的能力和职位的要求既要双向匹配，也要动态区配。人与职位的动态匹配和双向匹配，要求解决以下几个方面的矛盾：第一，如何由过去的人与职位的单向匹配转向双向匹配。过去，人们按照职位说明书的具体要求进行工作。现在，随着平台化组织的兴起，越来越多的企业开始把知识型员工根据不同的任务组合成项目制团队。知识型员工的高人力资本、工作自主等特性，要求职位能够满足其特定的需求，以便开发个人及其团队更大的潜能，促进组织效率的提升。第二，如何由过去的人与职位的静态匹配转向动态匹配。过去，人的素质和能力主要符合他所从事的某一个专业领域的能力需求。现在，一方面，个人素质要符合关键岗位和特定岗位的需求；另一方面，特定的职位也要满足人的心理需要。第三，人与职位匹配的命题要适应过去基于"职位+能力"的复合式管理体系向基于"任务+能力"的复合式管理体系转变的要求。直到现在，国内外大部分企业还是采用基于"职位+能力"的管理体系，以职位分析与管理系统及胜任力系统为基础，这也是本书提出的战略人力资源管理系统框架的基础。未来，随着区块链技术的发展和平台经济的兴起，组织网状化、无边界化、社会化，基于职位的人力资源管理职能逐渐会被基于任务的人力资源管理职能所替代。未来的战略人力资源管理要求组织的发展和人力资源的变化都要适应任务发展的变化，表现出动态适应的过程。

【HR 之我见】

那琳：大连万科置业有限公司人力中心总经理、养老业务总经理

扫描栏目中的二维码学习那琳针对下列提问的精彩回答：

1. 您为什么选择从事 HR？
2. 六大模块的边界在逐渐模糊，您见证了人力资源管理职能的哪些变化，以及当下有什么好的实践做法？
3. 随需而变的工作方式对从事组织发展工作的 HR 有哪些新的挑战呢？
4. 这种全新的、基于任务的人力资源管理实践会给员工关系带来什么挑战呢？
5. 您对未来希望从事 HR 工作的学生有何建议？

视频版：

文字版：

（三）人与价值之间的矛盾及新变化

在农业文明时期，组织与人形成了血缘性团队、地缘性组织；发展到工业文明时期，

组织与人形成了专业化的团队、科层制的组织；而到了智能化时代，组织与人的关系在重构，衍生出了细胞型组织、网状结构组织，组织围绕人在进行关系与价值重构——从体力劳动者为主体到知识工作者为主体、从资本雇佣劳动到人力资本与货币资本相互雇佣、从雇佣关系到合作伙伴、从人才管理到人才经营、从关注现实能力到关注潜能、从人力成本到人力资本、从人性为本到价值为本、从人才所有权到人才使用权、员工体验从物质激励到全面认可体验等，这些都意味着人已不再是价值创造的工具而是价值创造的自我驾驭者。人与价值问题已经成为人力资源管理的核心问题，人力资源管理既要上升为战略层面的组织活力的激活，又要落实到对个体的价值创造活力的激活，涉及以人力资源管理的价值创造、价值评价和价值分配为核心的人力资源价值链管理。这一部分的观点将在本章第四节展开介绍。

（四）人与人之间的矛盾及新变化

组织中人与人之间的矛盾主要是指组织中人与人的能力匹配和团队人才组合问题，即组织中人与人之间的有效配置问题。在知识型组织中，人在组织中往往不是固定在某一个点上（职位），而是在一个区域里面运动，跨团队、跨职能的团队运作是一种主要的组织工作模式，人力资源管理的矛盾就更多地表现为人与人之间的关系、人与人之间的个性互补与能力匹配、人在团队中的角色定位与位置。要实现人与人之间的有效配置，就要研究人才的互补性聚集效应。

在组织、工作和价值观发生巨大变化的同时，组织中的人也发生了很大的变化。知识型员工已经成为员工队伍的主体，员工的能力成为企业竞争力的源泉。组织中人的主要变化具体表现在以下几个方面：

第一，知识型员工更具有工作自主性，有自我尊重的需求，个性自我张扬。人对工作自主性的要求、自我实现的需求，以及对个性的诉求，比以往任何一个社会都得到更多的重视。

第二，人的素质结构要素变得越来越复杂，既有冰山之上的显性素质要素，又有冰山之下的隐性素质要素。决定成功绩效的能力要素既包括一个人所具有的专业知识和行为方式等表层的因素，也包括个性、品质、价值观和内驱力等深层次的素质要素。组织对人的个性、价值观等深层次的素质要素需求越来越强烈。人的素质的内涵变得更加丰富而复杂多样。

第三，人的需求变得更加复杂，知识型员工的需求是复合性的。知识分子既有低层次的物质需求，也有高层次的知识和精神需求，各层次需求交织在一起。在这种条件下，人的需求是十分复杂的，并不像马斯洛需要层次理论描述的那样层级分明，满足了低层次的需求，再转而追求高层次的需求。知识型员工的需求层次结构要素是重叠的、混合的，不同层次的需求相互交织在一起。

第四，知识型员工的参与感越来越强烈，对于沟通、理解和信任有着越来越多的需求，工作自主性和个人潜能的发挥越来越成为人的一种追求，员工对于机会和发展空间的需求比以往任何时候都更为强烈。

总之，在新经济时代，组织和工作都发生了巨大的变化，人本身也发生了巨大的变化，组织、职位和人都变得更加复杂。组织和人的变化促进了人力资源管理的基本矛盾——人与组织的矛盾、人与职位的矛盾、人与人之间的矛盾进一步深化，比以往任何一个时期都更加深刻，影响更为广泛。人力资源管理的基本矛盾进入一个新的发展阶段，关系更加复杂，矛盾更加激烈，影响更加深刻。

二、组织发展与组织系统

人力资源管理的基本命题是组织与人的匹配，涉及两个基本要点：组织与工作系统、组织与人，即职位与人的匹配。从个人层面看，人与组织匹配（P-O Fit）与组织文化认同度之间存在密切关系。人与组织匹配在很大层面上就是衡量个人价值观与组织文化的匹配程度，因此可以用来预测个人与组织的匹配度。而从组织层面上看，组织与工作系统就是人与组织的适应性在全局层面上的落地。因此，为了分析现代企业的真实情况，需要对现代组织发展现状、组织系统以及工作系统的研究进行展开阐述。

（一）现代组织发展现状

随着外部环境的快速发展，组织形态不断变化发展，迫使人力资源部门对其做出相应反应。例如，越来越多的互联网公司开始设立组织发展（Organizational Development，OD）的岗位。在过去150年里，企业组织形态从强调秩序、规则、等级、边界逐步开始向无序、开放、扁平、无界发展，衍生成一种类生态化组织。例如，海尔最早提出要与用户融合，并形成自己独特的并联生态圈。放眼全球的企业，包括苹果、谷歌、脸书、亚马逊、微软等世界级企业，他们所采用的组织模式就是"平台化+生态化"。正是因为平台化管理和生态化的布局让这些企业被资本市场看好，使得这些企业内聚力量、外接资源，获得超速成长，而且盈利能力很强。

从全球企业来看，所谓"平台化+生态化"新型组织经营模式已成为学术界和实践界的一种共识。在这种模式下，通过构建"小微经营、大平台、富生态"的系统；一端要连接消费者，一端要连接产业资源，用平台化运作去满足消费者多样化的需求，快速响应消费者的需求变化及整体价值诉求。从国内来看，众多优秀企业都在实施生态化战略，构建平台化+生态化组织。诸如华为、阿里、小米、京东等，都在打造"平台化+生态化"组织。实际上，组织变革与业务流程整合的出现，就是通过重构组织与人的关系，打造组织赋能平台，持续激活组织价值创造要素，提高组织活力与运营效能，构建组织新治理与新生态。

【学习资料 2-2】

小米平台+生态圈

2018年7月9日，号称"年轻人的第一只股票"小米在香港主板敲钟上市了。小米一直在打造生态系统,前几年虽然路走得很艰辛和坎坷,但是这两年,小米生态系统功能已经得到充分发挥,也导致小米的盈利能力持续增长。现在,小米所构建的生态体系,也是服务于消费者、基于消费者需求的庞大生态系统,构建以手机为核心的整体产业价值链。小米之所以成功,也是因为"平台化+生态化"的组织模式,这使得小米在众多互联网企业中杀出一条血路。小米生态圈"孵化矩阵"是:资本—渠道—品牌营销—供应链管理—产品经理—用户研究—设计。在这样一个生态环境里,资本只是建立关系的一个纽带,而价值观、产品观、方法论的传导,才是整个生态系统能够繁衍下去的根本。以小米的线下渠道"小米之家"为例,除苹果外的其他手机体验店一般是以卖手机为主的,但只卖手机是没有人去的,因为频次不够。小米生态链为小米提供了丰富的品类,通过多个低频次的产品组合成单个高频次购买的店铺,这也是小米之家能够实现全球排名第二(仅次于苹果)的秘诀所在。

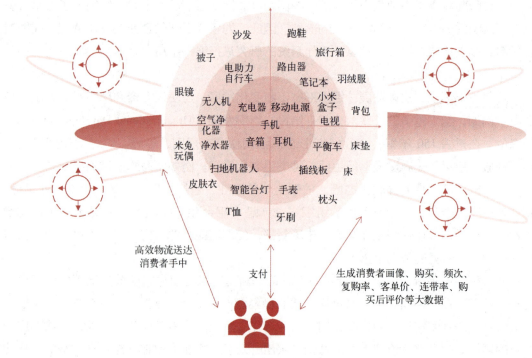

图2-3　小米平台+生态圈

截至2017年11月1日,小米IoT平台全球激活联网的智能硬件设备已经超过8 000万台,5个以上设备用户数超过300万,2~5个设备用户数超过500万,日销售量超过1 000万台,小米已经成为全球最大的智能硬件IoT平台。而从小米平台的硬件种类来看,涵盖手机、电视、路由器、扫地机器人、插线板等多种家电产品,基本围绕用户的家居生活打造,小米及小米生态厂商已经为用户的家庭环境提供了近乎全部的智能硬件产品(见图2-3)。

互联网时代，要贴近客户、走进客户的心里，企业就必须缩短自身与消费者之间的距离，跟消费者融合到一起，和消费者互动，把消费者变为小米产品的推动者，变成小米的产品设计研发人才。要实现这些就要组织扁平化、管理极简化。而平台的出现使得组织扁平化，通过一群具有强驱动力和自我管理能力的员工，加快产品成长速度，组成高效团队。这就是从小米的实践中看到的互联网时代管理的创新。

资料来源：根据网络资料整理汇编。

通过对现代组织发展现状的介绍，我们能发现：今天的企业，要适应复杂、不确定的外部环境，要应对消费者瞬息万变的需求，要抓住互联网与知识经济的发展机遇，组织结构就需要从过去那种金字塔式的、科层式的垂直组织结构逐渐向扁平化、网络化的平台型组织结构转型，使组织变得更轻、更快、更简单、更灵活。此外，组织结构的变化也会促使工作和领导方式发生相应改变。像谷歌等互联网企业首先对这种组织模式进行了颠覆，取而代之的则是扁平化网状组织架构。这是一种非框架、非结构、非固定的状态，公司内部有数不清的"项目经理"，但是他们的"活"必须自己找。谷歌内部出现需要解决的难题、规划、计划等任务时，大多时候会组织出一个又一个工作小组，由他们分头负担起随时可能冒出来的专项工作，因而公司内部存在着大量的"双重领导"与平行决策。因此，我们只能从大方向上把握未来的组织结构和组织发展，而不能精确把握，企业需要随时保持活力。

（二）组织系统研究

任何企业在确定了其使命、愿景、战略和价值观的基础上，必须使其在组织和管理上得以有效的落实与传递。因此，组织设计就成为企业的目标系统与人力资源管理系统进行衔接的桥梁和纽带。关于组织设计的原理，主要包括组织模式的选择、部门设置和流程梳理。所谓组织模式的选择，是指确定企业要采用什么样的组织结构类型，主要包括：直线职能制、事业部制、集团公司制、项目制、矩阵制等。其中，最为典型的当数直线职能制、事业部制和矩阵制，而集团公司制在运作方式上与事业部制大体相似，项目制的组织结构有的可以看作一种动态的事业部制，有的则趋近于矩阵制的组织结构。

在职能式结构中，组织从上至下按照相同的职能将各种活动组合起来，权力中心在组织的顶端且只有一个。例如，所有的工程师被安排在工程部，主管工程的副总裁负责所有的工程活动。市场、研发和生产方面也一样。这种结构可以用图2-4中的（a）来表示。

事业部式结构，有时也被称为产品部式结构或战略经营单位。通过这种结构可以针对单个产品、服务、产品组合、主要工程或项目、地理分布、商务或利润中心来组织事业部。事业部式结构的显著特点是基于组织产出的组合。事业部式和职能式结构的不同之处在于，事业部式结构可以重新设计成为分立的产品部，每个部门又包括研发、生产、财务、市场等职能部门〔见图2-4（b）〕。各个产品部门内跨职能的协调增强了。事业部式结构鼓励灵活性和变革，因为每个组织单元（即事业部）变得更小，能够适应环境的需要。此外，事业部式实行决策分权，因为权力在较低（事业部）的层级聚合。与之相反，在一个涉及各个部门的问题得到解决之前，职能式结构总是将决策压向组织的高层。事业部式的结构可以按照产品来划分事业部，即产品事业部式结构；也可以按照区域来划分事业部，即区域事业部式结构。

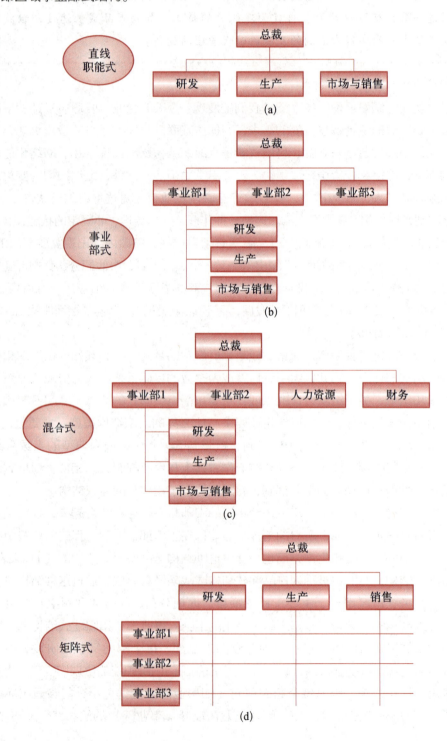

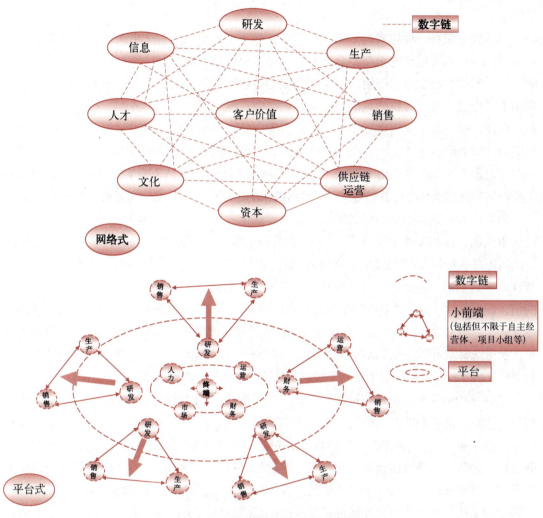

图 2-4 六种典型的组织模式示例

实际上，好多结构并不是以单纯的职能式、事业部式的形式存在。一个组织的结构可能会同时强调产品和职能，或产品和区域。综合两种特征的一种典型结构就是混合式结构［见图 2-4（c）］。当一家公司成长为大公司，拥有多个产品或市场时，通常将组织成为若干种自主经营的单位。对于每种产品和市场都重要的职能被分权为自我经营的单位。然而，有些职能也被集权，集中控制在总部。总部的职能是相对稳定的，需要规模经济和深度专门化。通过整合职能式和区域式结构的特征，公司可以兼具两者优点，避免两者的一些缺陷。

矩阵式结构的独特之处在于事业部式结构和职能式结构（横向和纵向）的同时实现，如图 2-4（d）所示。与混合式结构将组织分成独立的部分不同，矩阵式结构的产品经理和职能经理在组织中拥有同样的职权，雇员向两者报告。当环境一方面要求专业技术知识，另一方面又要求每个产品线能快速做出变化时，就可以应用矩阵式结构。当职能式、事业部式或混合式结构均不能很好地整合横向的联系机制时，矩阵式结构常常是解决问题的答案。

网络式组织是一种超横向一体化的组织,是扁平式组织的进一步深化,如图2-4(e)所示。它把扁平式组织的上层完全去掉,取而代之的是虚拟总部、虚拟委员会。一种柔性的、灵活的虚拟组织应运而生,它具有高度的可达性和强大的信息获取能力。网络组织以自由市场模式代替了传统的纵向层级制。它突破了组织结构的有形界限,有利于企业内部分工合作,也有利于借用外力和整合外部资源,此时组织的权力也进一步下放到组织的子网络中。网络组织除了权力下放,还有一个特征就是基于信任产生的协作关系。权力下放的同时,也意味着责任的过渡。例如,传统的职能式组织规定了员工的工作任务,但是员工对工作结果的合理性并没有责任要求;而网络组织的出现在一定程度上也意味着责任的下放。

如果说网络式组织是扁平式组织的进一步深化,那么平台式组织就是对网络式组织的进一步迭代,如图2-4(f)所示。平台式组织主要由"平台"和临时性项目团队或多功能团队组成。所谓"平台式组织"是通过对组织机制和形式进行巧妙的组合而形成的一种弹性的形式结构。因此,平台式组织通过多种组织形式(如网络式、矩阵式、职能式等)的组合而交织在一起。"平台"是平台式组织的一种基础的形式结构,一般只会发生周期性重大转变。经常发生转变的是依托平台上的临时性项目团队和多功能团队的重组。例如,韩都衣舍电商集团采用的就是数据驱动的"大平台+分布经营的小前端"形式。平台式组织不仅责任下沉、权力下放,更重要的是战略上采用生态布局,平台上通过数据驱动。

还有一种平台式组织是一种截然不同的表现形式:临时性项目团队和多功能团队的结构相对稳定,而平台的形式结构变化非常频繁和突然。例如,意大利著名的电子品牌奥利维蒂(Olivetti)。奥利维蒂在战略管理上会对其下一个主要任务进行押注,所有其他的战略选择,如联盟、垂直整合等,都是基于这种战略押注的临时结果。这使得平台很容易重新配置,特别适合支持具备博弈性质的商业实践。这就使得平台式组织不能在形式上有一个通用的结构,组织边界更加模糊,更难以用组织结构图来表示,更加难以捉摸、识别和分析。因此,平台式组织不仅是组织结构上的转变,更是一种集体认知上的革命。

企业要选择何种组织结构类型,主要取决于其战略、业务规模、产品的差异化程度、管理的复杂性与难度等方面。表2-1给出了六种典型的组织结构类型之间的特点及比较。

表2-1 六种不同的组织模式的特点及比较

	直线职能式	事业部式	混合式	矩阵式	网络式	平台式
关联背景	• 结构:职能式 • 环境:稳定,较低的不确定性 • 战略目标:内部效率和技术质量	• 结构:事业部式 • 环境:变化性,中度到高度的不确定性 • 战略目标:外部效益和顾客满意	• 结构:矩阵式 • 环境:中度到高度的不确定性,随客户要求而变化 • 战略目标:外部效益和顾客满意	• 结构:矩阵式 • 环境:中度到高度的不确定性,随客户要求而变化 • 战略目标:产品创新和技术专业化	• 结构:网络式 • 环境:高度不确定性 • 战略目标:跨界融合	• 结构:网络式 • 环境:高度不确定性 • 战略目标:生态布局

（续表）

	直线职能式	事业部式	混合式	矩阵式	网络式	平台式
内部系统	• 经营目标：强调职能目标 • 计划和预算：基于成本的预算，统计报告 • 正式权力：职能经理	• 经营目标：强调产品线 • 计划和预算：基于成本和收益的利润中心 • 正式权力：产品经理	• 经营目标：强调产品线和某些职能 • 计划和预算：基于事业部的利润中心，基于核心职能的成功 • 正式权力：产品经理，取决于职能经理的协作的责任	• 经营目标：同等地强调产品和职能 • 计划和预算：基于系统—职能，产品线 • 正式权力：职能与产品首脑的联合	• 经营目标：强调任务导向，打破管理流程 • 计划和预算：基于任务/产品导向的动态预算机制 • 正式权力：项目/产品负责人	• 经营目标：根据消费者需求形成数字化的工作任务 • 计划和预算：分布经营、独立核算 • 正式权力：领导赋能、权力下放
优势	1. 鼓励部门内规模经济 2. 促进深层次技能提高 3. 促进组织实现职能目标 4. 在小到中型规模下最优 5. 一种或少数几种产品时最优	1. 适应不稳定环境下的高度变化 2. 由于清晰的产品责任和联系环节从而实现顾客满意 3. 使各分部适应不同的产品、地区和顾客 4. 在产品较多的大公司中效果最好 5. 决策分权	1. 使组织在事业部内获得适应性和协调，在核心职能部门内实现效率 2. 公司和事业部目标更好的一致性效果 3. 获得产品线内和产品线之间的协调	1. 获得适应环境双重要求所必需的协作 2. 产品间实现人力资源的适度弹性共享 3. 为职能和生产技能改进提供了机会 4. 在拥有多重产品的中等组织中效果最佳	1. 高度的环境和市场的适应性 2. 促进跨职能、跨部门之间的知识交流和协调 3. 促进内部资源和岗位的再配置 4. 适于在不确定环境中进行复杂的决策和经常性的变革	1. 高度的环境和市场的适应性 2. 最大的可能链接单个经营体 3. 管理制度简化、强调信任 4. 数据驱动客户需求，最大限度调动平台资源
劣势	1. 对外界环境变化反应较慢 2. 可能引起高层决策堆积、层级超负荷 3. 导致部门间缺少横向协调 4. 导致缺乏创新 5. 对组织目标的认识有限	1. 失去了职能部门内部的规模经济 2. 导致产品线之间缺乏协调 3. 失去了深度竞争和技术专门化 4. 产品线间的整合与标准化变得困难	1. 存在过多管理费用的可能性 2. 导致事业部和公司部门间的冲突 3. 意味着员工需要良好的人际关系技能和全面的培训	1. 导致员工卷入双重职权之中，降低人员的积极性并使之迷惑 2. 耗费时间，包括经常的会议和冲突解决 3. 来自环境的双重压力以维持权力平衡	1. 降低员工对组织忠诚度和归属感 2. 对员工的要求和多面性增加，加大员工家庭-工作平衡的难度 3. 组织的战略需要不断变化和尝试聚焦	1. 组织需要不断调整战略布局以适应不确定性 2. 用工作任务代替工作岗位，使得雇佣关系发生一定的变化，对未来员工的能力需求进一步加大

组织设计是人力资源管理系统设计的重要基础。一方面，过往的企业实践中，企业需要明确采用何种组织结构类型，需要对企业的部门进行划分，即考虑设置哪些部门来实现企业的战略目标与功能。另一方面，现代企业已经不再仅仅强调依靠部门的划分和部门之间、职位之间的职责界定来提高组织的运行效率，而是更加突出流程的再造和优化对于组织效率，尤其对组织的应变速度和反馈顾客的能力的影响。例如，在20世纪90年代，业界兴起了流程的再造与重组，即通过对组织的现有流程进行分析和梳理，寻找流程设计中缺乏效率的地方，并对整个流程的运行步骤和程序进行重新设计，从而大幅度提高组织的

运行效率，降低企业的成本，提高企业对外部市场的反应能力和速度。另外，职位的设计和研究也与组织设计相关。企业需要进一步对各部门的职能进行定位，并明确每个部门的职责与权限；再根据部门的职责与权限，确定部门内部应该设置哪些职位来完成部门的职责，每个职位应当承担何种工作职责与工作内容，每个职位应该由具备什么样知识、技能、经验和素质的任职者来担当。对职位的设计和研究，也必须从流程的角度来进行考虑，研究职位在流程中所处的位置，明确职位在流程中应该扮演的角色、应该承担的职责。

随着技术和产品的不断迭代发展，组织形态不断变化，这对未来的组织与人的关系、工作设计也将产生巨大的变化。数字化时代，未来不再是先有岗位再有人，而是根据消费者需求转化成数字化的工作任务，再形成人才的数字化需求与组合，从而形成数字化的工作团队，最后形成网状式平台组织。所以，这种平台组织可能较传统的组织设计而言是倒过来的体系。组织设计的核心任务就是工作任务管理，追求的是工作任务的配置，而不是传统的人岗配置，雇佣关系也是在实现一种数字化的合作，尤其是很多灵活用工的、非标准的雇佣模式。但是，不管组织与人的关系发生何种变化，组织设计依然是人力资源管理系统设计的重要组成部分。

【HR 之我见】

郭刘艳：重庆新欧鹏教育产业发展集团人力资源总经理

扫描栏目中的二维码学习郭刘艳针对下列提问的精彩回答：

1. 您为什么选择从事 HR？
2. 集团化人力资源管理有哪些好的实践？
3. 您对未来希望从事 HR 工作的学生有何建议？

视频版：

文字版：

（三）工作系统研究

最早的工作系统研究可以追溯到 20 世纪 80 年代。当时美国随处可见管理失败的证据，汽车、钢铁、消费电子和其他行业受到日本企业的挤压。美国经济经历生产力停滞、高失业率、高通货膨胀率和高利率的冲击，企业利润、研发投资率和资本投资率都在下降。业界和学界认为这是管理者两大错误的人力资源管理观念导致的——过于注重公司短期利润和缺乏对员工的关注。事实上，经济转变、人口结构的变化、员工权利法案的出台、管理变得日益复杂和困难这四大因素使得人力资源管理变得日益重要。外部环境发生了剧烈变化，企业越来越难以解决人力资源管理问题，构建满足企业内外部需求的人力资源管理职能变得十分困难。

1984年，丰布兰（Fombrun）、蒂奇（Tichy）和戴瓦娜（Devaune）这三位学者将以上问题归纳为人力资源管理在战略管理过程中的缺失问题。因此他们提出新的人力资源管理的概念——战略人力资源管理，以应对不断变化的外部环境，并使人力资源管理成为组织整体战略的一部分[11]。之后的学者将上述三位学者提出的模型称为密歇根模型，以区别于哈佛模型。密歇根模型指出："关键的管理任务是使正式的结构和人力资源系统保持一致，从而推动组织战略目标的实现。"实施战略是一项完成企业使命的综合行动计划。公司的管理者面临三个外部因素——经济、政治和文化——并结合组织结构、商业战略和人力资源系统来实现组织有效性。人力资源系统被认为是一种"控制结构"，由四个基本部分组成：甄选（Selection）、开发（Development）、奖励（Rewards）和考核（Appraisal）。人力资源系统的任务是对这四个组成部分与公司战略进行匹配和整合，以最大限度地实现最终目标，即公司的绩效（如图2-5所示）。

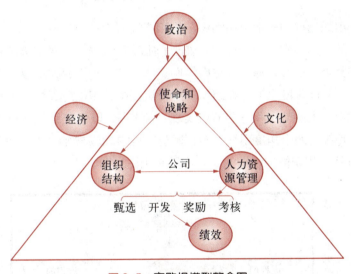

图2-5　密歇根模型整合图

密歇根模型并没有单独给出战略人力资源管理的明确定义，而是旨在设计一种新的整合式人力资源管理模式。密歇根模型采用一般管理的观点，并不关注人力资源部门本身的影响和未来发展，而是强调人力资源作出的贡献程度取决于它作为重要组成部分对整个系统的整合程度。

三、职位系统

在战略和组织系统研究的基础上，我们需要对组织的基本要素——职位——进行系统性的研究和解析，以获取建立战略性人力资源管理体系的基础信息。

职位是指承担一系列工作职责的某一任职者所对应的组织位置，它是组织的基本构成单位。职位作为组织的实体要素，通过任职者的行为与组织实现各种有形或无形的"交换"（见图 2-6），对这种"交换"过程的解析是人力资源管理系统得以建立的现实"土壤"，而"交换"的性质和特征以及交换过程中组织和任职者的反馈是实现人力资源管理系统运行有效性的根本动因。如何最大限度地激活双方的这种"交换"活动，实现组织和任职者的共赢，是人力资源管理乃至所有企业管理活动根本的出发点和归宿。

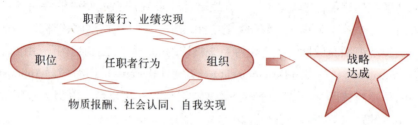

图 2-6　职位与组织的转换模型

职位在整个组织运行中的地位由组织结构和流程所构成的二维坐标系决定。从纵向角度来看，在组织的总体架构中，职位总是处于一定的层级中，面对上级的监督、指导同时对直接下级提供监督、指导，通过与这些纵向实体的"交换"活动，实现整个组织管理系统的正常运行；从横向角度来看，在组织的运行流程中，职位总是处于流程的某一环节或辅助环节，与流程的上游节点和下游节点实现"交换"，以保证组织运行流程的畅通。因此我们应从横向和纵向两个角度系统的审视职位，寻求职位与组织"交换"的关键点、职位对组织的"贡献"和职位向组织的"索取"（见图 2-7）。

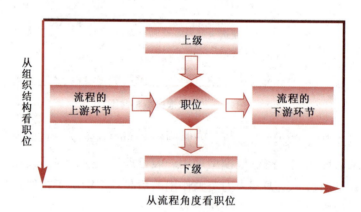

图 2-7　职位在组织中的位置

从职位本身角度来看，职位是一个开放式的"投入—过程—产出"系统。投入是工作者的任职资格（知识、技能与能力）以及完成工作所须用到的资源，过程是工作者完成的工作职责，而产出则是该工作（职位）所要达成的目标。这就构成现实工作完成的逻辑，即任职者通过运用自身的知识、技能与能力，完成工作职责与任务，以此来满足组织的需要。而诸如工作关系、工作负荷等内容，均可以看作这个投入—过程—产出模型所存在、运行的环境，对其起着重要的支持作用（见图 2-8）。

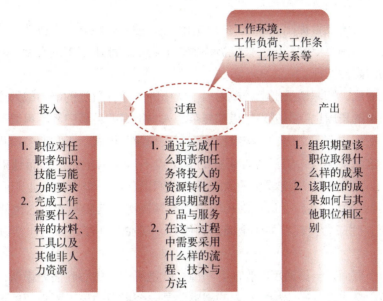

图 2-8　职位的投入—过程—产出模型

从上述对职位系统的认识可知，职位是人力资源管理体系运行的最为基层的土壤，如何最大限度地激活职位与组织的"交换"活动，是人力资源管理的基本命题。因此，对于职位系统的研究构成了人力资源管理体系的支柱之一。

传统的观点认为，人力资源管理系统对于职位的关注主要体现在两个方面：一是关注职位所包含的内在信息，包括组织中的职位结构、权责、任职资格要求以及职位之间的关联等；二是职位的相对价值以及由此所决定的职位价值序列。职位分析和职位评价是我们获取这两项信息的基础性工具。

本书认为，人力资源管理系统不是建立在单一的岗位基础之上，而是建立在职位管理系统之上。职位管理系统是建立在对企业业务结构、组织结构与流程的深刻认识与理解基础之上的，包括职能体系、职类体系、职种体系和职位体系。职位管理系统是现代人力资源管理系统双轮驱动要素中的一个，对人力资源管理系统中的其他职能模块起支撑作用。

四、胜任力系统

胜任力（Competence）这一概念最早是由美国的麦克里兰教授在 20 世纪 70 年代提出的，核心思想是对当时盛行的智力测试、性向测试、学习能力测试等心理测试进行批判。他认为传统心理测验并不能很好地预测工作者在未来工作中的表现，应发展新的、更有效的测验来满足人员甄选的需要。他提出人的工作绩效由一些更根本、更潜在的因素决定，这些因素能决定人在特定组织环境中的绩效水平。这些个人特征就是胜任力，当时研究的重点主要集中在胜任力特征的建立上，以及如何发展能力特征和将其变成可操作、可量化的标准。

后来胜任力的研究者提出了胜任力的冰山模型，把人的胜任力素质分为冰山之上和冰山之下两部分，冰山之上的知识、技能被称为外显特征，冰山之下的态度、驱动力、人格特质等被称为内隐性特征。

在数字化时代，知识型员工已经成为员工队伍的主体，员工的能力成为企业竞争力的源泉，人与组织的矛盾也变得越来越错综复杂。人与组织的关系已经不再局限于人与职位的关系，还包括人与组织文化、人与组织战略、人与业务模式、人与业务流程、人与人之间的关系等。这就使得人力资源管理研究的立足点不再局限于职位，而越来越关注对人本身的正确认识和理解。决定成功绩效的素质要素既包括一个人的专业知识和技能等表层因素，更包括个性、品质、价值观和内驱力等深层次的素质要素。这也使胜任力研究由过去关注个人胜任力到现在关注全面的胜任力。现在的胜任力体系包括以下四个层面的内容。

（1）第一个层面是全员通用的胜任力模型，就是所谓的核心胜任力模型，这是基于一个公司的战略、文化以及产业特性对人的需求，是一个组织的员工所必须达到的最基本的素质。例如，微软要求员工要有创新性，但西南航空则要求员工情绪要稳定，不需要有太多创新思维；三星追求用天才，而麦当劳则坚决不用天才。

（2）第二个层面是从事某个专业领域工作所必须具备的素质和能力，这种素质我们称为专业胜任力。这种胜任力模型是基于职业发展通道、职类职种构建的，它是从事某一类别的职位所应该具备的素质。例如，从事人力资源管理工作、营销工作、财务工作等。专业胜任力模型是根据业务模式及流程的分析对人的素质要求演绎出来的。

（3）第三个层面是从事特定岗位所需要具备的胜任力。这种胜任力既包括专业知识和技能，也包括人的品质、价值观、动机等内隐性特质。

（4）第四个层面是团队结构素质，主要基于团队任务的分析，基于人与人的互补性组合，研究具备不同素质的人怎样搭配才能产生互补性聚合效应。

现在胜任力在层次上的应用非常混乱，有的公司做的是全员素质模型，有的公司做的是专业素质模型，有的公司做的是岗位个体素质模型。实际上，企业必须在四个层次上同时应用，胜任力体系才能真正成为现代人力资源管理系统双轮驱动要素中的另一个，才能真正产生价值。

五、基于职位+能力的复合式人力资源管理模式

通过本章前面部分的阐述，我们知道职位和人的变化使得组织与人之间的信息越来越不对称，人力资源管理的基本矛盾进一步深化，发展到一个新的阶段。这就导致以职位为

核心的传统人力资源管理系统难以适应以知识型员工为主导的能力发展需求，企业的管理实践对人力资源管理提出了新的要求，基于能力的人力资源管理应运而生。当然，单一的基于职位的人力资源管理或者基于能力的人力资源管理都不能解决目前复杂的人力资源管理问题，另外，人力资源管理到底是基于职位还是基于能力并不是绝对的。因此，对中国企业而言，建立职位+能力的复合式人力资源管理系统是一种现实选择。

（一）基于职位的人力资源管理模式

经典的人力资源管理是以职位为核心的，其内容主要包括：① 职务分析与评估；② 基于职务价值的薪酬有效配置；③ 因岗设人，严格的定编、定员、定岗。其特点主要有以下六个方面。

第一，以提高组织效率为核心，偏重思考组织对人才的需求，而忽视人才的需求。

第二，基于职位来确定人在组织中的地位和价值，并形成以职位价值为核心的薪酬体系。

第三，因岗设人，人要符合职位的需求，以职位为核心来确定人与组织以及人与职位之间的关系。

第四，以职位所赋予的行政权力来处理上、下级关系及组织成员之间的协同，建立基于职位基础上的合理、合法权威。权力是协调组织与成员以及组织成员之间相互关系的基本准则。

第五，职位分析信息与职位价值成为人力资源各项职能活动的基础与依据。

第六，组织是以官本位为核心的，职业通道是单一的。

（二）基于能力的人力资源管理模式

相对于以职位为核心的人力资源管理，基于能力的人力资源管理的特点则显示出了极大的不同，这主要表现在以下几个方面。

第一，基于能力的人力资源管理的哲学基础是以人为本（尊重人性、以人的能力与价值贡献为本），既考虑组织需求又考虑人的需求，注重双向需求的平衡与满足。

第二，基于能力的人力资源管理的核心目标是实现组织与人的同步成长和发展，人的能力的提升成为组织绩效目标与人力资源管理的核心目标之一；员工的绩效不仅取决于所拥有的知识和技能，更取决于内在的个性、品质、价值观、态度、内驱力这些要素，人的潜能开发成为人力资源管理的核心内容之一。

第三，数字化时代，组织变革加速，知识型员工成为主体，组织与人之间的矛盾比以往任何时候都更为复杂，人力资源管理的核心问题不再局限于人与职位的匹配，而是拓展到人与战略文化、人与业务流程、人与岗位、人与人的有效匹配，企业不仅要因岗设人，而且要因人设岗。

第四，基于能力的人力资源管理的重心从以职位为核心转向以人为核心，人力资源管理的基点由单一的职位转向"职位+能力"（职位管理体系与胜任力系统）的双重支撑体系；胜任力已成为人力资源管理的新发展和新领域，在人力资源开发与管理实践中的应用价值日益得到体现与认可，对胜任力的分析与评价技术已逐渐取代传统的职务分析与评价技术，成为人力资源管理的核心工具与技术之一。

第五，人力资源管理机制不再以职位所赋予的权力与利益驱动，而是强调责任与能力驱动，要实现权力、利益、责任、能力四位一体的人力资源驱动机制。

第六，基于能力的人力资源薪酬激励管理不再以单一的职业通道和以职务价值为核心的窄道薪酬模式构建薪酬激励体系，而是以宽幅的薪酬模式、多元的全面薪酬体系对员工进行有效激励。

第七，基于能力的人力资源绩效考核管理不再单一以结果考核为导向，而是强调结果与过程的有机整合，强调组织的绩效不是考出来的，而是对人的潜能评价（选人）、潜能开发（行为）、潜能开发效果（结果）进行全过程的管理，强调从选人开始构建全面绩效管理体系。

第八，基于能力的人力资源管理强调以胜任力为核心对员工进行培训开发，制定员工的职业发展计划，基于组织的核心能力及员工的核心专长与技能的培育，制定一体化培训开发解决方案。

第九，基于能力的人力资源管理以知识与信息管理为平台，强调对员工内在的智慧资源进行有效管理，重视个人知识公司化。企业不仅要留身，更重要的是留智、留心，同时通过组织内共享的知识与信息平台的建立放大个人能力效应。

第十，基于能力的人力资源管理，关注员工对组织价值观的认同，重视基于价值观的领导力开发，强调人力资源管理是全体管理者及全体员工的责任，要求人力资源管理者在组织中扮演多种角色。

基于能力的人力资源管理模式已在企业实践的操作层面上得到了广泛的应用。

（三）基于"职位+能力"的复合式人力资源管理模式

基于"职位+能力"的复合式人力资源管理模式有两个关键点，即职位与能力。因此，必须厘清两个问题：一是人力资源系统设计必须基于对企业业务结构、组织结构与流程的深刻认识与理解，在对组织业务与流程研究的基础上，构建和设计企业的职类、职种系列，在职类、职种的基础上进一步研究职位；二是基于对企业核心能力的深刻认识，确定核心人才队伍及其结构，以及每一个核心人才所应拥有的核心专长与技能，并建立相应的胜任力模型。在对人的潜能和素质进行评价的基础上，认清企业未来的核心能力，以此培养、配置、开发人才。

基于"职位+能力"的复合式人力资源管理模式与前两种模式相比具有四方面的特点：第一，从关注单一的岗位到建立职位管理系统（职能、职类、职种和职位体系）；第二，从关注单一岗位的胜任力到建立胜任力系统（全员核心胜任力、领导者胜任力、专业胜任力、关键岗位胜任力和团队结构胜任力）；第三，在职位管理系统的基础上引入能力要素，关注人的潜能开发、人岗匹配与文化匹配（文化与职业生涯匹配）、绩效中的过程管理（行为与能力）、薪酬决定中的能力要素、培训开发中的个性化与一体化解决方案；

第四,开放职业通道,建立基于职业通道的任职资格管理体系(见图2-9)。

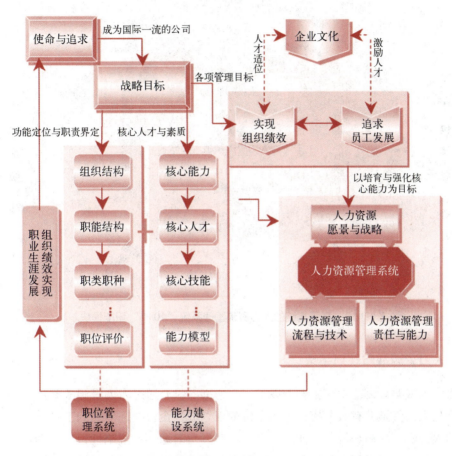

图2-9 基于"职位+能力"的复合式人力资源管理模型

第三节 战略性人力资源管理系统的"10+1"职能模块

本章前面的部分对人力资源管理系统设计的依据和基点进行了阐述。在此基础之上,企业可以对人力资源管理系统的职能模块进行设计。根据现代企业的人力资源管理理论研究和实践经验,我们将人力资源管理系统的十大职能模块总结如下:人力资源战略规划系统、职位管理系统、胜任力系统、招募与配置系统、绩效管理系统、薪酬管理系统、培训与开发系统、再配置与退出系统、员工关系管理系统以及大数据管理系统(见图2-10)。另外,除了十大系统之外,还有一个辅助职能模块是人力资源外包系统。通过这"10+1"职能模块的有机运行,实现企业选人、用人、育人、留人和人员退出五大功能。

图 2-10 基于战略的人力资源管理系统 "10+1" 职能模块

一、人力资源战略规划系统

人力资源战略规划的功能主要有以下三个方面：（1）通过人力资源战略规划职能实现企业战略与人力资源的有效衔接，使人力资源规划成为企业战略落地的工具之一。（2）通过有效的人力资源战略与规划，使人力资源管理具有前瞻性和战略性，使人力资本优先投资和开发，基于战略进行人才储备，以满足企业高速成长和未来发展的需要。（3）人力资源规划是技术性和操作性很强的人力资源专业职能领域，通过人力资源规划技术的创新，提高人力资源战略规划的有效性和可操作性。

二、职位管理系统

职位管理系统是人力资源管理系统构建的双轮驱动要素之一，对其他各人力资源模块都具有十分重要的支撑作用。不过这一观点和传统的"职位基础"观点有所不同。传统意义上的"人力资源管理的基础是职位"是指整个人力资源管理的基础体系建立在职位上，但其主要内容是通过职位分析形成职位说明书，进而为人力资源管理奠定基础。而随着现代企业的不断发展，单一的职位分析已经不能满足企业人力资源管理的需要，同时，仅仅考虑职位说明书对很多企业也已不适用。在这种情况下，本书认为企业要从关注单一的职位到建立职位管理系统（职能、职种、职位），对职位体系进行整体规划、合理分类。

职位管理系统的内容主要包括三个方面：第一，对企业业务结构、组织结构与流程的深刻认识与理解；第二，设计和构建职能、职类、职种体系；第三，设计和构建职位体系。

三、胜任力系统

胜任力系统成为人力资源管理系统构建双轮驱动要素中的另一个要素。胜任力系统为人员的招聘、甄选提供了用人方面的素质要求，为人力资源配置提供了人员配置的标准和依据，为薪酬体系设计提供最基础的标准、依据和框架。

胜任力系统不同于传统意义上的胜任力模型：传统的胜任力模型关注的是单一岗位的胜任力，而胜任力系统则关注的是企业的全面胜任力建设。其主要包括五个方面的内容：第一，全员核心胜任力建设；第二，领导者胜任力建设；第三，专业胜任力建设；第四，关键岗位胜任力建设；第五，团队结构胜任力建设。

四、招募与配置系统

招募与配置系统是指根据组织战略和人力资源规划的要求，通过各种渠道识别、选取、发掘、配置有价值的员工的一个系统过程。人力资源的招募与配置系统包括组织发现人力资源获取的需求、进行人力资源获取决策、劳动力市场相对位置分析、人员招募以及人员甄选并配置等环节，其最终的落脚点是人员甄选这一技术性的环节。该系统建立的基础是组织的职位管理系统和胜任力系统，并根据这些职位或人力资源的内在特征选择具体的、适用的人员招募方法、渠道以及人员甄选工具。

成功的人力资源招募与配置活动对于构建和维持一个成功的组织体系是至关重要的。人是所有组织的、技术的、财务的或者管理过程和系统的核心，如果没有合适的人管理这些系统，即使有好的技术和系统，组织绩效一样会很低。今天，组织的成功越来越多地取决于其服务质量的高低以及开发新产品和服务的能力大小，区别于传统的产业经济。在这一竞争环境中，如何获取适合组织发展的人力资源变得越来越重要。因此，招募和配置系统成为企业人力资源管理系统中的一个重要组成部分，关系到企业能否招聘到合适的人员并把他们进行合理的配置。

五、绩效管理系统

绩效管理是对各个层次的绩效进行综合管理的系统过程。绩效管理作为一种管理思想，主旨有两个——系统思考和持续改进。它强调动态和变化，强调对企业或者组织全面和系统的理解，强调学习性，强调不断的自我超越。绩效管理系统主要包括五个方面的内容：第一，目标与计划确定。依据组织战略目标要求制定目标与计划，明确大家要做什么以及把事情做好的标准。第二，绩效辅导与沟通。管理者与员工双方就目标及如何实现目标达成共识，并协助员工成功实现目标。第三，绩效评估（或称绩效考核）。根据事先的指标约定，对大家的工作做一个客观的评判。第四，绩效回顾。分析绩效完成差距的原因,制定工作改进措施。第五,激励和其他人力资源管理手段的应用。根据绩效考核的结果进行正向或者负向的激励,在内部形成一个公平的氛围和环境,从而凝聚员工。

绩效管理的作用体现在三个方面:第一,绩效管理是战略落地的工具;第二,通过绩效管理实现企业绩效的持续改进;第三,绩效管理可以带动人力资源管理体系乃至整个管理体系的提升。

六、薪酬管理系统

薪酬管理系统是整个企业激励机制的核心,是企业吸引和保留人才的关键。薪酬管理的三大功能是:第一,推动和支持公司战略目标,确立企业竞争优势;第二,满足员工需求,激发员工潜能,开发员工能力;第三,调和劳资关系,维护社会的公平,推动社会和谐发展。

薪酬的设计与管理要把握好以下九大要点:① 要实现薪酬策略与企业人力资源战略、企业经营目标一致,提升薪酬管理的战略管理能力。通过战略性薪酬策略吸引、留住、开发组织所需要的战略性人才,并通过战略性薪酬驱动员工的行为与组织的战略目标一致。② 明确薪酬决定的依据,进行科学准确的付酬。合理评价企业的职位价值、员工的能力价值和绩效价值,并实现职位价值、能力价值、绩效价值与市场价值的合理组合。通过科学的薪酬决定实现薪酬分配的内部公平和外部竞争性。③ 采用科学的方法确定合理的薪酬水平,以保证薪酬的外部竞争力与内部公平性,并处理好人工成本与人力资本投资之间的关系。④ 确定合理的薪酬差别,形成企业内部薪酬差异。既要依据能力与贡献充分拉开差距,又要保持员工的心理承受力,避免内部员工关系紧张。⑤ 采用科学合理的方法设计多元的薪酬激励要素(机会、职权、工资、奖金、股权、认可、学习)与薪酬结构,以满足不确定性的、多层次的、复杂的员工需求,使工资设计反映不同类别员工特点。⑥ 协调处理短期激励与长期激励的矛盾、当期收入与预期收入的矛盾、货币收入与非货币收入的矛盾、固定收入与非固定收入的矛盾、即期支付与延期支付的矛盾以及团队薪酬与个人薪酬的矛盾,实现相关利益者之间的平衡及企业战略的实现。⑦ 建立分层分类的薪酬管理体系,建立集团化薪酬管控模式,合理控制企业的工资总额。动态调整员工工资,使薪酬设计反映不同层次、不同类别员工(研发、营销、生产、经理人员)的需求与劳动特点。⑧ 在治理结构层面正确处理货币资本和人力资本的矛盾,实现人力资本的剩余价值索取权,合理确定职业经理人的薪酬及高层管理团队的薪酬与激励(分享报酬体系、年薪制、股票期权)。⑨ 做到薪酬的机制与制度设计的程序公平,使得薪酬的机制与制度同人力资源管理体系中其他的机制与制度相配套,尤其是与绩效考核体系及任职资格体系相互统一。

七、培训与开发系统

培训与开发系统是企业向员工提供工作所必需的或未来工作中所需要用到的知识与技

能，并依据员工需求与组织发展要求对员工的潜能开发与职业发展进行系统设计与规划的系统过程。培训与开发系统是企业人力资源管理体系的子系统，作为该系统的重要组成部分，它与其他人力资源管理模块之间存在密切的联系。如果把人力资源开发与管理体系比喻为一辆"汽车"，任职资格系统是"车架"，人力资源战略与规划系统是"方向盘"，绩效管理系统是"发动机"，薪酬管理系统是"燃料"和"润滑剂"，培训与开发系统则是"加速器"。企业要想保证并持续加速员工核心专长与技能的形成，就必须建立有效的培训与开发系统，并使之能很好地与其他人力资源子系统相衔接，产生协同效应。

培训与开发系统主要包括四个方面的内容：第一，了解和掌握公司的战略发展以及员工的能力与素质状态，为公司的培训与开发计划的制订提供依据；第二，根据员工的潜能特点及组织需求，帮助员工制订职业发展与个人能力开发计划；第三，培训实施过程管理；第四，对培训与开发效果进行评估。

八、再配置与退出系统

人力资源再配置与退出系统是组织根据在实际工作中员工与职位匹配程度或员工个人因素，对员工重新评价、重新配置，乃至退出的系统过程。人员再配置与退出管理是企业人力资源机制创新的需要，是组织新陈代谢、人员新老更替、人才持续激活的需要。企业要保持人力资源的活力，要增强员工的危机意识与竞争意识，使人才能进能出、能上能下，就必须对人员进行结构优化及对人员退出进行机制设计。人员再配置与退出系统包括三个方面的内容：第一，人员竞聘上岗制度；第二，末位淘汰制度；第三，人员退出机制与方式。人员退出的方式包括身份退出、岗位退出和组织退出。

九、员工关系管理系统

员工关系管理系统是企业人力资源管理系统的一项基本要素。从人力资源管理系统角度看，员工关系管理系统的主要内容既包含员工关系的建立和解除，也包括在此期间员工和组织间的互动参与，主要目的是从利益相关者平衡的角度，通过员工关系的管理，充分调动员工的积极性和主动性，从而提升员工对组织的满意度和幸福感，最终促使员工个人绩效和组织绩效的提升。

从人力资源管理职能来看，员工关系管理的主要内容包括：员工关系的建立与维护、劳动争议的协调与处理、员工关系的诊断与管理评价、员工参与和沟通管理、员工离职管理、员工保护与帮助、员工的心理健康管理、员工纪律管理和员工职业健康安全管理等。

十、大数据人力资源管理系统

大数据人力资源管理系统是以员工在工作中产生的非结构化数据作为出发点，通过数据分析技术、经验、工具，向员工和管理者提供人才方面有实时性或洞察力的决策参考的一个系统过程。大数据是一种庞大的数据信息资源，它因巨大的体量产生了量变到质变的效果，从而具备了以往数据库所不具备的特点。人力资源大数据具有相关性、流转性、分散性等特点。目前，大数据人力资源管理已经涉及"选用育留"的各个环节，并且仍在不断渗入和取代传统的管理职能。大数据人力资源管理系统不应仅为人力资源管理做支撑，还应为企业的战略决策服务，用大数据实现人才精准对接和人才一产品服务。在数字化时代，由大数据驱动的平台型组织将会发挥巨大的优势。

十一、人力资源外包系统

作为人力资源管理系统的辅助，人力资源外包系统是指将原来由企业内部人力资源部承担的工作职能，包括人员招聘、工资发放、薪酬方案设计、保险福利管理、员工培训与开发等，通过招标的方式签约付费委托给专业从事相关服务的外包服务商的系统过程。

上述"10+1"职能模块并不是独自发挥作用的，而是相互联系、相互作用，在人力资源管理机理作用下，呈系统化运行。

【HR 之我见】

刘辉：现任百度高级副总裁，负责百度人力资源相关工作。在加入百度之前，就职于摩托罗拉公司，22年的摩托罗拉生涯中，在美国、新加坡和中国内地担任人力资源高级管理工作

扫描栏目中的二维码学习刘辉针对下列提问的精彩回答：

1. 您为什么选择从事 HR？
2. 您提倡的人才、组织、思想文化三元论是什么，其与人力资源管理"六大模块"的关系是什么？
3. 人工智能将如何影响和改变人力资源管理系统的设计与构建？
4. 人力资源管理"六大模块"的工作中有哪些会被人工智能的方法和机器的方法所取代？
5. 您对未来希望从事 HR 工作的学生有何建议？

视频版： 　　　　　　　文字版：

第四节　人力资源管理系统运行机理

上一节介绍了人力资源管理系统的"10+1"组成要素。通过这些要素的相互协同，

最终可以整合企业的人力资源，提升企业的核心能力与竞争优势。但这些要素究竟通过什么样的机理来进行人力资源的整合，还没有得到科学的解释。因此，我们有必要进一步对企业的人力资源管理机理进行讨论，以具体揭示这些系统要素在相互作用的过程中如何发挥作用，如何为企业创造价值。

笔者在理论研究及咨询实践的基础上提炼出了人力资源管理系统运行机理的四大构成要素：四大支柱、四大机制、一个核心、最高境界。这四大要素构成的人力资源管理运行机理使人力资源管理十大职能模块形成了一个完整的运行系统，为企业创造价值，支撑企业竞争优势的形成。

一、四大支柱

人力资源管理系统运行机理中的四大支柱包括机制、制度、流程和技术，这四者相互联系、共同作用。

（1）机制是指事物发挥作用的机理或者原理。人力资源管理机制的作用在于从本质上揭示人力资源管理系统的各要素通过什么样的机理来整合企业的人力资源，以及整合人力资源之后所达到的状态和效果。

（2）制度是指要求组织成员共同遵守的办事规程或行动准则。人力资源管理制度的作用在于通过科学化、系统化的人力资源管理制度设计，建立包括责任、权力、利益、能力运行规则在内的理性权威。

（3）流程是指多个人员、多个活动有序的组合。它关心的是谁做了什么事，产生了什么结果，传递了什么信息给谁，这些活动一定是以创造价值为导向的。人力资源管理流程的作用在于建立以客户价值为导向的人力资源业务流程体系，打通人力资源业务流程与企业其他核心流程的关系。

（4）技术是指通过改造环境以实现特定目标的特定方法。人力资源管理技术的作用在于通过研究、引进、创新人力资源的管理技术，提高人力资源开发与管理的有效性和科学性。

二、四大机制

人力资源管理的内在基本问题与矛盾是组织与人的矛盾。由于信息的日益不对称、组织变革的加速、管理对象的复杂性与需求的多样性日益加剧，使得组织与人的矛盾比以往任何时候都激烈。如何协调人与组织的矛盾，使员工与企业共同成长和发展，这就需要通过内在的机制来协调。笔者在进行人力资源管理理论本土化研究的基础上，提出了人力资源管理的四大机制模型，即牵引机制、激励机制、评价约束机制和竞争淘汰机制。这四大机制相互协同，从不同的角度来整合和激活组织的人力资源，驱动企业人力资源各系统要素的有效衔接与整体运行，提升人力资源管理的有效性。具体见图2-11。

图 2-11　组织与人的四大机制模型

1. 牵引机制

所谓牵引机制，就是指组织通过其愿景与目标的牵引以及明确组织对员工的期望和要求，使员工能够正确地选择自身的行为，最终将员工的努力和贡献纳入帮助企业完成其目标、提升其核心能力的轨道上来。牵引机制的关键在于向员工清晰地表达组织的愿景、目标，组织对员工的期望和要求以及工作对员工的行为和绩效基准要求。因此，牵引机制主要依靠以下人力资源管理模块来实现：企业的价值观与目标牵引、职位管理与任职资格体系、业绩管理体系、职业生涯与能力开发体系。

2. 激励机制

要驱动员工朝着组织所期望的目标努力，必须通过建立有效的激励机制来实现。激励的本质是员工去做某件事的意愿，这种意愿是以满足员工的个人需要为条件的。因此激励的核心在于对员工的内在需求的准确把握与满足并依此提供差异化的人力资源产品与服务。随着管理对象越来越复杂，员工的内在需求日益呈现多元化、差异化、复合化的特征。因此，单一的激励要素难以满足多层次的、个性化的员工需求。组织要把员工当客户，像对待客户一样去了解、研究员工的需求，并运用多元的激励要素为员工提供差异化的人力资源产品与服务。激励机制主要依靠以下人力资源管理模块来实现：分层分类的薪酬体系（职权、机会、工资、奖金、股权、荣誉、信息分享、学习深造）、多元化薪酬体系与全面薪酬设计（基于职位的薪酬体系、基于能力的薪酬体系、基于市场的薪酬体系、基于业绩的分享薪酬体系、货币性与非货币性报酬的系统激励）。

3. 评价约束机制

要使员工的行为不偏离组织所预定的轨道，必须建立有效的评价约束机制。评价约束机制的本质是对员工的能力与绩效进行有效的客观评价，同时对员工不符合组织要求的行为进行纠偏和修正，使其行为始终在预定的轨道上运行。约束机制的核心内容包括人才评价标准、规则约束（合同与制度、法律）、信用道德管理（人才信用系统）、文化道德约束（文化认同与道德底线）。此外还包括：信息反馈与监控，岗位、能力、绩效、态度评价，经营计划与预算，行为的标准化、职业化和基本行为规范与"天条"。

4. 竞争淘汰机制

要将组织外部的竞争压力传递到组织内部，要持续激活组织内部的人力资源，企业不仅要有正向的牵引机制和激励机制，不断推动员工提升自己的能力和业绩，还必须有反向的竞争淘汰机制，将不适合组织成长和发展需要的员工释放于组织之外，同时将外部市场的压力传递到组织之中，从而实现对企业人力资源的激活，防止人力资本的沉淀或者缩水。企业的竞争与淘汰机制在制度上主要体现为竞聘上岗制度与末位淘汰制度，以及相配套的人才退出制度。竞聘上岗与末位淘汰要实现四能机制，即能上能下、能左能右、能进能出、能升能降。人才退出制度则包括内部创业制度、轮岗制度、自由转会制度、待岗制度、内部人才市场、提前退休计划、自愿离职计划和学习深造。

三、一个核心——企业人力资源价值链管理的整合

人类发展到今天，进入了智能文明时代。这个时代包括数字化、大链接、智能文明、知识文明等。人力资源开始注重人的潜能开发、价值创造的活力以及人的价值创造的能力、人力资源效能的提升，人力资源管理不仅要实现企业的战略目标，更重要的是实现人的价值成长。企业资本除了物质资本以外，更重要的是人力资本价值增值。此外，目前人力资源管理已进入精准核算阶段，就是大数据人力资源管理。大数据人力资源管理通过数字化、大链接实现人的价值成长，致力于人的价值创造活力，提升人的价值创造能力，提升人力资源效能，激活整个组织。所以，人力资源管理既要上升为战略层面又要落实到对人的价值创造活力的激活，从而激活组织活力。这个时代是人力资本价值管理的时代，这个时代需要的是跨界思维、无边界管理，构建互动与交互式人力资源价值创造网络。

通过前面对人力资源管理四大机制的内在要素的分析，我们可以看出，考核评价体系和薪酬分配体系往往在不同的机制中同时出现，并且协同发挥作用，从而成为整个人力资源管理机制的重心。进一步而言，整个人力资源管理机制的重心在于对企业的人力资源价值链的整合。所谓人力资源价值链，是指关于人力资源在企业中的价值创造、价值评价、价值分配三个环节所形成的整个人力资源管理的横向链条（见图2-12）。具体包括以下几个方面[12]：

（1）价值创造环节，就是要从企业价值创造的主体和要素出发来建立企业的价值理念并通过价值创造机制与制度设计，激发员工潜能，驱动员工不断创造价值；

（2）价值评价环节，即要以价值创造环节所确定的价值理念为依据，去明确这些价值创造的主体与要素都创造了多少价值，从而为价值的分配奠定基础；

（3）价值分配环节，即要在前面两个环节的基础上，对公司创造的所有价值进行公平合理的分配与再分配。

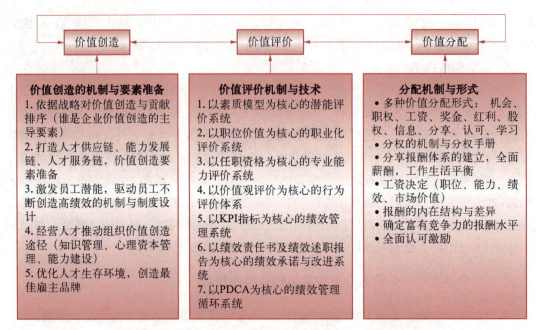

图 2-12　人力资源开发与管理系统的核心——价值管理循环图

价值创造环节为价值评价与价值分配提供理念与原则；价值评价为价值分配提供具体的依据和标准；价值分配又通过对员工的激励和劳动耗费的补偿成为新一轮价值创造的起点。这三个环节形成一个前后呼应的有机整体，两两环节相互循环，从而使得职位管理体系、胜任力能力体系、绩效考核体系、薪酬分配体系等能够形成有效的呼应与配合，而这些相互整合的要素又是企业人力资源管理机制的主体，从而使得企业的牵引机制、激励机制、约束机制能够相互整合，形成一个有机整体。

四、最高境界——文化管理

企业文化就是在企业核心价值体系的基础上形成的，具有延续性的、共同的认知系统和习惯性的行为方式。这种共同的认知系统和习惯性的行为方式使企业员工彼此之间能够达成共识，形成心理契约，使每一个员工知道企业提倡什么、反对什么，怎样做才能符合企业的内在规范要求，怎么做可能会违背企业的宗旨和目标。企业文化是各个成员思想、行为的依据，是企业的灵魂。企业文化管理也成为现代人力资源管理的最高境界。文化减少内部交易成本，使人的管理变得简单，使人做事有底线（敬畏、良知与羞耻感）。企业文化并非企业的必然特质，但是要想使企业基业长青，一定要建立适合企业发展的文化管理。

目前，国内几大著名的企业如华为、京东通过坚持文化管理，结合干部管理等特殊人才机制，实现组织活力的不断激活。华为推崇"狼性文化"，通过远大的追求、求实的作风，通过不断地学习、创新、团结实现以奋斗者为本的文化管理。京东的价值观从 2018 年 3 月 30 日开始升级为"T 形文化"，即"正道成功，客户为先，只做第一"。在整个价值观体系中不仅突出正向价值观,还强调客户意识以及在行业竞争中保持不断创新的精神。文化的影响会从内到外,再由外到内使得企业劲往一处使,心往一处聚。这两家企业的文化在国内各具特色,一方面打造了自己独有的企业特质,另外一方面也吸引了不少企业前来观摩。

　　文化管理之所以是现代人力资源管理的最高境界,就在于它使企业与员工达成共识,使员工由他律管理到自律管理(自我开发与管理),从而协调企业对员工的需求与员工个人需求之间的矛盾,使个人与企业同步成长。同时,通过文化管理,可以使企业和员工之间建立劳动契约关系之外的另一种契约关系——心理契约关系。通过劳动合同建立企业与员工的劳动契约关系,劳动契约关系是最基础的行为准则,是刚性的规范;而心理契约管理是软性的规范,是人的内在的、自觉的约束。通过建立心理契约关系,可以实现员工从"他律"到"自律",从"要我干"到"我要干"。通过企业文化管理,可以使企业全体员工衷心认同企业的核心价值观念和使命感,促进员工奋发向上,确保企业经营业绩不断提高,积极地推动组织变革和发展。

华为人力资源管理纲要1.0与2.0

　　2018年3月20日,华为公司发布了《华为公司人力资源管理纲要2.0总纲(讨论稿)》(以下简称纲要2.0),引起了外界的关注和讨论。回顾过往,华为公司曾撰写了《以奋斗者为本:华为公司人力资源管理纲要》(以下简称纲要1.0),为业界和学界提供了宝贵的经验。通过学习和比对纲要1.0和纲要2.0,我们发现纲要2.0一方面回顾了公司取得的骄人成绩,继承和发扬了纲要1.0的核心思想;另一方面基于公司面临的新问题提出了新的发展方向。

　　纲要1.0包括以下两大方面的内容:(1)价值创造、评价与分配;(2)华为的干部政策。纲要1.0强调正确评价价值是合理分配价值的基础,两者都是为了全力创造价值。价值创造、评价与分配详细阐述了三方面内容:全力创造价值、正确评价价值、合理分配价值。华为的干部政策包括:干部的使命与责任、对干部的行为与作风要求、干部的选拔与配备、干部的使用与管理、干部队伍的建设。

　　与纲要1.0相比,纲要2.0针对公司面临的新问题提出了新的发展方向。华为公司内、外经营环境正在变得更复杂。外部环境方面,在数字革命的大背景下,产业环境更加复杂、更加不确定,机会更多,对手更强,风险更大;业界企业的人才观、组织模式出现新变化。公司内部则面临更为复杂的管理挑战。一方面成熟业务(如运营商业务)需要持续优化、夯实,另一方面成长性业务(如消费者业务与企业业务)和探索性业务(如云业务)需要结合其业务特点建立有效的管理体系。纲要2.0在继承中发展了纲要1.0的核心理念框架。人力资源管理的价值贡献在于让组织始终充满活力。人力资源管理的主要途径是坚持核心价值观、责任结果导向与自我批判,开放学习外部优秀实践,优化价值创造管理循环,基于信任简化厚重管理体系,面向差异化业务与人群实行差异化管理,保障公司业务有效增长。人力资源管理的要素管理及自身管理的主要内容是激发好"两种驱动力"——精神文明与物质文明双驱动以及构建"干部+人才+组织"创造要素管理体系。

第一,精神文明与物质文明双驱动。

关于精神文明,华为讨论了很长的时间,最后还是非常明确地说:我们还是坚持以客户为中心,坚持以奋斗者为本,坚持长期艰苦奋斗,这是我们在后面依然要坚持的东西。但是有两个新变化:(1)强调愿景驱动;(2)允许犯错误。

关于物质文明,华为有五个变化:深化已有做法,推动组织变革,应对多元化,驱动内部协同,与精神激励相协同。(1)深化已有做法。华为在物质文明激励方面是非常明确的,还是坚持多劳多得、以奋斗者为本、向优秀人才倾斜这样一些最基本的原则。(2)推动组织变革。华为推出了"获取分享制",即原来的奖金是自上而下地发,现在则是自下而上的——你之所以能够拿到奖金,是因为一线创造了价值。华为就是要通过这种方式来促进前后端的协同。(3)应对多元化。即 HR 部门要能够因势制宜,根据不同业务的特点,要了解业务、深入业务,从而制定针对性的激励政策,不能够一刀切,因为业务已经非常复杂了。(4)驱动内部协同。驱动内部协同这是一个核心的问题,因为组织有三个永恒的挑战,第一个是外部适应,第二个是内部协同,第三个是文化传承。因为考核过于烦琐、过于细致、过于强调短期利益,如何驱动内部协同是激励方面要去解决的一个问题。(5)与精神激励相协同。例如,精神激励也可以做积分。所谓的积分就是,有一个积分系统,你如果在这儿获得了很多表彰,就会有积分。如果积分比较多的话,到了退休的年龄,你可以保留的股份份额就可以更高一些,可以适度地挂钩。

第二,构建创造要素管理体系——干部、人才、组织。

三个要素中的第一个要素是干部,关于干部,总结为"三个强调":强调流动,强调潜力,强调领导力。关于人才,华为的新原则是:强调顶尖人才的获取和使用,强调生态,强调差异化的管理。关于组织,华为在组织建设方面做得其实是非常好的,集团不分家,业务适度自治;基于信任的管理,简化流程。

资料来源:根据网络资料汇编而成。

案例讨论与思考

1. 纲要2.0与1.0的主要共同点和主要区别分别是什么?
2. 华为如何构建世界级人力资源管理系统?

1. 人力资源管理系统设计的依据是什么?

2. 人力资源管理系统有哪些模块？具体内容是什么？

3. 人力资源管理的四大机制是什么？它们都发挥着什么样的作用？

4. 基于职位的人力资源管理，基于能力的人力资源管理以及基于"职位+能力"的复合式人力资源管理各有什么样的特点？

5. 人力资源管理的最高境界是什么？你是如何理解的？

注释

① Schein, E. H. & Bennis, W. G. (1965). Personal and Organizational Change Through Group Methods: The Laboratory Approach. Wiley.

② 葛新斌：《试析西方管理理论中"人性假设"的基本形态及其关系》，《华南师范大学学报：社会科学版》1999年第2期，第115—120页。

③ 道格拉斯·麦格雷戈：《企业的人性面》，中国人民大学出版社2008年版。

④ 斯蒂芬·罗宾斯：《管理学（第13版）》，中国人民大学出版社2017年版。

⑤ Lorsch, J. W. & Morse, J. J. (1974). Organizations and Their Members: A Contingency Approach. *Contemporary Sociology*, 6 (1), 74-77.

⑥ 维克多·E. 弗兰克尔、何忠强、杨凤池：《追寻生命的意义》，新华出版社2003年版。

⑦ 心理学用语，驱力指驱使人采取某种行动的内部心理动力，文饰作用又称理由化适应，指一种潜意识防御机制或适应行为。

⑧ 尤瓦尔·赫拉利、林俊宏：《人类简史：从动物到上帝》，中信出版社2014年版。

⑨ Wright, P. M., Dunford, B. B. & Snell, S. A. (2016). Human Resources and the Resource Based View of the Firm. *Journal of Management*, 27 (6), 701-721. 28 (4), 517-543.

⑩ Kristof, A. L. (1996). Person-Organization fit: An Integrative Review of its Conceptualizations, Measurement, and Implications. *Personnel Psychology*, 49 (1), 1-49.

⑪ Devana, M. A., Fombrun, C. & Tichy, N. M. (1984). *Strategic Human Resource Management*. New York: John Wiley & Sons.

⑫ 彭剑锋、饶征著：《基于能力的人力资源管理》，中国人民大学出版社2003年版。

本章阅读推荐

Brian E. Becker & Mark A Huselid. (2006). Strategic Human Resource Management: Where Do We Go From Here?. *Journal of Management*, 32 (6), 898-925.

Delery, J. E. & Doty, (1996). Modes of Theorizing Strategic Human Resource Management. Academy of Management Journal, 39 (4), 802-839. Jackson, S. E., Schuler, R. S. & Jiang, K. (2014). An Aspirational Framework for Strategic Human Resource Management. *Academy of Management Annals*, 8 (1), 1-56.

Lepak, D. P. & Snell, S. A. (1999). The Human Resource Architecture: Toward a Theory of Human Capital Allocation and Development. *Academy of Management Review*, 24 (1), 31-48.

Lepak, D. P. & Snell, S. A. (2002). Examining the Human Resource Architecture: The Relationships Among Human Capital, Employment, and Human Resource Configurations. *Journal of Management*, 28 (4), 517-543.

Urwick, L. F. (1967). Organization and Theories About the Nature of Man. *Academy of Management Journal*, 10 (1), 9-15.

甘润远：《螺网理论——经济与社会的动力结构及演化图景》，复旦大学出版社2016年版。

彭剑锋：《战略人力资源管理：理论、实践与前沿》，中国人民大学出版社2014年版。

苏中兴：《转型期中国企业的高绩效人力资源管理系统：一个本土化的实证研究》，《南开管理评论》2010年第4期，第99—108页。

许玉林：《战略构建与制度体系——人力资源管理全景视角》，清华大学出版社2013年版。

第三章 人力资源战略规划

【本章要点】
通过对本章内容的学习,应了解和掌握如下问题:
- 什么是人力资源战略规划?
- 人力资源战略规划的功能与内容是什么?
- 人力资源战略规划有哪几种模式?
- 人力资源战略规划的操作程序与方法是什么?
- 人力资源战略规划是如何实施的?

【导读案例】

人力资源战略规划缺失，导致 C 公司发展受挫

C 公司是从事主食生产和销售的连锁型企业，有员工 500 余人，以超市专柜和专卖店为主要销售方式，该公司先后与广州几家大型连锁超市建立长期合作关系，销售网点迅速扩张，达到 135 家，并且连续 5 年保持 50% 以上的增长速度。

但是随着企业的扩张，C 公司领导越来越感觉企业难以控制：外部客户投诉增多，质量问题频发，几次被报纸点名曝光；内部部门协调困难，经常出现部分网点断货的问题，人员流动率上升，在公司工作 3 年以上的员工不到 10%，50% 以上员工工作不到 1 年。

经过系统分析，我们发现 C 公司发展受挫的主要原因是人力资源战略规划缺失，具体表现如下：

第一，C 公司现有的中层干部基本上都是与企业共同成长起来的，一方面，企业成长的速度远远快于个人成长速度，且公司缺乏必要的员工成长机制，尽管这些员工已经疲于奔命，但问题还是层出不穷；另一方面，公司没有新员工培养计划和员工必要的新陈代谢机制，目前中层岗位一人离职，公司便会受到重大影响，这无形中助长了部分干部的骄横之气，而公司在拓展新业务上也没有合适的人才可用。

第二，C 公司缺乏科学的人才考核与评价标准。C 公司对人才的任命和使用，都是凭借领导的感觉来做决定。由于没有考核标准，或者有了标准但这些考核指标设置不合理，致使出现能者下、平者让、庸者上的现象。这种现象严重挫伤了核心人才的积极性，使他们很难看到自己在企业的前途和未来，从而最终选择离开。

第三，人才流失加剧，严重影响 C 公司的稳定和发展。在 C 公司，核心员工的流失已经严重影响公司的发展动力、凝聚力和员工向心力，使员工士气降低。当其他员工看到流失的核心员工得到更好的发展机遇或获得更多的收入时，便产生了示范效应，进而造成了更大范围的人员流失，产生多米诺骨牌效应，最终使在岗人员的工作积极性也受到影响。

因此，C 公司迫切需要进行人力资源战略规划，但从何处入手呢？

资料来源：迪凯，《人才倍出：人力资源战略规划实战·策略·案例》，经济管理出版社 2014 年版。

第一节 人力资源战略规划的含义、功能与内容

一、人力资源战略规划的含义

（一）人力资源管理战略与战略人力资源管理

当前的研究与讨论中，有关人力资源管理战略（HRMS）与战略人力资源管理（SHRM）的概念区别并不是很明显，并且往往出现混淆使用的现象。从字面上来看，这两个概念的落脚点一个在于战略，一个在于管理活动。本书认为，这两个概念既存在联系，又有所区别。从两者的共性来讲，两个概念的基本范畴是一致的，都是关注如何将企业战略与人力资源管理的相关方面进行联系或使之一致，都关注发挥人力资源管理的战略性功能、体现人力资源管理的战略性价值。这个共同的战略前提和指向基础，使这两个概念在内涵和本质上并没有分歧。虽然两个概念的界定方式有差别，但它们之间有密切的逻辑关系，如图 3-1 所示。

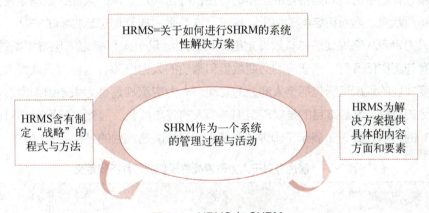

图 3-1　HRMS 与 SHRM

从两者的区别来看：

（1）前者强调"人力资源战略"这个术语中"战略"的含义，后者强调该术语中"人力资源管理"具体内容方面的构建。

（2）前者旨在解决诸如人力资源管理的战略性命题如何提取、人力资源目标如何确定、如何进行规划等问题，关于应该决策或规划哪些具体内容则是后者主要解决的问题。

（3）前者旨在给出做 HRMS 的思路和方法；后者旨在给出所做的 HRMS 应包含哪些具体的内容和要素，以及如何实现它们之间的有机逻辑联系。

（4）前者的界定更强调对 HRMS 的设计和制定，后者更为强调 HRMS 的执行意义。因此前者是人力资源战略的设计，后者是人力资源战略的执行。

（二）人力资源战略规划的定义

人力资源战略规划的定义有广义和狭义之分。广义的人力资源战略规划是指：根据组织战略、目标及内外部环境变化，预测未来任务和环境对组织的要求，以及为完成任务和满足要求而提供人力资源的过程。换言之，广义的人力资源战略规划强调人力资源对组织战略目标的支撑作用，从战略层面考虑人力资源战略规划的内容和作用。因此它既包括了人力资源数量、素质与结构的系统规划与安排，还包括了实现人力资源战略目标的策略及相应职能的系统安排，其作用可以等同于人力资源管理战略，是企业竞争战略的有机组成部分。狭义的人力资源战略规划是指对企业可能的人员需求及供给情况做出预测，并据此储备或减少相应的人力资源。可见，狭义的人力资源战略规划以追求人力资源的平衡为根本目的，它主要关注的是人力资源供求之间的数量、素质与结构的匹配。

依据人力资源战略规划的着眼点不同，可以分为仅考虑组织利益的人力资源战略规划和兼顾组织与个人利益的人力资源战略规划。前一种观点认为人力资源战略规划就是将一定数量和素质的人力资源安排到通常为金字塔结构的各级工作岗位上。从组织的目标、发展和利益要求出发，在适当的时间向特定的工作岗位提供符合岗位要求的人才，以满足特定生产资料对人力资源数量、素质和结构的要求。显然，这是受古典管理思想影响的产物。后一种观点认为，人力资源战略规划是在有效设定组织目标和满足个人目标之间保持平衡的条件下，使组织拥有与工作任务要求相适应的必要数量和素质的人力资源。这种观点认为人力资源战略规划所要实现的组织目标包括个人利益的实现。人力资源规划是力求使组织发展与个人发展协调一致的过程，其最终目的是实现组织与个人的同步成长。显然，行为科学对此观点的形成有深刻的影响。表 3-1 展示了国内外对于人力资源战略规划的各种不同定义。

表 3-1　国内外对于人力资源战略规划的各种不同定义

年份	提出者	定义	侧重点
1967	维特尔（Vetter）	管理人员确定组织应当如何由当前状态发展到理想的人力资源状态的过程	由现状到理想状态的过程
1970	怀特（White）	广义地看，这是一种预见未来企业环境，进而考虑这种环境下的人才需求问题的组织模式	未来人才需求的预测
1986	罗宾斯等（Robbins et al.）	将企业的目标转化为要实现这些目标的人力需求	强调需求
1989	沃瑟和戴维斯（Werther & Davis）	人力资源规划是系统地预测企业未来的员工供求	强调供求
1996	安东尼等（Anthony et al.）	人力资源战略规划是人力资源招聘和运用的决策过程，因此是战略决策过程的一部分。人力资源规划方案侧重于对企业目标的分解和对如何获取资源实现这些目标的规划	强调其是一个决策过程，是组织战略的组成部分
1999	罗伯特·L.马希斯（Robert L. Mathis）	人力资源战略规划是对人力资源的需求和满足这种需求的可能性进行分析和确定的过程。人力资源规划的目的是保证实现企业各种目标。企业总体上的竞争战略是制定人力资源规划的基础	竞争战略与人力资源规划

（续表）

年份	提出者	定 义	侧 重 点
1999	劳伦斯·S.克雷曼（Lawrence S. Kleiman）	人力资源战略规划是对组织的需要进行识别和应答，以及制定新的政策、系统和方案使人力资源管理在变化的条件下保持有效的过程	人力资源的政策与方案
2000	曾湘泉	人力资源战略规划是组织为确保自身战略目标的实现，依据内外部环境，对战略实施过程中人力资源的供给、需求和缺口进行分析、判断和预测，并制定吸纳、维系和激励人力资源的一系列政策和措施的过程	实现供求平衡的政策和措施
2004	陈维政等	根据组织的人力资源战略目标，在分析组织人力资源状况的基础上，科学地预测组织在未来环境变化时人力资源的供给和需求状况，制定必要的人力资源获取、利用、保持和开发策略，满足组织对人力资源在数量上和质量上的需求，保证组织和个人获得长远利益	预测供求状况，确保供求平衡
2011	雷蒙德·A.诺伊等（Faymond A. Noe et al.）	将组织当前的状况与未来的目标进行比较，然后确定组织需要对人力资源进行怎样的调整才能达成目标。调整的内容包括裁员、对现有员工进行培训以使他们掌握新的技能、雇用新员工等	将当前的状况与未来的目标进行比较
2011	董克用	人力资源战略规划指在企业发展战略和经营规划的指导下，对企业在某个时期的人员供给和人员需求进行预测，并根据预测的结果采取相应的措施来平衡人力资源的供需，以满足企业对人员的需求，为企业发展提供合质合量的人力资源保证，为达成企业的战略目标和长期利益提供人力资源支持	供求预测，为企业战略目标的实现提供支持
2012	加里·德斯勒（Gary Dessler）	人力资源战略规划是确定企业需要找人填补哪些职位以及如何填补这些职位空缺的一个过程	找人填补职位空缺
2012	张德	一个组织科学地预测、分析自己在环境变化时的人力资源供给和需求状况，制定必要的政策和措施，以确保在需要的时候和需要的岗位上获得各种需要的人才（包括数量和质量），并使组织和个体获得长期利益	供求预测，使组织和个体获得长期利益

无论何种人力资源战略规划定义，都大致包括如下含义：

（1）组织外部的政治环境、经济环境、技术、文化等处于不断变化之中，使得组织的战略目标也不断调整，进而使组织内部和外部的人力资源供给与需求也处于不断变动之中，寻求人力资源供给与需求的动态平衡是人力资源规划的基点，也是人力资源战略规划存在的必要条件。

（2）人力资源战略规划是以组织战略目标为基础的，当组织战略目标与经营方式发生变化时，人力资源战略规划也随之发生变化。因此人力资源战略规划的过程是一个不断调整的动态过程。

（3）人力资源战略规划是一个依据人力资源战略对组织所需人力资源进行调整、配置和补充的过程，而不单单是预测人力资源供给与需求的变化。在此过程中，必须有其他人力资源管理系统的配合与支持，才能保证适时、适人、适岗。

（4）人力资源战略规划是要保障组织和个体都获得长期利益，但更多的是确保组织的利益得到实现，保障个体利益主要是由其他人力资源管理系统实现的，而不单单是一个规划系统就能解决问题的。

因此，本书认为：

> 人力资源战略规划是通过战略性人力资源管理职能活动及战略性制度安排，以实现组织人力资源的有效获取、开发和优化配置，并支撑企业战略目标实现的系统解决方案和管理过程。

【HR 之我见】

吕利萍：中国兵器北奔重汽集团公司党委委员、组织人事部部长

扫描栏目中的二维码学习吕利萍针对下列提问的精彩回答：

1. 您是如何与人力资源管理结缘的？为什么从事 HR 这个行业？
2. 您认为人力资源规划对公司的重要程度是什么样的？
3. 您怎么看待人力资源管理工作的职责分担？人力资源部门、企业的各级管理者以及员工，在企业中各自承担着什么样的人力资源管理责任？
4. 国企、央企相对于民营企业、外企在人力资源上的区别和优势是怎样的？
5. 您对未来希望从事 HR 工作的学生有何建议？

视频版：

文字版：

二、人力资源战略规划的功能

人力资源战略规划的功能主要有以下几个方面：

（1）通过人力资源战略规划，实现企业战略与人力资源的有效衔接，使人力资源规划成为企业战略落地的工具之一。

（2）通过有效的人力资源战略规划，使人力资源管理具有前瞻性和战略性，使人力资本优先投资和开发，并基于战略进行人才储备，以满足企业高速成长和未来发展的需要。

（3）人力资源规划是一门技术性和操作性很强的人力资源专业职能领域，通过人力资源规划技术的创新，提高人力资源战略规划的有效性和可操作性。

三、人力资源战略规划的内容

（一）人力资源战略规划的内容框架

图 3-2 展示的是人力资源战略规划的内容框架说明，人力资源战略规划的源头在于企

业的战略分析，通过分析企业的产业环境、战略能力、使命愿景、战略目标及业务发展目标等，从而确定人力资源管理如何支撑企业战略的实现，企业需要什么样的人才结构才能实现企业的战略目标。在确定人力资源战略使命与愿景目标之后，人力资源部门及直线经理应该明确各自的工作职责与需要发挥的功能，制定人力资源管理战略执行计划，构建HRM平台作为人力资源管理战略的实施保障。最后，需要对人力资源管理的有效性进行评估，考核人力资源管理给企业带来了多大的价值贡献，并利用评价结果对企业战略及人力资源战略进行调整，实现"企业战略—人力资源战略—人力资源战略规划"的良性互动，增强人力资源管理的价值创造能力。

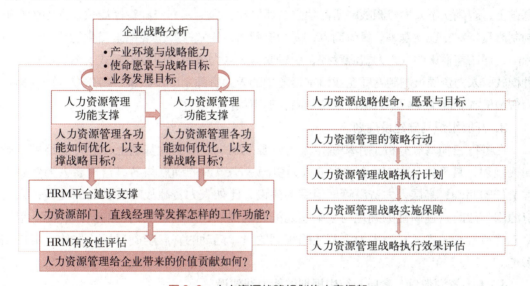

图 3-2 人力资源战略规划的内容框架

（二）人力资源战略规划的八大内容

1. 三项基础分析工作

作为人力资源战略规划的基础，企业需要开展三项工作：

（1）从外部环境因素及内部资源与能力因素两个层面对企业战略进行解读与分析，即人力资源战略规划首先要反映企业的战略诉求，满足企业的战略需要。外部环境包括企业外部的政治、经济、社会及技术环境等，一般短期内不受企业控制。内部资源与能力指企业内部的人力、物力、财力资源及企业的组织能力（如组织结构、组织文化及人才资源等）。因此，人力资源战略规划的首要工作其实是了解战略。

（2）企业人才盘点与战略需求差异性分析（战略需求标杆），即企业人力资源的规划要基于企业的问题和现状，以及企业的资源与能力，要以问题为导向，以战略为依据，提出渐进式系统解决方案。本章在第二节会详细讲解人才盘点，企业进行人才盘点首先要确定其目的，并紧密围绕企业未来1~3年的战略规划进行人才供需分析，明确企业资源现状与战略目标之间的差距。因此，人力资源战略规划的这项分析工作其实是在了解企业自己。

（3）行业最佳人力资源实践研究与差异性分析，即人力资源管理的标杆研究和设定，主要为企业人力资源管理体系对标提供依据。各行业都有自己的领先企业，需要对领先企业进行全面分析，学习其管理过程中的优秀模式和方法，找出差距，并寻找自身优势。因此，这项分析工作其实是在了解竞争对手。

2. 人力资源战略规划理念指引体制线建设

人力资源战略规划的理念具体包括企业人力资源管理理念、战略目标、策略与政策的研讨、提炼和确定，这是人力资源战略规划的根本出发点。在对人力资源战略进行解读的基础上，明确实施人力资源战略所需建立的体制线，包括人力资源管控模式、人力资源机制制度及特殊专项问题等。具体而言，人力资源管控模式一般出现在集团化的公司运营过程中，通常包括集中式人力资源管控、引导服务式人力资源管控及委派式人力资源管控三种模式。人力资源机制制度即企业日常运营中的人力资源制度及政策，特殊专项问题指人力资源机制制度中需要单独管理或特别商议的事项。

3. 开展组织基础建设规划

在进行三项基础分析工作和确定人力资源战略规划依据的基础上，应开展组织基础建设规划，其具体工作有：企业家的人力资源战略意识的确立与各级管理者人力资源管理责任的明确；高层人力资源管理组织的建设，比如人力资源战略委员会的建设；人力资源部门战略管理职能的确定与战略规划能力的提升，以确定战略性的具体职能。组织基础建设规划的实质是为人力资源战略规划的具体活动的开展明确目标、主体、责任和职能。

4. 人力资源数量、素质与结构规划的能力线建设

根据体制线的要求和人才盘点的结果，对人力资源的数量、素质及结构进行规划。这三方面的内容为企业人力资源管理提供了指导方针和政策（见图3-3）。

（1）人力资源数量规划。人力资源数量规划是依据企业战略对未来企业业务规模、地域分布、商业模式、业务流程和组织结构等因素，确定未来企业各级组织人力资源编制及各职类职种人员配比关系或比例，并在此基础上制定企业未来人力资源需求计划和供给计划。本书提供了一套适合中国企业的编制设计模型，其基本设计思想如图3-4所示。

主要步骤为：

① 结合近十年企业经营统计数据分析和企业发展的行业特点，判断企业处于不同阶段的主业务流程及业务特点，并确定组织中哪些职位是关键职位和重点职位。

② 依据组织的职能域，梳理组织设计中的关键职位和重点职位，明确引起这些职位变动的驱动因素（即预测因子）和劳动定额。

③ 在假设技术条件不变的前提下，确保主流程关键职位和重点职位的编制不变，而对辅助岗位的编制采取弹性设置。

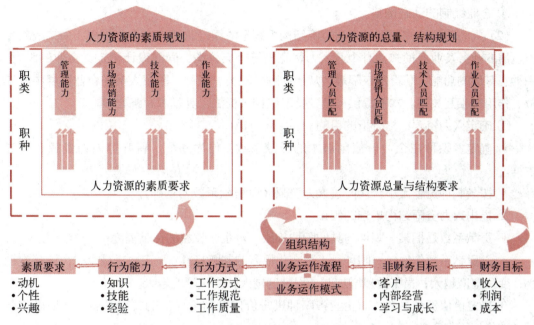

图 3-3　人力资源数量、素质与结构

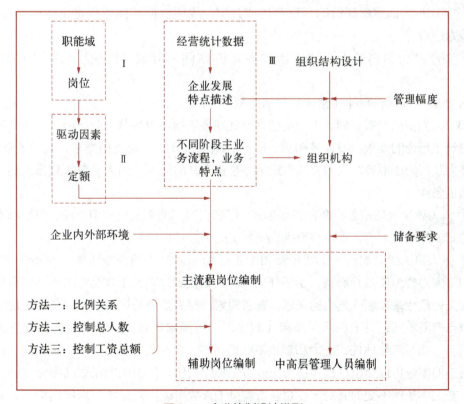

图 3-4　企业编制设计模型

④ 企业编制的动态调整。

（2）人力资源结构规划。人力资源结构规划是依据行业特点、企业规模、未来战略重点发展的业务及业务模式，对企业人力资源进行分层分类，同时设计和定义企业的职类、职种、职层的功能、职责及权限等，从而理顺各职类、职种、职层人员在企业发展中的地位、作用和相互关系。本书提供一套独特的结构分析法，其基本思路如下。

① 确定人力资源结构分析的目的。

- 确定各职种在企业价值创造中的贡献系数，作为薪酬、晋升等人力资源政策的依据。
- 按各职种贡献大小合理配置人力资源（以贡献系数为基础）。

② 提出人力资源结构规划的假设。

- 贡献系数是指某一职种与其他职种相比，对企业收益的贡献程度。
- 以贡献系数作为每一职种员工数变化幅度的判断基准：员工数量减少时，贡献度越小，变化幅度越大；员工数量增加时，贡献度越大，变化幅度越大。

③ 确定价值贡献系数。对企业各职种进行价值贡献度评价的关键是要科学地确定各职种的价值贡献系数。

④ 应注意以下几个问题：

- 各职种价值贡献评价的基础是达成共识，故评价指标体系应是企业广泛讨论后，看法较为一致的。
- 基于"价值创造大小决定重要性"的原则，贡献系数也可反映该职种重要程度。
- 贡献系数反映职种（整体）价值贡献。

（3）人力资源素质规划。人力资源素质规划是依据企业战略、业务模式、业务流程和组织对员工行为的要求，设计各职类、职种、职层人员的任职资格要求，包括素质模型、行为能力及行为标准等。人力资源素质规划是企业开展选人、用人、育人和留人活动的基础与前提条件。

① 人力资源素质规划有两种表现形式：任职资格标准和素质模型。任职资格标准包括员工的知识经验与内容，素质模型则反映员工的个性和价值观。

② 人力资源素质规划的主要步骤如图 3-5 所示。对于前两个步骤（分析外部环境、企业内部人力资源盘点）而言，由于任何一种人力资源规划都是与企业内外环境密切相关的，故无论是数量规划或是结构规划、素质规划，都需要经历这两步，只是各个规划分析的侧重点有所不同；对于后两个步骤（制定人力资源素质规划、制定具体的素质提升计划）而言，当员工整体任职能力和素质不断提高时，企业员工的适岗率也将提高，这表明企业员工的职业化程度也在提高；当企业员工整体素质、任职能力和适岗率提高到一定程度时，在工作条件不变的情况下，企业所需员工人数可以相对减少，组织结构、业务流程也可作相应简化。

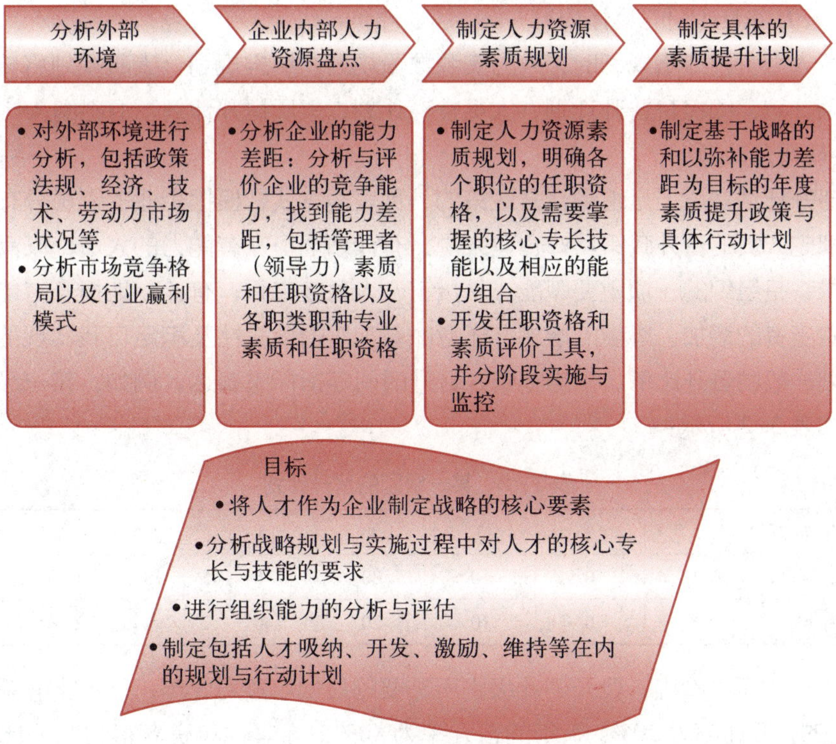

```
┌─────────────┐  ┌─────────────┐  ┌─────────────┐  ┌─────────────┐
│ 分析外部     │▶ │ 企业内部人力 │▶ │ 制定人力资源 │▶ │ 制定具体的   │
│ 环境         │  │ 资源盘点     │  │ 素质规划     │  │ 素质提升计划 │
└─────────────┘  └─────────────┘  └─────────────┘  └─────────────┘
```

- 对外部环境进行分析，包括政策法规、经济、技术、劳动力市场状况等
- 分析市场竞争格局以及行业赢利模式

- 分析企业的能力差距：分析与评价企业的竞争能力，找到能力差距，包括管理者（领导力）素质和任职资格以及各职类职种专业素质和任职资格

- 制定人力资源素质规划，明确各个职位的任职资格，以及需要掌握的核心专长技能以及相应的能力组合
- 开发任职资格和素质评价工具，并分阶段实施与监控

- 制定基于战略的和以弥补能力差距为目标的年度素质提升政策与具体行动计划

目标
- 将人才作为企业制定战略的核心要素
- 分析战略规划与实施过程中对人才的核心专长与技能的要求
- 进行组织能力的分析与评估
- 制定包括人才吸纳、开发、激励、维持等在内的规划与行动计划

图 3-5　人力资源素质规划步骤

5. 核心人才队伍规划

具体包括企业核心人才的评价标准确定；核心人才职业通道发展规划；核心人才队伍建设规划，比如对管理团队、研发团队或营销团队的规划；核心人力素质能力提升规划。

6. 战略人力资源职能活动规划

战略绩效管理规划使绩效管理成为企业战略落地的工具；战略薪酬管理与激励要求实现薪酬吸引、留住与激励核心人才的功能；战略人才招聘与配置实现战略人才结构的优化与配置；战略人才的培养开发基于战略的一体化人力资源解决方案。

7. 人力资源管理机制与制度变革规划

管理机制与制度变革规划支持人力资源管理机制创新和变革。管理机制与制度变革体现了管理实践中的"柔性"思想，即通过对机制制度的变革，保持组织内部能力与外部环境的快速匹配。其价值在于，第一，适应变化，灵活配置资源，促进组织内部协同与外部匹配；第二，激活人的整体需求，通过自我挑战和机制平台引领，让员工从"组织人"身份向"自主人"身份转变，最大限度激发知识型员工创造价值。

8. 人力资源管理知识与信息系统建设规划

具体体现为企业的留智工程以及知识与信息管理系统，知识与信息管理平台为人力资源战略规划的具体活动提供技术支撑。

（三）人力资源计划的具体内容

在执行人力资源战略规划时，人力资源数量规划、结构规划、素质规划将转化为具体的人力资源计划，即接替晋升计划、人员补充计划、素质提升计划、退出淘汰计划等。

1. 接替晋升计划

接替晋升计划实质上是组织晋升政策的一种表达方式，根据企业的人员分布状况和层级结构，拟定人员的晋升政策。对企业来说，有计划地提升有能力的人员，以满足职务对人才的要求，是组织的一项重要职能。从员工个人角度来看，有计划地提升有能力的员工不仅意味着工资的增加、尊重的增加，还意味着工作的挑战性及满足自我实现的需求。接替晋升计划一般由晋升比率、平均年资、晋升时间等指标来表达，例如，某一级别的晋升计划可以如表3-2所示：

表3-2 某一级别的晋升计划

晋升某级别年资	1	2	3	4	5	6	7	8
累计晋升比率（%）	0	0	10	30	70	75	75	75
晋升比率（%）	0	0	10	20	40	5	0	0

从表3-2中可以看出，晋升到此级别所需要的最低年资为3年，且3年的晋升比率为10%，4年的晋升比率为20%，5年的晋升率为40%，而其他年资获得晋升的比率很小或为0。因此，调整各种指标会使晋升计划发生改变，并对员工的心理产生不同程度的影响，如向上晋升的年资延长，就意味着员工将在目前的级别上待更长的时间；降低晋升比率则表明永远不能获得晋升机会的人数将增加。

2. 人员补充计划

人员补充计划就是拟定人员补充政策，目的是使企业能够合理地、有目标地填补组织中长期内可能产生的职位空缺。在劳动力市场供过于求或者企业吸收能力与辞退员工受到限制的情况下，人员补充计划十分重要。人员补充计划可以改变企业内人力资源结构不合理的状况，但这种改变必须与其他计划相配合才是最经济、最实用的。补充计划与晋升计划是密切相关的，因为晋升也是一种补充，只不过补充源在企业内部。晋升表现为企业内低职位向高职位的运动，运动的结果使组织内的职位空缺逐级向下移动，最终积累在较低层次的人员需求上。此时，内部补充就转化为外部补充——员工招聘与录用。这也说明，在录用低层次人员时必须考虑若干年后的使用问题。此外，人员补充计划与素质提升计划也有密切联系。

3. 素质提升计划

素质提升计划的目的是为企业中长期发展所需的职位事先准备人员。例如，美国IBM公司对逐级推荐的5 000名有发展潜力的员工分别制定素质提升计划，根据可能产生的职位空缺和出现的时间分阶段、有目的地培养他们，当职位空缺时，人员早已培养好。在缺乏相应的素质提升计划的情况下，员工也会自我培养，但是效果未必理想，也未必符合组织发展的要求。

4. 退出淘汰计划

现在很多企业打破了"铁饭碗"或终身雇用制，但依然存在大量冗余人员。很多员工只要进了企业，很难被企业辞退，除非是主动辞职或犯了重大错误。造成这种现象的一个重要原因是，企业只设计了向上的晋升通道，而忽略了向下的退出通道。人力资源战略规划中的退出淘汰计划就是为了弥补这一漏洞而设计的。

素质提升计划、接替晋升计划、人员补充计划和退出淘汰计划是相辅相成的，四种计划相互配合运用，效果会非常明显。此外，根据企业的特殊情况或需求还可以制定各种其他的计划，如工资与奖金计划、继任计划等。

【学习资料3-1】

《国家中长期人才发展规划纲要（2010—2020）》对人才发展的总体部署

一是实行人才投资优先，健全政府、社会、用人单位和个人多元人才投入机制，加大对人才发展的投入，提高人才投资效益。

二是加强人才资源能力建设，创新人才培养模式，注重思想道德建设，突出创新精神和创新能力培养，大幅度提升各类人才的整体素质。

三是推动人才结构战略性调整，充分发挥市场配置人才资源的基础性作用，改善宏观调控，促进人才结构与经济社会发展相协调。

四是造就宏大的高素质人才队伍，突出培养创新型科技人才，重视培养领军人才和复合型人才，大力开发经济社会发展重点领域急需紧缺专门人才，统筹抓好党政人才、企业经营管理人才、专业技术人才、高技能人才、农村实用人才以及社会工作人才等人才队伍建设，培养造就数以亿计的各类人才，数以千万计的专门人才和一大批拔尖创新人才。

五是改革人才发展体制机制，完善人才管理体制，创新人才培养开发、评价发现、选拔任用、流动配置、激励保障机制，营造充满活力、富有效率、更加开放的人才制度环境。

六是大力吸引海外高层次人才和急需紧缺专门人才，坚持自主培养开发与引进海外人才并举，积极利用国（境）外教育培训资源培养人才。

七是加快人才工作法制建设，建立健全人才法律法规，坚持依法管理，保护人才合法权益。

八是加强和改进党对人才工作的领导，完善党管人才格局，创新党管人才方式方法，为人才发展提供坚强的组织保证。

推进人才发展，要统筹兼顾，分步实施。到2015年，重点在制度建设、机制创新上有较大突破。到 2020 年，全面落实各项任务，确保人才发展战略目标的实现。

资料来源：《人才发展规划纲要：推进人才发展要统筹兼顾分步实施》，中国网，http://www.china.com.cn，2010 年 6 月 7 日。

第二节 人才盘点

一、人才盘点的内涵

知识经济时代，人才成为企业获取并维持其竞争优势的核心资源，人才兴则企业兴，拥有人才的企业更有希望在市场中占据主动。随着企业对人才愈发重视，一个能够帮助企业评估其人才数量与素质，以支撑企业战略的方法得到了管理者的普遍关注与应用，即人才盘点。

1. 什么是人才盘点

人力资源专家黄旭先生用两个隐喻介绍了人才盘点。第一个隐喻是整理衣柜，"我们隔一段时间要整理一下自己的衣柜，因为我们的衣柜里边有很多衣服是购买后不经常穿的，这类衣服要赶紧送人，否则就是资源浪费"。第二个隐喻是整理书柜，"我们每年都要整理自己的书柜，很多书不准备再看就赶紧送人，把它们转移到能够发光发热的地方"。人才盘点也是同样的道理，在企业里我们是通过人去做事情，再通过事情来判断人才的价值，因此要定期进行人员梳理。本书认为：

> 人才盘点就是对组织的人才进行梳理、评价、再配置的过程。通过人才盘点，使人才与组织相匹配，进而支撑组织战略的实现。

2. 进行人才盘点的原因与时机

企业在实际的人才管理中常常遇到如下困境：

（1）人才招募困难，企业中越是重要的岗位，其所需招聘的周期越长且难度越大。

（2）外部招聘的人才难以适应企业文化，这些"空降兵"的忠诚度较弱。

（3）企业没有为员工制定明确的职业上升通道或个人职业发展规划，致使企业内部人才流动频繁，人才因缺少发展机会而倾向于寻找外部机会。

因此，企业在面对上述困境时，人才盘点就显得尤为重要。人才盘点帮助企业发现优秀员工，进行"因材施教"，提高其敬业度与忠诚度，进而实现企业价值与员工个人价值的统一。

那么，企业应该选择什么时机进行人才盘点？这需要企业从宏观和微观两个层面判断。

从宏观层面而言合适的时机有：

- 企业进行大规模的并购或业务重组；

- 企业处于战略转型期，其业务策略、商业模式、运营模式发生巨大变化；
- 企业经营业绩高速增长，管理跟不上业务发展的需要；
- 外部环境发生巨大变化，市场、产品或技术亟须升级；
- 企业人才供给、分布不均衡。

从微观层面而言合适的时机有：

- 企业核心人才的供给不足，过度依赖外部招聘；
- 核心人才难以保留，员工流失率高；
- 关键人才的胜任力与绩效目标完成情况不匹配；
- 人才梯队出现断层，没有人才继任计划。

一般如果有上述部分情况发生，就需要企业根据其目的展开人才盘点。但人才盘点并非只是在上述情况发生时才进行，我们鼓励企业一年至少定期进行一次人才盘点。例如阿里巴巴每年定期做三件大事，每年的9~10月制定战略，11~12月做预算，2~5月做人才盘点。人才盘点作为三件大事之一，其重要性不言而喻①。

二、人才盘点的类别

目前企业进行人才盘点的形式虽多种多样，但大致上可以分为两个类别，分别是关门盘点和开门盘点。两种盘点方式各有侧重，企业要根据自身情况合理选择。

1. 关门盘点

关门盘点的方式一般由企业的人力资源部门主导，通过与外部咨询机构合作，利用评价中心测评系统筛选出企业的关键人才。但该盘点的方式往往只有企业高层及人力资源部门参与，或者只是更多地依赖于外部咨询公司的评价工具，而且只覆盖关键岗位。

对于组织而言，如果只是需要快速发现、准确识别高潜力人才，进行覆盖个别关键岗位的人才盘点，那么关门盘点无疑是一种高效便捷的人才盘点方式。

关门盘点周期短、效率高，可供选择的工具丰富多样，有利于被评价者获得更为全面的自我认知，且保密性高。

2. 开门盘点

与关门盘点不同，开门盘点是由业务部门主导的。人力资源部的角色由主导者变为方法、工具的提供者和人才盘点的组织者。开门盘点主要有以下特点：

（1）从CEO到基层经理都亲自参与，盘点要依赖于他们的评价结果；
（2）业务经理主导；
（3）人力资源部的组织发展岗位负责人提供人才盘点的方法、工具，并组织和支持业务经理完成人才盘点；
（4）在一定范围内公开讨论对管理者的评价及任用；
（5）盘点覆盖全员（不仅包括关键的领导岗位）；
（6）与人力资源的其他模块衔接紧密，是每年的"固定项目"。

因此，为了确保组织的人才盘点顺利实施，一般要确立以下角色：成立人才盘点委员会，明确 CEO 是人才盘点的第一负责人，各级经理人是主导者和实施者，人力资源部门是流程推动者。换句话说，开门盘点并非是企业高层及人力资源部门的工作，而是需要企业内多方配合来完成。

三、人才盘点的误区

尽管"人才盘点"对企业意义重大，且不少企业也定期对人才进行了盘点，但由于在盘点过程中经常陷入一些误区，致使盘点的效果并不如预期，甚至还会出现负面效应。因此，我们对企业在人才盘点中可能会陷入的误区进行了归纳，大概有以下三种。

1. 人才盘点可以解决问题

多数企业高层管理者往往是在业绩下滑、人员流失率大，或人才能力的发展与组织业务的发展不匹配时，才会意识到企业缺乏对人才的识别、培养与保留。这时寄希望于人力资源部门通过人才盘点解决企业遇到的问题就有些勉为其难，此时的人力资源部门既无明确的盘点目的，又无合适的人才评价标准及评估工具。我们应该把人才盘点工作作为企业运行过程中的日常管理流程，而非在企业已经陷入人才管理困境时再开展盘点。因此，人才盘点的目的不是解决问题，而是发现问题。

2. 人才盘点与绩效考核挂钩

不少企业将人才盘点与绩效考核相结合，通过最终的考核来确定优秀员工及企业存在的问题，进而再进行相应激励及改进计划。基于人才盘点的绩效考核往往只能衡量员工当下业绩的好坏，不能对员工的未来发展进行预测。因此，单纯地将人才盘点与绩效考核强挂钩是不可取的，人才盘点仅是绩效考核的一个参考。

3. 人才盘点是人力资源部门的工作

人才盘点是为企业战略服务的，为业务服务的，不只是人力资源部用来识别高潜人才的。如果只是人力资源部带头开展，业务部门与企业领导不关注、不参与，管理者并没有真正意识到建设人才梯队的重要性，那么人才盘点的效果就会大打折扣。因此人才盘点工作既需要企业领导的重视也需要业务部门的积极参与，只有这样才能确保人才盘点的有效性。

四、人才盘点的意义

通过人才盘点，有助于企业更好地识别人才、培养人才和保留人才，进而建立人才梯队，提高企业竞争优势[②]。不仅如此，除对组织及人力资源工作外，人才盘点对员工个人也意义非凡，既实现了员工与组织的匹配，还明确了员工未来改进及发展方向。

1. 对组织的价值

（1）组织通过人才盘点，对组织的结构和人才进行了系统梳理，使组织明确了未来发展所需要的资源及能力。

（2）人才盘点可以为组织战略落地提供支持。通过人才的供需分析及胜任力模型的构建等一系列工作，支撑组织战略的实现。

（3）通过对人才的梳理及评价，建立人才梯队，促进组织的持续健康发展。

2. 对人力资源工作的价值

（1）在人才盘点的过程中，通过人力资源部门与其他业务部门的互相配合及通力合作，更加紧密地衔接了相互之间的关系，不仅使人力资源部更懂业务，而且业务部门也开始理解人力资源部的工作。

（2）通过人才盘点，组织确定并建立了自身的人才评价标准体系，不仅有助于组织进一步吸引人才、培养人才及保留人才，而且使组织能够快速实现人岗匹配。

3. 对员工的价值

（1）通过人才盘点，使员工获知组织对人才的需求及自身与组织的匹配度。

（2）人才盘点还有助于员工明确未来工作中需要改进及发展的方向。

五、人才盘点的程序

人才盘点可以分为五步来进行，其流程如图3-6所示：

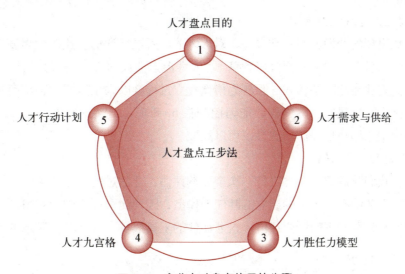

图3-6　企业人才盘点的具体步骤

（一）明确人才盘点目的

正如前面讲到的，人才盘点开展周期不一、方式不一，且有不同的目的和侧重点。比如企业处于快速扩张期进行的人才盘点与企业已经进入平稳发展阶段后进行的阶段性人才盘点就各有侧重，因此我们在盘点前必须明确其目的，才能对症下药、有的放矢。需要注意的是，人才盘点必须取得高层领导（最好是CEO）的承诺及参与才能成功推进，所以在此阶段需要时时与高层领导进行沟通和汇报，以取得他们对盘点的信任及支持。另外，还需要出台人才盘点的整体规划与时间安排，明确召开人才盘点会议的时间与参与人选。

（二）识别人才需求，评估人才供给

在明确了人才盘点目的后，接下来需要召开人才盘点会议。会议首先需要高层领导、人力资源部门及各业务部门负责人讨论企业未来1~3年（不同行业有不同的规划期）的战略对人才的需求，其实质就是明确什么样的人才可以支撑企业的战略发展，如果企业人才储备不够，其战略落地的可能性将大打折扣。

我们建议将组织的架构图画出来，从关键角色入手，再逐渐推广到各个角色。高层领导、人力资源部门及各业务部门负责人应该结合企业未来1~3年的战略规划，对现有的组织结构及角色分工进行讨论，包括关键岗位职责、人员编制与空缺情况、组织效率和管理跨度是否合理等。最终需要明确企业未来1~3年组织结构是否新增、撤销等，并明确组织结构、关键角色以及对人才的需求。

紧接着，会议需要对企业目前的人才供给进行评估，即判断当前的人才数量与素质是否可以满足企业未来1~3年的战略需求。高层领导、人力资源部门及各业务部门负责人要结合企业战略与组织架构的要求，判断目前人才在数量与素质上的差距，是否可以支撑企业战略的落地。

（三）建立人才胜任力模型

对人才数量预测较为容易，难点在于对人才的素质进行评估。这时候需要企业建立自己的人才胜任力模型（第五章会详细讲解）。人才盘点会议接下来便开始讨论企业的人才胜任力模型。需要注意的是，人才胜任力模型建立过程要以未来为导向，不可专注于过去已取得的成就，而且最好可以将核心能力控制在6~8项，当然这些能力必须能够切实落地，胜任力模型的构建也并非一次会议可以完成。

（四）绘制人才九宫格

接下来，我们就需要对人才进行一次全面的评估，评估过程中既要关注过往员工已取得的绩效，还需要结合上述步骤建立的胜任力模型，因为此模型中包括对员工价值观、学习能力、潜力及领导力等的综合评价。人才评估的工具很多，以图3-7所示的九宫格为例

图3-7　人才九宫格

进行介绍。

根据我们对过往绩效及员工综合能力的评估将各位员工划入九宫格，这样就能够比较清楚地展现"谁是你最重要的、最值得发展和关注、最值得资源投入的人才"，而对于不同的人群，我们要采取不同的对策：

- 对于9号员工来说，他们是绩效与能力双高的超级明星，可以为其设计多种快速提升及轮换方式的职业通道，提供更好的发展平台及机会，并且还要提供令人满意的薪酬。
- 对于8号员工来说，他们虽然有很高的潜力，但绩效却处于中游，那么应该谨慎为其规划下一个岗位，而是多给予工作上的指导与帮助，但也要确保其薪酬的竞争力。
- 对于7号员工来说，他们绩效一流，但综合能力一般，此时着重提高其综合能力，可以尝试给予可促进其发展的岗位或职责，并确保薪酬竞争力。
- 对于6号员工来说，虽然他们综合能力一流，但绩效偏低，此时我们应该认真分析，到底是因为动机不足，还是因为人岗不匹配。同时，也要提出警告，使其明确绩效目标。
- 对于5号员工来说，他们是最常见的一类人，综合能力与绩效都处于中游，此时我们应该对其进行重点培养与开发，综合能力与绩效提高并重。
- 对于4号员工来说，他们绩效一流，但综合能力较差，此时思考如何让其始终保持工作积极性是下一步工作的重点，因此要多给予认可，并尝试挑战新的任务。
- 对于3号员工来说，要对他们进行警告，并为其分析问题所在，提供相应的绩效辅导，如还不迅速改进，则应该尽快将其剥离出组织或降级使用。
- 对于2号员工来说，应该让他们保持在原地原级，并相应减少管理职责，必要时考虑剥离出组织。
- 对于1号员工来说，应该考虑尽快将其剥离出组织。

因此，对于处在九宫格不同位置的人群，我们需要采取不同的应对策略。九宫格既是人才盘点的产出，又是下一步建立人才发展体系或提供用人决策的重要信息输入。

（五）制定行动计划

此时，我们将人才需求与供给进行对照分析，便可以看到人才差距，据此有针对性地制定行动计划，包括为员工制定个人职业生涯发展规划、搭建企业人才梯队及继任者计划等。当然，我们后续也应该从人才指标体系、人才投入—产出比等方面对人才盘点的效果进行跟踪与评估。

【学习资料3-2】

京东的人才盘点

京东的高速增长掩盖了很多问题，也暴露了很多问题，尤其严重的是人才缺口问题。京东已经在国内1 862个区县设置配送站，每个站必须配备一名站长。按照京东配送的扩张,未来每年能否提供足够数量的站长?在人员与业绩高速增长的时候,公司需要足够的基层干部支撑起这个组织。

京东CHO兼首席法律总顾问隆雨在加入京东时,进行了大规模的人才梳理,从副总裁、总监到经理,一层一层地看人才储备是否能够支撑京东长期发展,每一层管理者有无足够的合格继任者。人才盘点的结果是,副总裁和总监一级比较成熟,总监以下有缺口,如何快速布局好这一级人才,在总监轮岗或者升职时顶上来,是巨大的挑战。

2013年,领导力模型建立之后,京东开始用九宫格进行人才盘点。原来公司对人才的判断,是老板说了算,单线联系。不过,人是怎样的,必须有多维度的判断,他的上级如何看待他、同事如何看待他,以及他如何看自己,要多维度地判断,这就必须搭建共通的语言平台。否则,就变成了一个人用标准123来判断,另一个人拿标准ABC来判断,你不能说哪个人采用的标准是对的或者错的。

人才盘点的第一场会议是针对副总裁级别的人物进行盘点。2013年6月8日,京东创始人、CEO刘强东坐在一旁全程观摩京东首席财务官、首席营销官、首席人才官、首席运营官等30多位副总裁的素质和潜能盘点。大多数副总裁是他亲自培养出来的,他心里再清楚不过了。有好几次,他话到嘴边,又赶紧喝一口水把话咽下去了。长达6小时的盘点,刘强东始终保持沉默,直至最后才以观摩人的身份发言总结。他唯一一次用否决权,是在盘点第八格中的人才时,由于这一格里的人数多了,某位领导顾全大局把自己手下的人从格中拉下来。但刘强东说:"对不起,我要实行否决权,如果他真的是第八格中的人才,就应该让他待在这里,我不同意你做让步。"人才盘点结束,观摩人逐一进行点评。

这次人才盘点也震动了刘强东,他没想到大家能这么客观、全面、坦诚地交流,外部顾问也告诉隆雨:"真没想到人才盘点会在京东成功落地。"他一直不觉得民营企业能够达到这样的开放程度。

资料来源:杨国安、李晓红,《变革的基因》,中信出版集团2016年版。

【HR之我见】

胡华:奥飞娱乐股份有限公司副总裁

扫描栏目中的二维码学习胡华针对下列提问的精彩回答:

1. 您为什么选择从事HR?
2. 贵公司在人才规划方面有哪些特色的做法?
3. 如何激励创意型人才?
4. 公司对哪些人力资源管理工作进行了外包?以及公司使用外包的主要目的和作用是什么?
5. 您对未来希望从事HR工作的学生有何建议?

视频版： 文字版：

第三节 人力资源战略规划模型

一、人力资源战略规划三大模式

对于什么是人力资源战略规划，理论界和实践中主要有两种观点：一种观点认为，人力资源战略规划本身就是一种战略准备，是一个由现状不断发展到理想状态的过程；另一种观点认为，人力资源战略规划要做到精确定量，实现供需平衡。通过多年的教学与咨询实践，笔者认为，人力资源战略规划主要有以下三种模式。

（一）基于供需平衡的经典模式

经典模式即基于供给和需求平衡进行人力资源战略规划，把人力资源规划看成一种精确计量与计划的过程。在这种思想的指导下，人力资源战略规划的思考重点集中于如何有效地准确预测需求与供给，人力资源规划的目标是寻求供给与需求的平衡，因此人力资源规划的过程也是供给需求平衡的过程，对于预测方法和数量的强调是人力资源战略规划的中心。这种模式适合企业经营领域单一或规模小的情形，或者是企业内部对某一类人员进行专项人才资源规划需要精确指导时。企业人才过剩应采取什么策略、人才缺乏又应采取什么策略，都应该基于供需平衡来考虑（见图3-8）。

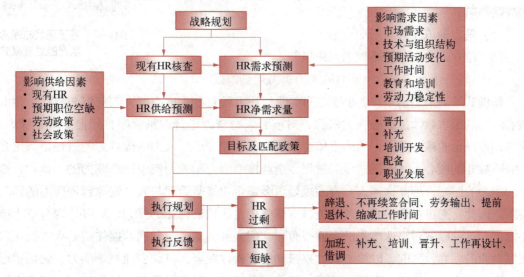

图3-8 人力资源规划经典模式

（二）基于现状和理想状态的趋近模式

趋近模式实际上是一种战略状态，是一种对标的理念。该模式认为，人力资源战略规划是找到一个模糊区间，而不是精确地计量。这种模式主要是基于企业的愿景与战略，确定企业人力资源的理想与最优状态，比较人力资源现实与理想的差距，强调人力资源规划是一个缩小现状与理想状态的差距、追求理想状态的过程。

这是目前国际上最为流行的人力资源战略规划模式之一，也是比较完整和系统的人力资源战略规划思考和研究模式，这种模式适用于多元化的大型企业集团或国家、地区的人力资源规划。该模式能够响应企业战略规划，通过人力资源管理的策略、战略性的人力资源实践来支撑起战略目标的实现，使得人力资源管理真正成为战略性资源。

基于现状和理想状态的趋近模式认为，企业的人力资源战略规划应当根据企业的人力资源战略而定。在人力资源战略中，企业应明确采取什么样的策略、进行什么样的能力建设、采取什么样的行政计划。一般而言，采取这种人力资源战略规划有以下六个步骤（见图3-9）：

（1）分析企业战略背景与人力资源现状。在这个过程中，要建立一套定量化的人力资源评价体系，对本企业的人力资源现状进行科学评价。

（2）根据企业战略分析人力资源现状，确定人力资源战略使命与愿景。

（3）根据人力资源战略目标，通过人才盘点等手段，对企业的人力资源的问题进行界定，明确企业在人力资源管理上存在哪些不足。

（4）按照人力资源战略目标及问题，制定人力资源核心策略与战略举措。

（5）确定重点任务与行动计划。

（6）建立人力资源战略规划保障机制。

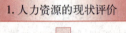

图3-9　基于现状与理想状态的趋近模式

（三）基于企业核心竞争能力的人力资源规划模式

该模式的基本逻辑是：企业战略的实现与升级需要企业核心能力的支撑与驱动，企业核心能力的根本载体是核心人力资源，对核心人力资源进行识别、保有和提升就是获取、保持和提升企业核心能力，从而支撑企业战略实现和升级，人力资源规划的过程是满足企业战略需要的核心人才队伍建设的过程。企业核心能力和人力资源核心能力的一体化，被称为能力的匹配，因此这种人力资源规划更多是企业战略管理与人力资源管理能力的匹配关系。因此，通过打造核心人才队伍去支撑整个企业战略目标的模式，可以认为是基于核心能力。这种模式对高速成长的企业很有效，很多创新型企业只需要抓住核心人才就可以支撑企业的发展。同时，以核心人才来带动所有人才发展，打造企业竞争能力，强调核心能力和核心人才一体化，实现企业核心能力与员工核心队伍以及核心技能这两种核心之间的有效配置（见图3-10）。

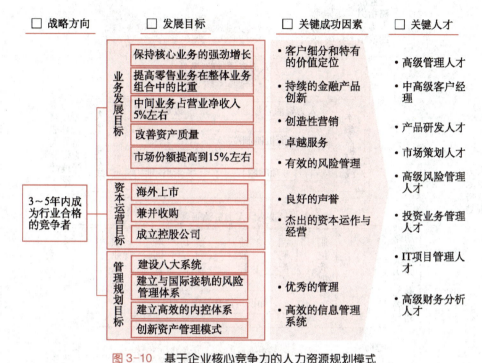

图 3-10 基于企业核心竞争力的人力资源规划模式

二、人力资源战略规划模型

上面谈到的三种模式主要是制定人力资源战略规划时的基点，即企业根据自身情况，选择什么方向来开展人力资源规划工作。笔者在多年的咨询实践中，提出了人力资源规划的系统模型（见图3-11）。下面在此基础上对企业人力资源战略规划的具体工作做进一步阐述。

从图3-11的模型可以看出，人力资源战略规划由两条主线和四个支撑平台构成。两条主线分别是体制/机制线和人才/能力线，四个支撑平台为人力资源战略、人力资源战略指导、战略性人力资源管理活动与具体的人力资源规划行动。由该模型可以看出，企业在制定人力资源战略规划时，首先要对企业的内部资源和能力因素以及外部环境因素进行分析，明确企业的战略使命和愿景，作为人力资源战略规划的最根本出发点。其次，根据企业战略、使命和愿景，结合人才盘点的结果，确定企业的人力资源战略使命及愿景。再次，对人力资源战略进行解读，明确要实施人力资源战略所须建立的体制线，包括人力资源管控模式、人力资源机制制度及特殊专项问题等，并根据体制线的要求和人才盘点结果，对人力资源的数量、结构及素质进行规划。完成机制线与能力线的规划之后，人力资源规划就要落实到战略性人力资源管理活动上，包括职位管理系统、绩效管理、薪酬管理等，并通过知识与信息管理平台进行整合。最后，根据各项管理活动的要求，制定具体的

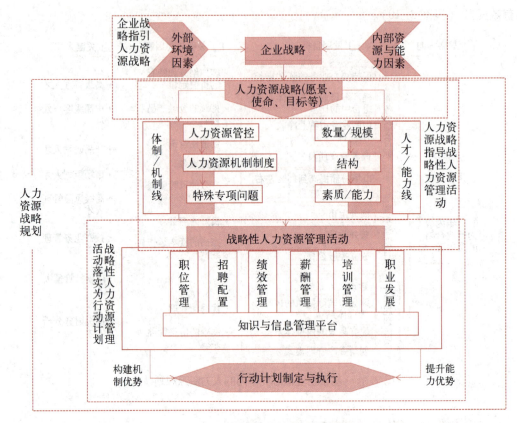

图 3-11 人力资源战略规划模型

行动计划,并建立实施保障机制确保各项行动计划与活动能够落到实处。通过这样一个过程,企业的人力资源战略规划就实现了以企业战略为出发点,通过机制建设和能力培养构建企业人力资源机制优势和能力优势,并以具体的行动计划作为战略的落地点,从而通过战略性人力资源管理活动推动企业战略的实现。

第四节 人力资源战略规划的程序

一、人力资源战略规划的具体步骤

人力资源战略规划主要分七步进行,其流程如图 3-12 所示。

图 3-12 人力资源战略规划流程

1. 分析战略背景，盘点人力资源

确认现阶段的企业经营战略，明确此战略决策对人力资源战略规划的要求，以及人力资源战略规划所能提供的支持。

明确企业战略之后，需要对现有人力资源进行盘点。弄清企业现有人力资源状况，是制定人力资源规划的基础工作。实现企业战略，首先要立足于开发现有的人力资源，因此必须采用科学的评价分析方法。人力资源主管要对本企业各类人力数量、素质、结构、利用及潜力状况、流动比率进行统计。这一部分工作需要结合人力资源管理信息系统和职位分析的有关信息来进行。如果企业尚未建立人力资源管理信息系统，这部分工作最好与建立该信息系统同时进行。在人事管理信息系统中应尽可能多地输入与员工个人和工作情况的资料，以备管理分析使用。人力资源信息应包括以下几个方面：

（1）个人自然情况，如姓名、性别、出生日期、身体自然状况和健康状况、婚姻、民族和所参加的党派等。

（2）录用资料，包括合同签订时间、候选人征募来源、管理经历、外语种类和水平、特殊技能，以及对企业有潜在价值的爱好或特长。

（3）教育资料，包括受教育的程度、专业领域、各类培训证书等。

（4）工资资料，包括工资类别、等级、工资额、上次加薪日期，以及对下次加薪日期和量的预测。

（5）工作业绩评价，包括上次评价时间、评价报告或业绩报告、历次评价的原始资料等。

（6）工作经历，包括以往的工作单位和部门、学徒或特殊培训资料、升降职原因、有无受过处分及其原因和类型、最后一次内部转换的资料等。

（7）服务与离职资料，包括任职时长、离职次数及离职原因。

（8）工作态度，包括生产效率、质量、缺勤和迟到早退记录、有无建议、建议数量和采纳数，以及有无抱怨、抱怨内容等。

（9）安全与事故资料，包括因工受伤和非因工受伤、伤害程度、事故次数类型及原因等。

（10）工作或职务情况。

（11）工作环境情况。

（12）工作或职务的历史资料，等等。

利用计算机进行管理的企业和组织可以十分方便地存储和利用这些信息。

这一阶段必须获取和参考的另一项重要信息是与职位分析有关的信息。职位分析明确地指出了每个职位对应的职务、责任、权力，以及履行这些职、责、权所需的资格条件，这些条件就是对员工素质的水平要求。

2. 明确人力资源愿景及战略

企业战略目标明晰之后，结合现有人力资源盘点的结果，制定基于企业整体战略的人力资源战略，明确人力资源愿景及使命，确定企业要实现的现阶段的战略、使命及愿景，需要什么样的人力资源战略予以支撑，并作为下一阶段行动计划的基点。

3. 构建人力资源管理体制

人力资源战略的实施需要人力资源体制的支撑。在明确人力资源战略之后，企业需要根据人力资源战略构建人力资源管理体制，包括人力资源管控模式、人力资源机制制度以及特殊专项问题，人力资源管控模式决定如何构建人力资源机制制度，最后解决机制上的特殊专项问题。

4. 制定人力资源核心策略

根据人力资源战略与管理体制，确定人力资源战略的核心策略。

5. 规划人力资源数量、素质与结构

根据人力资源核心策略，对人力资源数量、素质与结构进行规划，主要从人力资源需求和供给两方面进行规划。

人力资源需求预测主要是根据企业的发展战略规划和本企业的内外部条件选择预测技术，然后对人力需求的数量、素质及结构进行预测，如图3-13所示。

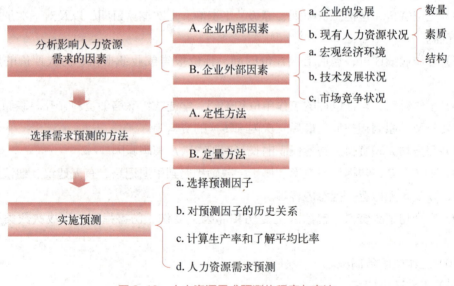

图3-13 人力资源需求预测的程序与方法

预测人员需求时，应充分考虑以下因素对人员需求的数量、素质以及结构的影响：

(1) 市场需求、产品或服务质量升级或决定进入新的市场；
(2) 产品和服务的要求；
(3) 人员稳定性，如计划内更替（辞职和辞退的结果）、人员流失（跳槽）；
(4) 培训和教育（与公司变化的需求相关）；
(5) 为提高生产率而进行的技术和组织管理革新；

(6) 工作时间；

(7) 预测活动的变化；

(8) 各部门可用的财务预算。

在预测过程中，预测者及其管理判断能力与预测的准确与否关系重大。一般来说，商业因素是影响员工需要类型、数量的重要变量，预测者可通过分离这些因素，并且收集历史资料去做基础的预测。从逻辑上讲，人力资源需求是产量、销量、税收等的函数，但对于不同的企业或组织，各因素的影响并不相同。

人力资源供给预测包括两方面内容：一是内部供给预测，即根据现有人力资源及其未来变动情况，预测未来所能提供的人员数量和素质；二是外部供给预测，确定未来可能的各类人员供给状况。

内部人力资源供给的技术和方法会在后面作详细介绍，这里就不再赘述。外部人力资源供给主要受两个因素的影响：地区性因素和全国性因素。

(1) 地区性因素具体包括：
- 公司所在地和附近地区的人口密度；
- 其他公司对劳动力的需求状况；
- 公司所在地的就业水平、就业观念；
- 公司所在地的科技文化教育水平；
- 公司所在地对人们的吸引力；
- 公司本身对人们的吸引力；
- 公司所在地临时工人的供给状况；
- 公司所在地的住房、交通、生活条件。

(2) 全国性因素具体包括：
- 全国劳动人口的增长趋势；
- 全国对各类人员的需求程度；
- 各类学校的毕业生规模与结构；
- 教育制度变革而产生的影响，如延长学制、改革教学内容等对员工供给的影响；
- 国家就业法规、政策的影响。

6. 制定重点工程与行动计划

通过上述步骤，企业对公司整体战略、人力资源战略、体制等方面有了明确的认识和规划，因此根据这些认识和规划，企业需要建立具体的行动计划，将人力资源规划活动落到实处，并针对特殊问题建立重点解决方案。

7. 建立实施保障计划

人力资源规划的具体实施需要有相应的保障计划，以保证人力资源规划能够真正落到实处，并不偏离规划的初衷。保障计划主要是对人力资源规划实施过程进行监控。实施监控的目的在于为总体规划和具体规划的修订或调整提供可靠信息，强调监控的重要性。在预测中，由于不可控因素很多，常会出现令人意想不到的变化或问题，如若不对规划进行动态的监控、调整，人力规划最后就可能成为一纸空文，失去了指导意义。因此，监控是非常重要的一个环节。此外，监控还有加强执行控制的作用。

二、人力资源战略规划的执行

（一）人力资源战略规划的执行者

传统意义上的人力资源工作主要由人事部门负责，例如，招聘、培训、员工发展、薪酬福利设计等方面的工作，随着现代企业对人力资源部门的工作要求和期待的提升，人力资源部门的角色逐渐发生了改变，人力资源部门不再是单纯的行政管理职能部门，而是逐步向企业管理的战略合作伙伴关系转变。同时，现代的人力资源管理工作也不仅仅是人力资源部门的责任，还是各级管理者的责任，人力资源战略规划也是如此。企业人力资源战略规划的基础是接替晋升计划、人员补充计划、素质提升计划、退出淘汰计划等，而这些计划都是在各部门的负责人制定本部门的人员调配补充、素质提升、退出淘汰等计划的基础上层层汇总到人力资源部门，再由人力资源管理者依据人力资源战略分析制定出来的，而非人力资源管理者凭空创造出来的。

人力资源战略规划应由专职部门来推动，可考虑下列几种方式：

（1）由人力资源部门负责办理，其他部门与其配合。

（2）由某个具有部分人事职能的部门与人力资源部门协同负责。

（3）由各部门选出代表组成跨职能团队负责。

在推行过程中，各部门必须通力合作而不是仅靠负责规划的部门推动，人力资源战略规划同样也是各级管理者的责任（见图3-14）。

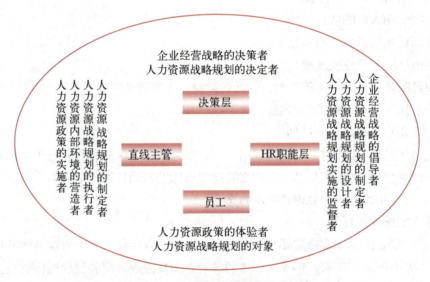

图3-14　人力资源战略规划的执行者

（二）人力资源战略规划的执行

人力资源战略规划的执行主要涉及三个层次：企业层次、跨部门层次及部门层次。

1. 企业层次

企业层次上的人力资源战略规划需要"一把手"亲自参与，尤其是企业经营战略对人力资源战略规划的影响，以及人力资源战略规划对人力资源管理各个体系的影响及其指导方针、政策等方面，必须由企业高层决策。

2. 跨部门层次

跨部门层次上的人力资源战略规划需要企业副总裁级别的管理者执行，即对各部门人力资源战略规划的执行情况进行协调和监督，并对人力资源战略规划的实施效果进行评估。

3. 部门层次

部门层次上的人力资源战略规划又分为两种情况：

（1）人力资源部门：人力资源部门不仅要完成本部门的人力资源战略规划工作，还要扮演"工程师+销售员"的角色。人力资源部门的员工既是人力资源战略规划的专家、人力资源战略规划的制定者，又要做人力资源战略规划的"销售员"与指导者，指导其他部门完成人力资源战略规划工作。

目前有的企业将人力资源部门经理改为人力资源客户经理，要求人力资源经理持续提供面向客户的人力资源产品和服务。在进行人力资源战略规划时，人力资源客户经理就会为各个部门提供人力资源战略规划的系统解决方案，并为各类人才（尤其是核心人才）提供个性化的服务，如制定专门的继任者管理计划等。

（2）其他部门：人力资源战略规划工作应该是每个部门经理工作的组成部分。但在企业中，许多部门经理是由业务人员提拔上来的，对于人力资源管理没有经验，更不要说进行人力资源战略规划了。对于新提拔的经理，人力资源部门应给予培训，并把人力资源战略规划作为经理业绩考核的重要内容之一，特别要考核其培养下属和评估下属业绩的能力。部门经理应该主动与人力资源部门沟通，共同实现人力资源战略规划的目标，而不是只在招人或辞退员工时才想到人力资源部门。

（三）人力资源战略规划的执行原则

执行人力资源战略规划时需要遵循以下原则：

1. 战略导向原则

依据战略目标制定人力资源战略规划以及具体的人力资源计划，避免人力资源战略规划与企业战略脱节。

2. 螺旋式上升原则

人力资源战略规划并非一劳永逸，企业每年都需要制定新的人力资源战略规划，即各类人员计划都会随着内外环境的变化、战略的转变而改变，不过是在过去的基础上制定的，且一年比一年更准确、有效。

3. 制度化原则

人力资源战略规划分为两个层次：一是技术层面，即前面所说的各种定性和定量的人力资源战略规划技术。二是制度层面，一方面是指将人力资源战略规划制度化；另一方面是指制定、调整有关人力资源管理制度的方向、原则，从机制的角度理顺人力资源各个系统的关系，从而保证人力资源管理的顺利进行。

4. 人才梯队的原则

在人力资源战略规划实施的过程中建立人才梯队，从而保障工作人才的层层供给。

5. 关键人才优先规划原则

对企业中的核心人员或骨干人员应优先进行规划，即设计此类人员的晋升、加薪、替补等通道，以保证此类人员的充足供给。

人力资源战略规划是建立在整个人力资源管理系统平台之上的，如果人力资源管理的其他系统已经日益完善，而人力资源战略规划系统滞后于其他人力资源管理体系，那么人力资源战略规划将成为企业管理的"短板"。因此，人力资源战略规划必须从技术层面上升到制度层面，从静态管理转向动态管理，从滞后于其他体系到领先于其他体系，只有这样，人力资源战略规划才能真正成为整个人力资源管理系统的统帅。

三、人力资源战略规划与其他体系的关联性

人力资源战略规划必须与人力资源管理的其他体系，如招聘、绩效管理、薪酬管理、培训等相互配合、实现互动，并且人力资源战略规划的结果通过这些体系得到具体的落实，才能真正体现出人力资源战略规划的战略性价值。

（一）与招聘的关联性

人力资源战略规划的实施必然涉及员工的招聘录用问题。在目前的企业运作中，往往是在用人部门感到人手不够时才向上汇报，由人力资源部门汇总信息并实施招募。各部门之间互不了解、沟通不畅造成人员重复的现象时有发生，急需用人时降低用人标准的情况也屡见不鲜。人力资源部对于各部门的招募需求的被动性，招募活动对于企业用人需要的滞后性，导致企业在员工队伍的建设与培养上存在短期性与应急性。企业无法借势于劳动力市场的波动，可持续发展难以得到保证。因此，企业的人员招聘工作必须在人力资源战略规划的指导下，制定有目标导向性与预见性的人员补充计划——根据战略的要求及劳动力市场的涨落适时吸纳、储备人才，降低用人成本及招募成本，形成合理的人才梯队。

（二）与绩效管理的关联性

传统的绩效评估方案提出希望员工达到的绩效目标，然后评估员工是否按照目标与计划行事。完善的绩效管理则应该提供企业和员工平衡发展的信息，即一方面评价员工是否完成了既定的绩效任务，是否帮助企业实现了绩效目标；另一方面评估员工在完成工作任务的过程中是否提高了自身能力，是否存在缺陷以及如何弥补等。因此，绩效评估的结果要应用在人力资源战略规划上，通过对员工绩效水平的评估体现他们的能力及发展潜力，让

员工明确职业发展的前景及方向，进而有利于提高组织配置人员的适应性及规划的准确性。

（三）与薪酬管理的关联性

人力资源战略规划的一项内容在于计划企业的人工成本支出总量即薪酬总额。此外，企业支付薪酬的原则及策略必须体现战略的要求，激励员工创造高业绩、提高自身能力，同时在整体上保证有更多报酬与机会向核心人员倾斜。总之，薪酬的给付必须既要考虑劳动力市场的竞争状况、企业的支付实力，又要体现企业战略的要求，实现与企业其他人力资源模块的联动。这些都是通过人力资源战略规划中的工资与奖金计划来实现的。

（四）与培训的关联性

人力资源战略规划涉及员工能力需求与现状的差距分析，除了招聘新员工之外，对现有员工进行培训，使其提升现有能力水平及获得新的技能，是弥补这种差距的重要途径。人力资源战略规划为人员的培训开发提供了目标与方向，使组织的需要与员工个人的需要有效结合，提高了培训开发的针对性与有效性。

因此，人力资源战略规划是人力资源管理系统的统帅，它作为核心指挥其他人力资源管理体系的运行，并实现整个人力资源系统的协调运转，提高人力资源的素质与使用效率，帮助企业实现战略目标。

第五节　人力资源战略规划的方法

一、人力资源战略规划的需求预测技术

人力资源需求预测是根据企业发展的要求，对将来某个时期内企业所需员工的数量和素质进行预测，进而确定人员补充的计划方案和实施培训的方案。

人力资源需求预测是企业编制人力资源战略规划的核心和前提条件。预测的基础是企业发展规划和企业年度预算。应该对人力资源需求预测持动态的观点，并充分考虑预测期内劳动生产率提高、工作方法改进及机械化、自动化水平提高等变化因素。人力资源需求预测主要有如下方法，如图3-15所示：

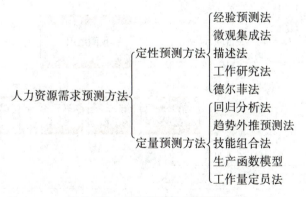

图3-15　人力资源需求预测方法

(一)定性预测方法

1. 经验预测法

根据过去经验将未来活动水平转化为人力需求的主观预测方法,即根据每一产量增量估算劳动力的相应增量。经验预测法建立在启发式决策的基础上,这种决策的基本假设是:人力资源的需求与某些因素的变化之间存在着某种关系。由于此种方法完全依靠管理者的个人经验和能力,所以预测结果的准确性不能保证,通常只用于短期。

2. 微观集成法

微观集成法可以分为自上而下和自下而上两种方式。

(1) 自上而下是指由高层管理者先拟定组织的总体用人目标和计划,然后逐级下达到各具体职能部门,开展讨论和进行修改,再将有关意见汇总后反馈回高层管理者,由高层管理者据此对总的预测和计划做出修正后,公布正式的目标和政策。

(2) 自下而上是由组织中的各个部门根据本部门的需要预测将来某时期内对各种人员的需求量,然后由人力资源部进行横向和纵向的汇总,最后根据企业经营战略形成总体预测方案。此法适用于短期预测和企业生产比较稳定的情况。

3. 描述法

描述法是指人力资源部门对组织未来的目标和相关因素进行假定性描述、分析,并做出多种备选方案。描述法通常用于环境变化或企业变革时的需求分析。

4. 工作研究法

工作研究法(又叫岗位分析法)是根据具体岗位的工作内容和职责范围,在假设岗位工作人员完全适岗的前提下,确定其工作量,最后得出人数。工作研究法的关键是首先制定出科学的岗位用人标准,其基础是职位说明书。当企业结构简单、职责清晰时,此法较易实施。

5. 德尔菲法

德尔菲法(又叫专家评估法)是指听取专家对未来发展的分析意见和应采取的建议,并通过多次反复在重大问题上达成较为一致的看法。通常经过四轮咨询,专家们的意见可以达成一致,而且专家的人数以 10~15 人为宜(见图 3-16)。

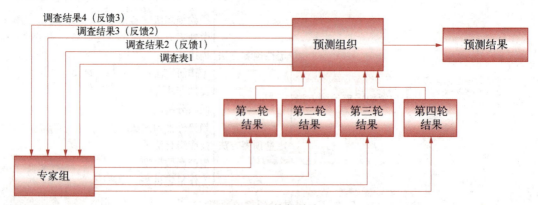

图 3-16　德尔菲法

德尔菲法分为"背对背"和"面对面"两种方式。背对背方式可以避免某一权威专家对其他专家的影响，使每位专家独立发表看法；面对面方式可以使专家之间相互启发。

(二) 定量预测方法

1. 回归分析法

回归分析法是指通过建立人力资源需求量与其影响因素间的函数关系（如下式所示），从影响因素的变化推知人力资源需求变量的一种预测技术。

$$Y = a_0 + a_1X_1 + a_2X_2 + \cdots + a_nX_n$$

实际工作中往往是多个因素共同决定企业人力资源需求量，且这些因素与人力资源需求量呈线性关系，所以多元回归分析在预测企业人力资源需求量方面应用广泛。

2. 趋势外推预测法

趋势外推预测法是指根据已知的时间序列，用某种数学模型向外延伸，以得到未来发展趋势。例如，直线延伸法（散点坐标分析法）、滑动平均法、指数平滑法。

指数平滑数学模型： $M_t = M_{t-1} + a \cdot (D_{t-1} - M_{t-1})$

其中，M_t 是第 t 期的预测值，M_{t-1} 是第 $t-1$ 期的预测值，D_{t-1} 是第 $t-1$ 期的实际值，a 是平滑系数 ($0 \leq a \leq 1$)。

此法适用于市场比较稳定、价格弹性较小的商品，特别适用于短期预测。

3. 技能组合法

假设员工目前的结构或分布为理想状态，或者以优秀企业的各类员工比例为标杆，只需将此技能组合比例直接用于人力资源需求预测即可。

4. 生产函数模型

根据企业在 t 时刻的产出水平和资本总额，估算此时的企业人力资源需求量。

由道格拉斯生产函数 $Y = AL^{\alpha}C^{\beta}\mu$ 可以推出

$$\lg L = (\lg Y - b\lg C - \lg u - \lg A)/a$$

其中，Y 是总产出水平；L 是劳动力投入量；C 是资本投入量；A 是总生产率系数；α、β 分别为劳动和资金产出弹性系数，且 $|\alpha|+|\beta| \leq 1$。

5. 工作量定员法

首先将企业各类人员按职能分类，如技术类、财务类、生产类、管理类等。

（1）技术类人员。

劳动-资金产出率表明企业的生产技术水平，则有：

$$G_t = (P_t/L_t)(P_t/C_t)$$

其中，G_t 为 t 年的技术水平，P_t 为 t 年的生产总值，L_t 为 t 年的劳动投入量，C_t 为 t 年的资金投入量。

所以，技术类人员人数 $Y = a_0 + a_1P + a_2G$。

（2）财务、生产、管理类人员。

根据影响工作量的因素来计算所需员工人数，则有

$$Y = k \cdot X_1 d_1 \cdot X_2 d_2 \cdot \cdots \cdot X_n d_n$$

其中，Y 为人数，$X_1 \sim X_n$ 为影响该类人员工作量的 n 种因素，$d_1 \sim d_n$ 为各因素的权重。

例如，影响财务人员工作量的因素主要有员工人数、固定资产的设备台数、主要产品零件总数、签订各种经济合同份数。

二、人力资源战略规划的供给预测技术

人力资源供给预测是为了满足企业对员工的需求，而对将来某个时期内企业从内外部所能得到的员工的数量和素质进行预测。

人力资源供给预测一般包括以下几方面内容：① 分析企业目前的员工状况，如企业员工的部门分布、技术知识水平、工种、年龄构成等，了解企业员工的现状；② 分析目前企业员工流动的情况及其原因，预测未来员工流动的态势，以便采取相应的措施避免不必要的流动，或及时给予替补；③ 掌握企业员工提拔和内部调动的情况，保证工作和职务的连续性；④ 分析工作条件（如作息制度、轮班制度等）的改变和出勤率的变动对员工供给的影响；⑤ 掌握企业员工的供给来源和渠道。员工可以来源于企业内部（如富余员工的安排、员工潜力的发挥等），也可来自企业外部。对员工供给进行预测，必须把握影响员工供给的主要因素。

具体来说，人力资源供给预测技术主要有以下几个。

（一）人才盘点法

人才盘点法是对现有企业内人力资源数量、素质、结构和各职位上的分布状态进行核查，以便确切掌握人才拥有量，本章第二节对其进行了详细介绍。当企业规模不大时，核查是相对容易的。若企业规模较大、组织结构复杂时，人员核查应借助人力资源信息系统。这种方法是静态的，它不能反映人才拥有量的未来变化，因而多用于短期人才拥有量预测。虽然在中、长期预测中使用此法也较普遍，但终究受企业规模的限制。

（二）替换单法

替换单法是通过职位空缺来预测人力需求的方法，而职位空缺的产生主要是因离职、辞退、晋升或业务扩大产生的。这种方法最早用于人力供给预测，而现在可用于企业短期乃至中、长期的人力需求预测。通过替换单，我们可以得到由职位空缺表示的人员需求量，也可得到由在职者职位变化可能性所带来的人力资源供给量。

根据人员替换单可以判断出某一具体职位的继任者有哪些人，如图 3-17 所示，甲的接替者有 3 位，但只有乙现在具备了继任的资格和能力，丙还需要再培养，而丁连现在的职位都不能胜任。当企业出现空缺、需要提升内部员工时，由多张人员替换单就可以推出人员替换模型。

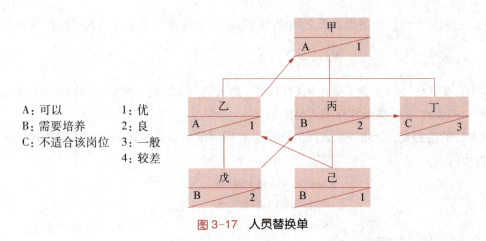

图 3-17 人员替换单

从图 3-18 中可以看出，职位系列 A 中出现了 3 个空缺，从企业内部可以提供 2 名合格的继任者，一名是从 A2 级晋升上去的，另一名是从 B1 级跨职务系列晋升上去的，同时，这两个级别的空缺再由下级晋升或平调弥补，最后将空缺转化为比较基层的职位如 C2 级的职位，再进行外部招聘以填补职位空缺。

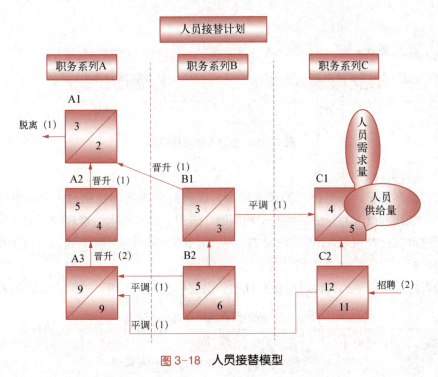

图 3-18 人员接替模型

此法侧重内部员工的晋升，可以起到鼓舞员工士气、激励员工的目的，同时降低了招聘成本，因为基层员工比较容易招到。

(三) 马尔可夫预测模型

马尔可夫预测模型是用来预测具有等时间间隔（一般为一年）的时点上各类人员的分

布状况。它根据企业以往各类人员之间流动比率的概率来推断未来各类人员数量的分布。

$$N_i(t) = \sum_{j=(t-1)}^{k} N_j \cdot P_{ij} + V_i(t)$$

其中，$N_i(t)$ 是 t 时刻 i 类人员数目；P_{ij} 是人员从 j 类向 i 类转移的转移率；$V_i(t)$ 是时间（$t-1$，t）内 i 类所补充的人员数。

该方法的前提是：企业内部人员的转移是有规律的，且其转移率有一定的规律，如图 3-19 所示。

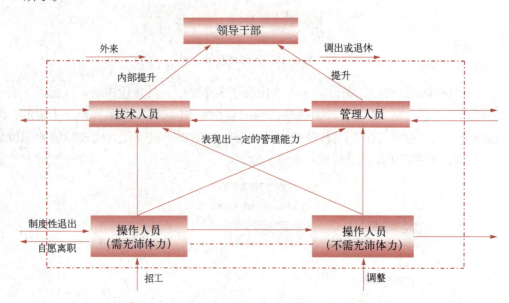

图 3-19　企业人员转移流程

（四）计算机预测模拟

目前有许多基于计算机技术的预测模拟，以充分考虑各种变量对未来人员供需的影响，解决大规模的或人力无法解决的预测问题。运用计算机技术，管理者可以改变人事政策以判断这种变化对未来人员供给的影响，从而获得一系列与各种不同人事政策相对应的人力供给状况。

人力资源战略规划的各种方法各有优劣，需要相互配合运用。其综合比较见表 3-3。

表 3-3　人力资源战略规划方法比较

规划方法	类型	预测精度			所需数据	预测成本
		1~5 年	5~10 年	10 年以上		
专家会议法	定性分析	良	中	中	较少	低
工作研究法	定性分析	良	良、中	差	较少	中
德尔菲法	定性分析	中	良、中	中、良	较少	中
横向比较法	定性分析	良	中	差	较少	较低

（续表）

规划方法	类型	预测精度			所需数据	预测成本
		1~5年	5~10年	10年以上		
时序模型法	定量分析	良	良、中	中、良	一定数量	低
回归模型法	定量分析	良、优	良、中	中、良	较多类型	中
经济计量模型	定量分析	良、优	良、优	良	较多	较高
状态转移方程模型	定量分析	良	中	中	一定数量	较低

华为：建立在获取分享制基础上的人力资源计划

每年做人力资源计划（Head Count，HC），往往是各公司人力资源管理者最头痛的时候。公司需要多少人？部门需要多少人？当企业规模小的时候，管理者可以亲自去管理人、去要求人，但团队规模扩大的时候，就需要靠机制和体系了。与如何激励团队一样，获取分享制的思路在华为的人力资源计划方法中也有充分体现。

1. 如何把蛋糕做大——自下而上的"获取分享制"

人力资源计划，无外乎从上往下做大盘分解，或者从下往上让大家"报数"。谈到华为的人力资源计划体系，先要理解华为的获取分享制，这也是华为激励体系的基础。无论今天的华为多么荣耀，危机感一直伴随着华为；无论是生存的危机感还是方向的危机感，都让华为既强调战略坚决投入的压强原则、十年磨一剑对着一个城口猛冲的战略耐心，更强调量入为出、多劳多得的价值分配理念——获取分享制。

在传统的企业价值分配理念中，劳动所得是企业的成本或费用，资本所得由股东进行分配。劳动投入主要通过对标行业标准来确定其薪酬回报的标准和结构，资本投入主要通过税后利润分享来获得收益。在华为的获取分享制的价值分配中，有一个很大的理念就是扣除所有与人无关的成本和费用就是可分享的激励总包了。

在奖金机制中，既有自下而上的奖金生成机制，又有建立面向未来的战略奖金机制，长短期结合，激发业务当期投入并为达成未来战略目标建立主观能动性。

2. "分灶吃饭"与战略投入结合的人力资源计划

在获取分享制的基础上，华为对于多业务群（Business Group，BG）的人力资源计划，采取了"分灶吃饭"与战略投入相结合的方式。

如图3-20所示，在人力资源计划启动之初，战略、财务和人力资源三驾马车是和各BG进行人力规划要求的主要发动机，它们分别向各BG提供输入，又同时向各BG提出相关要求。如战略从竞争、趋势、规划等角度明确对BG的战略要求，财务从行业标杆、友商投入、财务基础（包括收入、利润、现金流等）提出要求，人力资源则会分析人才行情、人才趋势等并从人力效能上提出要求，由此明确集团对各 BG 的考核策略，如收入、销售毛利、贡献毛利、市场占有率等。

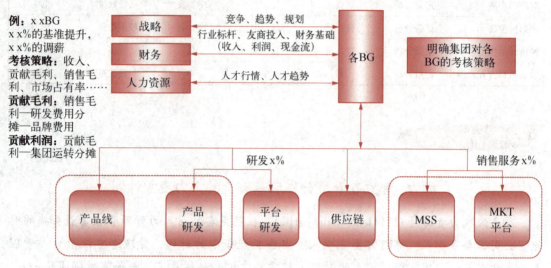

图 3-20　企业人员转移流程

各 BG 有两个核心的经营责任主体：一个是产品线，对经营结果负责的端到端的产品业务单元；另一个是销售和服务部门。如产品线和销售服务体系根据公司的业务目标要求进行费用规划，产品线将一定的产品研发费用投入产品研发、将一定的制造费用投入供应链等；销售服务体系根据销售费用率将费用投入销售与服务中。但这些预算很可能会让业务单元只注重短期的经营考核而忽视长期的战略投入。因此，集团、各 BG 还会拨付一些平台战略费用支持公司战略导向的投入。有了费用预算，根据前述的获取分享制原则，其中的人力成本投入也能测算出来，人力预算也体现了多劳多得、人少多分的思想。当然，集团会有一些统一的基线要求，如人均效率要有 x% 以上的提升，年度调薪幅度不少于 x% 等。

华为的人力计划体现以下几个核心思想：

1. 财务、战略、HR 充分协同，量入为出，自我约束；
2. 上下沟通、互推互锁，费用跟着目标走，谁受益谁承担；
3. 长短期均衡投入，平台一线协同发展。

资料来源：胡劲松，《名企人力资源最佳管理案例》，中国法制出版社 2017 年版。

案例讨论与思考

1. 华为是如何做人才资源计划的？

2. 你从华为的案例中学到了什么?

本章思考题

1. 什么是人力资源规划?它具有什么样的功能和内容?
2. 人力资源规划有哪几种模式?
3. 什么是人才盘点?有哪些步骤?
4. 企业在制定人力资源战略规划的过程中应该遵循什么样的原则?
5. 对企业来说,应该如何做人力资源规划?有哪些步骤?
6. 人力资源战略规划的需求预测技术有哪些?

注释

① 李常仓、赵实:《人才盘点》,机械工业出版社 2012 年版。
② 刘喜文:《做好人才盘点,建立人才驱动型组织——访凯锐优才副总经理赵实》,《人力资源管理》2013 年第 1 期,第 22—24 页。

本章阅读推荐

Terry L, Leap, Michael D. Crino (1989). *Personnel/Human Resource Management*, New York: Macmillan.
迪凯:《人才倍出:人力资源战略规划实战·策略·案例》,经济管理出版社 2014 年版。
克里斯蒂安·克雷默、克里斯蒂安·吕本克、斯文·林林:《SAP 人力资源计划与开发》,东方出版社 2006 年版。
赖尔·约克斯:《战略人力资源开发》,东北财经大学出版社 2007 年版。
文跃然:《人力资源战略与规划》,复旦大学出版社 2007 年版。
徐恒熹:《人力资源规划手册:管理、技术和应用》,中国劳动社会保障出版社 2006 年版。
杨国安、李晓红:《变革的基因》,中信出版集团 2016 年版。
赵曙明:《人力资源战略与规划(第二版)》,中国人民大学出版社 2008 年版。

第四章 人力资源管理的基础
——职位管理

【本章要点】
通过对本章内容的学习,应了解和掌握如下问题:
- 什么是职位?什么是职位管理?
- 什么是职位筹划?
- 职位筹划在战略、组织及人力资源管理中的作用是什么?
- 如何进行职位筹划?
- 什么是职位分析?
- 职位分析在战略、组织以及人力资源管理系统中的作用是什么?
- 如何构建职位分析系统?
- 常见的职位分析方法有哪些?
- 如何编写职位说明书?
- 什么是职位评价?
- 职位评价在战略、组织、人力资源管理中的作用是什么?
- 如何构建战略导向的职位评价系统?
- 常见的职位评价方法有哪些?

【导读案例】

某公司职位管理

A公司是我国中部省份的一家房地产开发公司。在创立初期，公司规模较小，近年来，随着当地经济的迅速增长，房产需求强劲，公司有了飞速发展，规模持续扩大，逐步发展为一家中型房地产开发公司。随着公司的发展和壮大，员工人数大量增加，众多的组织和人力资源管理问题逐步凸显出来。

公司现有的组织机构是基于创业初期的公司规划，随着业务扩张的需要逐渐扩充形成的，在运行的过程中，组织与业务上的矛盾已经逐步凸显出来：部门之间、职位之间的职责与权限缺乏明确的界定，扯皮推诿的现象不断发生；有的部门抱怨事情太多，人手不够，任务不能按时、按质、按量完成；有的部门又觉得人员冗杂，人浮于事，效率低下。

在人员招聘方面，公司用人部门给出的招聘标准往往笼统含糊，导致招聘主管无法准确理解，最终招来的员工也难以达到预期水平。与此同时，许多岗位无法做到人事匹配，员工的能力不能得以充分发挥，严重挫伤了士气，进而影响了工作效果。公司成立初期，由总经理直接决定公司员工的晋升，如今公司规模扩大后，总经理没有充足的时间与基层员工和部门主管打交道，基层员工和部门主管的晋升只能以部门经理的意见为依据，而在晋升中，上级和下属之间的私人感情成了决定性的因素，有时有才干的人并不能获得提升。因此，许多优秀的员工由于看不到自己未来的前途，选择另寻高就。在激励机制方面，公司缺乏科学的绩效考核和薪酬制度，考核中的主观性和随意性非常严重，员工的报酬不能体现其价值与能力，人力资源部经常可以听到大家对薪酬的抱怨和不满，这也是人才流失的重要原因。

面对这样严峻的形势，人力资源部开始着手进行人力资源管理的变革。首先借助外部咨询公司建设薪酬体系，在建立了非常专业的薪酬体系之后，针对不同的职群设置不同的薪酬代码，但由于没有做好职位体系的规划，岗位名称非常混乱繁杂。因此，A公司的人力资源部打算基于薪酬体系逆向摸索与之对应的职位系统，但又担心这种做法会有疏漏，于是陷入了矛盾。

你认为A公司的做法对吗？职位体系真的如此重要吗？应该如何进行正确的职位筹划？通过本章的学习，相信你能够对A公司的职位筹划面临的问题做出解答。

第一节 职位管理

一、职位管理概述

(一)职位与职位管理

1. 职位

职位(Position)是指承担一系列工作职责和工作任务的某一任职者所对应的组织位置。

传统的职位具有以下特征:

(1)因事设岗。职位设置的依据是具体的工作需要,任职者必须符合职位的要求,以满足工作的需要。

(2)职位是最基本的组织单位。组织是由具体的职位及其任职者构成的,职位是组织最基本、最小的结构单元,是工作管理和组织管理的基础,支撑着组织实现目标。

(3)职位是组织业务流程的一个节点。职位是组织业务流程中的一个环节,有明确的业务边界,为业务正常的运转而存在。

(4)职位是责、权、利、能的统一体。每个职位都对应着相应的职责、权限以及对任职者的要求,同时包括任职者可以享受的待遇和受到的激励。

随着全球化、信息化和知识经济时代的到来,一些组织中的职位发生了变化,其特点主要表现在:

(1)因人设岗。组织在坚持战略目标的前提下,可以根据个人的能力专门设置相应的职位、安排相应的工作甚至开拓相应的业务,人力资源管理的重点由职位转向能力。

(2)职位与任职者并非一一对应。职位不再是组织中的一个点,而是组织中的一个线段或者一个区域,这时一个职位的工作可能有多个人参与,一个人可能参与多个职位的工作。职位之间的界限变得模糊,没有明确的职责和绩效标准。

(3)职位是动态的。为适应环境的变化,组织需要经常改变业务和工作内容。职位的职责不再固定,职位任职者也不再固定在确定的职位上。特别在现代组织中,团队成为一种重要组织形式,团队的形成与解体成为常态,团队职责与目标也会在一项团队任务完成后发生变化,所以职位的变化也成为常态。

2. 职位管理

职位管理(Position Management)是指通过职位筹划对企业的职位进行分层分类,确定企业最合理的职位设置,在此基础上通过职位分析来明确不同职位的工作职责与任职资格要求,并通过职位评价建立企业内部的职位等级体系。职位管理从组织战略与组织文化出发,是从业务流程分析、组织结构设计到人力资源管理的过程,是实现企业战略目标的桥梁,是组织实现战略管理和人力资源管理的重要环节(见图4-1)。

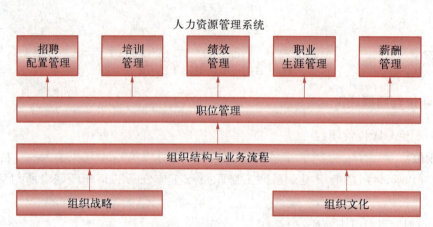

图 4-1　基于职位管理的人力资源管理系统

（1）传统职位管理。

传统职位管理是指在工业经济时代下，组织在外部环境和组织内职位稳定的情况下对职位实施的管理（见图 4-2）。

图 4-2　传统职位管理

① 传统职位管理的内容。

• 职位分析。通过科学的方法或技术系统地收集、整理、分析与综合组织中目标职位的相关信息。

• 职位说明。通过文字以特定格式表述职位分析结果以反映职位特点，包括职位描述和任职资格说明书。

• 职位评价。根据特定标准，对职位本身所具有的特性进行评价，以确定组织内部各职位之间的相对价值。

② 传统职位管理的原则。

• 基于组织结构的原则。组织战略目标通过各级组织机构（部门）最终落实到职位中，职位是组织各级机构（部门）的基本单元，职位管理是机构（部门）管理的主要内容，是基于机构（部门）职能的管理。

• 职位职责完整、明确的原则。保证组织功能完整地分解到职位职责上，同时避免职责真空、模糊、重叠，以防止因职责不清而导致的扯皮推诿。

• 责、权、能对等的原则。严格遵循"有责必有权、有权必有能、责权能相符"的原则。

③ 传统职位管理的特点。

• 以具体职位为管理对象。组织战略分解到具体职位，组织通过对一个个职位的管理实现组织目标。

• 强调静态职位管理。组织内部的职位以及职位之间的工作关系相对稳定，以保证管理的连续性。

（2）现代职位管理。

现代职位管理是指在知识经济时代下，组织在外部环境以及职位快速变化的情况下对职位实施的管理（见图4-3）。

① 现代职位管理的内容。

现代职位管理在传统的职位分析和职位评价的基础上，增加了职位筹划的内容（将在本章第二节详细介绍）。

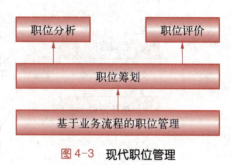

图4-3 现代职位管理

② 现代职位管理的原则。

• 基于业务流程的原则。现代职位管理体系基于战略与业务流程。根据业务流程对职位进行分类，对每一类职位进行分析和评价是职位管理的基础。

• 系统性原则。职位管理是人力资源管理的基本职能，既要考虑职位管理与组织战略、组织内各个业务战略的匹配性，也要考虑与人力资源管理其他职能的匹配性，以及职位管理体系内部的协调性。

• 动态性原则。职位的内容、职责、边界等随着组织战略、结构、业务与管理的变化而动态调整。

③ 现代职位管理的特点。

• 职位管理的对象是一类职位而不是一个职位。以职位的类别为单位进行管理，而不是以单一的职位作为管理对象。

• 职位管理强调动态性。职位的动态性决定了职位管理的动态性。

（二）职位管理的框架

职位管理包括三个模块：职位筹划、职位分析和职位评价。

组织结构和业务流程是企业职位管理的起点。在现代职位管理中，企业的战略决定了企业的组织结构，并确定了各部门的职能，基于此可以把企业的职位划分为几大序列，包括管理序列、技术序列以及职能序列等；业务流程则决定了按照完成工作任务的要求，需要设置哪些岗位、这些岗位需要承担什么样的责任、员工需要具备什么样的能力等。

职位管理的三个模块之间并没有明确的界限，因为划分职位序列、确定职位设置的过程也是进行职位分析的过程；职位筹划中对职位的分层分级本身就是职位评价的内容，可以说职位筹划是职位分析的基础，且两者同时进行；职位分析的成果则是职位评价的主要依据,职位评价的结果又是职位筹划中职位分层分级的依据。基于此,我们建立了职位管理的框架(见图4-4)。

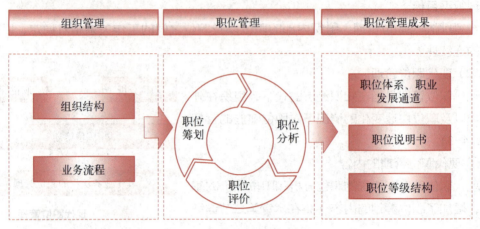

图4-4 职位管理的框架

第二节 职位筹划

一、职位筹划的发展脉络及范畴界定

职位筹划的雏形源于"科学管理之父"泰罗的管理思想,其《科学管理原理》《工厂管理》等著作中阐释了定标准作业法、定标准作业时间等定量化的管理方法,强调将不同的作业分类,并严格规定其相应的作业方式、作业量及作业时间,构成了职位筹划的雏形。1923年,美国制定了第一个职位分类法案。该法案规定,基于职责和任职资格进行职位分类,根据分类分级的标准,将职位分为5类44等,1949年美国国会通过了新的《职位分类法》。随着研究的深入和实践的推动,国内关于职位筹划的研究也逐渐兴起。安鸿章先生在《工作岗位研究》中提到了岗位的纵向分类和横向分级方法和原则,提出企业单位应该基于实际环境和条件,进行职系职级体系的划分;彭剑锋、饶征提出了职位职级体系划分的原则:有效支撑战略、相对稳定和充分弹性,职位筹划的概念逐渐成形。

在传统的职位管理实践中,企业的职位分析和职位评价都是基于现有的职位,但是企业现有的职位设置是否合理?这些职位是否涵盖了公司的全部业务要求?是否被赋予了适当的权限?是否有利于企业业务流程的顺利运行?是否有利于企业人力资源的充分发挥?这些问题在传统的职位管理中并没有得到回答。而职位筹划则从职位管理的起点梳理企业的职位体系、划分企业的职位序列并确定企业最合理的职位设置,建立起分层分类的人力资源管理体系的基础。可以说,职位筹划是对企业职位的一种变革和再设计。

具体说来,职位筹划(Position Planning)是指从企业的战略和业务流程出发,根据企业工作任务的性质,将企业的职位划分为不同的职类、职种、职层和职级,并在此基础上建立企业的职位体系和员工的职业发展通道,从而实现人员分层分类管理的目标的过程。

职位筹划的主要内容是职类、职种、职层和职级的划分。其中,职类、职种的划分主要从任职者所需的知识、技能要求以及应负责任的相似性角度进行;职层、职级的划分则主要从任职者所需的知识、技能要求以及应负责任的差异性角度进行(见图4-5)。

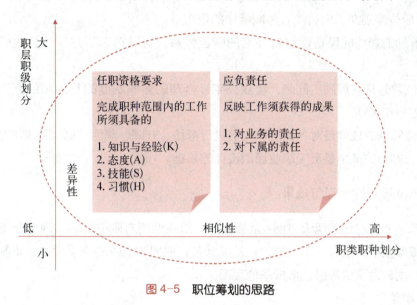

图 4-5 职位筹划的思路

二、职位筹划的战略意义及作用

(一)职位筹划在企业战略管理中的作用

职位筹划能够帮助企业建立起以组织为基础、与流程相衔接的合理的职位体系,建立起企业战略目标、企业文化、流程和组织结构向人力资源管理各大模块过渡的桥梁。

1. 从企业的战略管理角度

职位筹划一方面将企业的战略目标转换为一些相互联系和支持的具体职位,另一方面明确了职位间职责的连接,避免了由于边界不清可能导致的责任不明,使企业的每一项工作都得到具体落实。

2. 从企业的人力资源战略角度

职位体系的建立能够明晰企业核心业务的职位界定,从而明确需要具有何种专长与技能的核心人才,为实现人才梯队建设提供顺畅的职位通道,从而实现人力资源战略中的人才战略。同时,职位体系能够整合招聘管理、职业发展、培训开发、绩效管理、薪酬管理等职能,将人力资源工作重点从单独做好某一项工作转向强调系统整合的战略性人力资源管理。

3. 从企业的组织结构角度

职位是组织结构中的最小要素。职位体系是基于职位分类形成的所有职位的集合,明确了职位在组织结构中的角色和职责，实现了组织结构的划分。

4. 从企业的核心业务流程角度

企业中职位的职责包含了核心业务流程中的所有关键活动，职位序列应与关键增值活动基本对应。

(二) 职位筹划在人力资源管理职能中的作用

职位筹划的最终成果是建立起公司的职位体系，可以在以下方面对企业提供有效的帮助：

- 职位筹划是实现同工同酬，建立公平、合理的薪酬制度的基础和依据，有助于调动员工的工作积极性。
- 职位筹划的成果是对各类工作人员进行考核、升降、奖惩、培训管理的依据。
- 职位筹划的成果是员工职业通道设计的基础。

三、职位筹划的流程与成果

职位筹划的内容包括两大方面：从横向看，将企业所有职位根据不同专业领域职位工作内容的相似性横向组合为职位序列；从纵向看，根据各职位的价值贡献，将职位从基层至高层纵向划分为职位等级，形成职位通道。

(一) 职位序列划分

1. 职位序列划分的内容

职位序列划分主要是指职类（Cluster）、职种（Function）的划分。

职类划分是指在分析企业业务运作流程的基础上，按任职者的任职资格要求、工作职责的相似性确定的职位类别，职类之间任职资格要求与工作职责的差异明显。对企业而言，职类划分有一定的共性。简单的生产企业通常将职类划分为管理职类、专业职类和作业职类；内部责任分工复杂的企业则可以有更多的划分，比如管理职类、技术职类、作业职类、市场职类、业务运营职类、职能支持职类等。

职种划分是指在职类划分的基础上，按相同要素对同一职类进行的职位归类，是职类划分的进一步细化。职种是企业内不同的责任体系。比如，技术职类下面的研发技术职种对产品与技术在行业的领先性承担直接责任，工艺技术职种对生产工艺的改进与实施承担直接责任，IT技术对信息系统的优化与生产设备的正常运转承担直接责任，等等。

对于一些大规模的企业或者大型集团公司，在职种下面会进一步细分亚职种（Sub-function）。比如，财务职种细分为审计、会计、税务、融资等亚职种，人力资源职种细分为招聘、培训、考核、薪酬、员工关系等亚职种。

需要明确的是，职类职种的划分只与企业的业务流程相关，而与部门设置没有太大关系。

【学习资料 4-1】

某电器集团的职类职种划分

职类

管理类（M 类）职位

管理类人员的主要时间用来审查他人的工作。管理类工作的主要特征包括：

- 任职者的主要职责是培养、发展、激励他人，而不是监督。
- 任职者通过他人来达成目标，任职者的业绩通过团队的业绩来衡量。
- 任职者主要负责管理项目，业绩通过项目的结果来衡量。
- 任职者管理（协调、指导等）某项职能工作，不一定和他人有直接汇报关系，但存在虚线汇报关系，任职者的业绩通过该职能的工作结果来衡量。
- 管理他人，包括对直接下属、间接下属进行管理。
- 涉及中层即经理层以上职位，但要区分无团队的项目经理。

典型的管理类职位有总经理、高级经理、人力资源总监、车间主任、财务总监等。

专业类（P 类）职位

专业类人员的主要时间用于在办公室工作，完成专业性的任务，对本人的工作负责。专业类工作的主要特征包括：

- 任职者通常是有经验的专业人员（专业人员指必须掌握某个专业的知识才能胜任工作的人，如会计、人力资源人员、研发人员、营销人员等，这些人员一般要有本科学历或一定的经验）。
- 任职者需要独立发挥专业判断能力，自主选择工作方法解决问题。
- 任职者大量（30%及以上）的工作是非常规化的，没有固定的模式可以借鉴，需要任职者经常发挥创造力来解决问题。
- 任职者独立工作，基本上不需要监督。
- 包括 M 类和 P 类工作，P 类工作更明显。

典型的专业类职位有首席研究员、工程师、人力资源专员、高级销售代表等。

行政类（A 类）职位

行政类人员的主要时间用于在办公室工作，协助他人完成工作或者独立完成操作性的任务。行政类工作的主要特征包括：

- 任职者独立从事相对简单的、重复性的工作，可以通过详细的操作手册来规定完成任务的步骤，较少遇到非常规化的问题。
- 任职者协助他人完成工作复杂性高、需要创造性的工作，需要较多的监督和指导。
- 本科学历或一定经验不是必备的条件。

典型的行政类职位有行政助理、综合管理人员、销售支持人员、秘书等。

操作类（O类）职位

操作类人员的主要时间用来操作工具、设备、仪器，完成操作性的任务。操作类工作的主要特征包括：

- 任职者在生产一线工作，并负责监督他人工作，任职者的工作与被监督者的工作非常类似，都需要操作工具、设备、仪器。
- 任职者在生产一线工作，负责操作设备、仪器。
- 任职者操作工具、仪器、设备，从事操作性的后勤服务工作。
- 部分职位有M类职能，以晋升通道进行衡量，没有晋升通道或晋升通道较少的职位统一归入O类。

典型的操作类职位有生产组长、技术工人、搬运工、司机、保洁人员等。

资料来源：彭剑锋，《战略人力资源管理：理论、实践与前沿》，中国人民大学出版社2014年版。

2. 职位序列划分的流程

职位序列划分需要企业的高层管理者、人力资源部及各相关部门共同参与，在参考外部标杆的基础上，以专家会议的方式进行，其工作流程如图4-6所示。

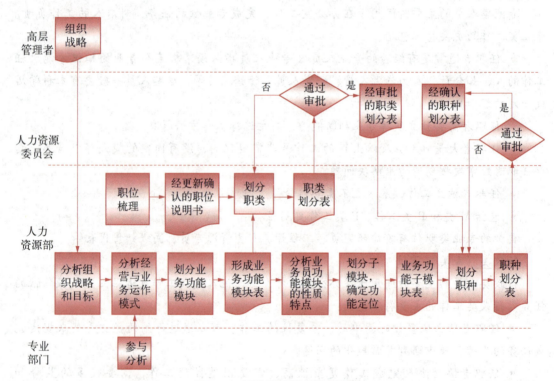

图4-6 职位序列划分工作流程

3. 职位序列划分的成果

职位序列划分的最终成果是形成企业的职类职种划分表。该表并不是职位筹划的最终成果，而只是一个中间成果。职类职种划分表如表 4-1 所示。

表 4-1　某企业职类职种划分表（部分）

职类	定义	职种	定义	典型职位
管理类	对一个单位的利益、发展或绩效承担直接责任	经营管理	对利益和发展承担直接责任	总经理、副总经理……
		管理执行	对一个单位的绩效承担直接责任	人力资源经理、车间主任……
职能类	……	战略	对战略决策的支持承担直接责任	战略研究员、助理研究员……
		财务	对资金安全有效运营承担直接责任	会计、出纳……
		人力资源	对人力资源的高效使用承担直接责任	招聘专员、薪酬专员……
		信息	对信息系统的优化和运行承担直接责任	硬件工程师、程序员……
		计划统计	对经营计划的安排与落实承担直接责任	经营计划员、经营统计分析员……
		采购	对生产材料的成本、质量和及时性供应承担直接责任	原材料采购员、辅助材料采购员……
技术类	……	研发	对产品与技术的行业领先性承担直接责任	项目研发工程师、产品设计工程师……
		工艺	对生产工艺的有效运行和改进承担直接责任	加工工艺员、设备工艺员……
		质检	对产品质量的鉴定承担直接责任	原材料质检员、半成品质检员……
营销类	……	销售	对销售额与市场占有率承担直接责任	片区经理、业务员……
		市场	对市场对产品与服务品牌的认同度承担直接责任	品牌主管、营销策划主管……
		客户服务	对客户对售后产品与服务的认可度承担直接责任	客户服务专员、现场服务工程师……
作业类	……	操作	对产品的数量、质量、效率、成本等承担直接责任	装配工、电焊工……
		维护	对生产设备的正常运转承担直接责任	电工、钳工……
		辅助	对生产各环节的服务质量和效率承担直接责任	搬运工、保洁工……

（二）职业发展通道设计

1. 职业发展通道设计的内容

职业发展通道（Career Development Path）是指员工在企业内的职业发展路径。它在企业职类、职种划分的基础上，为每一个职位建立在所属职种内的不同发展等级。

职业发展通道的设计在于避免企业内部出现"管理独木桥"现象，为员工提供多个职业发展空间；职业发展通道的建立要求企业为每个通道的各职位等级建立相应的任职资格要求，这也是建立基于能力的人力资源管理体系的基础。

2. 职业发展通道设计的流程

职业发展通道设计与实施的流程和操作要点如图 4-7 所示。

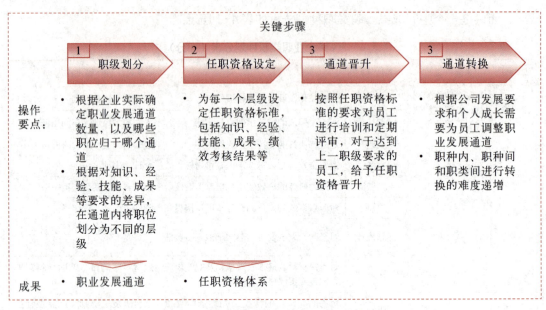

图 4-7　职业发展通道设计流程与操作要点

3. 职位通道设计的成果

下面以某企业为例介绍职业发展通道设计的成果。A 公司是深圳市的一家机械制造企业，因企业规模较小，在进行职位筹划时，仅将企业的所有职位划分为 8 大职类、4 大职层和 14 个职级，并在每个职类为员工建立了职业发展通道，图 4-8 仅简单示意该企业职业发展通道的设计成果。

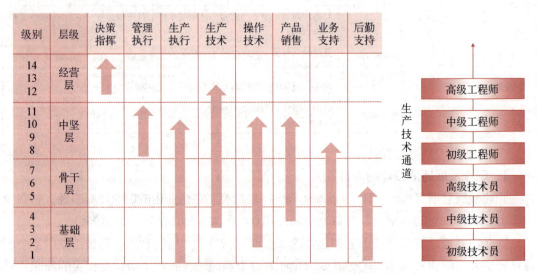

图 4-8　企业职业发展通道设计成果示例

在图 4-8 所示的职业发展通道设计中，水平方向代表不同的职种，垂直方向代表不同的职级，箭头代表不同职种的上升方向和对应的职级范围。如后勤支持职种职能在基础层至骨干层的范围内晋升,而决策指挥职类则可以一直晋升至经营层。

第三节 职 位 分 析

一、职位分析的发展脉络及范畴界定

(一)职位分析的历史沿革

1. 职位分析的起源:以泰罗的"时间动作研究"为代表

1911年,"科学管理之父"泰罗在其重要著作《科学管理原理》中提出了著名的"时间动作研究"的方法。所谓"时间动作研究",就是将工作分解成若干组成部分,并对每一部分进行计时。通过分析,对各种工作活动的时间及其顺序重新进行规划,从而制定出标准化的工作程序与方法,在从事该工作的所有工人中进行推广,以达到提高生产效率、科学确定劳动定额与工资报酬的目标。同时,泰罗还认为,要对组织进行科学的管理,就必须对组织中的各项工作进行系统研究,从而科学地选拔、培训工人,达到管理效率的最大化。泰罗的理论对于管理的科学化起到了巨大的推动作用,被认为是现代职位分析的发端。

在泰罗之后,明斯特伯格(Hugo Munsterberg)与吉尔布雷思夫妇(Frank Bunker Gilbreth & Lillian Moller Gilbreth)又遵循泰罗的研究轨迹,在传统工业领域的职位分析领域做出了重要的贡献。

2. 职位分析的发展:公平管理

随着人类社会的进步,公平管理越来越受到员工的认同与重视,并对员工满意度、组织承诺与工作绩效产生了巨大的影响。公平管理包括分配公平与程序公平。前者是指个体之间实际获得的报酬数量是否与其投入对等,而后者则是指用来进行利益分配的程序、手段和方法是否被认为具有公平性的特点。

建立在职位分析基础之上的招聘、培训、考核、薪酬等一系列的人力资源管理政策与制度能够在观念上带来程序公平的感受,同时又能够在技术上保证分配与工作投入、与贡献相关联。因而,公平管理也成为职位分析得以发展的内在动因。例如,美国著名的工业心理学家斯科特(Walter D. Scott)在20世纪20年代通过对军队工作的系统研究,成功地将职位分析运用于军人的测评与选拔,而后又将其移植到工业部门。美国学者巴鲁什(Ismar Baruch)通过对工作中影响报酬的要素进行研究,提出了工作等级划分的方法,并将其用于1923年美国《工薪划分法案》。

3. 职位分析的兴盛:反歧视运动

职位分析的发展源自20世纪后半叶美国反歧视运动的巨大成功。从1964年的《民权法案》开始,美国政府陆续通过了一系列的法案,针对雇佣中的歧视行为进行了详细规定。具体包括:

- 禁止在招募广告中出现歧视性的词汇和描述。

- 禁止在人员甄选中出现对少数民族可能构成歧视或与工作无关的甄选标准与测试手段。
- 禁止在报酬、晋升、调动中出现与工作无关的区别性对待。

企业为了避免遭受反歧视诉讼，必须在招聘、考核、薪酬、升迁调动等一系列活动中证明，其所采用的标准、程序、方法与工作具有高度的相关性。而职位分析恰恰是达成这一要求的必经之路，由此而得以普及。

4. 职位分析的成熟：管理的规范化与职业化

发达国家企业人力资源管理的发展已经历过由简到繁，又由繁入简的过程。其之所以能够实现管理制度与程序的精简、消除管理中的文牍主义与官僚现象、实现灵活性与规范化的统一，关键就在于经过一个世纪的发展，企业内规范化的管理制度塑造了一支高度职业化的经理人队伍。

而职位分析通过明确职位的工作目标、职责权限与任职资格，在构建规范化管理制度和培养职业经理人队伍方面起到了至关重要的作用，对于员工队伍的职业规范和职业意识的塑造也起到了关键的作用。其中，职位说明书就是"按规则办事、按规则受益"的起点。例如，在美国学者宾汉（W. V. Bingham）的大力推动下，在美国国家就业局下成立了职位分析调查司，该调查司通过对数千个职位的调查与研究，形成了《美国职位大词典》，为各行各业职业规范的建立提供了重要的参照标准，成为职位分析发展史上的重要里程碑。

5. 现代职位分析发展的主流：定量化与个性化

在进入20世纪70年代之后，职位分析的发展出现了两种不同的趋势：

一种趋势是走结构化、定量化的道路，将现代心理学与统计科学的研究成果大量运用于职位分析，形成一系列的系统性职位分析方法，大大提高了职位分析的效度、信度与精确性，并实现了职位分析成果向人员选拔、职位评价等其他人力资源板块的直接过渡。例如，在1972年，心理学家E. J. 麦克考密克（E. J. McCormick）等人开发出了包含195个具体项目的职位分析问卷（PAQ），成为目前应用最为广泛的定量化的职位分析方法。此外，法恩（Sindey A. Fine）开发了以人员为导向的职能工作分析系统（FJA），弗莱内根（John A. Flanagan）将关键事件技术（CIT）运用于职位分析，等等。

另一种趋势是走个性化的道路，实现职位分析与企业具体的战略、组织与管理机制的密切结合，为企业中各层各类的职位提供量身定做的职位说明书与职位分析报告。

（二）职位分析的范畴界定

1. 什么是职位分析

职位分析又称职务分析或工作分析，在其发展的进程中，不同学者根据其对职位分析不同的理解以及差异化的假设系统，对职位分析的内涵与外延进行了不同的界定：

- E. J. 麦克考密克认为，职位分析（或称之为职务与任务分析）是研究人的工作，涉及与职务有关的信息收集、评估与记录。

- 日本学者村中兼松认为职位分析包括两个方面：一是分析者对确定的目标职位进行仔细观察；二是为适应招聘录用、人员配置、薪酬考核、培训开发、升迁调动等人力资源管理工作的需要，对该职位的性质等进行全面的分析，并建立信息库。
- 亚瑟·W. 小舍曼（Arthur W. Sherman）等认为，职位分析是遵循一系列事先确定好的步骤，进行一系列的工作调查来收集工作岗位的信息，以确定工作的职责、任务或活动的过程。
- 罗伯特·L. 马希斯（Robert L. Mathis）认为，职位分析是一种系统地收集、分析和职位有关的各种信息的方法。
- R. 韦恩·蒙迪（R. Wayne Mondy）等认为，职位分析是确定完成各项工作所需的技能、职责和知识的系统过程。
- 加里·德斯勒认为，职位分析是组织确定某一项工作的任务、性质，以及什么样的人员可以胜任这一工作，并提供与工作本身要求有关的信息的一道程序[①]。
- 雷蒙德·A. 诺伊等认为，职位分析本身是指获取与工作有关的详细信息的过程[②]。

在对以上关于职位分析的定义进行分析和提炼的基础上，结合本书作者多年理论探索和实践经验的总结，我们得出了职位分析的定义：

> 职位分析是以组织中的职位以及任职者为研究对象，应用系统分析方法，收集、分析、确定组织中职位的定义、目标、工作内容、职责权限、工作关系、业绩标准、人员要求等基本要素，最终形成职位说明书和职位分析报告的过程。

职位分析是人力资源管理的一项核心基础职能，也构成了组织设计和工作设计的基础。

2. 与职位分析相关的概念

本书中主要涉及以下与职位分析相关的概念：

- 工作要素（Job Elements）：是指工作中不能再继续分解的最小活动单位，工作要素是形成职责的信息来源和分析基础，并不直接体现于职位说明书之中。例如，接听电话。
- 任务（Task）：是指为了达成某种目的而进行的一系列工作要素，是职位分析的基本单位，并且它常常是对工作职责的进一步分解。例如，回答客户的电话咨询。
- 职责细分（Duty）：职责细分既可以作为职位分析中完成职责的主要步骤而成为职责描述的基础，也可以以履行程序或"小职责"的身份出现在职位说明书当中。例如，处理客户的电话咨询与投诉。
- 职责（Responsibility）：是指为了在某个关键成果领域取得成果而完成的一系列任务的集合，它常常用任职者的行动加上行动的目标来加以表达。例如，维护客户关系，以保持和提升公司在客户中的形象。
- 权限（Authority）：是指为了保证职责的有效履行，任职者必须具备的，对某事项进行决策的范围和程度。它常常用"具有批准……事项的权限"来进行表达。例如，具有批准预算外 5 000 元以内的礼品费支出的权限。

- 任职资格（Qualification）：是指为了保证工作目标的实现，任职者必须具备的知识、技能与能力要求。它常常以胜任职位所需要的学历、专业、工作经验、工作技能、能力（素质）等来加以表达。
- 业绩标准（Performance Standard）：是指与职位的工作职责相对应的、对职责完成的质量与效果进行评价的客观标准。例如，人力资源经理的业绩标准常包括员工满意度、空岗率、培训计划的完成率等。
- 职位（Position）：是指承担一系列工作职责的某一任职者所对应的组织位置，它是组织的基本构成单位，职位与任职者是一一对应的。如果存在职位空缺，那么职位数量将多于任职者人数。例如，销售部副经理周平。
- 职务（Job）：是指组织中承担相同或相似职责或工作内容的若干职位的总和。例如，销售部副经理。
- 职级（Class）：是指工作责任大小，工作复杂性与难度，以及对任职者的能力水平要求近似的一组职位的总和，它常常与管理层级相联系。例如，部门副经理就是一个职级。
- 职位簇（Family）：根据工作内容、任职资格或者对组织的贡献的相似性而划分为同一组的职位。职位簇的划分常常建立在职位分类的基础上。例如，管理职位簇、研发职位簇、生产职位簇、营销职位簇。

二、职位分析的作用与基本用途

现代企业的人力资源管理的发展，从整体上来看主要表现出两方面的趋势：一方面是强调人力资源管理的战略导向；另一方面是强调人力资源管理各功能模块的系统整合（见图 4-9）。而职位分析在上述两个趋势中都扮演着关键性的角色。对于前者，职位分析是

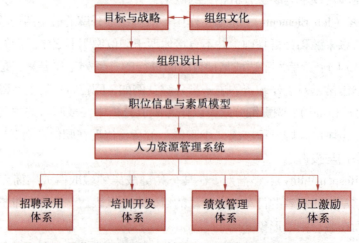

图 4-9　职位分析在战略、组织和人力资源管理体系中的地位

从战略、组织、流程向人力资源管理职能过渡的桥梁;对于后者,职位分析是对人力资源管理系统内在各功能模块进行整合的基础与前提。正是由于职位分析在组织与人力资源管理中具有关键作用,其在当今发达国家的企业人力资源管理中仍起着不可替代的基础性作用;对于中国企业而言,职位分析是探索现代化管理之路的重要环节。

(一)职位分析在战略与组织管理中的作用

职位分析对于企业战略的落地与组织的优化具有十分重要的意义,具体表现在以下几个方面:

1. 实现战略传递

通过职位分析,可以明确职位设置的目的,从而找到该职位如何来为组织整体创造价值,如何来支持企业的战略目标与部门目标,从而使组织的战略得以落地。

2. 明确职位边界

通过职位分析,可以明确界定职位的职责与权限,消除职位之间在职责上的相互重叠,从而尽可能地避免由于职位边界不清导致的扯皮推诿,并且防止职位之间的职责真空,使组织的每一项工作都得以落实。

3. 提高流程效率

通过职位分析,可以理顺职位与其流程上下游环节的关系,明确职位在流程中的角色与权限,消除由于职位设置或者职位界定的原因所导致的流程不畅、效率低下等现象。

4. 实现权责对等

通过职位分析,可以根据职位的职责来确定或者调整组织的授权与权力分配体系,从而在职位层面上实现权责一致。

5. 强化职业化管理

通过职位分析,在明确职位的职责、权限、任职资格等的基础上,形成该职位的工作的基本规范,从而为员工职业生涯的发展提供牵引与约束机制。

(二)职位分析在人力资源管理中的基本用途

职位分析是现代企业人力资源管理体系的基础,其基本用途参见图4-10。

三、构建目标导向的职位分析系统模型

(一)职位分析的原则

职位分析主要遵循以下五个原则:

1. 以战略为导向,强调职位与组织和流程的有机衔接

职位分析必须以企业的战略为导向,与组织的变革相适应,与提升流程的速度与效率相配合,以此来推动职位描述与任职资格要求的合理化与适应性。

2. 以现状为基础,强调职位对未来的适应

职位分析必须以职位的现实状况为基础,强调职位分析的客观性与信息的真实性;另

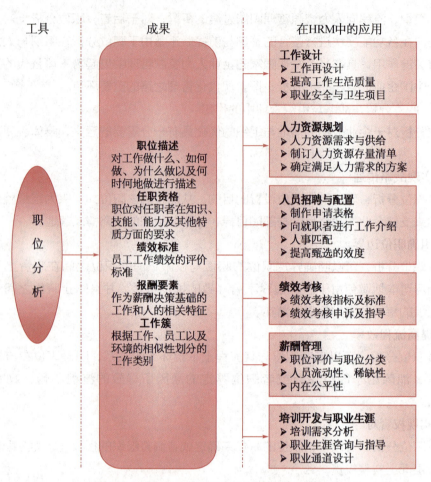

图 4-10 职位分析在人力资源管理中的主要用途

外,也要充分考虑组织的外部环境、战略转型、技术变革、组织与流程再造、工作方式转变等一系列变化对职位的影响和要求,强调职位分析的适应性。

3. 以工作为基础,强调人与工作的有机融合

职位分析必须以工作为基础,以此来推动职位设计的科学化,强化任职者的职业意识与职业规范;同时,职位分析又必须充分照顾到任职者的个人能力与工作风格,在强调工作内在客观要求的基础之上,适当地体现职位随人的动态变化,处理好职位与人之间的矛盾,实现人与职位的动态协调与有机融合。

4. 以分析为基础,强调对职位的系统把握

职位分析绝不是对职责、任务、业绩标准、任职资格等要素的简单罗列,而是要在分析的基础上对其加以系统的把握。这包括系统把握该职位对组织的贡献,把握其与其他职位之间的内在关系,把握其在流程中的位置与角色,以及把握其内在各要素的互动与制约关系,从而完成对该职位全方位、富有逻辑的系统思考。

5. 以稳定为前提，但重视对职位说明书的动态管理

为了保持组织与管理的连续性，一方面，企业内部的职位设置以及与此相对应的职位说明书必须保持相对稳定；但另一方面，职位说明书又并非一成不变，而是需要根据企业的战略、组织、业务与管理的变化适时进行调整，因此需要在稳定的基础上，建立对职位说明书进行动态管理的机制和制度。

（二）职位分析的系统模型

职位分析是对职位信息进行收集、整理、分析与综合的一个系统性的过程。本书在对这一系统性过程的各种参与要素、中间变量与最终成果，以及它们之间的内在关系进行剖析的基础之上，提出了较为全面的职位分析的系统性模型（见图4-11）。

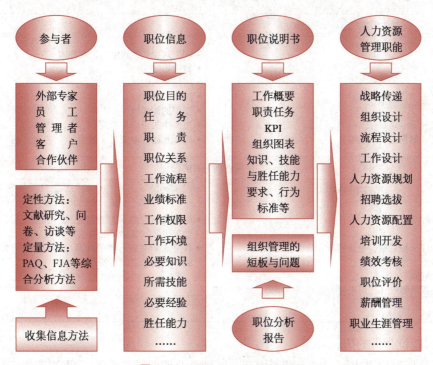

图4-11 职位分析的系统模型

（三）职位分析需要收集的信息类型

笔者将职位分析需要收集的信息概括为三个方面：工作的外部环境信息、与工作相关的信息和与任职者相关的信息（见表4-2）。

在职位分析实践中，企业的职位分析人员常常会犯"信息收集的近视症"，即常常只看到工作与任职者信息，而看不到职位所在的广义的环境，因此所收集的信息往往忽略了组织的特征，相关的产品、技术与服务等。而事实上，这类信息对于帮助职位分析人员从根本上理解职位，对职位的目的、职责与任务等方面的信息进行综合判断具有至关重要的意义。

表4-2 职位分析需要收集的信息

工作的外部环境信息	
• 组织的愿景、目标与战略 • 组织的年度经营计划与预算 • 组织的经营管理模式 • 组织结构、业务流程/管理流程 • 人力资源管理、财务、营销管理等 • 组织所提供的产品/服务 • 组织采用的主要技术 • 有关组织的研发、采购、生产、销售、客户服务的信息 • 组织文化的类型与特点	• 行业标杆职位的状况（以行业中的领先企业与主要竞争对手为主） • 客户（经销商）信息（包括客户档案、客户经营管理模式、客户投诉记录等） • 顾客（最终用户）信息（包括顾客的内在需求特点、顾客调查、顾客投诉等） • 外部供应商的信息 • 主要合作者与战略联盟的信息 • 主要竞争对手的信息
与工作相关的信息	
工作内容/工作情景因素	工 作 特 征
• 工作职责 • 工作任务 • 工作活动 • 绩效标准 • 关键事件 • 沟通网络 • 工作成果（如报告、产品等）	• 职位对企业的贡献与过失损害 • 管理幅度 • 所需承担的风险 • 工作的独立性 • 工作的创新性 • 工作中的矛盾与冲突 • 人际互动的难度与频繁性
与任职者相关的信息	
任职资格要求	人 际 关 系
• 一般教育程度 • 专业知识 • 工作经验（一般经验、专业经验、管理经验） • 各种技能 • 各种能力倾向 • 各种胜任素质要求（包括个性特征与职业倾向、动机、内驱力等）	• 内部人际关系（与直接上司、其他上级、下属、其他下级、同事之间的关系） • 外部人际关系（与供应商、客户、政府机构、行业组织、社区之间的关系）

（四）职位分析的信息来源

职位分析的信息来源主要有四个方面：一是企业所在的行业与产业的职位标杆或职位标准，二是企业内在的组织层面的信息与期望，三是来源于组织内部与职位相关的各类人员，四是来源于外部的组织或客户（见表4-3）。

表4-3 职位分析的信息来源

职位分析的信息来源	
来源于产业/行业的标杆	来源于组织内部的文献
• 其他企业的职位说明书 • 职业数据 • 美国职位大词典 • 职业信息网	• 组织现有的政策、制度文献 • 以前的职位说明书或岗位职责描述 • 劳动合同 • 人力资源管理文献

(续表)

职位分析的信息来源	
来源于与职位相关的组织成员	来源于外部组织或人员
• 该职位的任职者 • 该职位的同事 • 该职位的上级 • 对该职位产生影响或受该职位影响的其他人员	• 组织的客户 • 组织的策略联盟者 • 组织的上游供应商 • 组织的销售渠道 • 外部专家

（五）职位分析的成果形式

职位分析通过对职位信息的收集、整理、分析与综合，其成果主要包括两种：一种是职位说明书，另一种为职位分析报告。

1. 职位说明书

职位说明书主要包括两个组成部分：一是职位描述，主要对职位的工作内容进行概括，包括职位设置的目的、基本职责、组织图（职位在组织中的位置）、业绩标准、工作权限、职责履行程序等内容；二是职位的任职资格要求，主要对任职人员的标准和规范进行概括，包括该职位的行为标准，胜任职位所需要的知识、技能、能力、个性特征以及对人员的培训需求等内容。职位说明书的这两个部分并非简单的罗列，而是通过客观的内在逻辑形成一个完整的系统。

【学习资料4-2】

某地产公司综合办人力资源职位说明书

一、岗位基本信息：			
• 岗位名称：	人力资源主管	• 岗位代码：	
• 所属部门：	综合办	• 该岗位编制人数：	1

二、岗位定位：
根据部门经理要求，建立并不断完善人力资源管理体系，编订各模块制度，优化各模块流程，并组织实施，为公司的持续发展提供管理及制度支持

三、工作关系图：
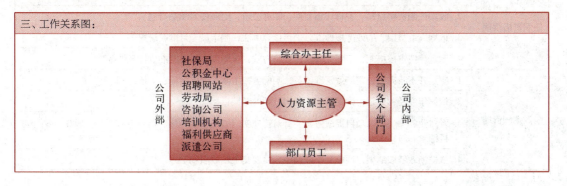

四、职责范围：

工作模块	工作内容
制度、文件编写	1. 根据部门领导的要求，建立、修订、完善人力资源各项制度规定，并组织实施
	2. 根据部门领导要求及公司现状，制定公司各项人力资源发展规划和工作计划，并组织实施
	3. 撰写并发布人力相关通知，如放假通知、员工活动通知、福利内容通知、晋升通知等
	4. 定期协助部门领导编制各项人力资源方面的总结、报告等
招聘管理	1. 组织各部门上报人员需求，制定年度招聘计划
	2. 依据招聘计划，管理并开发招聘渠道，发布招聘信息，筛选简历，协调面试官及应聘者时间组织安排面试，并作出面试评价记录
	3. 依据《岗位说明书》，在业务部门协助下，设计并完善结构化面试题目及笔试题目，经甄选后，确定岗位候选人
	4. 确定候选人录用信息，与候选人沟通、介绍相关情况，确定其入职意向，并协调其到岗时间
	5. 接待并安排新员工入职，组织办理相关手续（考勤指纹录入、信息卡发放、办公用品领用），介绍至用人部门
	6. 组织用人部门核定候选人试用期工作表现，确定转正意向，组织相关人员填写《试用期转正申请表》
员工关系管理	1. 依据法律法规，完善更新劳动合同模板，与员工签订、续签劳动合同，协调公司与员工之间的劳动关系，解决劳动纠纷，建立劳动合同台账
	2. 管理实习鉴定、转正、晋升、离职等
	3. 更新并完善《员工信息表》及网上信息系统录入，并根据员工纸质档案清单收集相关材料、归档，配合查询、借阅
福利管理	1. 根据公司整体需求及内部员工个人需求，办理员工社会保险、住房公积金等各项手续
	2. 核对各月份社保、年金及公积金账单与明细
	3. 审定补充医疗保险方案，并组织收集相关票据执行报销流程
	4. 根据相关政策法规，解答员工关于社保、公积金的各项咨询
	5. 依据相关政策开展年度职工采暖费用报销
培训开发	1. 依据《岗位说明书》《任职资格标准》，调查并汇总各部门培训需求，制定年度培训计划
	2. 依据培训计划，开发培训课程，联系培训机构或讲师，并组织实施培训计划
	3. 评估培训效果，进行培训工作总结，优化培训计划
任职资格管理	1. 明确各职类职种任职资格标准
	2. 收集任职资格材料、职称评审文件、职称公示，更新技术津贴待遇
	3. 依据岗位类型、绩效考核标准、项目核算办法，制定员工月度薪酬报表
	4. 制定薪资审核机制，不断完善薪资核算方式，保障薪资核算的准确性及效率
绩效薪酬管理	1. 制定并不断完善公司绩效管理体系，明确考核主体、考核指标、考核方式
	2. 依据年度经营计划，确定各部门及岗位绩效考核目标
	3. 针对业务部门核算项目提成方案，针对管理部门组织绩效考核、监督考核过程、收集并统计考核结果
	4. 依据绩效考核结果，调整薪酬或岗位，兑现奖金发放额度

（续表）

工作模块	工作内容
考勤	收集每月考勤记录及考勤表单
统计报表	1. 制定月度、年度工资总额报表 2. 负责人员情况统计（年龄结构、学历背景、户口性质、性别比例、收入水平） 3. 统计劳动合同履行情况 4. 统计员工个人收入台账 5. 统计员工花名册
其他	1. 完成部门领导交办的其他工作，保持与各部门同事良好的沟通关系 2. 为公司员工提供必要的人力资源、劳动关系方面的支持

五、任职资格条件：	
教育水平	本科及以上学历
参考专业	人力资源管理、企业管理等管理类专业
工作经验	3年以上人力资源管理相关工作经验
相关知识	掌握任职资格、职位管理、薪酬管理、绩效考核、招聘甄选、培训开发等人力资源模块知识；熟悉《劳动法》《劳动合同法》，了解社会保险、公积金、组织人事档案管理相关知识；熟练使用计算机办公软件
技能技巧	沟通能力、协调能力、团队协作能力、口头与书面表达能力
其他	能适应高强度的工作压力

资料来源：华夏基石咨询报告。

2. 职位分析报告

职位分析报告的内容较为自由宽泛，主要用来阐述在职位分析的过程中所发现的组织与管理上的问题、矛盾，以及解决方案。具体包括：组织结构与职位设置中的问题与解决方案、流程设计与流程运行中的问题与解决方案、组织权责体系中的问题与解决方案、工作方式和方法中的问题与解决方案、人力资源管理中的问题与解决方案等。

（六）构建目标导向的职位分析系统

本章提出的职位分析的系统模型是涵盖各种类型职位分析活动的总括性的职位分析框架，具有普遍的适应性。要提高职位分析的效果与效率，必须使职位分析有的放矢，即根据企业组织与人力资源管理实践的客观要求，明确提出职位分析的具体目标，在职位分析系统模型框架下构建具体的职位分析系统，这种方法我们称之为"目标导向的职位分析方法"。

建立职位分析的目标导向，并不意味着一个职位分析项目只能有一个目标。事实上，职位分析的不同导向之间往往是相互交叉的，一个职位分析项目可以胜任2~3个具体目标。建立职位分析导向的意义并不在于建立单一目标，而是要改变没有具体目标、大包大揽的状况。

根据职位分析目前在中国企业管理实践中的主要用途，我们可以将职位分析的不同目标导向及其侧重点概括如表 4-4 所示。

表 4-4　职位分析导向及其侧重点

职位分析的目标	强调的重点	职位分析所要收集的信息	信息收集的成果
组织优化	• 强调对工作职责、权限的明确界定 • 强调将工作置于流程与战略分解体系中来重新思考该职位的定位 • 强调职位边界的明晰化	• 工作目的与工作职责 • 职责细分（或履行程序） • 职责分配的合理性 • 工作流程 • 职位在流程中的角色 • 工作权限	• 组织结构的调整 • 职位设置的调整 • 职位目的的调整 • 职位职责的调整 • 职责履行程序理顺
招聘甄选	• 强调对工作所需教育程度、工作经验、知识、技能与能力的界定，并确定各项任职资格要求的具体等级或水平	• 工作目的与工作职责 • 职责的重要程度 • 任职资格	• 招聘要求 • 甄选标准
培训开发	• 强调工作典型样本、工作难点的识别 • 强调对工作中常见错误的分析 • 强调任职资格中可培训部分的界定	• 工作职责 • 职责学习难度 • 工作难点 • 关键工作行为 • 任职资格	• 培训需求 • 培训的难点与重点
绩效考核	• 强调对工作职责以及责任细分的准确界定，并收集有关对各项职责与任务的重要程度、过失损害的信息，为考核指标的提取以及权重的确定提供前提	• 工作目的与工作职责 • 职责的重要程度与执行难度 • 工作难点 • 绩效标准	• 绩效评价指标与标准
薪酬管理	• 强调对与薪酬决策有关的工作特征的评价性分析，包括：职位在组织中的地位及对组织战略的贡献，工作所需知识、技能与能力水平，工作职责与任务的复杂性与难度，工作环境条件、工作负荷与强度的大小等	• 工作目的与工作职责 • 工作范围 • 职责复杂程度与执行难度 • 职位在组织中的位置 • 联系的对象、内容与频率 • 任职资格	• 与职位评价要素相关的信息 • 职位序列

四、职位分析方法

职位分析作为组织人力资源管理的一项基础工具，在百余年的研究和管理实践中，在理论和实践方面都取得了相当的进展，形成了较为成熟的方法体系。根据职位分析方法的目标导向、适用对象以及操作要点等的差异，我们将其归入以下四类（见表 4-5）。

表 4-5　职位分析方法

通用职位分析方法	以人为基础的系统性方法	以工作为基础的系统性方法	传统工业企业职位分析方法
访谈法 Interview	工作元素分析法 Job Element Analysis	功能性职位分析法 Functional Job Analysis	时间研究法 Time Study
观察法 Observing Work	职位分析问卷法 Position Analysis Questionnaire	关键事件法 Critical Incident Technique	动作研究法 Motion Study

(续表)

通用职位分析方法	以人为基础的系统性方法	以工作为基础的系统性方法	传统工业企业职位分析方法
文献分析法 Job Documentation Analysis	管理职位分析问卷 Management Position Description Questionnaire	工作任务清单分析法 Job Task Inventory Analysis	工作样本法 Work Sampling
主题专家会议法 Subject Matter Expert Conferences	工作诊断调查法 Job Diagnostic Survey	管理及专业职位功能清单法 the Managerial and Professional Job Function Inventory	工作负荷分析及人事规划法 Workload Analysis and Personnel Scheduling
非定量问卷法 Non-quantity Questionnaires	能力需求量表法 Ability Requirement Scales		电脑模拟职位分析 Computer Simulation and Job Analysis
工作日志法 Work Diaries	基础特质分析系统 Threshold Traits Analysis		
	工作成分清单 Job Components Inventory		
	职位分析清单法 Occupation Analysis Inventory		

（一）通用职位分析方法

通用职位分析方法是国内企业在职位分析过程中常见的收集职位信息的方法，通常具有灵活性强、易操作、适用范围广等显著优势，但也存在结构化程度低、缺乏稳定性等缺点。这类职位分析方法主要有问卷法、访谈法、工作日志法、观察法、文献分析法、SME会议法等。

1. 访谈法

访谈法是目前在国内企业中运用最广泛、最成熟、最有效的职位分析方法。职位分析访谈是两个或更多的人交流某项或某系列工作的信息的会谈，能够适用于各层各类职位的职位分析要求，且是对中高层管理职位进行深度职位分析效果最好的方法。职位分析访谈的成果不仅仅表现在书面的信息提供上，更重要的是，通过资深职位分析师的牵引指导，协助任职者完成对职位的系统思考、总结与提炼。

进行职位分析访谈需要把握以下关键点：

- **访谈者培训**：职位分析访谈是一项系统性的、技术性的工作，因此在访谈准备阶段应对访谈者进行系统的职位分析理论与技术培训。
- **事前沟通**：应在访谈之前一星期左右事先通知访谈对象，并以访谈指引等书面形式告知其访谈内容，使其提前对工作内容进行系统总结，并有利于获得访谈对象的支持与配合。
- **技术配合**：在访谈之前，访谈者须事先对访谈职位进行文献研究，并通过开放式职位分析问卷初步收集、整理与汇总职位信息，形成对职位的初步印象，找到访谈的重点，使访谈能够有的放矢。

- **沟通技巧**：在访谈过程中，访谈者应与被访谈者建立并维持良好的互信和睦关系，适当地运用提示、追问、控制等访谈技巧，把握访谈的节奏，防止访谈中的"一边倒"现象。
- **信息确认**：在访谈过程中，访谈者应就获取的信息及时向被访谈者反馈并确认；在访谈结束前，应向被访谈者复述所获信息的要点，以得到其最终的认可。

根据实际需要，职位分析师可以选择结构化或非结构化的访谈方法。非结构化访谈可以根据实际情况灵活收集职位信息，但在收集信息的完备性方面存在缺陷；结构化访谈信息收集全面，但不利于任职者的发散性思维。实际运用中，往往将两者结合起来，以结构化访谈问卷或是提纲作为访谈的一般性指导，在访谈过程中，根据实际情况就某些关键领域进行深入探讨（见图4-12）。

职位分析访谈提纲示例

1. 请您用一句话概括：您的职位在本公司中存在的价值是什么？它要完成的主要的工作内容和要达成的目标是什么？
2. 请问与您进行工作联系的主要人员有哪些？联系的主要方式是什么？
3. 您认为您的主要工作职责是什么？请至少列出8项职责。
4. 您是如何完成这些职责的呢？在执行过程中碰到的主要困难和问题是什么？
5. 请您指出以上各项职责在工作总时间中所占的比重，请指出其中耗费时间最多的三项工作。
6. 请您指出您的以上工作职责中最为重要、对公司最有价值的是什么？
7. 组织所赋予您的最主要的权限有哪些？您认为这些权限有哪些是合适的，哪些需要重新界定？
8. 请您就以上工作职责，谈谈评价这些职责是否出色地完成的标准是什么？
9. 您认为在工作中您需要其他部门、其他职位为您提供哪些方面的配合、支持与服务？在这些方面，目前做得好的是什么，尚待改进的是什么？
10. 您认为要出色地完成以上各项职责需要什么样的学历和专业背景？需要什么样的工作经验（类型和时间）？在外语和计算机方面有何要求？您认为要出色地完成以上各项职责需要具备哪些能力？
11. 您认为要出色地完成以上各项职责需要具备哪些专业知识和技能？需要什么样的个性品质？
12. 请问您工作中自主决策的机会有多大？工作中是否经常加班？工作中是否要求精力高度集中？工作负荷有多大？

图4-12 职位分析访谈提纲示例

2. 非定量问卷调查法

问卷法是职位分析中广泛运用的方法之一，它是以书面的形式，通过任职者或其他职位相关人员单方信息传递来实现的职位信息收集方式。在实践中，职位分析专家开发出大量的不同形式、不同导向的问卷，以满足职位分析不同的需要。问卷调查法收集信息完整、系统，操作简单、经济，可在事先建立的分析模型的指导下展开，因此几乎所有的结构化职位分析方法在信息收集阶段均采用问卷调查的形式。

职位分析问卷主要分为定量结构化问卷和非结构化问卷。定量结构化问卷是在相应理论模型和假设前提下，按照结构化的要求设计的相对稳定的职位分析问卷，一般采用封闭式问题，问卷遵循严格的逻辑体系，分析结果可通过对信息的统计分析加以量化，形成对职位的量化描述或评价。定量结构化问卷最大的优势在于问卷一般经过大量的实证检验，具有较高的信度与效度，便于职位之间相互比较。

非结构化问卷是目前国内使用较多的职位分析问卷形式，其特点在于能对职位信息进行全面、完整的调查收集，适用范围广泛，能根据不同的组织性质、特征进行个性化设计。与定量结构化的问卷相比，非结构化问卷存在精度不够、随意性强、与分析师水平高度相关等缺陷，但是非结构化问卷也有适应性强、灵活高效等优势。非结构化问卷不仅是一种信息收集工具，而且包含了任职者和职位分析师信息加工的过程，因而其分析过程更具互动性，分析结果更具智能性。

3. SMEs 会议法

主题专家会议法（Subject Matter Expert Conferences，SMEs）通常指与熟悉目标职位的组织内部人和外部人，包括任职者、直接上司、曾经任职者、内部客户、其他熟悉目标职位的人以及咨询专家、外部客户、其他组织标杆职位任职者的集思广益的过程。

SMEs 会议在整个组织管理过程中有着极其广泛的应用，比如传统的德尔菲法等。在进行职位分析时，SMEs 会议也通常扮演极为重要的角色。SMEs 会议是所有与职位相关的人员集思广益的过程，在组织的内部—外部，流程的上游—下游，时间上的过去—当前—将来等多方面、多层次都达到高度的协商和统一，因此除了收集基础信息以外，SMEs 会议还担负着最终确认职位分析成果并加以推广运用的重要职能。通常说来，在职位分析中 SMEs 会议主要用于建立培训开发规划、评价工作描述、讨论任职者绩效水平、分析工作任务、职位设计等。

4. 文献分析法

文献分析法是一项经济且有效的信息搜集方法，它通过对现存的与工作相关的文档资料进行系统性分析，来获取工作信息。由于文献分析法是对现有资料的分析提炼和总结加工，它无法弥补原有资料的空缺，也无法验证原有描述的真伪，因此文献分析法一般用于收集工作的原始信息，编制任务清单初稿。

在国内各企业的管理实践中，或多或少已经积累起对于职位描述的大量信息资料，但由于管理基础和方法的落后，往往不适合企业发展的需要。在构建以职位分析、任职资格为基础的人力资源管理体系的管理变革尝试中，这些宝贵的原始资料将会对我们的基础研究工作带来极大的便利，因此我们要注重对企业现存的相关管理信息的分析提炼，为后续工作的深入打下良好的信息基础。当然，对企业现有文献的分析中一定要坚持所搜集信息的"参考"地位，切忌先入为主，避免其中错误的、多余的信息影响职位分析乃至其他管理活动的最终结果。

5. 工作日志法

工作日志法是通过任职者在规定时限内，实时、准确记录工作活动与任务的工作信息收集方法。工作日志又称活动日志、工作活动记录表等，同文献分析法一样，工作日志法主要是用于原始工作信息的搜集，为其他职位分析方法提供信息支持，特别是在缺乏工作文献时，日志法的优势就表现得更加明显。

使用工作日志法进行职位分析需要注意以下操作要点：

（1）单向信息。工作日志法是一种来源于任职者的单向信息获取方式，而单向信息交流方法容易造成信息缺失、理解误差等系统性或操作性错误，因此在实际操作过程之中，职位分析人员应采取措施加强与填写者的沟通交流，削弱信息交流的单向性，如事前培训、过程指导、中期辅导等。

（2）结构化。工作日志是一项所获信息相当庞杂的职位信息收集方法，后期信息整理工作量极大，因此在工作日志填写表格设计阶段，我们应按照后期分析整理的要求，设计结构化程度较高的填写表格，以控制任职者填写过程中可能出现的偏差和不规范之处，减少后期分析的难度。

（3）适用条件。在理论界，对于工作日志法的信度问题存在一定的争议——由任职者自己填写的信息是否可信？实践证明，由于职位所包含的工作活动数量、内容的庞杂性以及大量的重复性，使得"造假"成为相当困难或是微不足道的事情。当然，对于组织中的核心关键岗位，其职责或是重大，或是稳定性差，此时工作日志法就不宜作为主导方法。

（4）过程控制。在工作日志填写过程中，职位分析人员应积极参与，为任职者提供专业帮助与支持，项目组也可通过中期讲解、职位分析研讨会等形式跟踪填写全过程，力图在日志填写阶段减少填写偏差。

6. 观察法

观察法是由职位分析师在工作现场通过实地观察、交流、操作等方式收集工作信息的过程，主要有直接观察法、自我观察法（工作日志）以及工作参与法三种形式。

职位分析观察法的侧重点在于分析提炼履行职位所包含的工作活动所需的外在行为表现、体力要求、环境条件等，因此观察法主要适用于相对稳定、重复性高的操作岗位，而不适用于职能和业务管理岗位。

（二）以人为基础的系统性职位分析方法

系统性职位分析方法指职位分析方法从实施过程、问卷量表使用、结果表达运用方面都体现出高度结构化的特征，通过量化的方式刻画职位特征的职位分析方法。

以人为基础的职位分析方法是从任职者行为的角度描述职位，侧重于任职者在履行工作职责时所需的知识、技术、能力以及其他行为特征。在实践中运用较多的以人为基础的系统性职位分析方法有工作元素分析法（Job Element Analysis）、职位分析问卷法（Position Analysis Questionnaire）、管理职位分析问卷法（Management Position Description

Questionnaire)、基础特质分析系统（Threshold Traits Analysis）、能力需求量表法（Ability Requirement Scales）、工作诊断调查法（Job Diagnostic Survey）、工作成分清单法（Job Components Inventory）。

1. 职位分析问卷法（PAQ）

职位分析问卷法（PAQ）是一项基于计算机的、以人为基础的系统性职位分析方法。它是 1972 年由普渡大学教授麦克考密克（E. J. McComick）开发出的结构化的职位分析问卷。经过多年实践的验证和修正，PAQ 法已成为使用较为广泛的有相当信度的职位分析方法。

PAQ 研究设计者最初的设计理念主要包括以下两点：一是开发一种通用的、以统计分析为基础的方法来建立某职位的能力模型，以淘汰传统的测验评价方法。二是运用统计推理的方法进行职位间的评价，以确定相对报酬。

此后，在 PAQ 的运用中，研究者发现 PAQ 提供的数据同样可以作为其他人力资源功能板块的信息基础。例如，工作分类、人职匹配、工作设计、职业生涯规划、培训、绩效测评以及职业咨询等。这些运用范围的扩展，表明 PAQ 可以运用于建设企业职位信息库，以整合基于战略的人力资源信息系统，事实上在国外 PAQ 的这种战略用途已经得以证明，并取得了很好的效果。

PAQ 问卷主要包括以下结构维度（见表 4-6）。

表 4-6　PAQ 问卷维度示例

1. 信息输入：从何处以及如何获得工作所需的信息？		2. 体力活动：工作中包含哪些体力活动？需要使用什么工具设备？	
知觉解释	解释感觉到的事物	使用工具	使用各种机器、工具
信息使用	使用各种已有的信息资源	身体活动	工作过程中的身体活动
视觉信息获取	通过对设备、材料的观察获取信息	控制身体协调	操作控制机械、流程
知觉判断	对感觉到的事物作出判断	技术性活动	从事技术性或技巧性活动
环境感知	了解各种环境条件	使用设备	使用大量的各种各样的装备、设备
知觉运用	使用各种感知	手工活动	从事手工操作性相关的活动
		身体协调性	身体一般性协调
3. 脑力处理：工作中有哪些推理、决策、计划、信息处理等脑力加工活动？		4. 工作情境：工作发生的自然环境和社会环境如何？	
决策	作出决策	潜在压力环境	环境中是否存在压力和消极因素
信息处理	加工处理信息	自我要求环境	对自我严格要求的环境
		工作潜在危险	工作中的危险因素

(续表)

5. 人际关系：工作中需要与哪些人发生何种内容的工作联系？		6. 其他特征：其他活动、条件和特征	
信息互换	相互交流相关信息	典型性	典型和非典型性工作时间的比较
一般私人接触	从事一般性私人联络和接触	事务性工作	从事事务性工作
监督/协调	从事监督协调等相关活动	着装要求	自我选择与特定要求着装的比较
工作交流	与工作相关的信息交流	薪资浮动比率	浮动薪酬与固定薪酬的比率
公共接触	公共场合的相关接触	规律性	有无规律工作时间的比较
		强制性	在环境的强制下工作
		结构性	从事结构性和非结构性工作活动
		灵活性	敏锐地适应工作活动、环境的变化

由于 PAQ 的内容非常专业，因此该问卷的填写是由专业职业分析师来完成的。具体的填写方式是：在访谈的基础上，由专业职位分析师依据 PAQ 给出的 6 个计分标准对每个工作要素进行横向比较，进而确定每个职位在不同要素上的得分。

PAQ 的 6 个计分标准包括：

- 信息使用度（U）——员工使用该项目的程度；
- 耗费时间（I）——做事情所需花费的时间比例；
- 对工作的重要性（T）——问题所细分出来的活动对执行工作的重要性；
- 发生的可能性（P）——工作中身体遭受伤害的可能性；
- 适用性（A）——某个项目是否可以应用于该职位；
- 特殊计分（S）——PAQ 中特别项目的专用等级量表。

通过 PAQ 收集的数据信息，在进行完备性、信度与效度的检验后，就可进行计算机分析处理，运用于人力资源管理各个方面。

通常，PAQ 为我们提供了三种运用较多的职位分析报告形式：

- 工作维度得分统计报告：目标工作在 PAQ 各评价维度上得分的标准化和综合性的比较分析报告。
- 能力测试估计数据：能力测试预测数据是 PAQ 另一项重要的成果形式，PAQ 通过对职位信息的分析，确定该职位对于任职者各项能力（GATB 系统）的要求，并且通过与能力水平常模的比较，将能力测试预测分数转化为相应的百分比形式，便于实际操作。
- 工作评价点值：职位分析结果最重要的用途是进行职位评价，通过 PAQ 内在的职位评价系统对所收集的职位信息进行评价，确定各职位的相对价值。通过这些相对价值，确定组织工作价值序列，作为组织薪酬设计的基础框架。

2. 管理职位分析问卷法（MPDQ）

在现代企业组织中，管理职位因其工作活动的复杂性、多样性和内在性，给职位分析带来极大的困难。由美国著名职位分析专家亨普希尔（Hemphill）、托诺（W. W. Tornow）以及平托（P. R. Pinto）等人开发的管理职位分析问卷法（Management Position Description Questionnaire，MPDQ），正是致力于解决上述对管理职位进行职位分析的困境。

MPDQ 是一种结构化的、以工作为基础、以管理型职位为分析对象的职位分析问卷。MPDQ 主要收集、评价与管理职位相关的活动、联系、决策、人际交往、能力要求等方面的信息数据，通过特定的计算机程序加以分析，有针对性地制作各种与工作相关的个性化信息报表，最终为人力资源管理的各个职能板块——工作描述、职位评价、人员甄选、培训开发、绩效考核、薪酬设计等——提供信息支持。

MPDQ 作为一套系统性的职位分析方法主要包含以下三个主要功能板块（见图4-13）。

MPDQ 问卷，主要由 15 个部分、274 项工作行为组成（见表4-7）。

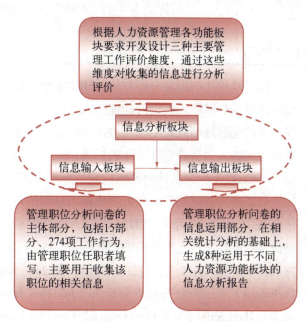

图 4-13　MPDQ 系统模型

表 4-7　MPDQ 维度示例

序号	主要部分	项目释义	题数
1	一般信息	描述性信息，如工作代码、预算权限、主要职责等	16
2	结构图	职位在组织架构中的位置，如上司、平级、下属等	5
3	决策	决策活动描述和决策的复杂程度	22
4	计划组织	战略性规划和短期操作性计划、组织活动	27
5	行政事务	包括写作、归档、记录、申请等活动	21
6	控制	跟踪、控制和分析项目、预算、生产、服务等	17
7	监督	监督下属的工作	24
8	咨询创新	为下属或其他工作提供专业性、技术性咨询指导	20
9	工作联系	内部工作联系与外部工作联系，包括联系对象与目的	16
10	协调	在内部联系中从事的协调性活动	18
11	表达	在推销产品、谈判、内部激励等工作中的表达行为	21
12	指标监控	对财务、市场、生产经营以及政策等指标的监控与调节	19
13	KSAs	工作对任职者知识、技术和能力的要求以及所需要的培训活动	31

（续表）

序 号	主要部分	项 目 释 义	题 数
14	自我评价	上述十项管理功能的时间和相对重要性评价，其中"计划组织"功能分为战略规划和短期计划两方面	10
15	反馈	任职者对本问卷的反馈意见以及相关补充说明	7
	总计		274

作为结构化的职位分析方法，MPDQ 也存在灵活性不足的缺陷，并且各种管理分析维度是在对国外管理人员进行实证研究基础上形成的，在中国必将有个"本土化"的修订过程，才能更好地适应对中国各种组织中管理人员进行职位分析、评价、考核、培训开发、甄选录用等人力资源管理工作的要求。

（三）以工作为基础的系统性职位分析方法

以工作为基础的职位分析方法是指从职位角度出发，侧重描述完成其组成元素——工作任务——所需的活动、绩效标准以及相关任职条件（KSAOs）等。该方法的关注点是准确详尽地描述履行工作任务的前期投入、中期过程和后期产出。在实践中主要有以下几种方法：功能性职位分析法（Functional Job Analysis）、关键事件法（Critical Incident Technique）、工作-任务清单分析法（Job-Task Inventory Analysis）、管理及专业职位功能清单法（Managerial and Professional Job Function Inventory）。

（四）传统工业企业职位分析方法

传统工业企业职位分析法是在科学管理之父——泰罗和吉尔布雷斯夫妇针对操作性职位所做的时间动作研究的基础上，进行完善开发的职位分析方法，适用于对重复性的、规律性的操作性职位进行活动分析。主要的分析方法包括时间研究法（Time Study）、动作研究法（Motion Study）、工作样本法（Work Sampling）、工作负荷分析及人事规划法（Workload Analysis and Personnel Scheduling）、电脑模拟职位分析（Computer Simulation and Job Analysis）。

五、职位描述与任职资格

通过对信息的收集、分析与综合，最终要形成职位分析的成果——职位说明书。在职位说明书中，主要包括两块核心的内容：一块是职位描述，另一块是任职资格。

（一）职位描述

职位描述是对职位本身的内涵和外延加以规范的描述性文件，其主要内容包括工作的目的、职责、任务、权限、业绩标准、职位关系、工作的环境条件、工作的负荷等。职位描述包括核心内容和选择性内容，前者是任何一份职位描述都必须包含的部分，这些内容的缺失会导致我们无法对本职位与其他职位加以区分；后者并非是任何一份职位描述所必需的，而由职位分析专家根据预先确定的职位分析的具体目标或者职位类别，有选择性地进行安排（见表4-8）。

表4-8 职位描述的内容

分类	内容项目	项目内涵	应用目标
核心内容	工作标识	工作名称、所在部门、直接上级职位、薪点范围等	
	工作概要	关于该职位的主要目标与工作内容的概要性陈述	
	工作职责	该职位必须获得的工作成果和必须担负的责任	
	工作关系	该职位在组织中的位置	
选择性内容	工作权限	该职位在人事、财务和业务上作出决策的范围和层级	组织优化、职位评价
	履行程序	对各项工作职责的完成方式的详细分解与描述	绩效考核、上岗引导
	工作范围	该职位能够直接控制的资源的数量和质量	管理人员的职位评价、上岗引导
	业绩标准	衡量每项职责完成情况的规定	职位评价、绩效考核
	工作条件	职位存在的物理环境	职位评价
	工作负荷	职位对任职者造成的工作压力	职位评价

1. 工作标识

工作标识是关于职位的基本信息,是一职位区别于其他职位的基本标志。通过工作标识,可以向职位描述的阅读者传递关于该职位的基本信息,使其能够获得对该职位的基本认识。

2. 工作概要

工作概要又称工作目的,是指用非常简洁和明确的一句话来表述该职位存在的价值和理由。根据前面关于对职位模型的理解,我们可以知道,任何职位的存在价值都在于它能够帮助组织实现其战略目标,因此对该职位目的的获取一般都通过战略分解的方式而得到。在这一目标分解的过程中,一般需要回答以下几个问题:

- 组织的整体目标的哪一部分与该职位高度相关?
- 该职位如何对这部分组织目标作出贡献?
- 如果该职位不存在,组织目标的实现将会发生什么问题?
- 我们究竟为什么需要该职位的存在?

工作概要的书写方法如图4-14所示。

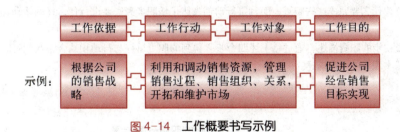

图4-14 工作概要书写示例

3. 工作范围

所谓工作范围，是指该职位的任职者所能掌控的资源的数量和质量，以及该职位的活动范围，它代表了该职位能够在多大程度上对企业产生影响，在多大程度上能够给企业带来损失。该部分信息并非所有职位描述中的必备内容，而是往往用于管理职位、以职位评价为目标的职位描述。工作范围常常采用清单的方式来表达，主要包括人力资源、财务资源和活动范围三个部分的内容（见表4-9）。

表4-9 工作范围示例

项 目	内 容
人力资源	直接下级的人数与级别、间接下级的人数与级别等
财务资源	年度预算、项目成本、年度收入（营业额）、年度利润、销售回款等
活动范围	根据职位的不同存在着较大的差异，例如，销售职位的"每星期接待客户的人数"，人事经理的"每星期进行内部沟通的次数"等

4. 工作职责

所谓工作职责，主要指该职位通过一系列什么样的活动来实现组织的目标，并取得什么样的工作成果。它是在前面的工作标识与工作概要的基础上，进一步对职位的内容加以细化的部分。工作职责的分析与梳理主要有两种方法：一种是基于战略的职责分解，一种是基于流程的职责分析。

（1）基于战略的职责分解。它侧重于对具体职责内容的界定，主要回答的是："该职位需要通过完成什么样的职责来为组织创造价值？"（见图4-15）。

> **实施步骤：**
> ● 确定职位目的，根据组织的战略和部门的职能、职责定位确定该职位需要达成的目的。
> ● 分解关键成果领域，通过对职位目的的分解得到该职位的关键成果领域。所谓关键成果领域，是指一个职位需要在哪几个方面取得成果，来实现职位的目的。关键成果领域可以利用鱼骨图对职位目的进行分解而得到。
> ● 确定职责目标，即确定该职位在该关键成果领域中必须达成的目标（取得的成果）。因为职责的描述是要说明这项职责主要做什么以及为什么做。因此，从成果导向出发，应该在关键成果领域中进一步明确所要达成的目标，并且所有关键成果领域的目标都将与职位的整体目标之间存在着整体与部分的逻辑关系。
> ● 确定达成职责目标的行动，即确定该职位为了达成这些职责目标需要采取的行动。职责目标表达了该职位为什么要完成这些职责，而确定行动则表达了任职者到底要进行什么样的活动，来达成这些目标。
> ● 形成初步的职责描述，通过将上述四个步骤得到的职责目标与行动相结合，我们可以得到关于该职位的基本职责的初步描述。

图4-15 基于战略的职责分解步骤

（2）基于流程的职责分解。侧重于对每项工作职责中的角色与权限进行理顺，主要回答的是："在每项工作职责中，该职位应该扮演什么样的角色？应该如何处理与流程上下游之间的关系？"

为了强化职责书写的规范性，避免造成语意含混和模糊，常采用如下的规范格式来对工作职责进行表达（见图4-16）。

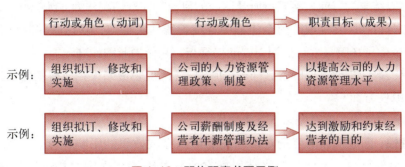

图4-16　职位职责书写示例

一般说来，职责描述应遵循以下书写规则：
- 必须采用"动词+名词+目标"或者"工作依据+动词+名词+目标"的书写格式。
- 必须尽量避免采用模糊性的动词，如"负责""管理""领导"等。
- 必须尽量避免采用模糊性的数量词，如"许多""一些"等，而尽可能表达为准确的数量。
- 必须尽量避免采用任职者或其上级所不熟悉的专业化术语，尤其要尽量避免采用管理学专业的冷僻术语。如确实有采用术语的必要，须在职位说明书的附件中予以解释。
- 当存在多个行动和多个对象时，如会在行动动词和对象之间的关系引起歧义，需要分别进行表述。

5．工作权限

工作权限是指根据该职位的工作目标与工作职责，组织赋予该职位的决策范围、层级与控制力度。该项目主要应用于管理人员的职位描述与职位评价，以确定职位"对企业的影响大小"和"过失损害程度"；另外通过在职位说明书中对该职位拥有的工作权限的明确表达，可以进一步强化组织的规范化、提升任职者的职业化意识，并有助于其职业化能力的培养。

职位描述中的工作权限往往并非来自对工作本身的分析，而是来自组织内部《分权手册》赋予该职位的权限。在实际的职位分析操作中，工作权限一般包括三个部分——人事权限、财务权限和重大的业务权限，其分别和《分权手册》中的人事管理分权、财务管理分权、业务与技术管理分权等不同板块相对应。

6．业绩标准

业绩标准，又称业绩变量，是在明确界定工作职责的基础上，对如何衡量每项职责的完成情况的规定。它是提取职位层级的绩效考核指标的重要基础和依据，在以考核为导向的职位描述中，业绩标准是其所必须包含的关键部分。但是，业绩标准不是简单地等同于绩效考核中的考核指标，它主要告诉我们应该从哪些方面和角度去构建该职位的考核指标体系，而没有提供具体的操作性的考核指标。

业绩指标的提取主要有以下操作性的思路：

- 直接以结果为导向，将职责所要达成的目标的完成情况作为业绩标准。
- 通过分析在职责完成的整个流程中存在着哪些关键点，从这些关键点中找到对整个职责的完成效果影响最大、最为重要的关键点，来作为业绩标准。
- 反向提取，主要是要回答这样一个问题："该项职责如果完成得不好，其负面影响可以表现在哪些方面？"

业绩指标的筛选主要遵循以下基本要求：

- **关键性**：即业绩标准变量对该职责的最终完成效果的影响程度。影响程度越大，则该业绩变量越可取。因此，最终结果标准比从关键控制点中寻找出来的过程性标准更好。
- **可操作性**：即业绩标准是否可以转化为实际能够衡量的指标。包括是否可以收集到准确的数据或者事实来作为考核该标准的依据；是否可以量化，如果不能量化，则是否可以细化，以避免单纯凭感觉打分的现象发生。
- **可控性**：即该业绩变量受到任职者的工作行为的影响有多大，是更多受到任职者的控制，还是更多受到外部环境的控制。一般认为，如果任职者对该业绩变量的控制程度小于70%，则认为该变量必须舍弃。
- **上级认可**：业绩变量的选取还必须得到该职位的上级的认可。

7. 工作关系

职位描述中所提到的工作关系主要包括两部分：一部分是该职位在组织中的位置，用组织结构图来进行反映；另一部分是该职位任职者在工作过程中，与组织内部和外部各单位之间的工作联系，包括联系的对象、联系的方式、联系的内容和联系的频率等。

组织图是职位描述的核心部分，它反映了该职位在组织中的上下左右关系（见图4-17）。

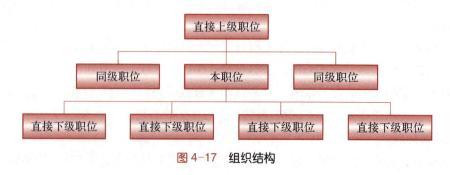

图4-17 组织结构

工作联系所涉及的方面很多，包括联系的对象、频率、内容、方式、联系所采用的工具等。但在职位分析的实际操作中，我们主要关注两个方面：联系的对象和内容。因为这两个方面说明了联系的本质特征与沟通的难度，可以运用于职位评价（见表4-10）。

表4-10 工作联系示例

内 外	联系对象（部门或单位）	联系的主要内容
与公司总部各部门的联系	财务部	薪酬预算、薪酬发放
	行政部	文件、档案管理
	总部各部门	人员招聘、培训、调动、考核
与公司子公司的联系	子公司人事部	业务指导
	子公司总经理	业务协商
与公司外部单位的联系	人才市场、高校、猎头公司	人员招聘
	外部培训机构	人员培训

8. 工作压力因素与工作环境

工作压力因素主要指由于工作本身或工作环境的特点给任职者带来压力和不适的因素。在薪酬理论中，这样的因素应该得到额外的补偿性工资，因此它常常作为职位评价中的要素出现。职位描述中的这部分内容，就是要为职位评价提供与压力相关的职位信息。由于知识型员工的薪酬因素很少需要考虑这样的内容，因此高科技企业的职位说明书中，往往不会包含这项内容。

在众多的工作压力因素中，我们主要关注工作时间的波动性、出差时间的百分比、工作负荷的大小这三个方面的特征。并且，职位描述将这些特征划分为若干等级，进行等级评定，从而直接为职位评价提供信息。

工作环境条件，主要针对操作工人的职位描述，其目标是界定工作的物理环境在多大程度上会对工人造成身体上的不适或者影响其身体健康。在制造类企业中，这一部分内容是传统的"岗位分析"的核心内容。随着后工业化时代的到来，该部分已经逐步丧失了其传统的地位，尤其是针对管理人员和专业人员的职位分析，对"工作环境"的界定已无实际的意义。

（二）任职资格

任职资格（Qualification），指的是与工作绩效高度相关的一系列人员特征。具体包括：为了完成工作，并取得良好的工作绩效，任职者所须具备的知识、技能、能力，以及个性特征要求。职位分析中的任职资格，又叫做工作规范，仅仅包含上述变量的一部分，并且表现出不同的形式。比如，关于"任职者乐于做什么"，其影响因素包括态度、价值观、动机、兴趣、人格等多方面的心理特质（统称为个性），但是为了提高职位分析的可操作性，我们往往只选取上述诸多因素中与工作绩效密切相关，并且具有高度稳定性和可测性的因素，作为职位说明书的一部分。

1. 任职资格的构建途径

构建职位的任职资格主要有以下五种途径：

（1）以工作为导向的推导方法，是从工作本身的职责和任务出发，去分析为了完成这样的工作职责与任务，需要任职者具备什么样的条件。然后，将这种基于职责、任务推导出来的任职者特点与企业事先所构建好的素质清单进行对照，将素质要求的普通描述转化为系统化、规范化的任职资格语言，这样就形成了该职位的任职资格。

（2）以人员为导向的推导方法，是从导致任职者获得成功的关键行为或高频率、花费大量时间的工作行为出发，去分析任职者要从事这样的行为，需要具备什么样的素质特点。然后，再将这样的素质要求与事先构造的素质清单进行对照，将其转化为系统化、规范化的任职资格语言。

（3）基于定量化职位分析方法的任职资格推断，是一种介于逻辑推导与严格的统计推断方法之间的一种技术。它并不对所测职位的工作绩效与素质要求的相关性进行数据分析，而是依赖于定量化问卷所测得的该职位的工作维度得分，根据已经建立的各维度与素质之间的相关性，来判断该职位需要什么样的素质。

（4）基于企业实证数据的任职资格体系，目的在于通过建立任职资格中的各项要素与任职者的实际工作绩效的关系，来对任职资格要素进行筛选。该方法通过统计手段，保证了任职资格与工作绩效的高度相关，是一种高度精确而有效的方法。但是，由于进行任职资格要素与工作绩效的相关分析需要大样本，无法针对某一职位单独采用，可以针对企业全体员工进行施测，用于建立企业各职位所共同需要的任职资格要素以及某一职位簇所需要的任职资格要素。

（5）基于公共数据资源的任职资格体系，是借助于现有管理学、组织行为学、人力资源管理实证研究中的成熟结论来判断某职位的任职资格。

2. 显性和隐性任职资格

职位分析中的任职资格主要包括显性任职资格和隐性任职资格两大类。显性任职资格主要以三个部分来代替，包括正式教育程度、工作经验或职业培训、工作技能；隐性任职资格主要是指承担工作所需的内在的能力、素质要求。

（1）正式教育程度。对正式教育程度，存在两种不同的度量方法：一种是用完成正规教育的年限与专业来加以界定，一种是以任职者实际所达到的教育水平与职业培训来进行确定。

（2）工作经验。对工作经验的度量可以采用两种不同的尺度：社会工作经验、工龄与公司内部职业生涯。

（3）工作技能。工作技能，是指对与工作相关的工具、技术和方法的运用。事实上，职位所要求的工作技能会随着职位的不同存在很大的差异，但在职位说明书中，为了便于对不同职位的技能要求进行比较，我们往往只关注其中的少数几项对所有职位均通用的技能，包括计算机技能、外语技能与公文处理技能（见表4-11）。

表 4-11 工作技能书写示例

技能模块	主要项目要求或等级	选 择
外　语	（1）不需要 （2）国家英语四级，简单读写 （3）国家英语六级，具备一定的听、说、读、写能力 （4）英语专业，能熟练使用英语表达	
计算机	（1）办公软件 （2）MIS 系统 （3）专业软件	
公文处理	（1）仅需看懂一般公文 （2）熟悉一般公文写作格式，能够起草基本的公文，且行文符合要求 （3）能抓住公文要点，并加以归纳整理 （4）具有强的文字表达能力，言简意赅，行文流畅	

（4）培训要求。培训要求主要指作为该职位的一般任职者的培训需求，即每年需要多长时间的工作培训、培训的内容与培训的方式等。企业的培训活动往往需要和企业整体的培训体系设计相衔接，以整个企业的培训开发政策、制度和模块为基础。培训要求时间的度量往往以周为单位，表示该职位一年内需要累计多长时间的培训；培训方式的界定主要分为在岗培训、脱岗培训和自我培训三种。

（5）隐性任职资格（工作能力要求）。确定职位的能力要求的基础，来自企业的整体能力模型和分层分类的能力体系的建立。即需要根据企业的整体竞争战略和文化，提出企业员工需要具备什么样的能力，从而形成企业的分层分类的能力要素库，这一要素库将成为后面对各职位簇和具体职位能力要素选取的基础。

企业分层分类的能力要素体系主要包括以下几个组成部分（见图 4-18）：

- 通用要素：公司所有职位的任职者都必须具备的能力要素；
- 共用要素：公司某一职种（或职簇）的职位任职者都必须具备的能力要素，但又

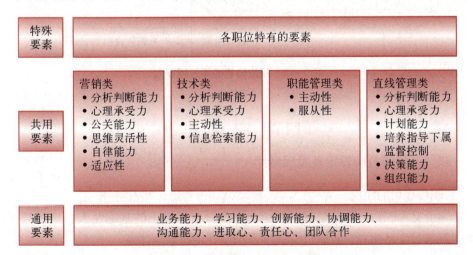

图 4-18　某公司分层分类的要素体系示例

不包括在通用要素之中；

- 特殊要素：公司的某个职位的任职者所必须具备的个性化的能力要素，并且不包括在通用要素和共用要素之中。

六、职位分析的组织与实施

职位分析是一项系统化的人力资源管理活动，也是整个人力资源管理的基础平台，因此管理者对于职位分析结果的科学性、合理性、操作性提出了很高的要求。如何在纷繁复杂的职位分析方法中作出选择、如何合理安排职位分析方法的内在结构及流程，很大程度上将决定整个职位分析的效果。在大量职位分析实践的基础上，我们提出具有普遍适用性的通用职位分析过程模型（见图4-19）。

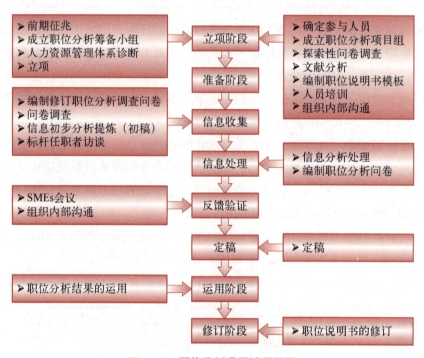

图 4-19 职位分析通用过程模型

第四节 职位评价

一、职位评价的范畴界定及发展脉络

（一）职位评价的定义

职位评价又称职位评估，是建立在企业职位分析基础上的基础性人力资源管理活动，其主要的服务对象是建立企业职位价值序列和设计企业薪酬体系。

要系统性地理解职位评价概念的内涵与外延，我们首先应讨论各种关于职位评价定义的假设前提。众多学者根据其研究成果，对此提出了各种不同的理解和观点（见表4-12）。

表 4-12 职位评价的假设前提

职位评价	假设前提
职位内容的度量	职位内容有固定的价值，可以通过客观标准确立职位价值
相对价值的度量	职位不具有客观的价值标准，只能通过比较确立职位之间的相对价值差异
与外部市场的联系	没有外部市场信息，职位价值就不能具体化
雇主与雇员的谈判	在社会性/政治性过程中注入理智因素，确立一定的游戏规则，通过博弈确定职位价值

从表4-12中我们可以看出在理论界，对于职位评价基础概念存在如下的讨论与分歧：

1. 职位评价到底是以职位内容为基础，还是以职位贡献为基础

基于职位内容的职位评价是指通过对该职位所要求的技能、赋予的职责责任等方面确定职位的价值，而基于职位贡献的职位评价是通过衡量职位在组织运行中的作用、意义来确定职位的价值；前者更多地强调职位的内在构成要素（职责、技能、能力等）在外部市场体现的价值，后者更多地着眼于职位的内在要素对企业内部的价值贡献。

2. "相对价值"还是"绝对价值"

"职位"作为职位评价的度量客体，是否具有稳定的绝对价值，将会决定我们评价职位价值的比较范围，即我们在什么范围内来衡量职位的价值。从本质上来说，事物的绝对价值无法进行准确的表述，我们往往借助于具有普遍意义的标杆作为衡量相对价值的客观标准。在职位评价中，"绝对价值"通常是指通过组织之外的客观标准对职位进行的衡量，即外部市场对于职位或是职位某一特征的定价；"相对价值"是指组织内部职位之间的价值比较。部分学者认为可以建立起一套独立于组织之外的职位评价体系，作为衡量所有类似职位价值的标准，以此确定职位的价值；批评者认为各种不同的组织内部职位差异性过大，采用统一的评价体系难以区分职位内涵的差异，另外由于相同职位对于组织的贡献存在较大的差异，因此统一的职位评价体系缺乏其现实的基础和土壤，职位评价应关注于组织内部的职位之间价值差异的比较，即"相对价值"。

3. 客观评价还是主观博弈

部分学者从职位评价参与者的角度出发，认为职位评价是一个有助于认可职位间所存在的报酬差别的过程，即一个行政性程序，通过这一程序，各方都能参与，雇主与雇员之间在职位相对价值上进行讨论、博弈。从这个角度出发，职位评价更应该是一种"游戏规则"。

在上述讨论的基础上，著名薪酬管理专家米尔科维奇提出了较为系统、完整的职位评价的定义：职位评价是一个为组织制定职位结构而系统地确定各职位相对价值的过程。这个评价是以工作内容、所需技能、对组织的价值、组织文化以及外部市场为基础的。

米尔科维奇的定义肯定了职位价值的相对性，将职位内容、职位贡献、组织文化以及外部市场特征统一起来，共同确定职位的相对价值。

【HR之我见】

刘礼锋：上海赛福化工发展有限公司人力资源部经理

扫描栏目中的二维码学习刘礼锋针对下列提问的精彩回答：

1. 您为什么选择从事HR？
2. 贵公司对于销售型人才的职业生涯规划有什么好的做法？
3. 请您介绍一下公司胜任力模型的特点。公司目前的胜任力模型能否与人力资源管理的其他模块有效地结合？
4. 您供职过的单位在员工关系方面有哪些好的做法？
5. 您对未来希望从事HR工作的学生有何建议？

视频版：

文字版：

（二）职位评价发展历史回顾

作为一项基础性的人力资源管理工具，职位评价伴随着工业革命的兴起得到快速的发展，经过百余年的理论和实践探索，形成了较为成熟的理论体系和方法体系，随着知识经济的到来，职位评价也面临着较大的挑战和质疑。系统地回顾职位评价的发展历史有助于我们加深对其的理解。

职位评价起源于美国，最初的尝试是美国政府试图建立起一套公正合理的方法去评价政府雇员的工作价值，以确定其报酬水平。1838年，美国国会通过一项在政府雇员中进行职位评价工作的法案，基于不同职责和任职条件来确定其报酬，使得具有相似工作特点的职位能够拥有相同的报酬水平。

1909—1910年，E. O. 格里芬哈根（E. O. Griffinhagen）创立了一套较为完整的职位分类程序，运用于对芝加哥公共部门的职位评价；1912年，美国一家私营公司建立起对其5 000名雇员适用的职位评价方法，职位评价扩展到私营部门领域。1909—1926年，职位评价专家陆续开发出四种职位评价方案（见表4-13）。

表4-13 职位评价方法的发展历程

	基于工作本身	基于工作要素
采用客观维度比较	分类法 E. O. 格里芬哈根（1909）	要素点值法 梅里·R. 洛特（Merri R. Lott）（1924）
工作之间的比较	排序法 亚瑟·H. 扬（Arthur H. Young） 乔治·凯尔戴（George Kelday） （1920年代早期）	因素比较法 尤金·J. 本奇（Eugene J. Benge）（1926）

第二次世界大战前，采用职位评价或相关人力资源管理技术的企业数量相对较少，随着公平报酬立法的出现，大量企业、工会组织采用了各种职位评价方法，以适应公平立法对企业内部经营管理行为的规范约束，职位评价在理论和实践方面获得了迅速的发展，成为企业人力资源管理的一项基础性工具，同时也产生了大量成熟的职位评价系统方案，如FES（Factor Evaluation System）、IPE（International Position Evaluation）。

二、职位评价的战略意义及作用

在以职位为基础的人力资源管理体系中，职位评价扮演了较为重要的承上启下作用：首先，职位评价展示了组织、战略认可的报酬要素，从而实现了组织战略与报酬体系的有效衔接，对企业发育和获取核心竞争力提供了明确的操作导向；其次，职位评价是企业建立内在职位序列和报酬体系的基础性工具，是薪酬体系"内部一致性"的集中体现；最后，职位评价的操作过程本身就是组织和员工建立良好、明确心理契约的途径，同时有效传导了组织对员工在工作职责、能力要求等方面的期望（见图4-20）。

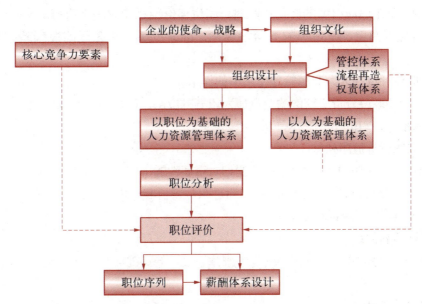

图4-20　职位评价在战略、组织、人力资源管理中的地位

（一）职位评价对战略和组织管理的贡献

战略、组织决定企业的整体人力资源管理体系，人力资源管理的各个板块必须服务于企业的总体战略和组织要求。职位评价从其方案设计和实施过程等方面支持企业的战略实施和组织运行，主要体现在以下几个方面。

1. 企业战略发展需要的核心能力决定职位评价方案的核心内容

职位评价方案的确定，需要系统地理解组织发展战略以及适应发展战略需要的核心竞争能力，从中提炼出组织认同的报酬要素，即职位评价的客观依据；同时由于员工对职位评价的高度关注，组织通过职位评价使得组织的战略意图得以有效传递，从而支撑战略的实施和企业使命的达成。

2. 在职位分析的基础上，通过职位评价强化组织成员对权责体系的认识

职位评价是连接职位和职位报酬之间的桥梁，职位评价提供的信息在报酬的激励作用下，能够更好地为组织成员所接受，因此职位评价能够强化组织成员对职位所包含的职责、权力的认识，并指导自己的行为。

3. 通过职位评价的导向作用，提高流程运行效率

职位评价过程通过使每个职位的报酬与其对组织的相对贡献融为一体，并且为新的、唯一的或是变化的职位设定工资水平来支持工作流程，提高流程的运作效率。

4. 职位评价方案以及实施过程能够有效引导员工行为，并提高员工对于薪酬的满意度

职位评价能向员工指明组织重视他们工作的哪个方面，以及哪些方面有助于组织的战略与成功。通过提高员工对于"什么是有价值的""为什么会变化"等问题的认识，职位评价还有助于员工适应组织的变化；同时，职位评价通过建立一个可行的、一致同意的，能减轻随机性、偏见、误差影响的薪酬结构，以减少员工对职位间报酬差别的不满和争端。

（二）职位评价在人力资源管理体系中的作用

职位评价是职位分析所获取的信息最为重要的应用途径之一，在以职位为基础的人力资源管理体系中，职位评价主要有以下用途。

1. 建立职位价值序列

职位价值序列是根据职位对于组织的相对重要性的排序，区别于组织内部行政序列以及技能序列（虽然具有一定的相关性），通过职位评价我们能将组织内部的职位分别归于一定的等级，作为薪酬设计的基础。

2. 设计薪酬体系

职位评价所得到的职位价值序列是薪酬体系设计的基础环节，是确定职位基本薪酬的主要依据。

3. 解决劳资纠纷

职位评价为员工薪酬的确定提供了客观依据和法律基础，是解决与薪酬有关的法律纠纷的重要工具。

三、构建战略导向的职位评价系统

构建战略导向的职位评价系统，其任务是在企业战略要求的指引下，选择符合企业实际的职位评价方案，并制定职位评价相关的配套措施。其构建思路如下。

（一）明确职位评价的战略导向

设计职位评价系统，首要的步骤是确定职位评价的战略导向，即我们必须认识我们应从什么角度来看待每个具体的职位。采取什么样的职位评价方法，其核心是职位之间的相互比较，因此确定这种比较的"范围、要项、原则"是职位评价的重点。如物流分销型企业其职位之间比较评价的着眼点是职位对物流环节的贡献和责任，因此职位应在这个大的原则范围内进行比较；在研发类企业中，职位价值的评价应围绕整个研发流程进行，而不应着重比较职位在其销售环节的贡献。

（二）单一职位评价方案和多种方案的选择

组织内部职位的多样性和差异性决定了组织在进行职位评价时，应考虑对不同类型的职位采用不同的职位评价方案，建立分层分类的职位评价体系。例如，生产型职位更多地强调工作条件、操作性技能以及所需要的质量控制知识等方面，但是这些要素在工程或营销职位上却没有比较的价值，因此面对各种繁多的职位，组织不可能接受单一的方案。

在职位评价的实际操作中，部分组织既不单独使用统一的职位评价方案，也不单独使用某种工作独有的要素，而是同时运用一套由通用要素、共用要素和专业要素组成的职位评价体系（见图4-21）。

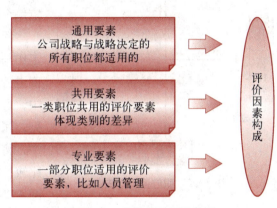

图4-21 职位评价要素体系

（三）标杆职位的选取

在大型组织中，往往包含较多的职位类型，将会给职位评价带来较大的困难，因此在进行职位评价时我们可以选取组织中具有代表性、较为稳定的标杆职位进行职位评价。通过标杆岗位的职位评价结果我们可以对职位评价的缺陷进行修订，也可以建立起较为客观、统一的评价标准，有利于职位之间横向、纵向的比较。

四、职位评价方法

最常见的职位评价技术包括以下四种。

（1）职位分级法：是指由经过培训的有经验的测评人员，依据对职位所承担责任、困难程度等基本情况的了解，通过比较每两个职位之间的级别关系（重要程度）来确定所有职位序列的一种方法。

（2）职位分类法：是指通过建立明确的职位等级标准，将各个职位划入相应等级的一种方法。其前提是在不同等级的职位对技能和责任要求不同，在这一显著特点的基础上，将职位划分出一套等级系统。

（3）要素计点法：是指通过对特定职位特征的分析，选择和定义一组通用性评价指标，并详细定义其等级作为衡量一般职位的标尺，将所评价职位依据各个指标打分、评级后汇总得出职位总分，以这种标准来衡量职位的相对价值。

(4) 因素比较法：是指根据职位的通用的工作特征，定义职位的评价要素等级，并以此评价关键职位，由于关键职位应得报酬是可知的，那么在评价其他职位时，只要与关键职位的各个要素进行比较，就可以得出各评价要素应得的货币价值。

职位评价的基本技术可以从两个维度划分，根据所使用的分析方法可以分为定量的方法和定性的方法两类。其中，定性方法包括职位分级法和分类法，主要是针对工作间的比较，而不考虑具体的职位特征；定量方法包括要素计点法和因素比较法，主要侧重于对职位特征的分析，详尽阐明职位评价要素及其等级定义，可以确定每个职位的评价分值，以此进行比较。

根据所使用的比较方法也可以分为两类，即将工作与工作进行比较的方法和将工作与某些标准尺度进行比较的方法。其中，在因素比较法和分级法中，通过直接进行工作之间的比较来确定职位序列，属于直接工作比较法；在要素计点法和分类法中，将工作与某些尺度（如等级尺度和工资尺度）比较，以形成职位序列，属于工作尺度比较法（见图 4-22）。

图 4-22 职位评价方法

（一）职位分级法

职位分级法仅仅以各项工作在组织所取得成就中的相对价值或贡献为基础，对职位从高到低进行排序，是最简单、最快捷、最容易被员工理解和解释的方法。其操作成本低廉，但在职位数量较多时误差较大。

1. 职位分级法的实施流程

（1）编写工作职位概要。系统的职位分级要求具备详细的工作职位概要及其分析资料，这是因为测评人员不可能一开始就熟悉各职位的工作任务。即使测评人员认为自己了解各职位情况，也应该首先仔细地阅读工作职位概要，才有可能最后把它们分成等级。工作职位概要一般包括职位名称、工作任务和工作条件。

（2）选择测评人员。需要选择一组受管理部门和工人认可的人员。一些是管理部门推荐的，一些是员工代表，他们应该接受有关测评方法的培训，消除偏见，对各职位工作有一般性的了解。在一个大的组织机构中，选择这类人员比较困难。而且在大的机构中，各部门内部较低层次的测评比较容易，一旦涉及部门之间工作职位的比较和评价，并把全部职位进行分级就困难一些。

（3）制定测评准则。测评人员也是在某职位任职的人员，必须克服因本职工作职位的选择和职位任职特点形成的偏见，对全部工作职位的测评有一个公正的态度。测评人员应选择一组测评要素，确定自始至终的程序。测评的要素可包括工作的困难程度、工作责任等。一旦工作职位说明齐备，即可从中选择出测评的要素。

(4)实施职位分级。进行工作职位分级,可以采用配对比较排列表法、交替排序法对各个职位进行对比。

(5)形成职位序列。职位评价的最终结果是要形成所有职位的等级顺序即职位序列。由于分级法是一组测评人员相对独立地进行工作,所以为了确定最终的职位等级顺序,就必须把各测评人员的测评结果综合到一起,根据综合分数进行比较。

2. 常见的职位分级方法

(1)配对比较排列法:配对比较排列法通过建立一个职位比较矩阵,将所有的职位两两组合比较,职位价值较大、频数最多的职位便是最高等级的职位(见表4-14)。

表4-14 职位配对比较表格

	1	2	3	4	5	6	7	8	9	10	高价值频数合计
1. 看门员											
2. 档案员											
3. 计划员											
4. 安装工											
5. 焊工											
6. 磨工											
7. 装修工											
8. 接线员											
9. 油漆工											
10. 维修工											

(2)交替排序法:交替排序法理解起来比较简单,但操作起来比较复杂。在这种方法中,评价者将所有工作排在一张纸上,然后依据以下操作步骤执行(见图4-23)。

第一步,评价者先判断出在所有工作中价值最高的一个,将工作名称写在另一页纸上的第一行,然后将原来那页纸上的工作划掉;

第二步,判断在所有工作中价值最低的一个,将它的名字从原来那页纸上划掉,将工作名称写在另一页纸上的最后一行,以此类推;

第三步,就是在剩下工作中选择价值最高的;

图4-23 交替排序法图形示例

第四步，选择价值最低的，整个过程一直持续到所有工作都进行了排序。

3. 职位排序法存在的问题

职位排序法操作简单直观，但同时存在较多的问题：

（1）由于没有明确的比较标准，造成评价的结果带有一定的主观性，很难从理论上找到合适的理由；

（2）使用职位排序法的评价者必须对每个职位都相当的熟悉，尤其在职位数量较多的组织中使用这种方法较为困难；

（3）在职位数量较大的时候，采用比较的方法进行排序存在较大的误差，同时也会带来较大的工作量，比如，配对比较排序法的比较次数是呈几何级数增加的，50个职位则需要 $50 \times 50 \div 2 = 1\,225$ 次。

（二）职位分类法

1. 职位分类法的实施流程

（1）收集职位资料。为了划分职位的等级，必须掌握每一职位的详细资料。每一个职位有关工作任务和义务的说明材料应事先准备出来。在测评要素确定之后，有关这些测评要素的职位说明材料也应准备好。

（2）进行职位分类。在收集了必要的工作职位概要和其他有关资料的基础上，将各个职位划分为职业群，如工程、医务、管理等职业群；然后，将职业群进一步划分为职位系列，如建筑工程师、摄影制图师、制图员、会计师、出纳员、护士等系列；接下来，再将各职位系列进一步划分为职位等级。某一特定的职位等级中所包含的各种工作职位应遵循这样的原则：它们的工作任务、义务和责任大体相当，以至于可使用相同的等级序号；它们将被纳入同样的人事管理目标，包括支付大体相当的工资。

（3）编写职位等级说明。在每一职位系列中划分职位等级相对容易。问题是按照不同程度的职位工作职责，在某一系列中设多少职位等级。或者具体说，在计划人员、装配工等人员中设多少职位等级。通过专家们在每一特殊领域的合作和磋商，在每一职位系列的职位分类结束之后，下一个问题就是：比较不同职位系列和不同职业群的职位等级，以最终确定整个机构职位总体分类的各等级。为此目的，就要准备一套总体职位等级说明或职位等级概要。对于每一个等级都应编写一个简要的说明，以便为具体决定把某一职位划入某一等级提供指导标准。职位等级说明中应包括工作的任务、类型和特点，例如，"在直接监督之下从事办公室、经营或财务方面的简单的例行工作"；"在一般监督下，在经营或专业技术领域从事困难的、负有责任的工作，要求受过相当的训练，具有专业方面广泛的工作知识和经验，在局部领域运用独立的判断从事工作"。

在这一阶段，职位等级的数目需要能容纳已确定的各个职业群，而且也依赖于工作任务的范围、种类以及机构内部的工资和晋升政策，还需要与工会或员工代表进行经常性的磋商之后确定。一般说来，设置7~14个等级即可适应大多数工作职位。当然，不同的职业群在等级数目上可能是不同的，比如，生产职位可设9个等级，专业技术职位可设 10 个等级，管理职位可设 14 个等级。因此，机构内应成立一个由管理部门和工人委员会或工会组织的代表组成的委员会，从事确定职位等级数目和职位等级说明的工作。

（4）划分职位等级。在职位等级数目和说明准备好之后，应把机构内部所有的职位划入适当的等级之中。可以把工作职位概要与职位等级的说明进行对比，以区分哪一个特殊的职位进入哪一个等级比较合适。为准备等级说明，专设的委员会可以监督这一划分等级的过程。或者，由人事部门的工作职位分析专家们把工作职位划入相应的等级，而由委员会专门处理比较复杂的问题和划分过程中人们反映不公平的问题。

2. 常见的职位分类方法

（1）自主时间段法（TSD）。埃里奥特·杰奎斯（Elliott Jaques）早在 1950 年就首先提出了评价工作价值的一种不同方法，他认为特定工作绩效所需工作职责决定了不同工作的价值，他进一步指出，一个特定工作的职责可以通过"自主时间段"来衡量。即管理者可以确信，他的下属能够自主进行工作，可以保证工作的质量和节奏的那一段时间。

杰奎斯认为工作者的自主时间段是决定其薪酬的基本要素。他还指出，我们在所有雇员中经常提到的"潜意识"，其在工资中的区别应与自主时间段直接相关。他又进一步指出，要定义这个时间段，有必要确定三项内容（图 4-24）。

图 4-24　自主时间段法系统模型

尽管杰奎斯坚持认为通过使用自主时间段这一通用性因素进行职位评价可以减少由于工资不公平所引起的争议，但在 1960 年和 1970 年的一系列研究结果表明，他的结论是无效的。TSD 法在美国几乎就没有得到应用，但它可能作为一种附加的薪酬技术对管理者保证组织工资公平性有借鉴意义。杰奎斯的 TSD 方法的一种可能的重要贡献是，其在界定和衡量以知识为基础的工作的价值时是非常有用的。

（2）决策带法（DBM）。帕特森（T. T. Paterson）和赫斯本德（T. M. Husband）建议使用决策带法（DBM）来进行职位评价，他们认为 DBM 可以克服各种主观评价方法的内在缺陷。他们认为当组织在比较差异性较大的工作时，这种缺陷就尤为突出。在研究中，他们发现所有工作由于从事工作所需的决策种类不同而有所区别。DBM 法的最基本概念就是组织中工作的价值，取决于工作需要进行的决策程度，所有的工作（不论是一线部门还是辅助部门、主管还是非主管、合作进行还是单独进行）都有必要进行某种决策。由于决策是经常性的，所有职位的决策水平是可以测量的。

帕特森和赫斯本德认为决策水平即使不是唯一的，也是一个主要因素，可以使工作的重要性得到公正的评价。由于这种职位评价方法只使用一个主要的或关键的要素，它也被称为宽带法。DBM 法包括六个决策带，涉及组织中各种常见的决策，这六种决策带形成了一个阶梯，每种决策带以上一种为基础。决策带的简略定义见表 4-15。

表 4-15　决策带定义示例

决 策 带	决 策 类 型	定　　义
F	政策性	关于组织的使命，发展方向总体目标的决策，只受法律和经济条件的约束
E	计划性	关于战略规划和实施 F 层建立的目标的决策受下层决策的约束
D	解释性	关于资源分配和解释 E 层计划的决策，受 E 层决策的约束
C	程序性	为完成 D 层决策确定的工作而选择特定程序的决策
B	操作性	执行已选程序的决策
A	细节性	关于实施某一操作方式和节奏的决策

DBM 的实施一般经过三个阶段，如图 4-25 所示。

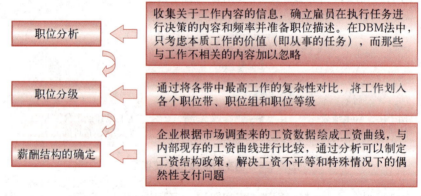

图 4-25　决策带法操作流程

将工作分成各个等级的方法主要是通过将特定工作与各带中最高工作的复杂性对比而得来的，用于决定工作复杂性的标准有三个，如图 4-26 所示。

依据以上三条标准，我们根据以下步骤进行职位等级的划分：

• 依据完成任务所必需的决策的种类和水平对各项工作进行分类，确定其所属的决策带，评价最高的任务被安排在最后一个带中。

图 4-26　工作复杂性评价维度

- 除了 A 带外，将各带的所有工作分为两组。在同一带中，被分到前面一组的工作管理后面一组的工作（假定下面的模型中有一个工作 M），后面一组的工作对这一带中的其他工作没有管理权限。
- 将每一带和组的工作进一步分级（除了 B 带和 F 带）。通常，每带的上组可以分为两级，下组可以分为三级，其中，比较特殊的是，B 带和 F 带上组只有一个等级，下组三个等级。这种划分使得用 DBM 法将工作分为 27 个工资等级。根据实施 DBM 法的组织的具体情况，工资等级可以略高或低于 27 级。一些组织也可以不使用全部 27 个等级，专门空出几个等级。

（三）因素比较法

因素比较法是一种比较计量性的职位评价方法，与职位排序法比较相似，两者的主要区别表现在两个方面：一是排序法仅仅从一个综合的角度比较职位之间的差异，而因素比较法是选择多种报酬因素进行比较排列；二是因素比较法是根据各种报酬因素得到的评价结果设置一个具体的报酬金额，然后汇总得到职位的报酬总额。因素比较法在使用过程中，由于没有明确的比较等级定义，存在较大的误差和随意性，因此在企业职位评价的实际操作中并不常见。

（四）要素计点法

要素计点法的实施流程有如下 8 个步骤。

1. 确定评价范围

确定职位评价范围取决于组织的需要。组织内部的职位通常是多样化的、结构较为复杂的，因此准确合理划分组织内部职位横向类别，建立差异化的职位评价方案是职位评价成功与否的前提条件。如组织内部通常包括职能管理类、研发类、营销类、操作类等职位，除去纳入基于人的人力资源管理体系之中的研发类或技术类职位以外，其余的职位类别均可以建立起特色的职位评价方案。

在确定职位评价范围后应选择部分有代表性的标杆职位，作为建立职位评价方案的基础。

2. 进行职位分析

职位分析是职位评价的信息基础，在确定职位评价范围后应对所有职位进行系统性的职位分析。职位分析对于职位评价有两方面的意义：一是职位分析提供建立职位评价方案所需的基础信息，尤其在组织自我开发个性化的职位评价方案时；二是职位分析提供的关于职位的详细信息，是进行职位评价操作的首要信息源泉。

3. 选取报酬要素（评价指标）

报酬要素的选择是职位评价的关键环节之一，组织在进行职位评价时，可以选择现有的系统性的职位评价方案，也可以根据组织特点开发个性化的职位评价方案。前者通常是完整的、经过大量实证检验的系统性方案，信度较高，但是由于缺少对战略组织的把握，其适用性存在一定的问题，需要根据组织实际情况进行修正；后者则需要大量专业化的工作，其首要目标是确定目标职位的报酬要素，本节的下一部分将会详细说明报酬要素的选择方法。

4. 建立指标等级定义

每个指标代表整个职位价值的一个方面，为了使评价人员使用统一的评价口径，减少职位评价的系统误差，我们必须清晰界定指标本身和指标的等级定义。

5. 赋予指标权重

各职位评价指标按照一定的规则进行加总就构成了职位评价的总体得分，但通常并不是简单地加总，而是对各评价指标采用不同的权重。指标权重的确定应以指标的相对重要性为基准，重要的指标赋予较大的权重，各指标的权重之和为100%。

6. 标杆职位试测

职位评价方案初步确定后，接下来很重要的工作就是对标杆职位进行试测，根据职位评价方案的各项指标给予标杆职位赋分，得到最终评价结果；对标杆职位评价的结果进行横向、纵向比较。横向比较是指比较同一职位等级中的各职位之间的评价结果是否合理，其差距是否在组织所能接受的范围之内；纵向比较是指比较不同层级之间的职位评价结果的差距是否真的反映职位之间的差异，其激励性、可接受性、公平性是否满足要求。

一般说来，通过标杆职位试测，我们应注意评价结果的以下一些结构性问题：

- 职位之间评价总分的差异（可以采用诸如回归分析、方差分析等统计工具）；
- 指标等级定义是否能真正区分职位之间的差距；
- 指标各等级的赋分是否合理；
- 指标权重分配是否合理；
- 指标是否完整（是否有重要的、区分度高的指标被遗漏）。

7. 方案修正

根据上述试测结果，对职位评价方案进行修正。

8. 方案推广

最后将修正的职位评价方案扩展至非标杆职位，完成对所有职位的评价，建立职位价值序列。

（五）四种职位评价方法的比较

表4-16是关于上述四种方法的优劣势以及适用范围的比较。

表4-16 职位评价方法比较

方法	优势	劣势	适用范围
职位分级法	• 简便易行 • 能够节约企业进行职位评价的成本 • 便于向员工解释	• 不适合职位较多的组织 • 很难找到既了解所有工作职位，又能客观地评价它们的测评人员 • 如果工作职位的数目增多，则每两种工作职位的比较次数将呈指数形式上升 • 特别依赖测评人员的判断，而测评人员在进行职位比较过程中又都有自己的认识，测评要素的说明仍然给主观意识留有充分余地	对于工作职位较少的机构来说，可以说是一种比较简便的方法，适用于小规模企业

(续表)

方法	优势	劣势	适用范围
职位分类法	• 对于管理人员和雇员而言，这种方法更多地从职位等级的角度而不是从单独的职位方面考虑问题，这使得人事管理和工资管理相对容易一些 • 可以将各种工作纳入一个体系	• 编写职位等级说明比较困难 • 对许多职位确定等级比较困难。有些职位的等级归属很明确，而有些则似乎可归属到2~3个等级之中。在这种情况下，确定职位的等级则可能因主观因素干扰影响测评结果 • 假如据此确定报酬，这种方法还难以充分说明职位评价和等级确定的合理性	组织中存在大量类似的工作时，这种工作评价尤其有用。适用于大规模企业
因素比较法	• 最大的优点表现为通用性评价要素的广泛应用 • 评价标准明确，组织中所有职位都能运用统一的评价要素或标准进行比较 • 因素比较法最突出的优点是直接把等级转化为货币价值	• 仍然没有一个明确原则指导其评价行为。这种方法过多地依靠人为的评判，而人为决定的作出有时是随意的，很难判别其可信性 • 因素比较法主要依靠关键工作的确定，但针对关键工作的选取始终没有一个明确的理论基础 • 这种方法直接把等级转化为货币价值，其分配到每一因素的货币价值缺乏一个客观的依据，而只能依赖人为的评判	适用于劳动力市场情况相对稳定的情况，企业的规模比较大的情况
要素计点法	• 通俗易推广，由于特定的职位评价方法具有明确界定的指标，因此职位评价方案有很强的适应性 • 在定义职位评价指标时保有了大量原始调查的数据，有利于根据组织的变化进行动态分析与管理 • 明确指出了比较的基础，能够有效地传达组织认为有价值的因素	• 相对于前两种定性的方法，这种方法要耗费大量的时间和成本 • 通常它缺乏对评价要素选择的明确原则，以说明选取的这些要素能否解释和衡量工作价值，因此在制定职位评价计划时，系统地选择评价要素是关键的一步 • 由于这种方法操作的复杂性，造成企业与员工解释和沟通的难度 • 评价要素一旦形成，由于重新进行评价需要耗费大量的时间和成本，随时间变化要素调整的难度较大，容易形成僵化	适用于大规模的企业中的管理类工作

五、开发适合组织特点的个性化职位评价方案

在国内外企业中，要素计点法是最为常用的职位评价方法，其理论和实践经验也相对成熟丰富，因此我们重点介绍要素计点法。一般说来，企业进行职位评价时，最为重要的是职位评价方案的选择和设计，这里主要有两种思路：一是利用现有的职位评价方案，二是开发适合组织特点的个性化职位评价方案。

本节以下部分我们将简要介绍几种有代表性的要素计点法职位评价方案，这里我们主要讨论设计个性化的职位评价方案的关键点。

一般说来，建立要素计点法职位评价方案应关注的核心内容主要是以下三点（见图4-27）。

• 报酬要素选择
• 指标等级定义及赋分
• 指标权重

图 4-27　要素计点法职位评价方案的核心内容

（一）报酬要素选择

报酬要素的选择是要素计点法的核心环节，起着至关重要的作用，要素的选择直接反映出组织的价值取向和发展趋势，因为报酬要素的选择取决于职位本身和组织的战略导向。

报酬要素是指那些在工作中受组织重视，有助于追求组织战略并实现其目标的特征。

1. 报酬要素选择的一般原则

理论上说，报酬要素的提取目前还没有统一的、清晰的方法和模式，在大量管理咨询实践中，我们总结出选取报酬要素的一般原则，如图4-28所示：

一般原则：
➢ 以组织的战略、价值观以及核心能力需要为导向
➢ 以工作本身为基础（相关性、差异性）
➢ 能为利益相关者所接受

图4-28 报酬要素选择的一般原则

2. 报酬要素选择的途径

在选取报酬要素时，我们可以从以下角度出发，以形成对组织中的职位体系的系统思考，提炼真正适合组织特点的报酬要素，有效支撑企业战略发展，以及人力资源管理基础职能的实现。

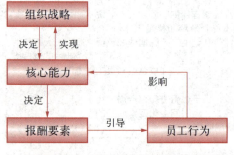

图4-29 组织战略对报酬要素的影响

（1）组织战略对报酬要素的影响。组织战略决定组织需要的核心能力，组织战略、核心能力的培育和传达需要人力资源管理的各板块为其提供支撑和发育的土壤。职位评价是联系组织战略和激励机制的桥梁，其核心支撑点之一就在于报酬要素的选择。报酬要素的选择是组织战略方向的"信号"，能有效引导员工的行为，从而获取组织的核心竞争力（见图4-29）。

如果战略中提出要提供创新性的、高质量的产品与服务，以及强调与顾客和供应商的协作，那么对产品创新、与客户交往有较大责任的职位就应有较大的价值，这些要素将是报酬要素。例如，美国著名的沃尔玛连锁超市的业务战略是"尽可能以最低的成本、最便捷的方式为顾客提供产品与服务"，它的职位评价体系中的报酬要素就包括成本控制责任、客户关系维护等。

战略管理专家迈克尔·波特（Michael E. Porter）提出了一般竞争战略的三种基本形式，其对应的主要报酬要素如表4-17所示。

表4-17 一般战略与报酬要素的匹配

战略类型	核心能力要求	主要报酬要素
成本领先战略	• 不断地降低制造成本 • 持续的资本投资和良好的融资能力 • 管理控制体系的高效运转 • 低成本的分销系统	• 成本控制责任 • 市场份额扩展 • 组织内部管理 • 客户关系维护等

第四章　人力资源管理的基础——职位管理　217

(续表)

战略类型	核心能力要求	主要报酬要素
差异化战略	• 持续提供差异化的产品和服务 • 创新研发能力 • 强大的生产营销能力 • 对外部市场的灵活适应能力	• 产品研发 • 技术创新 • 服务创新 • 市场推广等
目标集聚战略	• 对某细分市场的精耕细作 • 根据具体战略选择以上各种能力	• 与细分市场相关的责任 • 市场维护 • 客户管理等

另外值得注意的是，任何一个组织的领导层是有关组织发展方向以及如何发展的最佳信息源泉，因此，领导层认为在工作中哪些报酬要素有利于实现组织战略、有利于创造价值是职位评价中报酬要素的重要来源。

（2）职位分析与报酬要素。职位分析与报酬要素之间是互为作用的，一般说来报酬要素对职位分析的影响更为直接。以职位评价为导向的职位分析的主要内容由报酬要素决定，若职位评价中包含"学历及工作经验"这一报酬要素，则职位评价中必须包含学历与相关工作经验两项内容。

职位分析对于报酬要素的影响主要表现为职位分析提供的有关战略、组织、流程、权责、管控等方面的信息，是确定报酬要素的依据，也就是说职位分析对报酬要素的影响主要是通过传递组织战略以及与战略要求相关的信息来实现的，是一种间接传导作用。

（3）借鉴通用的报酬要素。获取职位报酬要素的另一个重要源泉就是借鉴外部通用的报酬要素，这里主要两个方面的理由：一是无论组织业务之间存在多大的差异，其内在的管理机制存在一定的相通性，也就是说存在适用于大多数组织的通用要素；二是组织总是存在于一定的产业环境之中，在这个环境中有大量类似的企业采用了各种报酬要素，吸收借鉴其中合理部分，有助于企业职位评价方案的完整性和科学性。

在大量理论研究和企业实践的基础上，我们总结出一些通用、共用或是专用的报酬要素，如表4-18所示。

表4-18　通用报酬要素库

性质	要素	要素内涵
通用要素	决策	在职位正常工作中需要作出的决策的层次和质量
	工作协调	在职位的正常工作中，需要与公司内外人员进行工作协调，建立和保持工作关系的层次和范围
	学历要求	指履行职位工作所需要的最低学历要求，其判断基准按国家规定的教育水平而定
	工作经验	指工作达到基本要求后，还必须经过不断积累才能形成和发展的职位技能；判断基准是掌握此种技能必须经过的实际工作时间
	责任范围	指对工作结果承担多大的责任，以工作结果对公司影响范围的大小作为判断基准
	工作环境	工作环境对任职者生理、心理健康的影响程度
	工作关联性	职位工作与其他人员工作的关联程度，以其因承办事务延误或失误对他人工作的影响程度为判断基准

(续表)

性质	要素	要素内涵
共用要素	创造性	胜任该职位工作所必需的创造能力
	知识多样性	胜任该职位工作所需要掌握和运用多学科、多专业知识和技能的程度，重点是考查知识和技能的广博程度
	风险控制	在履行该职位工作中负有的避免和控制在运营过程中风险的责任，其大小以由于工作失误可能给公司、分公司、部门或科室、小组带来的损失为判断基准
	成本控制	在履行职位工作中负有控制成本费用的责任，其大小以由于工作疏忽或成本意识淡薄可能给公司、公司、部门或科室、小组带来的成本、费用的增加程度为判断基准
	体力消耗	工作时体力支出的水平，工作姿势、持续时间和用力大小来衡量
	熟练期	具备该职位工作所需知识的劳动力需要多长时间才能够胜任本职工作
	工作时间特征	忙闲程度、均匀程度，出差时间
	工作紧张程度	由于工作节奏、工作量和工作所需的注意力集中程度、工作负荷引起的紧迫感
专用要素（由于专用要素的个性化和多样化，本表仅供参考）	人员管理	管理下属的层级和幅度
	管理技能	为达到要求的绩效水平而应具备的计划、组织、执行、控制和评价的能力与技巧
	工作不确定性	该职位工作需要解决和处理问题的非常规化和非结构化程度
	专业难度	专业知识和技能掌握、运用时的难度，以任职者在工作中自主决策时间的比例和自主决策的范围来衡量
	危险性	职位工作本身可能对任职者造成的身体伤害的程度大小
	职业病	职位工作本身可能给任职者带来的生理和心理上的疾病
	工作均衡性	职位工作每天忙闲不均的程度
	人际关系	因职位工作而要求与员工、客户或其他人员进行人际交往的能力
	语言表达	职位工作对于运用语言与员工或顾客进行沟通的能力的要求

另外我们还可以通过组织内部进行调查访谈的方式获取关于职位报酬要素的信息。

3. 报酬要素的数量

职位评价方案中报酬要素数量的确定是理论界存在较大争议的课题。部分学者认为较少的报酬要素就完全可以清晰地区分职位之间的差异。一项统计研究表明，一个含有21个要素的方案与一个只有7个要素的方案所得出的评价结果是完全一致的，而且只需要3个要素，就能将职位进行准确的区分；20世纪40年代的研究表明，技能要素能够解释90%以上的职位评价结果的差异，三个要素通常就能说明98%～99%的差异。另外的学者认为较为复杂的职位评价方案是必要的，因为它有助于获得任职者的认同，减少职位评价结果的争议，从战略传递的角度来说，能更好地传递组织期望和信息。

基于这两种观点，结合我们的实践经验，我们认为职位评价方案的报酬要素（若报酬要素进一步进行分解，则指二级要素数量）一般为12～18项较为适宜。

（二）指标等级定义及赋分

为了减少理解误差，在确定了职位报酬要素后我们应对报酬要素进行界定。报酬要素的定义应尽量采用通俗易懂的语句,详尽地阐述报酬要素的内涵与外延,避免歧义。例如,"教育"这一评价指标可以理解为"正式教育或学校教育",也可以理解为更广义上的"实际知识的学习",包括所有的接受教育的形式;如果把这个指标定义为"职位工作所需要的正式的、国家承认的最高学历以及所学专业",这样这一指标的内涵就清晰地界定清楚了。

另一项重要的工作是界定各指标的等级定义。要素计点法区别于其他方法的最主要的特点就在于有明确的评价标准,以使评价人员能在评价职位时比较容易地发现职位之间的差异。奥提斯和列卡特在定义等级上提出以下指导性建议:

第一,等级应该定义得真实客观而不模棱两可,使员工能够理解;

第二,等级的数目应尽量少。

某一指标的等级数目取决于组织中职位的数量以及职位在该项指标上的差异性,等级的划分力求涵盖组织中该指标的所有方面,避免出现子项不全的错误,影响部分职位的评价结果。如某公司的职位评价方案中,对"正式学历要求"划分为以下等级(见表4-19):

表4-19 "正式学历"等级定义示例

正式学历要求							
A	初中及以下	B	高中	C	大专
D	大学本科	E	硕士	F	博士

显然,该等级划分中没有涵盖组织中存在的"中专、技校"等学历水平,使得职位评价无法正常进行。

在确定指标的等级数目以后,我们应对指标的各等级进行特征描述。报酬要素(评价指标)通常可以分为以下两类:"硬指标"和"软指标"。"硬指标"是指可以通过量化加以明确确定的指标,该指标的评价不需要人为确定,可通过所收集的信息直接演绎;"软指标"的评价需要人为确定,也就是通常所说的"打分"。

对于"硬指标"的等级定义,只需根据指标的具体特征和组织实际情况,采用精练、可量化的语言加以界定。如"岗位工作经验要求"这一指标,其等级定义如表4-20所示。

表4-20 "岗位工作经验要求"等级定义示例

岗位工作经验要求:在一般情况下一个先前无经验的人完成工作达到操作和心理熟练通常所需要的工作时间			
A	一个月之内	B	一个月至三个月
C	三个月至一年	D	一年至三年
E	五年以上		

对于"软指标"的等级定义,可以采用程度不同的动词、形容词对该等级的行为进行描述,为避免理解误差,应列举各等级的"标杆行为",供职位评价人员参考。如"决策要求"等级定义如表4-21所示。

表4-21 "决策要求"等级定义示例

决策要求：在职位正常工作中需要作出的决策的层次和质量		
等 级	等 级 定 义	示 例 说 明
A	政策性决策	由最高经理（总裁、总经理）作出的用以指导大政方针的概括性决策
B	规划性决策	在子公司或集团各职能部门内拟定、决定重要的规划，并且执行与集团战略、政策相符的行动方案和纲要
C	解释性决策	在本部门限定的范围内理解和开展工作
D	日常性决策	主要是执行工作，但要选择完成工作的方式
E	限制性决策	工作中一般性的决定，非熟练员工即可作出，灵活性很小
F	自动性决策	员工在工作中仅仅执行指示或指令

（三）指标权重

指标权重是衡量指标重要性的标志，反映组织对该项指标的重视程度，权重大的指标也往往在职位评价中扮演重要的角色。

确定指标权重最便捷、有效的途径是公司领导层决策，因为指标权重反映组织的期望，即组织期望员工在哪些方面需要较大的努力。在实际操作中，可以采用另外两种方法进行补充：一是调查访谈，编制职位评价指标权重调查表对组织内部的利益相关者进行调查，采用统计分析的方法进行分析，得出的统计数据可作为决策的参考；二是针对标杆职位进行试测，根据得出的结果进行权重的调整。

六、几种典型的要素计点法职位评价方案

采用成型的系统职位评价方案是职位评价的一条便捷的途径，但这些职位评价方案往往是拥有知识产权的，需要组织购买，聘请外部咨询机构可以获得这些职位评价方案。下面简要介绍几种典型的职位评价方案。

（一）IPE码

IPE码（International Position Evaluation）即国际职位评价方法，最早是由欧盟组织开发的适用于欧盟内部组织的通用性职位评价方法，目前在世界各地多个组织中得到了广泛的运用，具有较强的操作性和适应性。由于各个国家的文化背景、管理惯性存在较大的差异，因此IPE码在运用时应加以修正和本土化，下面介绍两种在IPE码基础上演化而来的职位评价方案。

1. 美世的IPE码

全球最大的人力资源管理咨询公司美世咨询（Mercer Human Resource Consulting）通过多年的总结，开发了美世IPE码。在企业的关注点逐渐从"职位"转移到"绩效"时，美世公司却不断对该工具进行开发，将第二版包括7个评价要素的IPE码提炼总结为一个建立在5个因素基础上的职位评价模型。该系统包括了4个必要因素、1个可选择因素，10个维度、104个级别，总分为1 225分，评价结果分为48个等级。该模型的

4个因素覆盖了确定职位价值大小的关键因素，每个因素分为2~3个子维度，每个子维度有不同的等级和相应的权重。评估过程非常简单，只需为每个子维度选定适当的级别，就可以确定职位在该因素上的得分；将所有因素的得分累加，就得到该职位的总体分值。

美世的IPE码包含的四个必要评价要素以及相关定义如表4-22所示。

表4-22　美世IPE码评价维度体系

因素	因素说明	二级维度
影响	本要素考虑的是，职位在其职责范围内所具有的影响性质和范围，并以职位对组织的贡献作为修正	• 职位在组织内部的影响 • 组织规模 • 职位贡献的大小
沟通	本要素着眼于职位所需要的沟通技巧。首先决定任职者所需要的沟通类型，然后再选定对职位最困难和最具挑战性的沟通的描述后决定	• 职位的沟通方式 • 组织架构
创新	本要素着眼于职位所需的创新水平，首先确定对职位期望的创新水平，然后决定该创新水平的复杂程度。明确职位的要求：识别并改进程序、服务和产品，或者发展新的思想、方法、技术、服务或产品	• 职位的创新能力 • 职位的复杂性
知识	知识是指工作中为达到目标和创造价值所需要的知识水平，知识的获得可能是通过正规教育或者工作经验，首先指定应用知识的深度，然后指出该职位在团队中的位置，最后确定应用知识的区域	• 确定知识水平 • 确定知识深度 • 确定团队角色

资料来源：达君、维薇，《韦氏国际职位评估体系》，《21世纪人才报》，2003年。

2. 华夏基石的IPE码

国内著名的管理咨询公司华夏基石在大量咨询实践的基础上，针对中国企业的实际情况，对IPE码进行修订，制定出本土化的职位评价方案。该方案是二维评价模型，包括7个一级维度、14个二级维度，每个一级维度包括两个二级维度，通过二级维度组合而成的二维评价矩阵确定职位在该维度上的得分，详见表4-23。

表4-23　华夏基石IPE码职位评价维度体系

维度	二级维度数量	二级维度	权重	包含等级
对企业的影响	2	职位贡献 过失损害	30%	6 6
监督管理	2	人数 类别	10%	4 4
责任范围	2	独立性 广度	20%	6 6
沟通技巧	2	频率与接口 技巧	10%	5 3
任职资格	2	学历 经验	5%	4 6

（续表）

维　度	二级维度数量	二级维度	权　重	包含等级
解决问题难度	2	创造性	20%	5
		复杂性		6
环境条件	2	环境	5%	2
		风险		2
总　计	—	—	100%	—

各维度的内涵见表 4-24。

表 4-24　华夏基石 IPE 码职位评价维度释义

对企业的影响	职位贡献	衡量一个职位对企业的重要性以及对企业效果贡献的大小，职位贡献与职位的职责有关
	过失损害	本职工作出现失误对企业的损害程度
监督管理	人数	专业系统化所要监督和管理的直接下属人员的数量（包括直接和间接的）
	类别	所要监督和管理的下属人员的类别
责任范围	独立性	工作决定的自由度和主动性，或工作受控制的程度
	广度	工作管辖的范围
沟通技巧	频率接口	对沟通能力和技巧的最大需要和要求，以及对内对外的接口与频率
	技巧	
任职资格	学历	正规的学校教育经历（等同于职称）
	经验	对技术、专业与管理经验的年资要求
解决问题难度	创造性	需要解决的问题是否需要创造性的方法和技术
	复杂性	日常所面临的问题的复杂程度
工作特征	时间	忙闲程度、均匀程度、出差时间
	负荷	工作节奏、时限的把握程度、紧张感和疲劳度

IPE 码部分维度示例如图 4-30、表 4-25、表 4-26、表 4-27 所示。

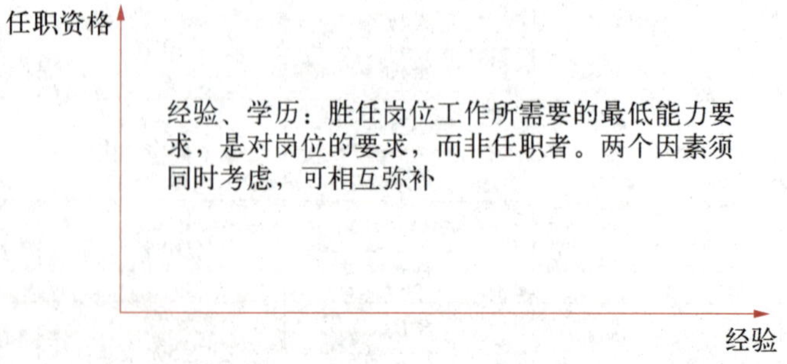

经验、学历：胜任岗位工作所需要的最低能力要求，是对岗位的要求，而非任职者。两个因素须同时考虑，可相互弥补

图 4-30　"任职资格"评价指标释义

表4-25 "经验"等级定义

经验：对技术、专业与管理经验的年资要求	
等级	等级定义
1	不必有经验
2	熟悉标准性工作，1年以下经验
3	必须有工作范围所需要的深度和广度的经验，2~3年
4	专业技术经验或广阔的职业经验，4~6年
5	深广的职业经验或跨职能的一些管理经验，7~9年
6	特别深广的职业经验或跨职能的相当管理经验，10年以上

表4-26 "学历"等级定义

学历：正规的学校教育经历	
等级	标准
1	高中（中专）及以下
2	大学专科教育
3	大学本科教育
4	硕士研究生教育及以上

表4-27 要素赋分表

学历＼经验	1	2	3	4	5	6
1	10	15	20	25	30	35
2	15	20	25	30	35	40
3	20	25	30	35	40	45
4	25	30	35	40	45	50

（二）合益公司的职位评价方案

著名的国际管理咨询公司——合益（Hay）公司开发出的职位评价方案包括三个一级维度：知识（Know-how）、解决问题（Problem-solving）、责任性（Accountability）。

1. 知识

Know-how 是指要达到工作绩效标准所必需的专业知识及其相应的实际操作技能的总和，这些知识和技能可以是技术性的，也可以是行政管理性的。

Know-how 主要通过以下三个二级维度来测量：

（1）专业技能水平：根据对该职务所在职业领域的理论、操作方法及专业知识的了解程度，大致分为操作水平、专业水平以及专家水平三级，其中又细分为8个细分等级。

（2）管理技能水平：为了达到要求的绩效水平而需要具备的计划、组织、管理、控制及评价能力与技巧，不论该职务是生产性、技术性、营销性或者行政性，都需要这种能力。这个维度分为不需要、相关、较重要、主要四个等级。

（3）人际交流技能水平：该职务所需要的激励、沟通、协调、培养及关系处理等人际交流方面的能力，分为基本的、重要的、关键的三个等级。

该维度评价指导表如表 4-28 所示。

表 4-28 "知识"维度评价指导表

专业技能水平	人际交流技能水平	管理技能水平											
		不需要			相关			较重要			主要		
		基本	重要	关键	基本	重要	关键	基本	重要	关键	基本	重要	关键
操作水平	初级	50	57	66	66	76	87	87	100	115	115	132	152
		57	66	76	76	87	100	100	115	132	132	152	175
		66	76	87	87	100	115	115	132	152	152	175	200
	初级职业的	66	76	87	87	100	115	115	132	152	152	175	200
		76	87	100	100	115	132	132	152	175	175	200	230
		87	100	115	115	132	152	152	175	200	200	230	264
	职业的	87	100	115	115	132	152	152	175	200	200	230	264
		100	115	132	132	152	175	175	200	230	230	264	304
		115	132	152	152	175	200	200	230	264	264	304	350
专业水平	高级职业的	115	132	152	152	175	200	200	230	264	264	304	350
		132	152	175	175	200	230	230	264	304	304	350	400
		152	175	200	200	230	264	264	304	350	350	400	460
	基本技术专家	152	175	200	200	230	264	264	304	350	350	400	460
		175	200	230	230	264	304	304	350	400	400	460	528
		200	230	264	264	304	350	350	400	460	460	528	608
	熟练技术专家	200	230	264	264	304	350	350	400	460	460	528	608
		230	264	304	304	350	400	400	460	528	528	608	700
		264	304	350	350	400	460	460	528	608	608	700	800
专家水平	精通技术专家	264	304	350	350	400	460	460	528	608	608	700	800
		304	350	400	400	460	528	528	608	700	700	800	920
		350	400	460	460	528	608	608	700	800	800	920	1 056
	技术领袖	350	400	460	460	528	608	608	700	800	800	920	1 056
		400	460	528	528	608	700	700	800	920	920	1056	1 216
		460	528	608	608	700	800	800	920	1 056	1 056	1 216	1 400

作为一种职务评价的工具，三个二级维度评定的加权分数即为对应于表示某特定职

务等级的相对价值，用一个单一的分数来表示。除最低一级外，每增一级则对应分数随之增大 15% 左右。此项评分只根据职位本身的性质与工作内容，以该职位的职位说明书为基础，不考虑处于该职位的人物的特点与情况，也不考虑外界人才市场的价格与条件。

2. 解决问题

解决问题这一维度是针对工作所要求的分析、评价、创造推理、总结等所进行的原创的、"自我开始"的思考。任何职位在工作中都要涉及解决问题的过程。一般情况下，解决问题的过程包括考查与发现问题，分清问题的主次轻重，诊断问题产生的原因并针对性地提出解决方案。一般而言，在组织系统中，随着层级的升高，所要解决的问题难度越高，可变性越大，对独立创造性的思维要求也越高。

解决问题通过以下两个维度来度量：

（1）解决问题的性质：该维度是指所需要解决的问题是按照既定规则处理，还是只有指导性的意见作为参考。该维度分为八个等级。

（2）问题对思考提出的挑战：该维度是指解决问题时当事者需要进行创造性思维的程度，从几乎无须独立思考到完全没有借鉴对象。该维度分为五个等级。

解决问题是测量大脑使用"Know-how"去识别、定义以及解决某个问题的强度。思考的基础是"用你的知识去思考"，思考的原材料是任职者所具有的知识技能，因此这一维度通常被认为是"Know-how"这一维度得分的百分比，即用评价表中的百分比乘以"Know-how"的得分是本维度的得分。

该维度评价指导表如表 4-29 所示。

表 4-29 "解决问题"维度评价指导表

问题性质	对思考的挑战				
	简单重复性的	程式化的	局部改进性的	创造性的	不确定的
严格常规	10%	14%	19%	25%	33%
	12%	16%	22%	29%	38%
常规	12%	16%	22%	29%	38%
	14%	19%	25%	33%	43%
准常规	14%	19%	25%	33%	43%
	16%	22%	29%	38%	50%
标准化	16%	22%	29%	38%	50%
	19%	25%	33%	43%	57%
清楚定义	19%	25%	33%	43%	57%
	22%	29%	38%	50%	66%

（续表）

问题性质	对思考的挑战				
	简单重复性的	程式化的	局部改进性的	创造性的	不确定的
广义定义	22%	29%	38%	50%	66%
	25%	33%	43%	57%	76%
一般定义	25%	33%	43%	57%	76%
	29%	38%	50%	66%	87%
抽象定义	29%	38%	50%	66%	87%
	33%	43%	57%	76%	100%

3. 责任性

责任性是对行动和对结果所负的责任，它是对结果的可衡量的工作效果。

衡量责任性的三个子维度分别是：

- 工作自由度：该维度是指所评价的职务能够在多大程度上对其工作产生个性化的指导和控制。这个方面从自由度最小的第 1 级到自由度最大的第 9 级。
- 工作对结果的影响：该维度分为四个等级。第一级是后勤性作用，即只在提供信息或偶然性服务上做贡献；第二级是咨询性作用，即提供建议；第三级是分摊性作用，即跟本企业内部其他部门或者企业外部合作，共同承担责任；第四级是主要作用，即由本人承担主要责任。
- 财务责任：该维度指本职位可能造成的经济性正负后果，分为微小的、少量的、中级的、大量的四个等级。

该维度评价指导表如表 4-30 所示。

表 4-30 "责任性"维度评价指导表

工作自由度	工作对结果的影响	财务责任														
		非常小				小				中等				大			
		R	C	S	P	R	C	S	P	R	C	S	P	R	C	S	P
限定的		10	14	19	25	14	19	25	33	19	25	33	43	25	33	43	57
		12	16	22	29	16	22	29	38	22	29	38	50	29	38	50	66
		14	19	25	33	19	25	33	43	25	33	43	57	33	43	57	76
控制的		16	22	29	38	22	29	38	50	29	38	50	66	38	50	66	87
		19	25	33	43	25	33	43	57	33	43	57	76	43	57	76	100
		22	29	38	50	29	38	50	66	38	50	66	87	50	66	87	115
标准化的		25	33	43	57	33	43	57	76	43	57	76	100	57	76	100	132
		29	38	50	66	38	50	66	87	50	66	87	115	66	87	115	152
		33	43	57	76	43	57	76	100	57	76	100	132	76	100	132	175

(续表)

工作自由度	工作对结果的影响	财务责任														
		非常小				小				中等				大			
		R	C	S	P	R	C	S	P	R	C	S	P	R	C	S	P
大体规定的		38	50	66	87	50	66	87	115	66	87	115	152	87	115	152	200
		43	57	76	100	57	76	100	132	76	100	132	175	100	132	175	230
		50	66	87	115	66	87	115	152	87	115	152	200	115	152	200	264
指导性的		57	76	100	132	76	100	132	175	100	132	175	230	132	175	230	304
		66	87	115	152	87	115	152	200	115	152	200	264	152	200	264	350
		76	100	132	175	100	132	175	230	132	175	230	304	175	230	304	400
有固定方向的		87	115	152	200	115	152	200	264	152	200	264	350	200	264	350	460
		100	132	175	230	132	175	230	304	175	230	304	400	230	304	400	528
		115	152	200	264	152	200	264	350	200	264	350	460	264	350	460	608
广义指导		132	175	230	304	175	230	304	400	230	304	400	528	304	400	528	700
		152	200	264	350	200	264	350	460	264	350	460	608	350	460	608	800
		175	230	304	400	230	304	400	528	304	400	528	700	400	528	700	920
战略导向		200	264	350	460	264	350	460	608	350	460	608	800	460	608	800	1 056
		230	304	400	528	304	400	528	700	400	528	700	920	528	700	920	1 216
		264	350	460	608	350	460	608	800	460	608	800	1 056	608	800	1 056	1 400
基本无限制		304	400	528	700	400	528	700	920	528	700	920	1 216	700	920	1 216	1 690
		350	460	608	800	460	608	800	1 056	608	800	1 056	1 400	800	1 056	1 400	1 800
		400	528	700	920	528	700	920	1 216	700	920	1 216	1 390	920	1 216	1 690	2 000

注：对"工作对结果的影响"的等级定义为：
R（相关性小），通过信息性、流程性或是偶然性的服务影响某些重要的结果；
C（间接作用），通过向他人提供解释性或建议性的服务影响重要结果的实现；
S（共享作用），在组织内部或外部与他人共同采取行动完成某项工作；
P（主导作用），对结果的控制性影响通过自己的行为或直接下属的行为实现。

在确定三个一级维度的评分时，还要考虑各个职位的"形状构成"，以确定三个维度的权重，进而据此计算出各个职位的相对价值总得分，从而完成评价活动。

（三）翰威特的弹性点值法[③]

翰威特咨询公司是国际知名人力资源管理咨询公司之一。多年来，翰威特咨询公司针对职位评价方法进行了大量的研究，并结合为客户咨询的经验，创立了具有普遍适用意义的弹性点值法（Flexpoint）。弹性点值法最大的特点是真正实现客户化：

• 要素选择上的客户化。客户可以根据公司的特点和需要选择让员工及管理层共同认可并能反映职位价值的报酬要素。

• 要素权重上的客户化。每个企业内在特点存在较大的差异性，有的企业看重行为结果，有的注重能力要素。弹性点值法能引导和帮助客户正确选择要素权重。

- 评估程序上的客户化。弹性点值法能根据客户的不同特点选择相适应的实施程序以保证职位评价的正确顺利实施,并保证结果的有效沟通和普遍认同。
- 弹性点值法的核心是由以下六大要素组成的要素计点法(见图 4-31):

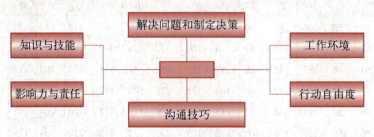

图 4-31　弹性点值法评价要素模型

1. 知识与技能

该要素旨在评估为了胜任指定工作任务所必需的整体的"知识与技能"水平,并不考虑获得该知识技能的途径。

2. 影响力与责任

该要素通过下述维度来评价职位:

- 行为对于实现企业、业务部门或部门的目标方面,以及最终促成企业商业经营成功方面所具备的潜在影响力。
- 职位在完成工作成果方面所承担的责任。

影响力的衡量可以通过财务、预算、计划或项目管理或其他与该职位密切相关的关键点来进行;责任是指对于最终决策或行动的确定具有的控制或支配力度,该维度通过某职位是否承担主要责任、分享责任或是间接责任来衡量。

3. 解决问题与制定决策

该要素对于在调查问题和评估多种解决方案方面所必须作出的判断与分析的水平进行衡量。同时它还衡量胜任该职位所需的决策或判断的复杂程度。该因素主要考虑以下三个维度:

- 职位所频繁经历的问题的复杂程度。
- 解决所面临的问题时存在的备选方案。
- 企业政策与规程对制定决策的限制程度。

4. 行动自由

该要素针对所从事的工作的层次、行动的自由度,以及所实施或接受的监督管理的性质进行衡量,考虑职位所需进行的规划、组织、人员配置和领导的程度,以及下属的类型/级别及所从事的工作性质。在该项要素较低的职位层级上,主要考虑的重点应为接受监督管理的性质;在中层水平上代表较高层次的职责以及明确的、持续的保障质量绩效的监督管理职能;在高的层级上代表实现关键部门/事业部/企业整体目标下的广泛职责。

5. 沟通技能

该要素针对职位所需的交往与人际关系技能的性质进行衡量，同时还衡量职位所需的合作以及与企业内、外部的其他对象进行交往的技能；此外，该要素还衡量履行工作职责所需的沟通技能的层次。

6. 工作环境

该要素旨在评估日常工作所处的环境特征以及所面临的风险状况，分为以下两个维度：

- 危险环境。
- 工作环境。

腾讯的职位筹划

在横向上，腾讯按照能力和职责相近的原则，将员工划分为4大职类和细分的24个职种；在纵向上，腾讯为员工设置了6大职级，构建了完整的职位体系，如图4-32所示。

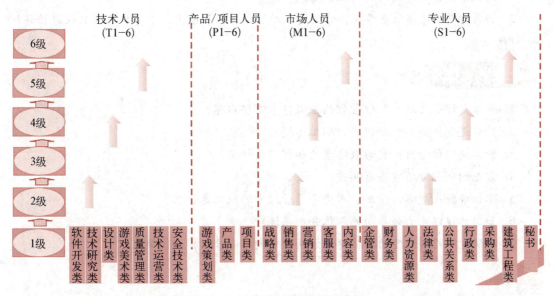

图4-32 腾讯职位体系及职位通道

同时，腾讯根据其职位体系与通道，建立了与之对应的能力标准体系，如图4-33所示。

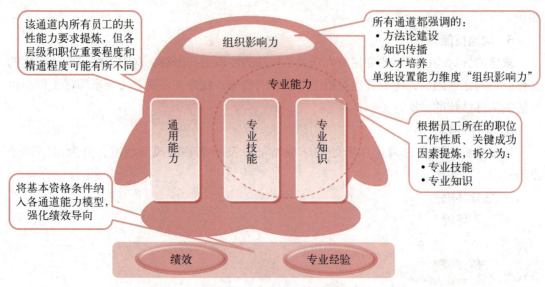

图4-33 腾讯能力标准体系

以上内容便构成了腾讯的职位筹划的成果，展示了腾讯职位体系的最基本内容。

资料来源：根据腾讯内部资料整理。

案例讨论与思考

1. 腾讯依据什么原则进行的职位筹划？
2. 如果你是HR部门负责人，你对腾讯的职位体系和能力标准体系有什么改进措施？

 本章思考题

1. 什么是职位管理？职位管理的框架包含哪些内容？
2. 什么是职位筹划？如何进行职位筹划？
3. 什么是职位分析？它的战略意义和作用是什么？
4. 常见的职位分析方法有哪些？
5. 职位评价在战略、组织、人力资源管理中的地位是什么？
6. 如何构建以能力为导向的职位分析系统？
7. 举例说明几种典型的职位评价方法，它们各有什么样的优缺点？

注释

① 加里·德斯勒：《人力资源管理（第12版）》，中国人民大学出版社2012年版。
② 雷蒙德·A. 诺伊等：《人力资源管理：赢得竞争优势（第5版）》，中国人民大学出版社2005年版。
③ 裴力：《翰威特灵点职位评估法》，《21世纪人才报》2003年。

本章阅读推荐

Hackman, J. R. & Oldham, G. R. (1976). Motivation Through the Design of Work: Test of a Theory. *Organizational Behavior & Human Performance*, *16* (2), 250-279.

Mccormick, E. J., Jeanneret, P. R. & Mecham, R. C. (1972). A Study of Job Characteristics and Job Dimensions Based on the Position Analysis Questionnaire. *Journal of Applied Psychology*, *56* (4), 347-368.

葛玉辉：《工作分析与设计》，清华大学出版社 2014 年版。

彭剑锋、饶征：《基于能力的人力资源管理》，中国人民大学出版社 2003 年版。

彭剑锋：《21 世纪人力资源管理十大特点》，《销售与市场：管理版》2001 年第 2 期，第 14—18 页。

孙健敏：《人力资源管理中工作设计的四种不同趋向》，《首都经济贸易大学学报》2002 年第 1 期，第 58—62 页。

吴春波：《华为的素质模型和任职资格管理体系》，《中国人力资源开发》2010 年第 8 期，第 60—64 页。

周亚新：《工作分析的理论、方法及运用》，上海财经大学出版社 2007 年版。

第五章 人力资源管理的基础
——胜任力模型

【本章要点】
通过对本章内容的学习,应了解和掌握如下问题:
- 胜任力的定义是什么,其构成要素有哪些?
- 胜任力模型是什么,怎样描述胜任力模型?
- 建立胜任力模型的流程、技术与方法是什么?
- 在企业人力资源管理中如何应用胜任力模型?

【导读案例】

人力资源总监的困惑

1. 背景：从招聘谈起

A公司是国内某著名通信设备的供应商，王明是公司的人力资源总监。在国内通信行业人才争夺激烈的情况下，王总监通过努力为公司技术部门招聘到了两名毕业于清华大学通信专业的硕士生李华和张玉。这两人在清华大学读硕士之前都有5年以上相关行业的工作经验，在校期间成绩优异，在笔试、面试环节也都表现出色。王总监还专门与技术部门负责人沟通，强调这两个人对公司长远发展的重要性。

2. 问题：绩效的差异

到了公司一年一度的年终绩效考核期，王总监特意了解了两名被寄予厚望的清华大学高才生的考核结果，却发现两人有一定的差异。对此，王总监十分不解：同样是优秀的人才，为什么考核结果却不同呢？技术部门负责人解释，两人的专业知识、专业技能都很出色，没有任何问题。李华有很强的创新意识，思维活跃；主动承担挑战性的工作，遇到困难不退缩并积极想办法克服和解决；善于与同事打成一片，有较强的团队意识，所以李华的成绩是A。张玉也有一定的创新意识，能提出一些新的思路和方法，但与李华相比略逊一筹；另外，张玉的主动性一般，只完成领导安排的工作，当然这些工作也完成得很好；最大的问题是他比较喜欢单干，与同事沟通不够，不能形成很好的协作关系，领导提醒过几次也没有什么效果，所以张玉的成绩是C。总之，李华比张玉更胜任工作。

3. 思考：胜任力的标准

王总监又对公司一些员工的绩效进行了对比，发现与李华、张玉有类似情形的人较多，即两人刚入职时能力差异不大，毕业院校、学历、专业、笔试和面试等都相同或相似，但随着时间的推移，绩效水平的差异越来越大。王总监想不明白原因。为此，他组织人力资源部以及各相关部门的主管召开专门的讨论会。会上，大家踊跃发言，有的主管说过去的学历背景并不能代表什么，事实证明，高学历并不能带来令人满意的"高绩效"；有的主管提出，部门先后组织了多次有针对性的培训，但所学不能有效提高工作能力；有的主管还发现部门员工的工作热情不够高，即使考核严格也效果不大；等等。总之，大家一致认为，以学历和知识为标准的"能力"不代表"胜任"和"绩效"，招聘时应该制定新的、能够反映真实绩效水平的胜任力标准。

4. 解决：胜任力管理

王总监在会后又查阅了大量的资料，他认识到，胜任力问题不能仅通过招聘来解决，不是简单地制定一个标准，而是要开拓新的思路，对胜任力进行系统管理并融入整个人力资源管理体系。

资料来源：彭剑锋，《战略人力资源管理：理论、实践与前沿》，中国人民大学出版社2014年版。

第一节 胜任力与胜任力模型

职位管理系统与胜任力系统是人力资源管理系统构建的两大基石,在第四章我们已经介绍了职位管理系统在人力资源管理系统构建中的重要作用,接下来我们将详细介绍两大基石之一的胜任力系统。在详细介绍胜任力系统之前,我们首先要了解一下与之相关的重要概念,如胜任力、胜任力模型等。

一、胜任力的内涵及其作用

胜任力的概念及理论的应用经历了从内容分析到实际运用的发展过程。有关胜任力的研究最早可追溯到"科学管理之父"泰罗(Frederick Taylor)对"科学管理"的研究,即管理胜任力运动(Management Competencies Movement)[①]。泰罗认为管理学完全可以按照物理学的规律来进行科学研究,他将自己所进行的"时间—动作研究"看作对胜任力进行的分析和探索。但是胜任力概念的提出与研究在20世纪90年代才成为管理思想中的热点,这得益于麦克利兰(David C. McClelland)博士对于胜任力的研究。

胜任力一词源于英文单词"competency",其意思是能力或技能。在学术研究与实践领域中,"胜任力"又被称为"能力""素质""资质""才干"等。我们将从学术、社会机构以及企业的观点入手来解析胜任力的内涵。

(一) 学者的观点

(1) 美国学者约翰·弗莱纳根(John Flanagan)最早研究了1941—1946年美国空军飞行员的绩效问题,于1954年创造了关键事件技术,并因此成为胜任力研究领域中核心方法的应用先导。他认为,工作分析的主要任务就是评价工作的关键要求。这种关键事件技术的主要内容包括:确定工作行为的目的、针对目的收集与该行为相关的关键事件、分析相关数据、描述这些行为需要的胜任力。关键事件方法也因此开创了测量人行为的新技术的先河。

(2) 美国著名心理学家"胜任力研究之父"大卫·C. 麦克利兰在1973年发表的文章 *Testing for Competence Rather Than for "Intelligence"* 中提到:采用智力测验的方式预测未来工作的成败是不可靠的,智力测验的结果与工作的成功之间并没有太大的联系,它们之间的关系要视具体情况而定。他也因此倡导用胜任力模型设计取代智力测验作为预测未来工作绩效的方法,掀起了当时学术界关于胜任力研究的高潮。

20世纪70年代早期,当时美国政府需要甄选情报信息官(Foreign Information Service Officers,FISOs),作为宣扬美国政治、人文、社会等的代言人,以使更多的人支持美国的政策。当时的麦克利兰研究小组在弗莱纳根的关键事件技术基础上开发并采用了行为事件访谈法(Behavioral Event Interview,BEIs),试图研究影响情报信息官工作绩效的因素。最终，通过一系列总结与分析，麦克利兰得出作为杰出的情报信息官与一般胜任者在行为与思维方式上的差异，从而找出了情报信息官的胜任力。

麦克利兰还认为，工作绩效应该明确定义，成功与失败都不是绝对的，而是由多方面因素造成的。同时，麦克利兰更关注于研究那些工作成功的人的特征，而不仅仅是对工作任务本身感兴趣，这些观点都是对弗莱纳根观点的有益补充。

（3）美国学者莱尔·M. 斯潘塞博士（Lyle M. Spencer）和塞尼·M. 斯潘塞（Signe M. Spencer）在所著的《工作胜任力：高绩效模型》一书中指出，胜任力是在工作或特定情境中产生高效率或高绩效所必需的人的潜在特征，同时只有当这种特征能够在现实中带来可衡量的成果时，才能被称作胜任力。基于此，斯潘塞提出了胜任力的冰山模型（见图5-1），即胜任力主要包括5个方面：知识与技能、社会角色、自我形象、个性与动机。其中在"水面上"的知识与技能相对容易观察与评价，而在"水面下"的其他特征是看不到的，必须有具体的行动才能推测出来。

（4）理查德·J. 马洛比利（Richard J. Mirabile）认为，胜任力是与工作高绩效相联系的知识、技能、能力或特性。

（二）政府、协会等社会机构的观点

（1）20世纪70年代，McBer & Company（即现在的合益公司）与美国管理协会（AMA）发起了第一次大规模的胜任力研究活动，主要集中在"什么样的胜任力是成功管理者所特有的"这一问题上。美国管理协会的研究涉及了1 800位管理者在5年中的工作表现，通过比较分析，发现了产生优秀绩效的各种特性，进而对成功管理者所需要的工作胜任力进行了界定，即"在一项工作中，与达成优良绩效相关的知识、动机、特征、自我形象、社会角色与技能"。

（2）20世纪70年代，美国政府在研究公务员录用的评估方法时发现，在人的"看得见"与"看不见"部分的交界处，有一种能够被明确定义、观察并测量的能力，它往往体现在那些能够持续取得高业绩的人的行为特征中，包括人的思维方式、行为特征、对工作的态度以及沟通能力等。

（三）以咨询公司为代表的企业观点

（1）合益集团（Hay Group）提出，胜任力是在既定的工作、任务、组织或文化中区分绩效水平的个人特征。胜任力决定了一个人能否胜任某项工作或者很好地完成某项任务，它是驱使一个人产生优秀表现的个人特征，因此每一个胜任力都与特定基础特征的"行为表现"相联系。2015年9月24日，胜任素质模型咨询机构合益集团被光辉国际收购。这个新闻一度被公众解读为胜任素质模型时代的终结。实则不然，光辉国际注意到组织进行人才管理的需求量出现指数级增长，此次收购的真实目的是借合益集团之力，用其在胜任素质模型方面的优势，夯实其在人才管理咨询方面的基础。合益集团精于从过去行为事件中挖掘胜任素质，是指向过去的胜任素质模型；而光辉国际在人才测评开发视角下建立的胜任素质模型，具有动态性、前瞻性，是未来取向的胜任素质模型，代表了胜任素

质建模的发展方向。

（2）美世公司（Mercer Inc.）认为，胜任力就是那些优秀员工比普通员工表现更为一致的行为的集合。美世公司认为，考核胜任力比考核业绩更重要，影响人的胜任力的因素，包括自己、成果、战略、思考、信息与时间等。

（3）盖洛普公司（The Gallup Organization）结合其近70年来科学、系统地研究选民、消费者与员工的意见、态度与行为的经验，运用成功心理学的理念与方法，提出在外部条件给定的前提下，一个人能否成功关键在于能否准确识别并全力发挥个人的天生优势，这种优势是由人的才干、技能与知识组成的，而核心是才干，即个人所展现的自发而持久的，并且能够产生效益的思维、感觉与行为模式。

可以看到，学者、社会机构以及企业对于胜任力的解释与定义已然形成了鲜明对比，虽然有所不同，但每一种观点对胜任力概念的发展与实践应用都起到了有益的作用。无论胜任力定义的形式如何多变，从本质上看，其内在原理与逻辑都是基本一致的。综上所述，我们把胜任力定义为：

> 胜任力（competency）是驱动员工产生优秀工作绩效的、可预测、可测量的各种个性特征的集合，是可以通过不同方式表现出来的知识、技能、个性与内驱力等。胜任力是判断一个人能否胜任某项工作的起点，是决定并区别绩效好坏差异的个人特征。

需要注意的是，上述胜任力概念中有三个关键点：

- 相关性：胜任力与工作绩效是相关的，也就是说凭借胜任力能够产生优秀的工作绩效。
- 可预测：胜任力可以预测一个人能否胜任某项工作或能否取得好的工作绩效。
- 可测量：胜任力是可以通过行为表现的各种特征的集合，因此可以用一些特定的标准来对胜任力进行测量。

二、胜任力的构成要素

对于胜任力的构成要素，许多学者与企业都有不同的见解，本书认为主要有以下核心构成要素：动机、特质、自我形象与价值观、态度、知识、技能。下面我们简要介绍两种常见的结构模型，以更好地理解胜任力的构成要素。

（一）胜任力冰山模型

该模型由美国学者莱尔·M. 斯潘塞博士提出，他认为胜任力的布局如图 5-1 所示，由"水面上"和"水面下"两部分构成。其中在"水面上"的知识与技能相对容易观察与评价，而在"水面下"的潜在的其他特征，如社会角色、特质、动机等是看不到的，必须由具体的行动才能推测出来。

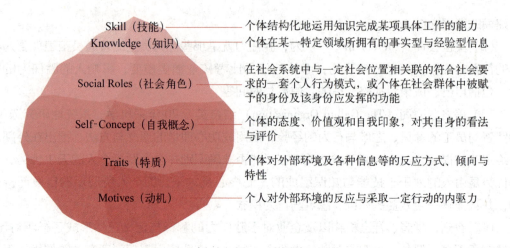

图 5-1　胜任力冰山模型

（二）胜任力洋葱模型

该模型由美国学者理查德·博亚特兹（Richard Boyatzis）提出，他在对麦克利兰的胜任力理论进行深入和广泛的研究基础上提出了洋葱模型。他认为胜任力构成的几个核心要素如图 5-2 所示，与胜任力冰山模型相似的是，胜任力洋葱模型由内至外说明了胜任力的各个构成要素逐渐可被观察与测量的特点。

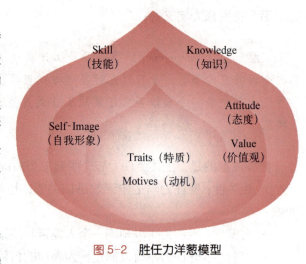

图 5-2　胜任力洋葱模型

1. 动机

动机是推动个人为达到一定目标而采取行动的内驱力。动机会推动并指导个人行为方式的选择朝着有利于目标实现的方向前进，并且防止偏离。例如，具有成就动机的人常常为自己设定一些具有挑战性的目标，并尽最大努力去实现它，同时积极听取反馈以便做得更好。

2. 特质

特质表现出来的是一个人对外部环境与各种信息等的反应方式与倾向。特质与动机可以预测一个人在长期无人监督情况下的工作状态。例如，反应敏锐与灵活性是一名飞行员应具备的基本特质。

3. 自我形象与价值观

自我形象是个人自我认知的结果，它是指个人对其自身的看法与评价。一个人对自我的评价主要是将自身与他人进行比较，而比较的标准即他们所持有的价值观。因此这种自我形象不仅仅是一种自我观念，也是在个人价值观范畴内对这种自我观念的解释与评价。

这种价值观既受到个人过去与现在观念的影响，也与其所处的生活、工作环境中他人的观念有一定关系。自我形象作为动机的反映，可以预测短期内有监督条件下一个人的行为方式。例如，自信意味着一个人坚信在任何情况下自己都可以应付各种事情，它是个人对自我形象认知的一部分。

4. 态度

态度是一个人的自我形象、价值观以及社会角色综合作用外化的结果，它会根据环境的变化而变化。在某种情况下，一个人可能会表现得很积极，但是在另一种情况下，此人又有可能变得很懒散，事实上，这种态度的变化本质上是个人动机、个性等相对持久稳定的因素与外部环境相互作用的结果。当作用力一致时，态度对于达成预定目标就是有利的，反之则为不利的。例如，尊敬师长是对学生的基本态度要求。

5. 知识

知识是指一个人在某一个特定领域所拥有的事实型与经验型信息。例如，操作工必须了解机器设备的运转知识与操作规程以及停机维修保养的时间与周期，这是对他的基本知识要求。

6. 技能

技能是指一个人结构化地运用知识完成某项具体工作的能力，即对某一个特定领域所需技术与知识的掌握情况。它重点强调的是对已有知识的灵活应用，而不是机械式的简单记忆，因此技能的运用一定要产生某个可测量的结果，这与胜任力本身的概念也是相一致的。例如，操作工能够在遵循操作规程的前提下提高单位劳动生产率，这是对他的基本技能要求。

（三）胜任力构成要素的特点

通过对胜任力冰山模型和胜任力洋葱模型的介绍，我们可以看出胜任力的构成要素有如下一些特点：

（1）知识、技能等显性要素的重要性较低，但容易得到提高。通过培训、工作轮换、调配晋升等多种人力资源管理手段与措施，使员工个人具备或提高知识与技能水平是相对容易且富有成效的。

（2）动机、价值观等隐性要素的重要性较高，但不易改善。相对于知识与技能，胜任力的构成要素中的潜在部分既难以改善也难以评价，因而也难以在未来进行培养与开发。

（3）各要素之间存在相互的内在驱动关系。各种要素之间，无论是显性要素还是隐性要素，都存在内在驱动关系，它们相互影响、相互作用，并不是独立存在的。一个人决定要采取何种行动通常是动机、个性与自我形象、社会角色等各要素之间相互协调的结果。换言之，自我形象与社会角色会根据动机与个性来判断与识别什么才是恰当的行为，也会根据知识和技能水平来判断自己能够采取哪些行为，从而帮助一个人作出决定。事实上，自我形象与社会角色充当了动机、个性乃至知识、技能等与外部环境之间相互作用、相互影响的媒介与桥梁。

胜任力构成要素中的隐性要素决定了行为的方向、强度、持久性等，显性要素则制约了行为的具体内容和方式。所以，组织仅凭借知识与技能来甄选员工是远远不够的，还要测评动机、价值观等隐性部分，因为这一部分往往更重要、更不易改变。当然，不易改变并不意味着不能改变。胜任力构成要素之间存在相互作用关系，可以采取相应的培养与开发手段逐渐改变员工的胜任力。

【HR之我见】

徐斌：首都经济贸易大学劳动经济学院人才系主任，中国人力资源开发研究会人才测评学会副会长

扫描栏目中的二维码学习徐斌针对下列提问的精彩回答：

1. 请问您是如何与人力资源管理结缘的？
2. 什么是胜任力模型？它的作用是什么？公司在不同发展时期是否应对员工胜任力要求有所调整呢？

视频版：　　　　　　　　文字版：

三、胜任力管理的意义

（一）企业获得核心竞争优势的需要

核心竞争力又称核心（竞争）能力、核心竞争优势，是组织获取竞争优势、取胜于外部竞争对手的能力的集合。通常这种能力并不体现在表面上（如销售额、市场占有率等），也不仅仅是企业所拥有的内外部资源（如资金、品牌等），而是体现在企业的系统能力上，这种系统能力持续地为客户提供比竞争对手更大的价值。

由于全球一体化的形成、知识经济时代的来临和科学技术的快速发展，企业率先进入某个朝阳行业等传统的获得竞争优势的方法已经失效，培育并完善系统能力成为企业获得持续竞争优势的唯一途径。这种系统能力不仅意味着市场开拓、技术创新以及财务获利等局部环节上的能力，还在于将上述能力通过流程、机制和制度等进行组合从而持续转化为组织能力。这种组织能力依赖于组织中的核心资源——人力资源，关键在于持续构建组织中人力资源所具备的核心专长与技能，从而为客户创造独特的价值。在这里，核心专长与技能的核心要义为"胜任力"，即组织中从事不同工作的员工所具备的动机、内驱力、个性与品质、自我形象、社会角色、价值观、态度以及知识与技能等。

这样一来，我们就在企业的核心竞争力、企业的核心能力、企业中员工的核心专长与技能以及员工胜任力之间构建了联系，并清楚地描绘了这种联系（见图5-3）。所以，如何通过胜任力管理保存和增强组织的核心竞争力、帮助组织实现战略目标是组织管理的重要内容。

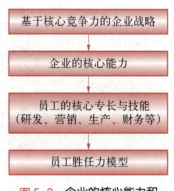

图5-3 企业的核心能力和员工的胜任力

（二）战略人力资源管理的需要

战略人力资源管理的最终目标是驱动企业核心能力的形成与保持，而企业核心能力的载体就是员工，它是员工能力在组织情境中的系统集成。战略人力资源管理的前提是分析组织的使命、愿景、战略目标以及确认组织的整体需求，其直接目标是确保员工获取、保持与组织核心竞争力相一致的胜任力，从而支持组织战略目标的实现。

通过胜任力管理，可为招聘提供标准和方法，保证具备组织所需胜任力的人才加入组织；为员工职位的调整（包括换岗、晋升、降级等）提供依据，实现胜任力与职位的匹配；为培训提供方向和途径，实现员工胜任力的有效提升；为绩效考核提供标准，实现员工胜任力、工作责任与工作绩效的对等；为员工个人职业生涯发展提供帮助，使员工明确能力发展通道、实现职业目标；为组织人力资源规划提供参照，实现人员数量与质量的规划、制度与流程的规划等，以满足组织对员工胜任力的需要。

（三）满足员工需求、激励员工实现绩效目标的需要

组织成员的需求总体上呈现多元化且层次不断上升。实际上，对胜任力构成要素中的动机、价值观等隐性部分的分析，就是对员工个人需求的更深层次分析。通过胜任力管理，了解员工需求特别是更高层次的需求、创造满足需求的条件、实现个人需求与组织需要的匹配，有助于在有效激励个人的同时实现组织目标。

绩效是行为结果的体现，而行为又受到个人动机、个性、自我形象、价值观、社会角色、态度以及知识与技能等胜任力的构成要素的直接影响（见图5-4）。

图5-4 胜任力与绩效关系模型

比如一个成就动机很强的人，会积极主动、努力地把工作做到尽善尽美，而可能的绩效结果就是任务得到很好完成以及工作得以持续改进（见图5-5）。

图 5-5　胜任力与绩效关系示例

动机的重要性不言而喻，但动机不仅很难被观察到，更难以改变，那么企业究竟应该如何有效地激发员工的成就动机呢？通过胜任力管理，不仅能确认员工的动机，而且能通过创造一定的环境和条件塑造或激发员工的动机（比如，学习成功组织的标杆人物的事迹，让员工看到在组织中成功的途径和可能），从而有效激励员工不断实现高绩效。

总之，无论是从组织战略的角度，还是从全面绩效考核和深层次认识员工的角度出发，都要求我们开展胜任力分析。对胜任力的研究是整个人力资源管理系统的一项基础性工作。

四、胜任力模型

（一）胜任力模型的定义

胜任力模型（Competency Model）就是为了完成某项工作，达成某一绩效目标，要求任职者具备的一系列不同胜任力的组合。这些胜任力与工作绩效密切相关，包括"完成工作需要的关键知识、技能与个性特征以及对于取得工作高绩效与获得工作成功具有最直接影响的行为"。

从上述定义中可以看出：首先，胜任力模型是胜任力的组合，胜任力有不同的类别和等级，所以胜任力模型一定涉及胜任力的类别和等级；其次，胜任力是针对特定的工作与职位及相应的绩效而言的，所以胜任力的类别要与工作和职位匹配，既要包括必要的胜任力，也要排斥多余的胜任力；最后，要与绩效匹配，同一职位和工作有不同的绩效要求，要有相应的胜任力等级。所以企业内特定工作职位的员工胜任力模型通常可以体现为一系列不同级别的不同胜任力的组合，但类别不是越多越好，级别也不是越高越好。

（二）胜任力的分类

胜任力分类是根据企业所需核心专长和技能（即核心能力）的结构确定员工胜任力的结构。对胜任力进行分类是构建胜任力模型的基础。如前文所述，按照胜任力的要素构成不同，可以把胜任力分为隐性胜任力和显性胜任力。根据企业的实践经验，可按照企业所需的核心专长与技能，将员工胜任力分为通用胜任力、可迁移胜任力、专业胜任力、职位胜任力和团队结构胜任力五类（见图5-6）。

（1）通用胜任力。通用胜任力主要是指所有组织成员都应当具备的基本胜任力和行为要素，即那些与企业所处行业、企业文化、企业核心价值观和企业战略等相匹配的胜任力。例如，IBM公司的核心价值观是服务，则员工的服务意识是该公司的一项通用胜任力。通用胜任力的获取方法通常以"战略与企业文化演绎"为主，辅以"关键职能与核心流程分析""优秀员工行为事件访谈"和"标杆机构胜任力模型研究"等方法。该胜任力主要用于人员的招聘录用与甄选。

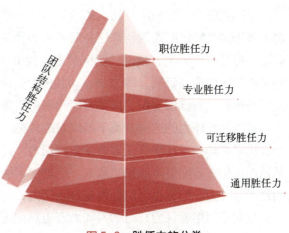

图5-6　胜任力的分类

（2）可迁移胜任力。可迁移胜任力是指在不同专业类别中都应当具备的胜任力，主要是指领导力和管理胜任力及行为要素，表现为有效发挥决策、组织、领导、控制和创新等管理职能，最大限度地开发与利用人力资源，建立高绩效的工作团队等。可迁移胜任力的获取方法以"优秀领导行为事件访谈"为主，辅以"战略与企业文化演绎"以及"标杆机构胜任力模型研究"等方法。该胜任力主要用于领导者能力发展计划与领导团队建设。

（3）专业胜任力。专业胜任力是指员工为完成某一类专业业务活动所必须具备的能力与行为要素。这一类胜任力与工作领域直接相关，通常只要求特定类别职位的任职者具备，或对特定职位任职者有较高要求，这些职位类别包括技术研发类、专业管理类、操作类和营销类等。例如，技术研发类职位要求的专业胜任力主要包括创新意识、逻辑思维能力和团队合作等，营销类职位要求的专业胜任力主要包括服务意识、沟通能力和管理能力等。专业胜任力的获取方法以"关键职能与核心流程分析"为主，辅以"优秀员工行为事件访谈""战略与企业文化演绎"以及"标杆机构胜任力模型研究"等方法。该胜任力主要用于员工的职业化推进与职业发展。

（4）职位胜任力。职位胜任力是指员工胜任某一特定职位活动所必须具备的能力与行为要素。它与所从事的具体工作相联系，是在专业胜任力的基础上，体现某职类/职种中具体职位特点的胜任力，更多地强调基于职位要求的胜任力要素的结构化匹配。职位胜任力的获取方法以"优秀员工行为事件访谈"为主，辅以"关键职位职责分析"和"标杆机构胜任力模型研究"等方法。该胜任力适合于那些职位相对固定的流程型组织，主要用于人岗的有效配置。

（5）团队结构胜任力。团队结构胜任力是指团队成员之间基于合作的前提，需要具备不同质的胜任力。它与所在团队的职能与任务直接联系，是面向跨职能、跨部门团队的一群人基于某个特定时期的特殊任务所要求的胜任力。团队结构胜任力的获取方法以"团队职能任务分析"为主，辅以"团队员工行为事件访谈""战略与企业文化演绎"以及"标杆机构胜任力模型研究"等方法。该胜任力适合于那些职位不固定、强调角色与团队协作及任务执行的网络型组织，如项目组和任务组等。

当然，胜任力的这种分类不是绝对的，在一些企业中某些胜任力既可以划为通用胜任力，也可以划为可迁移胜任力或专业胜任力。在具体划分时，一方面要考虑这些胜任力的普遍性；另一方面要考虑其特殊性。比如学习能力，对于一个高度依赖创新的公司应当划为通用胜任力，但它也可以划为专业胜任力，这样则表明学习能力对专业职位而言非常重要，相对于通用胜任力其对学习能力有更高和更特殊的要求。

在胜任力管理中必须关注各类别员工胜任力的均衡发展，既要保证各类别员工能力的不断提升，以满足实现企业战略的要求；也要强调各类别员工在能力结构方面的有效匹配与协同。唯有如此，企业才能获得持续的发展能力。

【学习资料 5-1】

中粮集团经理人胜任力模型在战略人力资源管理中的应用

中粮集团经理人胜任力来源于集团全产业链战略要求，其胜任力模型如图 5-7 所示。

图 5-7　中粮集团经理人胜任力模型

中粮集团经理人胜任力模型中的领导力模型包括三个维度：高境界、强合力以及重市场（如图 5-8 所示）。

高境界是指经理人自身价值观在行为层面的体现，不受其年龄、性格、经验、所处岗位和行业的影响，是人在各种环境下对自我的一贯要求。高境界包括业绩导向、学习成长和阳光诚信三个领导要素。

- 业绩导向：为个人或团队设定挑战性目标，以目标为导向；使用科学的方法监督目标达成；为达成目标不懈努力，从目标的达成和持续改进过程中获取成就感。
- 学习成长：个人展现出对新知识、经验和挑战的热情，并鼓励团队保持这种热情；为个人和团队创造学习机会并学以致用。
- 阳光诚信：坦率真诚、行为始终如一，遵从道德、伦理、专业和组织准则，赢得他人的信任。

图5-8　中粮集团领导力模型

强合力要求经理人必须视中粮为一个整体，以全产业链战略为统一目标，加强不同业务之间、同一业务上下游之间、组织内部之间的有效协同和资源共享，形成强大的合力。强合力包括协同共赢、组织发展和资源整合三个领导力要素。

- 协同共赢：运用适当的方式、方法影响工作伙伴，建立有效的合作关系，不断深化合作关系，促进工作目标的达成。
- 组织发展：根据企业整体战略、文化和价值观的要求，建立吸引人才、发展人才、激励人才和保留人才的机制，运用恰当的方式发展和激励团队，提升组织能力，使组织具备难以复制的整体人才优势。
- 资源整合：根据公司目标，积极调动公司内外部资源，并制定行动计划，确保工作目标有效达成。

重市场就是要遵循市场规律，始终从客户需求出发，不断为企业创造价值。重市场包括系统思考、变革创新、客户导向三个领导力要素。

- 系统思考：面对各种环境压力，基于数据信息，运用逻辑性的思维方式，系统性地形成对业务的认识和判断，创造性地做出战略决策。
- 变革创新：寻求和抓住机会，以创新的方法解决组织问题。
- 客户导向：建立并维护战略性客户关系，从客户角度出发开展工作。

在人力资源管理中，中粮集团领导力模型可应用于领导力发展、人才梯队建设、招聘甄选、培训开发、绩效管理和人才任用等领域。集团以领导力模型为核心，以经理人综合评价体系为基础不断完善人才培养与开发体系（如图5-9所示）。

- 领导力发展系统。基于领导力模型完善经理人的发展系统。评价反馈是帮助经理人进行自我认知、不断完善自我的有效手段，集团每年根据领导力模型对经理人进行领导力360°评价，并建立评价反馈的工作制度。
- 人才梯队系统。基于领导力模型完善经理人的人才梯队系统。以领导力模型为主要评价标准，选拔集团战略发展所需的高潜质人才，通过领导力模型对高潜质人才进行测评，发现他们的优势与不足。制定个性化的培养方案，采用轮岗、分配挑战性工作和导师制等培养方法，加速高潜质人才的成长，建立集团的人才梯队。

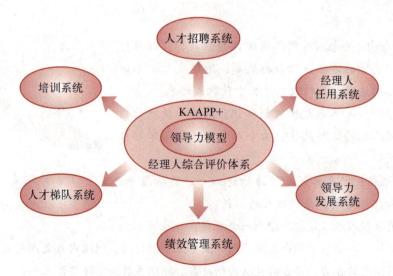

图 5-9　中粮集团领导力模型在人力资源管理中的应用

- 经理人任用系统。基于领导力模型完善经理人的任用系统。模型为集团选拔和培养经理人提供了标准，集团按照此标准，采用360°评价和任前访谈等多种方法对经理人进行任前评价，为选人、用人提供依据。
- 培训系统。基于领导力模型完善经理人培训体系。中粮经理人领导力培训体系以五步组合论为理论框架，以基于商业驱动力的领导力模型为重点进行构建，课程的开发与选择源于集团战略和经理人领导力模型的测评结果，不同职业发展阶段的经理人需要参加不同层次的系统性课程培训，通过"测评—培训—使用—测评"的循环不断提升中粮经理人的领导力水平和知识结构的完整性。
- 人才招聘系统。从市场招聘经理人时，使用基于领导力模型的经理人综合评价体系，将测评结果作为甄选人才的主要依据。
- 绩效管理系统。将领导力评价和业绩评价有机结合起来，通过领导力的评价和发展，提升经理人的绩效。

资料来源：根据中粮集团相关资料编写。

五、胜任力模型的描述——胜任力词典

（一）胜任力词典概述

1. 胜任力词典的起源

自1989年起，美国心理学家麦克利兰开始对200多项工作所涉及的胜任力进行研究（通过观察从事某工作的绩优人员的行为及其结果，发掘导致绩优的明显特征），经过逐步完善与发展，总共提炼并形成了21个通用胜任力要项，构成了胜任力词典（Competency Dictionary）的基本内容。这21个胜任力要项主要概括了任职者在日常工作与行为中，特别

是处理某些关键事件时所表现出来的动机、个性特征、自我认知与技能等特点。作为基本构成单元与衡量标尺，这些胜任力要项的组合就构成了企业内特定职位任职者的胜任力模型。

2. 胜任力词典的发展与完善

继麦克利兰对胜任力进行研究与分析之后，企业界与学术界都在各自实践与研究的基础上，纷纷丰富、细化或发展新的胜任力词典。这些胜任力大多是在经过大量绩优工作者的验证，以及多种经验式胜任力模型确认的基础上提炼并总结出来的，具有广泛的实用性。尤其是在胜任力模型级别的界定方面，进一步发展了麦克利兰小组对 21 个胜任力要项的研究，使之更清晰、有效。

事实上，正如胜任力模型要与企业核心能力对应并匹配一样，胜任力词典对于一个处于不确定性环境中的企业而言，也处于不断更新、提炼、添加与剔除的动态过程中。胜任力词典符合企业培育核心竞争力的要求，在创建符合企业个性化需求的胜任力模型方面发挥了标尺作用（见图 5-10）。

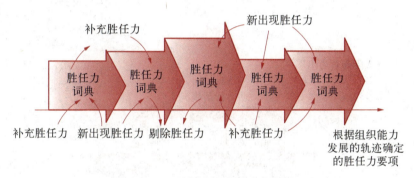

图 5-10　胜任力词典的动态发展

3. 胜任力词典的编制原理

无论企业与学者怎样丰富或细化胜任力词典，词典本身的生成原理总是不变的，其落脚点始终在于根据我们赋予胜任力的某种普遍意义，挖掘并提炼导致任职者取得高绩效的某些特征的集合。

以胜任力词典的编制为例，麦克利兰及其研究小组首先根据对 200 多人在工作中的行为及其结果观察到的信息，建立了一个 286 类不同领域的相同工作所需胜任力的数据库，其中包括政府部门、教育机构、医院、宗教组织、企业和军队等组织所需的企业家/领导人、市场类和技术类人员的胜任力。然后，麦克利兰等人针对该数据库归纳了大约 760 种行为特征。其中，与 360 种行为特征相关的 21 个胜任力要项能够解释每个领域工作中 80%以上的行为及其结果，而其余的 400 种行为特征对应的是一些不太常见的胜任力要项。因此，这 21 个胜任力要项便构成了胜任力词典的基本内容，并且每个要项都会由对应的各种行为特征来加以阐释。

胜任力词典的意义在于它可以解释胜任力对于同类工作的不同绩效结果——无论地域、文化、环境和条件的差异如何——所产生的影响相似。也就是说，从事同类工作的绩优人员所具备的胜任力及其内涵在全世界范围内并没有太大的本质上的差异。

在实际编制与运用胜任力词典的过程中，这21个胜任力要项的具体含义与相应级别的定义都经过了严格的专业标准测试以及企业/组织中不同层级、类别人员的实践与评估，根据企业/组织所处行业的特点以及自身特性，通过对胜任力的不断修订、增删与重新组合，最终形成了符合行业与企业/组织个性需要的胜任力词典。

（二）胜任力词典的结构与内容

麦克利兰把21个胜任力要项划分为6个基本的胜任力要项族，包括目标与行动族、影响力族、帮助与服务族、管理族、认知族、自我概念族。每一个具体的胜任力要项都有一个具体的释义与至少1~5级的分级说明，并附以典型的行为表现或示例，从而形成完整的胜任力词典（见图5-11）②。

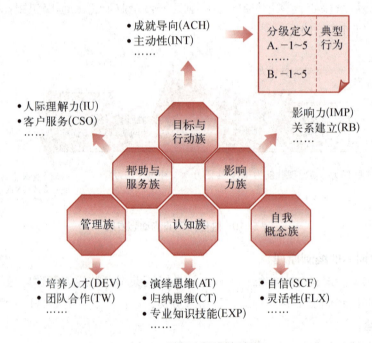

图5-11 胜任力词典的结构

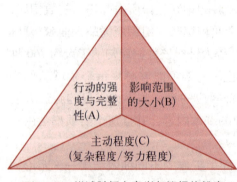

图5-12 描述胜任力定义与等级的维度

胜任力的等级通过以下三个维度来区分（见图5-12）。

（1）行为的强度与完整性。该维度展现该胜任力对于驱动绩效目标实现的强度，以及为实现目标而采取行为的完整性，在胜任力词典中通常记为"A"。

（2）影响范围的大小。该维度表示受该胜任力影响的人、事以及规范。比如，"影响力"这一胜任力可能会涉及一个普通员工，也可能影响数万人（包括许多高层人物）；可能影响每个人某项任务的完成，也可能影响公司的战略；可能影响一个班组，也可能影响数家公司。影响力的大小在胜任力词典中通常记为"B"。

（3）主动程度。该维度表示行动的复杂程度与行为人主观的努力程度，即为达到某一目标而花费的人力、物力、信息与资源以及投入额外的精力或时间等，在胜任力词典中通常记为"C"。

在每一个胜任力要项中，这三个维度都有不同的等级以及相应的说明，用以区分与解释因胜任力的级别差异而导致的不同行为及其不同结果。对于某些胜任力要项而言，还设定了负值（-1），表示那些通常会出现在绩效一般人员身上，而很少出现在绩优人员身上的行为，并说明这些行为对于产生高绩效的不利影响。下面以目标与行动族的成就导向（Achievement Orientation，ACH）胜任力为例加以说明。

目标与行动族的胜任力主要是针对如何完成任务、达成目标而言的，反映的是一个人对设定目标与采取驱动目标实现的行动的取向。这个族的胜任力通常不会直接涉及与他人之间的联系，但事实上，无论是提高生产率还是改进工作绩效，都会影响他人的能力（IMP），甚至包括为驱动目标的达成而运用的信息收集能力（INF）等。

成就导向表明一个人始终渴望有所建树，通过不断给自己设定新的或更高、更多的目标而获得某种满足。这种对成就的不懈追求能够给人以动力，使人长时间地工作而不知疲倦，并不失时机地催人奋起，迎接新的、更富挑战性的任务。

成就导向旨在促进更好地完成工作或达到优秀水平的绩效标准。这个绩效标准可能是个人过去的业绩（以便努力改进），可能是一种客观的衡量标准（只论结果），可能是比他人做得更好的业绩（体现竞争性），也可能是自己设定的有挑战性的目标，甚至可能是任何人从未做过的事（体现创新性）（见表5-1）。

表5-1 成就导向的级别定义

级别	行为描述
A. 目标的设定	
A.-1	没有设立工作表现优秀的标准。对工作没有特别的兴趣，只关注自己分内的事情
A.0	关注工作任务本身。工作很辛苦，但绩效并不显著
A.1	试图把工作做好、做正确，但由于工作缺乏效率导致绩效改进并不明显
A.2	设法达成他人设定的标准，例如，管理层设定的各种标准（实现预算、完成销售额等）
A.3	形成自己关于"绩优"的标准，例如，成本支出、质量等级、花费的时间等，但是不具有太大的挑战性
A.4	绩效改进。虽然没有设定具体的目标，但对整个系统或工作方法、工作流程实施了具体的变化或革新，以提高绩效
A.5	设定并努力达成具有挑战性的目标，例如，在6个月内将销售额、产品优良率或生产率提高15%
A.6	进行成本-收益分析。基于投入和产出分析做出资源配置、目标选择等方面的决策

（续表）

级　别	行　为　描　述
A.7	敢于承担一定的风险。面对未来的不确定性，在采取行动（例如，进行市场调研）使风险最小化的情况下，敢于集中一定的资源或时间进行创新，改进绩效或达成具有挑战性的目标
A.8	坚忍不拔。直面挫折，采取持久的行动，付出不断的努力
B. 影响的范围（要求目标的设定在 A.3 以上）	
B.1	影响个体绩效。通过时间管理和良好的人际沟通努力改善自己的绩效
B.2	影响至少两个人的绩效。例如，组织一个小型的工作会议
B.3	影响一个工作团队的绩效，以提高系统效率，改进团队绩效。例如，组织一个中等规模的研讨会
B.4	影响一个部门的绩效
B.5	影响一个中等规模的组织或公司某一部门的绩效
B.6	影响一个大型组织的绩效
B.7	影响某一产业的效益
C. 主动程度（要求目标的设定在 A.3 以上）	
C.0	没有任何创新
C.1	对工作有些创新，但组织中的其他部门早已做过了
C.2	对组织进行创新。为改进绩效在组织中进行了创新，但并不具有普遍意义
C.3	对行业标准与规范进行创新。通过行业创新与变革获得超额利润
C.4	进行引发行业巨大变迁与革命的创新活动。例如，苹果公司改变了个人电脑产业的格局

不同胜任力等级是三个维度不同级别的组合，但在实践中通常以某一个维度为主导，将其他维度作为辅助与参照。例如，描述成就导向胜任力时，一般员工与绩优员工的核心差异主要源自"A"维度，即行动的强度和完整性。

（三）胜任力词典在构建胜任力模型中的应用示例

下面以麦克利兰的胜任力词典对管理类通用胜任力模型中的几个关键胜任力要项的分析和应用为例，进行详细说明。这里的"通用"是针对不同行业、地域、文化背景以及组织而言的，旨在说明进入某职业或工作领域的胜任力要求。

（1）影响力（IMP）。优秀的管理者通常都擅长运用良好的个人及社会影响力，树立个人在组织中的权威。这种影响力主要表现在：致力于与上级、同事、下属甚至客户建立信任关系，并留下良好的具体印象；采用各种方式（包括说服，运用事例、资料等）对他人施加影响。优秀的管理者一般都拥有一些独特的说服技巧，不会生硬地运用职权把自己的观点强加给他人，在实施影响力的过程中会根据具体的听众调整说话的内容与风格，从而使他人更易于理解并接受。

（2）成就导向（ACH）。对管理人员来说，成就导向意味着为自己及所管理的组织设立目标，提高工作绩效的动机与愿望。由于管理者的工作常常会影响到他人的绩效，因此其成就导向超越了个人层面而上升到组织层面，具体表现为：管理者需要不时评估下属的工作绩效,并在合适的时间给予下属最直接与正向的激励与赞扬,从而使下属能够在未来的工作中更加努力与投入。与此同时,管理者还要将成就导向转化成为员工设定具体且富有挑战性的目标,从而最大限度地开发下属的潜能,为组织获得最大化的收益。

(3)培养人才(DEV)。作为企业战略的实施者,管理者需要具备的关键胜任力之一就是培养人才。即对下属提供建设性的反馈意见,在下属遇到困难后给予安慰与鼓励;通过各种指导、建议或对某个职位的工作给予支持等方式培养下属;等等。

(4)自信(SCF)。优秀的管理者必须对自身能力表现出自信,同时乐意接受各种具有挑战性的工作;在必要时能够向上级直接提出质疑或挑战其行为。对于某些优秀的管理者而言,还应表现出某种应对失败的胜任力,如个人主动对失败或问题承担责任等。

(5)团队合作(TW)。优秀的管理者通常都很注重给他人以信任与认可,特别是会就一些与他人有关并会产生影响的事务共同商议与处理。他们都非常注重提高团队士气,崇尚合作精神。

【学习资料5-2】

华为战略领导力模型的描述

华为战略领导力模型包括发展组织能力、发展客户能力、发展个人能力三个维度,每个维度又有数量不等的子维度,每个子维度都有不同的等级[③]。

一、发展组织能力

1. 团队领导力

定义:这是一种运用影响、激励、授权等方式来推动团队成员关注要点、鼓舞团队成员解决问题以及运用团队智慧等方法来领导团队的行为特征。

- 层级一:任务式领导。
- 层级二:设定高绩效团队的行为期望。
- 层级三:向团队授权。
- 层级四:鼓舞士气,影响团队。

2. 塑造组织能力

定义:这是一种识别并发现机会,以不断提升组织能力、流程和结构的行为特征。

- 层级一:理解并执行组织的流程,识别需要改进的领域。
- 层级二:指导团队。
- 层级三:匹配人力资源,发现、培养后备干部。
- 层级四:进行组织或流程的重新设计,建立干部梯队,持续提升绩效。

3. 跨部门合作

定义:这是一种为了公司整体利益而主动与其他团队合作、提供支持性帮助并获得其他部门承诺的意愿和行为特征。
- 层级一：尊重他人，并贡献自己的观点。
- 层级二：处理冲突，愿意妥协。
- 层级三：主动理解其他部门的需要，采取行动提供帮助，寻找双赢。
- 层级四：整体利益最大化。

二、发展客户能力

1. 关注客户

定义：这是一种致力于理解客户需求，并主动用各种方法满足客户需求的行为特征。"客户"是指现在的及潜在的客户（内外部）。
- 层级一：响应明确的客户需求。
- 层级二：解决客户的担忧，主动发现并满足客户未明确表达的需求。
- 层级三：探索并满足客户潜在的需求。
- 层级四：想客户所未想，创造性地为客户服务。

2. 建立伙伴关系

定义：这是一种愿意并能够找出华为与其他精心选择的合作伙伴之间的共同点，与它们建立互利共赢的伙伴关系来更好地为华为的客户服务的行为特征。
- 层级一：对外开放，建立联系。
- 层级二：开展对话。
- 层级三：共同发展伙伴关系。
- 层级四：寻求共识，实现双赢。

三、发展个人能力

1. 理解他人

定义：这是一种准确地捕捉和理解他人没有直接表露或只是部分表达出来的想法、情绪以及对其他人的某些看法的行为特征。
- 层级一：识别情绪和状态。
- 层级二：理解情绪和表达。
- 层级三：理解真实意图。
- 层级四：理解深层问题。

2. 组织承诺

定义：这是一种为了支持公司的发展需要和目标，愿意并能够承担任何职责和挑战的行为特征。
- 层级一：努力融入组织。
- 层级二：展现公司形象。
- 层级三：认同及传播公司核心价值观，以实际行动支持公司。
- 层级四：为公司利益做出牺牲。

3. 战略思维

定义：这是一种在复杂模糊的情境中用创造性或前瞻性的思维方式来识别潜在问题、制定战略性解决方案的行为特征。

- 层级一：通过发展趋势来实施战略。
- 层级二：运用复杂的理念去实施战略。
- 层级三：深入浅出地洞察战略。
- 层级四：对业务重新构思或创造新的业务概念。

4. 成就导向

定义：这是一种关注团队最终目标，并关注可以为公司带来最大利益的行动的行为特征。

- 层级一：把事情做得更好。
- 层级二：设定并实现挑战。
- 层级三：进行成本/效益分析。
- 层级四：敢于冒经过评估的风险。

资料来源：根据华为公司相关资料编写。

第二节 胜任力模型建立的流程、技术与方法

一、胜任力模型建立的流程

构建胜任力模型的流程主要依据胜任力的核心内容来界定，不同的胜任力模型的构建流程和方法有所不同。如领导力胜任力模型、专业胜任力模型和通用胜任力模型的构建程序各有特点。但一般来讲，胜任力模型的构建要经过以下流程：准备、研究与开发、评估与确认以及模型的应用四个阶段（见图5-13）④。下面主要介绍前三个阶段，模型的应用

图5-13 胜任力模型建立的流程

将在下一节中重点讲述。

1. 准备阶段

首先，成立相关组织机构。构建胜任力模型要有组织保障，比如项目组。通常，项目组要有领导（特别是一把手）、专家、人力资源部门职能人员、业务经理与员工代表等参加，要有项目总监、项目经理与项目组操作人员等具体负责人员，并确定各自的责任与任务。项目组要明确项目的目标、内容、时间、经费预算、标志性成果、结果应用以及配套的机制与制度。

其次，明确企业战略。胜任力模型必定源自企业的战略，企业战略既是构建胜任力模型的依据，也是构建胜任力模型的目标，即有效实施企业战略，因此明确企业战略对于构建胜任力模型至关重要。

最后，分析目标职位。目标职位是指由那些对公司业务的成败具有核心作用的人掌握的，承担实施战略的主要责任，控制关键资源（人、资金、技术、市场、客户、知识与信息），可以产生价值增值的职位。

2. 研究与开发阶段

研究与开发阶段通常包括以下几个步骤：

（1）选定研究职位。由于构建胜任力模型是一项花费大量时间、人员、精力并且技术性很强的工作，因此，明确目标职位一方面可以节约企业资源，另一方面可以抓住重点、提高工作成效。选定研究职位的途径包括分析公司战略、理清重要业务流程、分析组织结构和高层访谈等。

（2）明确绩优标准。针对选定的研究职位而言，明确绩优标准就是要制定一些客观明确的标准与规则来确定与衡量绩效，从而为该职位所需胜任力的研究提供基础。企业中有些职位的绩效容易衡量，比如销售人员的销售额，但是对于难以量化绩效标准的职位而言，除了要评价工作结果，还要考虑工作过程和工作情境，其绩效标准还应当由该职位的上级、同级及其他相关人员共同参与来界定。

（3）挑选研究样本。根据绩优标准考核员工，并根据考核结果把员工分成两组：一组为具备胜任力但业绩不够突出的一般人员，在其中选择2~3名作为研究样本；另一组为绩优人员，在其中选择3~6名作为研究样本。

（4）任务要项分析。依据工作分析的方法，将目标职位的绩优标准分解细化为一些具体的任务要项，以发现并归纳驱动任职者产生高绩效的行为特征。

（5）行为事件访谈。行为事件访谈是对同一职位的优秀任职者和一般任职者分两组进行结构化访谈，通过对比分析访谈结果，发现那些能够导致两组人员绩效差异的关键行为特征，继而演绎为特定职位任职者所必须具备的胜任力特征（具体方法见本节第二部分）。

行为事件访谈的主要内容是该职位的任务要项，特别是任职者在重大问题上遇到的若干（通常为2~3个）成功的和失败的典型事件或案例。通过了解他们在事件中的角色与表现以及事件的最终结果等，总结并归纳被访对象的思想、情感与行为，继而衡量、评价其能力水平，了解并发掘其动机、个性以及自我认知能力等决定人的行为的胜任力特征，最后通过归并组合，形成该职位的胜任力模型。

(6) 信息分析与胜任力模型的形成。将通过行为事件访谈获得的信息与资料进行归类，找出并重点分析对个人关键行为、思想和感受有显著影响的过程片断，发现绩优人员与绩效一般人员处理片断时的反应与行为之间的差异，包括关注的话题、待人接物的方式、思维及技能、情绪控制能力、关注行为的结果、气质与个性等其他特征。

识别导致关键行为及其结果的、具有区分性的胜任力特征，提炼并确认胜任力内容并对其进行层次级别的划分。基本流程如下所示：

① 信息分析。信息分析内容清单见表5-2。已经编制了胜任力词典或准备参照相关胜任力词典的企业，可以根据胜任力词典中关于特定胜任力的解释，来确定胜任力的类别及层级。没有编制胜任力词典或不准备参照其他胜任力词典的企业，则需要采用统一的语言（包括用词、语式、语气等）完成胜任力的概念化。

表5-2　信息分析内容清单

- 通过分析访谈资料而归纳的各个胜任力要项是否都整合到了一起？
- 考虑到胜任力出现的频率、具备该胜任力能够取得的成效、缺乏时会产生的后果、在未来工作中的必要性、对公司业务及战略执行的影响等方面因素，哪些胜任力是最重要的？
- 胜任力表现是否具有典型性？是大多数绩优人员都具备这一胜任力，还是仅有一部分人具备？是大多数一般人员都不具备该胜任力，还是只有一部分人不具备？
- 在忽略无关或较少出现的胜任力的前提下，哪种胜任力出现的频率较高？级别如何？（一个有效的胜任力模型通常包含4~6项最重要的胜任力。）
- 这些胜任力是如何表现出来的？是落实在行动上，还是反映在绩效的结果上？
- 访谈及其他相关资料是否可信？有无特殊的或遗漏的方面？

② 胜任力统计分析。采取统计分析等方法，对初步归纳的所有胜任力要项进行论证与筛选，确认胜任力要项能否将绩优人员与一般人员区分开来。同时汇总访谈资料，进一步提炼胜任力要项及其定义和分类。

③ 初步形成目标职位的胜任力模型。胜任力模型包含特定的胜任力要项、每个胜任力要项的定义、级别划分以及各个等级行为特点的描述，并附详细解释和取自关键事件访谈资料的示例。

3. 评估与确认阶段

胜任力模型评估的对象可以是企业内部其他职位和人员，也可以是其他企业的职位和人员；评估的方式可以是直接评估，也可以与企业其他管理措施及手段相结合，从而为胜任力模型的应用创造良好的条件。胜任力模型评估的常用方法主要包括以下四种：

(1) 讨论评估。通过与相应职位的任职者及其上级进行讨论，确认胜任力模型中的胜任力要项是否为驱动任职者达成高绩效的关键因素、胜任力要项的界定与划分是否准确、是否还有其他胜任力要项被遗漏等。这种方式的好处是让职位相关人员都了解胜任力模型，使其更具操作性；绩效一般的员工通过参与讨论，可以强化其对企业要求达到的胜任力的认识，从而通过提高自身胜任力并改变行为方式来实现个人工作绩效的持续改进。

（2）实验评估。重新选取另一组绩优人员与绩效一般人员作为样本，检验胜任力模型对其行为差异以及未来绩效的预期。

（3）培训评估。将胜任力模型与企业的培训职能乃至其他管理职能相结合，预测以胜任力模型为基础开展的人力资源开发活动能否帮助员工产生高绩效。

（4）标杆评估。选取标杆企业的对应职位及人员作为样本，检验胜任力模型对其行为差异以及未来绩效的预期。

由于胜任力模型的开发本身是一个不断证伪、不断完善的过程，因此评估与确认阶段是必不可少的环节。评估的对象不仅要扩展到企业内部更多的职位与更多的人员，同时还要考虑将企业的其他管理措施与手段嫁接进来，从而为胜任力模型的应用营造良好的氛围与条件。对于那些比较成熟的行业（如金融、电信、汽车等），企业还可以选取所在行业的标杆企业的某些职位，在信息完备的前提下对胜任力模型进行标杆检验，从而使其对企业构建核心竞争优势更具现实指导意义。

在胜任力模型的框架形成之后，还要通过管理实践对胜任力模型进行评估与确认。

二、建立胜任力模型的操作技术与方法

构建胜任力模型的方法主要有：战略演绎法、行业标杆法、行为事件访谈法和主题分析法。

（一）战略演绎法

战略演绎法是根据组织战略分析组织核心能力，进而确定员工胜任力的方法。组织战略是未来长期的目标，组织核心能力大多是目前不具备而未来需要的能力，只能通过现有的组织战略演绎来实现，因此战略演绎法是构建胜任力模型的首要方法。在胜任力模型初步完成后，组织的战略是检验胜任力模型的重要标准。这不但决定了所构建的胜任力模型是否与公司未来的发展一致，而且决定了胜任力模型能否在未来的工作中顺利执行下去。

组织发展战略决定了组织未来的发展方向和中长期目标，为胜任力模型的建立明确了重点、指明了方向，并为提炼各职位的胜任力提供了依据。同时，构建胜任力模型的目的就是保证组织战略的有效实现。

（二）行业标杆法

行业标杆法就是根据行业关键成功要素（KSF）来构建胜任力模型。简单来说，就是收集并分析研究国内外其他同行或同一发展阶段的类似公司的胜任力模型，通过小组讨论或者研讨会的方式，从中挑选适用于本组织的胜任力要项，形成胜任力模型。通过这种方法构建的胜任力模型具有广泛的实用性，参考价值高，而且因为所有胜任力要项都经过分析、比较和研究，相对成熟，可操作性强。但是这种方法也有不足，即所构建的胜任力模型与其他公司的共性过多，缺乏自己的特性和适应性。因此，通过这种方法构建胜任力模型，应当基于组织的实际数据，这样才能提高胜任力模型的有效性和适用性。

（三）行为事件访谈法

1. 行为事件访谈法的内涵及其优缺点

行为事件访谈法，又称关键事件访谈法（Behavioral Event Interview，BEI），是由麦克利兰教授开发的，通过对绩优员工以及一般员工的访谈，获取与高绩效相关的胜任力信息的一种方法。

"行为事件"的意义在于通过被访者对其职业生涯中某些关键事件的详尽描述，揭示与挖掘当事人的胜任力，特别是隐藏在水面下的潜能部分，用以对当事人未来的行为及其绩效产生预期，并发挥指导作用。被访者对于关键事件的描述必须至少包括以下内容：这项工作是什么？谁参与了这项工作？被访者是如何做的？为什么？这样做的结果如何？

行为事件访谈与传统意义上的访谈以及基于工作分析的访谈有本质或核心的差别。传统意义上的访谈存在导向性以及被访者自我认知的偏差，结论通常无法解释谁能把工作做好。基于工作分析的访谈所涉及的关键事件是为描述工作本身服务的，目的是了解并梳理有关工作的信息。关键事件访谈注重对人的胜任力的挖掘，以便在绩效与影响绩效的胜任力要项之间建立某种联系。

BEI 法的优点主要表现在以下五个方面：

（1）价值性。BEI 法观察识别员工胜任力的能力以及效度优于其他资料收集方法，或者说，BEI 法在发现员工胜任力方面具有极高的价值。

（2）有效性。BEI 法不仅描述了行为的结果，而且说明了产生行为的动机、个性特征、自我认知、态度等潜在的特征，因此采用 BEI 法解释胜任力与行为的驱动关系非常有效。

（3）指导性。BEI 法可以准确详细地反映被访者处理具体工作任务与问题的过程，告诉人们应该做什么和不应该做什么，哪些工作行为是有效的以及哪些是无效的，因此对于如何实现与获得高绩效具有指引作用。

（4）参考性。BEI 法可以提供与工作有关的具体事件全貌，这些实际上都可以发展成为企业实施招聘面试、模拟培训的有效工具与角色扮演蓝本，特别是绩优员工提供的关于具体事件的描述，可以成为员工可参照的职业发展路径，并用以总结绩优员工在何时何地、采用什么方法获得目前及未来工作的关键能力。

（5）可以深度挖掘被访者的胜任力。由于大多数人并不清楚自己的胜任力，甚至不清楚自己对于工作的真正好恶，并且不倾向于显露自己真正的动机与能力，而是受到企业有意无意的"引导"，因此多数人会按照社会普遍认同的答案或他们认为访谈者期望的答案来回答，造成信息失真，BEI 法恰恰可以解决上述问题。

BEI 法的缺点主要表现在以下四个方面：

（1）花费时间较长。一次有效的 BEI 访谈需要花费 1.5~2 小时，另外需要几小时的准备与分析时间。

（2）专业性强。访谈人员必须经过相关的专业培训，必要时应在专家指导下通过访谈获得有价值的信息,而培养一名合格的 BEI 访谈人员需要大量的前期投入。

(3)信息不完善。BEI 法通常集中于具有决定意义的关键事件及个人胜任力,所以可能会失去或偏废一些不太重要但仍与工作有关的信息与特征。

(4)范围受限。受时间、成本及必要的专家支持等限制,BEI 法无法大规模采用,只限应用于小范围职位。

2. 实施行为事件访谈法的步骤

访谈前需要做好充分的准备,包括借助工作分析与职位说明书等手段与工具,了解被访者的背景情况,包括姓名、职务以及机构状况;准备访谈提纲,安排地点并配置相关的录音设备等。通常,访谈者不必了解被访者绩效水平的高低,以避免在访谈中及得出相关结论时受到影响。

行为事件访谈法包括以下五个步骤(见图 5-14)。

(1)介绍说明访谈内容。其目的在于使访谈者与被访者之间建立相互信任及友好的关系,从而使整个访谈过程轻松愉快,保证信息的全面真实。特别要向被访者强调访谈的目的与形式、访谈信息的用途、使用者以及保密承诺等。该步骤的访谈内容主要集中于被访者的工作经历方面,重点通常放在目前的工作上,以探求被访者个人职业生涯目标以及在进行职业选择时具体行为方面的信息等。

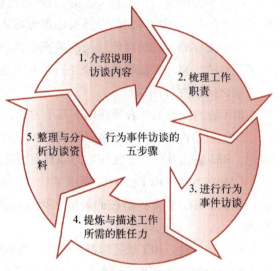

图 5-14 行为事件访谈法的五步骤

(2)梳理工作职责。了解被访职位的实际工作内容,包括关键的工作行为及与其他职位的工作关系等,可以参照该职位的说明书获得相关信息。该步骤可以引导被访者集中、清楚地描述一些具体的事例,但是在涉及某些专业术语时,要避免陷于对任务或职责的无主次的罗列当中。

(3)进行行为事件访谈。BEI 法的核心目的是了解被访者对关键事件全面详尽的描述,事件的数量以 4~6 个为宜。该步骤在整个访谈中用时最长,需要整理与分析的内容也最多。

在这一步骤中,访谈者需要注意以下四个方面。

① 要求被访者描述事件的来龙去脉,并且是实际上做了什么,而不是假设性的回答或者纯粹的想法;关注谁做了什么,而不是"我们""他们"做了什么;可以用过去时态发问;要密切关注被访者的情绪波动,与对方形成良好的情感互动。

② 避免被访者做出抽象的回答(包括假设性的回答、抽象的哲理思考、倾向性的结论等);除非遇到对方情绪波动的情况,否则不要替被访者回答问题或进行解释性、引导

性的补充说明；不要问限制性问题；行为事件涉及的范畴要大，因为不同的人对行为事件的选择与理解是不同的。

③ 当被访者列举不出具体事件时，访谈者可以列举自己亲身经历的事例或其他被访者列举过的成功事例来感染并引导对方；当被访者对所列举事件心存芥蒂时，要尊重其想法并消除其疑虑；要将注意力集中在事件而不是相关的人上；不要让访谈的话题偏离，及时纠正"跑题"现象。

④ 访谈者在访谈过程中应该时常提出一些问题，来不断验证对被访者胜任力的判断。如果被访者在几个事件中都涉及相同或相似的经历与问题，访谈者应特别关注此经历中被访者的感受或观点及其待人接物的方式。

【学习资料5-3】

行为事件访谈中STAR工具的应用

在要求被访者描述一个完整的行为事件时，通常可以借助STAR工具来进行。该工具具体包括：

- "当时的情况怎样？是什么原因导致这种情况发生的？""有什么人涉及其中？""周围的情形怎样？"（situation，S）
- "您在当时情况下的实际想法、感受怎样？您当时希望怎么做？""出于什么样的背景考虑？"（task，T）
- "您对当时的情况有何反应？""您实际上做了或说了什么？""您采取了什么具体的行动步骤？""请描述您在整个事件中扮演的角色？"（action，A）
- "事件的结果如何？""产生了什么样的影响？""您得到了什么样的反馈？"（result，R）

STAR工具有助于访谈者在访谈过程中抓住关键环节，获得建立相关职位胜任力模型所需的有价值的素材。事实上，STAR工具对于企业的招聘甄选、绩效沟通、培训开发等各个环节都有价值。需要注意的是，STAR工具的四个方面缺一不可，否则被访者所描述的事件将不完整。

以下是对某公司市场部经理行为事件访谈的记录的部分节选（提问部分略去）：

答1：去年年底，我们市场部与各部门通力合作，在最短的时间内，从众多的竞争者中胜出，拿到了一个新客户的订单，我们部门为此受到了公司的特别嘉奖。

答2：我认为作为一名管理者，最重要的胜任力就是培养他人（下属），如果不具备良好的带队伍能力，即使业绩再好，也称不上优秀的管理者。

答3：我有幸成为公司去年一次重要商务谈判的成员。那是一次非常艰难的谈判，双方在一些关键问题上始终难以达成共识。在谈判中，我主要负责回答客户提出的关于产品及其未来市场预期方面的问题。不过我想说的是,最终我们赢得了这场谈判。

请根据 STAR 工具的原理评价上述三个回答:

(1) 你认为答 1 是一个完整的行为事件描述吗?如果不是,你认为缺少了 STAR 中的哪些环节?那么接下来你会如何展开相应的行为事件访谈?

(2) 根据答 2,你会将"培养他人"作为该市场部经理的一个胜任力要项吗?为什么?如果不是,那么作为访谈者,接下来你会如何展开行为事件访谈,主要应注意哪些环节?

(3) 你认为答 3 是一个完整的行为事件描述吗?如果不是,你认为缺少了 STAR 中的哪些环节?那么接下来你会如何展开相应的行为事件访谈?你能从答 3 中获得有关该市场部经理胜任力的有效信息吗?请举例说明。

---

(4) 提炼与描述工作所需的胜任力要项。这一步骤主要有两个目的:一是对之前的关键事件进行补充,获得一些与胜任力相关的其他关键事件的信息,避免疏漏;二是通过直接询问被访者本人对从事工作所需胜任力的理解与认识,使其因为受到尊重而感到自信。

(5) 整理与分析访谈资料。访谈结束时,首先要感谢被访者花费时间提供了有价值的信息,并表示认同。接下来,要立刻汇总访谈资料,记录整个访谈内容,并通过回放录音获得新的线索,包括对被访者个性的简要描述,对尚不十分清楚的问题以及尚无法确定的工作中必备的胜任力要项等做出说明,以便在之后的访谈中进一步调查与确认。通常需要整理的资料包括以下四种。

① 职位及工作职责描述:包括被访者的姓名、职务等。以提纲形式列出工作职责,并附上各项职责的实例。所有内容均使用第一人称,就像被访者自己在叙述一样,尽可能使用被访者的语言。

② 行为事件描述:总结访谈记录及录音中被访者在各种典型情境中的行为及其结果、人际关系的处理、动机与感受等。

③ 任职者的胜任力:以提纲形式列出任职者应具备的胜任力要项,并附上各胜任力要项的实例,尽可能使用被访者的语言,特别要记录由胜任力引出的其他关键行为事件及两者之间的对应关系。

④ 总结和分析:对各方面的观察做出总结,包括访谈主题、个人印象、观点及初步结论,特别是就被访者提及的沟通、倾听与影响力等方面的胜任力对开展工作的影响做出评价。这些记录都是分析行为事件访谈资料、获得胜任力结论的关键内容与依据。例如,被访者的谈话方式、频繁使用的词语、被访者与人相处的方式、对他人的评价以及被访者表现出不满意的方面,等等。

(四) 主题分析法

1. 主题分析的内涵

主题分析的含义通常包括两个方面:一是基于胜任力词典提出的胜任力分类及相关定

义与分级，提炼行为事件访谈中的胜任力信息，对其进行编码与归类整理的过程；二是在通用胜任力词典之外，对行为事件访谈过程中新出现的、企业个性化的胜任力要项的分析、提炼与概念化过程。表5-3显示了主题分析的一个例子。

表5-3 主题分析示例

序号	事件描述	主题分析	可能的胜任力要项
1	"我知道如果我把这份计划提交给公司管技术的副总，一定会惹恼我们部门的经理，但我还是这么做了，那份计划也正如我当初所预料的，最终被否决了……"	被访者很清楚采取行动的后果会给部门经理造成什么样的影响	影响力（IMP）
2	"我习惯于每天给自己的工作做一个计划，这样就能知道哪些是最重要的，哪些是不太着急的，不会让自己显得很忙乱，对下属也能指挥若定……"	被访者知道要按照业务目标来安排工作的优先次序	策略定位（SO）

对行为事件访谈资料进行主题分析的切入点就是观察行为事件访谈过程中绩优人员与一般人员对关键事件的描述以及对问题的回答存在的差异，其核心要义就是发现决定绩效优劣的关键因素，即从事该职位工作所需的胜任力要项。

例如，优秀的企业家通常都会适时抓住机会采取行动，一般的企业家则往往对机会不是十分敏感；优秀的管理者更关注团队的力量，即借助个人影响力，整合他人的资源与优势以获得整体的成功，一般的管理者则往往只关注个人的成功。

进行主题分析需要注意以下步骤与关键环节：

（1）需要哪些胜任力要项？通过主题分析的方式，一方面，可以直接发现绩优人员与一般人员的差异，提炼相应的胜任力要项（如归纳思维等）；另一方面，可以进一步挖掘导致绩优人员与一般人员的行为差异的深层次原因，提炼相应的胜任力要项。例如，在工作中，绩优人员通常比一般人员更有毅力，但是导致这一现象的更深层次动机可能是突显自己，或是做事有始有终的习惯使然，或是按部就班，遵守统一的标准与原则等。

（2）胜任力要项要求的级别程度怎样？同一胜任力要项的层级差异能够导致工作绩效的不同，要明确绩优人员与一般人员所达到的级别。

（3）定义胜任力要项。根据胜任力要项的提炼以及级别的确定，参照企业的胜任力词典给出对应胜任力要项的级别定义；对于那些企业没有编制胜任力词典的、个性化的以及补充的胜任力要项，要按照统一的语言风格对胜任力进行相应的解释。

2．主题分析的步骤

（1）组建主题分析小组。小组主要由实施过行为事件访谈的人员构成，至少应包括4人。

（2）被访者个体分析。分析小组的成员采取对相同的行为事件访谈材料两两组合分析的方式开展工作，以集合多方的观点，尽量减小分析的偏差。

每位小组成员在分析行为事件访谈材料的过程中，要基于个人的经验与判断对每一个可能暗示某一胜任力主题的细节（文字或段落）都做上标注。其中，对于那些企业胜任力词典中已有的胜任力要项，应在相应内容的旁边标明相应的代码；对于胜任力词典中尚未列出的胜任力要项，则要由分析人员用自己的语言进行初步归纳与整理，并采用缩略形式标明。例如，访谈某企业中层管理人员的初步结论如图 5-15 所示。

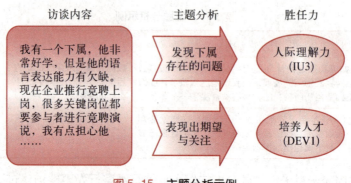

图 5-15　主题分析示例

需要注意的是：

- 对于同一行为所表现的不同胜任力要项都要记录下来，这些胜任力要项的组合往往是区别任职者绩效的关键所在。或者说，绩优人员的关键事件中常常都包含着多个胜任力要项，而正是这些要项的共同作用使得任职者能够完成某项任务或处理某种复杂的情况。
- 要标注出不同的胜任力要项在整个行为事件访谈材料中出现的频率与相应的层级。因为对于相同职位的任职者而言，绩优人员与一般人员关注的话题有所不同，描述的关键事件在数量与内容上也不同，那些出现频率高的胜任力要项往往就是反映绩效差异的关键因素。
- 关注被访者在处理重要的工作任务或情况时所采取的方法与策略，记录有关胜任力的结论演绎的过程。

将行为事件访谈材料整理、检查 1~2 遍之后，每对分析人员应交换访谈资料，采用上述方法再次独立分析，以免遗漏与错误。

（3）主题分析小组共同研讨，界定胜任力要项的定义、内容与级别。以整个主题分析小组为单位，沟通并逐个论证每个分析人员从行为事件访谈资料中提炼的胜任力主题，并将主题归类，即要么是一组绩优人员的胜任力要项（积极主题），要么是一组一般人员的胜任力要项（消极主题），要么是绩优人员与一般人员共同具备的胜任力要项。

小组成员在提出胜任力主题时，要对应有关具体行为的阐述与解释，进而将提炼的胜任力主题归类为相应的胜任力要项族。

对于那些在企业胜任力词典中找不到的胜任力要项，经过小组讨论，要么作为某一已知胜任力要项的子项，要么作为补充胜任力要项或新出现的胜任力要项添加至企业的胜任力词典。

另外，小组成员个人在分析与提炼胜任力主题时，往往会采用不同的语言表达方式描述胜任力主题。因此，分析小组共同研讨胜任力主题的目的就在于采用统一的语言形式对每一个胜任力要项族与胜任力要项的定义、内容以及级别做出最佳描述和说明。

（4）结合胜任力词典，编制胜任力要项代码。分析小组成员结合胜任力词典，对提炼的胜任力主题（特别是那些新提炼的胜任力主题）进行分类编码。

（5）主题分析小组讨论，统一胜任力要项代码。分析小组对胜任力主题与要项代码进行统一论证与修订，从而使胜任力主题的定义更加准确、贴切。

（6）对提炼的胜任力主题进行统计分析与检验。从行为事件访谈材料中抽取2~3份作为研究样本，运用统计学方法，检验在两个或更多的人阐述相似的关键事件时是否都反映出了同一个胜任力要项，从而分析与界定绩优人员与一般人员最突出的胜任力差异，证明所提炼的胜任力主题的可信度，同时也可以甄别分析小组成员个人的研究与评估能力。

（7）根据统计分析的结果，由主题分析小组再次对胜任力主题进行修正，形成最终的胜任力模型与相应的代码手册。

第三节　胜任力模型的应用

一、胜任力模型与企业核心竞争力的关系及构建

核心竞争力是组织的系统能力，组织的竞争优势正是凭借这种系统能力体现在为顾客提供的比竞争对手更大的价值。但是随着信息技术的广泛应用，对资源的独占与差异化使用已然变得越来越难以实现。这就意味着对于企业而言，通过提供更好的产品与服务，以及比对手更低的价格，或是将技术革新应用到企业的研发与生产过程中等手段，都已经无法实现企业获得持续竞争优势的愿望。基于此，培育并完善企业的系统能力便成为帮助企业获得持续竞争优势的唯一途径。

这种系统能力不仅意味着企业在市场拓展、技术创新以及财务获利等局部环节上的能力，还在于将上述能力持续转化成为企业优势的能力。这种能力既不能依托于企业中那些个别的专家或技术专利的拥有者、大客户资源的掌控者，也不能依托于企业一时所抓住的机会或某种资源，它主要表现为企业人力资源开发与管理、资源与信息共享等的流程、机制、业务模式以及核心价值观等。

或者可以这样说，竞争优势来源于建立一个持续提供比竞争对手更好的产品与服务，并能更快适应外部环境变化，通过不断学习及时调整行动的组织，而所有这一切的实现都依赖于组织中的核心资源——人力资源。

因此，归根结底，组织获取核心竞争力的源泉在于持续构建人力资源所具备的核心专长与技能，它是构成组织能力的核心要素。这种核心专长与技能能够为顾客创造独特的价值，并且是竞争对手在短期内难以模仿与复制的。在这里，核心专长与技能即为"胜任

力",它是对组织中从事不同工作的员工所具备的动机、个性与品质、自我形象、社会角色、价值观以及知识与技能的描述。如此一来,通过建立员工胜任力模型,我们便能够在构建企业的核心竞争力与培养人力资源的核心专长和技能之间架设联系的桥梁,使企业基于战略指导并规范管理者与员工的行动成为可能(见图5-16)。

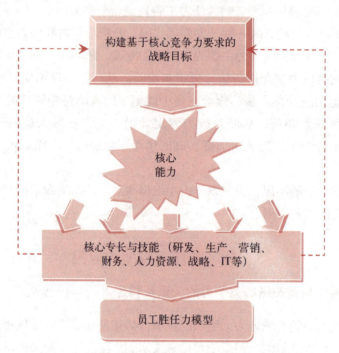

图5-16　组织的核心能力与员工的核心专长和技能

反过来说,通过员工胜任力模型的建立,实际上也为组织发现与衡量它所应具备与实际具备的核心能力提供了一种有效并且统一的工具。之所以是"统一"的,是因为员工胜任力模型为组织中各业务系统认识与了解组织的核心能力以及自身在组织中的价值定位与贡献建立了共同识别的语言系统。由此,对于过去在业务内容、运作模式等方面完全不同的技术部门与市场部门而言,企业也能够通过对其核心能力以及员工胜任力模型的界定,在不同部门之间建立有效对话的良好平台,使各自在业务的衔接与流程的配合等方面更加清晰明了⑤。

综上,企业要想在激烈的市场竞争中获得长足发展,必须要具有独一无二的核心竞争力。核心竞争力的根本源泉是人力资源,那么作为两大基石之一的胜任力系统便显得至关重要。企业可以通过对胜任力的不断实践以及修正来增强自身的核心竞争力。

二、员工胜任力模型在人力资源各职能模块中的应用

首先我们来了解一下基于胜任力的人力资源管理与传统人力资源管理的区别(见表5-4)。

表 5-4　基于胜任力的人力资源管理与传统人力资源管理的比较

	传统人力资源管理	基于胜任力的人力资源管理
假设前提	• 每个员工都能学会做好几乎任何事 • 改进个人能力"短板",实现员工的职业生涯发展	• 每个员工的潜能都是与众不同且不易改变的 • 扬长避短,激发员工的潜能,构建员工的核心专长与技能
管理实践	• 根据员工具备的技能、经验背景进行选拔、任免,甚至晋升与调配 • 基于企业与岗位对人的要求,对员工的知识、技能进行培训与开发 • 通过培训弥补技能差距以及遵循有效的行为标准等方式实现绩效改进 • 员工的职业生涯设计与发展是建立在改进个人知识技能的"短板"基础之上的	• 基于胜任力(适合做什么)开展员工的选拔、任用、培训以及绩效改进等人力资源管理实践活动,实现企业中人与工作的相互适应 • 基于战略实现以及构建企业核心能力的要求,培养各业务系统员工的核心专长与技能 • 员工的职业生涯规划与发展是建立在有效开发与利用个人的优势与潜能基础之上的

既然员工胜任力模型的建立为企业人力资源管理活动的开展确立了新的基点,那么基于企业核心能力的人力资源战略也就找到了有效契合企业战略进行制订并实施的依据。换言之,企业的人力资源战略通过对那些有利于构建与强化员工核心专长与技能(胜任力)的人力资源管理手段与措施(如 KPI 指标的确定、各种薪酬分配方法等)进行系统的界定,从而聚焦于企业的总体战略,并为总体战略的达成提供支持与服务(见图 5-17)。

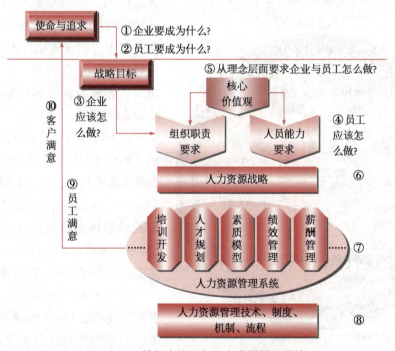

图 5-17　胜任力模型与人力资源管理系统

为了便于理解员工胜任力模型与企业人力资源管理系统在企业管理中的地位与作用,本书作者将图 5-17 分解成 10 个基本的命题加以解释,如下所示。

对于企业使命与追求的阐述通常分为两个层面:①是对企业要成为什么的描述(例

如，××企业提出要成为所在行业的前三甲等）；②是对员工要成为什么的描述（例如，员工要获得终身就业的能力、要实现自我价值等），这两个问题是指导企业与员工一切行动的出发点。那么基于对①、②的回答，企业要对③进行部署与计划，它是企业在一定时期，面对外部竞争环境以及内部资源条件（核心能力）所做出的回应（例如，××企业××年的盈利目标是比上一年度增长100%），而员工也要对④进行规划与界定，它是员工不断产生高绩效并因此获得企业回报的条件与保障（例如，员工要合理规划自己的职业生涯，确定自己职业跑道的起点，通过设定个人的绩效目标，参加培训、企业内部的竞聘等多种方式，实现个人能力的不断提升）；但是如何使企业的绩效目标与员工的能力发展目标相契合呢？⑤、⑥、⑦、⑧正是对上述问题的解释。换言之，企业的核心价值观是整合企业一切行动的理念源泉（⑤），而在企业众多的资源与平台当中，人力资源管理发挥着重要的基础作用（⑥、⑦、⑧）。其中，⑥是对企业人力资源管理要实现什么目标的描述，即为了实现什么绩效，需要员工具备什么能力，为了培养这些能力，需要哪些人力资源管理措施；⑦描述了构成人力资源管理系统的内容，包括胜任力模型、人才规划、绩效管理、薪酬管理、培训开发等，正是这些板块的共同作用才驱动了企业人力资源管理目标的实现；⑧则是人力资源管理系统得以有效运作的一系列基础与条件，即人力资源管理的制度、机制、流程与技术等。其中，制度界定了开展人力资源管理工作的一系列基本规则，流程明确了人力资源管理各业务板块之间相互联动的内在运作机理，而技术则说明了人力资源管理的具体操作要领。最后，综合企业核心价值观以及人力资源管理机制的作用，企业实现了⑨（员工的满意），只有员工满意了，才能将他们的满意传递给客户，并最终实现⑩（客户的满意），从而完成企业从使命追求到员工与客户满意的有效循环。

由图5-17引申开来，对于人力资源管理系统的各个板块与环节而言，胜任力模型为构建系统化的人力资源管理系统提供了逻辑起点（即首先选择合适的人去做适合的事），从而保证了人力资源管理其他各个环节能够纲举目张、有序展开（见图5-18）。

图5-18　人力资源系统轮状模型

胜任力模型的建立为企业人力资源管理效率的提升找到了新的基点，那么企业人力资源管理实践的相应环节也因此发生了变化（见图5-19）。

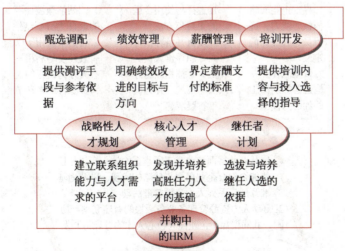

图 5-19　HRM 轮状模型与员工素质模型的应用

1. 胜任力模型与潜能评价

潜能评价是采用科学的专业化方法与工具收集信息，通过测量与评价个人相关的行为取向与胜任力特征，预测其未来业绩的过程。

实施潜能评价的工具与方法通常包括评价中心⑥（Assessment Center）、关键事件访谈（BEI）、工作样本测试、能力测试、人格测试和背景资料分析等，其中最常见并且最有效的是评价中心和关键事件访谈。表5-5反映的是除评价中心之外的部分潜能评价工具。

表5-5 潜能评价工具的效度比较

方法与工具	效度
行为事件访谈	0.48~0.61
工作样本测试	0.54
能力测试	0.53
人格测试	0.39
背景资料分析	0.38
一般访谈	0.05~0.19

资料来源：British Psychological Society and Accord Group, www.bps.org.uk.

企业实施潜能评价大致可以分为三个步骤进行（见图5-20）。其中在第二步的设计过程中，确定每一个案例、讨论或者扮演活动对应于评价哪些胜任力是非常关键的。如果试图通过一个案例或讨论评价所有胜任力，将会使整个评价过程过于复杂与费时，并且影响

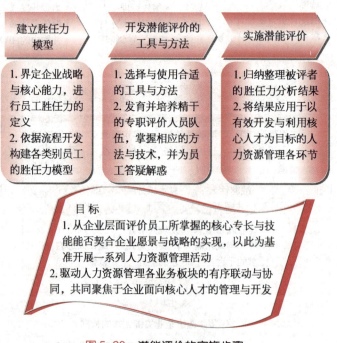

图5-20 潜能评价的实施步骤

评价的准确性。因此，通常一个活动对应的胜任力数量为 2~4 个。例如，通过处理客户投诉的案例，评价被评者的人际理解力、影响力以及客户服务等胜任力。

另外在具体实施潜能评价的过程中，专业人员必须观察被评者的语言、动作、表情、态度等各个方面，同时详细记录每项行为表现，用实际事例证明被评者的行为与对应胜任力层级之间的联系，由此归纳与整理出被评者的胜任力特征，并撰写相应的评价报告。报告通常由企业的人力资源部门专人归档管理，作为未来任免、调配、绩效管理、薪酬确定以及培训开发的依据。

需要说明的是，基于中国大多数企业的现实情况，员工的潜能评价报告不宜公开，它只能为员工本人以及作为任免、调配、绩效沟通辅导、培训等人力资源管理工作需要时所用。同时潜能评价的结果本身并无好坏之分，也只能作为适不适合从事某项工作的参考依据。

2. 胜任力模型与招聘甄选

如今企业招聘甄选的重点已逐渐从满足职位空缺的人员需求，转向为了保证企业战略目标的实现而从多样化的背景中（包括文化、教育、经济环境等）甄选与吸引那些能够帮助企业达成当期以及长期战略意图的、具有高胜任力的人。正如本书作者在本章第二节对企业人力资源管理现状的论述，企业传统的"依据候选人的知识技能以及经验背景"进行招聘甄选的理念与方法已经不能满足企业获得持续竞争力，同时吸引与开发关系企业长期发展的关键人才的要求，因此开展基于胜任力的招聘甄选工作已经被提上了日程。那么这两种不同理念之间的差别到底是什么呢（见表5-6）？

表 5-6　两种招聘甄选理念的比较

	特　　点
传统的招聘甄选	基于短期的职位需求开展招聘甄选工作，仅仅以工作分析与候选人"过去做过什么"作为考查候选人是否具备所需要的知识、经验与技能的基础，缺乏对候选人未来绩效的预测与判断
基于胜任力的招聘甄选	除了采用既定的工作标准与技能要求对候选人进行评价之外，还要依据候选人具备的胜任力对其未来绩效的指引作用来实施招聘甄选。这种基于胜任力的招聘甄选将企业的战略、经营目标、工作与个人联系起来，在遵循有效的招聘甄选决策程序的同时，提高了招聘甄选的质量。同时，整个招聘甄选以企业战略框架为基础，也使那些对企业持续成功最为重要的人员及其胜任力得到了重视与强化

从表 5-6 中可以看到，开展基于胜任力的人员招聘甄选活动事实上为企业构建一个基于胜任力的人力资源管理系统提供了良好的起点，换句话说，通过基于胜任力的招聘甄选能够使各级管理者与员工将企业对于员工胜任力的要求有效地加以贯彻，从而也使员工能够充分认识、理解并传播企业关于胜任力的"语言"，保证了企业的人力资源管理实践从一开始就是有效的。

那么企业实施基于胜任力的招聘甄选大致可以遵循四个步骤（见图5-21）。其中在具体实施招聘甄选的过程中，通常采用的是"行为面试"（Behavioral Interview）的方法。该方法与行为事件访谈法的原理基本相同，它是通过一份结构化的问卷对候选人进行面试，旨在发现候选人在过去经历中表现出来的胜任力与目前工作要求胜任力之间的吻合程度，

图 5-21 基于胜任力的招聘甄选实施步骤

以此来确定候选人是否适合候选职位的一种方法。因此，面试问卷通常围绕应聘职位的关键胜任力而设立，由候选人根据其先前经验中的典型事件进行回答与解释，同时为了保证面试的客观性及与工作的相关性，问题也以具体的行为（实际做了什么）为主。

可以看到，基于胜任力的招聘甄选的确为企业获取进而合理使用人才提供了很好的依据，那么反过来，根据员工胜任力模型与高绩效之间的驱动关系，也可以帮助企业的人力资源部门更加清晰明确地衡量招聘甄选的效果。例如，哪里有企业最需要的人才？哪些人目前业绩不错，但是不能长期留用？企业需要储备什么样的人才？目前大致有多少？等等。

3. 胜任力模型与绩效管理

在完成了基于胜任力的甄选工作之后，对于企业而言，接下来就是如何引导、强化与利用员工的胜任力，使之转化为可测量并对企业有价值的绩效。

一方面，正如本书作者在前面所阐述的，基于胜任力的人力资源管理理念与传统的人力资源管理理念已经有所不同，前者更加强调的是如何发挥人的潜能，利用人的优势，在扬长避短的前提下提高人的绩效，实现人职匹配，因此相对于绩效管理系统而言，其关注的焦点以及具体的实践也将发生一定的变化。具体而言，企业的绩效管理理念必须从结果导向（即关注员工的短期绩效）转向能力导向（即关注员工当前以及未来的长期绩效），这样一来通过胜任力就能够对员工未来的绩效进行合理且有效的预期，并因此对企业的人力资源管理实践提供有益的指导，包括晋升调配、培训开发等。

另一方面，胜任力模型的引入实际上也对企业各级管理者的管理风格提出了新的要求。换言之，管理者在帮助下属改进绩效的过程中，不仅要关注下属在达成绩效过程中的不足与问题，包括知识与技能的差距、行为方式的规范与改善等，还要帮助下属关注自己的潜能，即"我最擅长干什么""我的潜能将如何影响我未来的绩效"等。显然，这与传统绩效考核只关注"我不能干什么""我应该改进什么"是有差别的。

4. 胜任力模型与薪酬管理

薪酬问题一向是企业员工最关注、也最敏感的话题。那么胜任力模型的引入将会给企业的薪酬管理带来什么样的冲击呢？毋庸置疑，任何企业都需要建立一套有效的激励机制，以促进员工持续地为企业创造价值。而企业对这种价值的认定则源自企业关注的是什么，它便成为企业向员工支付薪酬的依据。在建立了基于胜任力的绩效管理系统之后，企业已经从过去关注员工现在能够创造什么价值转向了包括现在与未来在内的、持续的价值创造能力，因此建立基于胜任力的薪酬管理系统实际上也为企业关注员工未来发展与潜在价值提供了最终的落脚点，从而使员工与各级管理者都能为不断提高现有技能水平、持续发挥自身优势与潜能而努力，也使整个基于胜任力的人力资源管理系统对企业的运营实践产生价值成为可能。

此外，建立基于胜任力的薪酬管理系统也能够帮助企业吸纳、保留更多具备高胜任力、高潜质的人才，这种对于驱动高绩效产生的高胜任力的关注实际上为知识经济时代知识型员工的人力资源管理提供了有效的切入点，它符合基于角色与成果管理知识型员工的要求。其中，基于角色是相对于过去基于职位而言的，基于成果则是相对于过去基于短期激励而言的。

基于胜任力的薪酬管理系统对员工的个性以及创造力也给予了相当的尊重，这在那些等级结构森严、员工晋升通道单一的组织系统中显然是无法实现的，因为员工只能通过权力的不断获取来赢得某种尊重与肯定，即所谓的"管理独木桥"现象。所以建立基于胜任力的薪酬管理系统为扩大企业内对于"尊重"的内涵界定，而不仅仅是基于权力获得的名望与地位提供了可能，从而成为激励员工不断实现自我、提升自身价值的动力源泉。

5. 胜任力模型与培训开发

为了有效支撑基于胜任力的人力资源管理系统，特别是绩效管理系统、薪酬管理系统的实践，企业的培训开发系统也要相应贯彻"激发与强化员工的优势与潜能，立足于培育员工的核心专长与技能"的理念。具体来讲，企业要根据员工个人的职业发展计划以及定期的绩效考核结果，在与企业实现战略所需的核心能力要求进行比较的基础上，确定员工的胜任力差距，并据此制定相应的培训计划、设计培训项目与课程，最后通过培训效果的评估对员工胜任力的改进与提升提供反馈与指导。尤其需要强调的是，对于基于胜任力的培训开发系统而言，在培训方式方法的选择上，除了对员工知识、技能的培训之外，关于潜能的培训与开发还要遵循胜任力与行为之间的驱动关系，通过总结、提炼企业内部成功与失败的案例，最终支持员工胜任力的不断提升与绩效的改进。

6. 胜任力模型与员工个人的职业生涯发展

正如本书作者在图 5-17 中所论述的，企业人力资源管理最终要服务于"企业要成为什么"以及"员工要成为什么"两个基本目标。那么从员工实现个人职业生涯发展的角度而言，胜任力模型实际上为员工规划个人职业发展确立了基点与有效路径，员工从此能够依据自身的胜任力特点，结合企业对核心专长与技能的要求，获得"胜任愉快"的职业能力，并真正实现企业目标与个人目标的结合。而所谓"胜任愉快"，主要是指员工通过个人能力的提升提高了工作绩效，并在"愉快"地获得企业回报的同时，实现了自我价值。因此，从一定意义上讲，胜任力模型也是企业内各个业务系统中员工培育适应企业核心能力要求的核心专长与技能，并基于此规划个人成长路径的一种有效的辨别工具。

7. 胜任力模型与企业战略性人才规划

胜任力模型的建立能够帮助并强化企业对于人才的认知与界定，换句话说，企业通过分析自身战略规划与实施过程中对人才核心专长与技能的要求，从而能够根据胜任力模型以及对现有人才的评价结果检点企业现有人才的能力状况，并因此有针对性地开展包括人才的吸纳、开发、激励、维持等在内的一系列人力资源规划与行动。

8. 胜任力模型与核心人才管理

与战略性人才规划相似的是，胜任力模型也可以成为企业评价与管理核心人才的重要依据，由此引申而展开的一系列人力资源管理活动自然也能够服务于企业短期以及长期发展所需关键人才的持续培养与开发等目标。

【HR 之我见】

周国强：天津嘉氏堂医美科技有限公司人事副总经理

扫描栏目中的二维码学习周国强针对下列提问的精彩回答：

1. 您为什么选择从事 HR？
2. 连锁经营企业的人力资源管理有何特点，在这一领域有哪些好的实践？
3. 连锁经营企业的店长有哪些核心的胜任力，对于他们的培养有哪些好的做法？
4. 您对未来希望从事 HR 工作的学生有何建议？

视频版：

文字版：

阿里"三力"模型

阿里"三力"模型由彭蕾（上一任阿里 CPO）在 2014 年底讲 HR 战略大图时首次提出。她认为 HR 要基于业务战略，确定 HR 的使命和愿景，通过心力、脑力、体力形成组织能量场，结果是促进业务战略实现。如今，"三力模型"已成为阿里 HR 独具特色的方法论（见图 5-22）。

1. 何为"三力"？

心力又叫"心理社会能力"，是指有效地处理日常生活中的各种需要和挑战的能力，是个体保持良好的心理状态，并且在与己-己、人-己、人-人、人-事、人-物的相互关系中表现出适应和积极的行为能力。心力有三个维度：① 温度，让人感受到你是真实的温暖的人，做再艰难的决定，也有情、有义、有态度；② 气度，HR 要经得起考验，经得起质疑，经得起嘲讽，经得起批评，有很大的气度；③ 烈度，敢于做决定，"伸头一刀，缩头也是一刀"，当你决定完以后，发现事情没有那么难，当然也不能鲁莽。

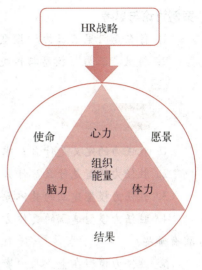

图 5-22　阿里"三力"模型

脑力与体力相对，又叫"脑力元素"，是指主要由大脑产生的记忆、思维、情绪、精神等一切能力与能量。脑力包含智力、心理、经验、知识、技能等多方面，是能单独对社会竞争力产生影响的最小元素。脑力也有三个维度：① 经纬度，即做事的逻辑、条理、流程、工具、方法。要多维度并行，构建出个人的或团队的知识网。② 严谨度，术业有专攻，按专业吃饭。③ 方向感，要去形成坐标，常常给自己和团队定个位，做自己的方向标。

体力是指一个人在最大力量连续做功的情况下身体不断提供能量所能持续的量。体力有四个维度：① 力度，经过脑力思考后的严谨需要由力度顺利地传导出结果；② 柔韧度，在做功的同时要保持一定的柔性；③ 精确度，保证执行过程中不存在偏差；④ 持久度，从开始准备到最后复盘需要我们不断思考。

2. "三力"如何落地？

通过对阿里"三力"模型的理解，可以对照进行自我感知体检，进一步使得"三力"落地。如表 5-7 所示。

表 5-7　自我觉察体检

心　力	脑　力	体　力
(1) 我所在的业务/团队，因为我发生了什么改变？ (2) 我为什么在这里？ (3) 我能做到的最大让步是什么？ (4) 什么会让我放弃？ (5) 现在所做的事情和我的梦想有什么联系？ (6) 我想帮助谁？我帮到他/她了吗？ (7) 为了实现梦想，我需要发生哪些改变？ (8) 我心心念念的是什么？	(1) 关于做业务的方式，如果给我机会改变三件事，我会选择哪三件？这三件事又如何排序？ (2) 我认为我所负责的项目的核心价值是什么？ (3) 如果要成为区域中最棒的组织，我要做哪些事情？这些事情该如何排序？ (4) 过去一年我是否推翻过自己的判断？是什么原因？	(1) 我担忧我的身体状况吗？ (2) 我能为自己的梦想付出多大的努力？ (3) 什么会激发我马上采取行动？ (4) 我是否有未完成的目标和承诺？ (5) 在组织中，谁是执行效果评估最客观、最可信赖的人？

资料来源：https://weibo.com/ttarticle/p/show?id=2309404205125215332916#_0, 2018 年 2 月 8 日。

案例讨论与思考

1. 什么是阿里"三力"模型？
2. 阿里"三力"模型与传统的胜任力模型有什么异同？

1. 胜任力的定义是什么？冰山模型和洋葱模型有哪些构成要素？
2. 胜任力模型是什么？什么是胜任力词典？
3. 胜任力模型建立的具体操作流程是什么？
4. 胜任力模型建立的具体方法有哪些？行为事件访谈法和主题分析法的关键操作步骤有哪些？
5. 胜任力模型在企业人力资源管理中有什么作用？

注释

① 迪布瓦：《胜任力》，北京大学出版社 2005 年版。
② 彭剑锋、荆小娟：《员工素质模型设计》，中国人民大学出版社 2003 年版。
③ 吴春波：《华为的素质模型和任职资格管理体系》，《中国人力资源开发》2010 年第 8 期，第 60—64 页。
④ 露西亚、莱普辛格：《胜任：员工胜任力模型应用手册》，北京大学出版社 2004 年版。
⑤ 朱瑜：《企业胜任力模型设计与应用研究》，科学出版社 2011 年版。
⑥ 评价中心是一整套评价体系，并不是单一的工具和方法。本书将在第六章对此展开详细的介绍。

本章阅读推荐

彭剑锋、饶征：《基于能力的人力资源管理》，中国人民大学出版社 2003 年版。
彭剑锋：《战略人力资源管理：理论、实践与前沿》，中国人民大学出版社 2014 年版。
邢雷、朱军梅、郑雪琴、张小斐：《华夏基石方法：人才评价中心》，企业管理出版社 2013 年版。
赵曙明：《我国管理者职业化胜任素质研究》，北京大学出版社 2008 年版。

第六章　人力资源的获取与再配置

【本章要点】
通过对本章内容的学习，应了解和掌握如下问题：
- 如何构建人力资源获取的系统模型？
- 如何选择人力资源获取的策略与渠道？
- 人员甄选的操作技术有哪些？
- 人力资源再配置的理论基础是什么？
- 人力资源再配置的途径有哪些？
- 人力资源的退出途径有哪些？
- 跨文化的人力资源获取与配置的操作方法有哪些？

【导读案例】

高效智能的社交招聘：以领英（LinkedIn）为例

近两年来，招聘手段的革新远远超过之前20年的变化，尤其是社交网络的发达，更是加速了变化的进程。社会化招聘方式是指利用社会化媒体开展招聘的方式，包括社交网站、微博和内容社区等。其中，社交招聘这一方式最为典型，全球知名的职业社交平台领英（LinkedIn）便是该领域内的代表。截至2018年，领英已有15年历史，其总部位于美国加州硅谷，用户数已超过5.3亿，覆盖全球200多个国家和地区，2016年被《财富》评为改变世界的50家公司之一。对于人才招聘领域，领英一直围绕以下理念打造更加高效、智能的招聘平台：

1. 塑造个人品牌，打破简单简历呈现

求职者可以在领英平台创建自己的个人档案，发布自己的专业知识、工作经历、个人技能等信息，然后通过平台功能邀请联系人加入，联系人的联系人也可以加入自己的关系网络，求职者可以通过查看企业发布的招聘信息寻求就业机会，联系人也可以介绍、推荐求职者给企业招聘人员或相关领域专家，以帮助用户求职。通过这一系列的功能设置，每个人成为整个网络的一个节点，并通过不断关联其他节点，逐步扩大辐射圈形成以个体为中心的影响力，最终以社会化媒体的方式，在个人品牌公开化平台上相互监督，提高信息可信度。

2. 运用大数据驱动智能招聘，提升招聘的质效

通过运用大数据技术，领英进一步提高了智能招聘的程度，包括更完善的搜索条件和更智能的推荐功能。领英可以帮助企业在搜索人才时限定条件，比如职业生涯起点是500强、在某特定公司担任过品牌经理、拥有什么职业技能、好友关系状态如何、与行业精英的交流互动如何等，通过在算法中加入更加完善的搜索条件，以便在申请人甚至是在暂时没有申请意愿的人才中选择合适人选。领英的首席执行官杰夫·韦纳尔（Jeff Weiner）表示，领英致力于更宏大的理想状态，对求职者、公司和大学之间的关系进行长期跟踪，以期绘制出工作职位、资历与技能、雇主要求之间的精确匹配图，创建劳动力市场的大数据库。

3. 平衡雇主和雇员关系，打造新型联盟关系

领英的创始人雷德·霍夫曼（Reid Hoffman）指出了在新的雇佣关系下，组织和员工应跟上观念转变的步伐，"应平衡雇主与雇员之间的关系，突破传统的'上下级'观念，形成'联盟'状态，突破'我给你一份工资，你给我打一份工'的观念，形成'相互投资、相互看好'的状态"。

雷德·霍夫曼也强调了人脉是领英为新雇佣关系服务的核心，人脉是形成网络的关键连接点。对于人才用户，领英注重其三大画像的服务，分别是职业身份、知识洞察和商业机会。职业身份呈现为个人档案的形式，包括头像展示、职业概述、工作经历、教育背景、技能认可、推荐信六部分，为用户定位职业形象，成为职业社交的敲门砖；知识洞察是关注行业信息和商业洞察、学习专业知识以保持职业竞争力的服务；商业机会有助于用户搜索同学、同事、合作伙伴以及公司信息、职位信息等，建立并拓展人脉。对于企业用户，领英提供了专门的雇主品牌展示功能，作为雇主传播其雇主品牌的一个功能区，有助于企业利用其雇主品牌吸引人才。

通过以上对个人和企业的服务，平衡雇主和雇员的关系，让互相之间进行关注、投资、发展，构造利益共同体，打造新型联盟关系。

资料来源：白瑞，《基于互联网时代ELM雇佣关系的社交招聘创新模式研究——以LinkedIn为例》，《中国人力资源开发》2016年第18期，第14—19页。

第一节　人力资源的获取

一、人力资源获取的概念与意义

人力资源获取是指根据组织战略和人力资源规划的要求，通过各种渠道识别、选取、发掘有价值的员工的过程。这一获取过程有广义和狭义之分，狭义的人力资源获取仅指企业通过组织外部和内部渠道招聘员工的活动，即人力资源的招募、甄选过程；而广义的人力资源获取则在狭义的基础上，涵盖了从组织内部发现员工的新价值、通过培训使得员工人力资本增值等过程，即人力资源在企业内部的再配置过程。本书采用广义界定，指从组织内部和外部招聘人力资源以及组织内部的人力资源再配置。

基于战略的人力资源规划从方向、原则、规划等方面系统地解决了企业需要什么样的人力资源、现实与期望存在何种差距以及如何建立适应战略需要的人力资源架构的问题。在此基础上，如何贯彻实施人力资源规划中关于人力资源获取的指导性原则，是企业整个人力资源管理链条的第一个环节。

成功的人力资源获取活动对于构建和维持一个成功的组织体系是至关重要的。人是所有组织的、技术的、财务的或者管理过程和系统的核心，如果没有合适的人管理这些系统，即使有好的技术和系统，组织绩效也一样会很低。组织的成功和组织中人的胜任力密切相关，因此甄选合适的人以及最大限度地激励和留住合适的人是人力资源管理过程中最核心、最重要的环节。今天，组织的成功越来越多地取决于其服务质量的高低以及开发新产品和服务的能力大小。区别于传统的产业经济，在这一竞争环境中，如何获取适合组织发展的人力资源变得越来越重要。

育人先选人，选人须权衡。对于大多数企业来说选人比育人更为重要；三星集团前会长李健熙曾经提出著名的"天才经营论"——一个天才可以养活10万人，注重吸纳"天才"，善用"个性"人才，敢用奇才、怪才；索尼则认为"一流是与生俱来的"，因此索尼公司特别强调把好人才进出的第一关——运用科学的人员甄选录用手段，获取最有发展潜质的人才；在微软看来，雇用最有才华的人比培训、管理那些平庸的人要重要得多。不论是从组织实践角度还是理论研究角度来看，这些鲜活而生动的案例说明了这样一个简单而深刻的道理：人力不是公司的财富，合适的雇员才是。"合适的人"不是培养出来的，而是选出来的。当然，我们并不是故意淡化培训开发的重要性，而是说组织应在人力资源获取阶段仔细地鉴别适合组织、有培养潜质的人才。

二、人力资源获取的系统模型与操作流程

（一）人力资源获取的系统模型

人力资源获取除了作为整个人力资源管理体系的重要组成部分外，还有其独立运行的

系统过程,与企业组织战略及人力资源管理的其他板块相互支持、相辅相成。其系统模型参见图6-1。

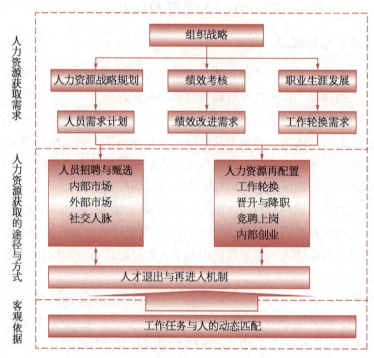

图6-1 人力资源获取的系统模型

1. 人力资源获取的需求

当组织出现职位空缺或人职不相匹配时,就出现了获取人力资源的需求。一般说来,组织的人力资源需求主要有以下三种来源:

(1) 人力资源规划:组织根据其战略发展和业务需要制定人力资源长期的获取规划,其中对人员供求缺口的分析是组织获取新的人力资源的主要需求来源。

(2) 绩效考核:通过绩效考核,组织内部的"人事不匹配"现象在一定程度上会浮出水面,对于胜任能力和职位要求存在较大差距的员工或现有职位需求而言,存在再次配置的需求时,组织可以根据绩效考核的结果,在有利于改进绩效的前提下,重新配置人力资源。

(3) 职业生涯发展:企业存在的目的除了追求经济以及社会效益最大化外,还有满足其成员个性化需求和职业生涯发展的目标,这一目标在知识经济时代尤显重要;另外,组织在"用人"的同时,也关注"育人",为组织发展培育全方位人才也是组织获取未来竞争优势的重要途径,从这个角度出发,组织应通过有计划的工作轮换以及其他形式实现人力资源的再配置与再开发。

2. 人力资源获取的渠道

从上述系统模型中可以看出,组织获取人力资源主要有内部与外部两条途径。

(1) 外部市场：主要指组织通过人员招聘从外部公开获取所需要的人力资源。

(2) 内部市场：除了组织内部的公开招聘以外，还包括通过工作轮换、职位升降以及竞聘上岗等新的形式获取人力资源，实现企业内部人力资源的再次配置。

(3) 社交人脉：主要指企业利用员工、客户以及合作伙伴的社会网络来找到新员工，把员工人脉变为企业人脉。

3. 人力资源获取的客观依据

人力资源获取与配置的最终目的和客观依据就是实现组织内部的"工作任务与人的匹配"。在人力资源管理体系中，对于工作特征及其内在要求的描述与衡量是通过职位分析、任职资格体系以及胜任力模型的构建来表达的；而对于人的衡量则通过人员胜任力测评来实现，因此由这些人力资源管理的基础活动所提供的信息就构成了人力资源获取与配置的客观依据和参照系。

（二）人力资源获取的操作流程

如图 6-2 所示，人力资源获取的一般操作流程主要包括四个环节：定义需求、选择招募途径、实施甄选过程、试用考评。

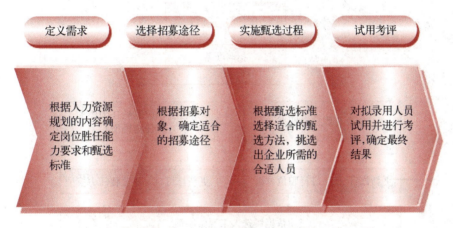

图 6-2　人力资源获取的操作流程

在人力资源管理的实际操作中，人员"招募"和"甄选"这两个词经常用来互相替换。实际上，它们是完全不同的活动。招募是指组织确定工作需要，根据需要吸引候选人填补工作空缺的活动；而甄选是指从所有来应聘这一职位的候选人中进行选择的活动。人员招募的目的是形成一个工作候选人的蓄水池，从中以最低的成本选择最适合的员工。更具体地说，招募包括：

- 根据组织预期成长，分析组织未来的人员需求；
- 集中注意力只吸引有资格的候选人；
- 确定组织的招募和甄选活动的合法性；
- 确定吸引候选人的过程是公开、透明的；

- 确保人员招聘实践能够支持组织的战略目标，同时和组织协调一致。

甄选的目的，简单地说，就是通过采用适当的甄选方法和程序，在最优的时间和成本的预算约束下，实现合适的人与合适的工作的匹配。

人力资源获取主要包括以下四项活动：

（1）定义需求——包括人力资源规划的内容（参见本书第三章），还有编制工作描述、工作规范以及胜任力模型等，确定甄选标准。

（2）招募候选人——包括评估候选人的情况，确定谁将参与这一程序，同时确定是否需要外部机构的介入。

（3）甄选候选人——包括选择和使用合适的评估和选择方法，从候选人中选择组织需要的人员。

（4）试用考评——对拟录用的候选人进行试用并考评其实际绩效是否符合组织的要求，从而做出是否最终录用的决定。

图6-3描述了人力资源获取活动的过程。

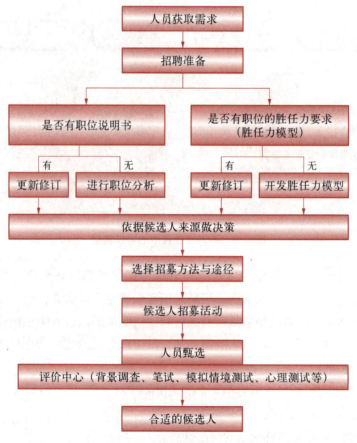

图6-3 人力资源获取的过程

1. 定义需求

（1）需求申请。

当组织中出现了新的职位或职位空缺后，就有了获取人力资源的需求。在大型组织中，一般通过正式的、战略性的人力资源规划完成职位配置需求分析这一规划性工作，在中小型组织中则通过一些非正式的渠道完成这一过程。然而无论是通过何种途径，当组织内部的职能、业务部门有新员工需求时，应向人力资源管理部门提出正式的人员需求表。

人员需求表由人员需求部门相关人员在人力资源部门专业人员的指导下完成，主要有以下功能和作用：

- 传达人员需求信息；
- 由人力资源主管部门评价是否需要招募新员工，这是组织内控体系的重要环节；
- 评价职位内容，用来决定是简单的人员替换还是由于职位要求变化导致人事不匹配；
- 为招募活动提供信息支持。

表 6-1 是人员需求表的示例。

表 6-1　人员需求表示例

申请职位	职位名称		需求人数		申请日期	
	所属部门		现有人数		期望到职日期	
	直接负责人		定员人数		可晋升职位	
	联系电话		工作地点		可相互转换职位	
申请理由	A. 增设职位：_____ B. 原职位增加人力：_____ C. 储备人力：_____					
工作内容及职责：							
任职要求	性别		年龄		专业		学历	
	1. 经验及行业背景：					
	2. 培训经历：					
	3. 专业知识及技能：					
	4. 性格特征：					
部门负责人： 　年　月　日	主管副总： 　年　月　日			人力资源部经理： 　年　月　日		总经理： 　年　月　日	
实际录用和到位情况（由人力资源主管填写）					签名：　　　年　月　日		

资料来源：三茅人力资源网，https：//zl.hrloo.com/file/486546。

（2）定义人员需求。

人力资源部门在得到人员需求信息后，应着手进行人员招聘的准备工作，其核心工作就是定义人员需求的具体维度。在以职位为基础的人力资源管理体系中，专业人员可以从组织内部已有的职位说明书中获取目标职位的相关信息,当然这些信息需要在人员需求部门的配合下进行修订或再开发,确保需求信息的准确性;在以人为基础的人力资源管理体系中,应对职位的胜任力模型进行修订,作为人员甄选的指导标准。在当前的人力资源管理趋势中,越来越多的组织,尤其是大型组织,倾向于使用胜任力模型来界定工作。这一部分可参见本书第五章。

2. 招募候选人

在定义人力资源获取需求以后,就进入了人员招募实施阶段,在这一阶段主要考虑的问题包括以下三个方面。

(1)组织优劣势分析。

一项研究表明,在组织面向外部的人员招募活动中,组织应定位为对外宣传的"商标"[1],也就是说组织应以"优秀的雇佣者"的身份吸引更多优秀的、有潜质的求职者。在这一观点的指导下,组织进行人员招募的第一步应是分析组织在劳动力需求市场上的优势与劣势以及目标职位的竞争性。这一分析包括组织的声誉、组织文化、职位的吸引力、角色的自主性、报酬水平、职业生涯发展、培训开发的机会、工作场所的吸引力,以及在这些方面与其他竞争对手的比较优势与劣势。通过这一分析过程,组织可以明确自己在劳动力需求市场上的相对位置,为招募策略、手段、广告的选择与设计提供支持。

(2)招募渠道与策略。

从宏观层面看,组织人员招募的途径为内部、外部和社交人脉三种,在企业人员招募实践中,往往过于强调外部招募,而忽略了从组织内部招募人员。这三种招募途径各有其优点和缺点,具体如表6-2所示。

表6-2 三种招募优劣势比较

内部招募	外部招募	社交人脉
优点: • 组织对候选人的能力有清晰的认识 • 候选人了解工作要求和组织 • 奖励高绩效,有利于鼓舞员工士气 • 成本更低	优点: • 更大的候选人蓄水池 • 会把新的技能和想法带入组织 • 比培训内部员工成本低 • 降低徇私的可能性 • 激励老员工保持竞争力、发展技能	优点: • 把员工、客户和合作伙伴的人脉打造成企业的人脉,降低招聘成本 • 用奖励鼓励员工寻找高质量的新人,带来高回报 • 增加员工和企业之间的信任
缺点: • 会导致"近亲繁殖"状态 • 会导致为了提升的"政治性行为" • 需要有效的培训和评估系统 • 可能会因操作不公或心理因素导致内部矛盾	缺点: • 增加与招募和甄选相关的难度和风险 • 需要更长的培训和适应阶段 • 内部的员工可能感到自己被忽视 • 新的候选人可能并不适应企业文化 • 增加搜寻成本	缺点: • 增加员工推荐新人的激励成本 • 为了拿到奖励,容易使部分员工占用工作时间,影响日常绩效 • 对于招募特定的高级人才有难度 • 增加企业雇主品牌的维护成本 • 挖掘内向员工的人脉有难度

三种招募方式的结合会产生最佳的结果,具体的结合力度取决于组织战略、职位类别以及组织在劳动力市场上的相对位置等因素。需要强调的是,对于组织的中高层管理人

员，内部和外部招聘都是行之有效的途径。在具体的选择方面并不存在标准的答案，一般说来，对于需要保持相对稳定的组织，中层管理人员更需要从组织内部进行提拔，而在企业需要引入新的风格、形成新的竞争时，高层管理人员可以从外部引入。例如，通用电气公司数十年来一直从内部选拔 CEO，日本企业的管理特色之一就是内部提拔，而 IBM、HP 等公司的 CEO 则更多的是外部"空降"。此外，随着社交人脉的兴起，越来越多的企业开始尝试用这种新型招募方式寻找心仪员工。不管尝试用哪种招募渠道都要因地制宜、有的放矢。

（3）招募者选择。

招募者是组织与候选人接触的第一个环节，因此招募者的职业素养和行为方式，将会影响候选人对整个组织的基本评价与判断。尽管没有明显的实证数据表明招募者的行为方式对求职者的最终选择起到较大的作用，但是可以肯定的是招募者的行为，尤其是在面对面的招募活动中，将会影响求职者对组织文化的兴趣和认同感。因此在进行人员招募活动之初，对招募人员进行选择以及有针对性的培训是必要的。

大量的实践表明，招募者应具备如表 6-3 所示的基本胜任力和品质。

表 6-3 招募者应具备的胜任力品质

表达能力	观察能力
协调沟通能力	自我认知能力
专业技能	知识面
诚实公正	热情

资料来源：孙健敏，《组织与人力资源管理》，华夏出版社 2003 年版，第 163 页。

伴随着未来人才个性化与需求的差异化、营销与品牌管理的渗透，招聘的概念、价值和作用已然翻新：现代招聘对于招聘者来说，一半是科学，另一半是艺术。现代招聘人员应是招聘能手：既能吸引最被动的求职者，又能为公司或组织的招聘战略提供参考意见。此外，理论界的一些研究正试图寻找到底哪些因素会导致招募者的工作绩效出现差别。根据这些研究的结论，组织可以通过以下措施提高招募者对于候选人的影响力：

- 招募者必须能够提供及时的反馈，求职者对于冗长拖拉的反馈往往印象不好，他们经常会毫无根据地猜测反馈延迟的原因。
- 招募者必须避免做出一些会导致求职者对组织产生错误印象的行为。
- 用团队的方式进行人员招募。通常情况下，招募者团队由人力资源部专业人员、用人部门技术人员组成。目前，用人单位为了增强校园招募的效果，通常会选择 1~2 名从该校毕业的校友现场分享在用人单位的亲身体会。

3. 甄选候选人

采用适当的甄选方法和程序，以最快的速度和最小的成本从众多候选人中挑选出企业所需要的合适的人员，实现人岗匹配。具体甄选的操作技术详见本章第二节。

4. 试用考评

对拟录用的候选人进行试用，由用人部门考评其实际绩效是否符合组织的要求，并出具试用期考评报告，从而做出是否最终录用的决定。

三、人力资源有效获取的影响因素与效益分析

（一）人力资源有效获取的影响因素

战略人力资源管理的行为观点认为，人力资源管理系统是雇主沟通、引出和维持期望的角色行为的主要手段之一，即管理者、同事和客户等角色伙伴认可的行为。这种角色行为包括正式工作描述和组织公民行为。人力资源管理通过这些角色行为有助于组织效能的提升。行为视角认识到外部环境（政府与工会、行业、劳动力市场、经济状况和组织的地理位置）和内部环境（如雇主品牌、商业战略、组织规模、文化等）的特征会影响对特定员工行为的吸引力和效用。下面，本书将以雇主品牌为例进行说明。

2004年7月初，硅谷心脏地带的101号公路旁出现了一个巨幅广告。只有学习过高等数学的人，才能看懂那是一道复杂的数学题。一些好奇的人解开难题，答案是一个网址。登录网站后会看到一系列难度递增的数学题，最终有7 500人来到了数学迷宫的出口。他们看到的是谷歌的招聘广告。在这个看似游戏的谜题面前，能走到最后的人，已经让谷歌甄别了他非功利的兴趣及兑现这种兴趣的执着和到达目的地的智慧。谷歌用一道道别出心裁的谜题，用品牌效应吸引人才，招揽天下的英杰[②]。

在挑战与日俱增的人才招聘大战中，营销与雇主品牌的概念也为招聘带来了更多的思考，营销理念与品牌管理逐步在招聘领域渗透：对于企业而言，雇主品牌建设成了一个持续性的、长期的营销过程。营销不仅可以帮助企业提升雇主品牌的影响力，更能大大提升招聘的效率。而这一趋势，未来将成为常态。

【学习资料6-1】

雇主品牌与招聘

雇主品牌就其本质而言，是企业形象在劳动力市场上的一种区分度与美誉度，是企业员工共享的行为模式和共同的价值主张。良好的雇主品牌能够驱动非凡的工作动机和工作绩效。几十年的品牌研究表明，随着时间的推移，比起分散的方法，明确的、一致的、独特的品牌信息会构建出更大的意识，以及更强、更可靠和差异化的声誉。一旦深入人心且积极的品牌形象建立起来了，后续活动将大大受益于"品牌光环效应"。

招聘是雇主品牌在外部劳动力市场的主要应用。德勤（Deloitte）在《人力资本趋势调查》中总结道，"领英（LinkedIn）、脸书（Facebook）、推特（Twitter）等社交平台，正在使招聘变为战略职能，集中在市场营销、品牌推广、新工具和技术领域"。既有研究显示，企业可以借助雇主品牌影响求职者的态度和行为，达到改善招聘效果的目的。与此

同时，个人对企业的总体雇主印象会在求职过程中显著影响求职者行为。

泊松（Berthon）、尤因（Ewing）和哈恩（Hah）在30个指标的基础上归纳出5种雇主吸引力因素：

（1）兴趣价值，包括工作环境和工作任务设计。

（2）社会价值，包括同事关系和团队氛围。

（3）经济价值，包括薪酬福利、职业安全和晋升机会。

（4）发展价值，包括认同感、自我价值和职业发展。

（5）应用价值，包括运用所学知识技能并传授给他人的机会。

列文（Lievens）、霍伊（Hoye）和安塞（Ansee）采用功能性与象征性框架研究雇主吸引力维度对外部求职者和内部员工的影响，检验了外部雇主品牌形象与内部组织认同两个概念之间的统一性，很好地解释雇主吸引力。研究表明，功能性因素与象征性因素对企业总体雇主形象都有显著影响。功能性因素是那些关于工作或组织、具体可见的物质化的部分，如薪酬福利、培训发展机会等；象征性因素则是那些无形的有关企业性格、特质方面的特征，如形容一个企业是"创新的"、"有威望的"等。根据这两类因素的性质差异，可以推测：在劳动力市场上，功能性因素容易趋同或被对手模仿，而象征性因素使雇主品牌更以一种难以复制的无形资产的形态存在，象征性因素对于塑造雇主品牌形象的贡献更大。

企业在建设雇主品牌时，需要同时纳入两方面因素考虑：既要为员工提供功能性物质条件，又要重视企业雇主文化和性格的建立。拥有强壮有力的形象、提供富有挑战性的工作、使员工获得有益的个人成长、具有良好的外部发展性是多数求职者评价雇主品牌的重要指标。

强有力的雇主品牌至少可以带来以下优势：

（1）扩大潜在人才库，增加人才遴选的可选择性。执行委员会会议（CEB）的研究表明，一个强有力的雇主品牌声誉比起弱的雇主品牌声誉，使你能够吸引至少多出20%的劳动力市场，从而接触更加广泛的潜在人才库。

（2）降低招聘财务成本。领英的研究发现，一个强大的雇主品牌将使单位雇佣成本减半，并减少摩擦消耗成本的1/4。

（3）提高员工敬业度。对比顶部和底部团队之间中位数差异，盖洛普（Gallup）最近的研究表明，员工敬业度与客户满意度升高10%，生产力水平将提升21%，盈利水平将提高22%。

（4）减少不必要的消耗。如果你清楚什么样的人适合在组织内工作并立足，清楚为他们提供的承诺和协议，你就会享受一个显著的、低水平的员工流动率。

（5）更有效培养入职员工。在入职员工培训阶段，拥有优秀的战略与系统方法是高效雇主品牌项目管理的必要特征之一，能够显著提升培养的效率和效果。

（6）能够打造品牌，促进员工参与，从而更好地构建以高承诺为导向的高绩效型组织。

资料来源：利比·萨延、马克·舒曼，《雇主品牌》，华夏出版社2008年版。

（二）人力资源获取的效益分析

本书在这里介绍一个经典公式：$QH = (PR + HP + HR)/N$，这个公式可以定量分析新员工录用的质量。

其中，QH 为被聘用的新员工的质量。

PR 指的是工作绩效百分比。例如，以 100 分为满分，该员工绩效分值为 80，则 PR 为 80%。

HP 为新员工一年内晋升的人数占所有当期新员工人数的比率，例如，HP 值为 20%。

HR 为 1 年后还留在企业的新员工留职率，例如，HR 值为 80%。

N 为指标的个数。

依据以上示例数值计算，则 QH =（80%+20%+80%）/3＝60%。

四、人力资源获取的策略与渠道

人力资源获取的渠道多种多样，划分标准不同，所体现的形式也不同。按照人力资源获取的来源可以分为内部招募、外部招募、新型招募方式（社交招聘、AI 智能招聘）以及招聘替代方式等。招募方式各有优劣（详见表 6-2），组织要根据自己的特点选择适合的招募渠道。

（一）内部招募的流程与注意事项

内部招募作为一个总体，还可以细分为内部提拔、工作调动、岗位轮换、重新聘用、公开招募五个来源。

1. 内部招募的流程

现在许多组织出于保持组织稳定性和更好地维护员工职业生涯的考虑，对于特定岗位倾向于内部招募的形式。特别是许多集团性的组织更是把内部招募作为员工的一种激励措施来看待。一般情况下，内部招募的操作流程如下：

（1）定义岗位需求。这个环节主要是依据职位说明书或人力资源规划的内容，确定具体岗位的胜任力，明确甄选标准。

（2）发布岗位招聘信息。由人力资源部门向各目标子公司发布招聘信息，如果是子公司有岗位需求时，在征得相关领导同意内部招募时，可以由集团人力资源部门向子公司发布招聘信息，这样便于集团统一管理。

（3）资格审查。按照甄选标准，由招聘小组成员对报名人员进行资格审查。

（4）甄选。采用适应的甄选方法对候选人员进行甄选。

（5）结果发布。对符合标准的拟将录用的候选人名单进行公示；对于未被录用的人员进行通知，并表示感谢与鼓励。

（6）办理调动手续。与原用人单位进行协商，办理相应的调动手续。

（7）评估。评估包括两部分：一是对所录用人员试用期绩效的评估，二是对此次招聘各环节的评估与改善。

2. 内部招募的注意事项

（1）内部招募要顺利实施，前提是集团内部形成内部流动的氛围与相应的机制保证。如果没有统一的机制，则会形成有些子公司只愿意进人、不愿意出人的现象。

（2）内部招募操作的各个环节一定要公开、公正、公平地进行，对于甄选标准、甄选方法以及最后结果都应及时向全体成员公示。

（3）对于录用人员的调动要与原用人单位进行协调，给原单位以充足的时间进行工作的交接，既不能妨碍原单位工作的顺利进行，也不能挫伤人员的积极性。

（4）对于未录用人员，要及时反馈未被录用的具体原因以及需要改进的方面。这样一方面保持大家参与的积极性，另一方面促进人员的胜任力提升。

（二）外部招募的渠道与策略选择

组织的外部招募按照招募对象可以分为校园招募与社会招募两大类。

1. 校园招募

校园招募是针对大学在校学生进行的招募活动。学校是人才高度集中的地方，也是组织获取人力资源重要的源泉。每年都有数以万计的大学生迈出校门，走向社会。大学生的专业知识和对工作的热情是组织所期待的。2000年11月20日，中国教育部允许企业进入高校进行招聘活动，即用人单位可在每年11月20日之后的休息日和节假日到高校开展宣传和咨询活动，但在此之前，已经有企业每年定期到大学去做招聘宣传，开展优秀毕业生的争夺。

由于应届毕业生在知识结构、心理特征、技能水平等方面与具备工作经验的社会人才有较大差异，因此企业通过校园招募获取人才主要基于以下两个原因：一是大学毕业生具有文化易塑性。在校的学生由于相对较少地接触社会和企业，因此在职业化行为、核心职业理念、价值观等方面尚未成形，相对容易接受组织文化，在与组织文化相融合的过程中，阻力较少。二是在目前来看，大学毕业生是最具发展潜质的人员群体，对组织来说通过校园招募用于评价其潜质的信息相对完整、可信度较高。

校园招募目前主要有高校宣讲会、应届毕业生双选会、网络招募以及实习留用四种广为使用的途径。校园招募的形式除了定期宣传、开招聘会以外，许多企业还通过赞助校园文化活动、学术活动等来扩大知名度，吸引优秀人才的注意。一些知名企业还设立奖学金、助学金，与学校建立长期稳定关系，使学校成为未来员工的培养之地。另外，让学生到企业中实践也成为一种行之有效的吸纳人才的方式。

一般而言，大学毕业生的胜任力较高，具有生机和活力，并具有发展的潜力，但由于缺乏实际工作经验，所以在校园招募的过程中应注意以下几点：

- 选派能力较强的招聘人员，因为大学生一般比较看重企业形象。
- 对申请人的答复要及时，否则会对申请人到公司服务的意愿产生消极影响。
- 大学毕业生可能会产生自身能力强于公司现有雇员的想法，因此他们希望公司的各项政策能够体现出公平、效率和人性化。

【学习资料6-2】

校园招聘"卧谈会"

经济快速发展之后,社会结构也发生变化,人才的发展速度和预期也会变得不一样。信息化的工具会让员工的信息、知识和视野变得非常大且更新快,所以企业传统的学习模式、发展模式也会面临重大挑战。面对组织生态化的挑战和不断变化的管理需求,腾讯坚持的方法论为产品思维——像产品经理一样思考,用产品思维做招聘,更加高效地获揽人才。

产品化思维,有三个关键点:

一是用户画像是什么样,他们在哪里,是什么人;

二是如何让用户参与,让角色透明化;

三是如何快速敏捷迭代,如何进行管理优化?

为了寻找答案,腾讯HR部门的人说,50%的时间要和业务在一起。这样才能知道用户的真实需求,同时,业务和管理的跨界融合也会带来创新的想法。

以校园招聘"卧谈会"为例,以前公司会去学校宣讲,连续讲20个学校、20个场次,可能受众只是1万人,而且很难保证是标准化、高质量的宣讲。腾讯会思考现在的用户有什么特征?有什么行为习惯?做什么能满足新需求?最终决定以线上形式取代大规模线下宣讲。新的宣讲形式不像企业的宣讲会,而更像《康熙来了》等娱乐节目。整个过程非常年轻化、娱乐化,非常耐看。读书的同学们上完自习之后,可以看半个小时的节目,边看、边听、边high,在这一过程中加深对企业的了解。

做"卧谈会"这个产品,腾讯最终迭代四个版本才定型。腾讯对"用户是谁""他们的语言是什么""他们的需要是什么""想在节目中听到什么东西"等问题做了深入思考,整个节目以定制化的方式进行制作,参与用户不断,效果良好。通过对现场50名同学的访谈记录与节目播放中3 850人的反馈进行整理,腾讯将"卧谈会"不断迭代。对于传统宣讲会而言,其受众可能至多有1万人,"卧谈会"却有230万人次的观看量。数据调查发现,97%的同学看完之后更加愿意加盟腾讯,这一项目无疑是成功的。

值得一提的是,"卧谈会"这一项目是由年轻人甚至毕业生实际制作的,他们更了解"年轻生态"里的语言,知道大学生们的真实想法与需求。

"卧谈会"这样的招聘产品紧贴用户的特点与需求,以用户喜欢的语言和热爱的内容为载体,通过网络传播的方式打破传统线下产品的局限,产生了良好的传播效应,让招聘更加生动活泼,产生了更好的链接效应,把招聘做得更加贴心和生动。

资料来源:《腾讯HR方法论:像产品经理一样思考》,《重庆晚报》,http://news.163.com/16/0916/01/C1212CVD00014AED.html。

2. 社会招募

社会招募是针对已就业的社会在职人员进行的招募,一般情况下,空缺岗位需要招募有一定工作经验的人员时常采用社会招募的办法。在社会招募中，常用的招募渠道有以下四种：广告招募、网络招募、猎头服务、中介交流。其中，中介交流是早期的主流招聘渠道，如人才交流会、职业介绍所、推荐等。前面两种中介交流形式逐渐在劳动力市场舞台褪下光芒；而推荐的形式逐渐丰富并被赋予新的生命，被称作"社交招聘"。这一部分将在新型招募中展开介绍。下面，将对前三种外部招募渠道进行说明。

（1）广告招募。

通过媒体广告形式向社会公开招募人才是目前最为传统的人员招募方式。组织通过广告形式进行人员招募主要有以下两个关键思考点：一是广告媒体的选择，主要包括报纸杂志、广播电视、网站以及随机发放的宣传材料等；二是广告形式与内容的设计，一般说来招聘广告应满足"AIDA"（Attention-Interest-Desire-Action）原则。

（2）网络招募。

网络招募，也被称为电子招募，是指通过技术手段的运用帮助企业人事经理完成招募的过程，即企业通过公司自己的网站、第三方招募网站（如垂直招聘网站）等机构，使用简历数据库或搜索引擎等工具来完成招募过程。网络招募员工已经成为众多公司普遍使用的一种手段，这些公司使用网络招募员工的目的是节省开支，同时认为网络招募范围广、速度快、白天晚上都可以操作；网上招募的缺点是收到的求职材料太多，筛选非常困难。

网络招募的主要优势有以下几个方面：

① 信息覆盖面广。互联网的覆盖是以往任何媒介都无法比拟的，它的触角可以轻易地延伸到世界的每一个角落。网络招募依托于互联网的这个特点，达到了传统招募方式无法获得的效果。

② 方便、快捷、时效性强。网络招募的双方通过交互式的网上登录和查询完成信息的交流。这种方式与传统招募方式不同，它不强求时间和空间上的绝对一致，也不受服务周期和发行渠道限制，方便了双方时间的选择。

③ 成本低。对于求职者来说，通过轻点鼠标即可完成个人简历的传递，原本几天才能完成的信息整理、发布工作，现在可能只要几十分钟就能够完成。这既节约了复印、打印费用，还省却了一番鞍马劳顿。对用人单位来讲，网络招募在节省时间成本的同时还减少了差旅费等支出。

④ 针对性强。网络招募是一个跨时空的互动过程，对供求双方而言都是主动行为，无论是用人单位还是个人都能根据自己的条件在网上进行选择。这种积极的互动有助于双方在掌握大量信息的前提下做出决策，因此减少了招募和应聘过程中的盲目行为。

⑤ 具有快速筛选功能。目前，各类人才招募网站都对求职者的专业、受教育程度以及从事的行业等个人信息进行了细化，因此用人单位可以针对自己的用人标准进行简历的快速筛选，这是传统招募方式所不能比拟的。

任何方式都是有局限性的，网络招募也不例外，其局限性主要有以下几点：

① 信息真实性难以保证。网络招募中的不真实信息来源于招募环节所涉及的三大主

体,即用人单位、求职者和招募网站。有些用人单位为了达到吸引众多求职者关注的目的,有夸大企业优势、对劣势避而不提,从而误导求职者的情况发生。同样,求职者本人为了得到用人单位的青睐,也有夸大个人信息的不真实情况。此外,有的招募网站由于没有充足的信息源,就采取"盗用"知名招募网站信息的做法。这样,明明一个公司的招募已经结束,但是过期的招募信息和作废的 E-mail 信箱依然挂在公司根本没有正式委托过的网站上,成为无效的信息垃圾,误导了应聘者。

② 中高端岗位招募的成功率较低。信息的极大丰富也就意味着信息的极大泛滥。先进的网络技术极大地提高了信息传递的速度,对于同一个中低端职位会同时产生许多的求职者。但是,对于用人单位需要的中高端人才确实供应不足。在用人单位收到极为丰富的简历的同时,也会出现简历数量过于庞大,人力资源部门不得不花费大量的时间进行筛选,疲于应付的现象。此外,大量无效的信息还会增加真正合格的候选人漏选的可能性。

总之,用人单位在确定招募方式时,可以考虑将网络招募方式与其他招募方式配合使用,从而有效地发挥网络招募的优势,最大可能地消除其不足。国内目前多家网站提供各种形式的人员招募服务(见表 6-4),网络招募打破了原有招募形式的地域局限,具有便捷、迅速的特点。

表 6-4 常见的招聘网站

主要的招聘网站:	
智联招聘	http://www.zhaopin.com
前程无忧	http://www.51job.com
猎聘网	https://www.liepin.com
应届生求职网	http://www.yingjiesheng.com
BOSS 直聘	https://www.zhipin.com
中华英才网	http://www.chinahr.com
脉脉	http://maimai.cn
中国国家人才网	http://www.newjobs.com.cn
首都人才网	http://www.shoudurc.com
上海人才服务网	http://www.shrc.com.cn

【HR 之我见】

张志伟:智联测评北方大区顾问总监、管理咨询师,北京航空航天大学 MBA,曾担任国企、民营企业高级管理职务

扫描栏目中的二维码学习张志伟针对下列提问的精彩回答:

1. 您的工作经历是怎样的?您又是如何与 HR 结缘的?
2. 能分享下您在工作中积累的最宝贵的经验吗?
3. 您所在的公司在招聘方面有哪些好的做法?
4. 现在有一种新型的招聘形式——社交招聘,是公司发动员工、利用员工的人脉去吸引更多的人才,您怎么看待这种新型的招聘形式?

5. 您是怎么看待人才再配置的？
6. 人工智能、大数据等新技术是如何影响和改变人力资源管理的？
7. 您对未来希望从事 HR 工作的学生有何建议？

视频版：

文字版：

（3）猎头公司。

猎头公司（Executive Recruiters/Headhunter）是近年来发展起来的为企业寻找高层管理人员和高级技术人员的服务机构。它们一般从事两类业务：一是为企业搜寻特定的人才，二是为各类高级人才寻找工作。这些猎头公司作为企业和人才的中间桥梁，掌握着大量人才供求的信息。它们通晓各种企业、组织对特殊人才的需求，同时根据市场变动及时收集大量的人才信息，拥有自己的人才数据库，因此通过猎头公司招聘的人才一般成功率较高，胜任力也较高。

一般来说，通过猎头公司招募人才费用较高，大致为推荐人才年薪的 20%～30%。但由于核心人才对于组织具有较大的战略意义，尤其是高级管理和技术人员，而这类人员通常很难从公开市场上招募获得，因此从组织收益的角度来衡量，这些成本是微不足道的。正因为通过猎头公司招募核心人才对企业来说存在较大的风险，所以企业应审慎选择。在借助猎头公司招募人才时，应注意以下几个关键环节：

- 选择一家诚信的猎头公司，通过各种渠道详细了解猎头公司服务的实际效果；
- 应向猎头公司详细阐明人才需求的相关信息，必要时应在合同中予以明确；
- 要求会见猎头公司中直接负责本项业务的人，确保其有能力胜任招募工作；
- 事先确定服务费用和支付方式。

【学习资料 6-3】

与猎头共舞　寻找企业优才

在现代企业招聘中，猎头扮演着越来越重要的角色，越来越多的企业意识到应当选择至少一家猎头公司作为自己的战略合作伙伴。但是，面对市场上鱼龙混杂的猎头公司，企业应该如何选择，又该如何与其共舞，寻找企业真正需要的人才呢？

让我们首先看一下企业该从哪些方面对猎头公司进行评估。

（1）职业道德和专业水平。猎头公司能够掌握大量的企业和候选人的机密信息，还负责候选人背景核实和调查等工作，其职业道德的重要性毋庸置疑。而企业通过和猎头公司顾问的交流，可以了解其行业洞察能力、专业水准等，从而判断其专业服务能力。

（2）猎头公司优势和劣势。一个猎头公司可能在北美排名前十，但可能在广州没有任何成功案例；一个猎头公司在IT领域非常强，但可能对日用消费品没有多少概念。所以企业要清楚这个猎头公司的优势、目前服务的客户类型、主要擅长的行业等，有的放矢地选择猎头公司。

（3）知名度和影响力。猎头公司是候选人了解企业的第一步，一个有影响力的猎头公司和顾问将给候选人很大的信心，从而产生一定的正面心理暗示。而雇用一个知名度高、影响力大的猎头公司本身就是一个企业身份的象征，以及质量的保证。

既然这是一个双向选择的年代，毫无疑问，猎头公司也在选择客户。企业又该如何吸引好的猎头公司呢？

（1）平等和相互尊重。猎头作为一种管理咨询必须要展示自己的职位解决方案，如果客户过于傲慢，解决方案将难以受到重视，失去平等交流的机会。而企业在委托猎头时，如果随意撤销或更改委托将损害自身信用和合作基础，对后期合作造成不好的影响。

（2）无缝沟通。沟通就是力量，对于同一个职位，每个公司的要求可能都不一样，而同一公司在不同阶段内对同一职位的界定也存在差别。猎头觅才的过程也是双方无缝交流、达成共识、共同推进优才遴选的过程。

（3）数字化优化管理。任何提高的流程都是经历执行、回顾、提高和再执行的过程。如果希望不断提高服务质量，必须不断定期或不定期进行回顾和沟通，优化解决方案。而回顾的内容应尽量量化，比如推荐成功率、推荐时间等，进行定期回顾和比对。

资料来源：王洪浩，《猎头（修订版）》，金城出版社2008年版。

（三）新型招募方式

在依托互联网展开的招聘平台中，创新的模式不断涌现，带来了多种新的招聘方式：社交招聘，以社交网络为基础实现招聘的营销化、社交化、黏性化、品牌化；垂直招聘，专注于垂直招聘领域，打造招聘的专业化和求职者极致的用户体验；移动招聘，移动端的即时互联、全网的精准搜索；智能招聘，以大数据技术为核心，通过海量数据库和推荐算法的结合，匹配最合适人才。下面，本书将向各位读者介绍两种新型招募方式：社交招聘、AI智能招聘。

1. 社交招聘

社交招聘是近年来逐渐兴起的一种招聘方式，通过企业的员工、客户以及合作伙伴等推荐人选，是组织招聘的重要形式。这种方式的优点是对候选人的了解比较准确，招募成本比较低廉。目前来说，最常见的社交招聘是通过员工的人脉推荐组织想要的员工。这种社交招聘有两种形式：一种是利用员工的人脉情报来招聘新员工，并在招聘时把应聘者人脉的实力作为优先考虑条件；另外一种是让整个团队参与招聘过程，并最终做出决定。一方面，公司必须了解员工在业内的宽广天地，而员工应该意识到他的职业人脉是能够提升自身长期职业前景的重要资本之一。同时，作为联盟的一部分，员工应该利用自己的人脉来发展雇主的业务，因为他的业内熟人掌握的技能可能对公司十分重要。另外，个体表现的很大部分，甚至是绝大部分相对自身来讲，都更受其所处团队或组织影响。因此，把招聘作为团队任务能更好地找到合适的员工。

【学习资料6-4】

游戏招聘：腾讯"伯乐"荐才

好的企业都非常重视内部的员工推荐这样一个渠道。在谷歌、脸书都可以看到内部推荐占到很大的比例，而在腾讯这个数字是52%。也就是说两个员工中间有一个人来自内部推荐。腾讯把内部推荐叫做伯乐，什么叫伯乐呢？马化腾先生有一句特别著名的话："员工是企业的第一财富。"

1. 免费旅游还拿钱的"超级伯乐"

为了激励大家去努力地多做一些推荐，腾讯对伯乐设计了一个积分制度。腾讯的员工分为1~5级的职级体系，内部推荐不同级别的人入职以后，可以获得不同的伯乐积分。积满15分，就可以授予其一个"超级伯乐"的称号。腾讯还做了一个特殊的活动——3年100城。作为超级伯乐，在3年中你可以选择100个城市去旅游，公司支持，而且是双人的、不限性别。

2. 塑造伯乐文化

腾讯通过提升推荐的意愿、吸引高端伯乐、提升响应速度、促进信息的共享等方式塑造伯乐文化。为此，腾讯移动端伯乐系统也上线了，让伯乐能够把相关招聘信息一键转发到朋友圈。而在伯乐文化的塑造上还有一个做法，即评选钻石伯乐。所谓钻石伯乐，就是你推荐一个人以后，他过了试用期有绩效考核。如果他的第一次考核在公司是4星或者5星以上，说明你很会推荐人才，HR会在一个周期内把你作为钻石伯乐，给予大力的奖赏。

3. 像做游戏一样做系统

通过系统，伯乐可以实时看到自己的数据，就是已经上传了多少份简历，成功推荐了多少人。超级伯乐的旅行计划放到页面下面，一点就可以看到距离15分超级伯乐积分还差多少，不断地激励伯乐推荐更多的高质量人才。"伯乐职位欢迎大家推荐，2大技术平台、4大城市、50个技术职位"，这样的专案行动每天都在推出。通过这样一些系统的改造，通过邮件的推送，通过专案的运营来吸引更多的伯乐参与内部人才推荐。

4. 伯乐整体运营的指标

这个指标分三个维度：一是提升推荐的意愿，第二是提升信息的转化率，第三是用结果指标来衡量推荐人的贡献率。所有的PC时代的门槛不存在了，通过扫描二维码便可打开招聘信息页面，即使暂时没有推荐人选，也可以使用一键转发的功能向身边的人扩散企业的招聘信息，有意者则可通过手机端完成应聘的行为。这种高效便捷和高度数据化的方式让整体运营情况一目了然，人人都可以轻松成为伯乐。

资料来源：王安，《腾讯招聘总监揭秘独家"伯乐文化"：52%的员工来自内部推荐》，http：//www.sohu.com/a/241656695_367376，2018年。

2. AI 智能招聘

在互联网革命浪潮下，在线招聘顺势而生：由于访问流量高、不受地域限制、对企业和求职者信息的优化管理等特点，在线招聘在 20 世纪 90 年代产生并迅速发展，并在新科技企业得到完善。卓越的招聘离不开对技术的充分运用。综观当前主流的技术，能够充分运用于招聘领域的主要有社交媒体、数字营销、移动化、机器学习及大数据分析等。在当前，AI 智能招聘主要应用于视频招聘中，下面以高盛集团为例进行介绍。

自 2017 年 7 月开始，高盛集团（Goldman Sachs Group）放弃了传统的校园招聘方法，转而采用结构化视频面试，即候选人需要回答一系列自动的、预先加载的问题，他们的视频回答则由招聘人员打分。而根据"办公室团队"（Office Team）的调查显示，在过去几年使用视频进行面试的公司从 14% 陡增至 63%[3]。投行界的知名公司高盛、瑞士银行、摩根大通，三大咨询企业之一的贝恩以及四大会计师事务所之一的安永都陆续开始使用视频的形式进行首轮面试，预计未来会有更多的公司把招聘重心从校园招聘（On-Campuse Recuiting）转向效率更高、成本更低的视频招聘（Video Interview）。

面对新的招聘趋势，求职者除了传统面试需要做的一些准备，比如自我介绍、求职意向、专业问题等方面的准备外，针对视频面试远程在线沟通的特点，还需要做好以下准备：

（1）面试环境准备：
- 营造安静的环境，找一个安静且具有商务气息的环境。
- 营造柔和的灯光，测试灯光角度，确保您不会被阴影遮住。
- 积极聆听，准备好记事本和钢笔或铅笔，以备在面试期间进行简单记录。

（2）网络准备：
- 接好网线，插好耳机，避免麦克风出现噪声。在面试开始前测试镜头，并再次检查您的麦克风和扬声器是否正常工作。
- 将镜头尽可能与眼睛保持在同一水平线上，这样可以与镜头保持正视，与面试官眼神接触。
- 使身体处于屏幕的中间，与屏幕保持适当距离。确保露出手臂的上半部分，并且在头部上方适当留出空间，使面试官也能看到求职者的肢体语言。

（3）面试过程：
- 请注视镜头，与面试官进行眼神接触。
- 坐直身体，不要向一边倾斜。身体略微朝向镜头前倾有助于增强眼神接触，并且面试官能够更好地看到求职者的面部表情。

- 用自然的语气讲话，不时加入一些表现出正在聆听的词（"嗯"或"是的"）可以让面试官知道求职者能听到他们讲话。音频和视频可能会出现滞后现象，因此要注意讲话的语速。
- 如果遇到技术故障（如信号微弱、干扰或混乱），可以请面试官将问题重复一遍。如果仍然有问题，请有礼貌地提出并且重新连接。

（4）结束面试：
- 概括本轮面试的要点，感谢面试官花时间为求职者面试，并且询问后续步骤。
- 注意掌控时间，并且遵从面试官关于结束此次会话的暗示。

【学习资料 6-5】

AI 助力面试招聘

招聘是一件非常复杂、繁重的人才遴选工作，很多创业公司正在尝试通过人工智能技术（AI）使招聘更加高效。AI 的强大能力在于，它解放了招聘人员，让他们可以集中精力做出更加明智的最终决定。AI 不仅使得招聘人员可以应对更大规模的求职者，同时也帮助他们告别了快速决策的工作状态，能够更加从容周全地思考和判断。

美国旧金山的一家公司"米娅系统"（Mya Systems）开发了一个 AI 招聘官米娅（Mya）。米娅是一个智能机器人，可以对求职者进行面试和评估，甚至在你开工的第一天送上祝贺。整个产品体验和即时通信类似。应聘者先是和米娅沟通，如果米娅认为他们是合适的人选，就会为他们安排与真人 HR 的正式面试。它还会自动用谷歌地图给你发送面试地点，并贴心地附上着装指南。如果发现应聘者不适合这份工作，还会根据关键词和地区向他们推荐其他更合适的工作。作为云端工具，米娅还可以直接关联企业的求职追踪软件。它回复起来条理清晰，以至于即便被告知对方是机器人，72% 的应聘者还是坚信自己在和真人交流。米娅在 2016 年 7 月上线，目前已被零售业、银行业、咨询业的多家财富 500 强公司采用，创始人格雷耶夫斯基（Grayevsky）告诉记者，全美最大的五家招聘公司中，已有三家购买了他们的服务。通过米娅招聘，效率提升 70%，80% 的求职者找到合适的工作，以及 91% 的求职者完成与米娅的全程对话。

除此之外，AI 在消除偏见、提高招聘公平性上也起到了一定作用。米娅等 AI 产品团队认为，它们的工具可以让招聘过程更加公平。和一些招聘人员不同，经过编程的米娅会向求职者提出客观的、基于工作表现的问题，并避免人类可能产生的潜意识判断。米娅评估求职者的简历时，不会关注他的外表、性别和名字。米娅可以根据工作的核心要求对申请者进行筛选，了解他们的教育和专业背景，告知求职者他们所应聘职位的细节，衡量他们是否感兴趣，同时还能回答求职者关于公司政策和文化方面的疑问。

"雇用我"（HireVue）也是一家尝试用人工智能消除招聘偏见的企业，英特尔（Intel）、沃达丰（Vodafone）、联合利华（Unilever）和耐克（Nike）等公司都在使用它的系统。通过基于智能视频和文本的软件,这个系统可以从视频面试中提取多达 25 000 个数据点,从而判断出最合适的工作人选。这个企业的评估依据涵盖了面部表情到词汇表达等众多因素,它甚至可以衡量求职者的同情心等抽象品质。"雇用我"的首席技术官罗兰拉森(Loren Larsen)表示,通过"雇用我","无论求职者是什么性别、种族、年龄,做过哪些工作,读的什么大学,都将获得同样的机会"。

然而,AI 并非完全没有偏见,AI 的效用是由驱动它的数据决定的。"米娅系统"对米娅用来学习的数据种类进行了控制,这意味着米娅的决策是基于"米娅系统"以及其客户预先批准的数据生成的,而非原始的、未经处理的招聘和语言数据。而要避免 AI 系统步入"偏见"的陷阱,就要求工程师和程序员具有超知觉,努力增强其多元性。例如,德西奥(Textio)是一个智能文本编辑器,它可以运用大数据和机器学习对职位列表提出修改意见,从而吸引不同类型的人才。

总而言之,如果 AI 招聘工具能够提高生产力,那么它就能得到更加广泛的使用。但如果企业想仅仅靠引进 AI 来让招聘更加公平,这还远远不够。用不断加深的对多元化的认知来完善 AI 系统十分重要。

资料来源:刘伟,《招聘这件大事,硅谷企业正利用 AI 给出求职者客观评价,辅助 HR 消除主观偏见》,https://www.leiphone.com/news/201709/GmEkvqjlmxxrWtr7.html,2017 年。

(四)招聘替代方式

尽管招聘和选择成本在买方市场上已稍微有所下降,但还是很高的。它常常包括寻找过程、面试、支付代理费以及重新安置和培训新员工等成本。并且一旦员工被雇用,即使其业绩仅能勉强合格,也很难再辞退。因此,公司在从事招聘之前应认真考虑它的备选方案。招聘替代方式主要有以下 6 种。

(1)加班:加班是解决工作量短期波动最常使用的方法。

加班对雇主和员工双方都有帮助,加班的优点是:雇主由于避免了招聘、选择和培训等费用而获益,员工也可以得到较高的报酬。

相伴而来的是潜在的问题:许多经理认为当他们与员工一起为公司长时期加班后,公司支付增加而得到的回报减少。员工会变得疲劳并缺乏以正常工作效率完成工作的精力,特别是需要过度加班时。

(2)转包:即企业选择将工作转包给另一家企业。

(3)应急工:即利用兼职工或临时工。

(4)租赁员工:租赁公司以同样的薪水雇用员工,并作为雇主承担所有相关的责任,然后将他们租给前任雇主。

(5)人力资源外包:选择由猎头公司来做。

(6)以任务为导向的工作招募:以上招聘方式说明,如今无论是大型企业还是小型公司,工作都在发生转变。企业与职场的变化与此相似,各种新型工作方式的出现有助于管理者根据需求随时随地组织工作任务和工作者，甚至有的企业出现全职员工的自由化趋势。

第二节　人员甄选技术

一、人员甄选的概念

（一）定义

人员甄选是指组织通过一定的手段，对应聘者进行区分、评估，并最终选择哪些人将被允许加入组织、哪些将被淘汰的一个过程。人员甄选包括两方面的内容：一是甄选的客观标准和依据，二是人员甄选技术的选择和使用。正如前面提到的，组织通过人力资源管理的两项基础性工具——职位分析和胜任力模型，提供了职位包含的基础信息，除了对职位本身的描述之外，对任职者的资格要求也进行了界定，这一信息正是人员甄选的客观标准和依据。

（二）甄选方案制定过程中的限制因素

人员甄选技术经过多年理论实践研究获得了长足的发展，形成了较多的人员测评工具，虽然由于"人"本身的复杂性，使得我们无法通过这些技术获取对人准确的理解和把握，但是通过这些技术可以最大限度地减少我们做出错误判断的可能性，因此我们应合理选择各种人员甄选工具，尽量减少甄选中的误差，避免错误。对于任何组织，尤其是以人才为核心竞争力的知识型组织来说，能否选择合适的组织成员，对于组织的生存能力、适应能力和发展能力而言，都将产生至关重要的影响。因此组织有必要在招募到大量候选人的前提下，采用审慎而适当的甄选办法，从中挑选合适的组织成员。

（三）甄选中的社会伦理道德

甄选中的社会伦理道德是企业文化价值观的一部分，是甄选过程中不容忽视的要点。例如，在甄选中尊重和信任候选人等。一方面，企业伦理对候选人的人格尊重和经济利益的重视会提高企业的雇主品牌效应，对于激发员工工作热情及创造性起到极大的作用。另一方面，以伦理的精神、机制来培养和开发企业的人力资源，是企业增强市场竞争力和提高经济效益的必要条件之一。甄选中的社会伦理道德主要包括以下三个方面。

首先，坚持审慎原则，企业选人用人要符合基本规律，除了要考虑人力资源管理上的难点外，还要考虑用人的各种风险，避免主观任意性。

其次，仔细考查候选人的伦理品格，通过一些与价值观、道德观相关的问题，来了解候选人在道德品格上是否有重大缺陷，以及他所持的价值观与企业文化的相融程度。比如，阿里巴巴集团在面试新员工的时候，会由阿里老员工组成"闻味官"。这个"闻味道"跟结构化面试不同，主要是聊聊工作、聊聊家庭，这样"闻味官"就能感觉到，被面试者跟这个组织是否"味道相同"。

最后，加强监督和管理。企业在人才招聘及使用过程中的行为要自查是否符合国家的法律、法规和政策，是否存在损害候选人利益的行为。比如，利用求职者急于找到工作的心理，发布虚假招聘信息来吸引广大求职者；利用考查人才的机会，无偿获取求职者的智力成果；有意回避企业的种种不足，对应聘者不负责任地做出承诺；实施性别歧视、年龄歧视甚至身高歧视等一系列歧视政策，造成人为的障碍，形成了一定程度的竞争不公平性等。

二、人员甄选的客观标准和依据

职位内在的要求是人员甄选录用的客观标准和依据，而对职位内在要求的描述主要体现在职位分析和胜任力模型的构建之中。在国内企业职位分析的实际操作中，同时包含了胜任力模型的相关内容，所以胜任力模型的思想和职位分析的思想不是对立而是互为补充的。

（一）用职位分析甄选显性特质

一般说来，人员甄选主要考虑应试者以下方面的特征：

- 基本生理/社会特征：例如，性别、年龄、户籍等。
- 知识/技能特征：学历、专业、专业工作经历、其他工作经历、培训数量、专业资格证书。
- 心理特征：各种胜任力、人格、兴趣偏好。

职位分析的最终结果包括两个部分：职位描述和职位规范（任职资格），其中职位规范部分一般比较具体，涵盖了职位要求的基本生理/社会特征、知识/技能特征。表6-5列举了职位分析中与人员甄选要求相对应的部分。

表6-5 某公司市场研发部经理职位说明书（部分）

八、任职资格					
（一）学历-工作经验替代表					
工作年限 \ 学历	中专以下	中专、高中	大专	本科	硕士
应届毕业生					
1年					
2年					
3年					
4年					■
5年				■	
6年					
7年					
8年			■		
8年以上					

(续表)

八、任职资格			
学习专业	市场营销、建筑专业		
资格证书	工程师职称		
(二) 专业培训			
培训内容	培训方式	每年的计划时间	
市场	短期集中培训	15天	
销售、广告	短期集中培训	10天	
新技术、材料应用	短期集中培训	5天	
参观	周期	1个月	
(三) 工作技能			
维度	表述		选择
外语能力	不需要		
	国家英语四级,能读写简单的英语文章		√
	国家英语六级,能进行简单的英语交流,看懂专业文章		
	英语专业,是本专业的英语专家		
公文处理能力	熟悉一般公文写作格式,符合行文要求		
	能抓住要点,并加以归纳整理		√
	具有强的文字表达能力,言简意赅,行文流畅		
计算机	熟练使用办公室工作软件		
	熟练使用本专业软件		√
	能针对需求编程		

从上例可以看出,职位说明书规定的基本生理/社会特征、知识/技能特征一般是人员甄选中的"硬约束",只需要在甄选时直接对应就行。

(二) 用胜任力模型定位隐性特质

对于人员甄选中更具实际意义的"软约束"——心理特征,虽然有的职位分析也涵盖此项内容,但更多的还是借助胜任力模型来体现。胜任力模型不但清晰地界定职位所需要的胜任力类型,还根据职位需要确定理想的胜任力类型等级,作为人员甄选的依据。表6-6列举了某管理职位胜任力模型。

表6-6 某管理职位胜任力模型

胜任力维度	描述	等级要求
成就导向(ACH)	为自己及所管理的组织设立目标,提高工作绩效的动机与愿望	A.6级以上
主动性(INT)	超越工作的基本要求,抓住机遇或为未来可能的问题与机会做好准备	A.3级以上
信息搜集(INF)	了解情况,洞察局势,并判断未来潜在的某些机会,具体体现为系统的信息汇总、多渠道的资讯搜寻以及各种亲自感受外部信息的举动	A.2级以上

(续表)

胜任力维度	描述	等级要求
团队合作（TW）	给他人以信任与认可，特别会就一些与他人有关，并会产生影响的事务组织他人共同商议与处理	A.4级以上
培养人才（DEV）	对下属提供建设性的反馈意见，在下属遇到困难后给予安慰与鼓励；通过各种指导、建议或从事某个职位的工作等支持手段与方式培养下属	A.3级以上
领导能力（TL）	为团队设立绩效目标，在更宽泛的组织层面上维护所在团队的利益，同时为团队成功赢得必要的资源与支持等	A.2级以上
演绎思维（AT）	系统地分析某一情况或信息的含义，理清因果关系，对可能的困难进行估计，并提前计划解决的办法等	A.3级以上
归纳思维（CT）	发现他人没有发现的某种联系或模式，洞察到他人没有注意到的各种矛盾或差异，同时能够迅速把握问题的关键，并采取行动	A.2级以上
专业知识技能（EXP）	掌握所需的专业知识与技能是从事管理类工作的基本要求	A.4级以上
影响力（IMP）	擅于运用良好的个人及社会影响力，树立个人在组织中的权威	A.6级以上
关系建立（RB）	与同僚建立与保持联系，定期拜访客户、与客户形成定期良好的互动交流等	A.3级以上
自信（SCF）	对自身能力表现出自信，同时乐意接受各种挑战性的工作；在必要时能够向上级直接提出质疑或对其行为进行挑战	A.2级以上

在胜任力模型界定的基础上，根据胜任力维度的具体要求选择适当的人员甄选方法，以获取组织需要的人员。

【学习资料6-6】

国外著名企业人员甄选标准

1. 壳牌（Royal Dutch/Shell Group of Companies）

壳牌在录用毕业生员工时看重的是应聘者的领导潜质，而非学历、专业或其他现有的技能。壳牌把领导潜质定义为"CAR"，即分析力（Capacity）、成就力（Achievement）和关系力（Relation），并将其贯穿于整个招聘过程。

- 分析力——能够迅速分析数据，在信息不完整和不清晰的情况下判断出主要议题，弄清外部环境的约束，明晰潜在的影响和联系，并提出创造性的解决方案。
- 成就力——给自己和他人以挑战性的目标，并百折不挠地实现，能够权衡轻重缓急，灵活应付不断变化的外界环境，果断处理不熟悉的问题。
- 关系力——主动、诚恳地寻求具有不同背景的人的各种意见，积极地感染和激励他人，坦率、直接地进行沟通，建立富有成效的工作关系。

壳牌在招聘甄选员工时，正是以"发现未来的领导者"的态度，通过分析力、成就力以及关系力这三个指标来考查应聘者，三者各占1/3的权重，互相促进，致力于寻找具有领导者潜质的员工。

2. 通用电气公司（General Electric Company, GE）

GE 招募人员主要有以下要求：

首先要精力充沛。能从事紧张的工作，承受压力，同时能以他的活力感召周围的人。

其次要有团队精神。善于和同事团结协作，GE 认为，在现代企业里，靠单打独斗是不行的。团队精神是 GE 人不可缺少的精神，缺乏团队意识，不愿与别人合作，在现代企业中很难成功。

再次要有创新精神，不惧怕变化。GE 鼓励员工寻求更好的方法来完成工作。在 GE 里，只有不断地寻求更佳的工作程序、工作方式，不断创新，个人才能跟上公司发展的步伐。也只有这样，公司才能适应外界不断变化的形势，使之立于不败之地。

最后要善于学习，脚踏实地做好现任工作，不断地为自己设立更具有挑战性的目标。只有不断进取、主动迎接挑战，才可能在 GE 这样的公司中获得成功。

3. 宝洁（Procter & Gamble, P&G）

宝洁公司的用人标准如下所示：
- 强烈的进取心：主动性强，坚忍不拔，克服困难，完成工作。
- 卓越的领导才能：能够领导并激励别人。
- 较强的沟通能力：简明而有说服力地表达自己的观点，听取别人的建议。
- 较强的分析能力：全面思考工作中的问题并能高效地解决问题。
- 创造性：适应变化的环境，发现新想法、新途径。
- 优秀的合作精神：具有团队协作精神，与团队成员共同合作实现目标。
- 正直的人格：符合宝洁的文化和价值观，诚实、正直地工作。

4. 微软（Microsoft Corporation）

微软公司根据"成功六要素"提出了人员甄选的多种才能要求：个人专长、绩效、顾客反馈、团队协作、长远目标及对产品和技术的挚爱。微软的经理选出 5~7 项才能来描述对每个职位的要求，而一般做法则是用工作内容及职责来描述。

微软（中国）有限公司人力资源部招聘经理尹冬梅介绍说，微软愿意招募"微软人"，"微软人"主要是指以下三种人：第一，非常有激情的人，对公司有激情、对技术有激情、对工作有激情；第二，聪明的人，学习能力强，有创新性，知道怎么去获得新的想法，并有能力提高的人；第三，努力工作的人。

5. 英特尔

英特尔公司具有独特的人才文化，其六大价值观是：以客户为导向、纪律严明、保证质量、鼓励冒险、以结果为导向、创造良好的工作环境。

6. 松下

松下选拔人才的标准是：不念初衷而虚心好学的人，不墨守成规而常有新观念的人，爱护公司并和公司成为一体的人，不自私而能为团体着想的人，有自主经营能力的人，随时随地都有热忱的人，能得体支持上司的人，能忠于职守的人，有气概担当公司重任的人。

7. 麦肯锡（McKinsey & Company）

全球著名的管理咨询公司麦肯锡认为在招募人员时，主要考虑工作能力和工作热情两方面，并根据这一标准将候选人划分为如图6-4所示的四种类型。

8. 西门子

西门子公司认为管理者必须具备以下四方面精神：
- 较强的实力；
- 不屈不挠的精神；
- 老练稳重的性格；
- 与他人协作的能力。

图6-4 候选人类型划分

三、人员甄选的操作技术

（一）甄选方法所需达到的标准

任何人员甄选过程都必须遵循几个通用的标准。雷蒙德·A. 诺伊（Raymond A. Noe）、约翰·霍伦拜克（John Hollenbeck）、拜雷·格哈特（Byre Gerhardt）、帕特里克·M. 赖特（P. M. Wright）认为评价人员甄选方法主要有以下五个方面的标准：信度、效度、普遍适用性、效用和合法性。前四项标准是相对一体的，从顺序上说，前一项是后一项的必要而非充分条件，合法性与前四项之间不存在这种关系，不过全面理解前四项标准有助于我们理解许多合法性标准的理性基础[④]。

1. 信度

信度是指一种测试手段不受随机误差干扰的程度。人员甄选中的许多工作都涉及通过对人的人性特征进行衡量来决定让谁来填补职位空缺。一般来说，在其他条件不变的情况下，测试的信度越高，我们越有可能依据测试结果所揭示出的差异性来做出决策。

2. 效度

效度是指测试绩效与实际工作绩效之间的相关程度，也就是预测的有效性问题。测量工具的有效性会在很大程度上影响人员甄选的最终结果，因此测试工具的效度是我们进行人员甄选最为关注的方面。

3. 普遍适用性

普遍适用性是指在某一背景下建立的甄选方法的效度同样适用于其他情况的程度。通常情况下我们可以概括出三种不同的背景：不同的处境、不同的人员样本以及不同的时间段。

4. 效用

效用是指甄选方法所提供的信息对于组织的基本有效性进行强化的程度，即甄选方式的成本与组织收益的相对大小。

5. 合法性

甄选方式必须满足合法性的要求，不应涉及候选人的隐私问题，目前我国在这方面的立法不太完善，但组织应避免甄选工具的使用引起不必要的法律纠纷。

（二）人员甄选的操作技术

提到人员甄选的操作技术，首先要向各位读者介绍的一个概念是评价中心。评价中心是一套侧重情境的综合评价体系，它采用综合测评方法对被试者进行全面的观察和评价。测试人员根据职位需求设置各种不同的模拟工作场景，让候选人参与，并考查他们的实际行为表现，以此作为人员甄选的依据。评价中心的前身是第二次世界大战以前的德国军事部门。1929年，德国军事部门集中了一批心理学家，研究军事指挥人才，并建立了一套评价程序，协助德军挑选未来军官。第二次世界大战期间，英国改编了对军官候选人的筛选程序；美国随后又成立了战略服务局（The Office of Strategic Services，OSS），借鉴了英军的做法。第二次世界大战后，评价中心开始向非军事领域渗透。英国将评价中心的思路和方法用于选拔中高级文职人员，并具体外化为8种方法，包括一组语言和非语言测验、个性投射测验、背景信息、各种渠道的调查反映、面谈、资格考试成绩、个人情境模拟练习、小组情境模拟练习。在美国，许多加入企业的原退役心理专家和退役军官也进一步将评价中心这一套综合评价体系应用到工商业中并逐步推广到全球。由于评价中心在现代企业甄选中的突出作用，使得有的企业设置同名部门或者办公室来开展甄选。下面，我们将对评价中心中的背景调查和笔试、面试、模拟情境测试、心理测试等进行一一介绍。

1. 背景调查和笔试

背景调查包括身体能力测试、个人背景问卷（Personal History Questionnaire）、自我小传（Short Autobiographical Essay）等，属于对候选人的常规调查。笔试主要用于测量应聘者的基本知识、专业知识、管理知识以及综合分析能力（如智力测试）、文字表达能力等方面的差异。背景调查和笔试的优点在于花费时间少、效率高、成本低，对应聘者知识、技术、能力的考查信度和效度较高，成绩评价比较客观，因此笔试至今仍是用人单位使用频率较高的人才选拔方法。它们的缺点在于不能全面地考查求职者的工作态度、品德修养以及其他一些隐性能力，因此背景调查和笔试往往作为其他人员甄选方式的补充或是初步筛选方法。比如，我国每年一度的公务员考试就是政府机关筛选求职者的第一步。

2. 面试

面试是指由一个或多个人发起的以收集信息和评价求职者是否具备职位任职资格为目的的沟通过程。面试是在各种组织中应用得最为广泛的一种甄选方法。一项研究表明，70%的美国企业在招聘过程中使用了某种形式的面试技术或方法。

（1）面试的分类。

面试主要有以下六种基本的类型。

① 非结构化面试（Non-direct Interview）。

非结构化面试中允许求职者在最大自由度上决定讨论的方向，而主持人则尽量避免使用影响面试者的评语，也称为"非引导性面试"。从某种意义上讲这种面试是主考官和求职者进行的一种开放式的、任意的谈话，它没有固定的模式和事先准备好的问题，根据面试的实际情况即兴提问。一般主考官的提问分为两种类型：一是描述性的问题，如"请你介绍一下以往的工作经历"；二是预见性的问题，主考官提出一些假设性的问题，要求求职者就这些问题做出回答。

非结构化面试是一种随意性较强的面试过程，它将求职者的信息、态度、情感都摆在主考官的面前，有经验的面试主考官可以从中获取对求职者隐性胜任力的判断，而且由于灵活性较强，主考官可以针对某一问题深入询问，但正是由于这种灵活性的存在，使得非结构化面试的信度与效度都大打折扣，面试的结果往往存在大量的"弃真"错误，造成人才的流失，而且面试效果的好坏与主考官的经验和技术水平有一定的关系，好的主考官能充分引导求职者展示自己，而不偏离方向；经验不足的主考官则容易使面试成为"审判式"的对白，压抑求职者表现自我的欲望。由于非结构化面试的优缺点相对明显，因此非结构化面试往往作为其他甄选方式的前奏或是补充，发挥"补漏"的作用。

② 结构化面试（Direct Interview）。

结构化面试是在面试前，主考官提前准备好各种问题和提问的顺序，严格按照这一事先设计好的程序对每个应试者进行相同内容的面试。这种面试的最大的优势就在于面试过程中采用同样的标准化方式，每个应试者面临相同的处境和条件，因此面试结果具有可比性，有利于人员选拔。

③ 情境面试（Situational Interview）。

情境面试是根据面试内容对面试进行的分类，情境面试是结构化面试的一种特殊形式，它的面试题目主要由一系列假设的情境构成，通过评价求职者在这些情境下的反应情况，对面试者进行评价。情境面试的试题多来源于工作，或是工作所需的某种胜任力的体现，通过模拟实际工作场景，反映应试者是否具备工作要求的胜任力。表6-7是情境面试问题的示例。

表6-7 情境面试问题示例

问题：在你即将旅行的前一天晚上，你已经整装待发。就在准备休息时，你接到了工厂的一个电话，工厂出现了一个只有你能解决的问题，并被请求处理此事。在这种情形下，你会怎样做？
记录回答：
评分指导： 较好："我会去工厂，以确保万无一失，然后我再去度假。" 好："不存在只有我能处理的问题，我会确保另一个合适的人去那里处理问题的。" 一般："我会试着找另一个人来处理。" 差："我会去度假。"

④ 以行为为基础的面试（Behavior Based Interview）。

以行为为基础的面试与情境面试较为相近，都是给予应试者一个既定的情况，要求应试者做出回答。情境面试更多的是一个假设的事件，而以行为为基础的面试则是针对求职者过去工作中所发生的事件进行询问。比如,"请说出你最为得意的一个研发项目内容""在这一项目中你在管理方面遇到的最大的困难是什么,你是如何处理的"。

在以行为为基础的面试中,一个显著的特点就是常在问题中使用类似于英语语法中的"最高级"的提问方式,比如"请描述你对过去工作最不满意的地方"。这一提问方式有助于发掘在过去工作中对应试者印象最为深刻的事件,而这些事件往往是决定其工作绩效或离职的最关键的因素,因此以行为为基础的面试比传统的面试更加有效。

⑤ 小组面试(Panel Interview)。

小组面试是指由一群主试者对候选人进行面试。小组面试有以下优点:普通的面试通常是由每位主考官重复地要求求职者谈论同样的问题;但是小组面试允许每位主试者从不同的侧面提出问题,要求求职者回答,类似于记者在新闻发布会上的提问。相对于普通面试,小组面试能获得更深入、更有意义的回答,但这种面试同时会给求职者增加额外的压力。

⑥ 压力面试(Stress Interview)。

压力面试的目标是确定求职者将如何对工作上承受的压力做出反应。在典型的压力面试中,主考官提出一系列直率(甚至是不礼貌)的问题,让求职者明显感到压力的存在,甚至陷入较为尴尬的境地。主考官通常寻找求职者在回答问题时的破绽,在找到破绽后,针对这一薄弱环节进行追问,希望借此使应试者失去镇定。例如,一位 CRM(客户关系管理)经理职位的求职者在自我描述中提到他在过去的两年里从事了四项工作,主考官抓住这一问题,反问他频繁的工作变换是否反映了他的不负责任和不成熟的行为。面对这样的问题,求职者若对工作变换能做出平静清晰的解释,则说明他承受压力的能力较强;若求职者表现出愤怒和不信任,就可以认为其在压力环境下承受能力较弱。

(2)面试中常见的误区和错误。

① 第一印象:主考官通常在面试开始几分钟就凭借对应试者的第一印象做出判断,随后的面试过程通常不能改变这一判断。

② 强调负面信息:主考官受不利因素的影响要大于受有利信息的影响。例如,主考官从好的印象转变为坏的印象,要比从坏的印象转变为好的印象容易得多,事实上面试本身经常就是寻求负面信息的过程。

③ 不熟悉工作:主考官未能准确地了解工作包含的内容,以及什么类型的应试者最适合工作,通常就会形成关于什么是好的求职者的错误框架,他们就往往会根据这一框架去判断、选择候选人,而不是基于职位要求进行这一选择。

④ 面试次序差异:面试次序差异是指对应试者面试次序的安排会影响对其的评价。在一项研究中,主考官在面试了数位"不合格的"应试者以后,被安排面试一位"仅仅是一般"的求职者,结果主考官对其的评价均高于他实际能得到的评价。这样的结果仅仅是因为这位一般的求职者被安排在不合格的求职者之后,表现得格外突出。但相反,当他被安排到一些优秀的应试者之中进行面试时,其结果会出现较大的差异。"次序问题"是面

试过程中一个很突出的问题。一些研究发现，只有对小部分的求职者的评定是根据他的实际潜力做出的。多数求职者的评定是在与前面一位或几位求职者的比较下做出的。

⑤ 非语言行为：在面试中，作为主考官应尽量避免应试者的非语言行为对判断所造成的影响。例如，几项研究表明，表现出更大量眼神接触、头部动作、微笑，以及其他非语言行为的求职者得到的评价更高，但没有任何证据表明非语言行为和能力、胜任力有任何程度的相关性。因此考官应在面试中尽量避免非语言行为对判断造成的影响。

⑥ 刻板效应：主考官根据某人所在的团体知觉为基础看待应试者。比如，看见穿破洞牛仔裤的就认为是思想开放、大学生总是很激进等。这种刻板化印象往往会影响面试者客观、准确地评价求职者。

⑦ 类我效应：当主考官听到应聘者的某种背景和自己相似（如与自己是老乡、从同一所大学毕业等），就会对他产生好感和同情，以致最后使面试失去公允和客观。

【学习资料 6-7】

大数据时代百度的人才招聘

作为中国互联网行业的领军企业，百度充分发挥其在人工智能和大数据方面的天然优势，不断优化算法分析与信息平台，组建了面向智能化人才管理的专业复合型团队——"百度人才智库"（Baidu Talent Intelligence Center，TIC）。TIC 以大数据人工智能为基础，提供了从数据、技术到系统落地的一整套人才智能化管理解决方案，推动了百度人才管理模式从传统经验型向大数据驱动的、以人为本的人工智能管理模式转型，在招聘理念、人才信息平台搭建、招聘标准及评估方面都推动了大数据在人力资源管理领域的应用。

这里先介绍一下百度现行的人才招聘流程：

无论是人才的全面搜索与精准匹配，还是面试流程的精简与个性化设计，百度将人工智能应用到招聘实践的方方面面，都极大提高了招聘效率，同时也给相关候选人营造了良好的申请与面试体验，人工智能切实成为百度人才招聘的全新助力。

（1）招聘理念。百度人才管理的信息化建设经历了三个时期，目前处于依靠大数据推动战略发展和业务落地的 3.0 时代，强调价值匹配和因人设岗。招聘需求在企业不同发展阶段，会伴随着战略转变和业务调整而发生动态波动。但是人才的积累是一个持续输出的过程，因此大数据在人才管理系统上的应用帮助企业实现候选人的实时录入，并且随着"机器学习"的发展，自动分析岗位需求进行人才精确匹配，转变过去被动的招聘理念，强调出于人才考虑的主动岗位设计路径。

（2）招聘人才标准。百度在招聘方面主要有三个衡量标准——最好的人、最大的空间和最后的结果。这几个标准因此对应着人才的专业技能和文化价值观、工作环境、晋升路径和项目推进、项目成果。在进行智能化和自动化数据分析与人才推荐的过程中，需要采用数据决策，减少主观判断的干预。同时，大数据的运用将模糊企业边界，因此在进行人

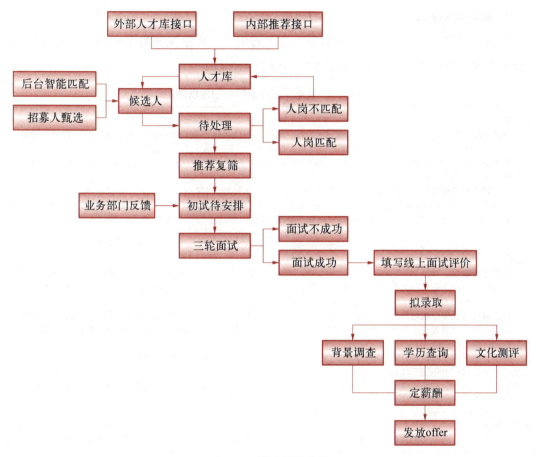

图 6-5　百度招聘流程

才标准判断的过程中需要在未来加入行业信息这一影响因素,从而确定员工的最佳生产力。

(3) 智能招聘系统。为保证上述线上招聘活动的顺利开展,人才管理系统主要通过三个方面进行平台搭建。第一,多渠道数据收集和整合,包括候选人的简历、照片、附件、前期沟通与面试评估反馈信息等非结构化数据。第二,数据的分析。针对候选人工作特质与应聘的岗位直接的相关关系,智能化匹配出多维度的评估人才标准,包括技术深度或广度、项目经验、管理经验、领导力、文化适应度等。针对整体数据集合,通过区分人才管理、运营模式、文化活力、舆情掌握等进行多维度的数据建设。第三,通过分析形成候选人的画像、人才报告、企业人才图谱,从而为"机器学习"提供智能化资源,帮助管理者进行能力评审和决策。

总之,百度通过探索大数据和智能化在人才招聘和管理方面的应用,极大地提升了招聘效率,科学地识别优秀管理者与潜力人才,逐步实现人才与岗位的智能双向自动匹配。

资料来源:刘铮筝,《大数据+人工智能:百度这样管理人才》,《企业家信息》2017 年第 4 期,第 73—75 页。

3. 模拟情境测试

在企业实践中，评价中心采用的模拟情境测试主要包括无领导小组讨论、公文处理、角色扮演等。表6-8是某组织一次评价中心工作的日程。

表6-8 某组织的评价中心日程示例

第一天　　　　　　　　　　　　　上岗引导会
　　管理游戏："联合大企业"。参加者组成四人小组，目的是组成各种不同类型的联合大企业。参加者必须通过公司交易来达成计划结果。各小组设立自己的兼并目标，必须通过计划和组织来实现目标。
　　背景面谈：由一位评估者组成四人小组，讨论四个需要不同形式的管理判断的短案例。小组必须在一小时内解决案例问题并以书面形式提交建议。
　　个人调查和决策练习："研究预算"。参加者被告知他（她）刚担任部门经理。现在，参加者手上有一份关于他（她）的前任拒绝给某研究项目继续提供资金的要求这一事件的简短说明。研究项目经理呼吁推翻这一决定。参加者用15分钟时间通过提问来寻找事实信息。在调查研究之后，参加者要口头做出决定，提供支持理由，并进行辩护。

第二天
　　公文处理练习："部门经理公文处理"。模拟部门经理公文筐内容。参加者被指示仔细审阅其内容、解决问题、回答、授权、组织、安排进度和计划，参加者就像已经被提升到该职位那样从事各项工作。评价者检查处理完的公文内容，并对候选人进行一小时面谈以获取进一步的信息。
　　指定角色无领导小组讨论："报酬委员会"。报酬委员会召开会议，讨论在六名监督和管理者之间分配8 000美元的增资问题。委员会对工资增长有裁判决定权。委员会的每位成员（参加者）代表公司的一个部门，要尽最大努力为本部门员工争取增资。
　　分析、演讲和小组讨论：普瑞泽公司。这是一个财务分析问题，要求参加者扮演顾问角色，就以下两个问题向普瑞泽公司下属的卡尔花工厂提出建议：对这个持续亏损的分厂应采取什么行动？公司是否应当扩张？将公司的各种数据给予候选人，并要求提出适当的行动计划建议。候选人在一个7分钟的演讲中提出建议，演讲之后组成一个小组，提出唯一的一套建议。

第三、四天
　　评价者碰面，分享他们对每位候选人的观察信息，并对候选人的每个方面和总的潜力做出总结评价。

资料来源：加里·德斯勒，《人力资源管理（第六版）》，中国人民大学出版社2002年版。

（1）无领导小组讨论（Leadless Group Discussion）。

无领导小组讨论是指由一组求职者（5~7人）组成一个临时工作小组，讨论给定的问题，并作出决策。其目的在于考查求职者的表现，尤其是看谁会从中脱颖而出，成为自发的领导者（见表6-9）。

表6-9 无领导小组讨论样题示例

指导语：
　　现在我们要根据企业的要求开一个讨论会。在座的各位现在就组成一个专案工作小组，对下列问题进行讨论、分析，并作出决定。
　　请大家充分讨论，并拿出小组的意见来。讨论共有35分钟，请大家充分利用时间。讨论一旦开始，将不再回答你们的任何提问，也不干预你们的讨论。
样题：
　　你认为什么样的领导是好的领导？他应以工作为导向还是以人为导向？

无领导小组有自己适用的测试范围，当某职位需要应聘者具有以下几种类型的能力和个性特征时就可以采用这种方法进行选拔：

- **团队工作能力：**包括个人沟通能力、人际交往能力、合作精神、组织协调能力等。

- 问题解决能力：包括理解能力、逻辑推理能力、想象创新能力以及信息收集和提炼能力等。
- 求职者的个人风格：包括个人主动性、自信心、决断能力和独立性等个人特质。

无领导小组讨论作为一种有效的测评工具，和其他测评工具比较起来，具有以下几个方面的优点：

- 能检测出笔试和单一面试所不能检测出的隐性的能力或胜任力；
- 能观测到应试者之间的互动；
- 能依据应试者的行为特征来对其进行更加全面、合理的评价；
- 能使应试者在相对无意识中展示自己多方面的特点；
- 能在同一时间对竞争同一岗位的应试者的表现进行同时比较（横向对比）；
- 应用范围广泛。

无领导小组讨论是一项技术性较强的人员测评技术，为确保其具有较高的信度和效度，在进行无领导小组讨论时有以下关键思考点：

- 论题的内容：无领导小组讨论的问题应与目标岗位将面临的问题具有高度的相似性，即要求问题的现实性和典型性都要好，以达到最大限度的情境模拟，不但能够检测应试者对目标岗位的了解状况，而且能够检测应试者从事目标岗位的适合度。
- 论题的难度：讨论的问题一定要一题多议，一题多解，有适当的难度。无领导小组这种测试方式重在"讨论"，通过讨论来观察和评价应试者的各项能力或胜任力，这种讨论不在于阐明、捍卫某种观点或思想的对错，而在于讨论过程中表现出的个人特质。
- 角色平等：无领导小组讨论最大的特点就在于没有明确指定小组讨论中的领导，而对于那些适用于角色分工的讨论题，讨论者本身对角色的分工在地位上一定要平等，不能造成应试者之间有等级或者优劣的感觉。只有应试者的地位平等了，才能有发挥自己才能和潜质的同等机会，评价结果才有可比性。
- 考官参与度：考官在给应试者提供了必要的资料、交代问题背景和讨论要求后，一定不要参加提问、讨论或是回答问题，以免给应试者暗示。整个讨论过程考官可以在场或是回避，通过摄像机监测、录像，记录讨论的全过程。

（2）公文处理（In-basket Activity）。

公文处理又叫"公文筐"测验，是"评价中心"中最常用、最具特色的工具之一（它在"评价中心"中的使用频率为95%），它是对实际工作中管理人员掌握和分析资料、处理各种信息，以及做出决策的工作活动的一种抽象和集中。测验在假定的环境下实施，该情境模拟组织发生过的实际业务、管理环境，提供给受测人员的信息涉及财务、人事备忘录、市场信息、政府法令公文、客户关系等数十份材料。测验要求受测人员以管理者的身份，在规定的条件下对各类公文进行处理，形成公文处理报告。通过应试者在规定条件下处理过程的行为表现和书面报告，评估其计划、组织、预测、决策和沟通的能力。

公文处理这一甄选工具区别于其他工具的主要优点为：

- 具有灵活性，可以因不同的工作特征和所要评估的能力而设计题目。
- 可以对个体的行为进行直接的观察。
- 将个体置于模拟的工作情境中完成一系列工作，为每个被试者提供条件和机会相等的情境。
- 它能预测使人在管理上获得成功的潜能。
- 多维度评价个体。

表 6-10 列举了某公司一次公文处理测试的样题。

表 6-10　公文处理测试的样题示例

总指导语：
这是一个"公文筐"测验，它模拟实际的管理情境，请你处理商业信函、文件和管理人员常用的信息。
这个模拟的具体假设情境是：
你是瑞克有限公司的市场营销部经理，叫"王海峰"。
今天的日期是：××××年 2 月 8 日，星期三。
现在的时间是：上午 7 点 45 分。
你刚刚来到办公室，正独自坐在办公桌前。今天早些时候，公司国际业务部总裁打电话通知你"公司的总经理已经辞职离开了公司"。
这里为你准备了你今天需要处理的全部资料，放在专用的塑料文件袋里。
在测验中你需要使用以下工具：一本答题册、文件袋内的材料、铅笔、计算器。
请不要在公文筐（袋）中的材料上写任何东西，请在本答题册上回答问题。我们只对答题册上的作答进行计分，笔记或其他个人用纸上的回答将不予考虑。
本测验要求你完成四个部分的内容，每一部分都有时间限制：
测验 1：计划，40 分钟
测验 2：预测，25 分钟
测验 3：决策，25 分钟
测验 4：沟通，25 分钟
考试主持人将在适当的时间提醒你开始和结束每一个部分。
完成各部分测验所需的指导语在各部分开始时给出。
- 测验 1：计划

指导语：
这个测验要求你首先就"公文筐"中的材料所给出的工作做计划，用任何你认为合理的方式对这些材料进行分类。
在这一部分中你需要完成以下三个内容：
（1）根据材料的主要内容对材料进行分类，并对每个类别进行命名。
（2）确定材料或事件的优先级。你必须根据材料的重要性和紧迫性，用下列表示优先级的字母确定材料处理上的优先顺序。优先级和字母的对应关系如下：
H＝优先（材料极其重要，需立即处理）；
M＝中等（材料不急不缓，可稍后处理）；
L＝靠后（材料是平常的，可搁置一段时间）。
（3）列出行动纲领。请为每一份材料写出处理意见，并指出它参考了公文筐中的哪些材料（请用材料右上角的编号来代表每一份材料）。
请把答案写在随后的四页纸上，我们只对这四页上的内容作评估。
你有 40 分钟的时间来完成这项任务。
请记住你现在的身份和今天的具体日期是：
瑞克有限公司市场营销部经理；××××年 2 月 8 日。
若现在有疑问请立即向考试主持人询问，然后等待翻页和开始做测验的指令。
- 测验 2：预测

指导语：
这个测验要求你运用文件袋内提供的有关信息，针对给定的两个问题分别作出预测。两个问题单独计分，分值相同。
对每一个问题你必须：

(续表)

> (1) 作出全面的预测（要求作简单解释）。
> (2) 列出你预测所依据的主要因素或假设。
> (3) 列出实现预测所需的实施方案。
> 你的答案应写在随后的两页纸上，我们只对这两页纸上的内容作评估。
> 你有 25 分钟时间来完成这两个问题。
> 若现在有疑问请向考试主持人询问，然后等待翻页和开始做测验的指令。
>
> ● 测验 3：决策
>
> **指导语：**
> 这个测验要求你运用文件袋内提供的有关信息，针对给定的两个问题作决策。每个问题单独计分，分值相同。
> 对每一个问题你必须：
> (1) 列出可供参考的备选方案，并综合考虑其优劣性。
> (2) 综合文件袋内的其他资料信息，列出影响你决策的主要因素。
> (3) 最终选择一种方案作为你的决策，并说明理由。
> 你的答案应写在随后的两页纸上，我们只对这两页纸上的内容作评估。
> 你有 25 分钟的时间来完成这两个问题。
> 若现在有疑问请向考试主持人询问，然后等待翻页和开始做测验的指令。
>
> ● 测验 4：沟通
>
> **指导语：**
> 这个测验要求你针对总经理的辞职起草一份备忘录，列出你计划要采取的行动。它将作为今天晚上会议发言的底稿。
> 请把备忘录写在随后的两页纸上，我们只对这两页纸上的内容作评估。
> 我们将依据以下几点来评估你的备忘录：
> (1) 范围，即备忘录参考了文件袋中的哪些材料信息。
> (2) 结构，要求文章结构严谨，内容简明扼要。
> (3) 语言风格，要求行文流畅，有严密的逻辑性。
> 你有 25 分钟的时间来完成这项测验。
> 若现在有疑问，请立即向考试主持人询问，并等待翻页和开始做测验的指令。
>
> **"公文筐"包含的材料样例：**
> 关于增加人事干部编制名额的请示
> 总经理：
> 经董事会批准，今后总公司、分公司两级的干部培训工作由人事部门负责。但是，在公司最初确定人事部门人员编制时没有培训工作这项任务。为了做好这项工作，需要给人事部门增加必要的编制名额，建议给人事部增加 3 人，每个分公司增加 1~2 人。
> 关于人事部增加的 3 个编制名额，请总经理审批；关于给分公司增加的编制名额，请批转各分公司从现有名额中调剂解决。
> 以上请示当否，请批示。
>
> 人事部
××××年 2 月

资料来源：王垒，《实用人事测量》，经济科学出版社 2008 年版，第 234 页。

(3) 角色扮演（Role Playing）。

角色扮演是一种比较复杂的测评方法，它要求多个应试者共同参加一个管理性质的活动，每个人扮演一定的角色，模拟实际工作中的一系列活动。例如，要求多个应试者合作完成一种新产品的销售工作。这一活动要求经历前期策划、宣传、销售等一系列环节。小组成员间实行分工合作，有时可在同一时间安排几个小组对类似的产品展开销售竞争活动。

这种管理游戏能够有效地考查应试者的实际工作能力、团队合作能力、创造性、组织协调能力等，并且效度较高。

4. 心理测试

在人员选拔中常用的心理测试方法包括个性测试、职业性向测试等。

(1) 个性测试。

个性是指一个人具有的独特的、稳定的对现实的态度和行为方式,它具有整体性、独特性和稳定性等特点。对应试者个性测试的目的是寻找人的内在性格中某些对未来绩效具有预测效用或是工作与之相匹配的特征,以此作为人员甄选的依据。人格测试在西方管理学和心理学界具有悠久的历史,并开发出了大量的人格测试方法,一般分为以下两种类型。

一类是自陈式测验,这种测验方法的假设前提是"只有本人最了解自己",因此其资料来源主要是依靠应试者提供的关于自己个性的回答。这种方法最大的缺点在于应试者诚信度无法事先获悉,即应试者无法确定是否会美化自己的人格特征,尤其是在问卷的答案倾向性过于明显时。典型的代表是吉尔福特气质调查表和明尼苏达多相人格测验(MMPI)、16PF 测验、艾森克人格问卷(EPQ)、加州心理调查表(CPI)以及"大五"人格等。

另一类是投射法测验,这种方法的假设前提是人们对于外界刺激的反应都是有原因的,而不是偶然的,且这些反应主要取决于个体的个性特征。这种方法一般利用某种刺激物(图片、词语、物品等),要求应试者根据刺激物进行联想,并以此来探究他们的心理状态、动机、态度等个性特征,通过这种方法可以更多地探求到个体更多尚处于潜意识中的欲望、需求和动机。它主要包括罗夏克墨迹测验、主题理解测验(如 Q-sort[⑤])和句子完成测验。

以上各种人格测试工具,组织可以通过购买版权、聘请外部咨询机构的方式获取。下面简要介绍常见的 16PF 测验在人员甄选中的应用。

16PF 测验的全称是 Catell 16 Personality Factor Test,是美国伊利诺伊州立大学人格及能力研究所卡特尔教授编制的。该测验是自陈式量表,具有高度结构化,实施简便,计分和解释比较客观、容易等优点。

卡特尔采用系统观察法、科学试验法以及因素分析统计法,经过二三十年的研究,确定出 16 种人格特质,并据此编制了测验量表。测验由 187 道题组成,每种人格因素由 10~13 个测验题组成的分量表来测量,每题有 3 个备选答案。16 种人格特质的全称和符号参见表 6-11,表 6-12 是 16PF 测试样题示例。

表 6-11 16PF 包含的人格特质维度

(A) 乐群性	(F) 活泼性	(L) 怀疑性	(Q1) 变革性
(B) 敏锐性	(G) 规范性	(M) 想象性	(Q2) 独立性
(C) 稳定性	(H) 交际性	(N) 隐秘性	(Q3) 自律性
(E) 影响性	(I) 情感性	(O) 自虑性	(Q4) 紧张性

表6-12 16PF 测试样题示例

样题：
（1）我喜欢看团体球赛：
　　A. 是的　　　　　　　B. 偶然的　　　　　　　C. 不是的
（2）我所喜欢的人大都是：
　　A. 拘谨缄默　　　　　B. 介于A与C之间　　　　C. 善于交际的
（3）金钱不能带来欢乐：
　　A. 是的　　　　　　　B. 介于A与C之间　　　　C. 不是的

在应试者答题的基础上，通过一定的统计分析，可以得到以下结果：

- 16种人格因素各个分量表的原始得分；
- 能明确描述16种基本人格特征的标准分；
- 个人的人格轮廓剖面图；
- 依据有关量表的标准分推算双重个性的估算分，包括适应-焦虑型、内向-外向型、感情用事-安详机警型、怯弱-果断型四个分数，可用于描述综合性的双重个性；
- 依据有关量表的标准分推算出综合个性应用评分，包括情绪心理状态健康的人格因素、专注职业而有成就者的人格因素、富于创新的人格因素、适应新环境的人格因素、事务管理能力强的人格因素，可用于心理咨询、就业指导和人员甄选。

（2）职业性向测试。

职业性向是指人们对具有不同特点的各类职业偏好和从事这一职业的愿望。职业性向测试就是揭示应试者对工作特点的偏好，即应试者喜欢从事什么样的职业，应试者的这一态度在很大程度上影响员工在职位上的绩效和离职率。

目前在招聘选拔中所使用的主要是霍兰德的职业性向测试。霍兰德在研究职业兴趣的共同性和差异性的基础上找到六个测量维度：现实型（R）、调研型（I）、艺术型（A）、社会型（S）、企业型（E）和常规型（C）。霍兰德认为人格是决定个体选择何种职业的一个重要因素，因此对职业性向的测试可以反映出个体选择的大致方向（见图6-6、表6-13）。

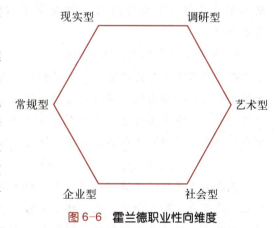

图6-6 霍兰德职业性向维度

表6-13 霍兰德职业性向维度与职业类型匹配

	如果你在这些职业性向上得分很高，请考虑选择下面的职业：
现实型	综合农业、企业管理人员、木工、电器技师、工程师、农场主等
调研型	生物学家、化学家、工程师、地理学家、数学家、医学技术人员等
艺术型	广告管理人员、艺术教师、艺术家、广播员、英语教师、室内装修员等

(续表)

如果你在这些职业性向上得分很高，请考虑选择下面的职业：	
社会型	汽车推销商、辅导咨询专家、家庭经济指导人员、精神健康工作者、公使
企业型	综合农业企业管理人员、汽车推销商、工商管理人员、采购员、教师
常规型	会计、汽车推销商、银行职员、簿记员、工商管理人员、信贷管理人员等

资料来源：加里·德斯勒，《人力资源管理》，中国人民大学出版社2002年版，第377页。

【学习资料6-8】

PDP 行为经典测试：发现属于你的职场优势

PDP 是专业的活力能量测评系统（Professional Dyna-metric Programs）的简称，由美国加州大学行为科学研究所和南加州大学统计学教授团队于1978年研究完成，是一个衡量自我认知的动态综合测验系统、行为分析工具。PDP 侧重于分析人的行为，并把人的个性分为五种类型：高支配型、高外向型、高耐心型、高精确型、整合型，以直观的方式在最短的时间内了解每个人的优势和潜力，达到快速有效地甄别人才、管理和开发人才的目的。下面将对这五种类型进行简要介绍：

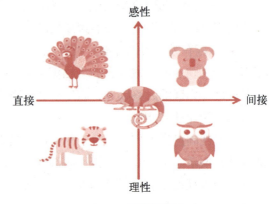

图 6-7　五种特质人才

1. 老虎型（支配型，Dominance）

老虎型人才一般喜欢冒险，个性积极，竞争力强，凡事喜欢掌控全局发号施令，不喜欢维持现状；行动力强，目标一经确立便会全力以赴。如果下属中有"老虎"，要给予他更多的责任，布置工作时注意结果导向；如果上司是"老虎"，则要在他面前展示自信、果断的一面，同时避免在公众场合与他唱反调。

2. 孔雀型（表达型，Extroversion）

孔雀型人才热情洋溢，好交朋友，口才流畅，重视形象，擅于建立人际关系，富于同情心，最适合人际导向的工作。缺点是容易过于乐观，往往无法估计细节。对"孔雀"要以鼓励为主，保持其工作激情，但也要注意防止其情绪化和细节失误。

3. 考拉型（耐心型，Pace/Patience）

考拉型人才行事稳健，不会夸张，强调平实，温和善良，在别人眼中常让人误以为懒散不积极，但只要决心投入，绝对是"路遥知马力"的最佳典型。对"考拉"要多给予关注，想方设法挖掘他们内在的潜力。

4. 猫头鹰型（精确型，Precision）

猫头鹰型人才传统而保守，分析力强，精确度高，喜欢把细节条例化，拘谨含蓄，谨守分寸，忠于职责。"猫头鹰"行事讲究条理分明，守纪律，重承诺，是个完美主义者。性格内敛，擅于以数字或规条为表达工具而不大擅长以语言来沟通情感或向同事和部属等作指示。

5. 变色龙型（整合型，Conformity）

变色龙型人才中庸而不极端，凡事不执着，韧性极强，擅于沟通，是天生的谈判家，他们能充分融入各种新环境、新文化且适应性良好。在他人眼中会觉得他们"没有个性"，故"没有原则就是最高原则"，他们懂得凡事看情况、看场合。

一方面，在企业实践中 PDP 测试能够快速帮助领导者区分人才；另一方面，这种测试也会带来一定的"巴纳姆效应"——当人们用一些含糊不清、宽泛的形容词来描述一个人的时候，人们往往很容易就接受这些描述。

资料来源：《PDP 行为经典测试：发现属于自己的职场优势!》，搜狐网，http://www.sohu.com/a/238632250_664154，2018 年。

（三）人员甄选方法的比较

在这里，根据上述提及的人员甄选录用的五个标准，我们对常见的人员甄选方法进行评价比较。事实上，在人员甄选的实际操作中，很少有企业会独立使用某种方法，更多的是综合采用各种人员甄选方法，在成本许可的情况下，试图更多地了解应试者的各种特质，因此认识这些甄选方法的差异性也有利于我们系统性地采用它们的组合（参见表6-14）。

表6-14 人员甄选方法评价

方法	信度	效度	普遍适用性	效用	合法性
背景调查和笔试	高	背景调查需要核实，笔试效度较高	高	高，成本较低，而且能广泛应用于企业内各项甄选工作	背景调查需要注意合法性
面试	当面试为非结构性时以及当所评价的是不可观察的特征时，信度较低	如果面试为非结构性、非行为性的，则效度较低	一般适用于管理类和专业技术类职位	高，成本适中	应注意避免询问过于隐私的问题
模拟情境测试	高	中等水平	较高，可对大多数工作进行预测，最适合复杂的工作	高，成本适中	高
心理测试	高	中等水平	高	适中，成熟的量表成本较低且使用广，开发的特定量表成本高	高

第三节 人力资源再配置

一、人力资源再配置及其理论基础

（一）人力资源再配置的必要性

组织通过人员招募与甄选获得了组织正常运行与发展所需的人力资源，但是正如前面提到的,组织与员工的交换是基于不完整信息的交换过程,由于组织对员工了解得片面或是由于人员选择组织或组织中职位的盲目,或是员工经过培训和锻炼超越了职位本身的要求,凡此种种,都造成了组织根据实际情况进行人力资源再配置的需求。

组织处于一个不断变化的环境之中,而组织本身也在悄悄地发生令人惊叹的变化,大多数时候组织成员的变化是积极而隐蔽的,组织应实时对人力资源进行盘点,以发现这些变化的性质和结果,因为这一变化往往会给组织带来意外的惊喜——每个组织内部都有大量被大材小用或未受重用的人才,组织的人力资源需要重新审视。《企业上层》(*Up The Organiztion*)一书的作者罗伯特·汤森德(Robert Townsend)说过:"大多数经营者抱怨缺乏人才,所以到外部招人进来占据关键职位,这是胡说八道!我采用的是'50%原则'。在公司内部找一个有成功记录(在任何领域)、有心做这份工作的人。如果他看起来符合你50%的条件,就把这个工作给他。"⑥

人力资源再配置是组织根据在实际工作中员工与职位匹配程度或是员工个人因素,对员工重新评价、重新配置的过程。在实际操作中,人力资源再配置表现为多种形式,按照再配置的原因可分为如表6-15所示的四类。

表6-15 人力资源再配置的原因及途径

再配置原因	途径
根据绩效考核或任职资格考核,发现人事不匹配(高于或低于职位要求)	晋升、降职、辞退
员工职业生涯发展需要	工作轮换
职位空缺,从组织内部招募	竞聘上岗
组织业务、形态发生变化	内部创业

【学习资料6-9】

主动熵减激活人才和组织——以华为公司为例

2017年华为公司在财富500强中达到了第83位,从2010年的397位用了7年的时间冲了300多位,这还是要归功于华为在经历30余年高速发展之后所做的熵减。华为的核心价值观对人性弱点逆向做功,激发正能量,而这其实就是一个主动熵减、打破熵增的过程。组织在积极面对市场和业务的变化、努力实现熵减的过程中,人才甄选和再配置起到了关键作用。

华为提出,企业的管理体系应该是由业务决定的,要随着业务的演进而优化。而现存流程、组织和能力(人才结构)基于多年通信行业跟随者的定位而建设的,业务环境向前走了,整个管理体系和队伍有些不适应。各部门的循环赋能、干部的循环流动千万不能停,停下来就沉淀了,就不可能适应未来新的作战。这种流动有利于熵减,使公司不出现超稳态惰性。

技术正在改变管理,用工业时代的管理思想和管理体系武装的队伍是无法打赢智能时代的战争的。随着业务的拓展、战略的调整,人才队伍也需要进行盘点和激活,华为公司提出了以下熵减的做法。

一是通过战略预备队实现人才流动。干部循环流动是华为长期坚持的原则。二是通过知识能力转型把有经验的人改造成新人，这是任正非提出来的一个很流行的词——"赋能"。三是吸取"宇宙力量"，即炸开封闭的"人才金字塔"。四是建立全球能力中心、实施人才布局。五是进行人才争夺战。从2014年开始，华为的本科生每月起薪是9 000元～12 000元，硕士生是1万～1.3万元，特殊人才年薪可以达到28万～36万元。因为这是一个最基本的常识：便宜没好货，好货都不便宜。靠什么争夺人才？靠文化、靠事业、靠使命、靠初心吗？争夺人才很重要的就是要给人力资本一个合理的回报。六是形成一个混凝土结构。2018年，任正非进一步表示，对干部要坚持每年10%的末位淘汰，对新员工进行破格提拔，拉开人才的差距，让这些负熵因子激活组织。

主动拥抱变革，打破惰性和臃肿，在仔细盘点企业人才的同时，根据业务的发展需要和市场的特点对人才进行再配置，增加熵减，提升组织和人才的活力，正是这些核心的人才举措才让华为得以在经历电信基础设施高速发展后仍然能保持动能，主动寻找新的市场机会和业务发展空间，推动智能手机等新业务、新市场的快速发展，保持企业业务常青。

总之，人力资源退出途径要与组织的文化相适应，同时要顺利地实现人力资源退出，还要与组织的绩效管理系统、组织文化建设相配合，在制度上要与国家的相关法律相吻合，操作上要人性化，同时还要有相应的风险控制机制和宣传措施，避免因为人力资源退出产生法律纠纷等消极影响。

资料来源：吴春波，《保持熵减，焕发组织活力的华为探索》，《金融博览》2018年第6期，第62—63页。

（二）人力资源再配置的理论基础

关于组织内部人力资源再配置的必要性，国内外学者从组织和员工内在需求出发进行了大量的研究工作，主要有以下几种有代表性的理论。

1. 勒温（Kurt Lewin）的场论[①]

美国心理学家勒温提出个人的绩效 B 是个人的能力和条件 p 与所处环境 e 的函数：

$$B = f(p, e)$$

其表达的含义是，员工个人的绩效除了与其个人内在的胜任力和能力相关以外，还与其所处的环境（"场"）息息相关。由于环境变量往往是相对稳定的，因此在这一函数中，环境相当于常数。若环境 e 呈现出与绩效 B 的负相关关系，即员工处于与自己偏好不相符合的环境中，就会严重影响员工绩效，同时也会造成员工与组织的互不信任，甚至对立。显然，低绩效、员工满意度低不是组织追求的目标，组织解决这一问题的途径就是通过人力资源再配置，为员工寻找新的、合适的职位，同时为职位配置新的员工。

勒温的场论是从人与工作环境不匹配的角度出发，分析人员流动的必要性，其中间的传导因素或称"不匹配"表征是员工绩效。所以该模型为通过绩效考核或是任职资格考核确定组织人力资源再配置提供了理论依据。

2. 库克（Kuck）曲线[⑧]

美国另一学者库克提出了人的创造力周期的统计曲线，论证了人才流动的必要性（见图6-8）。

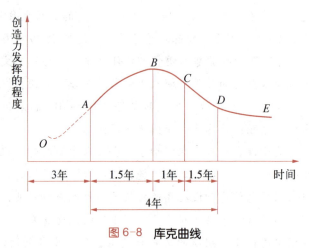

图6-8 库克曲线

库克曲线是根据对研究生参加工作后创造力发挥情况所做的统计绘出的曲线。在图6-9中，OA 表示研究生在3~4年学习期间创造力增长情况；AB 表示研究生毕业后参加工作初期（1.5年），第一次承担任务的挑战性、新鲜感以及新环境的激励，促使其创造力快速增长；BC 为创造力发挥峰值区间，这一峰值水平大约可保持1年，是出成果的黄金时期；随后进入 CD，即初衰期，创造力开始下降，持续时间约为1.5年；最后进入衰减稳定区即 DE 区间，创造力继续下降，并稳定在一个固定值上。如不改变环境和工作内容，创造力将在低水平上徘徊不前。为激发研究人员的创造力，应及时变换工作部门和研究团队，即进行人力资源再配置。人的一生就是在不断开辟新工作领域的实践中，来激发和保持自己的创造力的，即走完一个S形曲线，再走下一个S形曲线。

库克曲线从员工尤其是研发类员工的创造性角度出发进行统计论证，认为组织必须在认识到员工创造性自然增减的规律的基础上，及时进行工作轮换，不断赋予员工新的任务和使命，以保持其旺盛的创造力。

3. 目标一致理论[⑨]

日本学者中松义郎在《人际关系方程式》一书中提出了目标一致理论（如图6-9所示）。

在图6-9中，F 表示一个人实际发挥出的能力，F^* 表示一个人潜在的最大能力，θ 表示个人目标与组

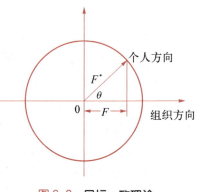

图6-9 目标一致理论

织目标之间的夹角,图 6-9 表示出三者之间的关系是:

$$F = F^* \times \cos \theta$$

显然,当个人目标与组织目标完全一致时,若 $\theta = 0$,则 $\cos \theta = 1$,$F = F^*$,个人潜能得到充分发挥;当两者目标不一致时,$F < F^*$,个人的潜能受到抑制。解决这一问题有两个途径:一是个人目标同组织目标靠近,组织通过文化熏陶、培训指引,引导个人的志向和兴趣向组织和群体方向转移,并努力趋于一致;二是进行人力资源再配置,淘汰不适合组织的员工,引进适合组织文化和价值观的员工。

4. 全脑模型理论

科学实验证明:人脑可分为两大半球区,各有专门的功能。时任 GE 管理发展中心主任的奈德·赫曼(Ned Herrmann)博士依据大脑分工与人的思维方式、创造力、学习力的关联,建立了赫曼全脑模型(见图 6-10)。

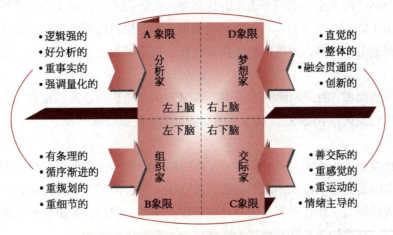

图 6-10 全脑模型图

资料来源:奈德·赫曼,《全脑革命》,经济管理出版社 1998 年版。

全脑模型分析技术对于人的潜在职业胜任力能够做出科学的解释。利用全脑模型分析技术,可以建立基于大脑优势的潜在职业胜任力模型。所谓基于大脑优势的潜在职业胜任力模型,即根据"个人因脑部分工特点而产生的兴趣偏好将影响个人动机与能力发展"这一理论,建立的企业各职类、职层人员产生高绩效所需的潜在胜任力类型的要求与标准,这些标准将作为组织内部人员再配置的依据。

二、人力资源再配置途径

(一)工作轮换

1. 工作轮换的定义和驱动因素

工作轮换(Job Rotation)是企业内部有组织、有计划、定期进行的人员职位调整。对组织来说工作轮换有主动和被动两方面驱动因素(见表 6-16)。

表6-16 工作轮换的驱动因素

主 动 因 素	被 动 因 素
员工胜任力、能力多样化要求 职业生涯发展	提高适岗率 防止腐败、山头主义

(1) 员工胜任力、能力多样化要求：现代企业发展所面临的外部环境不确定性增加，尤其是知识经济的冲击使得组织运行方式、人员胜任力要求均发生了翻天覆地的变化，新兴的柔性组织、团队工作方式等对员工的知识、技能等方面提出了更高的要求，培养具有多样化的胜任力、技能结构的员工越来越成为组织关注的焦点。通过工作轮换，使得员工具有在组织内部多种岗位的工作经验，有利于增强员工对组织的适应性以及工作绩效的提升。

(2) 员工职业生涯发展：现代企业的存在价值不仅仅是追求企业自身的发展，满足员工职业生涯发展的需求也是组织所追求的目标之一；研究表明，员工满意度的一个重要的影响因素是员工的个人发展和实现。因此根据员工职业生涯发展规划的需要，合理安排员工在组织内部的工作轮换，是帮助员工实现自我、提高满意度的重要途径，也是组织义不容辞的责任。

(3) 提高适岗率：组织内部的"人事不匹配"的现象也可以通过定期工作轮换加以解决，通过工作轮换可以清晰发现员工和组织的"结合点"——员工适合组织中的何种职位。

(4) 防止腐败、山头主义：组织内部人员结构的僵化不仅会使组织丧失发展的动机和活力，更重要的是会导致组织内部的腐败、山头主义等官僚习气，通过定期的轮换，调整组织内部的人员配置结构，有利于缓解这一矛盾。例如，我国公务员管理制度正是采用这种工作轮换的方式来防止长期从事某一工作可能出现的腐败行为。

2. 实行工作轮换制度的优点

(1) 工作轮换制度是一项成本较低的组织内部调整和变动，既给企业员工带来工作的新鲜感和挑战性，又没有带来太大的组织破坏。企业可以通过轮换制度的实施，发现员工的优点和不足，使组织重组后更具效率。

(2) 工作轮换制可避免大笔的工资和福利成本增加，是较为经济地提高员工工作满意度的方法。随着经济的发展，金钱作为激励手段的效果越来越下降，而工作本身的意义和挑战性已成为激励的重要手段。另外，不断地增加工资和福利也使得企业的负担加重、竞争力降低。工作轮换制是增强员工工作满意度的既经济又有效的方法。

(3) 工作轮换制可以减轻组织晋升的压力，减少员工的工作不满情绪。员工长期得不到应有的提升，必将导致对工作的热情下降。而组织中能提供的晋升岗位又十分有限，难以满足员工的晋升要求，许多企业因为缺少应有的晋升岗位，使一些优秀的员工离开企业。而工作轮换制可以在一定程度上缓解企业组织中晋升岗位不足的压力。

(4)工作轮换制的一个最为重要的作用是提高员工工作新鲜感，使工作充满动力和意义。在工作轮换过程中，员工可根据工作的实际需要进行有关的职位培训和进修，将学习和工作要求相结合，使工作本身更加具有趣味性和挑战性。

3. 工作轮换的规划

为实现工作轮换过程，企业应从组织和个人两个层面进行工作轮换的规划。

（1）个人层面的规划：个人层面的工作轮换的基础是个人职业生涯发展规划。职业生涯发展规划是个人长期发展的策略目标组合，根据职业生涯发展规划的要求，企业专职人员应对其实施条件进行分析，即通过何种途径能帮助员工实现其发展目标，主要分析要点有技能要求分析、知识要求分析、胜任力要求分析、行为要求分析，在此基础上确定获取这些要求的途径——其中一个重要的途径就是工作轮换，可通过编制员工工作轮换规划表来实现。

员工工作轮换规划表的形式和内容不尽相同，主要包括员工职业生涯发展各阶段职位轮换的类型，需要开发的技能、需要优化的知识结构、需要提升的胜任力类型以及需要改进的行为方式等，还包括对这些方面的考核标准，以此来评价职位轮换的效果，以及是否可以转入下一次轮换流程等内容。

（2）组织层面的规划：组织层面的规划主要体现在组织的短期人力资源需求规划之中，编制组织内部职位轮换表，为需要进行工作轮换的员工合理安排轮换岗位，同时做好对工作轮换的效果评估。

（二）晋升与降职

在组织内部公开、公平、公正的考核评价体系的支撑下，对组织成员进行职位（包括组织内部各种类型的职位价值序列或技能等级序列）的升降是组织内部优化人力资源配置的一条重要途径。

组织通过职位升降可以实现以下主要目的：

- 优化组织内部人力资源配置；
- 引入竞争淘汰机制，激发员工潜力；
- 奖励高绩效员工；
- 为员工职业生涯建立发展通道；
- 激励员工参与培训，提高任职资格水平。

1. 职位升降的客观依据

为实现上述目的，组织必须为职位升降建立一套客观公正的评价体系，以保证职位升降的相对公平。组织对员工的认识与评价主要通过绩效考核以及任职资格评价来实现，因此对员工工作绩效的考核以及对员工行为能力的考核就构成了职位升降的客观依据，其具体关系参见图6-11。

（1）绩效考核与职位升降。

绩效考核是职位升降的前提，只有绩效考核优良的员工才有职位晋升的资格，成为组

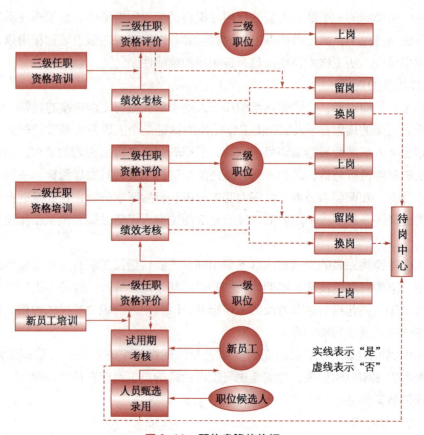

图 6-11 职位升降的依据

织培养的对象。而对于绩效考核等级为差、在培训后仍不能提升绩效的员工,应考虑调换岗位,甚至辞退。这一制度安排是基于如下假设:

- 在现有职位上的高绩效是员工能力、胜任力较高的表现,该员工可能从事更高层级的工作。
- 绩效持续为差的员工可能是其能力、胜任力与现有岗位不匹配。
- 组织应对高绩效的员工进行奖励,其途径之一就是职位晋升,以最大限度地发挥其潜能。

组织通过绩效考核,形成对员工在现有职位上的绩效评价,根据这一评价等级确定员工是否具备职位升降的资格(见表6-17)。

表 6-17 某公司绩效考核升降表

	晋升候选人	薪酬变动	降职候选人
一级员工	连续两年考核优秀	—	连续两年考核不合格
二级员工	连续三年考核优秀	—	连续两年考核不合格
三级员工	连续四年考核优秀	—	一年考核不合格

(2) 任职资格评价与职位升降。

绩效考核结果优秀只是对员工胜任现有职位的肯定，同时假设员工具备胜任更高层级职位的能力，但员工是否胜任更高层级的工作、是否会按照"彼得原理"的描述被提升至其不能胜任的岗位，这一问题关系到组织正常运行和员工未来发展。任何组织都应采取措施对员工更高层次的胜任力进行考查，任职资格评价正是实现这一功能的有效手段。

任职资格评价是对具备晋升资格的员工在进行一系列培训后进行的资格认证，确定员工的知识、技能以及胜任力板块的特征能否胜任新职位的要求。

2. 职位升降的实施流程

职位升降的基本实施过程如图6-12所示。

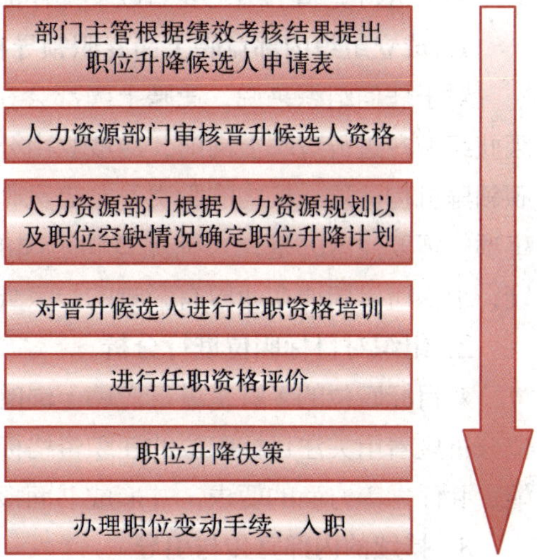

在职位升降过程中，组织应积极主动做好与候选人的沟通交流，通过这一程序可以清晰、及时地传递组织期望和要求，减少员工对组织的不信任感。尤其在处理降职或辞退的员工时，应向员工阐明组织作出这一决策的理由和依据，并就员工今后职业生涯发展的安排进行积极磋商，减少操作过程中的摩擦和误解。

部门主管根据绩效考核结果提出职位升降候选人申请表
↓
人力资源部门审核晋升候选人资格
↓
人力资源部门根据人力资源规划以及职位空缺情况确定职位升降计划
↓
对晋升候选人进行任职资格培训
↓
进行任职资格评价
↓
职位升降决策
↓
办理职位变动手续、入职

图6-12 职位升降的基本流程

（三）竞聘上岗

所谓竞聘上岗，是指全体人员，不论职务高低、贡献大小，站在同一起跑线上，重新接受组织的挑选和任用。同时，员工也可以根据自己的特点和岗位的要求，提出选择希望和要求。在调整组织结构的基础上，发布岗位空缺和任职资格的要求，重新选拔和任命，竞争上岗。

竞聘上岗是组织进行内部人力资源再配置的另一条重要途径，通过竞聘上岗，组织内部所有候选人在共同的平台上进行公开、公平、公正的竞争，可以避免或降低部分人不平衡的心态；同时，通过采取各种有效的测评方法也为组织进一步了解其员工的内在潜质、获取组织需要的核心人才提供了条件。

竞聘上岗实质上是组织进行人员甄选的一种形式，它和一般招聘的区别如表6-18所示。

表6-18 竞聘上岗与一般招聘的区别

	特点	形式	适用范围	评价人员
竞聘上岗	● 考查综合胜任力和领导能力 ● 对抗性强 ● 费用较高 ● 影响面大，定期 ● 以内部员工为主	● 个人胜任力测评 ● 公文处理 ● 无领导小组讨论 ● 竞聘会	● 选拔中高层 ● 专业人员转为管理人员	● 企业高层 ● 内外部管理专家 ● 竞聘会员工观众

（续表）

	特　点	形　式	适用范围	评价人员
一般招聘	• 重点考查专业胜任力 • 以外部招聘为主 • 运作简便	• 个人胜任力测评 • 面试 • 专业测试	• 各类专业人员和事务人员及工人	• 人力资源部 • 提出招聘需求的部门主管

组织进行竞聘上岗主要有以下操作流程和关键点：

1. 成立组织内部竞聘上岗专职领导机构

对于任何组织来说，竞聘上岗都会在组织中引起较大的震动，引起员工的广泛关注，因此组织在进行竞聘上岗前，应成立由公司高层领导牵头并引入外部专家组成竞聘上岗专职领导机构。这一机构的职责是制定竞聘上岗的系统性规划并全权处理与竞聘上岗相关的事项。需要注意的是，为确保竞聘上岗的相对公平性，减少员工对公正性和专业性的怀疑，组织可以聘请在业界有影响的专家或专业机构参与整个竞聘过程。

2. 组织对目标职位进行分析

对目标职位的了解是进行竞聘上岗的前提条件，由于是组织内部的竞聘上岗，因此职位分析应着重关注目标职位的任职资格标准。通过职位分析获取职位在基本条件、知识技能、胜任力等方面的要求，并形成书面报告。

3. 持续的内部宣传与引导

由于员工对竞聘上岗持有相对复杂的态度，并可能对竞聘上岗存在错误的理解和看法，因此应在组织内部通过各种形式进行持续不断的宣传与沟通。通过这种方式使员工明确进行竞聘上岗的目的和必要性、竞聘上岗的实施过程、如何参与竞聘上岗，并及时解答员工的相关问题。值得注意的是，实践表明通过外部专家进行集中培训是降低员工对竞聘上岗的抵制程度、增强员工参与竞聘上岗积极性的有效办法。

4. 发布职位空缺竞聘要求以及《竞聘上岗须知》

表6-19是纳入竞聘范围的空缺职位信息发布表示例。

表6-19　空缺职位信息发布表

竞聘职位名称：经营管理部总经理	
工作职责	经营计划管理、目标管理、信息管理；牵头组织制定对下属企业的各项管理制度；对下属公司汇报的重大经营事项进行分析与考查，提出初步意见，提交给集团战略与经营委员会审议；对下属公司的实际经营与管理情况进行考查和研究，形成改善提高的书面总结报告；主持制定集团的信息系统建设方案和实施计划，报集团战略与经营决策委员会审批后组织实施
职位说明	（1）本部门的领导、组织协调和控制 （2）本部门职责范围内的重要决策 （3）上下左右的沟通，代表集团对外宣传等
任职资格	（1）大学本科以上学历 （2）从事行政管理工作3年以上 （3）参加过集团胜任力测评和公文处理考试 （4）副科以上级别

(续表)

竞聘职位名称：经营管理部总经理			
胜任力要求	成就导向（ACH）	A.6级以上	行为标准示例（略）
	主动性（INT）	A.3级以上	
	信息搜集（INF）	A.2级以上	
	团队合作（TW）	A.4级以上	
	培养人才（DEV）	A.3级以上	
	领导能力（TL）	A.2级以上	
	演绎思维（AT）	A.3级以上	
	归纳思维（CT）	A.2级以上	
	专业知识技能（EXP）	A.4级以上	
	影响力（IMP）	A.6级以上	
	关系建立（RB）	A.3级以上	
	自信（SCF）	A.2级以上	

表6-20列举了某组织《竞聘上岗须知》示例：

表6-20　某公司《竞聘上岗须知》示例

竞聘须知

一、竞聘目的

作为公司组织变革的重要举措之一，对部分部门高级主管任职采取竞聘上岗的方式，是为了公正、公平地选拔一批优秀管理人才，为提高××集团竞争能力，使经营形势有一个根本性的好转。

二、竞聘职位和资格胜任力要求

详见《××集团竞聘上岗参考资料（一）》。

三、竞聘报名

1. 报名时间：　　月　　日　　日
2. 报名地点：
3. 联系人：　　电话：

四、竞聘前的准备

1. 撰写《竞聘纲领》（竞聘演讲稿）。凡参加竞聘者都需要撰写《竞聘纲领》，写作要求详见《××集团竞聘上岗参考资料（三）》。
2. 交送《竞聘纲领》。参加竞聘者需要将撰写好的《竞聘纲领》打印稿于　　月　　日前交人力资源部。需用投影仪的竞聘者请自己准备U盘。
3. 竞聘辅导。为了帮助竞聘者做好竞聘前的准备工作，专家组将于　　月　　日在办公楼三楼专家办公室对竞聘者进行辅导，应聘者可前去咨询。

五、竞聘人员初选

如果竞聘者众多，集团竞聘上岗评审组将按1∶3的比例（即每个竞聘职位选出3名竞聘者）进行初选。初选的方法是参考两次考试结果，综合考查比较竞聘者的任职资格和胜任力。

六、竞聘会评委

集团成立竞聘上岗评审组，即竞聘评委会。评审组由4名集团领导和3名专家组成员组成。

七、竞聘会运行程序

1. 由竞聘者发表竞聘演说（演说时间不超过30分钟），最后一分钟前由主持人提醒时间；
2. 竞聘者发言结束后，由竞聘上岗评审组成员及现场听众提问及质询，时间控制在10分钟以内；
3. 每位竞聘者发言结束后，由竞聘上岗评审组当场打分：

A. 评分要素有：《竞聘纲领》的创新性、可行性、可靠性（分数权重60%）；演说的主题集中程度、表达脉络清晰程度、遣词造句水平（分数权重30%）；现场听众的反应（分数权重10%）。

B. 评分办法是：每个评委各自在评分表上打分并亮分；去掉一个最高分，去掉一个最低分，将其余得分之和除以评委数，即为实际得分。

八、竞聘会的时间安排（略）

5. 竞聘上岗辅导

在竞聘上岗前，对全体员工进行公开的辅导和指引能够增强竞聘上岗的效果，提高竞聘水平，提高竞聘过程的规范性，有利于减少因程序性问题导致的竞聘失败。

竞聘上岗辅导可以采用培训课程、发放相关材料等方式进行，主要向员工传达竞聘上岗的基本要求、操作技巧等。为规范竞聘上岗演讲提纲的写作，组织应针对不同的职位发布竞聘提纲写作指导（见表6-21）。

表6-21 《竞聘纲领》写作指导（示例）

部门主管《竞聘纲领》写作要求
一、内容要求 《竞聘纲领》应包括以下内容： 1. 竞聘职位称谓； 2. 竞聘的目的和动机； 3. 对竞聘职位的认识，包括对部门职责、部门地位和作用、职位主要工作内容的认识等； 4. 对竞聘职位的自我适应性分析，对自身胜任力、经验、知识、能力、以往业绩等的自我认识，比较一下是否适合竞聘职位的要求； 5. 录用后的工作目标和思路，谈谈录用后如何打开局面，包括工作目标以及实现目标的策略和方法（这一部分是重点）； 6. 部门建设，设计部门内部的机构设置和人员配置，谈谈如何建立管理制度，保证部门高效、有序、规范运行； 7. 团队，谈谈如何调动员工的积极性，如何理顺激励机制，如何培养团队精神。 二、其他要求 1. 字数在3 000字以上； 2. 文字表达清晰、充实； 3. 重点突出，观点鲜明，言之有物，忌空话和大话。

6. 候选人资格初审

在召开竞聘大会前，应对报名参与竞聘的候选人进行初步评审筛选。初步评审筛选的标准是目标职位竞聘标准中的"硬性"约束部分，即有关学历、专业资格认证以及职位级别等方面的要求。通过初步评审的候选人应公开发布，对于未通过初审的候选人，组织应向其说明原因。

7. 召开竞聘大会

在初审结果的基础上，召开面向全体员工的竞聘大会，候选人当众宣讲自己的竞聘纲领。

8. 评审小组对候选人竞聘表现进行评价

由公司领导和专业人士组成的评审小组，根据事先确定的标准对候选人进行评价，并对各候选人参与竞聘的表现提交综合分析报告，供公司领导决策。

9. 与目标职位直接上司沟通意见

在正式确定竞聘上岗人员之前，应与目标职位的直接上司进行充分的沟通，避免对将来的工作造成负面影响。

10. 发布竞聘上岗结果

为保证竞聘上岗总体程序的公平性，组织应尽快发布竞聘上岗评价结果，并接受组织成员的质询。在一定的公示期结束后,组织正式发布对相关人员的聘任决定,办理上岗手续。

(四)内部创业

内部创业是指企业为了激活组织活力,通过搭建平台、组织授权、资源整合等一系列的组织手段让员工以一种自组织的形式在平台上实现项目创业,从而实现企业的高效创新和高绩效。20世纪90年代以来,随着数字化技术的发展,在数据平台支撑下,企业通过内部创业这种网状价值创造方式为企业产生源源不断的价值。具有内部创业团队的企业可以更加迅速地通过不断开发新产品,进入新市场或者重塑造新市场,获取细分市场的新价值。内部创业平台有数据支撑、权力下放、灵活交互、平台共享等特点。

【学习资料6-10】

创客模式开创海尔人才新天地

在大数据时代下,创客作为一种新型的内部创业模式,已经成为创新创业重要的助推者之一。备受关注的海尔公司"人人创客"改革,正是在此背景下开展的,并由此形成了"以用户为中心、按单聚散"的人力资源管理模式。这无疑也是一种人力资源再配置的方式。

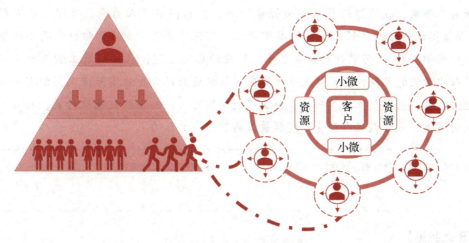

图6-13 海尔小微生态圈

传统的正三角金字塔形组织结构等级森严,注重上级权力,限制了员工创新度,而内部创业平台的根本理念就是员工不断创新,创造价值。因此,组织结构必须从金字塔形向扁平化、网状的结构发展,减少层级,减少官僚主义。互联网零距离的特点使得员工可以直接面对市场,作为自我驱动、自主创新、满足用户需求的主体。海尔打破科层制,将全公司员工划分成三类——平台主、小微主、创客,并催生了一种按单聚散的新型人力资源管理模式。这种模式在开放的环境下,打破组织边界,吸引更多外部优秀人才和资源无障碍进入企业，连接用户、供应商、销售商，形成并联的生态圈，最终正如张瑞敏描述的那样："世界就是我的人力资源部。"人力资源部门不再只是辅助，而是逐渐整合为一个开放的共享平台，成为战略制定的参与者。通过权力下放，让更多员工拥有自主权、提高积极性。

海尔将人才选择机制总结为三个简单的四字词语：按单聚散、高单聚人、低单散人。在内部创业的机制下，有一个关键的名词"官兵互选"。选拔机制是双向选择，这种方式能够更准确地将合适的人选择到合适的岗位，同时，在全员内部创业的背景下，任何人只要具备了内企业家特质，能够敏锐地获取市场机会，都可以通过选拔和被选拔来验证自己所获取的项目。这种全员内部参与的选拔能够使有领导才能、具备企业家素质的人员避免被埋没，同时，这种双项选拔的方式能够使得真正具备内企业家精神的成员发挥出领头羊的作用。

此外，海尔还利用其内部创业平台发展"在线员工"，现在海尔在册员工从前几年的11万下降到6万，但与海尔有契约关系的外部在线员工却增加到15万，为海尔创业平台提供服务的超过100万人。庞大的在线员工为海尔提供了人力资源蓄水池，可以迅速填补企业内部员工离职造成的空缺。

同时，在人力资源充分自主流动、创业平台兴起的今日，员工离职创业屡见不鲜，企业应当重视员工离职管理，在这方面，海尔和万科的做法都是值得借鉴的。海尔公司近几年在册员工缩减，在线契约员工却大幅度增加，为其提供了人力资源保障。而万科提出"参与经集团试错会批准创业项目的离职员工，可保留离职前的 EP 积分。两年内创业员工可选择回归万科"。万科此举解决了员工创业的后顾之忧，在鼓励员工创业的同时，也提高了人才回流的可能性。具体采取何种应对策略还应结合企业实际情况，但有一点是毋庸置疑的，员工离职创业日益兴盛，企业不能无所作为，应当积极采取对策，打开企业的内部流动通道，充分调动内外资源缓解员工离职造成的压力。

资料来源：曹洪启、季红梅、林兰，《内部创业平台对人力资源管理的影响与对策》，《现代商业》2016 年第 10 期，第 38—40 页。

【HR 之我见】

蔡元启：铭泰集团副总经理、原海尔全球人才平台总监、中国 HRD 俱乐部创始人

扫描栏目中的二维码学习蔡元启针对下列提问的精彩回答：

1. 您是如何与人力资源结缘的？您为什么选择从事 HR？
2. 从人力资源管理到战略人力资源管理，再到现在的人力资本管理，您见证了哪些重要的变化呢？

3. 人力资源部、各级管理者，以及员工各自承担着什么样的人力资源管理职责？

4. 当前全球化人才竞争的背景下，企业是如何通过人才地图网罗全球优秀人才的呢？

5. 您工作过的企业中在人力资源再配置和退出方面有哪些比较有特色的做法？

6. 您对未来希望从事 HR 工作的学生有何建议？

视频版：　　　　　　　　文字版：

三、人力资源退出途径

人力资源退出途径是企业人力资源管理职能的一个重要方面，合理的人员退出途径会对员工产生适当的压力，压力又会产生适当的动力，动力能够促使员工潜能的充分发挥，因此建立人力资源退出途径是人力资源管理水平持续提升的一个重要环节。合理的人才退出途径能够保证员工合理流动、管理者能上能下，营造良好的人力资源管理文化。与此同时，企业的人才退出途径还要充分考虑法律制度以及企业的社会责任。

一般情况下，人员退出主要有以下三方面的原因：一是组织的需要。如组织战略调整、业务变动、重组等，在这种情况下，人员的退出途径要考虑人性化的柔性途径，如末位淘汰、待岗培训等。二是员工个人的原因。如员工因为个人原因自动离职，或者严重违纪，以及其他根据《劳动合同法》的相关规定可以辞退的情况。三是国家政策规定。如退休、合同到期不再续签等。以下是目前常用的两种人力资源退出途径。

（一）提前退休

根据国务院颁发的行政性法规的规定，我国现行的法定退休年龄是男性 60 岁、女干部 55 岁、女工人 50 岁。目前国有企业中，有一种常用的人员退出途径就是提前退休，即员工取得一定的经济补偿，提前退出工作岗位，享受退休待遇。各个企业的操作办法不同，有的单位叫协议解除劳动合同，有的称买断工龄，即根据协商自愿的原则，职工退出工作岗位，解除与企业的劳动关系，企业根据员工工作年限支付一定的补偿金。随着中国人口老龄化，社会生活的不断完善，中国政府适时出台渐进式延迟退休年龄、养老金制度改革等应对措施。这使得劳动者的劳动年龄的上限不断增长，提前退休将成为相对的人力资源退出方式。

（二）末位淘汰

末位淘汰是近年来企业引入较多但同时存在较大争议的管理手段。所谓末位淘汰是指企业为满足竞争的需要，通过科学的评价手段，对员工进行合理排序，并在一定的范围内实行奖优罚劣，对排名在后面的员工，以一定的比例予以调岗、降职、降薪或下岗、辞退的行为。其目的是激发在岗者的工作潜力，为企业获得竞争力。比较典型的有著名跨国公司 GE 的"活力曲线"，GE 公司每年通过考核，淘汰最差的 10% 的人员（见学习资料 6-11）。

【学习资料 6-11】

利用"活力曲线"进行末位淘汰

"活力曲线"是 GE 公司首席执行官杰克·韦尔奇（Jack Welch）创造的人力资源评估方法。他把员工按照业绩表现的不同分为三类：表现最好的 20% 是 A 类员工，表现较好或一般的 70% 是 B 类员工，表现欠佳的 10% 是 C 类员工。根据 ABC 的分类可以画出 GE "活力曲线"，就可得到一张正态分布图，横轴为业绩由左向右递减，组织内达到这种业绩的员工的数量为纵轴，由下向上递增。

利用如图 6-14 所示的正态分布图，将很容易区分出 A、B、C 三类员工，并采取以下不同的管理方法。

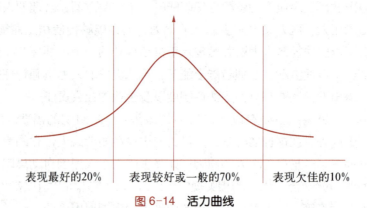

图 6-14　活力曲线

- 对于 A 类——最拔尖的 20% 应该得到大量褒奖，其中包括奖金、期权、表扬、青睐以及其他各种各样的物质和精神财富。同时，要分析他们的优点与缺点，为他们的职业发展制定详细的计划，通过培训帮助他们提升相应的能力，为他们提供更具挑战性的工作岗位，让他们在工作中成长，达到他们的职业生涯目标。总之，决不能怠慢明星员工，他们是最优秀的人，应该得到相应的待遇。
- 对于 B 类——中间的 70% 是企业的支柱，是业务成败的关键，要保持其能动性和工作激情。对这部分员工要更多地进行培训教育、积极的反馈和周全考虑的目标设定，分辨出其中有提升潜力的员工进行栽培。
- 对于 C 类——最差的 10% 若在 3~6 个月中仍不能跟上 GE 前进的步伐，必须离开。

可以看出，"活力曲线"是打破平均主义、差异化极强的管理方式。其中最著名也最有争议的是对 C 类员工的末位淘汰，有些人认为将底部 10% 的员工清除出去是野蛮的行径,但杰克·韦尔奇认为让一个人待在一个并不能让他成长进步的环境中才是真正的野蛮行径。在公司内部淘汰,他还可以清楚地认识到自己的不足或价值观的取向,去寻找新的机会。如果放任自流,他最终很可能被社会淘汰,这才是最可怕的。适者生存法则在这里得到了诠释,在 GE 任何一个层级的员工都会感受到这种压力,甚至高层领导也不例外。

"活力曲线"把人力资本的压力、潜力、动力传递到每一位管理者身上,不断吸引外部最优秀的人才进入组织,不断找到有潜质、高水平的人,不断淘汰不合格者,从各方面最大限度地激发员工的内在积极性和创造力,使他们为公司创造惊人的业绩。GE 之所以被称作"领导者的摇篮",之所以取得辉煌的成就,与"活力曲线"的成功运用是分不开的。

资料来源:孙利虎、彭剑锋,"四轮驱动的人力资源管理提升系统——以 GE 为例",《中国人力资源开发》2015 年第 8 期,第 58—64 页。

国内采用末位淘汰比较典型的公司是华为。华为从 1996 年开始提出末位淘汰这个概念,当时华为的考核分为六个等级,A、B、C、D、E、F;由于操作起来较复杂,后来华为的考核标准简单地分为 A、B、C、D 四个等级,A 表示"优秀",占比 10%;B 为"良好",占比 40%;C 为"正常",占比 45%;D 为"须改进",占比 5%。考核成绩连续为 D,就意味着有可能被末位淘汰;考核成绩连续 3 个 C,就意味着不能涨工资。2017 年 9 月,华为鼓励员工辞职的方案已获通过,从 2017 年 10 月开始至 11 月底实施,共计将有超过 7 000 名工作超过 8 年的老员工,需要逐步完成"先辞职再竞岗"工作。按照华为公司的要求,工作满 8 年的员工,由个人向公司提交一份辞职申请,在达成自愿辞职共识之后,再竞争上岗,与公司签订新的劳动合同,工作岗位基本不变,薪酬略有上升。

通过末位淘汰,可以在企业内部建立能上能下、相互竞争的工作氛围,最大限度地激发员工的内在潜力,同时组织可以通过末位淘汰优化人力资源存量,保持组织不断有新鲜血液的注入,避免僵化。但目前在中国的实践中出现了较多的负面效应,因此也招致较多的批评。比如,在创业时期为企业做出了巨大贡献的老员工,通过末位淘汰出局似乎不近人情。如何兼顾制度执行与尊重人性?新《劳动合同法》实施后,企业应该如何处理不具有胜任力的员工?面对种种问题与挑战,我们应采取什么样的末位淘汰政策呢?不同的企业有不同的做法。

为了充分利用末位淘汰的积极因素,最大限度地避免它的消极因素,在使用此方式时一般要注意以下三点:一是在招聘、测评、职位分析、职位评价、绩效考核、薪酬福利、晋升、培训、流动等环节都尽可能地实现公开、公平、公正、量化、科学。二是定期(如半年)进行全员考核,根据绩效表现,将员工分为优秀、合格、试用、内部淘汰(内部下岗)四类,建立企业内部劳务市场(包括为内部下岗的员工专门开辟新的就业领域),如连续两次成为试用员工,必须内部下岗,在企业内部劳务市场培训,提高技能和胜任力后,重新竞争上岗。三是在实施末位淘汰的时候,要采用柔性的手段,尊重劝退员工,并设置好退出和回归机制。这种做法可以使每个员工都能不断地进行自我提升,从而使企业的人才形成良性循环，不断地进行自我更新，使企业真正成为学习型组织。

第四节 跨文化的人力资源获取与配置

随着全球化趋势的加剧，任何一家中国本土企业都不得不更新竞争观念、重新调整定位，将原来的竞争视野拓宽到国际范围，从而在国际竞争中占据一席之地。伴随着企业国际化进程的加快，企业间的兼并、重组已成为企业生存的一种方式。在这种情况下，跨文化的人力资源获取与配置正日益成为众多企业所关注的重要工作之一。

一、跨文化的人力资源获取与配置理论基础

在全球化背景下，企业跨国经营，跨文化交流和管理越来越频繁，这对跨文化人才配置和管理提出了更大的挑战。不同文化维度理论从不同视角和切入点对文化差异进行了解读与阐述，下面将介绍两种最具影响力的跨文化理论，即吉尔特·霍夫斯泰德（Geert Hofstede）的五维理论和GLOBE的九维框架。充分运用这些理论可以帮助我们理解和掌握不同文化之间的差异，并指导和丰富全球背景下跨文化人力资源管理。

组织文化代表组织成员的共同认知，是组织成员共享的一套价值体系，这种"共享意义"使其成为引导和塑造员工行为的有力工具。组织文化的特征可以从创新与冒险、注意细节、结果取向、人际取向、团队取向、进取心及稳定性七个方面进行观察和界定，组合勾勒出组织的特质和核心价值观、行为准则。

强大的组织文化可以保证组织的稳定性，可以提供积极的道德环境并促进创新，还可以通过多种方式极大地改善组织运营状况。一方面，组织文化会增强组织承诺，增加员工行为的一致性，显然这对企业大有裨益；另一方面，从员工角度来说，组织文化能告诉员工哪些事情是重要的、应该怎么做事情等。最初的组织文化源于创始人的经营理念，随着组织成长，该文化会影响组织的甄选标准。而人才甄选就是识别并雇用那些有知识、技能和能力的候选人，通过双向选择，尽力将组织文化和员工价值观进行匹配。

在一个全球竞争的时代，基于世界范围的雇员计划已经成为必要条件，而不是空洞的论调。由于在公司内部和公司之间相互作用的性质已从具有等级体系的优越感转向平等网络系统，因此人们对获得不同文化背景下的合作方法及怎样在一起相互学习知识的需求也在日益增长。熟练运用文化维度理论，深入了解组织文化特质，才能有的放矢地指导我们在不同文化背景下更好地确定人力资源配置标准、人才获取、评估和配置方式，更好地实现跨文化人力资源管理。

（一）民族文化

1. 霍夫斯泰德的五维理论

吉尔特·霍夫斯泰德曾对IBM公司在40个国家（或地区）的11.6万名员工进行调查，了解他们与工作有关的价值观。他发现，管理者和员工在有关民族文化的五个维度上

存在差异。

(1) 权力距离:一个国家的人民对于机构和组织内权力分配不平等这一事实的接纳和认可程度。它的范围从相对平等(低权力距离)到极端不平等(高权力距离)。

(2) 个人主义与集体主义。个人主义指的是一个国家的人民喜欢以个体为单元活动而不是成为群体成员进行活动的程度。集体主义则与个人主义相反,它等同于低个人主义。

(3) 生活数量和生活质量。生活数量指的是人们看重积极进取、金钱及物质的获得与拥有、竞争的程度。生活质量是指人们重视关系并对他人的幸福表现出敏感和关心的程度。

(4) 不确定性规避:一个国家的人民喜欢结构化而不是非结构化情境的程度。在不确定性规避上得分高的国家,人们的焦虑水平更高,它表现为更明显的紧张、压力和攻击性。

(5) 长期取向与短期取向。生活在长期取向文化中的人们,总是想到未来,而且看重节俭与持久。而短期取向的人们看重的是过去与现在,强调对传统的尊重以及社会义务的履行。

霍夫斯泰德通过研究得出,在权力距离上中国和西非的得分高,美国和荷兰的得分低;大多数亚洲国家表现出更高的集体主义而不是个人主义,而美国在所有国家中个人主义得分最高;在生活数量上德国和中国香港的得分最高,俄罗斯与芬兰的得分低;在不确定性规避上,法国和俄罗斯的得分高,中国香港与美国的得分低;中国内地与香港更表现为长期取向,法国与美国更表现为短期取向。

2. GLOBE 的九维框架

GLOBE 框架是从 1993 年开始,由全球领导与组织行为有效性(Global Leadership and Organizational Behavior Effectiveness, GLOBE)做的一个有关领导与民族文化的跨文化调查。数据来自 62 个国家(地区)的 825 个组织。针对民族文化的差异,GLOBE 团队确定了九个维度(见表6-22)。

表6-22 GLOBE 中的一些关键信息

维 度	评估分低的国家(地区)	评估分中等的国家(地区)	评估分高的国家(地区)
决断性	瑞典、新西兰、瑞士	埃及、爱尔兰、菲律宾	西班牙、美国、希腊
未来取向	俄罗斯、阿根廷、波兰	斯洛文尼亚、埃及、爱尔兰	丹麦、加拿大、芬兰
性别差异	瑞典、丹麦、斯洛文尼亚	意大利、巴西、阿根廷	韩国、埃及、摩洛哥
不确定性规避	俄罗斯、匈牙利、玻利维亚	以色列、美国、墨西哥	澳大利亚、丹麦、德国
权力距离	丹麦、芬兰、南非	英国、法国、巴西	俄罗斯、西班牙、泰国
个人主义/集体主义	丹麦、新加坡、日本	中国香港、美国、埃及	希腊、匈牙利、德国
组内集体主义	丹麦、瑞典、新西兰	日本、以色列、卡塔尔	埃及、中国内地、摩洛哥
绩效取向	俄罗斯、阿根廷、希腊	瑞典、以色列、西班牙	美国、中国台湾、新西兰
人本取向	德国、西班牙、法国	中国香港、瑞典、中国台湾	印度尼西亚、埃及、马来西亚

对于表 6-22 中的九个维度，我们作以下解释：

(1) 决断性。一个社会鼓励人们竞争、对抗、不妥协、自我肯定，而不是谦虚、平和的程度。这一维度与霍夫斯泰德的生活数量维度相对应。

(2) 未来取向。一个社会鼓励和奖励未来取向行为（如做出规划、投资未来、延迟满足）的程度。这一维度与霍夫斯泰德的长期/短期取向相对应。

(3) 性别差异。一个社会最大化性别角色差异的程度。

(4) 不确定性规避。与霍夫斯泰德的界定相同，GLOBE 团队把这一概念界定为一个社会对社会规范和程序的依赖程度，以降低对于未来事件的不可预知性。

(5) 权力距离。一个社会中，成员预期权力分配的不平等程度。

(6) 个人主义/集体主义。个体受到社会公共机构的鼓励而融入组织与社会群体当中的程度。

(7) 组内集体主义。社会成员对于小群体（诸如家庭、朋友及所在的组织）成员身份的自豪程度。

(8) 绩效取向。一个社会对群体成员的绩效提高或绩效优异给予鼓励和奖赏的程度。

(9) 人本取向。一个社会对于公正的、利他的、慷慨的、关怀的、对他人友善的个体给予鼓励和奖励的程度。

通过以上对民族文化的学习我们深受启发，即在国际化人力资源的招募与配置过程中，一定要充分考虑民族文化对个体的职业观念和就业导向的影响，采取合理的应对措施以使人力资源管理更加有效。比如，要在美国兼并重组企业时，就可以宣传本公司领袖人物如何白手打天下的个人英雄事迹；但如果在重视血统的法国，此法就不适用了。

(二) 组织文化

组织文化（Organizational Culture）是指组织成员共有的一套意义共享的体系，它使组织独具特色，区别于其他组织[⑩]。研究表明，组织文化包括以下七项主要特征，这些特征综合起来构成了组织文化的本质所在[⑪]。

(1) 创新与冒险。员工在多大程度上受到鼓励进行创新和冒险。

(2) 注意细节。员工在多大程度上被期望做事缜密、仔细分析和注意细节。

(3) 结果取向。管理层在多大程度上重视的是结果和效果，而不是为了实现这些结果所使用的技术与过程。

(4) 人际取向。管理决策在多大程度上考虑到决策结果对组织内成员的影响。

(5) 团队取向。工作活动在多大程度上以团队而不是以个体进行组织。

(6) 进取心。组织成员的进取心和竞争性（而不是随和性）的程度如何。

(7) 稳定性。组织活动在多大程度上强调维持现状而不是成长和发展。

以上每种特点都表现为一个从低到高的连续体。根据这七个特征来评价组织，就能得到一幅组织文化的构成图。不同的组织所倡导的价值观和行为准则是有差异的，这也是我们区别不同组织的一个重要方面。如以技术创新为核心竞争能力的组织会倡导创新与冒险的文化，于是组织设置不同的制度和程序保证这种文化的贯彻和实施，在这样的组织里会倡导个性化的文化，对于工作时的着装不会有很严格的限制。相反，对于强调稳定性的组织而言，则可能更加注重细节，鼓励组织成员尽可能保持稳定，相对不太鼓励创新和冒险精神。

（三）文化的功能

文化经常伴随着组织的产生应运而生，文化一旦产生，就会对组织形成一定的影响。积极向上的文化能够促进组织的成长与进步，消极退化的文化一定会成为组织成长的障碍。具体来讲，文化在组织中的功能主要有以下几个方面[12]。

（1）区别于其他组织的标志。组织文化需要经过不断提炼、不断升华的过程，因此文化也是组织发展过程中的烙印，能够将一个组织与其他组织区别开来。

（2）它表达了组织成员对组织的一种认同感。组织文化是组织成员共同遵守的一套意义共享的体系，包括认同的价值观和行为准则等。

（3）它促使组织成员不仅关心自我利益，还支持更大范围的一些东西。

（4）它增强了社会系统的稳定性。文化是一种社会黏合剂，它通过为组织成员提供言行举止的恰当标准，而把整个组织聚合起来。

（5）文化作为一种意识形态和控制机制，能够引导和塑造员工的态度和行为。

（四）跨文化对人力资源获取与配置的影响

不同的文化背景会对组织的人力资源获取与配置的理念和方式产生一定程度的影响。例如，在美国、澳大利亚和英国等个人主义文化国家，企业希望雇用具有个人工作技能或经验的人从事某项工作，它们倾向于鼓励求职人向公司直接投递个人简历。但在日本、葡萄牙等集体主义文化国家，企业强调求职者的可信任度、忠诚度和与同事的相容性，它们愿意招募有所了解的人，如公司员工的朋友或亲戚。因此，求职者会极力通过朋友或亲戚将自己引荐给人力资源部经理，而不是向公司投递写明自己个人成就的简历。因此，个人主义民族文化背景的企业在招聘实践中会采用如能力测试或结构化面试等正规手段；而集体主义文化国家的企业更多地采用内部渠道或员工推荐等个人形式招募新员工。

在人力资源配置方面，对于不同文化下的具体组织来讲，也会侧重于不同的配置途径。一般情况下，集权化程度较高和权力距离较大的企业更倾向于从外部市场上遵循固定的程序，采用严格的测试手段来招募与甄选人力资源，对于人员的退出途径更可能采用比较刚性的措施。相反，对于权力距离较小的企业，会更加强调人际关系的和谐，一般情况下更侧重于内部轮岗的人员配置途径以及比较柔性的人员退出途径。

二、跨文化的人力资源获取与配置的操作方法

目前针对跨文化的人力资源获取与配置，企业在实际的操作中常用的方法有以下几种：人员外派法、人员本土化、混合法。

（一）人员外派法

所谓人员外派法，是指跨国公司所有的关键岗位都由母国人员担任。这种政策对国际化早期阶段的公司来说比较普遍。采用这种政策的原因包括：第一，认为当地人员难以胜任工作；第二，需要与公司总部保持良好的沟通、协调和控制等方面的联系。

例如，当一家公司在收购、兼并另一家公司时，为了保持文化上的一致性，企业开始时会考虑用母公司人员来代替原来的管理者。因此，对于拥有强势文化的企业来说，人员外派法对于特定的市场来说可能是相当有效的。

但人员外派法在实施中也有许多缺点，归纳起来主要有以下三个方面：

（1）这种方式不利于提升被兼并和收购企业原有员工的士气，由于限制了原有人员或者跨国公司所在国人员的晋升机会，有可能导致人才的流失和士气的下降。

（2）由于需要与当地的政府、社区和相关机构保持业务上的往来，在这方面，采用人员外派法，需要驻外人员对当地的文化有一个适应阶段，相对于任用当地人员来讲，有社会关系资源匮乏的弊端。

（3）人员外派法需要选派母公司人员驻外，各方面的维持费用会很高，不利于成本的节约。

（二）人员本土化

所谓人员本土化，是指跨国公司或者兼并、收购的新公司招聘所在国或所在地人员管理当地的子公司，而母公司人员在母国总部任职。人员本土化的优势主要包括：

（1）聘用当地人员可以消除语言障碍和文化障碍，避免驻外人员及其家庭的适应问题，减少高昂的维持费用。

（2）任用当地人员管理，可以有效利用各种人际关系，从而维持与当地政府、社区和相关机构的和谐关系。

（3）有利于当地员工积极性的发挥，减少人才因兼并、收购而造成的流失。

当然，人员本土化也有自身的不足，最重要的是母公司与子公司之间在沟通、协调上因为文化和价值观的差异，在管理方式和管理风格上有可能产生隔阂，结果可能导致母公司对子公司的失控。

（三）混合法

所谓混合法，是综合人员外派法和人员本土化两种方法的优势，对于一些关键岗位采用人员外派，对于其他的管理岗位实行人员本土化的方法。混合法是目前跨国公司采用较多的一种方法。混合法既能够保证文化和管理理念上的一致性，同时又能充分利用人员本土化的优势，有效化解各种文化冲突与矛盾。

在使用混合法时，也要注意外派人员与本土化人员之间总体薪酬的差距问题。考虑到外派人员家庭生活的成本和其他方面的因素，对驻外人员会有一些相应的补助，从而造成外派人员与本土化人员在总体薪酬上存在差距的状况。但是，如果差距过大，则会容易导致各种矛盾的产生。因此，外派人员与本土化人员总体薪酬的平衡问题也是该方法的操作难点。

总之，企业在国际化过程中，采用什么样的人力资源招聘与配置方式取决于企业自身的文化、业务特点、市场竞争策略等，是各方面因素的综合结果。

【学习资料6-12】

三星的跨文化人力资源解决方案——地区专家制度

为了培养国际化的经营人才，三星公司开创了地区专家制度。所谓地区专家制度，是从在公司工作3年以上的单身职员中挑选出业绩优秀、具有国际化思维的核心人物，派往海外进行为期一年的考查学习的一种自由放任型海外研修制度。在这一年里，地区专家要去体验和感受那个国家的人文环境、文化风俗或者地区特征，并在一年中建立起自己的人际关系网。在这一年中，地区专家需要将自己的亲身经历和所见所闻及时发布到公司的网站上，三星就是这样让派遣出去的地区专家在当地自然而然成为地区专家。

三星通过"地区专家制度"搜集了全世界的大量资料，这些资料都保存在三星庞大的数据库里随时供人调用，并为三星创造着巨大的财富。地区专家与当地各个层次的人群建立了非常紧密的人际关系网，即使他们回国，也能及时地了解当地情况。当别的企业还没有意识到新兴国家的家电市场具有巨大消费潜力时，三星就根据地区专家建立的人际关系网和地区基础制定出了详细而周密的市场策略，首先进军他们的市场，抢占先机。

地区专家制度是三星前任会长李健熙先生展望公司10~20年发展而开创的一种国际化人才培养机制。通过这种制度，三星培养了几千名跨文化的国际化专家，从而进一步增强了其国际竞争实力。

资料来源：周禹、杜贺敏、崔海鹏，《三星崛起之道》，机械工业出版社2010年版。

"一带一路"背景下国家电网外派国际化人才招聘特色实践

"一带一路"倡议是我国适应和引领全球化、构建全方位开放发展新格局的重大举措。近年来，国家电网公司积极服务和参与"一带一路"建设，依托核心技术和管理优势，成功投资运营巴西、菲律宾、葡萄牙、澳大利亚、意大利、中国香港、希腊7个国家和地区骨干能源网，在全球设立10个办事处，在美国和德国设立研究院。截至2017年6月底，境外投资195亿美元，境外权益资产600亿美元，海外项目全部盈利。国家电网公司走出了一条具有中国特色的国际化发展之路：坚持长期战略，实现本土化运营；坚持规范运作，实现长治久安；坚持共享发展，促进合作共赢。这其中，外派国际化人才的招聘特色实践起到了关键的作用。

国家电网公司的特色招聘实践包括两方面：严格的国际人才选拔制度和动态国际化人才库的构建（特色招聘实践流程见图6-15）。为了实施严格的国际人才选拔制度，国家电网公司组建专业的国际人才测评团队，开发特色测评工具，综合运用在线测评、案例分析、行为事件访谈、无领导小组讨论等多种现代测评方法，主客观结合，科学有效地评价国际化人才的综合素质。国家电网公司结合国际化人才的数量规模和层次结构，采取自愿报名、组织推荐、评价选拔等方式，逐步建立动态国际化人才库。

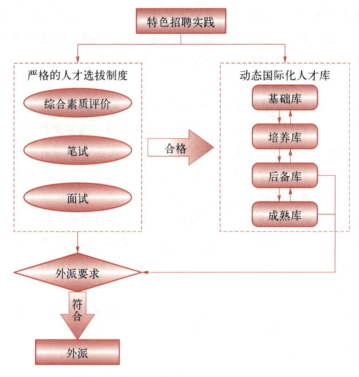

图6-15　国家电网外派人才招聘流程

国际化人才的招聘实践中，严格的人才选拔制度是最关键的环节。国际化人才选拔共分为三个程序：综合素质评价、笔试与面试。第一步，综合素质评价（占总成绩的30%）。国家电网人力资源部会同人才测评中心，遴选了多位人才测评专家，按照统一的素质评价标准，对照所有申请人的申报材料，基于基本素质（包括学历和工作经历等）、研究能力（科研和管理成果等）、工作业绩（绩效考核等）三个方面，逐项审核评分，获得所有申请者的综合素质评分结果。第二步，笔试（占总成绩的40%）。笔试的内容包括国家电网发展战略、企业文化、现代管理理论、本专业前沿技术、规章制度、技术标准等。第三步，面试（占总成绩的30%）。国家电网公司遴选总部和分部人才测评专家担任面试官，主考官则由总部相关部门负责人担任。基于综合素质评价和笔试的结果，面试官将与候选人进行深度交流，进一步了解候选人的外派意愿和动机，并与前期测评结果相互验证，增加选拔结果的可靠性。不仅如此,考虑到业务的特殊性,主考官也非常强调国际化人才的政治素质。

国家电网公司构建了动态国际化人才库,精确地掌握国际化人才信息,以便在实施驻外人才选拔时能够快速精准地定位与查找。自2012年起,国家电网就开始进行国际化人才库建设,并且为了提高选拔结果的有效性、提升工作效率,进一步对国际化人才库按照层级和类别进行细分,逐步形成国际化人才培养四级库(基础库、培养库、后备库和成熟库),每一级人才库分为经营类、管理类和专业类三个类别(见图6-16)。

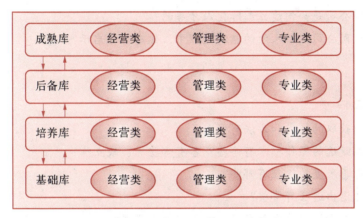

图6-16　国际化人才库分级管理

其中,基础库成员指愿意投身国网国际化事业,满足一定任职资格(如学历、工作年限、语言水平等)并具备国际化能力素质培养潜质的初级人才;培养库成员指相对于驻外人才的能力素质在某方面存在一定差距的人才,此类差距通常为知识、技能、语言等方面,可通过培训、自主学习的方式弥补;后备库成员指经过培养,基本具备驻外人才任职资格条件与能力素质要求的储备人才,若有外派需求且成熟库成员人手不足,可从"后备库"选拔相应人员驻外上岗;成熟库成员指具有一年以上驻外工作经验,且工作表现良好、能力素质优秀的人才,可随时满足外派需求。因此,若有外派任务,优先指派成熟库成员接任。

国家电网公司特别强调国际人才库的动态管理。动态管理是指成熟库、后备库、培养库和基础库四个人才库的国际人才身份并不是固定的,而是随着胜任力和综合素质而改变。首先,四级国际人才库之间保持内在的动态平衡,人才符合要求就可以升级到更高一级的人才库。其次,动态管理对于入库人才也是一种激励与鞭策。若入库人才无法满足人才库更高阶段的要求,则会面临淘汰的风险。最后,当入库人才因非工作因素(如家庭因素)而无法满足国际业务状况的要求时,出库对于个人与业务发展均是最好的选择。

"一带一路"建设背景下,国家电网公司通过实施国际化人才的招聘特色实践,为公司国际化的战略实施提供了重要的制度支持和人员保障。严格的人才选拔制度确保了国际化人才的胜任力和综合素质。通过构建动态国际人才库,国家电网公司有效地实现了国际化人才人力资本的系统性、动态化管理，为公司人才供应奠定了坚实的基础。

资料来源：国家电网公司国际化人才开发课题组编著，《"一带一路"战略背景下中国企业国际化人才开发实践》，清华大学出版社 2016 年版，第 82 页。

案例讨论与思考

1. 国家电网公司在国际化人才招聘活动中采用了哪些方法？各种方法有什么优点和缺点？
2. 为什么国家电网公司要采取这些方法？
3. 国家电网公司是如何建立国际化人才库的？
4. 从国家电网公司国际人才的招聘过程中，你有哪些启示？

本章思考题

1. 人力资源获取的渠道和方法有哪些？
2. 人力资源甄选的操作技术有哪些？各有哪些优、缺点？
3. 人力资源再配置的途径有哪些？
4. 人力资源退出途径有哪些？
5. 跨文化的人力资源获取与配置的操作方法有哪些？

注释

① Ulrich, D. (1998). A New Mandate for Human Resources. *Harvard Business Review*, 76 (1), 124.
② 唐秋勇：《HR 的未来简史》，电子工业出版社 2017 年版。
③ 《未来面试趋势：高盛、瑞银进入 Video Interview 时代，海归找工作需要准备什么？》，海归求职网，www.haiguiqiuzhi.com。
④ 雷蒙德·A. 诺伊：《人力资源管理：赢得竞争优势》，中国人民大学出版社 2005 年版，第 226 页。
⑤ 一种以人为分析单元、着重分析人际关系的方法。它被用于一个人的理想自我与自我描述的比较，自我觉知与他人觉知的比较，也可用于分析许多人对某人、某事描述的内部相关。
⑥ Townsend, R. (2007). *Up the Organization: How to Stop the Corporation from Stifling People and Strangling Profits.* Jossey-Bass.
⑦⑧⑨ 张德：《人力资源开发与管理（第二版）》，清华大学出版社 2001 年版，第 144 页。
⑩⑪ 斯蒂芬·P. 罗宾斯：《组织行为学》，中国人民大学出版社 2005 年版，第 573 页。
⑫ 斯蒂芬·P. 罗宾斯：《组织行为学》，中国人民大学出版社 2005 年版，第 576 页。

本章阅读推荐

Boyatzis, R. E. (1999). Self-directed Change and Learning as a Necessary Meta-competency for Success and Effectiveness in the Twenty-first Century: Keys to Employee Success in Coming Decades, 15-32.
戴维·布尔库什：《新管理革命》，中信出版社 2017 年版。
黛安娜·阿瑟：《员工招聘与录用：招募、面试、甄选和岗前引导实务（第 5 版）》，中国人民大学出版社 2015 年版。
里德·霍夫曼、本·卡斯诺查、克里斯·叶：《联盟》，中信出版社 2015 年版。
林新奇：《国际人力资源管理》，复旦大学出版社 2004 年版。

第七章　企业绩效管理体系

【本章要点】
通过对本章内容的学习，应了解和掌握如下问题：
- 什么是绩效？什么是绩效管理？绩效管理的核心思想是什么？
- 绩效管理循环包括哪些主要环节？
- 什么是以战略为导向的绩效管理体系？它是如何构建的？
- 绩效管理体系构建的七大思路和方法是什么？
- 不同层级的管理者在绩效管理体系中扮演的角色和承担的责任有何不同？
- 绩效管理体系和人力资源管理体系的关系是什么？
- 什么是关键绩效指标？如何构建企业的关键绩效指标体系？
- 平衡计分卡的核心思想是什么？如何应用？需要注意什么问题？
- 沟通在整个绩效管理体系中发挥着什么样的作用？应该如何沟通？

【导读案例】

AAA 集团绩效管理的困惑

AAA 集团为一家民营企业，至 2018 年已有 29 年历史，靠着创始人的果敢敏锐和创业者们的共同努力，经历了不同时期的曲折，成长为一家综合性企业集团，主要投资领域是城市燃气、燃气机械、生命科技和地产开发，在国内和境外拥有 2 家上市公司。其中，AAA 燃气是 AAA 集团的支柱产业，以城市燃气运营为主业。除了少数新开发的项目外，AAA 燃气更多的是通过并购当地原有的经营不善的国有企业实现快速扩张，至今已进入 30 多个城市。2001 年 5 月在中国香港上市，是国内目前规模最大的民营城市燃气专业运营商之一。2001 年、2002 年 AAA 燃气连续被美国《福布斯》评为"全球最佳小公司"，并入选《亚洲周刊》"国际华商 500 强"。

应该说，AAA 集团是一个发展很快的企业。企业领导人感觉到如此之快的速度，管理必须跟上，于是建立了比较完备的管理体系。绩效管理作为人力资源管理最重要的内容之一自然也在其中。AAA 集团的员工考核分为年度考核、年中考核和月度考核，而且对于普通员工和管理者分开进行考核。相应地也设计了一系列表格来支持考核体系的实现。此外，考核结果与员工的奖金挂钩的机制也确立了起来。

但是，实际情况是绩效管理变成了 AAA 集团管理者和员工的相互折磨。员工因要填大量表格常常抱怨，而且总觉得管理者打分仅凭个人印象，不够公正。管理者们觉得下属总是应付，同时感觉要打出一个准确的分数十分困难。双方在填表的问题上都很痛苦，在分数这个敏感问题上也都不愿意多谈。当然，最终的考核分数也打了出来，也与奖金挂了钩。但是对于很多管理者和员工来说，绩效管理变成了周期性的、繁重的、感觉"毫无意义"但又不能不做的工作。之所以不得不做，是因为毕竟奖金发放和人员晋升还需要依据。但是，绩效管理成了一件影响大家情绪的事情。对于集团领导者来说，面临着这样的困惑：设计得这么完备的一套体系，怎么就没有用呢？

对 AAA 集团经过系统分析之后发现，重要的问题有以下几个方面：第一，考核指标的设置没有指导原则，各方持不同说法和做法；第二，指标完成情况没有清晰的评价标准，比较模糊和笼统；第三，重形式、走过场现象突出，为考核而考核；第四，考核结果集中趋势明显，使考核结果提供管理信息的作用大打折扣；第五，沟通反馈机制缺失，管理者甚至害怕和员工就考核结果进行沟通；第六，对考核制度的宣传培训以及考核方法的培训几乎没有。而且从大的方面来说，AAA 集团整个绩效管理与企业战略、发展方向没有什么联系，更谈不上支撑战略的实施了，就连营造一个公平的气氛也没有办到。看上去很完备的考核体系，用起来却到处都是问题。

应该说，AAA 集团面临的问题和困惑很多企业都有体会。那么对于企业来说，绩效管理的根本目的是什么？如何消除和避免绩效管理中的这些问题？考核就是绩效管理吗？企业究竟如何建立以战略为导向的绩效管理体系？绩效管理体系的流程是什么？有哪些方法？这就是我们本章所要探讨的主要问题。

第一节　绩效与绩效管理的概念

一、绩效和绩效管理

（一）绩效

1. 绩效的概念

绩效（Performance），也称业绩、效绩、成效等，反映的是人们从事某一种工作活动所产生的成绩和成果。关于绩效的概念存在很多争议，但总体而言可以分为以下几种：

（1）结果论。这种观点认为"绩效"＝"结果"（Results）（或者"产出""目标实现度"），主要指标包括责任履行度、目标完成度、计划完成度、产量、销量以及利润等，绩效管理是对工作结果进行管理与客观评价，以实现组织目标的过程。

（2）过程论。这种观点认为"绩效"＝"行为"（Behavior），包括行为的方式、流程和方法等，绩效管理是对员工行为进行管理和客观评价，以引导组织或个体的行为推动组织目标实现的过程。

（3）能力论。这种观点认为"绩效"＝"能力"（Competence），包括潜力和能力，关注的是现在能做什么和将来能做什么，绩效管理是通过对潜力和能力的管理与评价，以引导组织或个体提升能力、实现组织未来目标的过程。

（4）综合论。从以上观点可以看出，过程论和能力论的最终落脚点还是最终的结果，只不过关注的重点不限于结果，认为好的结果源于能力及相应的行为，而行为又受到能力的影响。由此便产生了绩效的综合论，这种观点认为绩效是人的能力、行为和结果的综合体（见图7-1），即：

$$绩效＝能力（能做什么）＋行为（如何做）＋结果（做出什么）$$

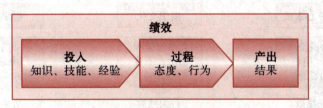

图7-1　员工绩效示意图

本书认同综合论的观点，提出绩效的定义：

> 绩效是具备一定能力的人或组织通过符合组织要求的行为实现组织目标的综合体现。

2. 绩效的层次

一般而言，绩效可以从纵向分为三个层次：组织绩效、部门与团队绩效以及个体绩效。无论是哪个层次，都有结果论、过程论和能力论的观点，由此形成"三横三纵"的层次（见表 7-1）。

表 7-1　绩效的"三横三纵"层次

	结果论	行为论	能力论
组织绩效	销售收入、利润	社会责任、研发投入	专利数、创新能力
部门与团队绩效	项目完成度、计划完成情况	合作行为、分享行为	团队成员匹配程度、团队沟通能力
个体绩效	任务完成情况、目标完成情况	符合规范行为、组织公民行为	知识、技能

因为组织是一个系统，所以组织绩效不是部门与团队绩效的简单叠加，同样，部门与团队绩效也不是个体绩效的简单叠加。但必须认识到，个体绩效是部门与团队绩效的基础，而部门与团队绩效是组织绩效的基础。

个人、团队、组织层面的绩效具有一定的联动关系（见图 7-2）。

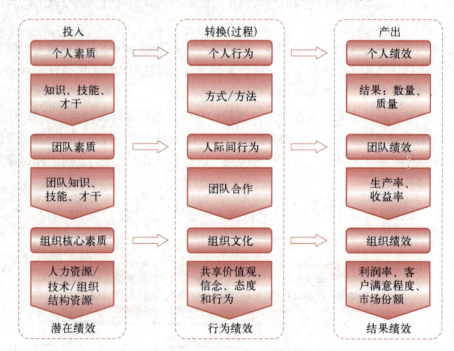

图 7-2　个人、团队、组织的绩效联动关系

根据综合论的观点，不同层次的绩效也符合投入—过程—产出的逻辑。个人绩效是由员工个人的职业化行为所决定的，主要考查的是员工达到目标的行为是否达到职业化行为的标准、是否在按照职业化工作程序做正确的事情。个人素质是决定个人职业化行为的主要因素。团队绩效主要由团队合作的程度决定，团队建设、跨团队跨职能合作、知识经验

共享、社会资本、领导力、学习型组织的建立等团队"素质"是团队高绩效的决定因素。组织绩效主要由组织的核心素质，如人力资源管理、技术、组织结构等要素决定，企业文化则将个体、团队与组织层面的潜在绩效要素有机地结合在一起，最终实现组织绩效。

（二）绩效考核

从绩效界定的四种主要观点出发，企业界有以下四种绩效考核导向（见表7-2）：

（1）结果说。绩效是结果，绩效考核就是对组织和个人所达成的成果进行考核；

（2）行为说。绩效是行为，绩效考核就是对为实现组织目标所进行的组织或个人工作过程进行考核；

（3）能力说。强调员工潜能与绩效的关系，绩效考核就是对岗位任职者完成岗位的素质和能力进行考核和评定；

（4）全面绩效说。强调绩效是员工潜能、行为及结果的综合，绩效考核就是对岗位任职者所具备的完成岗位职责所需的能力、为达成岗位目标所采取的行为以及最终取得的岗位成果进行考核。本书作者比较赞同这种观点。

表7-2　四种绩效考核导向指标

能力指标	行为指标	结果指标	全面指标
忠诚感 成就欲望 自信 自我认知与自我控制 创造性 主动性 领导力 专业知识	服从指令 按时出勤 热情待客 服务周到 按标准和程序办事	销售额 利润 浪费 事故 服务的客户数量 客户满意度	综合前面三个方面

（三）绩效管理

1. 绩效管理的概念

绩效管理本身代表着一种观念和思想，代表着对于企业绩效相关问题的系统思考。绩效管理的根本目的是持续改善组织和个人的绩效，最终实现企业战略目标。为改善企业绩效而进行的管理活动都可以纳入绩效管理的范畴。应该说，绩效管理作为一种管理思想，渗透在企业管理的整个过程之中，涉及企业文化、战略规划、组织、人力资源、领导、计划、改进和考查、激励、统计与控制等各个方面。比如，流程再造、全面质量管理、目标管理等，都可以纳入绩效管理的范畴。因此，给绩效管理下一个定义并不容易。

目前，关于绩效管理的观点有以下三种[①]：

（1）组织观：绩效管理是管理组织绩效的一种体系。

这种观点认为，绩效管理是由三个过程组成的：计划、改进和考查。其中，绩效计划主要是制定企业的愿景、战略以及对绩效进行定义等活动。绩效改进则是从过程的角度进行分析，包括业务流程再造、持续性过程改进、全面质量管理等活动。绩效考查则包括绩效的衡量和评估。

当然，这三个过程也可以应用于所选定的任何层次所进行的绩效管理，如组织范围、经营单位、部门、团体乃至个人等层次。

这种观点的核心在于确定企业的战略并加以实施，雇员并不是绩效管理的核心。它引起广泛关注的原因之一在于它把 20 世纪 80 年代和 90 年代出现的众多新兴管理思想、原理和实践结合了起来。其模型如图 7-3 所示。

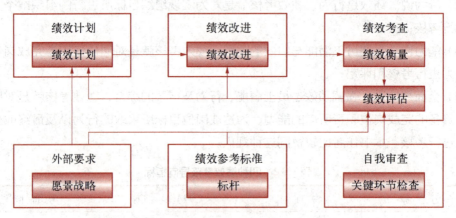

图 7-3　绩效管理：计划、改进和考查

（2）员工观：绩效管理是管理雇员绩效的一种体系。

这种观点通常用一个循环过程来描述绩效管理，具有多种形式。如图 7-4 所示的便是一种。

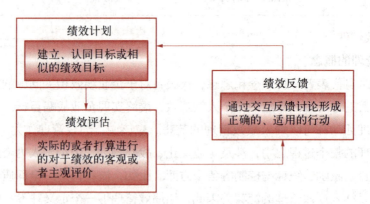

图 7-4　绩效管理中的计划、评价和反馈

这种观点强调，管理者与被管理者应该在雇员的期望值问题上达成一致的认识。绩效激励是部门管理者的一项职责。此外，部门管理者还在绩效考查方面发挥着特殊的作用。应该特别注意的是，绩效考查是管理者和被管理者共同参与的活动，其责任不仅在管理者，被管理者也要承担相应的责任。而且，绩效考查应该是一项循环进行的活动。

(3) 综合观：绩效管理是把对组织和对雇员的管理结合在一起的体系。

这种观点可以看作前面两者的结合，认为有必要对各个层次的绩效进行管理。

本书对于绩效管理的理解与第三种观点比较一致，认为绩效管理是对各个层次的绩效进行综合管理的过程。一方面是对组织绩效的管理，包括企业文化、战略、组织结构、激励、人力资源管理等各个方面；另一方面是对员工个体的管理，通过帮助、引导和激励员工持续改进和提升以实现组织目标的过程。

绩效管理作为一种管理思想，主旨有两个——系统思考和持续改进。它强调动态和变化，强调对企业或者组织全面和系统的理解，强调学习性，强调不断的自我超越。孤立地、片面地、静止地看待绩效管理，很容易使绩效管理掉入机械、僵化的陷阱。

将系统思考确定为绩效管理的主旨之一是因为，企业的问题相互交织、相互影响，从来都不是孤立的。绩效作为企业运行管理的总体表现，它涉及的层面肯定不可能是单一的，因此必须进行系统思考。那么对于企业绩效管理问题该如何去进行系统思考，我们将在后面进行比较详细的论述。

至于持续改进，上面的三种观点都在谈这个问题。我们再回顾一下众多管理理论，也都是如此。持续改进是一个不断学习、不断总结进而不断提高的过程。现在谈论很多的学习型组织、知识管理就是在比较深入地谈论学习的问题，讨论企业如何通过不断地总结内生经验与知识而获得核心能力。但是作为一种管理思想，"学习"早已经渗透在管理的方方面面了。

2. 绩效管理的困惑与问题

不确定时代中，外部世界复杂多变，传统绩效管理出现了一定程度的不适用。从绩效管理的角度看：首先是企业未来发展方向看不清，战略目标不明确，企业的绩效目标与指标就很难准确进行确定；其次，影响绩效的因素是复杂多样的，个人的绩效往往并不完全取决于个人的努力，而是团队合作共创价值的结果；最后，现在企业所面临的管理对象是知识型员工，是知识型劳动、创造性劳动，创新性与知识型劳动成果表现方式多样、难以衡量。如何衡量创新绩效与知识劳动成果是一个全新的问题。除此之外，许多优秀企业是运用高压力、高绩效、高回报的"三高"文化驱动员工不断创造高绩效，这种"三高"绩效文化，在创新与人力资本驱动时代是否会抑制创新，是否适应现在互联网的要求和共享经济的要求，新生代的"80后""90后"员工对此是否能够接受？企业目前对于绩效管理还是有很多困惑与问题。当前的绩效管理困惑有以下10条：

困惑1：KPI是否已经过时？是否应该抛弃KPI指标？能否用OKR来替代KPI？未来的绩效管理到底该采用哪个体系？

困惑2：不确定时代，绩效管理的终极目标是什么？是以追求股东价值为主，追求客户价值为主，还是追求员工发展为主？谁来定义绩效？绩效指标的源头来自哪儿？是股东决定，还是客户与员工决定？

困惑3：不确定时代，绩效的内涵到底是什么，绩效考核到底是以结果为导向，还是以过程为导向，还是以潜能为导向？潜能素质、过程行为素质和结果素质到底是一种什么关系？

困惑 4：现在绩效管理新概念层出不穷，方法多种多样，那么绩效管理发展到今天，到底有哪些方法体系？各种方法体系有什么特点？企业如何来选择并有效应用适合本企业的绩效管理方法体系？

困惑 5：现在知识型"80 后""90 后"员工成为企业价值创造主体，"00 后"进入职场，"80 后""90 后""00 后"员工有他们独特的需求和个性特点，他们是否还愿意接受高压力、高绩效、高回报的"三高"绩效文化，"三高"文化是否还可以驱动知识型员工创造高绩效？以及如何容许个性张扬？

困惑 6：现在中国企业普遍面临转型升级的压力，需要转换新动能。新动能就是创新与人力资本驱动，那么绩效管理如何有利于企业的创新？如何来定义和衡量创新成果与创新绩效？如何承认失败价值？如何有利弘扬创新精神与冒险精神？

困惑 7：不确定时代，由于战略目标的不确定、创新过程的不确定、绩效层次的错综复杂，个人绩效既是个人能力与努力的结果，也可能是团队共同合作与协同的结果，还可能是公司平台资源压强支持与赋能的结果。那么，绩效考核结果与个人薪酬分配是否还要强挂钩？如果不强挂钩，如何来体现价值分配的贡献导向并激励员工不断地创造高绩效？在满足了员工基本物质需求的前提下，如何对人才进行精神激励？

困惑 8：不确定时代，组织越来越扁平化，企业内部的管理越来越强化所谓的平台化、项目制、自主经营体，在这样的组织结构下，如何实现组织、团队、个人绩效的一致性，并有利于内部的协同？如何对平台与项目进行绩效管理？

困惑 9：绩效考核的责任到底谁来承担？人力资源部、各级管理者及员工如何承担人力资源管理责任？尤其是互联网、大数据时代，如何利用互联网和大数据来简化绩效核算体系，减少绩效管理的工作量？未来基于大数据的绩效考核和绩效管理是否会走向智能化？

困惑 10：沟通是绩效管理的生命线，没有沟通就没有绩效管理。在互联网、大数据时代，面对面沟通减少，如何通过网络沟通、大数据沟通来创新沟通方式，并保持面对面沟通的情感体验？

二、战略绩效管理

企业的一切行为都是为了实现战略，一切管理活动都是为了提高绩效，因此需要建立以战略为导向的绩效管理体系，将战略思想融入管理实践。战略绩效管理是指以企业战略为导向，以战略绩效目标的沟通与传递、绩效承诺与评价为主要内容，以推动战略的执行与落地为核心目标的绩效管理机制与制度。

（一）战略绩效管理的特点

（1）以战略绩效目标为核心，牵引企业各项经营活动，实现企业战略、经营计划、预算、资源配置与绩效管理的有机结合。

① 经营计划不同于绩效管理。经营计划是根据经营目标对企业的生产经营活动和所需要的各项资源,从时间和空间上进行具体统筹安排所形成的计划体系。绩效管理是通过分解公司整体行动计划,制定不同层级组织和个人的目标,优化关键业务活动,提取关键绩效指标,并通过绩效考核指标来落实责任,及时反映行动计划和预算的执行情况(见图7-5)。

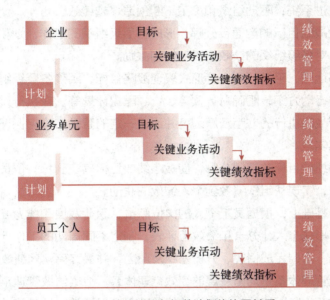

图 7-5　绩效管理与经营计划的协同关系

② 绩效管理超越了传统意义上的预算管理。预算只是财务类关键绩效指标的基础。公司各级组织通过绩效指标落实责任,并及时反映行动计划和预算的执行情况,预算的调整影响绩效计划和关键绩效目标值的修正,绩效管理通过对公司和部门预算进行调整与控制,确保预算的切实贯彻(见图7-6)。

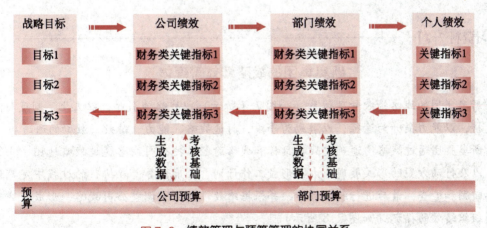

图 7-6　绩效管理与预算管理的协同关系

③ 战略规划与目标制定是绩效管理有效实施的前提。企业通过内外部环境分析制定战略，绘制战略地图，进而确定企业经营业务的相关组合，以及支持企业战略实现的核心能力与关键战略举措，从而完成企业的具体经营计划、预算、资源配置，实现与绩效管理的有效结合。

（2）通过目标与计划、辅导与执行、评估与反馈、激励与改进的绩效管理循环体系，形成持续的绩效改进系统，驱动组织和员工不断创造卓越绩效。

（3）通过企业战略目标的沟通和分解，形成各层级组织的工作计划和预算，并定期检查战略实施情况，对各级组织的绩效加以考核和激励。

企业通过战略地图、平衡计分卡等形式表现战略目标，明确各层级组织的绩效衡量标准，并制定各自的行动方案，明确财务预算、资源配置计划等。在执行过程中定期检查战略实施情况，分析战略执行的差距及原因，并通过一定的激励措施来保证组织绩效考评的落地和战略目标的实现。

（4）通过战略绩效目标的层层分解，使战略绩效目标落实到每一位员工身上，实现绩效管理的全员参与，实现从组织绩效到个人绩效的联动。

在企业目标的基础上，根据员工个人的岗位职责、职业发展和能力要求，来确定员工个人的绩效目标，形成个人计分卡和绩效考评表，制定不同周期的工作计划，在执行的过程中加强绩效沟通、掌握完成情况、分析差距及原因，并最终落实到绩效奖励中去。

（5）战略绩效管理体系是均衡发展的绩效管理体系。战略绩效管理平衡考虑财务绩效与非财务绩效的关系、短期绩效与长期绩效的关系、过程绩效与结果绩效的关系，将组织的绩效成长与个人的能力提升结合起来，从而构建企业的可持续发展能力。

随着平衡计分卡、经济增加值法、六西格玛等战略管理工具的诞生及应用，越来越多的企业不再考核单一财务指标，而将非财务指标纳入考核过程，重视企业无形资产对战略目标实现的重要价值。许多企业将内部业务流程改进以及员工能力提高作为重要的战略目标，实施长短期目标以及过程绩效与结果绩效相结合的考核模式，促进了企业的持续发展。

【学习资料7-1】

新奥集团的战略绩效管理体系

新奥集团的战略绩效管理体系（如图7-7所示）以战略为引导，以文化、制度与流程为支持，以能力提升为途径，以激励为手段，打通战略、能力、绩效、激励的通道。

新奥集团通过战略沟通确定战略目标和战略途径，把公司战略通过战略地图、平衡计分卡以及行动方案的形式展现出来，形成工作计划、年度预算，在执行的过程中定期进行战略回顾和检查，最后进行绩效评估，并根据绩效评估结果调整公司战略，形成从战略目标到组织绩效的循环（如图7-8所示）。

第七章 企业绩效管理体系 351

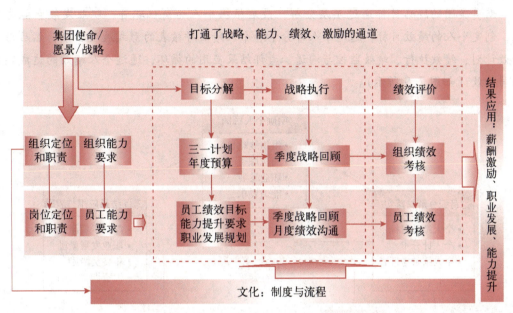

图 7-7 新奥集团的战略绩效管理体系

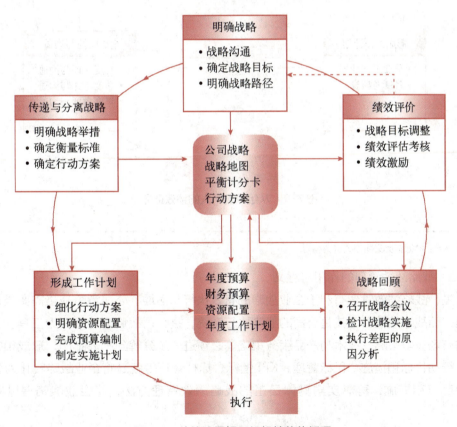

图 7-8 从战略目标到组织绩效的循环

新奥集团的战略目标通过层层分解，最后根据个人的岗位职责、职业发展和能力要求，制定个人的绩效目标，通过个人计分卡和个人绩效考核表的形式展现出来，然后形成绩效计划、绩效执行、绩效监控与沟通、考评结果应用的循环，通过个人绩效的达成实现公司绩效（如图7-9所示）。

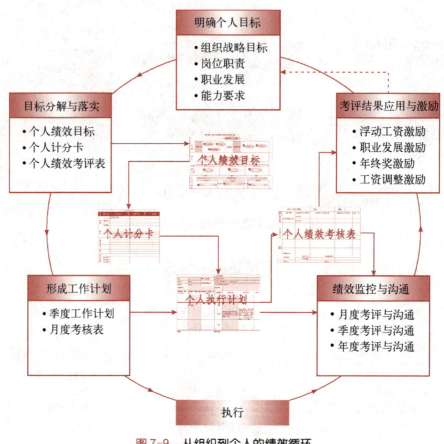

图7-9　从组织到个人的绩效循环

资料来源：根据新奥集团相关资料编写。

（二）战略绩效管理的作用与意义

首先，战略绩效管理有利于企业战略的有效执行与落地。公司竞争战略需要具体的落地措施，而战略绩效管理就是公司的战略执行系统，是公司战略落地的有力工具。公司战略中的市场竞争策略、技术与产品服务策略等必须进一步分解到相关部门，形成相关部门的具体行动目标和措施。目标管理、KPI指标、标杆管理等就是将企业战略转化为各部门的行动目标和措施，再落实到具体员工的战略绩效管理方法，使企业战略得以实施和落地。

其次，战略绩效管理可以更好地进行绩效沟通与绩效改进。战略绩效管理强调绩效沟通，对于不同层级的组织绩效来说，可以通过定期召开战略会议回顾战略执行情况，进行绩效检查，发现现实情况与目标的差距及其原因，最终决定是否需要调整战略目标，并制定绩效改进计划。对于员工个人绩效来说，直接上级定期或不定期地对员工的绩效执行情况进行沟通与辅导，一方面管理者将最明确的工作信息和责任要求传递给员工，另一方面让员工将最直接的工作效果反馈给管理者，从而减少各层级人员之间的障碍。绩效沟通也有助于建立公平公正的绩效考评机制，准确评估业绩，增强员工的工作积极性。

再次，战略绩效管理是人力资源管理体系的枢纽与核心。公司的人力资源管理体系是指在公司战略指引下制定的人力资源战略以及组织结构与业务流程。战略绩效管理以战略为指导，以绩效管理为核心，是人力资源管理战略规划的指针，是人员招聘、业务培训的出发点，也是选拔干部、制定薪酬奖惩政策的依据，还是传递公司价值观、管理员工关系的重要手段。因此，在公司整个人力资源管理体系中，战略绩效管理是枢纽与核心。

最后，战略绩效管理是传递公司价值的重要信号。战略绩效管理从公司战略出发，逐级分解战略目标，也逐级传递公司价值观，告诉员工什么是公司需要和鼓励的，什么是公司摒弃和反对的，自己在实现公司核心价值中能作出什么贡献等。在绩效管理的计划、实施、业绩评估、绩效沟通等各个阶段都在传递价值信息，引导员工为公司作出贡献。

【学习资料 7-2】

中粮集团引导战略转型的绩效考核体系

中粮集团在多元化发展战略中，把所有产业按照业务类型分成资源型、加工型和品牌型，按照发展阶段分成培育期、成长期和成熟期，根据不同的产业类型制定相应的绩效考核标准，实施多层次、多角度的"多元考核"，以支持集团战略目标的实现（如图 7-10 所示）。

业务类型	定义	考核重点
资源型	主要依靠资源、资金、政策等建立竞争优势的业务	规模、布局、市场份额
加工型	主要依靠产品、服务和技术差异建立竞争优势的业务	规模、成本、布局、技术、服务
品牌型	主要依靠品牌、渠道建立竞争优势的业务	市场份额、渠道、品牌、产品溢价

图7-10 中粮集团引导战略转型的绩效考核体系

三、绩效管理的组织系统

绩效管理是一项系统工作,需要成立相关组织,建立完善的绩效管理组织责任体系,确定各职能部门的职责范围——确认职责、分清角色并协调各个部门的工作,最终将绩效管理融入各层级管理人员的工作,保证绩效管理系统的正常运转。

现代人力资源管理特别强调各层级管理人员的职责和参与,绩效管理不仅仅是人力资源部门的事情,也是企业各级组织、各级管理者及全体员工的责任,应准确定位、明确分工,推进绩效管理工作顺利进行(如表7-3所示)。

表7-3 绩效管理组织系统中责任者的不同角色与责任

责任内容 责任者	角色定位	主要责任
高层管理者	绩效管理工作的发起者、组织者和推动者	制定、传达、解释、宣传企业发展战略、经营目标、绩效标准及所遵循的价值观;倡导正确的绩效行为,营造良好的绩效氛围;自上而下推行绩效双向承诺制(绩效是员工对企业的承诺,薪酬福利是企业对员工的承诺,所以绩效承诺是双向的);率先垂范,参与绩效管理,接受绩效考核;为实现绩效目标提供必要的资源保证
业务经理(中层)	实施绩效管理的主体、企业绩效管理的实施者、员工绩效的合作伙伴	其管理责任贯穿绩效管理全过程,绩效周期伊始同员工进行一对一的面谈,讨论、制定绩效目标和能力发展目标;提供持续的绩效辅导与沟通;绩效周期结束进行公正的绩效考核、能力评价,并进行充分的面谈反馈;公正运用考核结果(奖金发放、职位调整、人岗匹配度调整、培养开发、监督改进、强制退出等);帮助员工制定绩效改进和能力提高计划,并跟踪检查辅导
员工	绩效管理的最终参与者、个人绩效的自我管理者	主动参与绩效目标设定、绩效辅导与沟通、绩效考核与反馈;主动参与制定能力发展目标和职业发展计划;总结阶段性绩效,探索提高绩效的方法,提出所需支持和帮助;保留绩效信息,与上级主管进行交流;对自己阶段性或一年的表现进行自评,主动参与考核,并要求反馈;有权就考核结果进行申诉,要求调查并反馈结论;主动参与制定绩效改进和能力提高计划

(续表)

责任者 \ 责任内容	角色定位	主 要 责 任
人力资源部	绩效管理专业辅导和技术支持的提供者、绩效管理的监督推动者、各级管理者和广大员工的合作伙伴	制定绩效管理制度办法、工作指引和基本原则，建立绩效管理的框架体系，维护绩效管理体系的有效运行；对绩效管理过程进行指导、协调、监督和控制，为各级管理者和员工提供各个环节的专业辅导和技术支持；组织开展绩效管理培训；帮助员工深入理解和实践绩效管理理念；帮助各级管理者掌握绩效管理方法与技术；使绩效管理体系与其他人力资源管理体系协调一致，建立系统化的激励约束机制，监督企业内部绩效管理的推进

【学习资料 7-3】

中粮集团分级管理的绩效考核组织体系

中粮集团的绩效考核组织体系（如图 7-11 所示）根据集团的组织层级设立，由集团绩效评估委员会统一领导，纵向分为集团、经营中心、业务单元和利润点四个层级，在每一个层级都需要设立具体组织实施的机构——绩效评估办公室，并明确各个层级的绩效管理中各个部门、人员的职责。

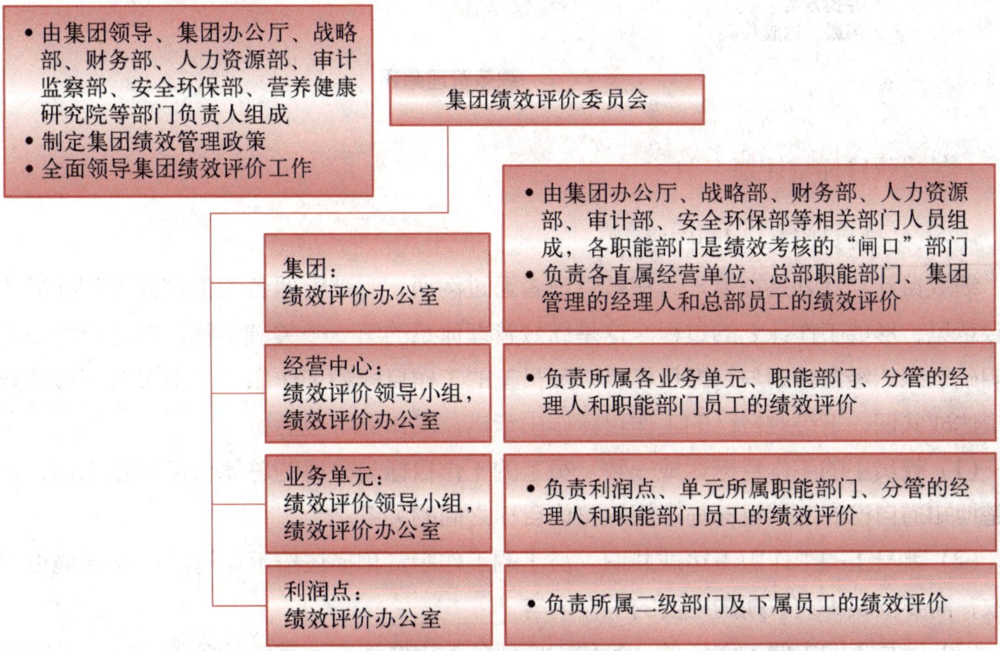

图 7-11　中粮集团分级管理的绩效考核组织体系

资料来源：根据中粮集团相关资料编写。

第二节 绩效管理循环

绩效管理是一个不断循环的过程,包括绩效目标与计划、绩效辅导与执行、绩效评估与反馈以及绩效激励与改进(包括绩效改进和导入,以及其他人力资源管理环节的应用)绩效管理的核心思想在于不断提升公司和员工的绩效和能力(见图7-12)。

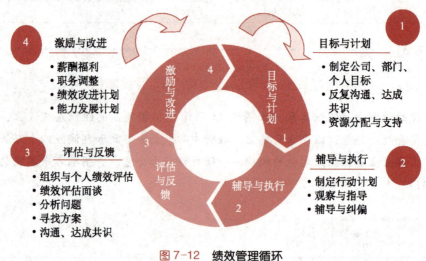

图 7-12 绩效管理循环

一、绩效目标与计划

(一)绩效目标与计划的内容

绩效目标与计划是指管理者和被管理者通过沟通,对被管理者的工作目标和标准达成一致意见,形成工作计划的过程。这是绩效管理体系的第一个关键步骤。在这个阶段,需要明确组织的经营计划与管理目标,以及员工的工作目标和工作职责,上级对下级绩效的期望达成共识,下级对自己的工作目标作出承诺。具体而言包括:

(1)就员工的工作目标达成一致。员工的工作目标与公司的总体目标紧密相连,员工清楚地知道自己的工作目标与组织的整体目标之间的关系。

(2)就员工的工作职责达成共识。员工的工作职责和描述按照现有的组织环境进行了修改,需要反映本绩效期内主要的工作内容。

(3)就员工的主要工作任务、各项工作任务的重要程度、完成任务的标准,及其在完成任务过程中享有的权限达成共识。

(4)就员工在完成工作目标的过程中可能遇到的困难和障碍达成共识,并且明确管理者需要提供的支持和帮助。

(5)将以上共识以书面形式表示出来,包括员工的工作目标、实现工作目标的主要工作结果、衡量工作结果的指标和标准、各项工作所占的权重，最后管理者和员工双方在书面计划上签字。

（二）绩效计划的过程

绩效计划是一个双向沟通和共同承诺的过程，主要包括以下几个环节：

1. 绩效目标的确定与分解

绩效管理目标的确定与分解是公司目标、期望和要求的压力传递过程，同时也是牵引工作前进的关键。通过绩效目标的确立牵引企业、部门和员工向同一个方向努力，形成合力共同完成企业的战略目标。绩效目标的设立通常要遵循 SMART 原则。

SMART 原则是指：

- 目标是具体的（Specific），即明确做什么，达到什么结果。
- 目标是可衡量的（Measurable），绩效目标最好能用数据或事实来表示，如果太抽象而无法衡量，就无法对目标进行控制。
- 目标是可达到的（Attainable），绩效目标是在部门或员工个人的控制范围内，而且通过部门或个人的努力可以达成。
- 绩效目标与公司和部门目标是高度相关的（Relevant），体现出目标从上到下的传递性。
- 目标是以时间为基础的（Time-based），受到一定的时间限制。

绩效管理目标的整个分解过程是通过上级与下级之间的互相沟通将总体目标在纵向、横向或时序上分解到各层次、各部门乃至具体的人，形成目标体系的过程。目标分解主要是按照时间分解、空间分解或者两者相结合的原则进行的（见表7-4）。

表7-4 绩效管理目标分解的原则

时间分解		确定目标实施进度，以便实施中进行检查和控制。这种分解形式构成了目标的时间体系
空间分解	纵向分解	将目标逐级分解到每一个组织层次
	横向分解	将目标项目分解到有关同级组织

2. 关键绩效的确定

部门负责人根据企业的年度计划和管理目标，围绕本部门的业务重点、策略目标和关键绩效指标制定本部门的工作目标及计划，以保证部门朝着公司要求的整体目标推进。管理者根据员工的具体职位应负的责任，将部门目标层层分解到具体责任人，并确定相应的关键绩效指标。

常用的确定关键绩效指标的方法有 KPI 法、平衡计分卡法（BSC）、经济增加值法（EVA）、标杆管理法（BM）等。管理是需要成本的，绩效管理的工具与企业的管理方式、复杂程度、精细化程度有很大的关系，因此在企业发展的不同阶段，所采用的绩效管理工具也应有所不同。图7-13 表示的是企业在不同的阶段适合采用的绩效管理工具。

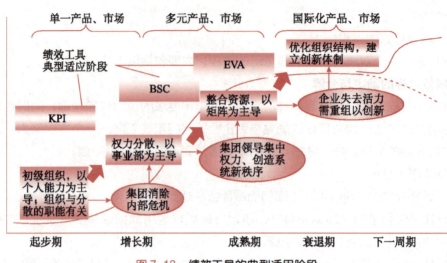

图 7-13　绩效工具的典型适用阶段

3. 双向沟通达成一致

绩效计划的目标及标准的达成往往需要管理人员与员工双向、反复沟通（如图 7-14 所示）。最初是从上到下传递目标期望，然后根据目标进行可行性分析和从下到上的反馈，接着又是从上到下达成共识、确定绩效目标，最后制定行动计划并从下到上进行反馈，每个阶段所需的时间有所不同，但在每个环节，双方的坦诚沟通是保证计划成功制定的关键因素。

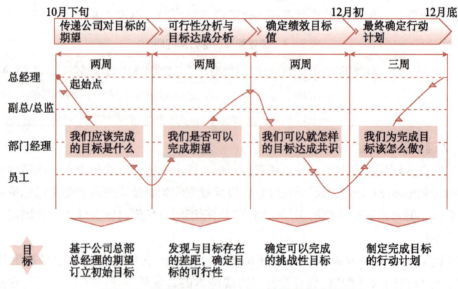

图 7-14　设定绩效目标是一个上下互动交流的过程

绩效计划是关于工作目标和标准的契约，关键绩效指标的确定通常与年度预算和计划同时进行，并以绩效合约的形式确定下来。因此，绩效计划阶段要形成一份绩效合约，管理人员要签订目标责任书，员工要签订绩效合约，以作为考核的依据。绩效合约包含的主要内容有：① 受约人、发约人基本信息；② 本职位关键职责描述（作为设定业绩考核内容的依据和针对本考核期的主要任务）；③ 绩效考核指标，包括战略性绩效指标、日常类绩效指标以及协同类指标；④ 权重（界定绩效考核内容中各部分的相对重要性）；⑤ 绩效目标；⑥ 特殊奖惩因素（例外考核要项，如出勤率、安全管理等）；⑦ 评价方式与标准；⑧ 责任人签字。

二、绩效辅导与执行

绩效辅导与执行是指考核者对下属完成绩效指标的过程随时予以关注和辅导，以保证下属顺利完成业务目标。各级管理者应依据具体的业务指标或工作质量要求，经常与下属沟通，了解工作进程，监督服务质量，收集有关员工绩效表现的数据或证据，及时发现不足或质量隐患，帮助下属提高业务水平，确保公司战略在各级员工中得到顺利贯彻，这是绩效管理体系中最重要、最核心的部分，对各级管理者提出了很高的要求。

在绩效管理中，绩效沟通并不只是一个考核周期结束后的程序性工作，而是始终贯穿整个绩效管理过程，包括从绩效计划到绩效执行的辅导过程，再到绩效考核期间的反馈，而且在不同阶段，沟通的目标、内容和方式有所不同和侧重（如表7-5所示）。

表7-5 绩效管理各阶段的沟通重点

绩效管理阶段	沟通目标	沟通内容	沟通方式
绩效目标与计划	确定员工在考核期内应该完成什么工作和达到什么绩效目标	• 回顾有关信息 • 设定具体目标 • 确定关键绩效指标 • 确定衡量标准 • 讨论可能遇到的问题和困难 • 明确员工的权利	书面沟通 面谈沟通
绩效辅导与执行	就绩效辅导与执行过程中的关键控制点、员工工作问题以及行为偏差等进行预防和纠正，使管理者和员工共同找到与达成目标有关的问题的答案	• 员工的工作进展怎样？ • 员工和团队是否在正确的达成目标和绩效标准的轨道上运行？ • 如果有偏离方向的趋势，应该采取什么样的行动扭转这种局面？ • 员工哪些方面的工作做得较好，哪些方面需要纠正或改进？ • 员工在哪些方面遇到了困难或障碍？ • 管理者和员工双方在哪些方面已达成一致，在哪些方面还存在分歧？ • 面对目前的情境，要对工作目标和达成目标的行动作出哪些调整？ • 为使员工出色地完成绩效目标，管理者需要提供哪些帮助和指导？	书面沟通 面谈沟通 非正式沟通
绩效评估与反馈	就员工绩效结果、目标完成情况及原因进行分析，探讨改进措施和机会，提高员工能力和绩效水平	• 具体说明员工在考核周期内的绩效状况 • 与员工探讨取得此绩效的原因，对绩效优良者予以鼓励，帮助绩效不良者分析原因，并共同制定改进措施和相应的培训计划 • 针对员工的绩效水平告知其将获得怎样的奖惩，以及其他人力资源决策 • 表明组织的要求和期望，了解员工在下个绩效周期内的打算和计划，并提供可能的帮助和建议	书面沟通 面谈沟通 会议沟通 非正式沟通

三、绩效评估与反馈

（一）绩效评估方法

绩效评估是指依据绩效计划阶段所确立的标准、绩效执行过程中以及结束后收集的数据，对考核周期内的绩效水平进行评估。常见的绩效评估方法如表 7-6 所示。

表 7-6 绩效评估方法

方　　法	原　　理
图尺度考核法（Graphic Rating Scale, GRS）	这是给考核要素赋予最符合其绩效状况的分数的一种方法，是最简单、应用最普遍的绩效考核技术之一，一般采用图尺度表进行打分
交替排序法（Alternative Ranking Method, ARM）	这是通过比较判断总体绩效的一种方法，先分别挑选"最好的"与"最差的"，然后挑选"第二好的"与"第二差的"，依次进行，直到将所有的被考核人员排列完毕为止，以优劣排序作为总体绩效考核的结果。交替排序法在操作时也可以使用绩效排序表
配对比较法（Paired Comparison Method, PCM）	这是一种更为细致的通过比较、排序来考核绩效水平的方法，它的特点是每一个人的每一个考核要素都要与其他人员进行两两比较和排序。配对比较使排序性的工作绩效评估法变得更加有效
强制分布法（Forced Distribution Method, FDM）	这是按照某种分布（通常为正态分布）对考核结果或者被考核者进行合并归类或归档
关键事件法（Critical Incident Method, CIM）	这是一种通过员工的关键行为和行为结果来对其绩效水平进行考核的方法，一般由主管将其下属员工在工作中表现出来的非常优秀的行为事件或者非常糟糕的行为事件记录下来，然后在考核时点上（每季度或者每半年）与该员工进行一次面谈，根据记录共同讨论，来对其绩效水平作出考核。关键事件的记录可以确保考核所依据的是员工在整个考核期内的表现，而不仅仅是员工在一段时间内的表现。记录的关键事件是考核的主要依据，但不是唯一依据，主管要避免以某一件事情的好坏来决定员工在整个考核期的综合绩效
行为锚定等级考核法（Behaviorally Anchored Rating Scale, BARS）	这是基于对被考核者的工作行为进行观察，对比该行为对应的绩效等级，从而评定绩效水平的方法
目标考核法（Management by Objectives, MBO）	主管和下属共同参与，追求双方达成一致的目标，使组织的目标得到确定和满足，其目标必须是详细的、可测量的，受时间控制，并与一个行动计划相结合，在绩效测评期间，每一个进步的取得和目标的实现是可以测量和监控的
叙述法（Narrative）	评估者以一篇简洁的记叙文形式或者通过赋予"考核内容"和"考核要素"以具体的内涵来描述员工的业绩。这种方法集中描述员工在工作中的突出行为，而不是日常工作的业绩。叙述法的优点是简单，缺点在于考核结果在很大程度上取决于评估者的主观意愿和文字水平。此外，由于没有统一的标准，不同员工之间的考核结果难以比较

（二）分层分类的绩效评估体系

不同类型和职位的员工的工作内容、要求、环境及侧重点不同，绩效评估也应该针对不同的评估对象区别对待，这样才能合理评估，实现评估的目的。图 7-15 是针对不同职种人员的考核方法、考核周期和考核结果的示意图。

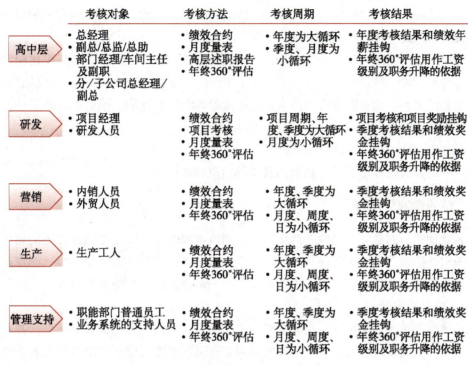

图 7-15 不同职种人员的绩效考核方案

(三) 管理者工作述职

对于管理人员，通常采用的绩效考核方法是工作述职。这种方法通常通过公司战略绩效回顾会等重大会议，让管理人员以述职的方式向评价委员会进行面对面的业绩回顾，使公司直观了解组织各个层面的绩效完成情况，从而对管理者业绩成果和综合能力进行更为全面、准确、客观的判定，有助于公司与述职者之间就业绩目标、实施策略、影响业绩目标达成的因素等方面达成共识，并及时发现和解决问题。管理者工作述职的要素包括以下三个方面：

（1）管理者述职评价委员会。公司组成中高层管理者述职评价委员会，一般由公司总经理、高层管理人员、外部专家顾问等组成，负责对述职者考核。

（2）管理者述职的内容。管理者述职的内容通常包括：目标承诺陈述（量化指标、完成情况）、主要业绩分析（成功事例分析、提炼经验）、主要问题分析（失败事例分析）、面临的挑战与机会（竞争对手分析、市场状况）、绩效改进要点与措施、能力提升要点及方法、要求得到的支持与帮助、目标调整及新目标的确定。

（3）管理者述职的程序。

① 在考核期末由公司总经理组织召开公司高层管理者述职报告会。参加人员包括述职评价委员会成员、公司一级部门主管以上干部。

② 被考核者应在述职报告会前填写"中高层管理者述职表"，会议组织者应将述职表和被考核者年初制定的策略目标表复印多份，呈交述职评价委员会每一位成员。

③ 被考核者首先进行述职，述职时间为 20~30 分钟。随后回答述职评价委员会和与会人员提出的问题，回答问题时间为 20~30 分钟。

④ 被考核者答辩结束后，述职评价委员会各位委员根据目标达成情况和述职情况对被考核者作出评价、核计得分，并填写述职评价表，述职评价表统一交给会议组织人员，述职报告会结束后，由述职评价委员会讨论给出最后的综合评价、确定等级并填写在"中高层管理者述职表"中。

⑤ 考核的最终结果应由被考核者确认。

⑥ "中高层管理者述职表"由人力资源部负责存档管理。

四、绩效激励与改进

绩效管理的目的是实现绩效的持续改进，绩效管理循环的实质是绩效改进的循环，所以绩效改进是绩效管理的重要环节。传统的绩效管理多注重最终的考核结果，而真正基于战略的绩效管理必须重视在考核结果的基础上进一步提高员工的能力和绩效。

（一）绩效改进计划的要点

员工绩效改进计划通常是在上级管理者的帮助下，由员工自己来制定计划，并与管理者共同讨论，就需要改进的内容、改进的原因和改进方法等达成一致意见的实施计划。同时，上级管理者应提供员工实现计划所需的各种资源和帮助。

（1）选择有待改进的内容。有待改进的内容通常是指工作的能力、方法、习惯等有待提高的方面，比如，现在的能力水平不足，或者现在的能力水平尚可但工作有更高的要求。由于在一定的周期中，员工可能没有精力和时间改进所有的待改进项目，因此需要选择那些近期最需要提高的方面。

（2）创造绩效改进的氛围。员工需要在一种鼓励其改进绩效的环境里工作，而营造这样的工作氛围，最重要的因素就是员工的直接上级。员工可能因畏惧失败而不敢尝试改变，这时需要其直接上级去协助他们，在布置任务的同时给予适当的指导或辅导，在工作完成以后给予适当的评价，肯定成绩，指出不足，帮助员工树立信心。

（3）对于有所改进的员工给予适当的激励。如果员工在得到提高后获得奖励，会更有动力做好工作。奖励的方式不仅仅是物质奖励，精神方面的鼓励更加重要，管理者要及时给予表扬，加大责任，给予更多的授权等。

（4）绩效改进须融入日常管理工作。绩效改进不是管理者的额外工作，而应该成为其日常工作的一部分，贯穿整个绩效管理周期的始终，这需要组织氛围的支持以及企业文化的熏陶，也有赖于组织沟通的制度化和规范化。

（二）绩效改进的流程

1. 确定绩效差距

员工需要根据所要达到的绩效目标，对照自己的绩效结果，找出其中的差异，并确定绩效差距。

2. 分析产生绩效差距的原因

分析产生绩效差距的原因时，不能简单地归结为员工个人原因，要从员工、主管以及环境因素三个方面进行分析。

3. 制定并实施绩效改进计划

在确定绩效差距、分析产生绩效差距的原因后，就要制定相应的改进措施来缩小差距。在这一环节中，员工及其上级首先要确定改进目标，然后通过面谈沟通达成共识，一方面增加员工对绩效的承诺，另一方面保证双方的目标一致，消除对于目标的误解和分歧。在确定目标后，双方要选择有效的改进方法，并列出具体的实施措施和行动计划。

第三节　绩效管理体系

一、以战略为导向的绩效管理体系

（一）基本假设

绩效管理涉及企业管理的各个方面，包括计划、组织、领导、人事、控制等，每个方面都会在很大程度上影响企业的绩效。有很多时尚的管理概念都与绩效管理有着密切的关系，比如企业文化建设（企业文化与企业业绩之间的关系已经得到了论证[①]）、过程再造与组织变革、全面质量管理、目标管理等。

那么，对于一个企业来说，应该从何处入手来建立企业的绩效管理体系？如何使绩效管理的思想通过一系列文件、流程变得"看得见摸得着"，最终融入管理活动之中并发挥它的力量？

虽然绩效涉及面很广，但从绩效管理的定义来看，在对绩效管理体系进行研究之前，应该建立如下基本假设：

- 企业的价值观念是明确的，而且已经得到了所有员工的认同，员工的心智模式已经得到了文化的改造。
- 企业的战略规划是明确清晰的。
- 企业组织结构的设置是合理和高效的。
- 企业具有足够的领导力去发动变革，而且各级管理者对于绩效管理的基本思想和理念都是理解的。
- 企业已经建立了分层分类的人力资源管理体系，包括任职资格体系，以及与之相适应的薪酬福利制度、职业发展通道和晋升机制、培训制度等各项人力资源管理机制。

（二）绩效管理体系的构建思路

基于以上基本假设，从人力资源管理角度讲，要对一个企业进行绩效管理，我们需要回答下面这些问题：

- 员工的绩效目标和计划应该如何来制定？
- 目标制定清楚了，达成共识了，员工们就开始行动了。那么在执行过程中，管理者应该做什么？
- 考核阶段，管理者分数应该怎么打？除了打分之外，还应该做什么？
- 考核之后，考核结果如何应用？
- 整个过程中，如何保证所做的一切能够改进员工的行为？

对于这些问题的探讨，可以从以下角度依次展开思考。

1. 工作来源

在企业里面，每一位员工都干着不同的工作，甚至非常忙碌，大家为什么要工作呢？这里，我们简单探讨一下工作的来源。概括讲，工作主要来源于三个方面：

（1）来源于企业的战略。企业因为愿景而存在，为了实现愿景，就有了阶段性战略规划，进而有了组织分工，有了部门任务，有了员工的工作。

（2）来源于特殊事件。这些事件本身与企业战略没有太直接的关系，而且一般都是短期的，但也是一种重要的工作来源。

（3）企业作为组织所必须进行的协调性工作，这些工作的目标就是降低企业的内部交易成本。

当然，后两者都是为前者服务的。因此可以说，每个员工的工作都来源于企业战略，只不过和战略的密切程度不一样而已。正是由于所有员工的工作都基于战略，才使这些工作对于企业而言有价值。

2. 工作环节

如何才能将工作做好呢？概括地讲，任何一件工作都分为四个环节：计划、执行、监督和反馈。显然，如果这四个环节都能够做到位，工作就可以完成得很好。但需要注意，每一件工作都是一个系统，需要上述四个环节紧密配合，因为任何一个环节做得不好，都会出现短板，都会影响工作绩效。

3. 工作效果的衡量标准——绩效指标

然而，还有一个问题需要明确：怎么样才算将一件工作做好了？或者说，将工作做好的标准是什么？对这个问题的衡量标准要很明确，否则做好工作只是一句空话。工作做得好坏需要衡量，这就需要寻找衡量的标准，也就是通常所说的绩效指标。

由于一个组织之中（尤其是大型组织）有非常多工作，因此，绩效指标的设计是一件工作量非常大的事情。而且，随着企业的发展和战略的变化，工作在变化，工作的要求也在变化，绩效指标必然也随之变化，因此绩效指标应该处在一个动态的、不断修正的过程之中。任何一个指标的产生都是系统思考的结果。作为企业的一项基础性的管理工作，绩效指标的设计非常重要。

是否所有的工作都需要衡量？是不是时时都需要衡量？衡量工作本身也是工作，如果工作量太大，管理效率也会降低。所以，需要根据不同工作的性质确定合理的指标，确定合理的衡量时间。所谓合理，是指指标尽可能综合，用尽可能少的指标衡量尽可能多的工作。工作之间的逻辑关系、流程关系，使提取综合指标成为可能。

有了指标，才可能给工作提出明确的要求，才可能进行相对准确和公平的评价。而且，只有有了指标，才可能进行有效的绩效监控，及时发现运营管理中存在的问题，为决策提供支持。考核者在完成目标的过程中，除了进行绩效监控之外，还应该是一个导师和服务者，在被考核者完成目标的过程中提供必要的指导、帮助和支持。

指标、指标值和衡量方法是考核者和被考核者充分沟通达成一致的结果，是双方的契约。对于绩效的评价，自然应该由考核者作出。这里，再次强调充分沟通达成一致的重要性，否则绩效评价将会成为考核者和被考核者的相互折磨。如果此前未能达成一致，双方的绩效契约就是无效的，根据一份无效契约进行绩效评价，评价结果就没有公平可言，自然也就没有了员工的高绩效状态。考核者除了对绩效结果进行公平、公正的评价之外，更重要的是引导、帮助被考核者进行经营检讨，分析问题所在，并且寻找解决问题的途径，同时对计划、目标进行审视和修正。

4. 战略绩效管理的流程

应该说，企业一切行为的目标都是实现企业的战略，企业战略是一切工作的出发点。

绩效管理体系的构建是企业重要的管理基础工作，是一个不断完善和发展的动态过程，企业的各种管理努力实际上都是在自觉或者不自觉地完成该过程。建立绩效管理体系首先能使企业的战略目标在各级组织和员工中上下沟通、达成共识、层层分解和传递，引导全体员工为整体目标的实现和企业的可持续发展作出贡献；其次通过持续的绩效管理循环，使企业每个员工都能够自觉有效地承担起各自的责任，按职业化要求尽职尽责地完成任务；再次，为薪资调整、绩效薪资发放、职务晋升等人事决策提供依据，激发员工士气，通过员工绩效评价和沟通反馈，为员工的绩效改进、培训计划制定提供参照；最后也能强化各级管理者指导、教育、帮助、约束与激励下属的责任，不断提升员工的价值。

【HR之我见】

周霞光：老百姓大药房连锁股份有限公司人力资源部高级部长、监事会监事

扫描栏目中的二维码学习周霞光针对下列提问的精彩回答：

1. 您为什么选择从事HR？
2. 您所在的单位，在绩效管理方面有哪些好的实践做法？
3. 儒家文化讲究中庸之道，绩效考核过程会不会出现"你好、我好、大家好"的情况？以及您是怎样思考、解决的？
4. 您对未来希望从事HR工作的学生有何建议？

视频版：　　　　　　文字版：

(三）以战略为导向的绩效管理体系模型

基于绩效管理体系构建思路，我们就可以建立以战略为导向的绩效管理体系。模型如图 7-16 所示。

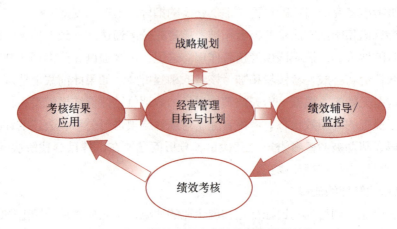

图 7-16　以战略为导向的绩效管理体系结构

对于企业而言，仅有管理理念和管理思想是不够的，重要的是将这些理念和思想融入企业的管理实践，使其变得可操作，我们称之为<u>思想落地</u>。

在企业战略明晰、组织结构确定的前提下，战略需要被转化为企业的阶段性目标和计划，然后据此形成各个部门的目标和计划，继而形成员工个人的目标和计划，我们称之为<u>目标体系</u>。目标和计划是考核双方充分沟通达成一致的产物。在确定目标和计划的同时，双方还应就绩效衡量的标准达成一致。目标和计划一般表现为目标责任书或者考核表的形式。一般情况下，各个企业都有目标责任书或者考核表，作为对部门或者员工进行考核的依据。在建立目标体系的时候，应该注意不要使目标责任书或者考核表相互孤立，而是以战略为导向对这些考核表进行系统的整理和改造。

目标和计划一旦明确，组织便进入了工作状态，此时企业通过信息化系统对企业、部门乃至个人的绩效状态进行监控，并且定期向各级管理者反馈监控结果。企业的统计系统能够进行绩效监控，但是并不见得能够满足绩效监控的全部要求。因此，在建立绩效监控体系的时候，应该对企业现有的统计系统进行梳理和改造，使其能够满足绩效监控的全部要求。

一个阶段之后，考核者根据绩效监控体系的反馈数据、被考核者绩效目标的完成状况，对被考核者进行绩效评价，同时对被考核者工作中出现的问题进行分析和探讨，寻找问题的根源，确定绩效改进的方法。这里需要注意，问题的根源应该更多地从被考核者自身去寻找。绩效评价并不是考核的目的，寻找问题、分析问题、解决问题从而促进绩效改进才是绩效考核的目的。这个过程我们称之为<u>经营检讨</u>。

考核结果一方面为企业的人力资源管理提供决策依据，另一方面促使管理者重新审视企业的经营目标和计划，甚至是企业的战略规划。

在整个过程中，关键绩效指标发挥着至关重要的作用。在目标体系中，描述目标的是关键绩效指标。在绩效监控体系中，监控的是一系列的关键绩效指标。进行绩效评价，依据的是关键绩效指标的达成情况。因此，绩效管理思想落地，首先应该建立关键绩效指标体系。

至于关键绩效指标体系如何建立、目标体系如何建立、绩效监控体系如何建立、绩效评价与经营检讨如何组织和实施、整个绩效管理体系如何有效运转等问题，我们将在后面分别予以论述。

（四）绩效管理与人力资源管理的关系

绩效管理涉及对企业战略的分解、各级考核者和被考核者充分沟通以确定目标责任和工作计划、通过绩效监控系统对企业各层级的绩效状况进行监控并为各级管理者提供决策支持、进行经营检讨，这些事情都不是人力资源部门能够承担的。人力资源部门应该定位于为组织的各级管理者提供相关的工具和方法，让各级管理者成为绩效管理的主角。各级管理者在绩效管理实践中的责任和作用如图7-17所示：

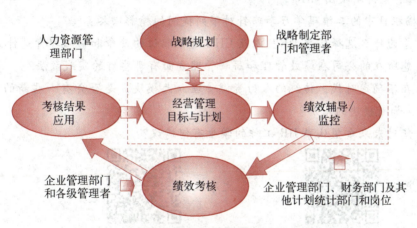

图 7-17　各级管理者在绩效管理实践中的责任和作用

企业的人力资源管理体系主要包括人力资源规划系统、职业化行为评价系统、培训开发系统、考核评价系统、薪酬分配系统。从绩效管理角度去理解人力资源管理，人力资源管理实质上在完成三个任务：第一，使企业员工具有创造高绩效的能力。对员工的选拔、培训就是在完成这个任务。第二，使企业员工处于高绩效的状态。员工有能力是一回事情，能不能为企业所用，或者企业能不能激发员工的绩效状态是另外一回事情。对员工的激励、控制、培训、创造员工满意等都是在完成这一任务。第三，使企业员工拥有展现高绩效的机会。员工有能力、有意愿还不够，企业还要为员工提供发挥知识、经验、技能的机会。工作分析、工作设计、文化氛围，以及对员工的薪酬、参与管理制度等都是在完成这一任务。

作为整个人力资源管理体系的一个组成部分，绩效管理体系与人力资源管理体系在绩效考评环节发生交叉。应该说，两者存在着非常紧密的关系。

二、绩效管理体系构建的基本思路和方法

当前，企业界主要存在六种思路和方法来构建企业绩效管理体系，分别是：
（1）基于关键绩效指标（KPI）的绩效管理体系。
（2）基于平衡计分卡（BSC）的绩效管理体系。
（3）基于标杆（Benchmarking）的绩效管理体系。
（4）基于经济增加值（EVA）的绩效管理体系。
（5）基于360度的周边绩效考核体系。
（6）基于目标与关键成果（OKR）的绩效管理体系。

【HR之我见】

李玮：康得新集团CHO

扫描栏目中的二维码学习李玮针对下列提问的精彩回答：

1. 您为什么选择从事HR？以及CHO这个职位的使命和核心职责是什么？
2. 您所在的公司在绩效管理和薪酬管理方面有哪些好的实践做法？
3. 在不确定时代，传统的人力资源管理六大模块，是否会有一些新的模式上的变化，如新模块的增加？
4. 您对未来希望从事HR工作的学生有何建议？

视频版：   文字版：

（一）基于关键绩效指标的绩效管理体系

1. KPI的概念

关键业绩指标（Key Performance Indicators，KPI）是对企业战略成功关键要素的提炼和归纳，并转化为可量化或可行为化的指标体系。其目的是以关键绩效指标为牵引，强化组织在某些关键绩效领域的资源配置与能力，使得组织全体成员的行为能够聚焦在成功的关键行为及经营管理重点上。

2. CSF的概念

关键成功要素（Critical Successful Factors，CSF）是指对公司擅长的、对成功起决定作用的某个战略要素的定性描述。CSF由关键绩效指标（KPI）进行测定。

3. KPI 与企业战略的关系

KPI 是衡量企业战略实施的关键指标,其目的是建立一种机制,将企业战略转化为内部过程和活动,以不断增强企业的核心能力和持续的竞争优势,使考核体系不仅成为激励约束手段,更成为战略实施工具。

KPI 指标对企业战略的导向作用主要体现在以下几个方面(见图 7-18)。

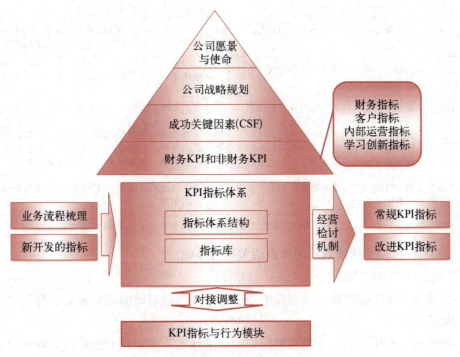

图 7-18　KPI 指标对企业战略的导向作用

第一,体现企业战略目标的实现情况。企业及各部门每年经营管理的目标和计划都要以战略性财务 KPI 指标和非财务 KPI 指标的年度分解为基准,瞄准企业战略总目标,因此,战略性 KPI 可以体现企业战略目标的实现或成功关键因素的改善状况。

第二,预警企业战略与计划的偏差情况。KPI 指标体系可以全面反映企业经营管理状况,通过对 KPI 指标体系的全面监控实时了解企业的经营管理状况,并及时进行经营检讨,发现经营管理中的问题和"短板",发现经营状况与战略及年度计划的偏差。

第三,反映企业战略与计划的关系。常规 KPI 指标与改进 KPI 指标反映的是企业战略与计划的关系。因为常规 KPI 指标是面向阶段性战略目标的,反映战略实现状况;改进 KPI 指标是面向年度计划的,属战术性指标,反映年内经营管理中影响常规 KPI 指标达成的关键因素改善情况。改进 KPI 指标的改善有利于常规 KPI 指标的达成,改进 KPI 随管理重点的变化而变化。

4. 基于 KPI 的绩效管理体系与传统绩效管理体系的区别

基于 KPI 的绩效管理体系是对传统绩效管理理念(以控制为中心)的创新。基于

KPI 的绩效管理体系与传统绩效管理体系的区别见表 7-7。

表 7-7 基于 KPI 的绩效管理体系与传统绩效管理体系的区别

	基于 KPI 的绩效管理体系	传统绩效管理体系
假设前提	假定人们会采取必要的行动以达到事先确定的目标	假定人们不会主动采取行动以实现目标,假定人们不清楚应采取什么行动以实现目标,假定制定与实施战略与一般员工无关
考核目的	以战略为中心,指标体系的设计与运用都是为战略服务的	以控制为中心,指标体系的设计与运用来源于控制的意图,也是为更有效地控制个人的行为服务
指标的产生	在组织内部自上而下对战略目标进行层层分解产生	通常是自上而下根据个人以往的绩效与目标产生的
指标的来源	来源于组织的战略目标与竞争的需要	来源于特定的程序,即对过去行为与绩效的修正
指标的构成及作用	通过财务与非财务指标的结合,体现关注短期效益、兼顾长期发展的原则;指标本身不仅传达了结果,也传递了产生结果的过程	以财务指标为主、非财务指标为辅,注重对过去绩效的评价,且指导绩效改进的出发点是过去绩效存在的问题,绩效改进行动与战略需要脱钩
收入分配体系与战略的关系	与 KPI 的值、权重相搭配,有助于推进组织战略的实施	与组织战略的相关程度不高,但与个人绩效的好坏密切相关

资料来源:饶征、孙波:《以 KPI 为核心的绩效管理》,中国人民大学出版社 2003 年版。

5. 建立基于 KPI 的绩效管理体系的关键与步骤

(1) 选择 KPI 的原则。

① 整体性。KPI 必须是一个完整的用于管理被考核者绩效的定量化、行为化的指标和标准体系。

② 增值性。KPI 作为一个完整的指标和标准体系,其对企业的发展有着举足轻重的作用,能对企业整体价值和业务产生重要的影响,使组织目标不断增值。

③ 结果性。KPI 采用结果性的效标,注重的是员工或组织的产出和贡献,即工作业绩。

④ 行为性。KPI 体系采用行为性的效标,重点考评员工的工作方式和工作行为。

⑤ 关联性。KPI 指标之间只有在时间和空间上具有相互依存性,不但有利于组织和员工个人绩效目标的确定、实施、监督和评估,也有利于各级主管与下属围绕着工作期望、工作表现、工作成果和未来发展等方面的问题进行沟通,促进组织和员工绩效的不断提高。

⑥ 可控性。KPI 体系的结构和内容不但在相关岗位人员可以控制范围之内,而且指标的先进与落后、其数值的大小或高低,也都应当限定在员工通过积极努力、认真工作可以达到的水平以上。

(2) 提炼 KPI 的专业方法与主线。

提炼 KPI 的专业方法,包括价值树法、鱼骨图法、关键成功要素法、目标分解法、标杆分析法、头脑风暴法等,本章对最常用的价值树法、鱼骨图法、关键成功要素法等三种方法进行具体介绍。

① 价值树法。
- 价值树法的内涵。价值树法从平衡计分卡四个维度建立模型，一般应用与公司战略层面的指标分解。价值树法实际上是在指标之间寻找对应的逻辑关系，在价值树模型图上分别列出公司的战略目标、对应的关键绩效指标及下一级驱动这些指标的关键驱动因素和对应的指标。
- 价值树法的应用。如图 7-19 所示，价值树法比较一目了然，能用一张图表述指标的层层分解的关联关系。本书有关平衡记分卡考核方法的章节将具体介绍相关内容，这里不再赘述。

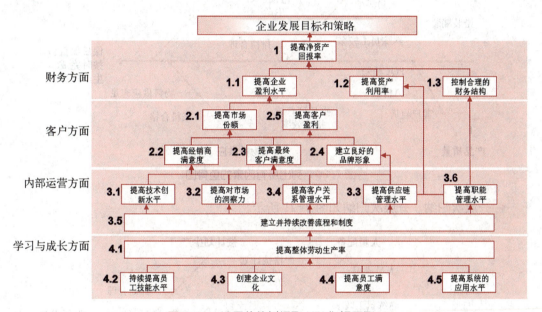

图 7-19 运用价值树提取 KPI 指标示例

② 鱼骨图法。

鱼骨图是由日本管理大师石川馨先生提出的，又称石川图。鱼骨图是一种发现问题"根本原因"的方法，也可以称为"因果图"。鱼骨图法就是通过图形的形式分析各种特定问题或状况发生的潜在原因，把它们按照逻辑层次表示出来的管理工作。

运用鱼骨图是有如下操作要点：
- 明确鱼头，例如确定部门、岗位工作目标。
- 运用头脑风暴法设想出各个影响因素。
- 明确岗位重点考核指标。

运用鱼骨图法的操作程序：
- 根据职责分工，确定哪些要素或组织因素与公司整体利益是相关的。
- 根据岗位业务标准，定义成功的关键因素。
- 确定关键绩效指标、绩效标准与实际因素的关系。

- 关键绩效指标的分解。

鱼骨图在 KPI 指标体系提炼方面有着广泛的应用，管理者要明确企业战略绩效目标，寻找决定战略绩效目标成功的关键要素，即确定企业 KPI 维度，明晰获得优秀业绩所必需的条件和关键要素。以"保质保量、按时完成生产任务"的绩效指标体系提炼为例，操作程序如下：

- 列出所有因素的鱼骨图，如图 7-20 所示。

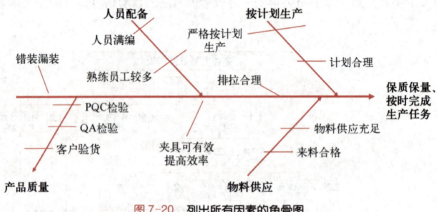

图 7-20　列出所有因素的鱼骨图

- 分层次归纳。分层次归纳如图 7-21 所示。

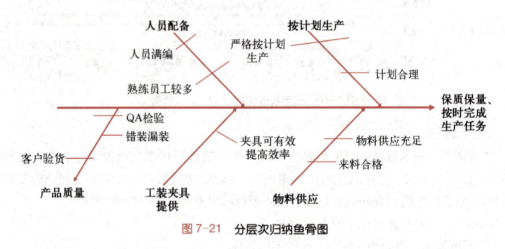

图 7-21　分层次归纳鱼骨图

- 提炼指标。指标提炼如图 7-22 所示。

③ 关键成功要素法。

- 关键成功要素内涵。

关键成功要素涵盖了绩效评价指标，并与企业的日常活动、企业的战略相联系，一般而言，关键成功要素是企业绩效方面的若干重大问题，决定了企业的可持续发展、生命力和前景。

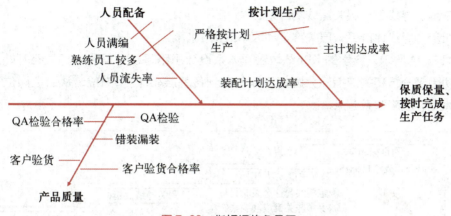

图 7-22 指标提炼鱼骨图

- 关键成功要素的指导思想。

通过分析企业获得成功或取得市场领先地位的关键因素，提炼出导致成功的关键绩效模块，再把绩效模块层层分解为关键要素，为了便于对这些要素进行量化与分析，必须将这些要素细分为具体的指标，即提出 KPI。

实践表明，不论企业的规模多大，关键成功要素都应限制在 5~10 个，如果企业正确找到关键成功要素，就能很简单地提炼主导性的关键绩效指标，分析达成目标的关键成功因素。

- 关键因素法的运用程序（见图 7-23）。

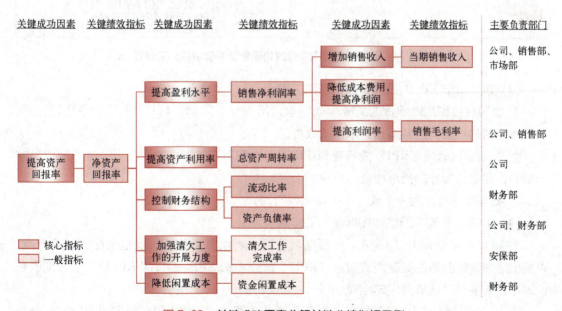

图 7-23 关键成功要素分解关键业绩指标示例

第一步，分析达成目标的关键成功因素；

第二步，寻找评价关键驱动因素的衡量指标；

第三步，寻找下一层关键成功因素；

第四步，寻找评价下一层关键驱动因素的衡量指标。

如图 7-24 所示，科学的 KPI 绩效管理体系设计思路是从公司目标和战略开始，通过关键成功因素分析和关键指标分解把目标分解到各基层/部门和岗位，从而把岗位目标与公司整体发展战略联系起来。

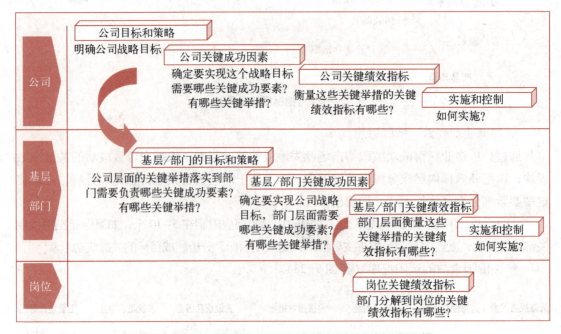

图 7-24 公司不同层面关键成功要素及关键指标分解逻辑

(3) 建立基于 KPI 的绩效管理体系的关键点。

① 要研究组织战略绩效的关键驱动要素，用简洁、明确、可操作的绩效指标驱动员工围绕经营的战略与经营重点，承担绩效责任。

② 关键绩效指标（KPI）要将资源尽可能多地配置在关键成功要素上，资源配置是非均衡的，要追求指标的最小集合与聚焦。

③ 要将战略转化为一个或几个关键绩效行为。

(4) 构建基于 KPI 的绩效管理体系的步骤。

① 建立企业级 KPI。明确企业的战略目标后，利用鱼骨分析法找出企业的业务重点，再找出这些关键业务的关键绩效指标（KPI），即企业级 KPI。企业级 KPI 是企业管理者系统思考企业战略并达成共识的结果。

② 建立部门级 KPI。部门主管依据企业级 KPI 建立部门级 KPI，确定要素目标，分析绩效驱动因素（技术、组织、人），以及实现目标的工作流程。

③ 建立员工级 KPI。部门主管再将部门级 KPI 进一步分解为各职位的 KPI，作为员工考核的要素和依据，将企业级 KPI 落实到员工的绩效管理体系上。

④ 设定指标评价标准。指标指的是从哪些方面衡量或评价工作，解决"评价什么"的问题；而标准指的是在各个指标上分别应该达到什么样的水平，解决"被评价者怎样做，做多少"的问题。

⑤ 对 KPI 进行审核。对照企业级 KPI、部门级 KPI 以及员工的职位职责，审查员工 KPI 的针对性、有效性、全面性、可操作性等。

所有 KPI 的汇总可以形成 KPI 指标库，这些 KPI 之间都存在流程或逻辑上的关系。由于企业处在动态的环境中，因此 KPI 也处在一个动态的、不断修正的过程之中，随着战略的调整、环境的变化，KPI 指标库中的指标也不断补充、淘汰或修订。

6. 实施基于 KPI 的绩效管理体系的条件

（1）利益相关者之间建立紧密的合作关系。企业、员工、关键供应商、关键客户等之间建立有效的沟通机制，对企业重大变革达成共识，引入 KPI 的发展战略。

（2）权力向基层转移。通过加强上下级沟通、充分授权、加强培训、提供帮助等措施，使一线员工更好地完成 KPI。

（3）仅评价和回报关键事项。这一条件包括以下内容：每份报告都应与一个成功因素或关键成功要素相联系；每一个关键绩效指标都应该有存在的理由，与关键成功要素相联系；得到报告后应该知道采取何种行动；需要对报告进行不断修正，使报表形式越来越简洁，提供的信息越来越及时，越来越有助于决策的制定。

（4）将关键绩效指标与企业使命、愿景、战略、关键成功要素联系起来。

由于实践中出现的问题及 OKR 的出现与风行，基于 KPI 的绩效管理体系近些年饱受争议，但这并不意味着 KPI 的失灵与过时。从适用条件与范围上看，作为一种经典的考核方法，KPI 适合战略目标明确、经营计划预算刚性执行的企业，或流程性、规律性的工作。

7. 基于 KPI 的绩效管理体系操作过程中存在的问题

（1）无法区分 KPI 与一般绩效指标。认为考核指标就是 KPI 指标，混淆核心指标与普通指标的区别，弱化了 KPI 的关键性、战略性、高价值性、核心性。

（2）数量过多或过少。通常 KPI 不超过 10 个，KPI 过多可能无法突出重点而失去战略意义，过少会忽略重要事项而造成战略不完备。10/80/10 规则是一个有价值的行动准则，即 10 个关键结果指标、80 个绩效指标、10 个 KPI。

（3）数量缺乏可度量性。由于 KPI 本身的战略性、关键性等特征，造成度量难度大。过分强调可度量性会遗漏关键指标，忽视可度量性则会导致指标难以评价。

（4）数量缺乏现实性。由于缺乏对公司外部环境、发展阶段、产品特点等的深入了解，往往对时限、资源等缺乏通盘考虑，确定的 KPI 要么难以实施，要么作用有限。

8. 基于 KPI 的绩效管理体系的优点与不足

（1）优点。

KPI 作为一种战略性绩效管理工具，在实践中得到了广泛应用。善于运用 KPI 指标进行绩效管理，有助于发挥战略导向的牵引作用，形成对员工的激励和约束机制。具体来讲，KPI考核有以下优点：

① 目标明确，有利于公司战略目标的实现。KPI是企业战略目标的层层分解，通过KPI指标的整合和控制，使员工绩效行为与企业目标要求的行为相吻合，不至于出现偏差，有力地保证了公司战略目标的实现。

② 提出了客户价值理念。KPI提倡的是为企业内外部客户价值实现的思想，对于企业形成以市场为导向的经营思想是有一定的提升的。

③ 有利于组织利益与个人利益达成一致。策略性地指标分解，使公司战略目标成了个人绩效目标，员工个人在实现个人绩效目标的同时，也是在实现公司总体的战略目标，达到两者和谐，公司与员工共赢的结局。

（2）不足。

KPI不是十全十美的，也有不足之处，主要是以下几点：

① KPI指标比较难界定。KPI更多是倾向于定量化的指标，这些定量化的指标是否真正对是对企业绩效产生关键性的影响，如果没有运用专业化的工具和手段，还真难界定。

② KPI会使考核者误入机械的考核方式。过分地依赖考核指标，而没有考虑人为因素和弹性因素，会产生一些考核上的争端和异议。

③ KPI并不是针对所有岗位都适用。我们说对于特定的一些岗位，运用KPI不是很恰当，比如部分职能型的职务，它出绩效周期需要很长时间，而且外显的绩效行为不明显，运用KPI来考核就不是很适合。

此外，在运用KPI时一定要在整个公司内部有充分的沟通，让部门和员工自己首先认可自己的KPI指标后才来进行考核，可以大大减轻考核阻力，而且可以保证考核结果的广泛认可。

【学习资料7-4】

关键绩效指标（KPI）挑选依据八问

一问：该指标是否容易被理解？

指标是否使用通用语言定义？能否以简单明了的语言说明？是否有可能被误解？

二问：该指标是否可控？

指标的结果是否有直接的责任归属？绩效结果是否能够被基本控制？

三问：该指标是否可以信任？

是否有稳定的数据来支持指标和数据构成？数据是否容易计算准确？

四问：该指标是否可以实施？

是否通过行动可以改变绩效结果？员工是否知道用什么行动来对指标结果产生正面结果？

五问：该指标是否可衡量？

指标可以量化么？指标是否有可信的衡量标准？

六问：该指标是否可低成本获得？

有关指标是否可以从标准记录中获得？获取指标的成本是否高于其价值？

七问：指标是否与整体战略一致？

指标是否与整体战略目标手段一致？指标承担者是否已经清楚自己的责任？

八问：指标是否与整体指标一致？

指标与组织上一层指标是否联系？指标与组织下一层指标是否联系？

【学习资料 7-5】

国内某保险公司寿险总经理 KPI 指标

A 公司是中国一家以保险为核心的，融证券、信托、银行、资产管理、企业年金等多元金融业务为一体的紧密、高效、多元的综合金融服务集团。公司在进行绩效管理时，采用 KPI 方法为各级管理者制定绩效考核指标，其寿险总经理的 KPI 指标如表 7-8 所示。

表 7-8 寿险总经理 KPI

职位名称		寿险总经理		
职位设置目的		规划策略及确保其有效运行，以达寿险业务的中长期营运目标		
职位主要职责		1. 规划中、长期寿险业务的策略方向 2. 拓展寿险业务并创建销售渠道制度 3. 创建部门营运及组织策略并确保有效运行 4. 选拔、培养并运用部门干部，以提升人员之专业知识、服务质量及效率 5. 创建严谨的后台运作流程，以有效控制成本		
工作表现衡量指标（KPI）				
运营	财务	• 保费收入 • 利润 • 新保费收入成长率	内部业务流程	• 策略新产品开发速度 • 理赔及时性 • 赔付率 • 人均产能
	顾客	• 市场占有率 • 继续率 • 策略顾客满意度 • 市场形象	管理	
			学习与成长	**销售主管的满意度** • 团队士气 • 能力成长 • 薪酬 **寿险部门人员的满意度** • 能力成长 • 工作环境 • 薪酬 • 团队合作 **留才率** • 绩效表现前 1/3 • 绩效表现中等 1/3

（二）基于平衡计分卡的绩效管理体系

1. 平衡计分卡概述

在平衡计分卡诞生之前，企业绩效评价是以财务指标为主的，这与工业大生产时代的特点是密不可分的。当时企业成功的关键是管理实物资产的能力，靠的是把新技术融入实物资产中，借此提高效率并大批量生产标准产品，因此财务指标可以提供企业是否成功的评判标准。但到了 21 世纪，随着全球经济一体化的进程的不断加快，新技术的日新月异和广泛应用加速着企业研、产、销等各个环节同质化的可能，竞争和价值创造机会已经逐步从管理有形资产转移到管理基于知识与智力资产的战略，如何识别、定义、应用与评价组织的无形资产，包括客户关系、产品创新与服务、应变与柔性的组织与流程、员工的技能与动机等，成为真正帮助企业洞悉万变的商业机会、决胜于长远的关键。

平衡计分卡（Balanced Score Card）是美国哈佛商学院的罗伯特·卡普兰（Robert S. Kaplan）与复兴方案公司总裁戴维·诺顿（David P. Norton）共同提出的。之所以将这种绩效管理工具叫做平衡计分卡，主要是这种方法通过财务与非财务考核手段之间的相互补充，不仅使绩效管理的地位上升到组织的战略层面，使之成为组织战略的实施工具，同时也在定量评价和定性评价之间、客观评价和主观评价之间、指标的前馈指导和后馈控制之间、组织的短期增长与长期增长之间、组织的各个利益相关者之间寻求"平衡"的基础上完成绩效管理与战略实施过程。

与传统的评估体系试图强调控制有所不同，平衡计分卡将公司战略置于核心位置，并强调从战略到行动的完整循环，其假设是在目标确定的前提下，人们会采取一切必要行动达到目标，弥补了过去战略规划和战略执行之间的脱节。

平衡计分卡采用衡量未来业绩的驱动因素指标，弥补了仅仅衡量过去业绩的财务指标的不足。其目标和指标来源于企业的愿景和战略，并分解为财务、客户、内部流程、学习与成长四个维度来考查企业的业绩，如图 7-25 所示。

（1）财务维度。平衡计分卡告诉企业管理者，他们的努力是否对企业的经济收益产生了积极作用。财务方面是其他三个方面的出发点和归宿。常见的财务指标包括销售额、利润额、资产利用率等。

（2）客户维度。客户满意是实现财务目标的前提，公司的首要任务是为客户创造价值。客户关系的内容包括时间、质量、性能和服务、成本等。平衡计分卡要求管理者把客户关系转化为具体的测评指标，常见的客户指标包括送货准时率、客户满意度、产品退货率、合同取消数等。

（3）内部业务流程维度。企业的内部运营直接决定了产品能否满足客户的需求，包括业务内容、流程等。平衡计分卡要求管理者关注这些能使公司满足顾客需要的关键的内部经营活动。常见的内部运营指标包括生产率、生产周期、成本、合格品率、新产品开发速度、出勤率等。

（4）学习与成长维度。员工的能力是决定企业内部运营效率和效果的根本因素。员工

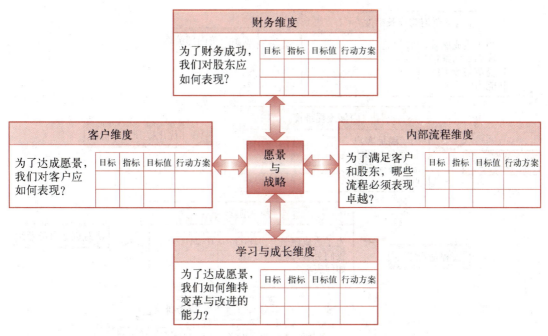

图 7-25 化战略为行动的平衡计分卡框架

的知识、技能、经验以及其他隐性胜任力直接决定了企业的变革能力、创新能力和发展潜力。组织在确定了顾客和内部业务流程维度的评价指标和相应的行动之后，会发现现有员工的技能水平、信息系统的结构和组织的文化氛围与为实现组织目标所应达到的水平之间存在着差距。这个维度的评价指标就要有助于缩小这种差距，并保证组织取得可持续的绩效。

通过考查财务维度、客户维度、内部流程维度、学习与成为维度四个方面的绩效指标，平衡计分卡克服了以往仅考查财务指标的缺陷，并在组织绩效评价体系中实现了短期目标和长期目标、财务指标与非财务指标、滞后指标和领先指标以及内部业绩视觉和外部业绩视觉的平衡，同时建立了四个维度之间的驱动与检验关系，不断推动企业可持续业绩的达成（见图 7-26）。

在战略绩效管理体系中，平衡计分卡的价值并不局限于"平衡"业绩的评价，更重要的是它能够帮助企业转化、沟通并衡量它们的战略。它是企业的战略管理系统、战略沟通工具和战略评价体系。

（1）战略管理系统。平衡计分卡有助于组织阐明战略、沟通战略和促使个人、组织、跨部门的行动方案一致，以实现共同的目标。平衡计分卡为企业管理人员提供了一个全面的框架，它从财务、客户、内部业务流程和学习与成长四个方面把企业的使命和战略转变为相互平衡并具有因果关系的目标和衡量方法，以及响应的行动方案，同时通过分级实施把平衡计分卡贯穿到组织最低层，给所有员工提供机会展示他们的日常工作如何为组织的长期战略目标做出贡献，从而保证企业战略的有效落地。

（2）战略沟通工具。组织运用平衡计分卡可以使员工与公司战略协调，以公司目标作

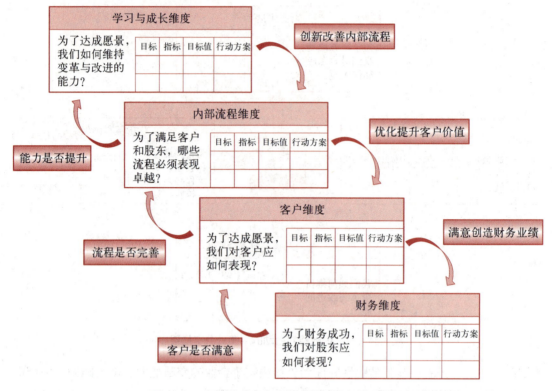

图7-26　平衡计分卡四个维度的驱动与检验关系

为资源配置的基础,并改善合作关系。战略的成功实施要求组织各个层级都能理解并执行战略。凡是能够把战略融入衡量系统的企业,都能够更好地执行战略,因为它们能正确地在企业内传达目标和目标值。这种传达使管理者和员工把重心放在关键的驱动因素方面,并使投资、方案和行动同正在实现的战略保持一致。而精心构建的平衡计分卡可以通过所选择的清晰而有效的绩效评价指标,清楚地描述所制定的战略并使抽象的远景与战略变得栩栩如生。

(3) 业绩评价系统。财务指标是企业追求的结果,其他三个维度的指标是取得这种结果的动因,它们不是对财务指标的取代,而是补充。

2. 平衡计分卡发展史

深谙平衡计分卡发展历程的人都知道,平衡计分卡从1992年诞生之初至今,经历着来自实践的各种检验与洗礼,也正是由此催生了平衡计分卡本身的持续创新与发展。

(1) 第一代平衡计分卡:强调平衡衡量的理念,带来了企业业绩评价实践的一场革命。

1992年由罗伯特·卡普兰和戴维·诺顿首次提出平衡计分卡。它是一套将目标、衡量标准以及行动措施等因素有机结合的体系,是一套能使高层管理者快速而全面考查企业的业绩评价体系,从财务、客户、内部流程、学习与成长等四个角度来评价企业业绩。财务指标是企业追求的结果,其他三个指标是取得这种结果的动因。非财务指标不是对财务指标的取代,而是对财务指标的补充。通过财务、客户、内部流程、学习与成长四个方面及其相互驱动的因果关系,共同指向公司战略,有效地促使企业管理者把所有重要的有危机指标放在一起考虑,有助于企业整体目标的实现以及不同部门目标的协调。

因此第一代平衡计分卡凸显了多角度审视企业的理念,强调既要看结果,更要注重过程,设置均衡的衡量指标体系。这时候平衡计分卡是作为一个对绩效评估的改进工具来使用的。

(2)阶段二:平衡计分卡的发展和升华——强调沟通和整合的战略地图。

卡普兰教授说过:"如果你不能衡量,你就无法管理;如果你无法描述,你就无法管理。"战略执行要求所有的业务单元、支持部门和员工与公司的战略保持协同和联系。战略的制定和执行必须是一个持续的和共同参与的过程,要让所有员工参与进来,成功来自让战略成为每个人的日常工作。因此,战略获得有效执行的前提是清晰的表达和成功的沟通,因此如何将其表达,并在企业中形成广泛的内部共识是战略成功的关键要领。

第一代平衡计分卡只提供了一个基本框架,在战略指导上略显不足,此后卡普兰和诺顿在平衡计分卡的实践中,发展了战略地图这一管理理念,核心思想是在把握组织战略目标的实质后,再进行标准和指标的选择,由此建立直接基于组织愿景和战略目标的指标体系。同时进一步发展了各个层面之间指标的因果关系,提供更全面的指标关联,并通过绘制战略地图,更直观清晰地描绘组织目标,衡量标准以及它们之间的相互关联,并据此作出比较和评价(见图7-27)。

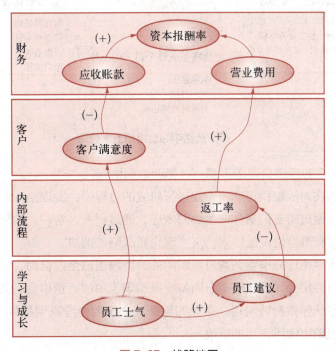

图7-27 战略地图

由此第二代平衡计分卡超出了简单的业绩衡量，而是借助战略地图强调了企业上下的充分沟通以及通过关联度的清晰化，鼓励不同业务主体之间行动措施的整合与一致性。

（3）阶段三：提出战略中心型组织。

第三代平衡计分卡已经上升为战略性绩效管理体系，作为战略执行的工具来使用。强调企业应建立基于平衡计分卡的战略管理体系，调动企业所有的人力、财力和物力等资源，集中起来协调一致地去达到企业的战略目标。

这一代平衡计分卡提出了目标声明（Destination Statement）的理念，明确了组织的愿景，即将在某一确定时点发展成什么样，以此更加强化战略的核心地位，并贯穿于组织战略制定、实施、评估三个阶段。同时在执行平衡计分卡的过程中，通过对与客户关系的重新定义、内部业务流程的优化、员工技能的提升等，营造了一种新的企业文化，形成了对内部传统行为方式的反思机制，进而催生了基于战略要求的新型组织形式——"战略中心型组织"的出现。战略中心型组织的五大原则如图7-28所示。

图7-28　战略中心型组织五大原则

（4）阶段四：企业经济价值的来源——强调组织协同。

卡普兰和诺顿在对战略执行明星企业进行研究的过程中，发现企业的价值来源于企业具体的协同过程，通过跨部门运作产生协同效应，通过财务、客户、内部流程和学习与成长四个维度的内部和维度之间的协同，来实现企业战略的达成。

因此，第四代平衡计分卡强调通过组织内外的协调创造企业合力，即用平衡计分卡帮助企业澄清战略，并把公司的战略重点同各业务和职能单位、董事会、关键客户、关键供应商以及联盟合作伙伴做有效沟通。企业的平衡计分卡为企业高层提供一整套治理框架，并帮助企业挖掘组织协调所产生的价值。

随着商业竞争逻辑的变化，平衡计分卡主动拥抱并适应变化，不断丰富着其内涵与外延,但是回归到商业本质,战略的重要意义始终在不断被强化,如何将外部复杂的商业信息转换并解读成为企业的战略,并使之与内部运营管理体系相结合,一直是平衡计分卡致

表7-9 企业协同效应与价值来源

企业计分卡	企业价值来源
财务协同 "我们如何提升各业务单位的股东价值?"	☑ 内部资本管理——通过有效的内部资本和劳动力市场的管理创造协同 ☑ 企业品牌——将多元业务行和在同一品牌下,宣传推广共同的价值观和主题
客户协同 "我们如何共享客户资源来提升整体客户价值?"	☑ 交叉销售——通过在多个业务单元内不同产品的交叉销售创造价值 ☑ 共同价值定位——通过在所有店面统一标准,创造一致的消费体验
内部流程协同 "我们如何管理业务单元的流程去生产规模经济效应,或价值链整合?"	☑ 共享服务——通过共享关键支持流程中的系统、设备和人员形成规模经济效益 ☑ 整合价值链——通过行业价值链内相连的流程进行整合而创造价值
学习与成长协同 "我们如何发展和共享我们的无形资产?"	☑ 无形资产——共享人力资本、信息资本和组织资本的发展

力于面对和回答的核心问题。

按照卡普兰和诺顿提出的"你无法描述的你就无法衡量"和"你无法衡量的你就无法管理"的逻辑,平衡计分卡通过战略地图建立了企业战略的描述体系,然后通过平衡计分卡建立企业战略的衡量体系,最后通过战略中心型组织建立企业战略的管理体系,以此形成通过平衡计分卡体系描述战略、衡量战略和管理战略的战略绩效管理体系(见图7-29)。

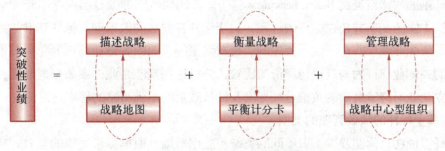

图7-29 基于平衡计分卡的战略绩效管理体系

3. 应用平衡计分卡构建企业绩效管理体系

在应用平衡计分卡构建企业的绩效管理体系时,一般遵循以下步骤:

(1)准备。企业首先应当将与企业经营有关的客户、生产设备、财务业绩等作出适当的定义。

(2)第一轮访问记录。公司的每个高级管理者必须了解公司的内部情况,包括公司的目标、任务和战略。平衡计分卡的设计者与公司的高级管理者一起就公司的战略目标和业务评价方面广泛地征求意见和建议,同时了解股东对财务业绩的期望以及重要客户对公司

的期望。

(3) 第一轮研讨会。由高级管理人员成立研讨小组,就如何建立适合公司的平衡计分卡展开讨论。首先应就所提出的任务、战略进行辩论直至达成共识;然后确立企业取得战略经营成功的关键因素之后,应形成一个初步的对企业战略经营业绩进行评价的多层面的计分卡,一般不少于四到五个方面;最后,就这些层面投票进行取舍。

(4) 第二轮访问记录。就第一轮研讨会初步形成的计分卡内容征求高级管理者和董事会的意见。

(5) 第二轮研讨会。此轮研讨会不仅包括高级管理者,还包括中级管理人员,就公司的战略目标、任务和初步形成的计分卡进行分组讨论,将战略目标与平衡计分卡的多个层面结合起来,形成一个比较完整的计划。

(6) 第三轮研讨会。由高级管理人员参加,目的是就公司的战略、目标、任务在前两轮讨论会的基础上达成最终共识,就每个层面定出具体的评价指标,以确认初步的活动计划至目标的完成。该活动计划应便于员工的理解和执行。

(7) 完成落地。最终完成平衡计分卡的设计,建立资料库的信息支持系统,完成组织高层和底层的评价标准,并推行落地。

(8) 定期检查和改进。高层管理人员与部门经理就战略平衡计分卡所显示的信息进行讨论,寻找缺点,并纳入新的经营计划之中。

(三) 基于标杆的绩效管理体系

1. 基于标杆的绩效管理的内涵

标杆基准法译自英文 Benchmarking,基于标杆的绩效管理就是组织在不断学习最佳标杆的过程中实施变革并超越标杆的过程,也叫标杆基准法绩效管理。标杆基准法是企业将最强的竞争企业或那些在行业中领先的、最有名望的企业的关键业绩行为作为基准,然后将自身的关键业绩行为与其进行评价与比较,分析这些基准企业的绩效形成原因,在此基础上建立企业可持续发展的关键业绩标准及绩效改进的最优策略的程序与方法。

2. 基于标杆的绩效管理的类型

标杆管理在具体实践中,有不同的类型和应用范围。根据标杆对象的差异,标杆管理的类型可分为内部标杆管理、竞争性标杆管理和非竞争性标杆管理三类;根据对标内容的差异,标杆管理的类型可分为战略标杆管理、业务标杆管理、职能标杆管理和流程标杆管理四类。

表 7-10 基于标杆对象差异的标杆管理类型

	适用范围	特点
内部标杆管理	通常用于辨识企业内部最佳职能或流程及其实践,然后推广到组织其他部门	内部标杆往往因成本小、信息获取准确的优点,但容易产生封闭思维,因此在实践中内部标杆管理应该与外部标杆管理结合起来使用

（续表）

	适用范围	特点
竞争性标杆管理	通常用于与有着相同市场的企业在产品、服务和工作流程等方面进行比较	这类标杆管理的价值最大，因为直接面对竞争对手。但实施较困难，原因在于除了公共领域的信息容易获取外，其他关于竞争企业的信息不易获得
非竞争性标杆管理	通常用于与跨行业、无直接竞争关系的企业或组织在战略及相似的职能、流程等方面进行比较	由于不存在直接的竞争关系，这类标杆管理的合作者常常比较愿意提供和分享技术与市场信息

表7-11 基于标杆内容差异的标杆管理类型

	适用范围	特点
战略标杆管理	通常适用于某个完整的组织，如集团化组织内独立的业务单元	分析经营环境、市场、技术等领域的变化，在业务模式、竞争策略、研发模式等战略层面与标杆企业进行对标
业务标杆管理	组织内的各级经营单位	在产品、生产（和服务）、销售、产品的交付、管理客户等方面与标杆企业进行对标，多表现为直观的数据对比
职能标杆管理	组织内的各项职能系统和相关部门	在提供支持功能的职能管理领域与标杆企业进行对标，包括人力资源管理、财务管理、信息管理、知识管理、外部关系管理等
流程标杆管理	适用于各个部门，包括致力于改善流程中的某个特定环节	对业务中的某个特定环节或一系列环节进行对比，谋求整体最优，而不是局部最优；包括上至战略规划流程、下到车间操作程序等所有可遵循的条理化流程

3. 基于标杆的绩效管理的操作步骤

采用标杆基准法进行绩效管理时，一般经过以下8个操作步骤（以竞争型标杆为例）。

（1）详细了解企业关键业务流程与管理策略，从构成这些流程的关键节点切入，找出企业运营的瓶颈，从而确定企业基准化的内容与领域。

（2）选择与研究行业中几家领先企业的业绩，剖析行业领先者的共性特征，构建行业标杆的基本框架。选择基准化"标杆"有两个标准：第一，应具有卓越的业绩，尤其是在基准化的内容方面，它们应是行业中具有最佳实践的领先企业；第二，标杆企业的被瞄准领域应与本企业相应部门有相似的特点。选择标杆的范围首先是竞争对手及其他有潜力的公司，也可以在同一行业或跨行业企业中一个相近的部门。标杆的选择一定要具有可比性并且管理实践是可以模仿的。标杆的选择也可以是企业内部的，即在企业内部两个相似部门进行瞄准。

（3）收集资料和数据，深入分析标杆企业的经营模式，从系统的角度剖析与归纳其竞争优势的来源（包括个体行为标杆、职能标杆、流程标杆与系统标杆），总结其成功的关键要领。资料和数据可以分为两类：一类是标杆企业的资料和数据，主要包括标杆企业的绩效数据以及最佳管理实践，即标杆企业达到优良绩效的方法、措施和诀窍；另一类资料数据是开展标杆瞄准活动的企业（或部门），反映他们自己目前的绩效及管理现状。作为基准线的资料数据可以来自单个的标杆企业或部门，也可以来自行业、全国乃至全球的某些样本。全行业即全球样本反映了样本范围内的平均水平，通过与这类数据的瞄准、比较,可以了解本企业(部门)在行业及国内外同行中所处的相对位置,明确努力方向。

(4) 将标杆企业的业绩和实践与本企业的业绩和实践进行比较与分析,找出两者在绩效水平和管理实践上的差异。借鉴其成功经验,确定适合本企业的能够赶上甚至超越标杆企业的关键业绩标准及其最佳实践。在分析差距和确定绩效标准时应考虑以下因素:

- 经营规模的差异以及规模经济成本的效率差异;
- 企业发展阶段的管理实践与业绩差异;
- 企业文化理念与管理模式的差异,如集分权、资源共享程度以及内控程度等特点;
- 产品特性及生产过程的差异;
- 经营环境与市场环境的差异。

(5) 沟通与交流。将标杆法的推进和员工的沟通与交流同步,并使标杆基准化的目的、目标与前景得到全体员工理解并获得支持,根据全体员工的建议拟定绩效目标、提出改进方案。

(6) 采取行动。制定具体的行动方案,包括计划、安排、实施方法和技术及阶段性成绩评估。

(7) 将标杆法作为一个持续的循环过程,每一实施阶段都要进行总结、提炼,发现新的情况和问题及时改进。

(8) 将标杆基准融入企业日常管理工作,使之成为一项固定的绩效管理活动持续推进。

4. 标杆绩效管理的作用

绩效标准是对评价对象分析评判的标尺,是绩效管理体系的关键。标杆绩效管理因其在设定绩效标准上的天然优势,使得绩效考核的客观性和公正性得到有效提升,具体体现在以下三点。

(1) 在绩效目标的设定过程中,被考核者主要关注绩效目标的可实现性,而考核者关注目标是否具有挑战性。因为标杆管理的绩效标准是组织外部已经实现的、客观存在的且被证明通过努力可以达到的,对被考核者而言接受该目标具有足够的客观说服力。而标杆管理的本质又是与最佳实践对标并最终超越竞争对手,这是企业提升核心竞争力的具体表现,其本身所蕴含的挑战性足够让考核者信服。

(2) 受外部市场波动和行业的不可控因素影响,在考核初期设定的目标往往被质疑其准确性,于是造成在考核周期内对绩效目标做出不断调整和修订,影响了绩效考核的严肃性。而标杆绩效标准是一种相对业绩标准,通过选择与相同市场环境下的可比性强的标杆,能够有效抵消那些市场与行业的系统性风险,从而更容易做出客观公正的评价。

(3) 标杆绩效标准具有层级性,如区域最佳、全国最佳、全球最佳等,这为处于不同发展阶段的企业在设定业绩标准时提供了更多选择,从而保证了绩效考核中的客观性和灵活性的统一。

绩效考核指标的目标值设定一直是绩效管理的重点和难点。企业对于绩效目标值的设定，一般都会强调与历史值、预算值进行比较。与历史比，是为了鼓励业务超越自我，解决业务的自身增长问题；与预算比，是强调目标设定意识，解决业务的计划性问题。但与历史比，带来的问题是组织容易过于关注内部甚至滋生自满情绪，同时外部市场环境的波动也容易削弱考核的科学性和准确性。与预算比，又往往存在着考核者与被考核者之间对预算目标的认知差异，双方难以达成共识。基于标杆管理思维的绩效评价体系认为，组织只有以市场、竞争对手、标杆企业为依据来设置目标值，才能解决业务的市场竞争力问题，也只有那些在市场上越来越有影响力的、超越竞争对手的、与标杆企业缩小差距的业务，才算是好的业务，团队取得的业绩才算是真正的好业绩。

（四）基于经济增加值的绩效管理体系

1. EVA的内涵

经济增加值（Economic Value Added，EVA）是由美国思腾思特管理咨询公司（Stern Stewart Consulting Co. Ltd.）在20世纪80年代提出，并在20世纪90年代迅速走红的一种价值管理方法。EVA能够计算资本真实经济利润，是基于税后营业净利润和产生这些利润所需资本投入总成本的一种企业绩效衡量指标。公司每年创造的经济增加值等于税后净营业利润与全部资本成本之间的差额，即投资回报超过资本成本的剩余收益。这种差额可以是正值，也可以是负值。其中，资本成本包括债务资本的成本，也包括股本资本的成本。

EVA的计算用公式表示为：

$$EVA = NOPAT - WACC \cdot TC$$

其中：

NOPAT（Net OPerating income After Tax）指税后净营业利润；

WACC（Weighted Average Cost of Capital）指资本的加权平均资本成本率；

TC（Total Capital）指企业所使用的全部资本量，即资本占用。

资本成本（WACC·TC）实质是经济学家所说的机会成本，是指投资者投资到一个项目上而放弃的投资于其他风险相当的项目可得到的预期回报。

即：

$$EVA = 税后净营业利润 - 资本成本$$
$$= 税后净营业利润 - 资本占用 \times 加权平均资本成本率$$

由于传统的会计处理并不能完全真实地反映企业的价值创造与剩余价值，因而需要对会计科目进行调整，以适应EVA的计算。因此企业真实的EVA为：

$$EVA = 调整后的 NOPAT - WACC \cdot 调整后的 TC$$

如果EVA>0，表明企业获得的营业利润大于投入的资本成本，为股东创造了财富。

如果EVA<0，表明企业获得的利润不足以弥补投入资本的成本。

考虑了投入资本的机会成本，是EVA指标的基本特征，衡量超过一般收益的超额收益，是 EVA 的基本内涵。由于考虑到了包括股本在内的所有成本，EVA 真正反映出了在一个经营周期内企业创造或丧失的财富。从这个意义上来看，EVA 计算利润的方式正是股东所期待的财富定义方法。

基于 EVA 的绩效管理体系承接了其他绩效管理体系的特点，着重增加了资源分配和资本成本在考核中的作用，以便引导经理人和员工的正确行为，同时，运用 EVA 可以衡量人力资本的价值贡献并对高管进行有效激励。

基于 EVA 的绩效管理体系一般是与薪酬体系联系在一起的。最常见的基于 EVA 的薪酬模型是现代 EVA 红利计划：部分红利延期支付。

2. EVA 的特点

EVA 和传统财务指标的最大不同，是它考虑了投入资本的机会成本。机会成本的理念已广泛地被财务理论界所接受，但在绩效管理中却长期得不到体现，EVA 填补了这一空白。机会成本的引入，使 EVA 有以下几个突出特点：

（1）EVA 衡量的是资本利润，而不是企业利润。EVA 是从资本的提供人角度出发，衡量资本在一段时期内的净收益。"逐利"是资本的本性，"流动"是自由经济体制下资本的重要特征，这两点决定了资本始终处于一种从低收益区向高收益区"聚集"的过程（在资本承担相同风险前提下），而最终的结果，是一种"均衡"状态的形成：资本获得和其规模相匹配的社会平均收益。在理想的经济环境中，平均收益是资本的必然收益，也是资本要求的最低收益，是资本保值的基本要求。资本要实现增值，即要获取利润，资本的收益就必须高于平均收益；企业利润的考查对象是企业，它反映了企业在一段时间内的净产出。这一净产出的实质是产出和耗费的差异，和资本的规模、投入时间、风险均没有关系。

（2）EVA 衡量的是资本的社会利润，而不是资本的个别利润。不同的资本持有人在不同的环境下，对资本有着不同的获利要求。EVA 是将资本从资本持有人和资本所处的具体环境中分离出来，剔除资本的个性特征，仅考虑资本的共性部分，对同一风险水平的资本，其最低收益要求并不因持有人和具体环境的改变而改变。因此，EVA 衡量的是资本的一般利润，也可以叫做社会利润，也正是这一点，使我们可以根据 EVA 的高低来评价资本的创利能力。

（3）EVA 衡量的是超额收益，而不是一般收益。只要企业的盈利率低于相同风险的其他企业一般能够达到的利润水平，投资者就会把他的投资抽到其他盈利更高的企业中去。所以，为了使企业继续经营下去，企业必须至少保持这个"最低限度的可以接受的"利润水平。这个最低限度的利润称为正常利润。EVA 衡量的是正常利润水平之上的超出部分，而不是利润总额。

（4）EVA 的最终目的是确保企业长期强大的价值创造活力，因此在对企业绩效进行衡量时，必须能够有效反映出企业的价值创造能力。EVA 来源于会计报告，而传统的会计指标评价体系在评价效果上具有短期性、滞后性、易操纵性，为使 EVA 免受这些会计信息弱点的影响，计算 EVA 时，会对会计核算遵循的通用会计准则进行调整。

按照调整的目的，通用性的调整事项包括两类：

① 消除会计稳健主义影响的调整事项。通用会计准则更多的是为企业债权人而不是为企业股东服务的。通用会计准则往往站在企业清算的角度去记录企业的经营活动，而没有足够关注企业的持续经营与发展，会对企业价值衡量和股东决策产生不良影响。依据企业的实际情况，通过对具体会计项目进行有针对性的调整，优秀的 EVA 绩效管理体系能够为企业决策提供更真实、有效的依据。

② 消除或减少管理当局进行盈余管理的机会和防止经理人的短期倾向的调整事项。

会计核算的权责发生制原则在收入确认、费用配比方面引入了大量的主观判断，不可避免地为管理当局利润操纵提供了空间。EVA 的个别调整就是针对权责发生制进行的。例如，对递延税款、准备金等事项的调整，就是使这些经济事项引发结果的记录更依赖于可靠的现金流而不是会计师的人为判断。

通用会计准则中关于研发支出、战略性投资、重组损失等事项的处理，会使经理人为满足眼前的利益而牺牲股东长远利益，EVA 的调整事项试图使经理人实现长远利益和短期利益的平衡，如将研发支出、品牌支出、人力资本支出资本化后分年摊销，而不是一次记入费用，鼓励各级经理人加大此类无形资本的投入。

3. 基于 EVA 的绩效管理体系的特点

（1）基于 EVA 的绩效管理体系本质上是一套以价值为核心的管理体系。

价值管理是 EVA 体系的核心思想，是通过业绩衡量谁在创造价值、谁在破坏价值、哪里有改进的可能，然后通过管理决策来决定哪些业务要舍弃、哪些业务要大力发展、应该在什么地方改进、采用何种管控方式等，通过 EVA 指标体系来促进公司内部各级管理层的管理理念、管理方法、管理行为、管理决策，致力于实现股东价值最大化的管理创新。

EVA 价值管理体系主要包括四个方面：业绩考核、管理体系、激励制度和理念体系（如图 7-30 所示）。从分析公司的 EVA 业绩入手，从业绩考核、管理体系、激励制度和理念体系四个方面具体提出如何建立使公司内部各级管理层的管理理念、管理方法和管理行为都致力于实现股东价值最大化的管理机制，最终目标是协助提升公司的价值创造能力和核心竞争力。

① M1——业绩考核。业绩考核是以 EVA 为核心的价值管理体系的关键环节。

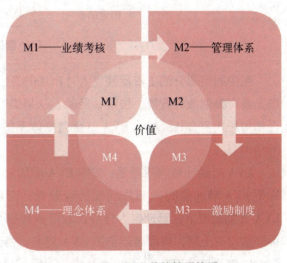

图 7-30　EVA 价值管理体系

以 EVA 作为业绩考核的核心指标，反映了一个企业在一定时期运营的真实状况及股东价值的创造和毁损程度，代表了扣除权益资本成本后的盈余，考虑了股东的机会成本和隐性亏损，有利于企业在战略目标和工作重点的制定中贯彻以长期价值创造为中心的原则，从而与股东的要求相一致。使用 EVA 能够从结果上衡量企业所实现的财富增值，更好地揭示企业使用的包括财务资本、智力资本等要素，人力资本的价值，为人力资本价值分享提供依据在内的要素生产率，因此要以企业的长期价值创造为业绩考核导向，在考核中充分考虑企业的规模、发展阶段、行业特点和行业对标等因素，并从股东角度出发，侧重于对经营结果的考核。

② M2——管理体系。EVA 是评价企业所有决策的统一指标，可以作为价值管理体系的基础，用以涵盖所有指导营运、制定战略的政策方针、方法过程，并作为业绩评价指标。基于 EVA 的价值评价方法能够有效地衡量企业的价值，评价管理人员的工作业绩，会促进企业管理者形成资本使用纪律，引导其谨慎使用资本，为保障股东的利益作出正确决策，使得向管理者提供的报酬与其真实的经营业绩挂钩，从而达到有效地激励和约束管理者、降低委托代理成本、提高经济运行效率的目的。

③ M3——激励制度。EVA 管理系统的核心是 EVA 与薪酬挂钩，EVA 奖励计划赋予管理者和股东对于企业成功与失败的同等使命和要求，使管理者在为股东考虑的同时，也能够像股东一样得到回报，因而管理者具有同股东一样的想法与动力。基于 EVA 的薪酬方案见图 7-31。

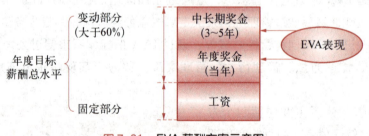

图 7-31　EVA 薪酬方案示意图

图中固定部分的工资反映了人才市场的竞争性薪酬水平应与在该员工所适用的人才市场上具有类似教育背景、技能、经验、从事类似职业的人群的平均薪资水平相当；年度奖金和中长期资金共同组成 EVA 资金激励体系的目标资金部分，这两部分薪酬直接与 EVA 的结果有关。

EVA 奖励计划的原理是：按照 EVA 增加值的一个固定比例来计算管理者的货币奖金，即把 EVA 增加值的一部分回报给管理者，而且奖金不封顶，能够产生持续的激励。在 EVA 奖励制度下，管理者为自身谋取更多利益的唯一途径就是为股东创造更多的财富。这种奖励没有上限，管理者创造的 EVA 越多，得到的奖励越多，股东所得到的财富也越多。激励制度的基础不是 EVA 的绝对值，而是 EVA 的改善值，如果 EVA 为负的企业能减少负值，视同与提高正值一样。

④ M4——理念体系。建立以 EVA 为核心的价值管理体系，使企业经营者认识到：企业只有在利用现有的资源创造的财富超过资源占用的机会成本时才会产生财富增值，企业的经营并不只是财务资本的简单利用，还是使用智力资本和其他无形资产的过程，从而促进公司治理机制的完善。采用 EVA 业绩评价体系，可以统一企业内部员工的工作动机和利益基础，使企业所有营运部门都能有一个共同的目标，也为企业决策部门与运营部门之间、各职能部门之间提供了相互交流的渠道。因此，通过实施 EVA 价值管理体制，以价值创造为使命，把 EVA 作为业绩考核指标，实施 EVA 激励体制，在股东、管理层和员工之间形成有效的价值创造机制，也会对企业的管理文化产生深远的影响。

在整个 EVA 管理体系导入的过程中，企业的经营理念需要进行转化和调整，要从单纯追求规模扩张、销售收入转变为追求 EVA 的增长。因此，需要从管理体制和管理办法上进行调整，以实现以价值管理为核心的经营理念。

(2) 基于 EVA 的绩效管理体系聚焦于价值创造和价值增值

① 基于 EVA 的绩效管理体系能够在有效反映企业价值增长的同时，降低企业经营管理的复杂程度。

不论是利润、ROA 还是 ROE，指标的增长并不一定代表企业价值的增长，以它们为评价指标容易造成企业非价值最大化的经营导向。以 ROE 为例，企业为提升 ROE 可以通过大量举债而不是经营绩效的提升来实现净资产收益率的提高，这样做的结果是表面上股东回报增加了，但实际上企业经营风险被逐渐放大，股东的真正财富甚至可能减少。

同时，综合的绩效管理体系的问题在于多指标和多目标上，多重目标即无目标，在没有一个整体的目标时，决策者无法做出合理的选择。面对十几、二十几个指标，不知道如何在其间进行权衡，一个典型的管理者将无法有目标地行动，其结果也将是混乱的。而 EVA 考核体系则提供了一个单一的、协调的目标，使得所有决策都模式化，都可以监测，都可以用同样的尺度来评价一个项目是增加了还是减少了股东的财富，降低了企业经营管理的复杂程度。

② 基于 EVA 的绩效管理体系能够避免传统会计指标体系的弊病，使得企业重视轻资产。

EVA 绩效管理不仅通过会计项目的调整，减少传统会计指标对经济效率的扭曲，消除了现有会计核算体系带来的信息失真现象，还原了企业价值本像，而且通过 EVA 的价值理念建立一套价值驱动关系与指标体系，从而引导企业将经营的重心聚焦到价值创造与价值增长上。

(3) 基于 EVA 的绩效管理体系能有效建立起价值创造与价值分配的联动关系。

EVA 着重增加了资源分配和资本成本在考核中的作用，以便引导管理者和员工采取正确的行为。通过 EVA 指标可以帮助企业作出符合股东权益的决策，决定不同业务领域、不同部门的资源分配以实现股东权益最大化。EVA 管理者激励体系是 EVA 管理模式的重要组成部分，将股东利益与经理业绩紧密联系在一起，将 EVA 增量作为价值分配的依据和基础，这样就赋予了管理者像股东一样关注企业成败的责任，使得管理人员甚至企业一般员工像企业的股东一样思考，EVA 独具特色的不封顶奖励计划，可以有效激励管理者去发现并成功实施可以使股东财富增值的行为。

(4) 基于 EVA 的绩效管理体系能够避免传统会计指标体系的部分弊端，在企业战略选择、企业管理者行为层面促进企业。

(5) EVA 可以有效地改善公司治理。

通过 EVA 激励计划建立管理者和股东的利益纽带，使管理者和股东两者的关系进一步合理协调，促使管理者以与股东一样的心态去经营企业（见图 7-32）。

图 7-32　EVA 公司治理体系

(6) 基于 EVA 的绩效管理体系在应用中需注意其适应性的问题。

EVA 考核在企业实际应用中，也需要根据企业的实际情况进行区别对待。对资本密集型企业来说，EVA 考核是非常有效的，企业比较容易分离和测量实物资产的资本成本，获得投入资本的价值。但在知识密集型企业中，由于使用的大多是以知识和智力为主的无形资产，准确计量投入与产出的成本与价值就比较困难。

相对而言，基于 EVA 的绩效管理体系尤其适用于集团化的国有企业。从 EVA 的计算方法上，国企负责人可以看出国有资产不是无偿使用的，必须考虑该项目的投资回报是否高于资本的机会成本。EVA 评价体系有利于规范投资行为，促使国有企业谨慎投资，实现国有资产的保值增值和股东价值最大化，这对于国有企业在做大的同时考虑最强的问题有着极为重要的引导作用。

【学习资料 7-6】

基于 EVA 的薪酬模型——现代 EVA 红利计划

红利的发放：红利的收入总额将被存入红利银行，红利的发放额是依据红利银行的收支情况来确定的，而不是依据当年挣得的红利数额来确定的。

红利银行的支付规定是：如果余额为正数，则将余额 100% 支付，其上限为目标红利额，再加上余额超过目标红利部分的 1/3。当红利银行余额为负数时，则不进行红利分配。

现代 EVA 红利计划同时也给出了重新设定每年目标 EVA 的办法，这个方法被称为**红利计划校准（Bonus Plan Calibration）**。

主要依据 3 个参数对原计划进行校准，这 3 个参数是：

（1）目标红利。 对目标红利的校准是建立在竞争性薪酬水平之上的，要确保本公司管理人员的预期收入跟同类公司中类似级别的管理人员得到的奖励基本一致。

（2）预期的 EVA 增量。 如果为股东投资的市值提供跟资本成本相同的收益率，可以计算出一个 EVA 的增量。当管理人员完成这个 EVA 增量时，就能获得目标红利，如果超额完成 EVA 增量，就能获得超额奖励；反之，获得的红利就低于目标红利。

（3）EVA 区间。 EVA 区间定义为投资者回报为 0 时，实际完成的 EVA 增量和预期的 EVA 增量之差的绝对值。EVA 区间表示经营业绩低于目标值的程度（或称为 EVA 缺损值），它可以表示 EVA 红利分配对超额 EVA 增量（正值或者负值）的敏感程度，EVA 区间越大（或越小），红利收入直线的斜率越小，EVA 红利分配对业绩完成情况的敏感程度就越低（或越高）。

（五）基于360度的周边绩效考核体系

1. 周边绩效

周边绩效是相对于任务绩效而言的，其与绩效的组织特征密切相关。1993 年，博尔曼（Borman）和莫托维多（Motwidlo）提出了周边绩效（Contextual Performance）的概念，他们将个体总绩效分为任务绩效和周边绩效两个部分。任务绩效是指任职者通过直接的生产活动提供材料和服务，对组织的技术核心作出贡献，主要受经验、能力以及与工作有关的知识等因素的影响。周边绩效是指一种心理和社会关系的人际和意志行为，涉及职责范围外自愿从事的有利于组织和他人的活动，主要分为人际促进和工作奉献两个核心要素。周边绩效虽然没有直接为组织的核心技术过程作出贡献，但是周边绩效却通过对工作所处的社会、组织以及心理背景的支持为组织目标作出贡献。这种行为虽然对于组织技术核心的维护和服务没有直接的关系，但是从更广泛的企业运转环境与企业的长期战略发展目标来看，这种行为非常重要。具体来说，周边绩效通过帮助他人、遵守规则、认可组织目标以及主动性等活动，促进了社会和组织网络的生存能力，提升了协同合作的心理氛围（见图 7-33）。

图 7-33　典型周边绩效行为

2. 周边绩效的特点

第一，周边绩效与员工本人的工作没有直接联系。周边绩效不包含在员工的工作说明书中，与员工的工作任务没有直接联系，周边绩效的目的是为了弥补传统绩效考核的不足，因此，不在组织正式奖惩系统的覆盖范围之内，企业不能过度重视周边绩效而轻视任务绩效，两者要区别对待。

第二，周边绩效是组织背景下的绩效。虽然周边绩效是角色外绩效，但并非所有的角色行为都构成周边绩效，周边绩效一定是在组织中与工作相联系的绩效行为，不能和员工私下与管理者的个人感情相混淆，避免出现由于管理者的个人喜好来判断员工的周边绩效情况。

第三，周边绩效是一种过程导向与行为导向的绩效。周边绩效的概念是在绩效行为观的基础上发展而来的，所以周边绩效是行为导向的绩效，它主要关注的是行为和过程而非结果。

3. 周边绩效的实践意义

第一，周边绩效弥补了任务绩效的缺陷。在实践中职位说明书不可能面面俱到，应该完成的工作任务也可能被遗漏。任务绩效的弊端就是员工只重视工作任务的完成，对于工作任务以外的事情普遍缺乏主动性，这就既可能造成职位工作和任务没有完成，也可能忽视他人和集体利益，缺乏团队意识和合作精神，而且缺乏自我学习的积极性。

第二，周边绩效管理能够促进员工与组织的绩效。周边绩效管理促使员工积极主动地帮助其他同事，从而提高沟通能力和自我学习的积极性，促进思考和创新并提出创造性的建议，以提高组织绩效。

第三，周边绩效有助于促进组织的学习。周边绩效的考核内容包括员工的自我学习和提高，一方面有助于员工不断学习，提高自身的能力，另一方面有助于营造企业的学习氛围，对于企业的创新和发展有非常重要的意义。

第四，周边绩效管理有利于组织的长远发展和组织核心价值观的建立。周边绩效主要表现为员工个人的主动性发挥、合作、乐于帮助他人、主动思考、积极奉献、组织公民行为以及对组织目标的维护等行为，对于构建和谐友好的企业文化氛围、建立和强化组织核心价值观有显著帮助。

4. 周边绩效的考核体系——360 度绩效考核

由于不是所有人都有平等的机会来展示周边绩效行为，比如有些人的工作本身相对独立，不需要太多合作和接触，他们被观察到周边绩效行为的机会就少，特别是运动员精神和公民美德方面的周边绩效行为。解决这一问题的方法之一是 360 度绩效考核。

360 度绩效考核法产生于 20 世纪 40 年代，最初被英国军方所用，从 50 年代起被应用到工商企业的绩效考核中，主要用于工作岗位分析和对管理人员的能力评价、筛选与安置。到了 20 世纪 80 年代，该方法由美国学者爱德华兹和尤恩等人在一些企业组织中不断研究完善，并从 90 年代初开始在西方跨国公司中日益普及。迄今为止，几乎全部《财富》500 强企业都采用了 360 度绩效考核法。

（1）360度绩效考核法的内涵。

360度绩效考核法又称全方位绩效考核法或多源绩效考核法，是指从与被考核者发生工作关系的多方主体那里获得被考核者的信息，以此对被考核者进行全方位、多维度的绩效评估的过程（见图7-34）。这些信息的来源包括：来自上级监督者的自上而下的反馈（上级），来自下属的自下而上的反馈（下属），来自平级同事的反馈（同事），来自企业内部的支持部门和供应部门的反馈（支持者），来自公司内部和外部的客户的反馈（服务对象）；以及来自本人的反馈。

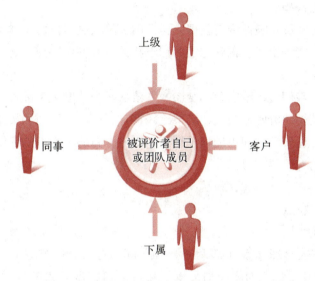

图7-34　360度绩效考核示意图

（2）360度绩效考核法的特点。

360度绩效考核的特点如图7-35所示。

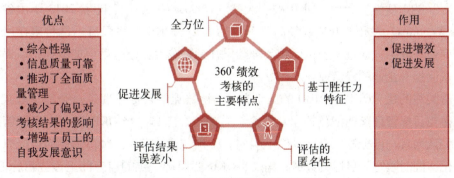

图7-35　360度绩效考核的特点

第一，全方位、多角度的评价和反馈。通过上级、同级、下级、同事等多个角度对被评估者进行评估，使绩效考核中收集的信息更全面、更客观，特别是包括员工的周边绩效等任务绩效不能体现的信息。

第二，评估的匿名性。由于360度绩效考核采用匿名的形式，避免了由于担心打击报复或破坏人际关系的顾虑，使各方作出的评估更趋于客观。

第三，评估结果误差小。360度绩效考核的考评者不仅来自不同层次，而且每个层次的考评者都是若干名，考评结果取其平均值，从统计学角度来看，其结果更接近客观情况，可减少个人偏见和评分误差。

第四，基于胜任力特征。胜任力是指将某一工作中表现优秀者与表现平平者区分开来的个体潜在的深层次特征，它是工作行为设计的依据。360度绩效评估项目的设计依据就是各个职位的胜任力模型。

第五，促进员工发展。被评价者获得来自多层面的人员对自己工作绩效、个人能力及工作态度等的评价，能较全面、客观地了解自己有关方面的优缺点信息，为改进不足、不断提升提供了参考。

基于以上特点，我们可以看出360度绩效考核从多个角度来反馈员工的工作，特别是员工的周边绩效，使得评价比较全面，结果比较客观、可靠，同时为员工之间提供了相互交流和学习的机会，让部门之间也加强了沟通和交流，有助于组织的团队建设，对于员工和组织的长期发展有着重要的意义。

（六）基于目标与关键成果的绩效管理体系

1. OKR 内涵与特点

（1）OKR 的内涵[3][4]。

基于 OKR 的绩效管理体系包括两个方面，即目标（Objectives）与关键成果（Key Results），因此，OKR 又被称为目标与关键成果法。目标所回答的问题是"想做什么"，而关键结果要回答的问题是"如何知道是否达成目标"。OKR 的理念是在一系列管理框架的基础上产生的，由时任英特尔（Intel）公司 CEO 的安迪·格鲁夫提出并引入实践，他将彼得·德鲁克所提出的"MBO（目标管理）"模型进行调整，强调了"关键成果（Key Results）"的重要性。此后，OKR 被引入谷歌（Google）公司，随着 2013 年由谷歌风投（Google Ventures）发布的介绍视频而逐渐广为人知。OKR 的终极目标是希望在当今竞争激烈的商业环境中，通过识别目标和关键结果并频繁迭代，让行动更加敏捷，以适配环境需要，从而提升企业的经营业绩。

值得关注的是，OKR 与 MBO 的区别在于：德鲁克的目标管理是一个理念框架，OKR 是对德鲁克目标管理落地细化的整套理念、方法论、工具。当 OKR 是一个目标管理工具时，我们认为其与目标管理有区别但不明显。区别包括：第一，对有挑战的目标有了更落地的细化，同时限定了目标的数量；第二，OKR 要保持一定的自下而上设立目标的比例；第三，OKR 目标设定的节奏更频繁。

当 OKR 不仅是目标管理工具，还是一个绩效管理工具时，我们认为，OKR 与目标管理有着本质的区别。OKR 是一个管理绩效产生过程的工具，它的结果不能作为评价表现的依据来确定员工最后的绩效评价结果，更不应该和其中的薪酬体系直接对接。国内知名管理咨询公司华夏基石的观点认为，OKR 是激活人的全面需求的绩效管理体系。

（2）OKR 的特点。

① OKR 是基于过程的——OKR 在实施中是一个不断识别目标（O）与关键成果（KR）并频繁迭代的过程，是一种基于过程的绩效管理方法。

② OKR 在精不在多——核心目标和关键成果十分聚焦，它旨在明确工作重心以高效集中精力和资源，在作用上虽与 KPI 类似，但数量上却极为精简，一般而言，OKR 中应包括 2~5 个目标，每个目标下包含 2~4 个关键成果。

③ OKR 是鼓励员工参与的——OKR 的制定中兼顾了自上而下与自下而上两种方式，鼓励员工依据自身情况提出 OKR 指标，并与上级管理者充分讨论，最后制定而成。这一方式能够极大提升员工良好的自我管理能力，同时有助于培养员工形成积极的工作内驱力。

④ OKR 是公开透明的——OKR 对全体成员充分共享，组织内由上至下均能清晰掌握 OKR 及其达成情况，有助于增强目标的导向作用，同时能够深化不同员工、不同团队间的紧密合作。

⑤ OKR 是有挑战性的——OKR 体系中，目标的设定是具有挑战性的，从而能够起到激发员工潜力的作用，使绩效始终处于巅峰状态中。OKR 在实施过程中将考核性质弱化，目标不再是与奖惩直接挂钩的死板标准，在这样的机制下，员工能够放下压力、追求卓越。

OKR 实行的前提是员工具有主观能动性、创造性，并且具有较高的职业道德素养和突出的专业技术能力。

2. OKR 与 KPI 的区别及适用范围

（1）中国人民大学的彭剑锋教授提出，KPI 和 OKR 的区别包括以下四个方面：

① 工具定位不同。KPI 本质上是一种战略落地的工具，把战略目标层层分解，细化出具体的战术目标来实现绩效目标；而 OKR 实际上是定义、跟踪目标完成情况的一种战略目标实现工具。

② 绩效目标不同。首先，OKR 要调动员工的野心，激发员工的潜能，鼓励目标60%~70%完成。KPI 制定目标一定要明确、可操作、可执行，承诺100%完成。目标完成100%不仅不意味着优秀，反而说明目标制定得没有野心，不够具有挑战性。OKR 一定要让员工使劲"够"，不一定"够"得到，而且只能"够"到60%~70%。其次，KPI 多为刚性指标，更关注财务指标。而 OKR 多为柔性指标，更关注过程优化，提醒员工当前的任务是什么，应该朝着什么样的方向去发展。再次，目标调整方面，KPI 制定的目标不能轻易调整。OKR 的目标可以调整以应对变化、拥抱变化。

③ 绩效结果的应用不同。一般 OKR 只做回顾，不做评估，往往通过周计划和周报等方式定期评审关键结果的执行情况，以实现目标为核心。OKR 更强调兼顾结果与过程，绩效结果与薪酬、奖金、晋升弱挂钩。KPI 强调绩效结果与薪酬、奖金、晋升强挂钩。

④ 资源配置原则的不同。KPI 的资源配置采用非对称性动机原则，就是把资源配置在关键成功要素上，去压强，通过 KPI 来牵引组织资源，来牵引优秀的人才，牵引员工努力的方向。但是 OKR 采用的是对称动机资源配置原则，是根据不确定性来配置资源，根据

客户的需求来配置资源,根据企业的战略发展阶段来配置资源,根据目标的进程来配置资源,所以它的资源配置是不确定的、动态调整的。

OKR 与 KPI 对比如表 7-12 所示。

表 7-12 OKR 与 KPI 对比

维　度	OKR	KPI
工具定位	目标实现	战略落地
目标制定	调动员工的野心,激发员工的潜能,鼓励目标 60%~70% 完成	明确、可操作、可执行,承诺 100% 完成
目标类型	柔性和过程优化导向的指标	刚性的结果导向指标
目标调整	目标可以调整以应对变化、拥抱变化	目标不能轻易调整
结果应用	与薪酬、奖金、晋升弱挂钩	与薪酬、奖金、晋升强挂钩
资源配置	对称性动机原则	非对称性动机原则

(2) 从 OKR 与 KPI 的区别看两者的适用范围。

① 从企业所处行业来看:对于所处产业相对成熟、竞争格局初步形成、商业模式稳定有效、企业战略目标清晰明确、组织结构稳定、岗位职责分明的企业,对流程性、规律性、标准化的工作,或者对于处于追赶超越标杆阶段、企业内部需要适度竞争淘汰以激活人的企业,KPI 仍然是最重要的考核工具与绩效管理工具。

很多新兴的产业,产业不成熟,商业模式属于探索期,身处其中的企业战略方向不明确,组织结构不稳定,组织内部角色有重叠,业务工作创新性强,企业内部又是项目制运作,需要平行协同与合作,这类企业采用 OKR 更为合适。

② 从企业发展阶段来看:当未来看不准,企业的战略和业务属于多选项的探索期时,可采用 OKR;战略和新业务一旦看准了,多选项变成单选项时,就可用 KPI,以集中配置资源于确定的战略目标上。

③ 从工作来看:KPI 适合流程性、规律性的工作,OKR 比较适合实行矩阵式管理、项目制管理[5],具有研发性、创意性的工作。

现在很多研发型的企业需要原创性或颠覆式创新,华为过去是追踪与聚焦战略,KPI 有利于聚焦战略的落地,但华为现在进入所谓的无人区,没有标杆,也不知道方向在什么地方,所有的战略方向都是探索性的。这个时候企业不可能聚焦在一个领域,不能把所有的鸡蛋放到一个篮子里面去,而是云、管、端多个领域集成。所以,它就不是非对称性地配置资源,而是对称性、探索性地配置资源。以 KPI 为核心来强化组织资源配置驱动战略目标的实现,显然会面临新问题。同时,华为的创新要从结构化创新和以工程层面为主的创新,转向基础理论的创新和原创性创新以应对颠覆式创新,显然 KPI 是不适应的。

而 OKR 是适应探索性的战略与原创性创新的。OKR 采用对称性的资源配置方法,不是把所有的资源都压强在一个领域里,而是在试错的过程中、在朝着目标努力的过程中,不断探索各种可能。不确定性越大，资源配置可能更多，越需要根据客户需求进行配置，依据企业的发展阶段、项目进程来配置资源。同时 KPI 指标往往是自上往下压指标，员工对目标的制定话语权少，往往是被动扛指标；OKR 则鼓励员工自己确定一个具有挑战性的、具有野心的目标，在不断迭代、不断修正的过程中，朝着目标去努力，所以更强化员工的参与，有利于员工的创新与能量释放。

3. OKR 的设计框架与落地实施

（1）创新 O-P-R-D 绩效循环。

基于中国标杆企业的 OKR 实践和 P-D-C-A 绩效循环，中国人民大学彭剑锋教授及团队提炼出 O-P-R-D 的绩效管理循环，包含 4 个一级维度，20 个二级维度。4 个一级维度分别为：制定绩效目标和关键结果（Objectives）、敏捷绩效过程管理（Process）、绩效考核与评估（Review）、绩效结果应用（Development）。20 个二级维度分别为：未来导向性、战略对齐、周边对齐、正向积极、目标激进、目标聚焦、自我驱动、信息开放透明、合作协同、按迭代周期持续跟踪目标和回顾、频繁沟通、目标灵活调整、参考目标实现的考核、有区分度的绩效考核、确保公平的绩效纠偏、综合业绩与价值观考核、综合个体与团队考核、目标实现与奖金和晋升弱挂钩、绩效考核与奖金和晋升强挂钩、发展性反馈（如图 7-36 所示）。

图 7-36 O-P-R-D 绩效管理循环

① Objectives，制定绩效目标和关键结果要进行战略对齐、周边对齐、目标聚焦，目标与关键结果制定要有未来导向性、正向积极、激进，能激发员工自我驱动。

表7-13 制定绩效目标和关键结果

一级维度	二级维度	维度的内涵
制定绩效目标和关键结果	未来导向性	制定绩效目标和关键结果时关注企业的未来发展大方向
	战略对齐	制定绩效目标和关键结果时与公司战略目标强相关
	周边对齐	制定绩效目标和关键结果时广泛参考和对齐上下左右的目标
	正向积极	制定绩效目标和关键结果时保持正向积极的态度
	目标激进	制定绩效目标和关键结果时敢于挑战现状、打破常规，设定激进的目标
	目标聚焦	制定绩效目标和关键结果时能够聚焦
	自我驱动	制定绩效目标和关键结果时充分授权一线员工，自主制定目标及实现方式，从而激活员工，自我驱动

② Process，敏捷绩效过程管理，不同于以往绩效循环中的绩效监控/辅导，OKR更强调信息开放透明、按迭代周期持续跟踪目标和回顾、频繁沟通、合作协同、目标灵活调整。

表7-14 敏捷绩效过程管理

一级维度	二级维度	维度的内涵
敏捷绩效过程管理	信息开放透明	在绩效目标实现过程中保持信息的开放透明，提升信息分享效率
	合作协同	在绩效目标实现过程中充分发挥团队合作、跨部门协同
	按迭代周期持续跟踪目标和回顾	在绩效目标实现过程中，员工根据迭代周期（如2周、1个月）持续更新目标进展及填写工作成果，经理对员工目标进行持续跟踪回顾，助力组织小步快跑
	频繁沟通	在绩效目标实现过程中进行频繁、随时的沟通
	目标灵活调整	在绩效目标实现过程中，员工逐步认清工作到底要做什么，以及领导和自己想要什么。员工灵活调整年度目标，但严格执行季度目标

③ Review，绩效考核与评估强调OKR与其他绩效考核方法的组合应用，如同行评议（Peer Review）。绩效考核与评估中包含参考目标实现的考核、有区分度的绩效考核、确保公平的绩效纠偏、综合业绩与价值观考核、综合个体与团队考核。

表7-15 绩效考核与评估

一级维度	二级维度	维度的内涵
绩效考核与评估	参考目标实现的考核	目标实现在考评时可以结合多种考核技术
	有区分度的绩效考核	绩效考核加大对员工绩效的区分力度，鼓励员工奋斗，而非成为"老好人"
	确保公平的绩效纠偏	绩效考核过程中通过强制分布、团队逐级校准等方式做到公平、公正
	综合业绩与价值观考核	绩效在考核不仅注重员工的业绩指标，还特别注重员工的价值观考核，并且价值观考核是其主要的评价依据之一
	综合个体与团队考核	OKR的考核是系统性的，最终的考核结果是结合了员工的个人绩效及其团队绩效

④ Development，绩效结果应用既体现了 OKR 与奖金和晋升的弱挂钩，又体现了组合使用的绩效考核方法与奖金和晋升的强挂钩。同时 OKR 强调发展性的结果应用，特别是发展性反馈。

表7-16 绩效结果应用

一级维度	二级维度	维度的内涵
绩效结果应用	目标实现与奖金和晋升弱挂钩	目标实现与绩效考核和薪酬软挂钩：绩效结果应用阶段，目标及关键结果的实现仅作为绩效考核的参考，且与短期物质激励弱挂钩
	绩效考核与奖金和晋升强挂钩	绩效考核综合了短期与长期激励，其结果是员工获得奖金或得以晋升的主要依据
	发展性反馈	OKR 的应用反馈阶段是以发展性为目的的，既评估过去的绩效，还反馈未来的预期

（2）注意事项。

① 制定 OKR 前：

- 应通过宣传帮助全体员工理解实施 OKR 的原因；
- 得到企业高层领导的支持与帮助；
- 为员工提供 OKR 制定与实施方式的有效培训；
- 确保 OKR 是在清晰战略的指导下制定的。

② 制定 OKR 时：

- 目标的设置应是定性的，尽量使其兼顾挑战性与可达性，同时应通过自上而下与自下而上相结合的方式进行目标制定。
- 关键成果的设置应是定量的，使之能够将定性的目标落到实处，便于完成度的评估。KR 的条数不宜过多，否则无法达到使精力与资源聚焦的初衷。在进行评估时，应使用一致的评分系统。

③ 制定 OKR 后：

- 应有规律地进行实施追踪、审视。
- 应将各个 OKR 进行横向、纵向联结，使组织中所有 OKR 对齐一致，使得公司高层战略能对各层级、各团队产生牵引作用，释放全体员工的创造力与工作激情。

4. OKR 的优势[6]

（1）从适用性上看，OKR 对于快速扩张型组织以及转型期组织的帮助尤其显著，能够提高沟通效率、降低管理成本、为整个组织赋能，有助于维持持续性的创新氛围和效果。

（2）OKR 能够在战略层面上促成企业内勇于挑战的积极文化氛围，保持过程敏捷与结果追求之间的恰当平衡。

（3）OKR 更快的开展节奏能够提升组织的敏捷性和快速应对变化的能力。

（4）OKR 能够帮助组织实现精力与资源的聚焦。

（5）OKR 制定时的公开透明有助于各团队、各层级间的协同作业。

（6）OKR 能够促进员工与管理人员间的沟通，提升员工敬业度。

AAA 集团绩效管理体系面临的新问题

AAA 集团在管理顾问的帮助下，在企业内部建立了一套以战略为导向的绩效管理体系，同时也完成了企业管理的一次提升。这件工作从开始设计到推广实施用了将近一年的时间，企业的各级管理者对这套体系寄托了厚望，希望这套体系付诸实施之日就是企业绩效全面提升之时。

体系推广不久，AAA 集团对成员企业的绩效管理状况进行了一次调研。调研人员提交的报告显示，绩效管理在基层面临着一个问题：基层管理者和员工对于实行强制比例分布反应强烈。大家众说纷纭：

"对于管理者而言，大家干得一样好，该怎么办？分数都差不多，D 和 E 给谁合适？得 D、E 的员工情绪很大。真的很为难！要这样的话，有一个前提条件就是指标设置很合理、评分标准很明确。得有一个明确的说法，应该有一个大家认同的标准。"

"强化比例分布太强制、太死板了，没有灵活性。可是要给了灵活性，那个 E 就全部灵活没有了。真的是一种两难！"

"感觉强制比例分布不公平。部门越大，人员越多，得 D、E 的人就越多。部门内部得了一个优，但是 10 个人有 4 个人得了 C，觉得太多。做工作越多的人，犯错误的可能性就越多，得 D、E 的可能性就越大。不同员工，工作难度不一样，实行强制比例分布怎么解决？"

"部门和员工挂钩不合理，领导做得不好，不能让员工背黑锅。"

"对于员工来说，我很努力，很敬业，却要得 C，甚至是 D、E，员工不能接受。"

"……"

这使得绩效考评面临着很大的压力，大家都希望集团能够给出一个指导性的意见。面对这些问题，高层管理者觉得处在两难之中，觉得现在已经系统地建立了企业的绩效管理体系，怎么还有这么大的问题？

案例讨论与思考

1. 从整个系统的角度，帮助 AAA 集团的高层分析一下可能是什么原因造成强制比例分布面临很大压力？关键的问题是什么？应该怎么解决？你是如何看待强制比例分布的？
2. 不同部门、不同工作难度、不同工作量的员工应该如何进行评价才公平？
3. 努力和敬业的员工绩效考评的结果就一定高吗？如何引导员工接受你的观念？
4. 你是如何看待部门绩效和员工绩效挂钩的问题？如何引导员工接受你的观念？

本章思考题

1. 什么是绩效？绩效考核与绩效管理有什么区别？
2. 绩效管理循环包括哪些主要环节？
3. 如何构建以战略为导向的绩效管理体系？
4. 简述绩效管理体系构建的六大思路和方法？
5. 如何构建企业的关键绩效指标体系？
6. 如何建立企业的绩效目标体系和监控体系？
7. 绩效考评常见的方法有哪些，应该注意哪些问题？
8. 如何理解绩效沟通在整个绩效管理体系中的作用？

注释

① 理查德·威廉姆斯：《组织绩效管理》，清华大学出版社 2002 年版。
② 约翰·科特、詹姆斯·赫斯克特：《企业文化与经营业绩》，中国人民大学出版社 2009 年版。
③⑥ 保罗·R. 尼文、本·拉莫尔特：《OKR：源于英特尔和谷歌的目标管理利器》，机械工业出版社 2017 年版。
④ 赵国军：《薪酬设计与绩效考核全案》，化学工业出版社 2013 年版。
⑤ 安迪·格鲁夫：《格鲁夫给经理人的第一课（第二版）》，中信出版社 2011 年版。

本章阅读推荐

安德烈·A. 德瓦尔：《绩效管理魔力》，上海交通大学出版社 2002 年版。
彼得·F. 德鲁克：《公司绩效测评》，中国人民大学出版社 2000 年版。
付亚和、许玉林、宋洪峰：《绩效管理》，复旦大学出版社 2003 年版。
罗伯特·卡普兰、大卫·诺顿：《平衡计分卡：化战略为行动》，广东经济出版社 2013 年版。
梅晓文：《HR 管理标杆》，复旦大学出版社 2006 年版。

第八章 薪酬设计及管理

【本章要点】
通过对本章内容的学习,应了解和掌握如下问题:
- 什么是薪酬?薪酬一般由哪些要素构成?
- 我们应如何从经济学、心理学和管理学角度来理解薪酬?
- 薪酬的作用与功能目标是什么?
- 薪酬设计的理论假设是什么?
- 什么是薪酬策略?它与企业战略有什么关系?
- 如何设计以职位为基础的工资体系?需要把握哪些关键的技术和方法?
- 如何设计以能力为基础的工资体系?需要把握哪些关键的技术和方法?
- 绩效提薪与奖金有什么区别?
- 企业的奖金体系设计主要有哪几种基本思路?应该如何设计基于组织、团队和个人三个层面的奖金体系?
- 福利有何特殊功能?它有哪些主要形式?应该如何根据员工的个性化需求设计自助餐式的福利体系?
- 高管激励的基本问题是什么?
- 高管长期薪酬有哪四种模式?
- 薪酬设计中主要存在哪些需处理的税务问题?企业在薪酬设计中如何合理避税?
- 应如何进行薪酬沟通,以提升薪酬的可行性和效果?

【导读案例】

A 公司的薪酬管理困境

A 公司是中国网络通信集团有限责任公司在某省设立的地区性分公司，下属六家县区支公司和一家直属营业厅，共计员工 1 000 余人，其中有各级管理人员 40 余人、技术人员 220 余人、各级营业人员 700 人。A 公司以前在薪酬管理上主要沿袭传统的岗位工资制和级别工资制，主要存在以下问题：

第一，员工升迁渠道过于狭窄，在公司原薪酬制度下，员工要想提升薪酬就必须提高自己的职务级别，但公司处于高级别的职务很少，不是所有表现出色的员工都能得到晋升，而且有的人即使得到晋升，也不一定能很好地驾驭高级别岗位工作。

第二，薪酬结构设置不合理。在原有薪酬制度下，所有员工不分职类，均采用"基本工资+岗位津贴+绩效工资"的薪酬结构，且绩效工资只占全部薪酬的 10%~30%，而占到薪酬 60% 以上的基本工资却严格按照员工级别来决定。这种薪酬结构，对于一般员工，尤其是营业岗位的员工和技术类员工起不到很好的激励作用。另外，对于中层以上管理人员还缺乏相应的长期激励，对于技术岗位员工也没有加班工资，这大大影响了员工的工作热情。

第三，薪酬的确定和调整没有科学依据，往往都是靠口头协议，比如对于新入职员工的薪酬确定以及员工在工作一段时间后的薪酬涨幅，公司都没有明确的规章制度。

第四，公司的薪酬制度没有系统性，只是靠以往传统的惯例来解决问题。

A 公司所面临的薪酬管理问题，严重制约了公司的进一步发展，因此，A 公司迫切需要进行薪酬分配制度方面的改革。但人力资源部对这些纷繁复杂、相互纠缠的薪酬问题一筹莫展。那么 A 公司到底应该如何来进行薪酬变革呢？A 公司应该建立什么样的薪酬分配体系，应该采用什么样的薪酬设计与薪酬管理方法，应该如何将薪酬与员工的贡献和能力相挂钩，应该如何依靠富有吸引力的薪酬来提升公司吸引、保留和激励人才的能力呢？这些都是本章所要解决的主要问题。

资料来源：三茅人力资源网，https://zl.hrloo.com/file/503512。

第一节 薪酬的概念及基本原理

一、薪酬的概念及其构成

研究企业的薪酬设计及管理,首先要理解薪酬的概念及其组成要素,即要理解薪酬是什么、薪酬一般由哪些部分组成。当前人力资源管理中,对薪酬的界定比较宽泛,内容十分丰富,致使不同人对薪酬的看法和认识往往存在较大差异。尤其因为中国企业的人力资源管理仍处于与国际管理理论和技术对接的过程之中,国内对薪酬概念的认识尚与国际通行的对薪酬的认识存在着一定差异。因此,仔细研究薪酬概念的内涵和外延具有十分重要的现实意义。

(一)薪酬的概念

薪酬一般是指员工因从事组织所需要的劳动或服务而从组织得到的以货币形式和非货币形式表现的补偿或回报。薪酬概念具有狭义和广义之分:狭义的薪酬是指个人获得的工资、奖金等以金钱或实物形式支付的劳动回报,广义的薪酬包括经济性报酬和非经济性报酬两个部分。其中,经济性报酬指工资、奖金、福利待遇和假期等,也叫货币薪酬;非经济性报酬指个人对企业及工作本身在心理上的一种感受,也叫非货币薪酬。

美国著名薪酬管理专家米尔科维奇认为,不仅不同国家对薪酬概念的认识往往不同,社会、股东、管理者和员工等不同利益群体对薪酬的概念界定也往往存在较大差异。但如果要从薪酬管理的角度给薪酬下定义的话,可以将薪酬界定为:雇员作为雇佣关系的一方所得到的各种货币收入,以及各种具体的服务和福利之和[1]。由这个定义可以看出,米尔科维奇把薪酬看作雇主和雇员之间的一种价值交换。

美国薪酬管理专家约瑟夫·J. 马尔托奇奥(Joseph J. Martocchio)在其所著的《战略薪酬》一书中,将薪酬界定为:雇员因完成工作而得到的内在和外在的奖励[2],并将薪酬划分为外在薪酬和内在薪酬,其中内在薪酬是雇员由于完成工作而形成的心理层面上的奖励,外在薪酬则包括货币奖励和非货币奖励。这种对薪酬的定义将薪酬作为企业奖励员工从而提高对员工的吸引、保留和激励效果的一种手段和工具。

在本书中,我们认为薪酬可以划分为两部分:一部分是企业对员工价值贡献的回报,主要指一系列的经济性报酬,如基本工资、绩效工资、奖金等;另一部分是企业用以吸引、保留和激励员工的薪酬策略,主要包括团队/个人激励、长/短期激励以及员工在工作中的良好体验和积极感受等。

(二)薪酬的构成

上述关于薪酬的探讨主要集中于对薪酬概念的内涵进行诠释,但是要正确理解什么是薪酬,还必须对薪酬的组成要素进行研究。美国薪酬协会(WAW)于 2000 年第一次发布了全面薪酬（Total Compensation）模型，该模型颠覆了传统的"工资+福利"的狭隘薪酬概念，将薪酬概念扩展到薪酬和福利之外，而将赞赏和赏识、工作与生活平衡、组织文化、职业生涯发展、工作环境等各种"工作体验"纳入进来。比如，著名的谷歌公司就以舒适的工作体验吸引了世界各地人才，如图 8-1 中的系列图片所示，从左往右，从上到下依次是（1）谷歌一律免费的餐厅；（2）通往餐厅的楼梯；（3）员工可以使用滑竿通向餐厅或办公区；（4）漂亮的背景墙；（5）谷歌为员工提供的健身房；（6）舒适的办公交流区；（7）吊篮式的办公座椅；（8）工作场所的"观光车"；（9）工作之余的休闲娱乐场所。

图 8-1　谷歌公司的工作场景

随后，理论界及实践界均发现内在薪酬对员工的激励越来越重要，因此美国薪酬协会于 2005 年又发布了经修订后的第二代全面薪酬模型，由货币工资、福利、学习与发展、工作环境四部分组成，为突出内在薪酬的作用，该模型还对各项内容进行了细化，总共 4 个大项、16 个具体小项。

此后，学者们发现基于全面薪酬的整合战略蕴藏着巨大潜能，在与诸多企业决策者及人力资源专业人士充分交流后，美国薪酬协会于 2006 年发布了第三代全面薪酬模型。在新的模型中，薪酬与福利不变，同样起着重要的基础性作用，它将工作体验进一步细化为三个部分，分别是绩效与认可、工作与生活平衡及个人发展与职业机会。新的全面薪酬模型是指员工从组织获得的可感知的、有价值的所有货币性报酬与非货币性报酬的总和，也是组织吸引、保留或激励员工的策略工具的总和。任何有助于吸引、激励或保留员工的有价值的东西，都可以算作全面薪酬的内容。由图 8-2 可以看出，企业向员工提供的全面薪酬取决于组织文化、企业战略和 HR 战略，内容包括薪酬、福利、绩效与认可、工作与生活平衡、个人发展与职业机会共五个板块，这些因素共同发挥作用，以吸引、激励和保留企业的优秀核心员工，进而提高员工满意度和参与度，最终提升企业整体绩效。每个板块的含义及其包括的具体维度如表 8-1 所示。

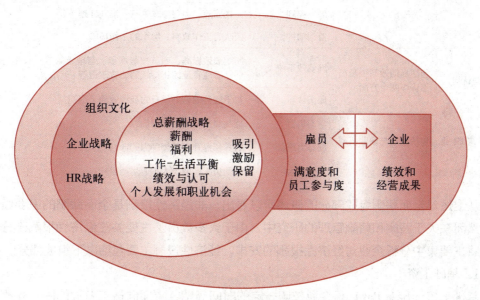

图 8-2 全面薪酬模型的构成

表 8-1 全面薪酬各个板块的含义及其具体维度

板块	板块含义	维度	维度解释
薪酬	雇主基于雇员劳动的报酬，主要用于满足员工的基本生活需要及其他现金支出	基础工资	也称"固定薪酬"，它不随绩效而变动
		绩效提薪	根据员工年度绩效评价结果而确定的基础工资增加部分
		奖金	根据员工工作绩效进行浮动的部分
		津贴	对员工工作中不利因素的补偿
		股权	以股票形式发放的薪酬
福利	雇主提供给雇员的补充现金支持	保障福利	事业保险、社会保障和残疾保障等
		健康与救济福利	医疗保险、人身保险、分期付款项目和讲课储蓄计划等
		退休福利	养老保险及退休后的收益分享
		带薪休假福利	带薪休假、带薪病假和带薪事假等

（续表）

板块	板块含义	维度	维度解释
工作与生活平衡	组织实践、政策和项目的特殊部分，帮助雇员同时在家庭和工作中都取得成功	灵活的工作安排	工作内容和工作场所安排
		带薪请假	因为照顾他人、照顾子女的带薪请假
		雇员健康	雇员援助计划和压力管理计划等
		社会参与	组织雇员积极参加社会活动计划
		雇员关爱	雇员旅行关爱、生病关爱、家庭关爱等
		财政支持	理财计划服务与培训、企业年金计划
		额外福利	宠物保险、免费停车等额外福利计划
		首创精神	团队的工作效率、组织的工作环境
绩效与认可	包括高绩效系统及员工认可两个方面	高绩效系统	制定绩效标准、雇员技能展示、管理者对雇员技能进行评估、管理者反馈和持续的绩效改进等
		雇员认可	对于雇员的努力、行为及绩效给予重视
发展与职业机遇	包括发展与职业机遇两个方面	学习机会	提高雇员胜任力的培训
		领导力培训	培养和提升雇员领导力的计划
		晋升机会	帮助员工实现个人职业生涯目标

从上述对全面薪酬组成部分的概述可以看出，非经济性报酬是全面薪酬的重要组成部分。然而在关于薪酬和薪酬管理的研究中，由于大多数员工主要关注经济性报酬部分，故我们将主要集中分析企业对经济性报酬的安排。经济性报酬主要包括以下组成部分。

1. 基础工资

基础工资（Base Pay）是企业按照一定的时间周期，定期向员工发放的固定薪酬，这一时间周期可以是小时、天、周、月或者年。中国企业主要采用的是月薪制，针对高管人员则主要采用年薪制。基础工资又可以分为基本工资、岗位工资、学历工资和年功工资等。基本工资可以根据当地的法定最低工资标准确定，企业也可以根据支付能力自行确定；岗位工资反映了工作对于企业的重要性，可根据职位评价确定；学历工资是企业对员工受教育水平和能力的一种认可，一般根据员工学历高低确定不同的级别；年功工资是企业对员工的历史贡献的一种认可，根据员工在企业工作的年限递增。

2. 奖金

奖金（Bonus）是薪酬中的可变部分，是企业对员工卓越行为或者超额业绩给予的奖励。根据支付的周期，奖金可分为一次性奖励或者单项奖、月度奖、季度奖以及年终奖。根据支付的依据，奖金可分为计件奖金和销售提成奖金。

3. 津贴

津贴（Allowance）往往是对员工工作中存在的不利因素的补偿，它与经济学理论中的补偿性工资差别相关。津贴不是普惠制的，只有在特定的环境下工作的员工才会获得相应的津贴。津贴的形式多种多样，比较常见的有夜班津贴、加班津贴、交通津贴、伙食津贴、出差津贴、通信津贴、住宿津贴、高温津贴等。

4. 股票计划

股票计划（Stock Plans）是企业对员工进行中长期激励的主要手段，包括员工持股计划（ESOP）、股票期权（Stock Option）、限制性股票（Restricted Stock）和管理层收购（MBO）等。股票计划通过与员工分享企业所创造的价值达到激励员工和保留员工的目的，同时将员工利益与企业利益相联系，以促使员工为实现企业战略目标而努力。

5. 福利

福利（Benefits）通常表现为各类保障计划、带薪休假、住房补贴、服务等，它是经济性薪酬中十分重要的组成部分，在现代企业的薪酬设计中占据着越来越重要的位置。在现代薪酬设计中，福利已经与传统的福利项目有很大不同，根据员工个人偏好而设计的自助餐式福利计划成为新兴的福利形式，并获得了广泛认可。

在全面薪酬的基础上，中国人民大学彭剑锋教授建立了中国企业对核心人才保留和激励的总体薪酬模型（见图8-3），模型包含经济性回报、领导人魅力与风格、愿景与目标

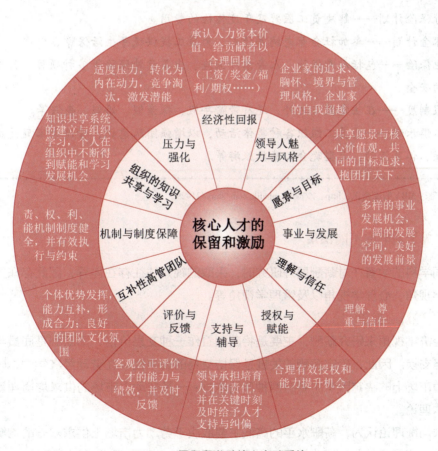

图8-3 保留和激励核心人才系统

等 12 个维度，是一种系统性的薪酬体系。

【学习资料 8-1】 ++

IBM（中国）薪酬的构成

IBM（中国）的薪酬福利内容非常丰富，主要包括 13 个方面：

基本月薪——对员工基本价值、工作表现及贡献的认同。

综合补贴——对员工生活方面基本需要的现金支持。

春节奖金——在农历新年之前发放，让员工过一个富足的新年。

休假津贴——为员工报销休假期间的费用。

浮动奖金——当公司完成既定的效益目标时发放，以鼓励员工作出贡献。

销售奖金——销售及技术支持人员在完成销售任务后得到的奖励。

奖励计划——员工由于努力工作或有突出贡献而得到的奖励。

住房资助计划——公司提取一定数额资金存入员工的个人账户，资助员工在短时间内解决住房问题。

医疗保险计划——解决员工医疗及年度体检的费用。

退休金计划——参加社会养老统筹计划，为员工提供晚年生活保障。

其他保险——包括人寿保险、人身意外保险、出差意外保险等多种项目，关心员工每时每刻的安全。

休假制度——在法定假日之外，还有带薪年假、探亲假、婚假、丧假等。

员工俱乐部——为员工组织各种集体活动，以增强团队意识，营造大家庭气氛，包括各种文娱、体育活动，大型晚会，集体旅游等。

++

资料来源：MBA 智库资讯，http：//news.mbalib.com/story/21429。

二、关于薪酬的不同视角

不同学科的学者在对薪酬展开研究时，采取的视角往往存在差异，因此存在关于薪酬的经济学视角、心理学视角以及管理学视角等。

（一）经济学视角

从经济学视角来研究薪酬，主要是将薪酬看作一种交易价格，即薪酬是雇员与雇主之间的价格交换。因此，确定薪酬的关键是保持交易的公平性。在劳动经济学中，研究薪酬在劳动力市场上的决定因素主要有两种理论依据：一是劳动力市场的供求均衡理论，二是人力资本理论。

供求均衡理论认为，薪酬水平的高低主要取决于劳动力市场上供求双方的均衡，这可以用图 8-4 来表示。从该图中我们可以看出，劳动力（L）、需求（D）和供给（S）都是工资的函数,并且劳动力需求与工资呈反向函数关系,劳动力供给与工资呈正向函数关系。在劳动力需求曲线和供给曲线的相交点,劳动力的供求达到均衡,得到一个均衡的工资率,该均衡工资率就是该类雇员的薪酬水平。反过来,从需求方面来看,工资取决于劳动的边际生产率或劳动的边际收益,即企业愿意支付的工资水平由劳动的边际生产率决定。从供给方面来看,工资取决于两个因素:一是劳动力的生产成本,即劳动力养活自己和家庭的费用以及劳动者所需要的教育

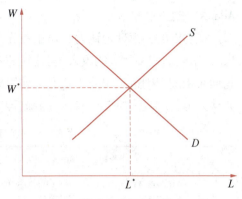

图8-4 劳动力市场如何决定工资

和培训等费用;二是劳动的负效用,即闲暇的效用。供给和需求的均衡就产生了劳动者应该得到的工资水平。这种工资决定理论主要从宏观的、市场的角度来研究劳动者的工资水平,但它有一个十分重要的假设前提:劳动者所提供的劳动均为同质的、无差异的,劳动者之间的报酬差异主要取决于其面临的市场因素差异。在需求强劲、供给稀缺的劳动力市场,劳动者所获得的工资水平就高;在需求较弱、供给较多的劳动力市场,劳动者所获得的工资水平就低。因此,该理论往往无法科学地解释劳动者之间由于非市场因素所造成的工资差距,并且对企业薪酬管理实践的价值和意义也不是很大。

人力资本理论认为,工资水平主要取决于每个员工自身所拥有的人力资本存量。在本书前面章节我们曾谈道,人力资本是指通过人力投资形成的资本,它体现在劳动者身上,表现为劳动者的知识、技能、资历、经验和健康状况等,即体现在劳动者身上的以数量和质量两种形式表示的资本就是人力资本。现代工资决定理论更关注不同劳动者所提供的劳动异质性,认为这种异质性主要是由劳动者所拥有的人力资本存量差异造成的,这种人力资本存量的差异也造成了不同劳动者的市场价值的差异,即不同的劳动者获得不同的劳动报酬。在新经济时代,知识型员工的价值主要体现为人力资本的价值,因此不同知识型员工之间工资水平的差异也主要取决于人力资本存量的差异。该理论解释了由于劳动者内在因素所导致的工资差距,但它仍然将劳动者的差异归结为劳动者所拥有的人力资本的数量差异,却忽视了劳动者之间知识、技能和经验在质量上的差异,因此无法解释这种质量差异所导致的工资差距。

随着知识创新者和企业家在企业价值创造中的地位日益提高,人力资本在与货币资本进行博弈以获得收益的过程中越来越占据上风,充分体现人力资本对企业财富创造的累积性贡献,这在薪酬体系设计中主要体现为股票期权计划和管理层收购。

(二) 心理学视角

从心理学视角来研究企业的薪酬问题,主要是将薪酬作为一种满足员工内在需求的手段和要素,来激发员工的工作积极性和主动性,从个体层面提高员工的工作绩效。在心理学的激励理论中,对薪酬设计和薪酬管理颇具影响的理论为斯达西·亚当斯(Stacey

Adams）的公平理论。

亚当斯的公平理论认为，员工首先会思考自己的收入与付出的比率，然后将自己的收入-付出比与相关他人的收入-付出比进行比较，见表8-2[③]。如果员工感觉到自己的比率与他人相同，则达到了公平状态；如果感到两者的比率不相同，则产生不公平感，即他们会认为自己的收入过低或者过高。这种不公平感出现后，员工就会试图去纠正。

表8-2　公平理论中的几种主要比较方式

觉察到的比率比较	员工的评价
（所得A/付出A）<（所得B/付出B）	不公平（薪酬过低）
（所得A/付出A）=（所得B/付出B）	公平
（所得A/付出A）>（所得B/付出B）	不公平（薪酬过高）

注：A代表某员工，B代表参照对象。

在公平理论中，还涉及与员工自身的收入-付出比进行比较的参照对象，这种参照对象可以划分为三种：他人、制度和自我。首先，员工会将自己的收入-付出比与他人进行比较，他人既包括同一组织中从事相同工作的他人，也包括同一组织中从事不同工作的他人和其他组织中从事相同工作的他人。通过与上述三类人进行比较，员工可以产生公平感或者不公平感，这种公平感称为分配公平。除此之外，员工还会以企业的制度为参照系，来产生公平感。这里的制度是指组织中与个人利益相关的一系列政策和制度以及这些制度的运作，不仅包括组织内部明文规定的政策和制度，还包括一些隐含的不成文规定，如果这些政策和制度是公开、公正和透明的，那么员工会产生公平的感觉，这种公平被称为程序公平。另外，员工还会将自己的收入-付出比与自己过去的收入-付出比进行对比。它反映了员工过去的经历以及交往活动受到员工过去的工作标准及家庭负担程度的影响。

公平理论中关于员工与他人、制度和自我进行对比的思路，对薪酬体系设计具有十分重要的影响。员工与组织内部从事同一工作和不同工作的他人进行对比而产生公平感的思想，有力地支持了薪酬设计的内部一致性原理；员工与组织外部从事相同或相似工作的他人进行比较产生公平感的思想，支持了薪酬设计的外部竞争性原理；员工要求组织的薪酬政策公开、公正和透明，从而产生程序公平感，这一思想对薪酬设计的管理可行性提供了理论支持；员工将自己收入-付出比与自己的过去经历进行比较而产生公平感，这会影响企业高层管理人员和公司核心技术人才的年薪水平的确定，即在确定高管人员与核心技术人员的谈判工资时，除了要考虑他对本企业的价值和贡献之外，还要充分考虑到他过去在其他企业所获得的薪酬水平（见图8-5）。

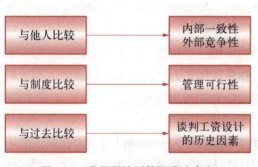

图8-5　公平理论对薪酬设计产生影响的基本框架

(三) 管理学视角

传统的薪酬理论主要从经济学和心理学的角度来思考企业的薪酬问题，前者倾向于通过市场定价来指导企业的薪酬决策，后者则将满足员工的内在需求作为薪酬设计的基本原则。作为一种较新的思考企业薪酬问题的视角，管理学视角则把薪酬看作将个人目标与组织目标融为一体的内在激励，是吸引、留住、激励企业所需人才的核心要素，更关注薪酬管理对企业战略目标的支撑，即通过薪酬激励、吸引、留住企业所需要的核心人才，并使员工的行为、态度及能力发展符合企业战略的要求。因此，薪酬是获得企业竞争优势的一种工具。

薪酬管理如何支持企业的战略目标？这是战略薪酬体系设计的主要内容。战略薪酬是指从战略层面为出发点，思考何为对于企业而言最优的薪酬策略及薪酬管理系统，使之能够支撑企业的竞争战略，并帮助企业获得竞争优势。

米尔科维奇在其所著的《薪酬管理》一书中，将战略薪酬概括为如图 8-6 所示[④]的一个模型。从这个模型中，我们可以看出：

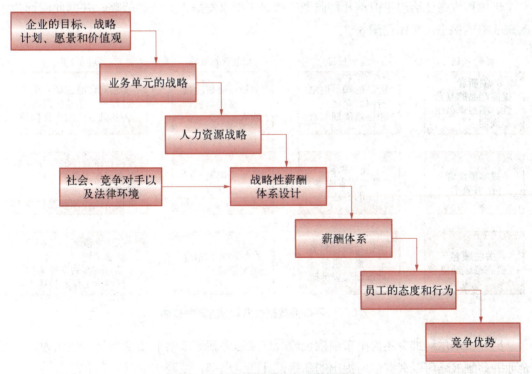

图 8-6　米尔科维奇的战略薪酬模型

- 企业薪酬体系的设计必须基于组织的战略来进行。组织战略可以分为两个层面：一个是公司层战略，包括整个公司的战略目标、计划、愿景和价值观等；另一个是业务单元战略，它是建立在整个公司战略的基础之上、针对每项业务的竞争战略，主要包括每个业务单元的战略目标以及实现战略目标所要采取的竞争策略。

- 在确立公司层战略和业务单元战略的基础上，需要根据这两个层面的战略来安排企业的人力资源战略，即思考人力资源在企业战略规划中的作用，以及企业通过什么样的人力资源系统来支撑企业的战略与目标。
- 薪酬战略是建立在人力资源战略基础之上的，属于人力资源战略的一个组成部分。即在整个企业的人力资源系统设计中，把薪酬系统作为其中的一个子系统，思考它如何支撑整个人力资源战略的实现。
- 确立了薪酬战略之后，还需要通过进一步的薪酬系统设计来使薪酬战略得以落实，即将薪酬战略转化为具体的薪酬制度、技术和薪酬管理流程。只有这样，才算完成了战略性薪酬体系的设计。

通过前面的战略性薪酬体系，企业就可以有效地引导和改变员工的态度和行为方式，并使其与组织的战略相配合。一旦实现了这种配合，企业就可以通过人的行为来获取竞争优势，因为落实到每个员工日常工作行为中的竞争战略才是竞争对手真正难以模仿的战略。

米尔科维奇还给出了根据几种典型的战略类型来安排人力资源战略，并据此设计企业薪酬战略的例子。具体见图8-7[5]。

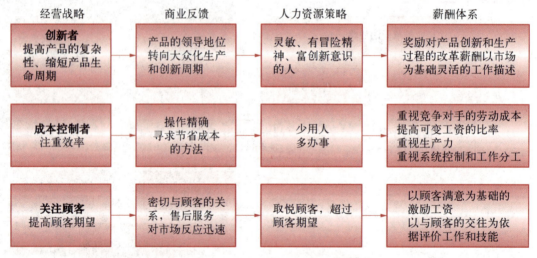

图8-7 不同的战略类型对应的薪酬战略

另外，米尔科维奇还提出了根据企业战略来思考薪酬战略的主要框架。他认为，思考企业的薪酬战略可以根据他所提出的薪酬设计四维模型，主要包括以下几个方面[6]：

（1）薪酬目标。薪酬应该怎样支持企业的战略，又该如何适应整体环境中的文化约束和法规约束？

（2）内部一致性。在同一企业内部，工作性质和技能水平的差别如何在薪酬上得以体现？

（3）外部竞争性。我们的整体薪酬定位在什么水平上从而可与竞争对手抗衡？

（4）员工的贡献。加薪的依据是什么——是个人或团队的业绩，还是员工不断丰富的经验、不断增长的知识或者不断提高的技能，抑或是生活费用的上涨、个人需求的增加，或者经营单位的整体绩效？

（5）薪酬管理。薪酬决策应在多大程度上向所有员工公开和透明化？谁负责设计和管理薪酬制度？

三、薪酬的作用与功能目标

伟大的公司需要优秀的人力资源体系来支持，优秀的人力资源体系则需要优秀的薪酬体系。薪酬体系的设计合理与否关系着整个企业是否顺畅运行，且在公司整个管理体系中占据着不可替代的作用，因为设计合理的薪酬体系具有其他管理体系所不具备的功能作用。

（一）薪酬的作用

1. 薪酬能够推动和支持公司的战略目标实现，确保企业竞争优势

作为连接员工与组织的重要纽带，薪酬能够将员工个人目标与组织目标协同起来。如果一个企业的薪酬结构和绩效指标是基于公司清晰的发展战略确定的，那么薪酬就可以充分激励和约束员工，使他们的行为与组织的战略协调一致，从而推动和支持公司战略目标的实现。基于战略的薪酬还有利于吸引、留住、激励企业所需要的核心人才，开发员工的核心专长与技能，从而形成企业的核心竞争力，确立企业的竞争优势。

2. 薪酬能够满足员工需求，激发员工潜能，开发员工能力

从心理学视角看薪酬，薪酬可以满足员工的物质和心理需求，从而使员工个人的尊严和价值得到体现，调动员工创造财富和价值的积极性。差异化的薪酬可以激发不同层次、不同类别员工的内在潜力，满足员工个人成长和发展的需要。

3. 薪酬能够调和劳资关系，维护社会公平，推动社会的和谐发展

作为员工为企业所提供劳动的交易价格，薪酬的合理支付是员工与企业在价值分配上的公平交易，有利于实现劳资关系的和谐。薪酬的公平支付能够避免工资歧视的发生，有助于社会的稳定健康发展。此外，企业支付的薪酬与整个社会的福利之间存在密切关系，社会福利的水平和规模与社会的总体薪酬水平有关，社会总体薪酬水平的提高有利于社会福利整体水平的提高。

（二）薪酬的功能目标

从功能目标角度看，薪酬激励主要是实现三大目标：（1）实现员工满意及相关利益者之间的价值平衡；（2）吸引、激励并保留企业所需要的核心人才；（3）支撑企业战略，提升企业竞争力，并最终达成企业目标。

从薪酬支付对象的角度来看，薪酬激励的目标可分为三个层次：（1）个人薪酬目标。员工努力工作的主要动力源于自己设定的薪酬预期并希望薪酬能够不断增加。（2）团队薪酬目标。在现代企业中，大多数工作往往是以团队形式完成的，因此薪酬设计的目标应以团队任务的完成效率和效果为依据来制定，个人薪酬以团队薪酬为基础。(3) 企业薪酬目标。企业层次的薪酬目标由公司经营发展目标的实现来决定，主要通过完善的薪酬体系激发员工的工作积极性和创造性，最大限度挖掘其工作潜能，为公司创造更多的价值，实现其价值最大化。

四、薪酬设计的理论假设及其依据

在人力资源管理中，企业如何确定员工所获得的薪酬，主要取决于员工对组织的价值和贡献，这种价值和贡献可以归结为员工的业绩，而业绩的产生则可以用一个投入-产出模型来进行概括（见图 8-8）。从模型上看，员工的价值从理论上讲应该用工作业绩来衡量，即按照业绩付酬。但由于很多员工的业绩往往较难直接衡量，同时由于业绩具有一定的波动性，业绩评价又具有相当的主观性，因而主要用业绩来决定员工的薪酬难以在实践中展开，并且不能够有效地满足员工需求并保持组织和工作的稳定性，因此人们不是直接从业绩来确定员工的报酬，而是用业绩产生的投入和过程要素来确定员工的报酬。

图 8-8　业绩产生的投入-产出模型

所以在企业中，个人工资水平可能取决于驱动业绩的员工投入，即员工的知识、技能和能力，可能取决于业绩产生的过程，也可能取决于工作成果的产出。如果以员工的知识、技能和能力等因素为主来确定员工的价值，便得到以能力为基础的薪酬体系；如果以业绩产生的过程即工作的完成为主来确定员工的价值，便得到以职位为基础的薪酬体系；如果直接按照业绩付酬，则得到以绩效为基础的薪酬体系。这三种视角仅仅是从员工价值创造的内部角度来思考员工对企业的价值和贡献，除此之外，我们还可以从组织外部角度来确定员工的价值，即按照市场价值来付酬，这便是以市场为基础的薪酬体系（见图 8-9）。在这几种不同的薪酬设计模式中，以职位为基础和以能力为基础的薪酬体系是最为基本的薪酬体系，而以市场为基础和以绩效为基础的薪酬体系的应用范围则相对较窄，并且往往依附于前两种基本

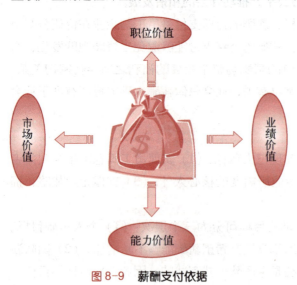

图 8-9　薪酬支付依据

的薪酬模式使用。

由于支付依据不同，这四种不同的薪酬体系具有不同的特征。

（一）**基于市场的薪酬体系**

基于市场的薪酬体系往往是根据行业标准与劳动力市场的供求状况确定员工的薪酬水平。薪酬的决定因素主要是员工的经历、稀缺性、独特性等。采用这种薪酬体系时，关键在于市场薪酬调查，依据调查结果和企业的薪酬水平战略决定员工的薪酬水平，且在确定具体的员工薪酬水平时，企业和员工要进行谈判。这种薪酬体系一般适用于企业的特殊人才以及可替代人才。

（二）**基于职位价值的薪酬体系**

基于职位价值的薪酬体系是依据职位对组织战略与目标实现的贡献程度大小、承担职位职责的人所需具备的能力（包括知识、技能和经验等）和工作本身的特殊性（包括岗位应负责任、解决问题的难度等）来确定支付给员工的薪酬水平。基于职位价值的薪酬体系设计的基础是职位分析与职位评价，不同岗位的工资差别主要是由工作评价结果的不同决定的。采用这种薪酬体系的关键是要基于企业的战略进行职位价值排序。

（三）**基于胜任力的薪酬体系**

基于胜任力的薪酬体系是根据特定职位员工的胜任力高低（如知识、技术、能力的广度、深度和类型）及员工对公司忠诚度的高低来确定薪酬支付水平。基于胜任力的薪酬体系的设计基础是对员工的工作胜任力进行评价，即通过衡量与高绩效相关的胜任力与行为以及基于职业发展通道的任职资格与职业化行为评价来替代对工作产出（绩效）的衡量。这种薪酬体系适合于研发、市场等特殊的专业人员[⑦]。

（四）**基于业绩的薪酬体系**

基于业绩的薪酬体系是根据任职者在特定岗位上产生的业绩水平和价值贡献大小确定其薪酬水平，薪酬的组成部分主要包括与年度工作业绩、目标达成有关的中期奖励计划以及与长期工作绩效、目标有关的长期激励计划（股权、奖金等）。采用基于业绩的薪酬体系时，关键在于经营者激励与核心人才激励体系（如员工持股方案、股票期权等）设计、利润分享计划、经理人杠杆收购（Management Buy-Outs，MBO）、绩效年薪制设计以及核心人才的薪酬包设计等。这种薪酬体系一般适用于企业的高层管理者和职业经理人。

【学习资料 8-2】

美世（Mercer）咨询的 3P 理念

美世咨询的 3P 管理理念，即岗位（Position）、绩效（Performance）和能力（Person）。3P 管理模型包含一系列工具和流程，在此我们简单介绍其中的三个层次与三个系统。

3P 管理的三个层次分别为个人管理、组织管理和战略管理，如图 8-10 所示。

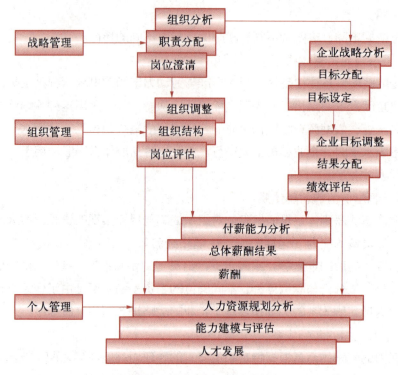

图8-10　3P管理的三个层次

3P管理的三个系统分别为职位管理、绩效管理和能力管理系统。

（1）职位管理系统。适用于产出周期短、绩效难以考核、技术含量低的岗位。如普通管理岗位宜采取岗位工资模式，按照所在岗位责任的大小和相对重要性，并通过岗位评价制定相应的岗位薪酬等级。同时经验积累和熟练程度也很重要，可适当考虑以年功工资作为补充形式。

（2）绩效管理系统。适用于产出周期短、绩效易于考核、技术含量低的岗位。如一般简单生产岗位、销售岗位等宜采取基于业绩的薪酬模式，即通过绩效考核和评估确定薪酬支付对象创造业绩的多少及相对重要性。这样最简便也最具激励性。

（3）能力管理系统。适用于产出周期长、技术含量高、绩效难以考核的岗位。如基础研究、基础教育、技术开发等岗位宜采取能力薪酬模式，根据薪酬支付对象所承载的企业发展所需的知识、能力和经验的多少及相对重要性，通过能力评估来制定相应的能力薪酬等级。

三个系统分别作用于薪酬的不同方面，涵盖了薪酬支付的核心理念。

职位管理系统体现了因职位付薪，所在岗位的价值决定了固定薪酬，即同一职位等级的所有员工具有相同的参考薪酬区间。

能力管理系统体现了因能力付薪，即针对员工的个人能力与对应职位能力要求进行综合评估后，确定该员工在参考薪酬区间内的薪酬值是否高于或低于基准值。举例来说，如果某个新聘员工的过去经验和个人能力高于职位的任职资格要求，可在薪酬区间内的中高区间确定薪资值，这就是市场溢价。

绩效管理系统体现了因绩效付薪。绩效薪资（大多数情况下指浮动奖金）是由员工短期和长期的绩效情况决定的，绩效工资既可以是固定的，也可以是可变的，员工持续性的高绩效可能会得到比参考薪酬更高的薪酬。

岗位、能力和绩效三P相互影响，背后是整个人力资源系统运作的完整性和体系性，而薪酬则是3P相互影响的直接体现。

资料来源：搜狐教育，http://www.sohu.com/a/169766394_651803。

五、薪酬设计与管理的框架体系

（一）薪酬的基本要素

前面讲道，薪酬主要由基本薪酬（Base Wage or Salary）、绩效薪酬（Merit/Incentive Pay）、附加薪酬（Add-ons）、福利（Fringe Benefits）以及利润分享与股权（Benefit Share/Stock）等要素组成。薪酬的要素结构如图8-11所示。

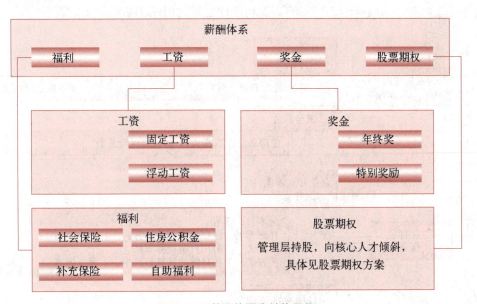

图8-11　薪酬的要素结构示例

（1）基本薪酬是企业按照一定的时间周期，定期向员工发放的固定报酬。基本工资主要反映员工所承担的职位价值或是员工所具有的技能和能力的价值，即分别是以职位为基础（Pay for Job）的基础工资和以能力为基础（Pay for Competency）的基础工资。它是企业为获取员工可能为公司创造的价值而支付的最低成本，也是人力资本需求双方达成协议的价格底线。基础工资往往有小时工资、周薪、月薪和年薪等形式。

(2) 绩效薪酬是根据员工绩效评估结果发放的薪酬，是对员工优良工作绩效的一种奖励或对员工超额完成工作的劳动支付的报酬。本质上，绩效薪酬是对员工创造的价值增量所享有的利润分配权，是货币资本所有者给人力资本所有者让渡的一部分收益分配权。其功能和作用是激励员工不断挖掘工作潜能，提高价值创造能力，为公司创造更大价值。绩效薪酬的资金来源于工资总额和税后利润提取的奖励基金两大部分，可以发挥中期激励作用。绩效薪酬主要有两种形式：绩效提薪（Merit Pay）和奖金（Incentive Pay）。绩效提薪即根据绩效评价结果而确定的对基础工资的增加部分；奖金也称为激励工资或者可变工资，是对员工超额完成工作绩效目标的工作报酬。奖金与绩效提薪的差别在于奖金并不成为基础工资的永久部分，而只是一次性的增加。

(3) 附加薪酬是在员工现有基础薪酬上添加的不反映职务和个人绩效因素的薪酬，是针对某种非绩效要素给予的具有普遍性的津贴或者补贴，一般包括津贴（Allowance）、物价补贴，如危险工作岗位津贴、夜班工作津贴、出差补助等。

(4) 福利（有时候称为非直接薪酬 Indirect Compensation）代表了薪酬的一种增加，是企业总体薪酬中非货币性收入的重要组成部分，往往体现为非货币性收入，如带薪休假、健康计划、补充保险、住房补贴等（见图8-12）。根据员工个人偏好设计的自助餐式福利计划正在成为新兴的福利形式。当前，福利设计已成为留住和激励员工的重要形式。

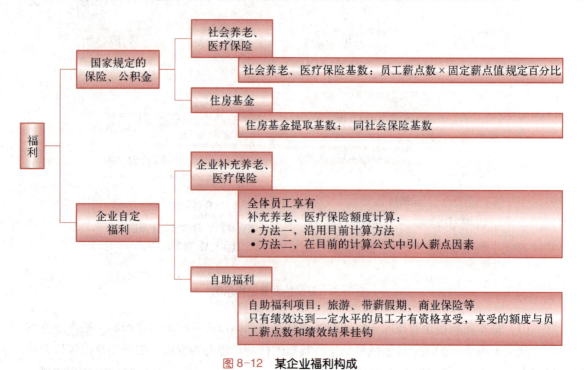

图 8-12　某企业福利构成

(5) 利润分享与股权激励（Benefit Share/Stock）主要是基于人力资本价值的承认与人力资本剩余价值的索取权而确立的一种薪酬方式，主要针对中高层管理人员、核心业务和技术人员,是一种长期薪酬激励方式,一般有利润分享计划、股票期权、员工持股计划等形式。

(二)薪酬设计与管理的基本框架体系

薪酬设计的基本框架如图 8-13 所示。由图可知,薪酬设计所涉及的理论和技术全部是围绕三个层面而展开的。把握了这三个层面,就把握了薪酬设计的实质,就能够超越一般人对薪酬设计的理解。下面我们对薪酬设计的三个层面进行概括分析。

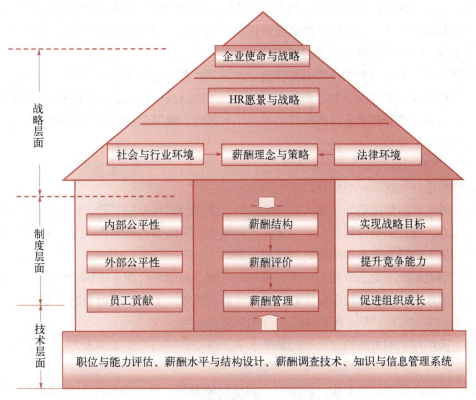

图 8-13　薪酬设计的基本框架体系

1. 战略层面

战略层面是构建薪酬设计与管理体系的整体思想指导——企业战略驱动人力资源战略,进而影响薪酬战略。在进行薪酬体系设计时,需要考虑的重要问题是如何使薪酬战略与企业战略相匹配,从而支撑企业整体战略的实现。因此,必须首先明确企业的使命与战略,并据此确定公司的人力资源愿景与整体战略,然后在考虑企业所面临的社会与行业环境及法律环境的前提下,确定人力资源管理体系中最重要的组成部分——薪酬理念与策略。这样就能保证企业的薪酬体系是与战略一致的,能够支撑企业战略目标的实现。

2. 制度层面

制度层面是薪酬设计与管理体系的具体内容。在这个层面,要依据企业的薪酬理念与策略确定企业的薪酬结构,并进行薪酬评价,然后建立完善的薪酬管理制度。既要确保薪酬的内部公平性和外部竞争性，同时又要体现员工的贡献和价值，最终实现企业的战略目标，提升企业的综合竞争力，促进组织的持续成长。

3. 技术层面

技术层面主要包括构建薪酬设计与管理体系所涉及的一些具体技术方法等方面，如外部薪酬调查、职位评价和薪等薪级的设计等，这些内容是薪酬体系设计的基础。没有职位评价，就难以确保薪酬体系的内部公平性；没有外部薪酬调查，薪酬体系的外部竞争性就无从谈起；没有薪等薪级的设计，就难以在不同员工之间拉开薪酬差距，从而难以发挥薪酬对员工的激励作用，企业绩效的实现就将仅仅是空谈。技术层面的内容都很基础，却是薪酬体系设计中不可忽略的重要组成部分。

战略层面、制度层面和技术层面在整个大薪酬体系中的作用不同，但每一层面都不可或缺，只有实现三个层面各项工作的有机结合，才能形成一套与企业战略相一致的薪酬体系，从而通过合理的薪酬支付激发员工的工作积极性，确保企业绩效目标的达成，实现企业的战略目标。

（三）薪酬设计与管理中的十大要点

薪酬的设计与管理要把握好以下十大要点：

（1）要实现薪酬策略与企业人力资源战略、企业经营目标的一致，提升薪酬管理的战略管理能力。通过战略性薪酬吸引、留住、开发组织所需要的战略性人才，并通过战略性薪酬驱动员工的行为与组织的战略目标相一致。

（2）明确薪酬决定的依据，科学、准确地付酬。合理评价企业的职位价值、员工的能力价值和绩效价值，并实现职位价值、能力价值、绩效价值与市场价值的合理组合。通过科学的薪酬决定实现薪酬分配的内部公平和外部竞争性。

（3）采用科学的方法确定合理的薪酬水平，并处理好人工成本与人力资本投资之间的关系。

（4）确定合理的薪酬差别，形成企业内部薪酬差异。既要依据能力与贡献拉开差距，又要保持员工的心理承受力，避免内部员工关系紧张。

（5）采用科学合理的方法设计多元的薪酬激励要素（如机会、职权、工资、奖金、股权、认可、学习）与薪酬结构，以满足不确定的、多层次的、复杂的员工需求，使工资设计反映不同类别员工的特点。

（6）协调处理短期激励与长期激励的矛盾、当期收入与预期收入的矛盾、货币收入与非货币性收入的矛盾、固定收入与非固定收入的矛盾、即期支付与延期支付的矛盾以及团队薪酬与个人薪酬的矛盾，实现相关利益者之间的平衡。

（7）建立分层分类的薪酬管理体系，建立集团化薪酬管控模式，合理控制企业的工资总额。动态调整员工工资，使薪酬设计反映不同层次、不同类别员工（如研发、营销、生产、经理人员）的需求与劳动特点。

（8）在治理结构层面正确处理货币资本和人力资本的矛盾，实现人力资本的剩余价值索取权,合理确定职业经理人的薪酬及高层管理团队的薪酬与激励(如薪酬分享体系、年薪制、股票期权)。

(9)做到薪酬的机制与制度设计的程序公平,使得薪酬的机制与制度同人力资源管理体系中其他机制与制度相配套,尤其是与绩效管理体系及任职资格体系相统一。

(10)在劳动合同法的实施带来企业的违规成本增加的情况下,做到薪酬制度与管理体系设计合法合规,避免企业付出违规成本。

第二节　薪酬理念与薪酬策略

一、薪酬理念与价值取向

在进行薪酬体系设计时,需要依据企业的使命与战略,确定公司的人力资源愿景与整体战略,然后在企业所面临的社会与行业环境及法律环境大背景下,确定企业的薪酬理念和策略。企业薪酬理念的确定需要注意以下几点:

(1)企业薪酬体系的设计要体现企业文化的价值诉求,并据此确立企业的薪酬理念。薪酬理念是企业薪酬体系设计的依据,是薪酬管理的终极价值判断标准,因此要把薪酬文化培育与薪酬理念灌输同薪酬体系设计结合起来。

(2)要赋予薪酬理念丰富的内涵,向员工灌输和传导薪酬理念,塑造员工全新的工作价值观、贡献观与回报观。薪酬理念不只是一种口号,而是员工能够从内心深处感受到的一种价值观。

(3)将薪酬理念落实到薪酬的机制和制度建设上,推进薪酬理念的落地。在进行薪酬设计和管理相关机制及制度建设时,时时处处体现企业的薪酬理念,将其落到实处,建设企业权、责、利、能四位一体的薪酬管理机制与制度。

二、企业战略与薪酬策略

(一)企业战略对薪酬的影响

在确定企业的薪酬策略及薪酬管理制度时,需要关注的基本问题包括薪酬支付的基础、对象、规模、水平、结构和方式等方面,各个方面的确定都要受企业战略的影响。

(1)战略决定企业员工的类型、规模和数量结构,从而确定企业薪酬的支付对象和支付规模。

(2)战略决定了薪酬水平与市场工资水平的关系,即企业要根据整体战略对薪酬支付水平进行选择。薪酬支付水平是指企业要确定支付多高水平的薪酬,通常可以将企业支付的薪酬水平与同一职位、同一等级的市场薪酬水平相比较,从而确定企业要选择领先的、落后的还是跟随市场的薪酬水平。领先型策略是指企业发放的薪酬高于市场平均工资水平;跟随型策略也称匹配策略,是指企业发放的薪酬基本与市场平均工资水平持平;滞后型策略是指企业发放的薪酬落后于市场平均工资水平。

（3）战略影响企业薪酬结构的设计。薪酬结构是指在同一组织内部不同职位或不同技能员工的薪酬水平的排列形式，它强调薪酬水平等级的多少、不同等级水平之间的级差大小以及决定薪酬级差的标准。

【学习资料8-3】

薪酬结构定位

薪酬结构设计的基本思想有两类：等级化或者扁平化。等级化的薪酬结构往往等级较多，级差较小；扁平化的薪酬结构往往等级较少，级差较大。

等级化薪酬结构通常要求对每个等级所做的工作给出细致的描述，明确每个人的职责。这种薪酬结构承认员工之间技能、责任和对组织贡献的差别，认为频繁的职位升迁能够很好地发挥对员工的激励作用。

扁平化薪酬等级界定的每个等级的任务职责范围比较宽泛，从而使员工拥有更大的决策自主权。这种薪酬结构认为所有的员工都应平等对待，越平等就越能提高员工的工作满意度，促使企业内的工作团队形成，提高员工绩效。

（二）薪酬策略的本质特征

不同的企业战略导致不同的薪酬策略，但无论企业采取什么样的薪酬策略，都具有以下两个本质性特征。

1. 薪酬策略是权变的，会因企业发展阶段、文化背景的不同而不同

如图8-14所示，企业进行薪酬设计时，需要遵循三项基本原则，要在保证薪酬支付的内部公平和外部竞争性的同时实现支付效率。在满足三项基本原则的基础上，不同企业因其所处的发展阶段及企业文化不同，在进行薪酬设计时关注的重点亦有所差异，因而所采取的薪酬策略会有所不同，甚至同一企业在不同发展阶段所采取的薪酬策略也有可能不尽相同（见表8-3）。

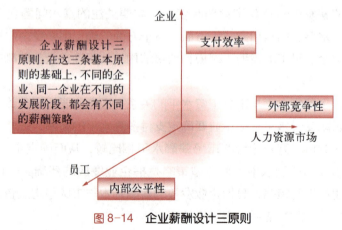

图8-14　企业薪酬设计三原则

表8-3 不同的发展阶段有不同的薪酬做法

	起步阶段	平稳发展阶段	下降阶段
基本薪酬	比例不高	稳定	增长缓慢
奖金	更多弹性	少	有所提高
福利	水平不高	越来越多	停滞

2. 薪酬策略是对企业战略性薪酬问题提出的系统解决方案

在进行薪酬体系设计时，需要关注两个重点：一是确定企业的战略性薪酬问题是什么，二是如何找到战略性薪酬的解决方案。战略性薪酬问题是指企业薪酬体系中与企业战略目标实现紧密相关的事项。要制定一套整体性薪酬战略，需要经过以下五个步骤。

（1）依据企业战略，确定本公司的关键成功要素是什么以及组织需要做些什么才能达成自己的使命或者获得理想的竞争地位。

（2）依据企业的现有条件及所面临的外部环境，确定组织需要什么样的行为或者行动来使这种竞争策略成功执行。

（3）确定组织应当用什么样的薪酬方案来强化这些行为，以及薪酬方案的每一部分是为了强化哪种或者哪些理想行为。

（4）明确要发挥每一种薪酬方案的预期作用需要满足哪些要求，对雇员的价值是什么，以及评价这些报酬方案的激励有效性的方式、方法。

（5）评价企业现有的薪酬方案在多大程度上能够满足这些要求。

（三）薪酬策略要素与组合

薪酬策略是一个整体，是由不同要素组合而成的一套体系。这些要素包括薪酬水平策略、薪酬管理策略以及薪酬组合策略。

1. 薪酬水平策略

前面我们曾提到，薪酬的支付水平定位有三种策略：领先型薪酬策略、跟随型薪酬策略和滞后型薪酬策略。领先型薪酬策略是一种基于一流人才的战略，跟随型薪酬策略是一种基于竞争对手的战略，滞后型薪酬策略是一种基于成本的战略。

2. 薪酬管理策略

薪酬不仅是连接组织与员工的十分重要的纽带和桥梁，同时还是一把双刃剑：用得好可以激励员工努力工作，提升工作绩效；用得不好则会削弱员工的动力，造成员工的不满。这把双刃剑用得好坏，不仅取决于薪酬体系设计是否科学、合理，同时还取决于企业是否对薪酬进行了科学、有效的管理。薪酬的管理策略主要包括：①薪酬治理与管控模式，即依据企业的战略制定科学、合理的薪酬管理决策程序、机制及管控模式；②薪酬重心的倾斜与内部差距，即依据企业战略和公司价值创造体系确定企业的薪酬重心应如何向那些最能创造价值的员工倾斜；③薪酬决定的模式，前面我们讲道，薪酬的支付依据有四种——职位、能力、绩效和市场；④薪酬结构的优化与调整，即随企业发展及环境变化，对薪酬结构进行优化与调整；⑤ 薪酬等级管理，前面我们讲道，薪酬结构设计的基本思想有两类——等级化或者扁平化；⑥ 团队与个体薪酬管理，即需要对基于团队的薪酬进行管理，处理好个体薪酬与团队薪酬之间的关系；⑦ 薪酬的支付方式管理，是指对如何向员工支付薪酬进行策略选择，如是采用短期薪酬还是长期薪酬、是重视奖励现在还是奖励未来等的选择；⑧ 薪酬的沟通管理，企业应在薪酬的公开与保密之间进行权衡，并选择合适的薪酬沟通管理方式；⑨ 薪酬的满意度管理，即确定企业是追求内部公平还是外部公平，并向员工传递公司的薪酬文化。

3. 薪酬组合策略

除了薪酬的水平策略和管理策略外，组合策略也是薪酬策略体系的重要组成部分。所谓组合策略，是指对员工所处层次（如高层管理者、中层主管及基层员工等）、员工在组织结构中的职能模块进行组合，针对每一组合确定不同的薪酬策略。比如，企业对高层管理者支付行业最优水平的薪酬，并且以长期激励为主；而对于基层员工来讲，其所在职能模块不同，薪酬策略就有所不同（见表8-4）。

表8-4 薪酬的组合策略

高层	• 行业最优水平 • 激励性薪酬结构 • 长期激励为主导			
中层	• 适度领先：行业中上水平、地区75%以上 • 保障+激励 • 长、中、短期相结合			
基层	• 行业最优 • 激励+保障	• 成本控制：地区中等水平 • 短期激励主导	• 行业最优 • 短期激励	• 成本控制：地区中上水平 • 保障+激励
	研发	生产	销售	职能

第三节 薪酬设计体系的内容

一、基础工资体系的设计

（一）以职位为基础的工资体系设计

1. 以职位为基础的工资体系的假设前提

以职位为基础的工资体系（Pay for Job），具有三个假设前提：

（1）员工对组织的价值和贡献，主要体现为其职务价值。员工承担的工作职责和完成的工作内容决定了其对组织价值创造所作的贡献。因此，可以依据员工所承担职位职责的大小、工作内容的复杂程度、工作难度、完成工作职责所需要具备的任职资格的高低等因素进行职位价值评价，并以职位价值评价的结果来确定员工的工资。

（2）每个员工的工作范围和工作内容非常固定，从而能够明确界定其职位内涵，并能够对其职位价值进行较为准确的评价。

（3）组织采用一种严格的金字塔模式。在传统的组织模式中，组织的人员结构表现出一种金字塔模式，组织层级越高，该层级的人员越少，但每个人对组织的价值和贡献越大。也就是说，管理层级每上升一级，员工的薪酬也就要提高一个大的幅度，而不管上一级别的管理者在胜任力上是否真正比下一个级别的员工要高。可见，以职位为基础的薪酬模式体现出一种官本位的价值倾向。

2. 以职位为基础的工资体系设计的流程

以职位为基础的工资体系（以下简称职位工资），是根据每个员工所承担职位的价值来确定其基础工资。因此，职位工资必须建立在职位分析和职位评价的基础之上。职位工资设计主要包括以下步骤（见图 8-15）。

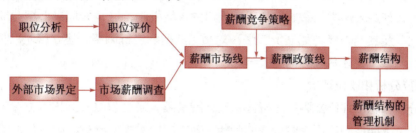

图 8-15　以职位为基础的工资体系设计的流程

（1）首先通过职位分析，形成职位说明书。职位说明书的内容包括该职位的主要工作职责、业绩标准、任职资格要求、工作条件以及工作特征，从而为职位价值评价提供各职位的基础性信息。

（2）在职位分析的基础上进行职位评价。职位评价是建立职位工资最主要的基础和前提。职位评价是通过采用一套标准化和系统化的评价指标体系，对企业内部各职位的价值进行评价，从而得到各职位的职位评价点值，这种职位评价点值可以直接成为确定该职位基础工资的主要依据。职位评价的方法主要有排序法、分类法、因素比较法和要素计点法四种。在这四种方法中，计点法由于其在保证结果准确的基础上又兼具了简单实用的特点，从而成为目前在企业中运用最为广泛的职位评价方法。综观多种多样的职位评价计点系统，尽管不同系统的模型、假设、因素和权重往往具有一定的差异，但其总的框架大致相似，即大部分计点法所包含的要素都可以概括为四个维度：工作职责的大小、工作复杂性和难度的大小、任职资格要求的高低和工作环境条件的好坏。要对这四个维度下面的各要素进行评分，就必须依靠职位分析所提供的信息，即在职位评价时，必须参考职位说明书的相关内容。这就是为什么说职位分析是职位评价的前提和基础的原因。

（3）在准确界定相关劳动力市场的基础上，进行外部劳动力市场薪酬调查。职位分析和职位评价仅仅能实现薪酬设计的内部一致性，而要实现薪酬设计的外部竞争性，还需要对各职位进行外部劳动力市场的薪酬调查，并将外部薪酬调查的结果与职位评价的结果相结合，形成反映各职位平均市场价值的市场薪酬线。

（4）确定竞争性薪酬政策。企业的竞争性薪酬政策主要反映其薪酬水平与外部劳动力市场薪酬水平相比较的结果。这种薪酬政策主要包括三种类型：领先型、跟随型和滞后型。根据企业的薪酬政策，企业对所得到的市场薪酬线进行修正，得到企业的薪酬政策线，从而为将职位评价的点值转换为具体的货币价值提供依据。

（5）建立薪酬结构。前面的步骤所确定的每个职位的价值主要反映了其平均价值，企业还需要根据从事相同工作的不同人员之间的绩效差异、能力差异和资历差异等来形成不同的薪酬，也就是要为每个职位等级建立起薪酬的"跑道"，包括每个职位等级的最高工资、中点工资和最低工资。这一过程就是形成企业薪酬结构的过程。

（6）建立薪酬结构的管理机制。薪酬结构建立之后，整个企业的薪酬框架就已经基本完成。此时就需要建立对该薪酬结构进行管理的机制。它主要包括两个方面：一是现有人员和新员工如何进入这样的薪酬框架，即人员的入轨机制；二是如何来根据业绩、能力和资历的变化以及其他因素（如通货膨胀）对员工的薪酬进行调整。建立管理机制是实现对薪酬的动态调整、完善薪酬结构的关键。

3．职位分析和职位评价

职位分析和职位评价是职位工资体系设计的基础。通过职位分析和职位评价，企业形成对每个职位或典型职位间相对价值的判断。前文已经对职位分析和职位评价的原理与方法进行了系统性讲解，在此不再赘述。需要强调的是，职位分析和职位评价在职位工资体系设计中十分重要。

4．外部薪酬调查及调查结果应用

职位评价的最终结果是得到职位等级，该职位等级序列反映了组织的价值观和战略目标。它是一个组织试图赋予其薪酬系统内部一致性的一种机制。开发薪酬体系的下一步就是要对职位等级进行定价。这将通过把职位的内部价值（用职位评价点值来表示）与职位的外部价值（用劳动力市场工资来表示）进行系统的比较来完成。在此，将讨论完成这一系统性比较所需做出的决策，它的最终结果是得到薪酬政策线。薪酬政策线表达了职位评价点值与劳动力市场之间的关系，是确定工资结构的基础。

（1）选取外部薪酬调查的职位。进行薪酬调查的第一步就是选取需要进行调查的关键职位，然后从外部市场调查中获取这些关键职位的薪酬信息。之所以要选取关键职位进行调查，而非针对所有职位都展开调查，是因为：一方面，有些职位是企业所独有的，要得到这些职位的市场工资调查数据是不可能的；另一方面，即使能够获得组织中所有职位的市场薪酬数据，也往往会因为成本太高而没有必要，因为很多本组织中类似的职位的外部市场价值也很相似，只需要对这类职位中的一个代表职位进行调查，其他相似职位就可以参照这个职位作出薪酬决策。

（2）确定薪酬调查的渠道、方式和对象。就薪酬调查的渠道而言，企业可以根据自己的需要展开薪酬调查，也可以聘请专业咨询公司专门为本企业进行薪酬调查，还可以直接购买专业薪酬调查机构（如咨询公司、网站等）的薪酬数据库或者调查报告。企业自己展开薪酬调查往往会面临成本高昂的问题，而购买专业机构的薪酬数据库或者调查报告又会面临难以与本企业的薪酬实践和职位特点相匹配的缺点。因此，如何在调查成本和效果之间进行折中考虑，将是一个难题。在中国的现实状况下，由于缺乏行业协会和企业间心理契约的支持，企业往往难以组织自己的薪酬调查，因此聘请专业咨询公司从相对中立的立场来展开薪酬调查，实现各企业之间薪酬数据的共享，能够大幅度提高薪酬调查所获信息的真实性和准确性。对于那些没有足够预算来聘请专业机构为自己进行专门调查的企业而言，购买公开出售的薪酬调查报告也是一个很好的选择。但企业对这些薪酬报告所提供的数据需要进行有选择性的使用，也可以根据几个不同的薪酬调查报告所提供的综合信息来作出决策。

进行薪酬调查有很多方式，其中最为典型的方式包括：问卷调查、访谈调查、电话调查和网络调查。作为一种新兴的调查方式，网络调查由于保密性强而大幅提高了调查结果的可靠性，受到越来越多的青睐。

薪酬调查的对象是指企业将针对哪些相关企业进行薪酬调查，这个问题可以归结为相关劳动力市场的界定问题。企业的相关劳动力市场是指与本企业竞争员工的其他企业。米尔科维奇将相关劳动力市场界定为：

- 与本企业竞争从事相同职业或者具有相同技术的员工的企业。
- 与本企业在同一地域范围内争夺员工的企业。
- 与本企业在同一产品或服务市场展开竞争的企业。

贝尔彻（Belcher）和艾奇逊（Atchison）建议在决定将哪些组织纳入薪酬调查范围时，应采取以下标准：

- 同一行业中的公司。
- 雇佣技能类似的员工的组织。
- 不同规模的组织要进行平衡，但不包括规模过分小的企业。
- 如果可能的话，应包括有专业的薪酬管理员进行薪酬管理的组织。

希尔斯（Hills）、伯格曼（Bergmann）和斯卡尔佩尔（Scarpell）建议"同一行业市场的公司"要满足以下三个标准：

- 近似的地理范围。
- 利用相同的技术。
- 具有用雇员数量来衡量的同等的规模。

可以用来决定哪些组织应包括在薪酬调查中的最简单的定律是："我们失去的员工流到了什么地方？""我们从谁那里获得我们所需要的人？"

（3）设计薪酬调查表并展开薪酬调查。不管采用何种薪酬调查方式（如问卷调查、电话调查等），都需要通过一张薪酬调查表来收集或记录所获得的信息。为有效地获取竞争对手的薪酬信息，并将竞争对手的薪酬信息与本企业的相关职位进行准确的匹配，薪酬调查表往往需要包括以下内容：

- 调查职位的基本信息（包括职位名称和基本工作特征）。
- 调查对象的组织信息（包括规模、行业、地域、企业性质等，从而判断调查对象和本企业之间的匹配程度,这一因素将影响调查结果的可用性)。

- 调查职位的职位描述(即需要在调查表中用通俗的语言来罗列该职位的主要工作职责和内容,以便被调查者能够准确识别该职位,并使调查信息的分析者能够准确获得调查对象的职位和本企业对应职位之间的匹配关系)。
- 调查职位的任职者个人信息(包括性别、年龄、学历、专业和资历等,以判断从事相同工作的任职者是否会由于个人因素差异而导致薪酬差异,从而对薪酬调查的数据进行调整)。
- 调查职位的总体薪酬包的构成和薪酬水平(包括基础工资、奖金、福利等)。

(4)薪酬调查的结果——薪酬调查报告。薪酬调查的结果表现为薪酬调查报告,不同薪酬调查方式和渠道所得到的调查信息存在着较大差异,因此薪酬调查结果的表现形式不尽相同。如从事薪酬调查的网站所给出的薪酬调查报告涵盖的调查范围通常十分广泛、通用性强,但往往难以满足企业的个性化需求,难以实现调查职位和本企业需求职位之间的准确匹配。

(5)薪酬调查结果的运用。薪酬调查结果的运用主要有两种方式:一是对调查结果进行数据统计分析得到市场薪酬线,并结合企业的薪酬战略而设计出企业的薪酬政策线;二是直接针对某一职位或者某些职位的调查数据,分析企业在该职位上应该如何付酬。后一种方式往往需要具体问题具体分析,因此我们着重介绍如何通过数据统计分析而得到企业的薪酬政策线。

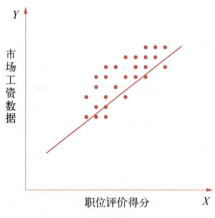

图8-16 职位评价得分和市场工资之间的回归线

制定薪酬政策线,需要运用统计学的技术,把组织中每项职位评价得分与劳动力市场每个职位的工资率之间的关系归纳为线性回归的关系。图8-16描绘了一条回归线,它反映了职位评价得分与劳动力市场工资之间的关系。任何回归直线都可以通过下面的等式来表达:

$$Y = a + bX$$

a是直线在Y上的截距,斜率b表明X每增加或减少1个单位,Y所产生的变化。这种直线的公式并没有提供关于这些点聚集到这条直线的程度的信息。但我们可以计算出相关系数,表明这两个变量之间关联的程度(这里指职位评价得分与劳动力市场工资这两个变量)。

在计算出回归方程后,我们就可以知道a和b的值,由于X代表职位评价得分,所以现在我们就可以用这个方程来预测每一特定职位的价值。如果组织中关键职位的现行工资与市场状况完全相符,那么这条回归直线的相关系数就为1.0。在图8-16中我们可以看到，一些点的市场工资高于这条线，而另一些点的市场工资则低于这条线。

为了帮助确定职位评价得分是否与劳动力市场工资率之间完全相符，可以依据这些数据计算相关系数。相关系数越接近 1.0，相关程度越高。相关系数的平方可以说明，因变量（薪水）变异中的多大比例可以用自变量（职位评价得分）来解释。样本容量在这种统计方法中非常重要，所以我们建议回归分析最好建立在至少 10 个数据点之上。

通过观察回归线的图形和与之关联的数据，能够诊断出可能存在的问题。可能碰到的典型问题就是，一个职位的工资数据大大高于或大大低于其在职位等级中的位置决定的工资，这可能有如下所述的多种原因，其中的每一条原因都应该仔细地进行考虑。

① 可能是该职位与所调查职位匹配错误。这时可看一看其他职位是否匹配得更好，如果其他工作也都没有得到更好的匹配，可能就需要对市场工资数据进行矫正。

② 可能是职位评价不正确。如果有问题的职位主要是由单一性别的任职者来从事，那么就要进行检查，以确保薪酬因素是适合组织的，且在性别问题上是尽可能中立的。同时检查每一项薪酬因素的权重，看它们是否反映了组织的价值观和战略。

③ 薪酬调查的数据是否摆脱了在任意一个方向都对薪酬有不当影响的因素。例如，某一职位的调查数据是否是从低工资（或高工资）的行业或组织群体中得到的？

最后，薪酬专家必须做出合理判断——我们所得到的回归线是否代表了职位等级与劳动力市场之间的正确关系。

通过计算市场上的平均工资率、最大工资率和最小工资率的回归方程，我们可以更好地分析工资的竞争性。把这些数据制成图表，可以让薪酬分析人员了解到市场工资率的"带宽"（Band），而不是让他们只了解到单个点的估计值。这对于明确本企业薪酬体系在相关劳动力市场的战略定位具有重大价值。

通过上述步骤，企业得到了其市场薪酬线，接下来，企业需要根据其竞争性的薪酬政策来确定薪酬政策线（见图 8-17）。薪酬政策是指企业的薪酬水平在相关劳动力市场上的定位。一般来讲，企业有三种不同的薪酬政策。

- 领先型（Leading）的薪酬政策：企业的薪酬水平高于相关劳动力市场的平均薪酬水平，它常常用处于劳动力市场薪酬水平的前 25 个百分位来进行界定。
- 跟随型（Match）的薪酬政策：企业的薪酬水平与相关劳动力市场的平均薪酬水平大致相当，它常常用处于劳动力市场薪酬水平的第 25~75 个百分位来进行界定。
- 滞后型（Lag）的薪酬政策：企业的薪酬水平落后于相关劳动力市场的平均薪酬水平，它常常用处于劳动力市场薪酬水平的第 75 个百分位之后来进行界定。

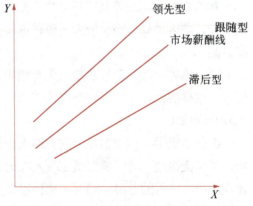

图 8-17　不同竞争性薪酬策略对应的薪酬政策线

根据企业的薪酬政策,企业需要对市场薪酬线进行调整而得到企业的薪酬政策线,即如何将每个职位评价点值转换为具体的货币价值的回归线。如果采用领先型的薪酬政策,企业的薪酬政策线就要高于市场薪酬线;如采用跟随型的薪酬政策,薪酬政策线就与市场薪酬线相重合;如果采用滞后型的薪酬政策,薪酬政策线就要低于市场薪酬线。

5. 工资结构设计

工资结构设计是建立在企业职位评价结果和薪酬政策线基础之上的一个关键步骤。工资结构包括针对每一职位或者职位等级的工资范围,包括中点工资、最高工资、最低工资和工资范围系数。它使企业能够建立起对工资进行管理的结构,并使企业能够对从事相同工作但拥有不同能力水平和工作绩效的员工给予不同的薪酬。在国际上通行的工资结构往往包括传统的职位等级结构和宽带结构。但从国内企业的人力资源管理实践来看,薪点制工资体系是一种普遍采用、非常有效的工资体系,因此不管是哪一种工资结构,都需要建立在薪点表的基础之上,所以下面先介绍薪点表的设计,然后介绍两种不同的工资结构。

(1) 薪点表的设计。习惯上,员工的收入水平是以货币形式表现的,而在职位工资中,我们用薪点表示员工的收入水平,员工的薪点越高,其薪酬水平越高。员工应得薪点数的多少由三个影响因素决定——职种、任职资格等级、绩效。薪点没有单位,它以赋予每个薪点的货币价值不同代表不同的金额。

薪点表反映了薪点的整体分布情况。设计薪点表的关键是确定薪点表的起点和每个等级内部的级差,在确定了这两个基本变量之后就可以确定企业内部薪酬的坐标系,这个坐标系的最高薪级必须能够涵盖企业内部的最高工资水平。

整个薪点表首先分成若干薪等,每个薪等又分为若干薪级。

薪点表中相邻薪等最低薪点数的差额叫等差。每个薪等的起点薪等数随着薪等的提高而增加,薪等越高,等差越大。通过这样的设计,就为处于不同薪等的员工划定了不同薪酬区间。

同一薪等中相邻薪级的薪点数差额叫级差。同一薪等中,级差相同;薪等越高,级差越大。这样的设计是因为处于高薪等的员工的薪点数较高,所以需要更大的提薪幅度才能达到激励效果。

在薪点表中,相邻薪等之间有很大一部分是重叠的。这一方面给新旧工资体系的切换提供了回旋余地,可以确保员工收入在进入职能工资体系时,既保证原有收入的惯性,又体现出员工价值的差异;同时,这种设计又允许处于低薪等的员工拿到的工资超过高一个薪等的部分员工,对员工的激励作用更大。

【学习资料8-4】•+•

某咨询公司的薪点表

G公司是一家著名的管理咨询公司,该咨询公司在设计其薪酬体系时,采用了薪点制的设计方式。表8-5给出了薪点表的范例。

表8-5 薪点表范例　　　　　　　　　　　　　　　　　　单位：元

		薪　级									
		1级	2级	3级	4级	5级	6级	7级	8级	9级	10级
薪等	1等	1 000	1 100	1 200	1 300	1 400	1 500	1 600	1 700	1 800	1 900
	2等	2 000	2 200	2 400	2 600	2 800	3 000	3 200	3 400	3 600	3 800
	3等	4 000	4 200	4 400	4 600	4 800	5 000	5 200	5 400	5 600	5 800
	4等	6 000	6 200	6 400	6 600	6 800	7 000	7 200	7 400	7 600	7 800
	5等	8 000	8 300	8 600	8 900	9 200	9 500	9 800	10 100	10 400	10 700
	6等	11 000	11 400	11 800	12 200	12 600	13 000	13 400	13 800	14 200	14 600
	7等	15 000	15 500	16 000	16 500	17 000	17 500	18 000	18 500	19 000	19 500
	8等	20 000	20 500	21 000	21 500	22 000	22 500	23 000	23 500	24 000	24 500
	9等	25 000	25 500	26 000	26 500	27 000	27 500	28 000	28 500	29 000	29 500
	10等	30 000	30 600	31 200	31 800	32 400	33 000	33 600	34 200	34 800	35 400
	11等	36 000	36 600	37 200	37 800	38 400	39 000	39 600	40 200	40 800	41 400
	12等	42 000	42 800	43 600	44 400	45 200	46 000	46 800	47 600	48 400	49 200

可以看出，该薪点表共分为12个薪等，每个薪等分为10个薪级。薪点表的起点是第1等第1级的1 000元，第1个薪等内部的级差是100元，第2、3、4个薪等内部的级差都是200元，第5个薪等内的级差为300元，第6个薪等内的级差为400元，第7、8、9个薪等内的级差为500元，第10、11个薪等内的级差为600元，第12个薪等内的级差为800元。薪等之间的等差与上一个薪等内的级差比例相等。

资料来源：彭剑锋，《战略人力资源管理：理论、实践与前沿》，中国人民大学出版社2014年版。

（2）职位等级结构。职位等级结构是根据职位评价结果将组织内的职位划分为若干等级，然后针对不同职位等级设计工资范围。这一设计过程通常包括如下步骤。

① 划分职位等级。

划分职位等级的依据是通过职位评价得到的职位评价点值。一般将企业内部的职位等级划分为5~9级，并且职位等级的数量往往随企业规模的不同而变化，小企业职位等级的数量比大企业职位等级的数量要少，超大规模企业职位等级的数量往往会达到9个以上。

职位等级的划分需要将某一职位评价点值范围的职位划分到同一职位等级。确定每一职位等级内部所涵盖的职位评价点值范围可以采用三种方式：等差、递增和递减。等差是指将某一相等差距范围内的职位归为同一职位等级；递增是指较低职位等级所涵盖的点值差距较小，较高职位等级所涵盖的点值差距较大；递减是指较低职位等级所涵盖的点值差距较大，较高职位等级所涵盖的点值差距较小。不管采用哪一种职位等级划分方法，都必须充分考虑企业内部职位结构的现实状况：如果建立职位等级的点值范围太大，点值范围上层职位的员工就会感到他们的职位价值被低估了；如果建立职位等级的点值范围太小，虽然可能实现内部公平，但其代价是管理的效率低。因此，要在内部公平性和管理效率之间取得平衡。另外，还必须充分考虑组织内部管理层级的影响，同一管理层级的职位最好能够划分到同一职位等级之中，以充分体现不同管理层级对组织价值创造的等同性。表8-6给出了某一企业划分职位等级的范例。

表8-6 根据职位评价的点值划分职位等级

职位评价点值范围	职位等级
100 以下	Ⅰ
101～200	Ⅱ
201～300	Ⅲ
301～400	Ⅳ
401～500	Ⅴ
501～600	Ⅵ
601～700	Ⅶ
701～800	Ⅷ
801～900	Ⅸ

② 建立工资范围。

确定了每个职位等级的点值范围之后，下一步就需要为每一职位等级建立工资范围。工资范围是指每一职位等级的最低工资到最高工资的范围，即同一职位等级的不同人员获得不同工资的范围。建立工资范围时会依据事先已确定的每一工资等级的市场工资。市场工资决定了工资范围的中点工资，根据事先绘制的工资政策线得出。工资政策线代表了组织与市场工资率有关的薪酬战略（领先型、跟随型或滞后型）。通过工资政策线的回归方程可以计算出处于每一工资等级中部职位的平均工资率，这一平均工资率就成为这一工资范围的中点。

在找到中点工资之后，工资范围的决策将依赖于关于这一中点工资的适当带宽的选择。被选择的带宽将应用于这一中点值，以计算这一工资等级中的每一个职位所能获得的最高工资和最低工资。下面的公式可用来推算某职位等级的最高工资和最低工资。

$$带宽 = (最高工资 - 最低工资) / 最低工资$$
$$最低工资 = 中点工资 / (1 + 1/2 \times 带宽)$$
$$最高工资 = 最低工资 \times (1 + 带宽)$$

上述公式中具有关键意义的变量在于带宽的选择，它表示了某一职位等级的最高工资和最低工资之间相差的比率，不同职位等级的工资范围其带宽不同。一旦决定了带宽，就可以根据中点工资和带宽计算出该职位等级的最高和最低工资。一般来讲，带宽主要取决于以下几个方面的因素。

- 职位等级所包含职位的价值差异性：价值差异性越大，带宽也就越大。
- 职位等级所包含职位的绩效变动幅度：如果绩效变动幅度较大，即努力工作、能力强的员工和不努力工作、能力差的员工之间绩效差异很大，那么带宽就应该增大，从而使绩效好的员工能够和绩效差的员工之间充分拉开差距。
- 企业的行业性质：传统行业工资结构中的带宽往往较小，员工更多依靠提升职位等级来提高收入；而非传统行业中则恰恰与之相反。
- 企业文化：文化中的平均主义倾向越强，那么工资结构中的带宽也就越小，因为它不主张给予从事相似工作的不同员工以不同报酬。
- 职业生涯通道的考虑：在许多组织中，在职业生涯通道的下层往往会积压大量的人员，他们无法获得晋升机会，从而需要拉大基层职位等级的带宽，使他们在无法获得职位升迁时可以获得更多的报酬增长的机会，以满足他们的个人生活需要。
- 同一职位等级的人员原来所获得的最高和最低报酬（即工资范围）一定要能够涵盖这一职位等级中原来的最高和最低工资，从而便于与原有工资体系相对接。

综上所述，带宽的决策是一个受到多种因素影响的复杂过程，往往没有通用的标准，因此需要根据企业的实际情况充分考虑各种因素来作出决策。根据经验来看，美国大多数薪酬教科书中所建议的工资带宽往往并不适合中国企业的组织状况和收入状况。中国企业的工资带宽一般在100%~150%比较合适，甚至可能更高。具体达到多少，需要根据实际情况来作出决策。

事实上，我们可以通过一种简单的方式来思考工资范围，即在一个职位等级中，干得最好的员工和干得最差的员工分别应该获得多少工资，从而决定该职位等级的最高工资和最低工资。

薪点制工资体系中，在决定了某一职位等级的最高工资和最低工资后，需要在薪点表中找到最低和最高工资分别对应的薪等和薪级，从而画出该职位等级的"工资通道"（见图8-18）。

在不同职位等级的工资通道之间还存在重叠式的结构，即下一个职位等级的最高薪点比上一个职位等级的最低薪点要高，这一重叠部分的比例称为重叠比例，它反映了上一个职位等级和下一个职位等级工资范围的重叠程度。重叠

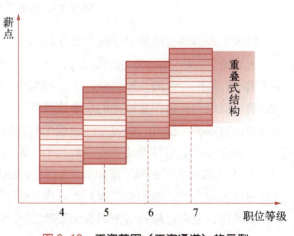

图8-18 工资范围（工资通道）的示例

比例的计算方式如下：

$$\frac{\text{下一个职位等级的最高工资} - \text{上一个职位等级的最低工资}}{\text{上一个职位等级的最高工资} - \text{下一个职位等级的最低工资}} \times 100\%$$

重叠比例大小也是工资结构中的一个重要因素，重叠比例越小，代表组织越鼓励下一个职位等级的员工通过职位的升迁来获得报酬的提升；反之，重叠比例越大，代表组织越不鼓励下一个职位等级的员工致力于职位升迁。但关于企业在具体的工资结构设计中应该采用多大的重叠比例，并没有通用的标准，需要根据企业的实际情况来决定。

（3）宽带工资结构。

宽带工资结构是相对于传统的职位等级工资结构所提出来的，是指将传统职位等级结构中的几个相邻等级合并为一个等级，从而使每一等级的工资范围变得更大的一种工资结构设计方法（见图8-19）。

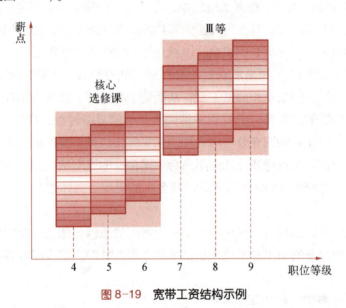

图8-19　宽带工资结构示例

宽带工资结构主要是基于现代企业组织与人力资源管理的几种发展趋势而提出的。

- 组织的扁平化趋势：现代企业为了提高对外部环境的反应速度和能力、降低企业的决策重心、缩短企业的决策链条，在进行组织变革时越来越强调组织的扁平化，即缩减企业的管理层级，使组织从原来的众多层级变为少数几个层级，这样的组织为员工提供的晋升机会相对较少，提供的职业生涯通道相对较短。为适应这种变化，企业的工资结构也必须由原来众多的工资等级转变为少数几个工资等级，这样就出现了工资结构的宽带化。

- 大规模的职位轮换：现代大型组织越来越需要复合型人才，为培养具有多种技能和经验的复合型人才，组织必须展开大规模的职位轮换。为使企业的工资体系适应职位轮换带来的冲击，在职位轮换中不需要频繁改变人员的工资水平，只需要将原来许多处于不同等级的职位合并到同一职位等级。

工资宽带的设计主要包括以下几个步骤：

① 确定工资宽带的数目：根据美国公司的经验，宽带工资一般采用4~8个职位等级，而且职位等级的划分更多地与组织内部的管理层级相联系。具有相同或相似职位名称或职位头衔的职位往往被划分到同一职位等级，如总监、部门经理、主管和专员等。

② 确定工资宽带的价位：由于工资宽带设计方法将组织内部的职位更多地根据职位头衔或管理级别来划分出少数几个工资宽带，因此处于不同部门的同一级别职位必然处于同一个工资宽带。很显然，由于承担的职责和任职资格等重要薪酬要素不同，它们不可能获得完全相同的工资。要加以区分，就要对不同部门同一级别的工资宽带确定不同的工资水平。比如，同样是专员级别，财务部门专员的薪酬水平可能要高于行政部门的专员，即财务专员的薪酬宽带要高于行政专员的薪酬宽带。而要确定财务专员的薪酬水平比行政专员高多少，往往有两个标准：一是不同职能部门对企业战略的贡献，战略贡献越大，薪酬水平越高；二是不同职能人员的市场价值的高低。

③ 横向职位轮换：工资宽带的主要功能是有利于在组织内部展开大规模的横向职位轮换，这种职位轮换不需要进行薪酬体系不同级别之间的转换，因为两种职位的薪酬往往仍然处于同一工资宽带之中。如果组织不需要进行或者不能成功进行大规模职位轮换，宽带工资就失去了价值和意义。

宽带工资结构的优点在于具有灵活性：有利于组织开展大规模的职位轮换，适应组织的扁平化趋势，为员工在不能获得更多职位升迁机会的情况下提供更多增加薪酬的机会。

宽带工资结构的缺点在于其难以控制：传统的职位等级工资结构更多地依靠职位等级来控制组织内部的薪酬差距，而不是依靠管理者对员工的业绩和能力的判断，因此，这种薪酬差距的确定相对客观。当传统的职位等级结构转换为工资宽带之后，就需要更多地依靠管理者的判断来区分员工个人之间的差异，以决定在同一工资宽带中不同人员应该获得的薪酬分别是多少，这样就加大了薪酬决策的主观性，不利于组织内部的薪酬一致性。

（二）以能力为基础的工资体系设计

相对于传统的以职位为基础的工资体系而言，以能力为基础的工资体系是一种新兴的、尚未能完全成熟的工资体系，它是在适应企业新的生存环境、帮助企业解决成长和发展中的一系列问题的过程中逐步兴起的。以能力为基础的工资体系（Pay for Competency），不是根据职位价值大小来确定员工的薪酬，而是抛开职位因素，完全按照员工具备的与工作相关的能力高低来确定其薪酬水平。

对于以能力为基础的工资体系，根据任职者所具备的能力中决定工资差异的因素，可以进一步分为知识工资、技能工资和能力工资。下面对这几种典型的以能力为基础的工资体系设计进行简单介绍。

1. 知识工资和技能工资体系的设计

（1）知识工资和技能工资的基本概念。

知识工资是根据员工所拥有的与工作相关的知识决定员工薪酬的工资方案，技能工资是根据员工所掌握的与工作相关的技能决定员工薪酬的工资方案。由于知识工资和技能工资的操作方法基本一致,在这里我们将知识工资和技能工资结合起来作为同一种工资方案进行介绍,用技能工资来代指这两种工资方案。但需要指出的是,技能工资和知识工资存在差别,前者主要适用于依靠自己的技能来创造价值的操作性技术工人,后者则主要适用于依靠自己拥有的专业知识来创造价值的白领专业人员。

技能工资可以根据员工技能宽度或者技能深度来进行设计。技能宽度是指员工掌握的与工作相关的技能种数,比如流水线上的技术工人,不仅掌握了自己工位上所需的技能,还掌握了其他几个工位的技能,那么他的工资可能上涨。在这种情况下,员工掌握的技能种类越多,所获薪酬也就越多,因为他能够在其他人员缺勤时帮助他人完成工作,而不需要组织临时招聘人员。另外,他还因为更多地了解了其他岗位的工作而有助于整个流程效率和产品质量的提高。技能深度是指员工掌握的与工作相关的某一种或者几种专业技能的深度,这种深度是指员工技能等级的高低,等级越高的技能难度越大,越难掌握,并且只能在掌握低一级技能的基础上获得,因此这种技能深度存在递进关系。那么在薪酬上,技能等级每升一级,员工就能获得更高的薪酬。比如,人力资源部的薪酬管理专业人员,仅仅掌握一般的职位工资设计技术,技能等级较低;如果他掌握了以能力为基础的工资设计技术,那么技能等级会更高,因为后者比前者的难度更大,并且必须建立在对前者准确掌握的基础之上;如果他进一步拥有整个人力资源管理系统的观念和知识,能够准确把握薪酬与整个人力资源系统和组织战略的关系,那么他的薪酬会更高。

(2)技能工资的主要模型。

技能工资设计是一项比较复杂的技术,至今尚没有完全统一和通用的程序。但技能工资的设计可以归结为一系列不同的模式,下面介绍美国薪酬管理专家邦宁(Bunning)提出的技能工资的六种不同模型。

① 阶梯模型。

阶梯技能工资模型与传统的职位工资差别最小。它将一个工作簇中的工作从入门到复杂划分为几个阶梯(如一级技术员、二级技术员、三级技术员),员工可以沿着阶梯逐步上升,每上升一级就要求增加几项技能,同时也获得更高薪酬。这个模型与职位薪酬模型的主要区别是员工也许会掌握所有水平的职位所要求的技能,而不管这些职位对他是否开放。这种模型主要适用于制造类企业。这种模型的本质在于,每项技能都有一定的价格,每增加一项技能,就相应地增加一部分薪酬。

② 技能模块模型。

在技能模块工资模型中,一个工作簇中的工作被划分为若干技能模块,然而,员工不需要像在阶梯模型中那样追求直线式地从简单工作升入更加复杂的工作,而可以在掌握了一个"门槛"水平的技术模块之后开始学习其他技能模块中的任何技能(例如,B模块或C模块的任何工作,掌握C模块的工作将获得一份更高的薪水,因为它具有更高的难度)。掌握这个技能模块的任何一项技能所获得的薪酬增长是完全相同的,且技能模块之间并不存在等级区分，因此学习技能的顺序并不重要，这是它与阶梯模型的最大不同。

③ 工作积分累计模型。

在可让员工成功获得很多技能的组织中，一种替代方式是利用点数评估每项技能并排序。每项技能的点数与该项技能所对应职位的职位评价点值或者所在职位等级有关，职位评价点值或者职位等级越高，该技能的点值也就越高。另外，如果该技能对组织的成功十分关键，则该技能的得分往往远远高于其他技能的得分，从而鼓励员工掌握这种技能。员工掌握的技能越多，点数就越多，技能等级就越高，工资水平也就越高。

④ 学校课程表模型。

技能会首先被划分为类似于阶梯模型中的技能模块。与阶梯模型不同的是，一些技能被认为是重要的，而其他一些技能被认为是选择性技能。

⑤ 跨部门模型。

一些组织的成员根据需要在部门之间调动，对应的技能工资模型就是基于员工跨部门学习技能而向员工支付薪酬的。例如，工资等级的建立反映其跨部门掌握的技能数量。一个掌握了其部门内所有技能外加其他部门一项技能的员工，工资等级是二级（工资等级为一级表明只掌握了一个部门内的工作技能），因此掌握了两个部门的技能另加本部门技能的员工将达到更高的工资等级水平（如三级）。

⑥ 技能业绩矩阵。

这种方式结合了技能掌握程度和业绩水平来决定个人的薪酬。在技能业绩矩阵中，技术水平（例如从低到高）为垂直轴，业绩水平（例如从低到高）为水平轴，矩阵的每个结合点都代表不同的薪酬水平，一个员工的绩效将与其技能水平一起得到衡量（如满足标准、超出标准等）。技能水平和业绩的结合决定了个人要以高业绩获得高工资，必须达到一定的技能水平（见表8-7）。

表8-7 技能和绩效的薪酬矩阵

不同技能水平	不同绩效水平		
	优 良	一 般	差
一级技术员	5.6	5.4	5.2
二级技术员	5.8	5.6	5.4
三级技术员	6	5.8	5.6
四级技术员	6.2	6	5.8
五级技术员	6.4	6.2	6

上述几种技能工资模型仅仅是技能工资领域中较具代表性的几种方案。事实上，任何一种模型都无法完全适用于所有组织，也无法适用于同一组织中的全部人员。在实际设计技能工资方案时，往往需要结合几种不同方案形成一种综合性方案。

2. 以能力为基础的工资体系设计

前文已介绍，我们将以能力为基础的工资体系简称为能力工资。能力工资必须建立在企业能力模型的基础之上，根据员工具备的个人能力的特征来确定所获得的薪酬。能力模型存在企业统一的、通用的能力模型，以及分层分类的能力模型。通用的能力模型是根据企业战略和关键成功要素提出的对全体员工都十分重要的一系列能力的组合。分层分类的能力模型是在通用能力模型的基础上，根据每个职位或者职位簇的工作内容和工作特点提出的驱动员工在具体工作情景下获得成功的能力要求。

企业既可以根据通用的能力模型来建立能力工资体系，也可以根据分层分类的能力模型来建立能力工资体系。前者的缺点在于不能反映具体的工作情景对员工能力的要求，缺乏个性；优点在于所建立的工资体系能够在不同类别的人员之间进行比较，更具有内部一致性。后者恰恰与之相反，具有个性而缺乏通用性。根据中国企业的实际情况，我们更倾向于根据分层分类的能力模型来建立能力工资方案。建立能力工资体系的基本流程如图8-20所示。

（1）开发分层分类的能力模型。分层分类能力模型的开发主要包括界定企业各层各类人员所通用的核心能力，即哪些能力支撑企业的战略，是企业成功的关键，是全体员工都必须具备的能力特征。然后，企业要在划分职位簇的基础上，针对每个职位簇的工作内容和成功的关键，提炼出适用于每个职位簇的个性化能力。将通用能力和每个职位簇需要的个性化能力相结合，就得到了企业的分层分类的能力模型。

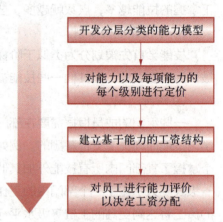

图8-20 建立能力工资体系的基本流程

能力模型除了要筛选出各层各类人员的能力要求之外，还需要对每项能力进行分级，并对能力的各个等级进行明确的界定。由于这个步骤在本书前面章节已有详细介绍，在此不再赘述。

（2）对能力进行定价。对能力进行定价是指确定员工根据其具备的各项能力能够获得多少薪酬。能力定价最基本的方法有两种：一是市场定价法，二是绩效定价法。市场定价法是指对每项能力在相关劳动力市场上所获得的薪酬进行调查，根据调查结果确定每项能力在本企业应该获得的薪酬。这种方法的前提是企业能够获得相关劳动力市场上其他企业对能力的定价，但由于能力工资模式目前还不太成熟，在国外企业中的运用尚不广泛，国内采用能力工资的企业更是凤毛麟角，因此市场定价方法的适用性较差。绩效定价法是指根据每项能力与工作绩效的相关性来确定每项能力的价格，与工作绩效的相关性越大，该项能力的价格越高。

在对每项能力进行定价的基础上，需要将各项能力的价格分解到它的每个等级上，从而决定员工通过具备某个能力的具体等级要求而获得多少对应的薪酬。

（3）建立基于能力的工资结构。基于能力的工资结构大多采用宽带工资结构，也就是在组织中仅仅采用少数几个工资宽带来代替传统的职位结构。

- 首先，企业需要根据员工总体的能力差异性来决定企业需要多少个工资宽带，即将能力要求差异大的员工划分到不同的工资宽带。
- 然后，对每个工资宽带的人员进行能力评价，用进入该工资宽带员工的最低能力来确定该工资宽带的基本能力要求，表8-8给出了对应某企业的工资宽带的能力标准的实例。

表8-8 某企业的工资宽带的能力标准

水平	员工特征	工资宽带
1	**能力** 掌握卓越先进的专业型或技术型技能，包括分析或再造业务流程的能力，界定工作规则的能力，以及其他完成高度专业化技术训练的能力；能计划并管理大规模、多元化的项目；具备开发客户关系并引发后续项目的能力 **绩效表现** 持续不断地达成以下结果：在所有的工作能力上都能得到3分，在关键性能力上最少能得4分；完成所有优先的工作目标；总体绩效超过公司和客户的期望；在所有的专业人员中得分排名在前1/3（根据平均的能力要求来作出界定）	工资宽带1
2	**能力** 掌握良好的专业型或技术型技能，包括系统分析和再设计能力；熟悉专业化的技术规范；能管理单一化的项目；能与项目小组的其他成员以及客户进行有效的合作 **绩效表现** 持续地达成以下结果：在所有重要的工作能力上至少都能得到3分；在关键性能力上能得4分；能完成大多数优先的工作目标，并能超过公司和客户的期望水平；在所有专业人员中分数排名位居前1/2（根据平均的能力要求来作出界定）	工资宽带2
3	**能力** 掌握有效完成被分派项目所必不可少的技能，包括编码、调试和具体的系统实施；了解基本的技术规则；能在一个项目导向的环境中工作 **绩效表现** 在重要的工作能力上至少得3分；积极主动地实现工作目标，达成大多数重要的目标；总体绩效达到公司和客户的期望（根据平均的能力要求来作出界定）	工资宽带3

- 根据每个工资宽带人员的平均能力要求，结合前面所得到的每项能力各个级别的定价，就可以得到该工资宽带的中点工资。
- 采用与职位等级工资结构相同的方法，就可以建立起该工资宽带的工资范围、最高工资和最低工资。具体请参见图8-21。

（三）绩效提薪设计

前面介绍的基础工资体系

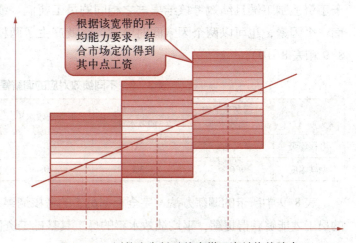

图8-21 以能力为基础的宽带工资结构的建立

设计过程完成后将得到一整套的工资结构体系。但是，这套工资结构体系在企业的日常运作过程中不能保持一成不变，必须根据员工个人的工作业绩和表现进一步调整。这种调整在企业中将充分发挥"赛马机制"的作用。因为无论是职位评价还是能力评价，本身都带有一定的主观性，难以完全保证科学、客观和公正，所得到的工资结构也必然难以完全体现不同员工为组织创造价值的差异，这时就需要根据员工的业绩来对工资进行动态调整，使那些长期业绩较好、能力较强的员工能够最终与那些业绩和能力较差的员工拉开差距。以下将介绍绩效工资的设计。

绩效工资又称绩效调薪，是指根据员工的绩效考核结果对其基础工资进行动态调整，并将调整的结果作为下一个考核周期内的工资水平。

1. 绩效调薪的周期

由于不同企业、不同类别人员的考核周期往往不同，包括月度考核、双月考核、季度考核、半年度考核和年度考核，绩效提薪具有一定的管理难度和复杂性，往往存在季度调薪、半年度调薪和年度调薪。其中，年度调薪是最为普遍的方式。

2. 绩效调薪的前提

绩效调薪主要根据员工的绩效考核结果作出，因此，企业建立起分层分类的、基于战略的关键业绩指标体系和绩效管理系统是进行绩效调薪的前提。如果企业不能建立起科学的绩效考核体系，那么绩效工资要么有名无实，要么会对整个企业的薪酬体系产生负面影响，因为那些获得提薪的员工，未必是真正对企业作出贡献和创造价值的员工。

3. 绩效调薪的原理

绩效调薪的确定涉及两个因素：一是员工绩效水平的高低，绩效水平越高，调薪量就应该越高，绩效平平的员工不应该获得绩效提薪，绩效水平差的员工则应该对其基础工资进行下调；二是该员工在其工资范围中所处的位置，如果该员工所获得的报酬已经处于工资范围的上端，那么为了降低企业的人工成本风险，其绩效提薪的量就应该比处于工资范围下端且绩效考核结果与之相同的员工要低。绩效调薪的设计，可以只考虑前面一个因素，也可以两个因素同时考虑，这就产生了两种不同的绩效提薪表（分别见表8-9和表8-10）。

表8-9　不同绩效对应的调薪幅度

	远高于平均绩效水平	高于平均绩效水平	平均绩效水平	低于平均绩效水平	远低于平均绩效水平
考核等级	S	A	B	C	D
调薪幅度	6%	3%	0	-3%	-6%

表8-9中所示的调薪办法，完全根据员工的考核结果来作出，只有高于平均绩效水平的员工才能够获得提薪，平均绩效水平的员工其基础工资保持不变，低于平均绩效水平的员工将降低其基础工资。

表8-10 不同绩效水平结合在工资范围中的位置决定的调薪幅度

在工资范围中的位置 \ 考核等级	远高于平均绩效水平 S	高于平均绩效水平 A	平均绩效水平 B	低于平均绩效水平 C	远低于平均绩效水平 D
处于前1/5	4%	0	0	-3%	-6%
处于前1/5~2/5	4%	2%	0	-3%	-6%
处于前2/5~3/5	6%	3%	0	-3%	-6%
处于前3/5~4/5	9%	6%	3%	0	-3%
处于前4/5之后	12%	9%	6%	3%	0

表8-10中所示的调薪办法，是综合考虑员工的绩效考核结果和该员工在工资范围中的位置两个因素来确定调薪幅度。处于工资范围下端的员工，其绩效平平也能获得提薪，而不会降薪，并且比工资范围上端相同绩效水平的员工能够获得更大幅度的提薪；而处于工资范围上端的员工，必须达到S级绩效水平才能获得提薪，并且比工资范围下端相同绩效水平员工所获得的提薪要少。

上面的调薪办法是以百分比来表示调薪数量，其调薪绝对量为：该员工调薪之前的基础工资×该员工的调薪百分比。因此，在薪点制工资体系中，调薪往往是以工资的升级来实现的，即沿薪点表从下端向上端进行晋升，因此绩效调薪的量是用升级或者降级的数量来表示的（见表8-11）。

表8-11 薪点制工资体系中的调薪表

	远高于平均绩效水平	高于平均绩效水平	平均绩效水平	低于平均绩效水平	远低于平均绩效水平
考核等级	S	A	B	C	D
升（降）级	升两级	升一级	不变	降一级	降两级

二、奖金体系的设计

（一）组织奖励

1. 组织奖励的依据

组织奖励是根据组织整体业绩来确定奖金发放的依据和标准。因此，实施组织奖励计划的前提是确定整个公司的关键业绩指标，然后根据这些关键业绩指标的完成情况来确定整个企业的奖金发放基数和实际的奖金发放额度。

通常的做法是，根据企业的利润指标完成情况确定组织奖励的基数，然后根据其他几个关键指标的完成情况确定实际发放奖金的比例。比如，某公司在年初制定的利润目标为5 000万元，如果该企业在年终完成了利润目标，全体员工就分享公司利润的10%，即将这500万元的利润作为组织奖励的基数。然后，该公司根据其成功的关键提炼出其他几个关键指标，包括销售计划的达成率、安全责任事故的控制率、产品的优良品率等。根据这几个关键业绩指标的完成情况确定 500 万元的实际发放比例。如果这几个关键业绩指标的考核结果达到了 S 等（远远超过绩效期望），全体员工就能获得这 500 万元奖励；如果达到了 A 等（超过绩效期望），全体员工就能获得这 500 万元奖励的 90%；随着考核结果等级的下降，奖金的发放比例逐步降低。

2. 组织奖励的对象和分配方式

在组织奖励中，是根据企业的整体业绩来发放奖金的，但参与奖金分配的人员往往并非企业的全体员工，而是组织中能够对企业整体业绩产生直接影响的人员，如中高层管理人员、核心技术人员、专业人员和业务人员。

参与奖金分配的人员并非平均分配奖金，需要区分不同人员对组织业绩的贡献差异。关于奖金如何在参与奖金分配的人员中进行分配，有几种不同的方式。

（1）第一种方式是根据参与人员的职位评价点数进行分配，即：

人员 A 所获得的奖金＝奖金总额/参与人员的总的职位评价点值×A 所在职位的职位评价点值；

（2）第二种方式是根据参与人员的基础工资来进行分配，即：

人员 A 所获得的奖金＝奖金总额/参与人员的基础工资总额×A 的基础工资；

（3）第三种方式是根据参与人员的职位等级来进行分配，比如，参与人员分布于三个职位等级，其分配的相对比例为 1.2∶1∶0.8。那么，先用奖金总额除以总的分配人数，可以得到平均奖金，三个职位等级的人员分别得到平均奖的 1.2 倍、1 倍和 0.8 倍；

（4）第四种方式是根据参与人员的绩效水平来进行分配，比如，参与人员的绩效水平分布于 S、A、B、C、D 五个等级，其分配的相对比例分别为平均奖的 150%、120%、100%、80% 和 60%。

上述几种分配方式中，前三种主要考虑参与人员的职位和工作性质不同所造成的贡献差异，第四种方式则主要考虑参与人员的绩效差异所造成的贡献差异。根据实践经验来看，前三种方式往往在中国企业中更为适用。

（二）团队奖励

团队奖励是团队薪酬的主要内容，团队薪酬是指根据团队绩效（Team-performance）确定对团队的整体奖励，其实质是个体报酬一定程度上依赖于团队整体绩效的一种薪酬机制。从结构上可以将团队薪酬分为两个层次：一次分配，即组织对团队的整体绩效进行评估，确认团队整体的绩效贡献，并给予奖励的过程；二次分配，即确认个体对于团队绩效的贡献，并在团队内部成员之间对团队奖金进行分配。一次分配能够提高成员对团队的整体认知和团队凝聚力，而二次分配能够直接影响个体的工作态度。每个层次的分配都有不同的标准，并组合形成多种不同的团队薪酬计划，会对团队效能和个体行为产生不同的影响。

一般而言，制定团队薪酬计划要经过三个步骤。

（1）明确绩效衡量指标，这是激励性薪酬的基础。设置的指标要遵循"SMART 原则",即具体的、可衡量的、可达到的、具有一定相关性的、有明确截止期限的。

(2)为了更有效地激励员工,企业可以在事前清楚地确定对团队与个人绩效的奖励,所以预先确定团队薪酬的数额也是一项重要环节。

(3)制定团队薪酬计算方式并向员工做详尽的解释说明。团队薪酬可能等量分给员工,也可能按照贡献来分配,为了减少不公平现象的发生,团队薪酬的发放方式及标准最好有明确的计算方式。

对于团队奖励而言,它是指根据组织、团队或者部门业绩来进行奖金分配决策的一种方式。团队奖励计划主要有以下两种不同的模式,即利润分享计划和收益分享计划。

1. 利润分享计划

利润分享计划是将公司或者某个利润单位所获得的利润或者超额利润的一部分在组织和员工之间进行分享的一种计划。在前面的组织奖励中,事实上已经用到了利润分享的思路来确定整个组织的奖金包。在这里我们再将利润分享作为公司内某一利润实体的奖励计划来进行讲解。

一般来讲,利润分享的关键在于确定利润分享的额度,而这一比例的确定有三种方式:第一种是以利润实体获得的总体利润为基数,在组织和员工之间分享总利润的一定比例,比如规定拿出总利润的5%来奖励员工。第二种方式是采用超额利润分享的方法,即设定一个目标利润,将超过这一目标利润的部分按一定比例来进行分享。比如,规定目标利润为1 000万元,在超过了1 000万元利润以上的部分在组织和员工之间以7:3的比例来进行分享。第三种方式是采用累进分享比例的方法,即规定若干个利润段,在不同利润段采用不同的分享比例,比如,规定在300万元利润以内分享比例为5%,在300万~600万元之间分享比例为10%,600万~900万元之间的部分分享比例为15%,900万元以上的部分分享比例为20%。

利润分享计划着重于引导员工关注企业的利润实现,但由于它忽视了其他很多因素,所以常常导致员工过度追求企业的短期利润,而忽视企业长期核心能力的培养。因此,现在很多企业在实施利润分享计划时,不仅仅是简单根据利润的实现来进行分享,而是在利润分享的基础上,结合其他关键指标的实现来最终确定分享的奖金。这种方式与前面所讲到的组织奖励计划是一致的。

2. 收益分享计划

收益分享计划是指将企业节约的成本在组织和员工之间进行分享的一种团队奖励方式。由于计算和分配企业成本节约的方式不同,收益分享计划主要包括三种方式:斯坎伦计划、拉克计划和分享生产率计划。

(1)斯坎伦计划的目标是在不影响员工的工作积极性的前提下降低企业的劳动成本。该计划的核心变量为SVOP,是指企业在一定时期内生产的产品价值总额,它不仅包括企业在这段时间已经销售出去的产品的价值,而且包括企业已经生产出来但尚未销售出去的产品的价值。斯坎伦计划需要计算企业的劳动成本(即工资总额)与SVOP的比值,即得到劳动成本在企业所生产产品的价值中所占的比率（这一比率被称为斯坎伦比率），然后将这一比率和基准年的同一比率或者预期目标进行比较，如果这一比率低于基准年或者预期目标，就表明企业的劳动成本有所下降，因此将下降的这一部分劳动成本在组织和生产团队的员工之间分享。当然，企业会根据战略目标以及劳动成本节约的难度、员工努力在劳动成本节约中的贡献大小来确定员工和组织之间的分享比例。其收益分享部分的计算公式如下：

收益分享总额＝（基期或目标的斯坎伦比率－当期的斯坎伦比率）×当期的产品销售价值

斯坎伦比率＝工资总额/产品的销售价值

（2）拉克计划是艾伦·W. 拉克（Alen W. Lack）于1933年提出的一种收益分享计划。它与斯坎伦计划的区别在于，拉克计划关注的不仅仅是劳动成本的节约，而是整个生产成本的节约。拉克计划采用一个价值增值公式来计算企业的劳动生产率。企业的价值增值等于企业的销售额减去购买原材料和其他各种供给、服务的总成本。然后，企业可以用价值增值与雇佣成本的比率来衡量企业的劳动生产率，这一比率被称为拉克比率。企业用当期拉克比率与基期或者期望的拉克比率进行比较，如果当期的拉克比率高于基期或者期望的拉克比率，就表明该企业的劳动生产率有所提高，可将生产率提高部分带来的收益在企业和生产团队的员工之间分享。其收益分享部分的计算公式如下：

收益分享总额＝（当期的拉克比率－基期或期望的拉克比率）×当期的雇佣成本

拉克比率＝［销售额－（购买的原材料成本、供给成本和服务成本）］/雇佣成本

（3）分享生产率计划是米歇尔·费恩（Michael Fehn）于1973年提出的一种收益分享计划。分享生产率计划不再衡量节约成本的经济价值，而是追求在更短劳动时间内生产出更多产品。这一计划的关键是计算劳动时间比率，即生产单位产品所需耗费的劳动小时数，通过将当期劳动时间比率与基期或者目标劳动时间比率进行比较。如果当期劳动时间比率低于基期或者目标劳动时间比率，就表明该企业的劳动生产率有所提高，因此可以将这一部分生产率提高带来的收益进行分享。分享生产率计划往往是以周为单位向员工发放奖金。但这种分享计划有一个回购规定，即公司可以通过一次性向员工付款买回超过一定标准的生产率，从而使企业能够在生产率上升到一定水平后提高基期值或者目标值。

上述三个计划是世界著名的收益分享计划，它们的实施旨在通过一种群体分享计划来鼓励员工参与公司决策，为公司的经营管理尤其是生产管理提供意见和建议，以改善公司的经营效率，然后将改进效率所获得的收益的一部分拿来奖励员工，这样就形成了一个提高公司或者团队整体绩效的良性循环。

虽然利润分享计划在实践中运用得较为广泛，但它也存在一些缺点。而收益分享计划恰恰结合了以组织绩效为导向的利润分享激励计划和以个人绩效为导向的利润分享激励计

划的优点。表 8-12 对利润分享计划与收益分享计划的优缺点作了比较。

表8-12 利润分享与收益分享的比较

利 润 分 享	收 益 分 享
1. 鼓励员工更加关注企业的整体绩效，增强员工的合作精神和组织成员身份感 2. 利润分享所得报酬不会进入员工个人的基本工资，因此在企业经营困难时，劳动力成本会自动降低，在经营状况良好时，企业和员工则可以分享财富	1. 收益分享是企业提供给员工分享因生产率提高、成本节约而带来收益的绩效奖励模式。成本、生产率等指标比利润指标更容易被员工看成是他们自己能够控制的，因此收益分享计划比利润分享计划的激励作用更强 2. 收益分享计划比利润分享计划的奖励支付周期短，通常是以月为周期，并且不延期支付。因此，奖励及时，激励作用增强

（三）个人奖励与综合奖励计划

个人奖励计划主要是根据员工个人的工作业绩来作为奖金发放的依据。下面将个人奖励计划与组织和团队奖励计划进行了一个比较，以说明他们各自的优缺点（见表 8-13）。

表8-13 个人奖励计划与组织和团队奖励计划的比较

个人奖励计划	组织和团队奖励计划
1. 主要根据个人业绩来进行奖励，可以根据不同人员之间的绩效差异实施有针对性的奖励，使那些努力工作、能力较强的员工获得更高的报酬 2. 有可能会导致员工之间的激烈竞争，从而破坏整个团队的内部协作，影响整个团队的业绩和对组织的贡献	1. 主要根据组织和团队的整体业绩来进行奖励，有利于发扬组织和团队内部的协作精神 2. 由于没有直接与团队成员的个人工作绩效相挂钩，可能会导致团队内部的搭便车现象，即某些团队成员并不依靠自身的努力工作来获得奖金，而是享受团队其他成员努力工作带来的团队和组织绩效的提升

个人奖金的发放首先需要确定奖励周期，根据企业的考核周期，可以采用年终奖、半年奖和季度奖等几种不同的奖励方式。在中国企业中，目前使用最为普遍的方式是在每年年末根据年度考核结果来发放年终奖。因此，这里我们主要依据年终奖的发放来讲解个人奖金的基本原理。

个人奖励计划的制订主要涉及两个方面：一个是如何确定个人奖金基数，二是如何根据考核结果确定奖金发放比例。后者主要是绩效考核所要解决的问题，因此我们主要针对个人奖金基数的确定问题来进行介绍。

奖金基数的确定主要有两种方式：一是根据基础工资来确定奖金基数，这是一种仅仅考虑个人因素的传统奖励方式；二是根据组织和团队的整体业绩来进行自上而下的奖金切分，这是一种综合了组织奖励、团队奖励和个人奖励的三位一体的奖励计划。

1. 根据基础工资和个体业绩的个人奖励计划

员工所获得的基础工资综合了职位评价结果、劳动力市场价格、员工过去的工作绩效等多种因素，是衡量员工个人对组织的价值和贡献的一个综合性指标。因此，可以根据基础工资的一定比例来确定年终奖金基数。根据经验，在给予员工的整个薪酬包中，基础工资和奖金的比例定在 7∶3 较为合适，年终奖发放的基数大概为该员工月度基础工资的 5 倍左右。

这种根据基础工资来确定奖金基数的方法，虽然综合反映了员工对组织的价值，但由于没有与组织的整体业绩，尤其是与组织的整体利润状况挂钩，使员工的个人奖励难以根据企业的业绩进行浮动，不利于企业进行成本控制，反而会给企业带来固定成本。

2. 基于组织和团队整体业绩的个人奖励计划

基于基础工资和个体业绩的个人奖励计划仅仅考虑了个人的价值、贡献和业绩，无法避免传统的个人奖励计划的弊端，不能有效地促进团队合作和组织整体业绩的提升。为了避免这种奖励计划的缺陷，现代企业在制定企业内部的个人奖励系统时，需要综合组织、团队和个人三个层面的贡献和业绩来设计奖金系统，主要包括以下几个步骤（见图8-22）。

图8-22 综合奖励计划的框架

（1）先根据企业的整体经济效益确定企业可以发放的奖金，再根据组织的其他非经济类指标的结果，来确定在这一部分可发放的奖金中有多大比例能够用作奖金发放，从而确定企业的总体奖金包。

（2）在确定企业总体奖金包的基础上，企业需要进一步将奖金包分配到各个部门。分配的主要依据是各部门对企业战略的贡献，这就需要对各部门的战略贡献能力进行评价。比如，通过对各部门的战略贡献能力进行评价，将组织内各部门的分配比例界定为三个等级，即1.2∶1∶0.8，那么这三种部门的平均奖系数为1.2∶1∶0.8。这样结合各部门的人数便可得到各部门的奖金包。其计算公式如下：

$$部门i的可发奖金包 = \frac{部门i的奖金系数 \times 部门i的人数}{\sum_{j=1}^{n} 部门j的奖金系数 \times 部门j的人数} \times 公司的总体奖金包$$

（3）部门i的可发奖金包还不能代表部门i实际能够发放的奖金数额，还需要考虑部门i的KPI指标考核结果。当部门i的业绩高于组织期望时，就能够得到超额奖励；反之，就要从奖金包中扣除一部分。

（4）在得到各部门实发奖金包的基础上，需要进一步进行部门内部人员的奖金分配。这就需要对部门人员进行价值评价，通常可以采用两种评价方式：一是根据职位评价点数来进行，二是以部门内各员工的基础工资作为依据。其具体方式可以参考组织奖励的内部分配方法。

（5）通过这样的分配，就可以得到每个员工的奖金基数，然后结合该员工的年度考核结果，确定其奖金的实际发放额度。

三、福利体系的设计

（一）福利的概念与功能

在企业提供给员工的整体薪酬包中，福利已经成为越来越重要的组成部分。福利是指企业向员工提供的除工资、奖金之外的各种保障计划、补贴、服务以及实物。在现代企业中，福利在整个薪酬包中的比重已经越来越大，对企业的人工成本产生了十分重要的影响。

相对于工资、奖金等直接薪酬而言，福利属于间接薪酬，它在整个薪酬体系中发挥着与直接薪酬不同的作用。具体而言，福利的运用主要是基于以下考虑。

1．传递企业的文化和价值观

现代企业越来越重视员工对企业的文化和价值观的认同，因为企业是否有积极的、得到员工普遍认同的文化氛围，将会对企业的运营效率产生十分重要的影响。而福利恰恰是体现企业的管理特色、传递企业对员工的关怀、创造一个大家庭式的工作氛围和组织环境的重要手段。

2．吸引和保留人才

一方面，福利是企业体现其管理特色的一种工具；另一方面，员工本身也存在对福利的内在需求，越来越多的求职者在选择工作时将福利作为十分重要的因素来考虑，所以福利成为企业吸引和保留人才的重要因素。

3．税收减免

相对于工资和奖金，福利还有一个十分重要的作用就是减免税收。福利作为企业提供给员工的各种保障计划、服务和实物等，完全可以用现金来替代，但把这些福利完全折算成现金计入工资，将会使员工为这些福利支付一笔高额所得税。如果采用福利形式，员工就能够在得到这些薪酬的同时获得税收减免，这也是福利在当前越来越受到欢迎的重要原因。但自 2009 年以来，我国国家税务总局将企业为员工提供的交通、通信等补贴纳入了缴税范围，福利的税收减免功能开始减弱。

（二）福利的主要形式

现代企业的福利可以区分为两大组成部分：一部分称为法定福利，是根据国家的政策、法律和法规，企业必须为员工提供的各种福利，主要包括基本养老保险、基本医疗保险、工伤保险、失业保险、生育保险和住房公积金；另一部分称为非法定福利或者企业补充福利，是企业根据自身管理特色和员工的内在需求，向员工提供的各种补充保障计划以及向员工提供的各种服务、实物、带薪休假等。

国内学者孙海法在《现代企业人力资源管理》一书中，对员工福利的形式进行了总结和归类，他认为福利主要包括这些具体形式：额外金钱收入、超时酬金、住房性福利、交通性福利、饮食性福利、教育培训性福利、医疗保健性福利、意外补偿金、离退休福利、带薪休假、文体旅游性福利、金融性福利、其他生活性福利[⑧]。

（三）自助式福利计划

自助式福利（Cafeteria Style Benefit），是指像自助餐一样，可以让员工自由挑选所喜欢的福利的一种形式[9]。

企业和员工分别是福利的供给方和需求方，而自助式福利就是在需求和供给之间建立起一种可以进行选择性匹配的"市场机制"。因此，我们可以从需求到供给和从供给到需求两个方面来分析如何构建自助式的福利计划。

1. 从需求到供给

从需求到供给是指从员工需求出发来确定企业需要为员工提供什么样的福利，有一些事项需要注意：① 员工需要的福利要尽可能有可以衡量的标准，这个标准一般就是价值；② 员工需求的满足要在公司的能力范围之内；③ 对于极少数特殊需求，公司应酌情加以照顾；④ 对福利物品的描述越详尽越好，这样便于公司购买。

2. 从供给到需求

从供给到需求是指在明确了员工福利需求的情况下，企业如何来满足员工的需求。这一阶段是自助式福利的核心内容，包括四个基本的步骤。

（1）购买力的确定。这里所说的购买力不是货币购买力，而是一种点数购买力，是一种虚拟信用形式。点数的确定主要依据两大因素：资历和绩效。在确定了每个员工的福利点数之后，需要进一步确定这些点数的现金价值，这就需要计算福利点数的单价，即一个福利点可以相当于多少现金，主要是根据企业的福利计划总额和全体员工获得的总福利点数之比确定。

（2）福利物品定价。根据物品的实际价格将福利点的单价折算成相应的福利点数，作为福利物品的点数价格。这只是对某些可衡量的实物或服务的定价，对于那些不能用货币衡量的物品（如带薪假期），则需要根据一定的标准折算成现值进行定价。

（3）市场交易。当员工手里有了福利点数，而福利物品也一一定价完毕之后，就可以进行交易了。公司首先向广大员工公布福利物品的种类及价格，由广大员工进行挑选，然后按照员工选择的状况向他们提供物品。选购过程并不是当时现买现付，而是预先登记，之后再提供物品。

（4）约束协调机制。约束协调机制主要是针对交易过程中发生的各种意外纠纷等特殊情况采取的处理措施。比如员工跳槽时的福利点数处理，公司发生信用危机时的福利点数处理等。

【HR 之我见】

任聘宇：京东集团大客户高级产品经理

扫描栏目中的二维码学习任聘宇针对下列提问的精彩回答：

1. 您能给我们简单介绍一下您的职业经历吗？
2. 企业智慧福利平台是如何重新定义员工福利的？

3. 您对未来希望从事 HR 工作的学生有何建议？

视频版：　　　　　　　　文字版：

第四节 高管薪酬

一、高管薪酬概述

（一）高管薪酬的基本问题

高管是指负责公司经营管理、担任一定职务且掌握重要信息的高级管理人员。要想有效地激励高管，首先要弄清楚高管薪酬的基本问题是什么。在不同的经济发展阶段，企业所面临的环境不同，追求的目标不同，高管所发挥的作用不同，企业对高管的期望不同，面临的高管薪酬问题也有所不同。

如在经济增长期，企业主要追求价值增长，此时，企业可以通过为高管提供广阔的发展平台和空间、高额的预期收入，来吸引他们加入本企业，并努力带领企业获得高绩效，这时，货币资本相对于人力资本处于较为强势的地位，股东对于高管抱有择优的心态，员工对高管高薪的承受能力较强；而在经济衰退期，企业主要追求减亏增盈，此时，企业能够为高管提供的发展平台和空间相对有限，未来预期收入很不乐观，企业需要英雄和明星式人物带领企业走出困境，人力资本相对于货币资本处于较为强势的地位，股东希望高管能和他们同甘共苦，员工对高管高薪的心理承受能力则较弱。因此，处于不同成长阶段的公司，其高管薪酬体系具有不同的特点（见表 8-14）。

表 8-14 不同成长阶段公司的薪酬体系特点

	创始期	高速成长期	成熟期
现金薪酬	• 给副总裁及经理级人员发最低基本工资 • 竞争性质的奖金	• 高于平均水平工资 • 给副总裁及经理级人员发竞争性的奖金 • 大范围的奖金	• 平均水平的基本工资 • 副总裁及关键技术人员享受较高的基本工资 • 发放较高的具有竞争力的奖金
长期激励计划	• 所有员工享有持股特权 • 股票数量根据总股数的百分比来定	• 大多数员工享有持股特权 • 雇员级别不同，实际授予额度也不同 • 解决增长减缓问题	• 有竞争力的长期激励方式（仅限于副总裁和一些关键员工） • 长期激励方式包括持股特权计划及股票
福利	• 有限度地提供福利待遇 • 有限度的退休福利	• 提供福利的目的是为满足目前的需要 • 更有价值、范围更广的福利待遇 • 提高退休福利以及增加节假日	• 考虑应用所有雇佣计划 • 提供福利的目的是为了满足目前及将来的需要 • 退休福利非常丰厚 • 多种福利计划

虽然在不同的经济时期和不同的发展阶段企业所面临的高管薪酬问题不同，但高管薪酬的基本问题是不变的，即如何解决高管人员的不能、不为、不法和不续的问题。具体而言就是，如何在货币资本与人力资本之间进行博弈？如何驱动人力资本即高管人员持续创造价值？如何处理利益相关者目标的协同？

（二）高管激励的基本理念

1. 强调价值创造的人力资本理念

在企业运行中，股东是直接利益相关者，高管激励的内涵就是股东为了长期价值的最大化而进行经营层的利益分享。其根本理念是经营层将人力资本作为一种与货币资本等同的要素纳入企业价值的范畴，人力资本和货币资本一样具有对企业剩余价值的索取权。

但是，和货币资本不同，人力资本的价值存在"异能性"特征，因此对人力资本的开发和使用应着眼于发挥不同人力资本的最大作用，通过有针对性的薪酬激励促进人力资本的最大作用，充分调动高管人员的积极性和创造性，从而为企业和社会创造更大的价值增值和更多的财富积累（见图8-23）。

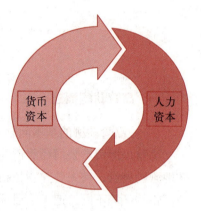

图 8-23　人力资本与货币资本的驱动和博弈

2. 强调价值平衡的利益相关者理论

利益相关理论认为，任何一个公司的发展都离不开企业利益相关者的投入与参与，利益相关者包括：股东、债权人、员工、消费者、供应商等交易伙伴以及政府部门、本地居民、本地社区、媒体、环保主义等的压力集团，甚至自然环境、人类后代等受到企业经营活动直接或间接影响的客体等。企业追求的是利益相关者的整体利益，而不仅仅是某些主体的利益。这些利益相关者与企业的生存和发展密切相关，有的分担了企业的经营风险，有的为企业的经营活动付出了代价，有的对企业进行监督和制约，因此企业的经营决策必须要考虑他们的利益或接受他们的约束。基于企业利益相关者理论，一个优秀的企业要对股东、员工、合作伙伴、社会等一系列利益相关者承担责任，高管薪酬同样需要考虑监管层、员工、公众等利益相关者的认同（见图8-24）。

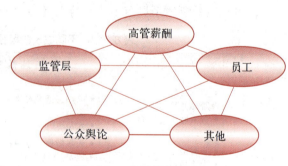

图 8-24　利益相关者示意图

二、高管薪酬设计

（一）高管的薪酬结构

前文提到，薪酬的支付依据有四个：职位价值、个人能力、绩效以及市场平均薪酬水平。虽然高管是企业中比较特殊的员工，但其薪酬也是由上述几种因素决定的。高管薪酬可以分为基本工资、年度奖金、福利计划和长期激励计划四个部分（见图8-25）。基本工资和福利计划属于固定部分，只与高管所在的岗位有关系，不会随着企业经营状况的变化以及在位者本身的不同而有所改变，是高管的累积价值；年度奖金和长期激励计划属于浮动部分，年度奖金是由高管人员自身绩效完成情况决定的绩效年薪，是高管的即期价值，长期激励计划是由企业经营业绩的长期回报预期决定的，一般会延迟支付[⑩]。

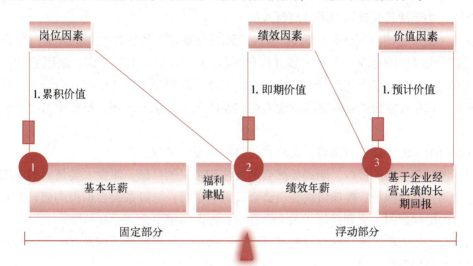

图8-25 高管人员总体薪酬结构

企业所在的国家、地区和行业不同，其高管人员的薪酬激励结构也往往不同，甚至同一行业的不同企业，其高管薪酬结构也可能存在较大差别。但是一般情况下，高管人员薪酬激励的组成要素是类似的，只是比重各异。国内外高管人员薪酬激励常见的组成部分如图8-26所示。

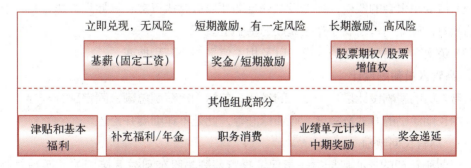

图8-26 国内外高管人员薪酬激励常见部分

高管薪酬各个部分的支付时间不同，所含的风险也不同。高管薪酬中的基薪即固定工资是立即兑现的，不存在任何风险；短期激励部分由企业短期的业绩决定，有一定的风险,但是风险不大;长期激励部分一般是以股票期权或者股票增值权的形式支付,该部分由企业的长期业绩决定,风险较大。

(二)高管薪酬的确定

1. 薪酬委员会

在治理结构规范的企业中,薪酬委员会是高管薪酬的确定机构,其主要任务是为高层管理人员制定薪酬计划并最终执行薪酬计划。它们的使命就是吸引、激励并留住那些对于企业持续成功运营起关键性作用的高管人员。

我国《上市公司治理准则》第56条规定薪酬与考核委员会的主要职责是:① 研究董事与经理人员考核的标准,进行考核并提出建议;② 研究和审查董事、高级管理人员的薪酬政策与方案。除了上述两条明文规定的职责外,薪酬委员会还负有向投资者、监管机构、公众、股东披露公司针对高级管理人员的薪酬政策、薪酬计划以及薪酬水平等相关内容的责任。

从西方国家的实践经验来看,薪酬委员会的主要职责包括:

(1)按照董事会的授权,明确委员会的责任和未来的目标。建立本委员会的组织制度和行为准则并严格执行;确保每次委员会会议顺利举行;与股东大会积极沟通,尤其是涉及股权等关键问题时,需要经过股东大会通过;定期向董事会请示并汇报。

(2)负责研究和制定公司高管的薪酬理念和政策,使得薪酬计划能够吸引、激励以及留住优秀的高级管理人员。

(3)制定高管薪酬计划,包括薪酬结构、薪酬水平、薪酬支付方式。同时,委员会还要参与长期激励计划的制定,如股票期权、限制性股票、业绩股票等以权益为基础的激励计划,以及各种延期支付计划、养老金计划、津贴、补充医疗保险及其他福利计划,并且负责将这些计划提交给董事会,经股东大会讨论通过后执行。

(4)可以利用外部经理薪酬顾问的帮助,研究同行业公司中有竞争力的薪酬实践和绩效,在对比的基础上批准高管薪酬计划和制定薪酬标准。

(5)接受董事会的授权,预先设定并定期评估首席执行官、其他高级执行官以及公司董事的绩效,确保高管薪酬建立在绩效的基础上。

(6)负责高管薪酬计划的执行,以及相关信息的公开和披露。

2. 高管人员薪酬设计

高管人员的薪酬设计是一个复杂的过程,包括确定薪酬总额、固定部分与浮动部分的比例、中长期激励的方式及额度、业绩标准等,此处不详细展开论述。

(三)高管长期激励

高管薪酬管理的核心目标之一是保证高管薪酬与股东利益直接相关,而针对高管人员的长期激励直接体现了这一目标。长期激励计划有利于激励高管人员长期致力于提升公司业绩并在较长期限内增加股东的价值。这种长期视角非常重要,因为在企业的实际经营管理中,许多业务决策所产生的影响不是当时就能显现的,而是在若干年后才能反映出来。

在确定高管人员的长期激励时，除了要考虑长期激励在总体薪酬中的比例之外，还需要考虑采用什么样的激励手段，以及不同的激励手段如何进行有效组合。当前，国内外高管激励实践中常用的长期激励方式主要有三种：绩效奖金计划、基于 EVA 的利润分享计划、股权激励计划。

1. 绩效奖金计划

绩效奖金计划是指在考核周期内，将高管人员的奖金与企业的长期绩效相挂钩。大部分企业的长期绩效奖金计划周期是 3 年，在这 3 年内，每一年都会有一个新阶段，所以各阶段之间会有交叉（见图 8-27）。

图 8-27　绩效奖金计划

各个阶段之所以会有交叉，是因为采取每年都发放奖金的方式，可以缓解年度间的市场变化，同时能减少不同阶段的政策变化对奖励产生的影响，即使在采取新的政策的年度没有获得奖励，一年后高管仍有可能获得奖励。

2. 基于 EVA 的利润分享计划

在基于 EVA 的利润分享计划中，通过将 EVA 作为度量的指标，把管理者的目标和股东财富结合起来，没有上限的奖金促使经理人不断地改进业绩，并成功实施可以使股东财富增值的行动；利用奖金库将一部分奖金保存起来，以备日后业绩下降时补偿损失，从而使管理者集中精力开发具有持久价值的项目；EVA 激励计划可通过公式自动重新设定，从而消除了每年协商利润指标带来的博弈问题；计划赋予管理者与股东一样关心企业成败的心态，是一种长线思维；管理者的奖金处于不确定状态，从根本上来说，是对结果的支付，而不是对行为的支付；对持续增加的 EVA 支付奖金，奖金不封顶，管理者带来的 EVA 越多，奖金就越多；鼓励管理者提出积极的计划指标，他们不会因为短期失败而受惩罚，却将因为每一点进步得到额外的奖励，促使管理者寻求每一个机会来改善公司整体的业绩。

基于 EVA 的利润分享计划主要采用经理层奖金"直接法"，即经理层奖金直接根据当年度和前一年度的 EVA 值来计算，计算公式为：

$$经理层奖金 = M_1 \times (EVA_t - EVA_{t-1}) + M_2 \times EVA_t$$

式中，EVA_t 和 EVA_{t-1} 分别是当年和前一年的 EVA 实际值；M_1 和 M_2 是加权系数，M_1 反映了 EVA 的变化值在确定管理人员当年奖金时的比重，且无论变化值的正负，M_1 均取正，M_2 反映了当年 EVA 值在确定管理人员当年奖金时的比重，如果当年 EVA 为负，则 M_2

自动为零。

【学习资料 8-5】

基于 EVA 的利润分享计划案例

某大型投资控股公司的下属投资企业 A 的高管长期激励采用的是基于 EVA 的经营利润分享机制。A 企业在各个战略阶段的经营利润分享机制如图 8-28 所示。

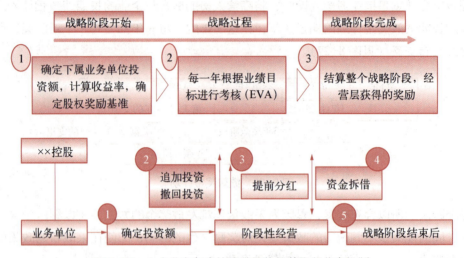

图 8-28　A 企业在各个战略阶段的经营利润分享机制

在这种经营利润分享机制中，管理层的分享增量是基于股东获得的更大的业绩回报（见图 8-29）。

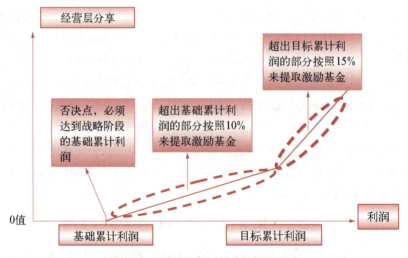

图 8-29　基于股东回报的管理层分享

3. 股权激励计划

（1）股票期权。股票期权是股票增值授予方案中最主要、最常见的一种长期激励计划。增值授予就是将股票增值部分的价值给予接受人作为激励报酬。具体来说，股票期权就是指公司授予特定对象在约定时间内按约定价格（行权价格）和数量购买公司股票的权利。股票期权激励方式的基本构架如图 8-30 所示。图中，高管人员的行权价格是 15 美元，如果他在股票价格为 20 美元时选择行权，就享有了每股 5 美元的潜在收益。

股票期权作为一种长期奖金，应重点考虑奖励对象和奖励金额。关于奖励对象，国内一直存在精英制和普惠制的争论。就中国企业的现实而言，采用普惠制的企业大都非常成功，如华为、蒙牛、阿里巴巴、万科、联想等。但绝大多数企业侧重于对高管人员实行股权激励，很多上市公司没有将核心技术人才包括进来。至于奖励多少、根据什么来奖励等问题也一直没有得到解决。一个很重要的原因就是股权激励在中国刚刚起步，现在还处于尝试阶段，很多标准都没有确定下来。而在美国，几乎所有的上市公司都有股权激励计划，有的公司还同时采取好几种。中国的上市公司如果想科学地设计股权激励方案，有必要学习美国的经验。

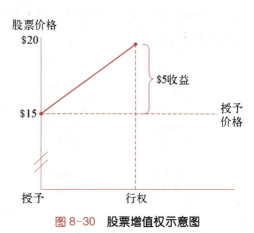

图 8-30　股票增值权示意图

行权价格也是股权激励中一个有争议的问题。在《中国上市公司股权激励管理办法（试行）》文件中明确规定上市公司在授予激励对象股票期权时，应当确定行权价格或行权价格的确定方法。行权价格不应低于下列价格中的较高者：股权激励计划草案摘要公布前一个交易日的公司标的股票收盘价；股权激励计划草案摘要公布前 30 个交易日内的公司标的股票平均收盘价。但是在这种情况下，当公司股票价格低于行权价时，高管人员可以选择不行权，虽然没有因此获得股票增值带来的收益，但也没有任何风险损失，而股票价格下跌却为股东带来了相应的损失，在这种情况下，高管人员的利益未能与股东保持一致，对高管人员的激励也就失去了意义。

（2）限制性股票。正因为股权激励本身存在缺陷，该计划逐渐被另一种股票激励计划所替代，这就是限制性股票。限制性股票一般以时间或者业绩为条件，向高层人员授予股票。表 8-15 对时间限制性股票和业绩限制性股票作了比较。

表 8-15　两种限制性股票的比较

类　别	授予价值	是否设定业绩目标	何时授予	是否拥有投票权	是否享有股票红利
时间限制性股票	全额授予	否	分阶段授予	是	未支付的不享有
业绩限制性股票	全额授予	是	最终年限授予	是	未支付的不享有

时间限制性股票是指分阶段向某高管授予全值股票。在运用这种长期激励方法时，一般不会针对某高管建立绩效目标，而是采取限制性股票单元的形式，因为这样会具有延期的灵活性。获得限制性股票单元的高管拥有投票权，但是对于未支付的股票没有分红权。

由于时间限制性股票在期初就确定了以后各年授予的股票数量，因此高管人员的收益必定随着股票价格的变动而变动，此时高管人员的利益与股东是一致的，只有公司的股票价格上涨，高管人员才能获得更多的收益。比如，某公司要在4年时间内累计向某高管授予6 000股股票，则可以每年授权1 500股，授予的股票价值与授予时的市场价值相等（见图8-31）。

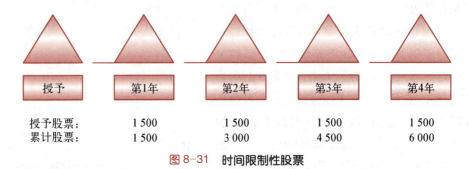

图8-31 时间限制性股票

业绩限制性股票同样是分阶段向高管人员授予股票，但有相应的业绩目标要求，只有高管人员达成了当期目标，才向其授予股票，以此激励高管人员为企业创造更好的业绩。

（四）股权激励模型

"股权激励六步法"是国内著名的咨询公司——华夏基石管理咨询公司在借鉴美国数十家顶尖上市公司实践的基础上总结出的股权激励模型（见图8-32）。

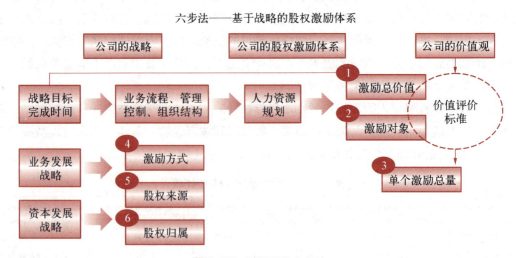

图8-32 股权激励六步法

1. 激励总价值

激励总价值的确定有赖于确定企业价值的增加和其中管理层的贡献，然后依照公司的价值观，从中抽取一定的比例回馈给管理层。确定企业价值的模型很多，目前较为通行的有相对估价法和绝对估价法。企业价值增加确定之后，我们可依据如图 8-33 所示的逻辑确定管理层的贡献。

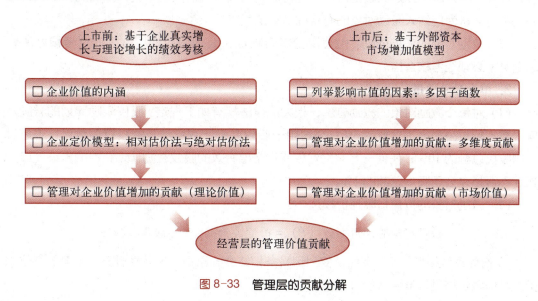

图 8-33　管理层的贡献分解

根据管理层创造的价值，企业还需要考虑以下因素来确定管理层应当分享的比例：

（1）企业所处的行业：行业竞争的激烈程度与人员的专业化市场发达程度。

（2）激励计划的年限和提取激励的次数：时间越长，不确定性越大，所需激励规模越大。

（3）企业的发展战略、规划：战略规划越难实现，所需激励规模越大。

（4）激励人员的数量：数量越多，所需激励规模越大。

（5）激励人员的原有收入水平：现有收入水平越高，所需激励规模越大。

（6）企业的未来财务预测：预测越乐观，所需激励规模越小。

（7）企业的股权结构：股权结构越集中（具有控制力的大股东），所需激励规模越小。

2. 激励对象

（1）激励对象确定的法律依据：以《中华人民共和国公司法》《中华人民共和国证券法》《上市公司股权激励管理办法》及公司章程等相关规定为依据而确定。

（2）激励对象确定的职务依据：包括公司的董事、监事、高级管理人员及本公司董事会认为应当激励的其他员工（包括激励计划获得股东大会批准时尚未确定但自本计划股权期权授权日起两年内经董事会批准后纳入激励计划的预留激励对象），不包括独立董事。

① 高级管理人员指公司的总裁、副总裁、财务负责人和董事会秘书。

② 公司董事会认为应当激励的其他员工包括：公司部分部门负责人、下属控股子公司主要管理人员、核心技术人员及本公司董事会认为对公司有特殊贡献的其他员工。

③ 预留激励对象指激励计划获得股东大会批准时尚未确定但在本计划存续期间经董事会批准后纳入激励计划的激励对象，包括本公司或本公司控股子公司招聘的特殊人才及公司董事会认为应纳入激励对象的有特殊贡献的员工。

(3) 激励对象的考核依据：由公司董事会制定《公司股权期权激励计划考核办法》，激励对象必须经考核合格。

3. 单个激励总量

(1) 对每个激励对象的激励总量，相关法律法规有如下规定：股权激励计划的激励对象人数不超过公司员工总数的8%；公司用于股权激励计划所涉及的股权总数累计不超过公司股权总额的10%；任何一名激励对象通过全部有效的股权激励计划获授的本公司股权累计不得超过公司股本总额的1%。

(2) 激励对象的价值贡献评价模型。

$$激励对象的评价得分（P）= 价值评价得分+贡献评价得分$$

① 价值评价模型：基于责任、权利和义务相结合的原则，对激励对象所承担的岗位职责及其任职资格进行价值评价（见图8-34）。

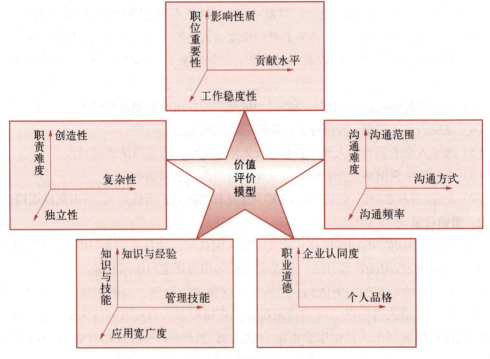

图8-34 激励对象的价值评价模型

② 贡献评价模型：基于激励对象在企业工作的实际年限和每年的年度绩效考核结果，进行贡献评价（见图 8-35）。

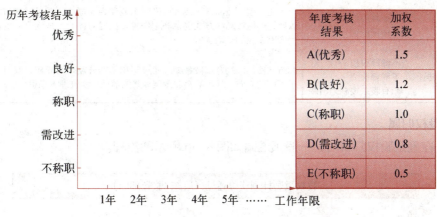

图 8-35　企业历史贡献的评价

企业历史贡献评价的计算公式为：

$$贡献评价得分 = N_i \times S_i$$

式中，N_i 表示工作年限，S_i 表示加权系数。

（3）根据激励对象的评价得分授予股份。

$$配股额 = 评价得分 \times 平均每分股份数 = P \times (T/P_i)$$

式中，P 表示评价得分，P_i 表示每个激励对象的评价得分，T 表示可分配股权期权的总数。

4. 激励方式

在股权激励中，主要有期权激励和限制性股票激励两种方式。股权期权使得被激励人员在持有期权期间不努力就可轻松享有同事工作带来的企业业绩上升。持有限制性股权获利的必要条件是个人努力，持有股权期权获利的充分条件是有人努力，但未必是自己努力。限制性股票则使得被激励人员无法回避股价涨跌带来的持有风险，从而与企业共同承担业绩下滑带来的损失。因此，限制性股权激励一般优于期权激励。

5. 股权来源

股权来源一般有三种方式，具体选择哪种方式取决于企业的实际情况（见表 8-16）。

表 8-16　三种股权来源的比较

股权来源	主要优势	利弊分析
定向增发	不影响企业现金流可以获得增发收益	此方式对企业业绩产生影响，对业绩具有一定稀释作用。但是在股权激励总规模较小的情况下，这种稀释作用也显得十分微弱。在定向增发的方式下，激励方和被激励方的利益具有趋同性

（续表）

股权来源	主要优势	利弊分析
回购	不稀释股权 不稀释业绩	对于生产型企业而言，会直接导致企业现金流损失，并且对通过合理的税收筹划等留存利润方式也会产生伤害，激励对象会有放大利润的冲动，从而影响企业的长期发展
协议股东转让	不稀释股权 不稀释业绩 原有股东控制力下降	此方式使得激励方和被激励方通过零和博弈分割现有股权，双方的利益基于不同的方向，从而给企业发展战略的落地和实施埋下隐患

6. 股权归属

（1）在确定股权归属时，一般须遵循如图8-36所示的流程。

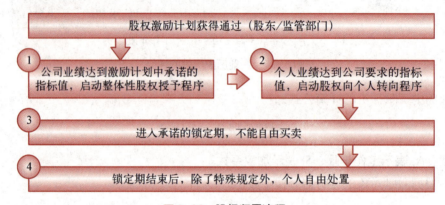

图8-36 股权归属流程

（2）限制性股权激励的授予条件。只有在同时满足下列条件时，激励对象才能获授限制性股权激励，若未能同时满足下列条件，激励计划自然终止。

① 公司上市后，未发生违法违规行为或被中国证监会认定的其他情形。

② 激励对象未发生违法违规行为或被公司董事会认定其他严重违反公司有关规定的行为。

③ 经薪酬与考核委员会考核，在扣除非经常性损益后，同时满足下列业绩考核条件：3年业绩期期末公司加权平均净资产收益率不低于12%；3年业绩期期末公司净利润增长率不低于20%；3年业绩期期末公司主营业务收入增长率不低于20%；根据实施考核办法，激励对象在3年业绩期期末绩效考核合格。

（3）考核结果的评价与行权条件。通常情况下，股权激励的行权条件还要与激励对象的业绩评价结果相结合，并配备相应的管理措施。

（4）限制性股权激励的锁定期和解锁期。从本质上讲，被激励方只有在解锁期结束后才能获得所有激励收益。这一期限越长，则表明激励方对被激励方的忠诚度、勤奋程度要求越高。这一期限实质上是对被激励方收入的延迟，因此较长的期限会导致被激励方的机会成本加大。过长的期限将导致激励效果下降，过短的期限将导致被激励方的短视效应。

图 8-37 显示了激励期限与激励效果的关系。

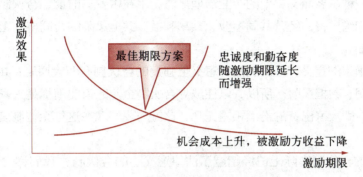

图 8-37　激励期限和激励效果的关系

（5）股权管理机构的设置与职能。公司在董事会下设立薪酬委员会，专门负责对股权进行管理。

薪酬委员会的职能包括：负责股权认股权的管理（包括发放认股权证、登记名册、净资产记账、行权登记、红利分配等），向董事会或执行董事报告股权认股权的执行情况，在董事会或执行董事授权下根据认股权管理规则有权变更股权认股权计划。

【HR 之我见】

陈仕恭：中卫康医药投资 HRD（VP）

扫描栏目中的二维码学习陈仕恭针对下列提问的精彩回答：

1. 您为什么选择从事 HR？
2. 如何激励知识型员工？
3. 贵公司在培训方面哪些好的实践，以及培训工作是如何与公司的战略和人力资源战略紧密结合的？
4. 您对未来希望从事 HR 工作的学生有何建议？

视频版

文字版

（五）事业合伙制

随着核心知识型员工和企业家日益成为企业价值创造的主导要素，这将改变过去货币资本和人力资本之间的零和博弈关系。原来是货币资本雇用人力资本，而现在已经是货币资本与人力资本相互雇用。在这样的背景下，合伙制得到人力资源管理的青睐，这种机制能够实现人才与企业的共识、共担、共创、共享。

1. 合伙制的概念

合伙制是一种古老而又崭新的企业治理形态，早在古罗马时期，合伙制的雏形就已出现，二人以上相约出资，经营共同事业，共享利益、共担风险的合同事实上是以资本为纽带的合伙人制度。

按照西方国家的定义，经典的法律意义上强调的合伙制有四大原则：共同出资、共同经营、共享利润、共担风险。所以，以往成立合伙制企业的首要前提是大家共同投资，但它有一个特点，即大家出资的份额相差无几，这就与我们现在这种企业制度——股份制企业有所区别。

现代企业的合伙制实际上已经超越了法律意义上的合伙制，我们称之为管理概念上的企业合伙制，或者基于人力资本价值的轻型合伙制。人力资本合伙制是知识经济时代的产物，其发展主要得益于人力资本成为企业价值创造的主导要素，它在与货币资本的合作与博弈中，拥有更多的剩余价值索取权与经营决策话语权。因此，基于共识、共担、共创、共享的现代合伙制，淡化了"职业经理人"仅仅为股东打工的观念，打破了"职业经理人"作为雇佣军的局限，重构了组织与人、货币资本与人力资本的事业合作伙伴关系。

合伙制不仅仅是一种激励手段，而是企业持续发展的一种战略动力机制，是一种企业成长与人才发展的长效机制，是一个涉及企业战略创新、公司治理结构优化、组织与人的关系重构的系统工程。

2. 事业合伙制的特点和基本价值主张

古典的合伙制强调风险共担、共同经营、共享利润的价值主张。我国著名的管理咨询公司华夏基石结合时代变化对企业组织新的要求，赋予合伙制新的含义、新的实现路径，提出了事业合伙制的价值新主张。

（1）志同道合，利他取势。志同道合的核心有两方面：第一是明确所追求的是什么样的事业，使命是什么。如果合伙人对使命都不认同、不相信，合伙制的模式就难以为继。第二是要有共同的价值观，包括价值理念和行为准则，也就是愿意遵守共同确立的规则。事业合伙制是一种利他取势的文化，笔者认为利他取势是通过成就别人获得更多的资源，获得更大的事业发展平台，形成新的势能和能量场。

（2）共担共创，增量分享。首先，共担是指共担风险、共担治理责任。合伙制是合伙人能够且愿意自我施压与主动担责的体系。华夏基石管理咨询公司的合伙人张文锋认为，没有共担的意愿、规则和能力就别谈合伙制。其次，共创是指企业要建立价值驱动要素联动，提高各个业务单元合作协同创造价值，以客户价值为核心，真正形成"价值创造—价值评价—价值分配"的循环。增量分享是指剩余价值共享、信息与知识共享、资源与智慧共享，而不只是简单的利益共享。合伙人分享的是为公司带来的价值增量，而不是分享股东收益的存量，这样才能真正形成良性的生态环境共享体系。

（3）相互赋能，自动协同。合伙制是一种相互赋能的文化，赋能体现在人才赋能、能力赋能、资源赋能等方面，相互赋能是指合伙人要发挥各自的优势，形成合力，形成新的势能，这也是人们常说的长板效应、优势理论。自动协同是一种企业内部自动的合作机制。首先，随着合伙制对核心人才的激活，人才的自驱力被充分地发挥出来，这会促进自发的合作协同。其次，合伙制内部是一种基于能力的竞合机制，竞争与合作并存且相互转化。在竞争中脱颖而出的人才，在面对新的、更高的挑战时，会自发地与同样优秀的人才强强联手，促成新一轮合作。

（4）价值核算，动态进退。互联网时代给合伙制的全面价值核算创造了可能，这涉及对各个事业群、各个项目、各个自主经营体进行核算。互联网和大数据技术让独立核算每个经营业务单元为组织创造的价值成为可能。动态进退是指依据合伙意愿和实际贡献，对合伙人进行动态调整，实现有进有退。基于价值核算，合伙制衡量出个体的价值。当个体不能为企业做出贡献的时候，或者贡献越来越小的时候，合伙机制要进行动态调整。当然，有的创始人比如马云就是阿里的永久合伙人，但对于绝大部分合伙人来讲，合伙制是动态的。

3. 关于事业合伙制的三点提醒

（1）事业合伙制的适用范围。合伙制并非适合所有企业，实际上合伙制更适合知识型、轻资产、创业期、战略转型变革期等真正要凝聚人才、激发人才创造活力的企业，不适合重资产的企业。同时，也不是所有的人都适合合伙制，精英合伙制要比全员合伙制更有效。

（2）合伙制是一种战略动力机制，不可能一蹴而就。事业合伙制绝不是一种简单的激励机制。一个企业要推行事业合伙制，要从战略角度去思考合伙制，要把合伙制作为企业的战略要素来看待。所以，合伙制是一种企业成长和人才发展的机制，是一个涉及企业战略转型、公司治理结构优化、组织与人的关系重构的系统工程，同时也是一种新的人才生态。

（3）企业负责人一定要改变观念，合伙制中要能体现企业家精神。企业家在共同使命追求下，重视人才信用价值与组织信任价值，使人才信用价值与组织信任价值成为组织最重要的核心资产。所以，合伙制需要有更强的文化纽带和长期承诺，而不仅仅是短期承诺。

第五节　薪酬设计与管理中的两个重要问题

一、薪酬中的税务问题

（一）薪酬税务政策

1. 与企业相关的薪酬税务政策

薪酬对企业所得税的影响主要体现为对企业应纳税所得额的影响。企业的应纳税所得额是企业的应纳税收入总额与准予扣除的项目金额之差。薪酬对企业所得税的影响主要体现为人工成本中的准予扣除的项目，具体包括：工资和薪金支出、基本养老保险费、基本医疗保险费、失业保险费、工伤保险费、生育保险费、住房公积金、补充养老保险费、补充医疗保险费、职工福利费、职工工会经费、职工教育经费、职工劳动保护支出等。下面对这些人工成本中主要的准予扣除项目加以说明。

(1) 工资和薪金支出。

工资和薪金支出是指企业每一纳税年度支付给在本企业任职或受雇的职工的所有现金或非现金形式的劳动报酬，包括基本工资、奖金、津贴、补贴（地区补贴、物价补贴和午餐补贴）、年终加薪、加班工资以及与职工任职或者受雇有关的其他支出。企业在缴纳所得税之前，可以对工资和薪金支出进行扣除，将扣除后的部分作为应纳税所得额。

(2) 职工工会经费、职工福利费、职工教育费。

企业还可以从应纳税收入额中扣除企业用于职工工会经费、职工福利费和职工教育经费的费用（简称"三费"）。由于不同企业用于"三费"的费用差别很大，因此，为了体现公平和公正的原则，国家规定了统一的计提三费的标准（见表8-17）。企业可以按照这个标准来从应纳税收入额中进行扣减。

表8-17 国家规定的统一的计提三费的标准

三 费	提 取 基 数	比 例
职工工会经费	计税工资总额	2%
福利费	计税工资总额	14%
教育经费	计税工资总额	8%

除国务院财政、税务主管部门另有规定外，企业发生的职工教育经费支出，超过工资薪金总额2.5%的部分，准予在以后纳税年度结转扣除。

(3) 其他可扣减项目。

除了前面的工资、薪金和三费之外，企业还有很多可以扣减的项目。

① 各类保险基金和统筹基金。企业依照国务院有关主管部门或者省级人民政府规定的范围和标准为职工缴纳的基本养老保险费、基本医疗保险费、失业保险费、工伤保险费、生育保险费等基本社会保险费，以及企业按照国务院财政、税务主管部门规定的范围和标准为职工支付的补充养老保险费、补充医疗保险费，经税务机关审核后，可在税前全额列支。超出有关规定的比例上交的部分，不得在税前列支。

② 住房公积金。企业按照国务院有关主管部门或者省级人民政府规定的范围和标准为员工缴纳的住房公积金，经税务机关审核，可在税前列支。

③ 劳动保护支出。企业发生的合理的劳动保护支出，准予税前扣除。

④ 差旅费。能提供合法凭证，则可据实税前列支。

⑤ 佣金。佣金符合以下条件，可计入销售费用：有合法凭证；支付对象为独立从事中

介服务的纳税人和个人（不包括本企业员工）；支付给个人，除了另有规定外，不超过服务金额的5%。

2. 与个人相关的薪酬税务政策

薪酬中主要涉及的应缴个人所得税集中在以下几个方面：工资、薪金所得，税前扣除项目，利息、股息、红利所得，以及与股票期权相关的部分。

（1）工资、薪金所得。工资和薪金所得主要是指个人因任职或受雇取得的工资、薪金、年终奖金、劳动分红、津贴及与任职和受雇有关的其他所得。工资和奖金所得的个人所得税适用税率为3%～45%的累进税率。

在工资和薪金所得中，需要扣除费用后才得到个人的应纳税所得额，其费用扣除标准为：每月减除6 000元。然后，根据与应纳税所得额相对应的税率计算出应纳税额（见表8-18）：

应纳税额 = 应纳税所得额 × 适用税率 − 速算扣除数
       = (每月收入额 − 标准扣除额) × 适用税率 − 速算扣除数
       = (每月收入额 − 5 000) × 适用税率 − 速算扣除数

表8-18 个人所得税税率表（工资薪金所得适用）

级 数	全月应纳税所得额	税率（%）	速算扣除数
1	不超过3 000元	3	0
2	超过3 000元至12 000元的部分	10	210
3	超过12 000元至25 000元的部分	20	1 410
4	超过12 000元至25 000元的部分	25	2 660
5	超过25 000元至55 000元的部分	30	4 410
6	超过55 000元至80 000元的部分	35	7 160
7	超过80 000元的部分	45	15 160

（2）税前扣除项目。按照国家规定，单位为个人缴付和个人缴付的基本养老保险费、基本医疗保险费、失业保险费、住房公积金，从纳税义务人的应纳税所得额中扣除；从企业提留的福利费或者工会经费中支付给个人的生活补助费免征个人所得税。

（3）利息、股息、红利所得。利息、股息和红利所得主要是指个人拥有债权、股权而取得的利息、股息、红利所得，该部分所得以收入额为每次应纳税所得额，适用比例税率，税率为20%。

（4）与股票期权计划相关的纳税规定。员工通过股票期权计划获得的收入应缴纳个人所得税，其纳税计算办法为：

应纳税所得额 × 适用税率 = 每次收入额 × 20%

其具体操作可以通过表8-19来反映：

表8-19 与股票期权计划相关的纳税

纳税义务的发生		税 基	适用税率	报税人	备 注
被授予股票期权时	无	—	—	—	股票期权可在境内外证券交易所公开交易或者授权或施权时即可转让时需缴纳个人所得税
实际行使认股权	有	个人履行期权获得的差价收入计入当月工资、薪金所得缴纳个人所得税	适用5%至45%的累进税率	公司负代扣代缴义务	报经当地主管税务机关批准后,可自当月起,在不超过6个月的期限内平均分月计入工资、薪金所得纳税
员工将所持境外股票转让时	有	以转让价格减去购买价格的差额,作为财产转让收入纳税	20%	个人申报缴纳	可扣除相关交易费用
员工将所持A、B股转让时	有	—	—	—	暂时免税

(5) 年终奖。年终奖个税计算方法分两种情况:① 员工当月工资薪金所得高于税法规定的费用扣除额(5 000元)时,将员工当月内取得的全年一次性奖金,除以12,按其商数确定适用税率和速算扣除数。② 员工当月工资薪金所得低于税法规定的费用扣除额(5 000元)时,将员工当月内取得的全年一次性奖金,除以12,减去"员工当月工资薪金所得与费用扣除额(5 000元)的差额",然后按照该余额确定适用税率和速算扣除数。

(二) 年终奖的税务筹划

税务筹划是指在纳税行为发生之前,在不违反相关法律法规的前提下,通过对纳税主体(法人或自然人)的经营活动或投资行为等涉税事项作出事先安排,以达到少缴税或递延纳税目的的一系列谋划活动。合理筹划个人所得税缴纳、最大限度地减轻税负、提高税后可支配利润、增加个人财富,已经成为纳税人财富管理的重要内容。

根据个人所得税法相关规定,目前的年终奖个税计算方法是,先将年终奖除以12,根据得出的商确定税率和速算扣除数,再按规定计税。但速算扣除数是根据工资、薪金的税率表计算出来的,在计算年终奖的税负时,可能会因为工资、薪金的递进税率而出现个人年终奖发得比别人多但扣税后所得却少于别人的情形。

例如,赵总的年终奖为96万元,孙总的年终奖为96.000 1万元(假设两个人的月工资都高于5 000元)。两个人应纳个税分别是:

赵总:960 000÷12=80 000(元),对应税率及速算扣除数35%、7 160,应纳税额=960 000×35%-7 160=328 840(元),税后所得631 160元。

孙总:960 001÷12≈80 000.08(元),对应税率及速算扣除数为45%、15 160,应纳税额=960 001×45%-15 160=416 840(元),税后所得543 161元。

孙总年终奖多1元,税后所得反而比赵总少87 999元。

为避免这种情况,企业在为员工确定年终奖时就要注意几个税负盲区(见表8-20),在这几个盲区内,选择临界点才是最划算的安排。

表8-20　2018年10—12月份个税起征点5 000元年终奖盲区表　　　单位：元

年终奖盲区	划算值
36 001~38 566.67	36 000
144 001~160 500.00	144 000
300 001~318 333.33	300 000
420 001~447 500.00	42 000
660 001~706 538.46	660 000
960 001~1 120 000	960 000

"盲区"36 001~38 566.67元为例：36 000元年终奖，对应税率是3%，应纳税1 080元，税后可以拿到34 920元。但如果年终奖增加1元到36 001元，对应的计税税率为10%，应纳税上升到3 390.10元，结果，税后能拿到的年终奖只有32 610.9元。也就是说，多发1元年终奖会导致税后少得2 309.1元。

二、薪酬保密制度与薪酬沟通

（一）薪酬保密制度

薪酬保密制度不论在理论界还是在企业界都是一个备受争议的问题。很多员工在进入企业以后就会被告知不准打听企业内其他人的工资水平，不准透露个人的工资水平，甚至需要与企业签订薪酬保密协议，承担由于薪酬泄密而造成的各种后果。

薪酬保密制度有一定的作用，可以掩盖公司在薪酬管理上的一些不公平现象，并给管理层带来更大的操作自由度。由于公司的薪酬制度并不是完全科学的，员工绩效的衡量也无法做到绝对客观，因此对薪酬保密还能够减少员工与企业、员工与员工之间的矛盾。但是薪酬保密本身又会带来员工的不公平感和猜疑心理，尤其是当员工在私下了解了彼此的薪酬之后，薪酬低的员工有可能会产生一种受骗感，甚至会因此而离开企业。

薪酬保密制度更多的是对员工的薪酬数额进行保密，但不管企业是否采用了薪酬保密制度，企业都需要将薪酬方案明确地告知员工，并确保员工能够根据该方案测算出自己的薪酬水平。这也符合期望理论的观点，即员工只有了解自己努力的结果以及努力与结果之间的关系，才会付出相应的努力。

（二）薪酬沟通

薪酬沟通的主要内容是回答关于薪酬方案的疑问并努力让企业中的管理者和员工接受该方案。美国的薪酬管理专家约翰·A. 鲁比诺（John A. Rubino）在对企业的薪酬沟通实践进行了深入研究的基础上，提出了一种进行薪酬方案沟通的系统性方法（见图8-38）。

1. 确定目标

这一步看起来很容易做到，但常常被忽视。确认目标的意义在于指出需要沟通什么和公司希望通过沟通达到什么目的。

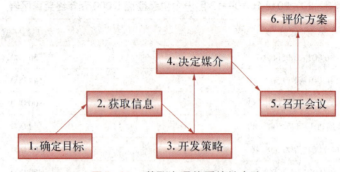

图 8-38　薪酬沟通的系统性方法

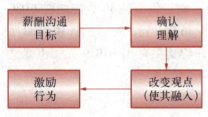

图 8-39　薪酬沟通方案的一般目标

不同的薪酬沟通方案要达到的目标各不相同，但也有很多的共同之处，我们将这些共同之处称为薪酬沟通方案的一般目标，而将各个薪酬沟通方案独有的目标称为特殊目标。一般来讲，一个薪酬沟通方案要达到的一般目标有三个（见图 8-39）：确认员工完全理解了新的薪酬体系的所有组成部分；改变员工对薪酬决策方式的看法（从预期加薪到基于特殊绩效标准的加薪的程度）；激励员工在新的薪酬体系下充分发挥自身的能力将工作做到最好。

在确认了薪酬沟通方案的一般目标之后，要在其指引下进一步确认特定薪酬沟通项目的特殊目标。特殊目标需要根据企业的实际情况，充分考虑企业在组织和人员管理方面所存在的问题，以解决这些问题、支撑薪酬体系为出发点来确定。

2. 获取信息

在目标确认之后，下一个步骤就是从公司的管理者和员工那里收集必要的信息，这些信息涉及他们对薪酬方案的看法和理解，包括他们对薪酬方案的态度。

为了设计一个有效的薪酬沟通方案，一些基本的信息是必须收集的，这些信息主要包括如表 8-21 所示的 9 个方面。

表 8-21　需要收集的信息

问　　题
1. 员工当前对薪酬和福利计划的理解水平如何？
2. 管理人员和员工是否拥有准确的信息？
3. 管理人员和员工之间的相互沟通进行得如何？
4. 高管人员之间的沟通是一致的吗？
5. 一般来讲，管理人员是否具有必要的"人际"技能来进行薪酬的沟通？
6. 员工是否知道公司对他们的绩效期望？
7. 员工是否相信在工作绩效和报酬体系之间存在着联系？
8. 高管人员对薪酬沟通的看法如何？
9. 员工和管理人员以及高管人员之间以什么样的沟通方式进行沟通最为合适？

这些信息是最基本的，只是必须收集和评价的信息的一个样本，更多的特定信息需要根据特定的薪酬沟通计划来进一步获得。收集信息不仅对于设计薪酬沟通方案十分重要，而且为将来评价薪酬沟通方案的有效性提供了一个参照系。

在确定了需要收集什么样的信息之后，还需要进一步确认采用何种工具和方法来进行信息的收集。一般来讲，企业可以采用以下五种方法来收集信息：问卷调查、非正式网络调查、焦点小组访谈、面对面访谈、高管人员面谈。

需要特别强调的是，在这五种信息收集方法中，高管人员面谈对于收集信息具有至关重要的作用，在整个信息收集过程中需要给予特别的关注。

3. 开发策略

在收集和分析有关员工态度和观点等一系列信息之后，下一个步骤是在既定目标的框架之内开发一个沟通策略。这个策略是支持目标和引导特定行动的总体方案。

一般来讲，制定薪酬沟通策略的一般步骤是：① 由公司高层（常常是总裁或者 CEO）给所有员工分发一个备忘录；② 安排关键管理人员召开一系列会议；③ 开发管理人员和员工之间的持续沟通项目；④ 对管理人员进行培训；⑤ 在薪酬方案完成之后，召开正式的沟通会议。

如何组织和处理这些阶段对整个薪酬系统的成功至关重要。在介绍正式的沟通会议之前，我们先看一下有哪些可以使用的沟通媒介。

4. 决定媒介

一个企业只有在确定了沟通目标、获取了必要的信息、开发了整体沟通策略之后，才能选择最有效的沟通工具，即确定采用什么沟通媒介最有效。可运用的媒介的选择范围非常广，从简单到复杂的工具都可以运用，而且这些工具之间并不相互排斥，可以同时使用。每一个成功的沟通项目都会同时使用多种有效沟通工具。薪酬方案沟通中可使用的媒介种类繁多，我们用表 8-22 来进行说明。

表 8-22　薪酬方案沟通可选用的媒介种类

媒介类型	
视　　听	印　　刷
• 幻灯片 • 电影 • 磁带	• 手册 • 信件 • 备忘录
人　　际	电子（基于计算机）
• 大型会议 • 小型见面会 • 面对面协商 • 经理/员工会议	• 交互个人计算机项目 • 电子邮件系统 • 电话通信回复体系 • 董事薪酬陈述

就薪酬沟通计划而言，人际媒介可能是最有效的方法。基于计算机的沟通技术可能是高效的，但它只能被看作一种补充和增强手段，而不是进行正式沟通所采用的根本手

段。在决定采用哪些媒介时，考虑媒介的开发和生产成本与媒介的沟通有效性同样重要。

5. 召开会议

任何沟通方案中最重要的组成部分都是召开正式沟通会议。通常在项目的最后阶段召开这些会议，对于解释和宣传新的或经过修正的薪酬方案是非常重要的（见图8-40）。

图8-40 为不同层面的听众召开正式沟通会议

6. 评价方案

薪酬方案沟通的最后一个步骤是评价沟通方案的效果（见图8-41）。

薪酬沟通方案的效果评价通常在正式会议召开后4~6个月进行比较合适。在方案实施前后对下列问题的回答的对比，将为评价沟通方案的有效性提供有价值的信息。

（1）当前对薪酬和福利计划的理解水平如何？
（2）管理人员和员工就薪酬方案进行的相互沟通效果如何？
（3）高管人员是否在其中传递了一致的信息？
（4）员工相信在绩效和报酬体系之间存在联系吗？

一段时间之后，沟通方案的其他影响将变得越来越明显。只有沟通方案获得成功，听起来很好的薪酬体系才会真正产生积极的结果。

通过上述六个步骤，企业就可以成功地计划并执行薪酬沟通方案，从而帮助企业和员工之间在薪酬问题上达成共识，为企业薪酬体系的有效运行奠定重要的前提和基础。

第八章 薪酬设计及管理 475

```
                评价整个项目过程中沟通方案的有效性

                        在项目结束后评价
沟通目标是否            沟通方案的效果              沟通会议是
现实和可行？                                        否适合目标
                                                    听众？信息
                                                    被吸收了吗？

              • 通过问卷、焦点组、访谈和非正式网络从员工那获
                取必要的信息——同样的方法也用于步骤二中用来
                收集有关态度、观点和行为的信息

              • 许多相同的问题会被问到，这时要特别注意与沟
                通方案相联系的新的特殊问题

              • 哪里更合适，比较从员工那儿获得的"之前"和"之
                后"的回答

收集起来的     • 评价应在正式沟通会议之后的4~6个月进行，以         对传输信息
有关员工态        便员工有时间来适应新的薪酬体系                    来说所选择
度和观点的                                                          的媒介是最
信息是否有                                                          合适的吗？
效和具有隐
含意义？

                策略是否被有效地开发出来了？
```

图 8-41 评价沟通方案的效果

薪酬：公开还是保密

"为什么要这样做？难道你不知道，在职场中公然讨论薪酬是一道高压线，任何人触碰不得吗？"

这是工程师维拉从她的上司陈莉那里听到的头几句话。陈莉平时比较沉着冷静，时刻注意保持着她的专业素养，可能这次真的有点急坏了，从椅子上站起来，一边询问着维拉，一边在办公室走来走去转圈圈。

上周日，维拉和她的同事好友在微信上谈论时下流行的分享经济。维拉很想潮流一把，觉得是不是也该分享点什么。究竟有什么好东西值得分享呢？突然，她灵光一现："我们一起来分享薪资好不好？"维拉提议。

"分享薪资？可以吗？"

"当然可以，为什么不呢！"维拉在家中有一个哥哥，天生就习惯了被保护，所以性格上有点古灵精怪，天不怕地不怕的。用她自己的话说，那就是"不走寻常路，不按常理出牌"，"追随不是我的风格"。出于对朋友的信任，以及内心那一丝强烈的好奇，同事好友决定冒险一次，到对方的领地瞧一瞧。两个人交换意见之后，维拉制作了一张电子表格，这张电子表格里列举了基本工资、绩效、奖金、津贴、成长基金等各个名目，两个人分别

写下属于自己的那部分数字。意识到这是在一个公共的电子表格上创建的，维拉将它复制到了企业内部社交网络上，并且号召其他同事一起来参加这个"分享经济&真心话大冒险"活动。同事按照此表格格式，在相应位置处填写自己的真实数字，发给维拉，作为回报，他们就可以看到已经参与此次活动的其他同事的薪酬。

像野火一样蔓延

已经有几十个人曝光了他们的工资。这张电子表格就像野火一样，在公司内部的社交网络上蔓延。有人为这张电子表格增加了一些数据透视功能，发给了维拉。维拉也按照职级、性别等对这张表格做了一些分析处理。她惊讶地发现，同级别中，有同事的工资竟然相差近一倍！另外，女性员工的工资，从总体上看数额要少于男性。男性的职级以及成为管理者的比例更高。

"怎么会这样？当初不就是因为考虑到这样的风险，才实行工资保密制度的吗？"人力资源总监安娜在内部社交网络上密切跟踪事态进展，新的自曝工资数还是源源不断。她不得不找沟通与社交媒体总监卢卡商量对策，避免出现内部公关危机。"现在这个话题已经上了内部社交媒体的头条了，这可不是什么好事。"卢卡摇了摇头，表示有点儿担心。

"我敢打赌，这种事情来得快去得也快。有关薪酬这种事，关注者数量远远超过参与者。大量人会关注这个话题，但是公开自己薪资的则会少之又少。无论怎样，从博弈的角度，人在明处、我在暗处，我方信息不公开对自己最有利。人人都在想，公开薪资，最好你去做，但是我不会。"人力资源总监安娜好像在打一场心理战，很明了大家的小心思，同时也在试探卢卡对此事的真实看法。

"这么说好像有点道理，呵呵，人人都不是傻瓜，都想做那个聪明人，渔翁得利。"卢卡不自觉地笑了一下。"薪资收入是个人隐私。有些人可能不在意，就愿意晒、爱显摆，有好事者唯恐天下不乱，愿意将自己薪资摆出来作为大家的谈资，也看看自己是否受到了不公平待遇。可是对多数人而言，公开讨论工资收入，就像给陌生人描述自己私生活一样，感觉浑身是刺，不舒服。2015年4月，有国外媒体与领英合作发起了一项薪酬调查，调查了1 000名美国在职员工。结果显示，有73%的人表示，对于同领导之外的其他同事讨论工资问题感到不舒服。"安娜说。"是呀是呀，公开薪酬，会让那些低收入和绩效低的员工感到难堪。"卢卡似乎有点儿懂了。

安娜点点头："那些高收入者也不会公开自己的薪酬。只有那些感觉到自己受到不公平待遇的人才会付诸行动，直到自己认为公平为止。这就是亚当斯公平理论。说到底，薪酬透明制度是一种偏向和保护弱者的制度，是对弱者或者自以为是弱者的制度性补偿。"说起人力资源的政策和理论，安娜总是滔滔不绝，一套一套的。

媒体打来电话

"不知道媒体什么时候会盯上咱们，我们该如何应对呢？"卢卡已经开始担心要如何应付记者的问题了。媒体总是喜欢盯着大公司的一举一动，炒点敏感话题，吸引人们的眼球。"那就姿态高一点，说选择分享薪资是员工的自由好了。"安娜建议。

"我觉得不太好,公开谈论薪资在很多企业都被视为禁忌,包括我们在内。"卢卡说。这时,卢卡的助理从门外探头说:"《新闻周刊》的记者来电话了。"这下可好,说曹操曹操就到。卢卡让助理把电话接过来。《新闻周刊》的记者正在写一篇有关企业薪酬到底是公开好还是保密好的调查文章,顺便请卢卡发表一下看法。"公开有公开的好处,保密有保密的理由。企业会用行动告诉你它的选择。你们不是也在做调查吗?调查数据怎么样?"卢卡说。

"绝大多数企业都选择了薪酬保密制。还没有听到哪家企业说自己的薪酬是完全透明的。对了,听说你们企业正在遭遇这方面的危机,是吗?"记者似乎很敏锐,话锋一转,转到了敏感话题。"我不想称之为危机。一些员工自愿公开自己的薪酬,还算不上什么危机。"卢卡很聪明,没有上当。"能否公开解释一下,为什么员工会选择自愿公开薪酬?是否他们感觉到自己受到了不公正待遇?因为你们公司同工不同酬?"记者的问题很是犀利。

"我们的政策是不对个人发表评论。但我们可以证实,我们定期会对薪酬、晋升以及绩效进行分析,以确保公平。区区几十个人的工资单,就得出同工不同酬的结论,似乎为时过早,也不成立。员工选择分享自己的薪资,那是员工的自由。"卢卡滴水不漏。"这么说,制造电子表格的那个当事人不会因此而受到惩罚?还可以继续在公司里面上班?"记者步步紧逼。"这个……我们还没有讨论。一有最新消息,我会第一时间告诉大家。"卢卡收了电话,提醒安娜再去找维拉谈谈。"既然外界开始关注了,我们就得小心应对。"有些工作还是做得细致一点,不出纰漏才好。

薪酬背靠背,互联网公司也不能免俗?

这事刚出 3 天,就有好多人开始要求根据表格中的数据来调整薪资,以获取在薪资上的公平对待。其他部门领导也跑来人力资源部门抱怨,他们没法管理下面的人了。因为大家都吵着要加薪。安娜赔笑脸赔到崩溃。"加薪,加薪,一个个就知道提加薪,难道就不能排除自我拔高的心态,冷静分析自己的能力到底是高估还是低估了呢?"因为各个部门都在抱怨,人力资源副总裁郭鑫年找到安娜,要她趁机复查同级员工最高和最低工资差额。如果差额过大,要检讨是员工的问题,还是主管的问题。要防止薪酬鸿沟,将薪酬矛盾消灭在萌芽状态。"我心中隐隐有一个疑问,既然现在是移动互联时代,信息高度透明,作为高科技行业的我们,一直以开放和公平著称的互联网公司,是否有必要在薪酬透明上领先一步?毕竟,这可能是未来的趋势。"郭鑫年问。

"是的,确实有一些企业试图这样做。只是这样做,有什么益处呢?2013 年春节期间,有一家网络游戏公司传出了实行薪酬公开的消息。但是包括该公司员工在内的很多人,都不知其里。有人理解为变相裁员,是在赶那些绩效不高、薪酬处于后半段的人走;有人则认为给猎头和竞争对手提供了一个绝佳的机会。只要竞争对手开出更高的价码,这些员工就会被乖乖牵着鼻子走。一些人原本不想跳槽,在高薪的诱惑面前,也不禁动了跳槽的念头。"安娜回答。"也就是说,公开薪酬只会对这些高技术员工有利,毕竟现在对于高技术员工的需求是越来越大,这样,员工公开薪酬信息的风险也就越来越小,但公开薪酬对公司政策会产生什么影响呢？"郭鑫年接着问。

"公开薪酬，只会使得管理者倾向于将工资差距最小化，更平均地分配收入。可现实情况是，员工的绩效分布并不是平均的，而是呈正态分布。同一个职位，如果实行所谓的同工同酬，没有显著的薪酬差异，实际上会造成最大的不公平。"安娜要表现她在这方面的深思熟虑。"薪酬高的人自有其高的道理，低的人也自有其不足之处。我们没有必要隐瞒。那些选择跟帖自爆工资的人，我觉得可以不用理，就臊着他们。当然了，我们可以设立一个员工信箱，随时解答员工在薪酬方面的疑问，处理员工投诉，欢迎所有员工监督公正性。如果对自己的薪酬有不满意之处，可以提出意见或者申诉。"郭鑫年吩咐。

"一些人提出加薪请求，也不用回应吗？"安娜问道。"公司可以选择加或者不加。员工可以选择走或者留。还是像过去一样，给予一线经理自主权。毕竟他们更清楚各位员工的绩效表现，要让听得见炮火的人做决策。人力资源部门做好监督工作，但要避免出现薪酬鸿沟。""那么维拉呢？维拉作为整个事情的始作俑者，要受到处罚吗？"按照公司规定，凡是违反员工工资保密协议的，应赔偿损失，严重者，要按自动离职处理。

"这个……你自己决定吧。"郭鑫年将头靠在椅背上，似乎有点累了。

资料来源：李雪娜，《薪酬：公开还是保密？》，《清华管理评论》2015年第10期，第80—84页。

案例讨论与思考

1. 你认为薪酬应该公开还是保密？
2. 如果你是上述案例中的人力资源总监安娜，你将如何处理危机？

本章思考题

1. 什么是薪酬？应如何从经济学、心理学和管理学角度来理解薪酬？
2. 薪酬设计的理论假设和依据是什么？
3. 什么是薪酬策略？它与企业战略有什么关系？一般包括哪几个方面？
4. 以职位为基础的工资体系和以能力为基础的工资体系有什么区别？
5. 高管薪酬的决定因素有哪些方面？
6. 企业在薪酬设计中如何合理避税？

注释

① ④ ⑤ ⑥ 乔治·T. 米尔科维奇、杰里·M. 纽曼：《薪酬管理（第6版）》，中国人民大学出版社2002年版。
② 约瑟夫·J. 马尔托奇奥：《战略薪酬：人力资源管理方法》，社会科学文献出版社2002年版。
③ 罗宾斯·斯蒂芬：《管理学》，中国人民大学出版社2000年版。
⑦ 唐纳德·耐莫诺夫、汪雯：《建立基于素质的薪酬体系》，《中国人力资源开发》2003年第6期，第7—10页。
⑧ 孙海法：《现代企业人力资源管理》，中山大学出版社2010年版。
⑨ 孙健、张玉霞、莫燕萱：《体贴入微的自助式福利》，《中国人力资源开发》1999年第12期，第31—32页。

⑩ 彭剑锋:《高管薪酬:最佳实践标杆》,机械工业出版社2009年版。

本章阅读推荐

Bereman, N. A. , & Lengnick-Hall, M. L. (1994). *Compensation Decision Making: A Computer-based Approach*. Dryden Press.
曾湘泉:《薪酬:宏观、微观与趋势》,中国人民大学出版社2006年版。
方振邦、陈建辉:《不同发展阶段的企业薪酬战略》,《中国人力资源开发》2004年第1期,第56—59页。
雷蒙德·A. 诺伊:《人力资源管理:赢得竞争优势(第7版)》,中国人大出版社2013年版。
刘爱军:《员工福利发展的九大趋势》,《人才资源开发》2007年第2期,第23—25页。
刘昕:《薪酬管理(第3版)》,中国人民大学出版社2011年版。
文跃然:《薪酬管理原理》,复旦大学出版社2013年版。
约瑟夫·J. 马尔托奇奥:《战略薪酬管理》,中国人民大学出版社2005年版。

第九章 人力资源培训与开发系统

【本章要点】
通过对本章内容的学习,应了解和掌握如下问题:
- 培训与开发的概念及其内涵是什么?
- 培训与开发在企业人力资源管理中的地位和作用如何?
- 培训开发系统运作模型是怎么样的?
- 如何构建有效的培训开发体系?
- 培训开发管理系统是怎么样的?
- 什么是企业大学?企业大学如何构建?
- 行动学习法如何实施?
- 教练技术是什么?如何在企业中使用教练技术来提高员工技能?
- 什么是领导力开发与继任计划?

【导读案例】

迪士尼乐园的培训

世界上有6个很大的迪士尼乐园,在美国的佛罗里达州和加利福尼亚州这两个迪士尼营业都有一段历史了,并创造了很好的业绩。不过全世界开得最成功的、生意最好的,却是日本东京迪士尼。美国加州迪士尼斯营业了25年,有2亿人参观;东京迪士尼,最高纪录一年可以达到1 700万人参观。它的秘诀在哪呢?

到东京迪士尼去游玩,人们不大可能碰到迪士尼的经理,门口卖票和剪票的也许只会碰到一次,碰到最多的还是扫地的清洁工。所以东京迪士尼对清洁员非常重视,将更多的训练和教育大多集中在他们的身上。

1. 从扫地的员工培训起

东京迪士尼扫地的有些员工,他们是暑假工作的学生,虽然他们只扫两个月时间,但是培训他们扫地要花3天时间。

(1) 学扫地。

第一天上午要培训如何扫地。扫地有3种扫把:一种是用来扒树叶的,一种是用来刮纸屑的,一种是用来掸灰尘的。这三种扫把的形状都不一样。怎样扫树叶,才不会让树叶飞起来?怎样刮纸屑,才能把纸屑刮得很好?怎样掸灰,才不会让灰尘飘起来?这些看似简单的动作却都应严格训练。而且扫地时还另有规定:开门时、关门时、中午吃饭时、距离客人15米以内等情况下都不能扫。这些规范都要认真培训、严格遵守。

(2) 学照相。

第一天下午学照相。十几台世界最先进的数码相机摆在一起,各种不同的品牌,每台都要学,因为客人会叫员工帮忙照相,可能会带世界上最新的照相机,来这里度蜜月、旅行。如果员工不会照相,不知道这是什么东西,就不能照顾好顾客,所以学照相要学一个下午。

(3) 学包尿布。

第二天上午学怎么给小孩子包尿布。孩子的妈妈可能会叫员工帮忙抱一下小孩,但如果员工不会抱小孩,动作不规范,不但不能给顾客帮忙,反而增添顾客的麻烦。抱小孩的正确动作是:右手要扶住臀部,左手要托住背,左手食指要顶住颈椎,以防闪了小孩的腰,或弄伤颈椎。不但要会抱小孩,还要会替小孩换尿布。给小孩换尿布时要注意方向和姿势,应该把手摆在底下,尿布折成十字形,最后在尿布上面别上别针,这些方面都要认真培训,严格规范。

(4) 学辨识方向。

第二天下午学辨识方向。有人要上洗手间,"右前方,约50米,第三号景点东,那个红色的房子";有人要喝可乐,"左前方,约150米,第七号景点东,那个灰色的房子";有人要买邮票,"前面约20米,第十一号景点,那个蓝条相间的房子"……顾客会问各种各样的问题,所以每一名员工要把整个迪士尼的地图都熟记在脑子里,对迪士尼的每一个方向和位置都要非常明确。

训练3天后,发给员工3把扫把,开始扫地。如果在迪士尼里面,碰到这种员工,人们会觉得很舒服,下次会再来迪士尼,也就是引客回头,这就是所谓的员工面对顾客。

2. 重视客户体验,对员工进行全面培训

(1) 会计人员也要直接面对顾客。

有一种员工是不太接触客户的,就是会计人员。迪士尼规定:会计人员在前两三个月中,每天早上上班时,要站在大门口,对所有进来的客人鞠躬、道谢。因为顾客是员工的"衣食父母",员工的薪水是顾客掏出来的。感受到什么是客户后,再回到会计室中去做会计工作。迪士尼这样做,就是为了让会计人员充分了解客户。

(2) 怎样与小孩讲话。

游迪士尼有很多小孩,这些小孩要跟大人讲话。迪士尼的员工碰到小孩在问话,统统都要蹲下,蹲下后员工的眼睛跟小孩的眼睛要保持一个高度,不要让小孩子抬着头去跟员工讲话。因为这是未来的顾客,将来都会再回来的,所以要特别重视。

(3) 怎样送货。

迪士尼乐园里面有喝不完的可乐,吃不完的汉堡,享受不完的三明治,买不完的糖果,但从来看不到送货的。因为迪士尼规定在客人游玩的区域是不准送货的,送货统统在围墙外面。迪士尼的地下像一个隧道网一样,一切食物、饮料统统在围墙的外面下地道,在地道中搬运,然后再从地道里面用电梯送上来,所以客人永远有吃不完的东西。这样可以看出,迪士尼多么重视客户,所以客人就不断去迪士尼。去迪士尼玩10次,大概也看不到一次经理,但是只要去一次就看得到他的员工在做什么。这就是前面讲的,顾客站在最上面,员工去面对客户,经理人站在员工的底下来支持员工,员工比经理重要,客户比员工更重要,人们应该建立起这个观念。

迪士尼乐园为什么重视对员工的培训?扫地这种小事为何要纳入培训之中?人力资源部门又是如何设计与实施培训的?

资料来源:三茅人力资源网。

第一节 人力资源培训与开发概述

一、人力资源培训与开发的定义及地位和作用

21世纪我们正处于"VUCA"时代（V是Volatile，不稳定；U是Uncertain，不确定；C是Complex，复杂；A是Ambiguous，模糊），组织生存的环境变得更加纷繁复杂与快速多变，组织正经历着前所未有的来自数字化、智能化、人工智能等各方面的挑战和冲击，每一种挑战和冲击都对人力资源培训与开发提出了新的需求。如组织的持续性学习的需求、员工核心专长与技能形成的需求、员工素质能力提升的需求、企业领导者和管理者领导方式与管理风格转型的需求，这些需求要求企业具备全球的视野，从支撑企业核心竞争力的角度去思考和构建企业的人力资源培训与开发系统，也使得企业的人力资源培训与开发成为人力资源管理实践中一个投入大、产出高并极具增长潜力的领域。

1967年，美国华盛顿大学的教授里奥纳德·那德勒（Leonard Nadler）提出了人力资源开发（Human Resource Development，HRD）这一术语，并开始为学术界接受。那德勒对HRD的定义是：第一，由雇主提供的有组织的学习体验；第二，在一段特定时间内；第三，其目的是增加雇员提高自己在职位上的绩效和发展个人的可能性。美国培训指导者协会（American Society for Training Directors，ASTD）资助派特·麦克莱甘（Mc Lagan）于1989年进行的研究结果表明：HRD是综合运用培训与开发、职业开发和组织开发来提高个人、团队以及整个组织的绩效的活动[1]。这一定义将职业开发和组织开发引入了人力资源开发。

最初的人力资源开发活动单指培训。培训是针对员工当前职务所需要的知识、技能、能力、态度和积极性等所进行的教育。后来开发这个概念变得越来越宽泛，现在的开发已经被细分为职业开发、管理开发和组织开发[2]。因此培训（Training）与开发（Development）既有联系又有区别，两者的最终目的都是通过提升员工的能力实现员工与企业的共同成长[3]。

本书对培训开发作了如下定义：

> 培训开发是企业向员工提供工作所必需的或未来工作中所需要用到的知识与技能，并依据员工需求与组织发展要求对员工的潜能开发与职业发展进行系统设计与规划的过程。

【HR之我见】
李洁：曾就职于IBM公司21年，7年专业教练实践，德鲁克管理学院学习体系架构师

扫描栏目中的二维码学习李洁针对下列提问的精彩回答：
1. 您是如何与人力资源管理结缘的？为什么选择HR这个行业？
2. 您见证了人力资源行业哪些重大的变化？
3. 您对未来希望从事HR工作的学生有何建议？

视频版：  文字版：

二、人力资源培训与开发系统模型

企业人力资源培训与开发系统模型的建立要以问题为导向，以理论假设为前提。在咨询实践之中，本书作者对我国企业人力资源培训与开发系统的建立进行了系统提炼和总结，认为中国企业主要运用以下几种培训开发模型。

（一）戈德斯坦三层次模型

I. L. 戈德斯坦（I. L. Goldstein）、布雷弗曼（E. P. Braverman）、H. 戈德斯坦（H. Goldstein）三人经过长期的研究将培训需求评价方法系统化，构建了戈德斯坦三层次模型。

戈德斯坦三层次模型是培训需求分析的重要理论基础，它最大的特点就是将培训需求分析看成了一个系统，进行了层次上的分类，通过将组织、工作、人员的需求进行整合，使得培训需求更加全面化，分析结果更加科学化。该模型将培训需求分析分成了三个部分：组织分析、工作分析和人员分析。

戈德斯坦三层次模型如图9-1所示：

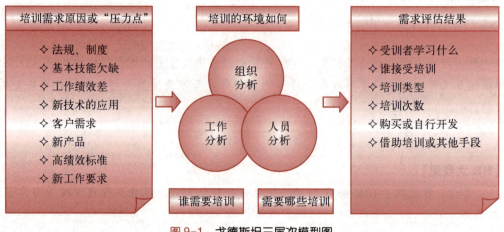

图9-1 戈德斯坦三层次模型图

1. 组织分析

组织层次的分析将组织的长期目标和短期目标作为一个整体来考查，同时考查那些可能对组织目标发生影响的因素。组织的需求分析由人力资源分析、效率指标分析和组织气氛分析三部分组成。

人力资源分析将组织目标表现为人力资源的需求、技术的需求以及为满足这些需求而制定的计划。培训将在实现需求与供给之间的匹配方面发挥重要的作用。

效率指标分析针对目前组织的效率状况。常用的效率指标包括工资成本、产出的数量和质量、设备利用情况等。首先确定这些指标的标准，然后评估实际的组织效率状况，就可以得到相应的培训需求。

组织气氛分析用于描述组织气氛是否适宜，员工各方面的工作感受如何。如果通过分析发现差距很大并且影响到大部分员工时，就有必要引进培训来解决。

2. 工作分析

组织分析旨在从全局上把握整个组织与工作群体的培训需求，属于较为全局性的层面，而针对每项具体工作的具体培训需求，必须通过工作层次的分析才能加以识别。

进行工作分析时，首先应掌握以下三方面的信息：每项工作所包含的任务，完成这些任务所需要的知识、技能、经验、个人特质等，衡量该工作的可接受的绩效标准。

这些信息可以从国家有关部门制定的一些规范、标准中得到，也可以通过观察、记录分析、跟踪等手段从企业内部获得一手资料，从中识别和收集。

接着对工作岗位上的人员工作现状进行评价。评价手段包括资料调查、行为观察、表现记录分析、舆论调查、访谈、典型事件分析、技能考核等。

通过现状与标准的比较，识别差距、分析原因，就可以确认相应的培训需求。

3. 人员分析

个人层次的分析针对每一位员工个体进行，最终落实到"谁需要培训"以及"需要哪些培训"上。个人分析的内容包括：员工实际工作绩效与该工作可接受绩效标准的差距及其原因（当前培训需求），员工对每项技术的熟练程度与该项技术所需熟练程度的差距及其原因（将来的培训需求）。

分析手段可采用观察、记录分析、资料调查、技能考核等。此外，员工的自我评价也是收集个人需求信息的重要来源。

戈德斯坦三层次模型在培训需求分析中的运用存在以下几方面的不足：

- 模型虽然考虑了企业战略、组织资源对培训需求的影响，但是忽略了行业政策、国家政策等外部环境的影响；
- 模型对人员进行分析主要集中在员工绩效现状与理想水平的差距上，关注的是员工"必须学什么"以缩小差距，而没有重视"员工想学什么"；
- 模型很难找到具体可操作的分析方法，缺乏简单有效的识别工具。

(二)培训需求差距分析模型

美国学者汤姆·W. 戈特（Tom W. Goad）将"现实状态"与"理想状态"之间的"差距"称为缺口，并依此确定员工知识、技能和态度等培训内容，这就是培训需求差距分析模型。

培训需求差距分析模型有以下三个环节：

- 发现问题所在。理想绩效与实际绩效之间的差距就是问题，问题存在的地方，就是需要通过培训加以改善的地方。
- 进行预先分析。一般情况下，需要对问题进行预先分析和初步判断。
- 实施需求分析。这个环节主要是寻找绩效差距，分析的重点是员工目前的个体绩效与工作要求之间的差距。

培训需求差距分析模型如图 9-2 所示：

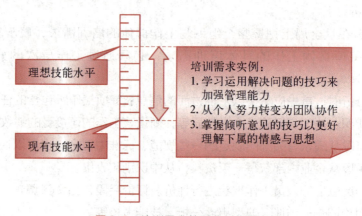

图 9-2　培训需求差距分析模型图

培训需求差距分析模型的优点在于，将培训需求的"差距分析"进行重点提炼，提高了培训需求分析的可行性，较好地弥补了戈德斯坦模型在任务分析和人员分析方面操作性不强的缺陷。

培训需求差距分析模型也存在一定的缺陷，首先是该模型没有关注企业战略对培训需求的影响，另外该模型的有效性依赖于一个假设前提，即"培训活动等同于绩效提高"，事实上，绩效问题产生的原因不只是缺乏知识与技能，而且仅靠培训是无法解决所有问题的。

尽管如此，该模型关于"培训旨在缩小差距"的思想还是极有见地的。

(三)前瞻性培训需求分析模型

前瞻性培训需求分析模型由美国学者特里·L. 莱亚（Terry L. Leap）和米迦勒·D. 克里诺（Michael D. Crino）提出。将"前瞻性"思想运用在培训需求分析是该模型的精髓。他们认为随着技术的不断进步和员工的个人成长需要，即使员工目前的工作绩效是令人满意的，也可能会因为需要为工作调动做准备、为职位晋升做准备或者适应工作内容要求的变化等原因提出培训的要求。前瞻性培训需求分析模型为这些情况提供了良好的分析框架，如图 9-3 所示。

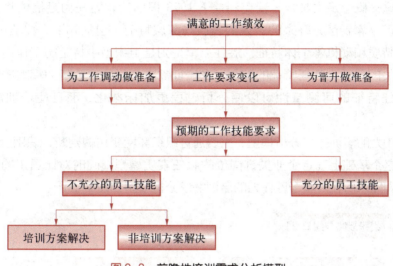

图 9-3　前瞻性培训需求分析模型

前瞻性培训需求分析模型是建立在未来需求的基点之上，具有一定的"前瞻性"，能有效结合组织的发展前景、战略目标和个人职业生涯规划，为组织和个人的发展提供一个合理的结合点，同时可以达到激励员工的目的，使培训工作由被动变为主动。

但该模型也具有一定的局限性，因为是以未来需求为导向，预测的准确度难免出现偏差，技术的前瞻性未必都是与战略及业务发展要求相对应，存在着与企业战略目标相脱节的风险。

（四）以企业文化为基础的培训需求分析模型

企业文化是企业的灵魂，是推动企业发展的不竭动力。其核心是企业的精神和价值观。企业文化作为一种意识渗透到了企业的各个角落，甚至是每个员工的工作和生活当中。企业文化一旦形成，对企业的发展方向起决定作用，同时对企业员工培训起指导作用，使企业焕发出强大的生命力。

以企业文化为基础的培训需求分析模型，从梳理企业文化入手，明确企业目标，进而明确企业培训的目标。围绕企业文化实施员工培训能够使员工成功地融合到企业文化中去，将企业目标和员工的个人目标统一起来，对员工的工作动力和对企业价值观的认同有非常直接的影响。

以企业文化为基础的培训需求分析模型如图 9-4 所示。

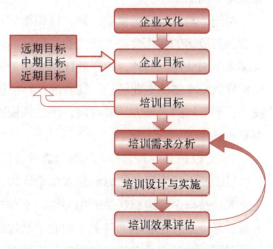

图 9-4　以企业文化为基础的培训需求分析模型

（五）基于胜任力的培训需求分析模型

胜任力这一概念是由戴维·麦克利兰于 1973 提出的，胜任力是指能将工作中表现优异者与表现平庸者区分开来的个人的表层与深层特征，包括知识、技能、社会角色、自我概念、特质和动机等个体特征。胜任力模型则是组织当中特定的工作岗位所要求的与高绩效相关的一系列胜任特征的综合。在培训需求分析中，胜任力模型的导入是十分必要的，胜任特征的可测量性可以使分析过程更加标准化，而且使培训需求更加具体化。

基于胜任力的培训需求分析模型，主要通过组织环境变化的判断，识别企业的核心胜任力，并在这个基础上确定企业关键岗位的胜任素质模型，同时对比员工的能力水平现状，找出培训需求所在。基于胜任力的培训需求分析模型如图 9-5 所示。

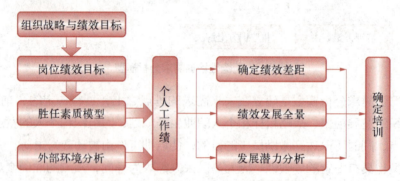

图 9-5　基于胜任力的培训需求分析模型

基于胜任力的培训需求分析模型有助于描述工作所需的行为表现，以确定员工现有的素质特征，同时发现员工需要学习和发展哪些技能。同时，模型中明确的能力标准，也使组织的绩效评估更加方便。另外，胜任特征模型也使员工能容易理解组织对他的要求，建立行动导向的学习。

然而，与差距分析模型一样，该模型同样未能足够重视企业战略对培训需求的影响。企业经营战略的变化会产生新的胜任特征需求或改变原有的胜任特征要求，给企业员工培训需求带来变化。另外，由于胜任特征是个复杂的概念，胜任特征的确定需要长时间的资料积累以及丰富的专业经验，建立胜任特征模型要求相当专业的访谈技术和后期分析处理技巧，而且耗时、费力、成本高，因此该模型的运用对企业的人力资源管理水平提出了较高要求。

（六）以职业生涯为导向的培训需求分析模型

以职业生涯为导向的培训需求模型认为，企业与员工是两个平等的利益主体，承认员工个人利益与企业组织利益的相关性，不存在谁的利益优先，企业发展应建立在员工的个人发展基础上，企业培训与员工职业生涯规划应该相结合。

以职业生涯为导向的培训需求分析模型呈现出以下三个特点：

（1）将企业需求与员工职业生涯发展需求进行结合，尊重了员工的个体发展；

（2）不仅考虑了现期需要，还考虑了远期需要，这是对前瞻性培训需求分析模型的升华；

（3）员工真正参与到培训需求分析的过程中，使培训需求评价的主体得到拓展。

以职业生涯为导向的培训需求分析模型如图9-6所示：

图9-6 以职业生涯为导向的培训需求分析模型

该模型充分体现了以人为本的重要思想，只有把个人需求与职业生涯结合起来，才能有坚定的职业生涯目标，通过不断地参与学习培训，实现自己的职业价值。

以职业生涯为导向的培训需求分析一般采用面谈和问卷调查的方法，让员工进行自我评价，评价的内容主要有：思考自己目前的职业状况和理想中的状况、自己工作的优势和劣势、自己在哪方面取得了成功、近期计划或未来的发展计划、为实现目标计划付出怎样的努力、在实现目标过程中所需要的资源、需要怎样的培训与学习、自我总结与规划职业生涯。

第二节 企业培训与开发系统的构建与管理

一、企业培训与开发系统设计的出发点

（一）依据企业发展战略确定培训开发策略

战略与职业生涯规划是设计培训与开发系统的出发点，因此首先要依据企业发展战略来确定培训开发策略（见图9-7）。企业在制定战略目标时，一般都是机会导向的，主要按照市场竞争的要求和压力设定战略目标，人力资源的配置总是在适应未来战略的需要。因此，企业人力资源状况总是与战略要求存在一定的差距。为适应战略要求，企业人力资源的配置主要有两种形式：① 企业按照战略对人才的要求，引进"短缺人才"，以提高人力资源适应战略的水平；② 按照战略的要求，企业依靠强大的培训开发系统自行培养所需人才，这种培训开发的力度取决于其人力资源现状与企业未来战略对人才素质的要求的差距有多大。当然，这两种形式也可并用。

企业经营战略在很大程度上影响培训的类型（如个体、团队、特定群体和全体员工）、数量及培训所需的资源（如资金、培训者的时间、培训项目开发），见表9-1。

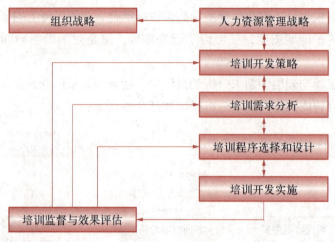

图9-7 培训循环

资料来源：Lan Beardwell，Len Holden，*Human Resource Management — A Contemporary Approach*，Prentice Hall，London，2001，p.328.

表9-1 企业经营战略对培训策略的要求

	战略要点	战略要求	关键事项	培训重点
集中战略	• 增加市场份额 • 减少运营成本 • 开拓并维持市场地位	• 提高产品质量 • 提高生产率或革新技术流程 • 按需要制造产品或提供服务	• 技术交流 • 现有劳动力的开发	• 团队建设 • 交叉培训 • 特殊项目培训 • 人际交往技能培训 • 在职培训
内部成长战略	• 市场开发 • 产品开发 • 革新 • 合资	• 销售现有产品且增加分销渠道 • 拓展全球市场 • 调整现有产品 • 创造新的或不同的产品 • 通过合伙发展壮大	• 创造新的工作任务 • 革新	• 文化培训 • 培养创造性思维和分析能力 • 工作中的技术能力 • 向管理者提供反馈与沟通方面的培训 • 冲突调和技巧培训
外部成长战略	• 兼并	• 横向联合 • 纵向联合	• 整合 • 富余人员 • 重组	• 判断被兼并公司的员工的能力 • 整合培训系统 • 公司重组的方法和程序 • 团队建设
紧缩投资战略	• 节约开支 • 转产 • 剥离 • 债务清算	• 降低成本 • 减少资产 • 创造利润 • 重新制定目标 • 卖掉全部资产	• 效率 • 裁员与分流	• 管理变革、目标设置、时间管理、压力管理、交叉培训 • 领导技能培训 • 人际沟通方面的培训

（二）关注员工职业生涯开发与管理

无论对企业来说还是对员工而言，职业生涯开发与管理都至关重要。

职业生涯是指一个人一生经历的与工作相关的经验方式。工作经历包括职位、职务经验和工作任务。随着员工职业生涯发展阶段的改变，其职业需求有所变化。通过职业生涯开发活动，员工可以认识到自身的兴趣与爱好所在，发现自己的优势与不足，更加清楚地了解组织内部存在的职业发展机会，更加准确地确定自己的职业发展目标，在组织的帮助和支持之下，制定具体的职业发展行动计划，从而促成自己职业生涯发展目标的实现。

从企业的角度来说，如果不能组织有效的员工职业生涯开发和管理活动，在关键时刻将难以寻觅到合适的管理者继任人选。此外，在日常经营过程中，员工由于感觉不到组织对自身职业生涯发展的重视，士气下降，事业发展受挫，因而对组织的忠诚度下降，尤其是在企业发生兼并、重组或裁员之后，如果没有认真组织有效的员工职业生涯管理与咨询活动，员工的情绪和士气受到的影响会更大，可能导致员工队伍不稳定和作业效率下降。

有效的职业生涯开发与管理活动不仅能够满足组织的人力资源需求计划，增强组织培训与开发经费使用的针对性，而且能够充分调动员工的工作积极性，实现组织与员工的双赢。事实上，许多优秀的企业一直将员工的职业生涯开发与管理当作企业人力资源管理的核心工作来抓，并为此设置专门的组织部门，安排专业的职业生涯管理人员。有效的职业生涯管理体系已成为企业吸引和保留优秀人才的重要措施之一。

（三）构建分层分类的企业培训开发体系

企业在设计培训开发项目时，既要考虑企业战略与经营目标对人力资源的要求，又要切实考虑员工的职业生涯发展需求，这样才能既赢得员工的认可、支持与参与，又不偏离组织发展的目标，从而真正发挥培训开发工作在企业人力资源管理以及企业经营活动中的作用。如何将组织发展与员工职业发展的需要相结合，在协调组织发展与员工职业生涯发展的基础上构建分层分类的企业培训开发体系是很多组织面临的挑战。

企业的培训开发工作必须与任职资格系统、职业化行为评价系统、潜在职业素质评价系统及绩效考核评价系统形成有效的互动。任职资格系统和职业化行为评价系统，以及依据战略要求制定的各职类职种的任职资格标准及行为标准，是企业开发设计课程体系和教材体系的基础。潜在职业素质评价、职业化行为评价和绩效考核评价是产生培训需求的原因，企业战略对人才的需求和员工职业生涯设计是产生培训需求的内在动力。

员工在每一次任职资格等级晋升之前都要参加相应的培训，并通过认证考试。企业通过动态的职业生涯发展机制来促进员工职业能力持续增强，提升员工的职业化水平（见图9-8）。

二、企业培训开发系统的构建

企业培训开发活动通常包括培训需求分析、培训计划制定、培训组织实施与管理、培训效果评估与反馈四个环节。虽然从理论上来看，组织一个培训开发项目要顺次完成上述四个步骤的工作，但是在企业实际的培训与开发工作中，上述四个环节之间的界限并不清晰（见图9-9所示）。为了操作的方便，企业通常将培训需求分析与培训计划制定放在一起，而培训效果评估也并不全是在培训开发项目完成之后才进行。操作比较规范、管理水

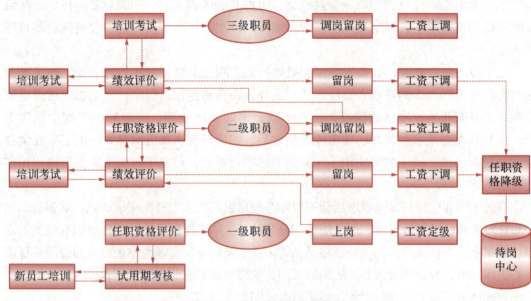

图 9-8　动态的职业发展机制

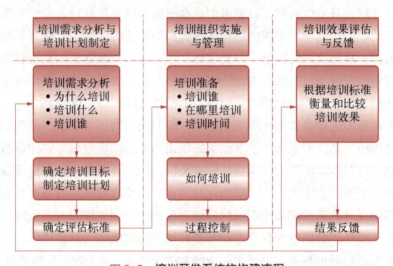

图 9-9　培训开发系统的构建流程

平较高的企业通常在培训需求分析的阶段就开始进行培训效果评估。比如，在确定培训需求之后，可以就培训的目的、培训的内容以及培训的对象进行评估，从而保证培训开发项目从一开始就是有效的。

（一）对培训与开发需求进行有效的分析

企业培训开发工作十分繁杂，策划和组织一个培训开发项目应遵循相应的流程，尤其是要对流程中的关键点实施严格的管理与监控。通常来说，培训需求分析、培训课程与教材设计以及培训师资选择是培训开发工作的重点。

企业发展战略、潜能评价与胜任力模型的结果、任职资格标准以及绩效考核结果等因素是我们进行培训需求分析需要关注的重要方面（见图9-10）。

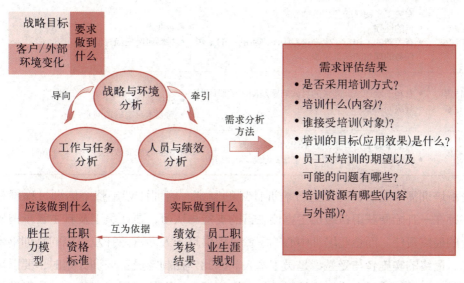

图9-10 培训需求分析模型

企业发展战略对培训需求分析的主要作用在于它明确指出了企业希望员工拥有什么样的专长与技能，从而为企业确定培训开发战略指明了方向。

（1）通过战略与环境分析可以了解到培训可利用的资源情况及管理者对培训活动的支持情况。

（2）人员与绩效分析有助于了解谁需要培训、弄清楚绩效不令人满意的原因并让员工做好接受培训的准备。

（3）工作与任务分析包括确定重要的任务以及需要在培训中加以强调的知识、技能和行为方式，以帮助员工完成任务。

在培训需求分析中可以采用多种方法，其中包括现场观察员工工作、使用调查问卷、阅读技术手册及其他文献、采访特定项目专家等。表9-2对这几种方法的优缺点进行了比较。

表9-2 培训需求分析技术的特点比较

技 术	优 点	缺 点
观察法	• 得到有关工作环境的数据 • 将评估活动对工作的干扰降至最低	• 需要水平高的观察者 • 员工的行为方式有可能因为被观察而受影响
调查问卷	• 费用低廉 • 可从大量人员那里收集到数据 • 易于对数据进行归纳总结	• 时间长 • 回收率可能会很低，有些答案不符合要求 • 不够具体

(续表)

技 术	优 点	缺 点
阅读技术手册和记录	• 有关工作程序的理想的信息来源 • 目的性强 • 有关新的工作及在生产过程中所产生的新的工作任务的理想的信息来源	• 专业术语太多 • 材料可能已经过时
采访特定项目专家	• 有利于发现培训需求的具体问题及问题的原因并解决问题	• 费时 • 分析难度大 • 需要水平高的访问者
绩效考核	• 有助于弄清楚导致绩效不佳的所有原因 • 针对性强,可以形成一个书面的绩效辅导清单	• 达到方法有效性的条件十分苛刻

分析培训需求之后,需要进行培训计划的制定。培训计划是整个培训过程展开的源头,必须在一开始便获得各级员工直接主管的支持与认可,要让员工及其主管承担培训效果转化的最终责任。而企业培训中心的职责是提供基于人力资源开发目标的培训平台与相关资源,最终的实施者与受益者是员工本人。因此,在制定员工培训计划时,要以来自人力资源其他业务板块或一线主管提供的信息为依据,培训的组织者要将这些信息转化为培训可以实施的内容,经过汇总后形成计划表。

(二)组织与实施有效的培训

1. 课程与教材的开发管理

企业在组织培训活动时应该编制培训教材,课程设计的主要目的是根据培训项目的目标确定培训课程大纲,为教材开发做准备。课程设计的主要成果是形成一份标准的、明晰的授课计划。授课计划描述了授课者将要讲授什么内容,打算如何讲授这些内容,但还不是真正要讲授的课程。教材是授课大纲的细化,是授课计划的具体展现,但是课程设计的关键是受训员工的参与。

2. 培训师资的开发与管理

担任企业培训活动的讲师无外乎两类人:一类是从企业内部挑选出来并经过相应的培训而成为培训讲师的;另一类是直接从外部聘请的,其中包括大学老师、企业经理人员、专职培训讲师等。内部讲师和外部讲师各有所长,也都存在缺陷,孰优孰劣不能一概而论,应视具体的项目而定。

作为企业负责培训开发工作的专业人员,根本问题是要建立一套行之有效的讲师遴选与培养计划,这样才能保证工作的有效性。内部讲师理应成为企业培训师资队伍的主体。内部讲师能够以员工欢迎的语言和熟悉的案例故事诠释培训的内容,能够总结、提炼并升华自身和周围同事有益的经验和成果,能够有效地传播和扩散企业真正需要的知识与技能,从而有效实现经验和成果的共享。同时,内部讲师制度也是对某些有着个人成就需求的员工进行激励的一种有效方式,为其职业生涯发展开辟了更广阔的道路。因此,企业应大力提倡和鼓励内部优秀员工担任培训讲师。企业人力资源部门在着力培育内部讲师队伍时，要特别重视选拔与培养工作。作为企业人力资源管理工作的专业职能部门，人力资源部应制定切实可行的内部讲师选拔与培养制度，其中需要明确内部讲师的选拔对象、选拔流程、选拔标准、上岗认证、任职资格管理、培训与开发以及激励与约束机制等具体工作，而且每一项工作都应具体、可操作。

3. 培训管理工作的职责层次

培训体系的构建与管理工作纷繁复杂，需要企业的高层领导、人力资源部门、业务部门、培训专业人员以及受训者的支持配合：高层提供政策、方向和支持，培训部门提供资源、方法、制度，各级管理者配合，讲师有效组织培训，员工积极参与，这样培训工作才能顺利开展，提高培训的有效性。表9-3细分了培训管理工作的职责体系，并对各部门所承担的角色进行了分析。

表9-3 培训管理职责层次与职责划分

战略管理（20%）	资源与建设管理（30%）	日常营运管理（30%）	基础行政管理（20%）
• 企业家培养 • 中高层管理队伍培养 • 组织变革推动 • 企业文化推动 • 核心能力培养 • 培训政策制定等	• 技能体系建立与管理 • 课程体系建立与管理 • 讲师培养与管理 • 培训信息体系建设与管理 • 培训经费管理等	• 需求调查 • 计划制定 • 培训实施 • 培训评估 • 培训管理制度的监督与执行等	• 会务组织 • 文档管理 • 日常行政工作等
企业高层	人力资源部门	业务部门	培训师
• 制定或批准人力资源开发战略 • 制定或批准培训政策 • 审定、批准培训计划和培训预算 • 制定或批准重点项目	• 拟订并执行培训战略 • 拟订培训制度及工作流程 • 培训资源建设与管理 • 日常培训营运管理 • 基础行政工作	• 配合支持人力资源部门的活动 • 课程调研与开发 • 进行培训 • 培训辅导与跟踪 • 学习研究	• 提供个人培训需求 • 按要求参加培训 • 在工作中不断应用，养成良好工作习惯 • 担任辅导员，实施在岗培训

另外，企业可以成立临时或者长期的培训协调委员会，由他们负责协助人力资源部门开展培训需求的调查并推进培训实施进度，企业各级管理者对于员工在岗培训的有效实施、培训评估的顺利开展以及培训成果的实际应用也要承担重要的责任。

（三）确保培训成果转化

培训成果的转化是指将在培训中学到的知识、技能和行为应用到实际工作中的过程。培训成果的转化在很大程度上受到工作环境的影响，包括转化的气氛、管理者的支持、同事的支持、运用所学能力的机会、信息技术支持系统以及受训者的自我管理能力等诸多方面。工作环境对培训成果转化起到了极其重要的作用。表9-4描述了有利于培训成果转化的工作环境特征以及工作环境中阻碍培训成果转化的主要因素。

表9-4 影响培训成果转化的工作环境

项　　目	具　体　内　容
有利于培训成果转化的工作环境特征	• 直接主管和同事鼓励：受训者使用培训中获得的新技能和行为方式 • 工作任务安排：工作特点会提醒受训者应用在培训中获得的新技能，因此工作可以依照使用新技能的方式重新设计 • 反馈结果：主管应关注那些灵活应用培训内容的受训者 • 不轻易惩罚：对使用从培训中获得的新技能和行为方式的受训者不公开指责 • 外部强化：受训者会因应用从培训中获得的新技能和行为方式而受到物质方面的奖励 • 内部强化：受训者会因应用从培训中获得的新技能和行为方式而受到精神方面的奖励
阻碍培训成果转化的主要因素	• 与工作有关的因素（缺乏时间、资金，设备不合适，很少有机会使用新技能） • 缺乏同事支持 • 缺乏管理者支持

资料来源：雷蒙德·A. 诺伊，《雇员培训与开发》，中国人民大学出版社 2001 年版。

【HR之我见】

邢海军：中法人寿保险有限责任公司副总经理

扫描栏目中的二维码学习邢海军针对下列提问的精彩回答：

1. 您为什么选择从事HR？
2. 如何激励营销人员？
3. 公司在营销人员的培训方面有哪些好的做法？
4. 您对未来希望从事HR工作的学生有何建议？

视频版：

文字版：

三、企业培训开发系统的全景展示——学习地图

（一）学习地图的概念及重要性

学习地图（Learning Maps）是依据员工职业生涯发展而拟定的个性化培训课程体系，它是基于职位要求而设计的确保员工能够快速胜任职位的学习路径图。它是以能力发展路径和职业规划为主轴设计的一系列学习活动，是员工在企业内学习发展路径的直接体现。在这些学习活动中，既有传统的课程培训，也有其他的新兴学习方式，如行动学习和在线学习等。

学习地图是组织内员工职业发展过程中的动力来源和方向指引，它将基于胜任力的核心课程与能力模型、员工职业生涯发展有机对接，以促进员工培训向员工学习转型，有效牵引员工的学习发展和能力提升。对于企业自身而言，学习地图是培训管理的指南针，从统一的视角建立系统科学的培训规划，确定适合的学习方式，为员工提供相应的学习活动。对员工来说，学习地图能清晰地告知员工每个阶段的学习内容、努力的方向和目标。图 9-11 显示了员工职业发展路径。

图 9-11　员工职业发展路径示意图

（二）学习地图建立的步骤

要建立学习地图，首先要利用工作分析中获得的信息梳理各职位的工作职责，撰写或完善职位说明书；其次根据职责梳理的结果，完成职类职种划分；再次结合公司业务流程和发展规划，设计不同类别、不同层级人员的能力素质标准；之后根据能力素质标准，推导整理知识、技能和能力等方面的学习要点；最后整合并绘制学习地图。

1. 工作分析

通过结构化访谈、工作流程分析、跟岗观察等方法，进行工作内容的汇总整理。通过鱼骨图分解法逐条分解工作模块和行为要项，获得职位的工作职责与工作标准要点。

图 9-12 显示的是如何通过鱼骨图分解法分解某保险公司报价岗的岗位职责。

2. 职类、职种划分

根据战略与经营模式划分业务功能模块，然后划分支撑各业务模块的子模块，分析现有职位，根据职业性质的相近性分类（即职类、职种），最后根据每个职种员工任职资格的不同，划分为不同的层级。

职类职种划分的目的是在公司内部开辟多重员工职业生涯发展通道，明确员工职业发展的前景与目标，为构建分层分类的人力资源管理体系奠定基础。

3. 能力素质模型设计

能力素质模型是学习地图的关键支撑，以职类/职种和职级为基础，明确不同职类/职

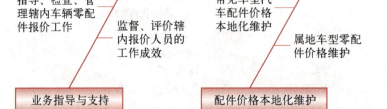

图 9-12 某财险公司报价岗岗位职责鱼骨图分解

种的员工在不同成长阶段的能力要素和主要行为表现,反映职业发展不同阶段的能力要求。可以通过与公司中高层领导、各职类/职种高绩效任职者、专家的访谈及验证,运用多种分析手段建立胜任力模型,确保这个模型紧密围绕公司战略并具备以下四个特点:可衡量或可观察的、全面的、独立的并且具有清晰的描述。

关键事件访谈法(BEI)是能力素质模型设计常用的方法。它是指在特定的情景下,观察绩优人员和一般人员对特定情景的不同反应,找出其在处理具体问题时反映出来的背后能力素质差异,从而确定能力素质标准(见图 9-13)。

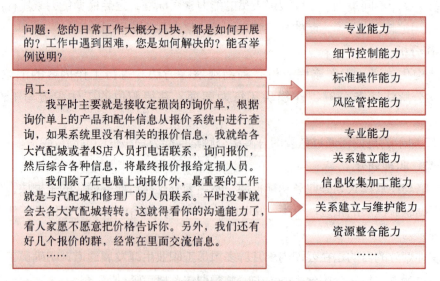

图 9-13 关键事件访谈法推导专业能力

下面以某财险公司报价职种能力素质模型建立的过程为例加以分析。通过结构化访谈、工作流程分析、跟岗观察等方法，对工作内容进行汇总整理。

通过鱼骨图分解法逐条分解工作模块和行为要项，可获得岗位的工作职责与工作标准要点（见图 9-14）。

信息及供货渠道维护
建立并维护当地汽车配件价格信息渠道
零配件的协调供货
询报价
权限内的配件价格询报价
超权限案件的询价
业务指导与支持
指导、检查、管理辖内车辆零配件报价工作

行为要项分解		级别	五级理赔	四级理赔	三级理赔	二级理赔
业务域	业务模块	责任要项	是否包含此责任要项	是否包含此责任要项	是否包含此责任要项	是否包含此责任要项
报价	询报价	及时接收下级机构的询价单，根据询价单上的产品和配件信息从报价系统中进行查询，完成零配件报价	是	是	否	否
		对于报价系统中没有包含的非常见配件向上级机构或外部报价系统进行询价	是	是	否	否
	报价数据库建立与维护	协调和整合公司内部和外部报价信息资源，组织开展报价系数数据库建设	否	否	是	是
		定期获取、更新、整理配件市场价格变化信息	是	是	否	否
		负责车辆配件询报价系统的维护与更新	是	是	否	否
		及时向信息维护岗反馈 扩充零配件价格信息的需求和数据质量问题	是	是	否	否
	信息及供货渠道维护	建立、维护当地汽车配件价格信息渠道和供货渠道	否	否	是	是
		零配件的协调供货	否	否	是	是
		维护与报价系统提供方及重要供应商的日常联系	是	是	是	否
		监督数据供应商提供的数据质量和数据更新的及时性	是	是	是	否

图 9-14　行为要项推导

通过对岗位工作职责的不断细化，找到岗位最小单元责任要项，然后采用关键事件访谈法，并结合既往经验汇总整理员工完成每个责任要项所需具备的能力素质要求（见表 9-5）。

表9-5 能力素质模型推导

业务域	业务模块	责任要项	对应能力要项
报价	询报价	及时接收下级机构的询价单,根据询价单上的产品和配件信息从报价系统中进行查询,完成零配件报价	信息收集加工能力
			标准作业能力
		对于报价系统中没有包含的非常见配件向上级机构或外部报价系统进行询价	语言表达能力
			关系建立与维护能力
	报价数据库建立与维护	协调和整合公司内部和外部报价信息资源,组织开展报价系统数据库建设	资源整合能力
			组织协调能力
		定期获取、更新、整理配件市场价格变化信息	关系建立与维护能力
			信息收集加工能力
		负责车辆配件询报价系统的维护与更新	信息系统维护能力
		及时向信息维护岗反馈扩充零配件价格信息的需求和数据质量问题	信息收集加工能力
			归纳总结能力
			语言表达能力
	信息及供货渠道维护	建立、维护当地汽车配件价格信息渠道和供货渠道	关系建立与维护能力
		零配件的协调供货	组织协调能力
		维护与报价系统提供方及重要供应商的日常联系	客户关系维护能力
			供应商管理能力
		监督数据供应商提供的数据质量和数据更新的及时性	细节控制能力
			判断决策能力
			风险管理能力
			供应商管理能力

通过分析行为要项和能力素质标准所对应的知识点,获得员工胜任某岗位所应具备的知识、技能、能力的知识点,进而汇总成学习地图(见表9-6)。其中,专业技能课程是提升简单操作技能的课程,专业能力课程是提升潜在能力和素质的课程。

表9-6 学习地图推导

业务域	业务模块	专业技能课程
报价	询报价	理赔实务 报价操作规范课程 业务系统操作课程
	报价审核与监管	
	报价争议处理	
	信息及供货渠道维护	
	报价数据库建立与维护	信息系统建设课程
	报价体系及报价管理平台搭建	

4. 基于能力的学习资源库建设

绘制员工学习地图的一个重要环节是,按照能力提升需求为员工确定和开发相应的学习课程与培养方案。针对不同职类/职种和职级，基于能岗匹配的原则，从培训方法、培训内容和培训师资三个方面，明确每项能力及能力等级对应的学习内容、学习形式和受众群体，梳理建立适用于各职类/职种和胜任力的核心课程体系。表9-7显示了某财险公司报价职种基于能力的学习资源库。

表9-7 某财险公司报价职种基于能力的学习资源库

学习要点开发				级别	五级理赔	四级理赔	三级理赔	二级理赔
课程分类	课程名称	培训方法	课程知识点		要求	要求	要求	要求
专业技能课程	理赔实务	授课讲解/现场观摩/自我学习	接报案及调度流程		了解	了解	掌握	熟悉
			查勘定损工作流程		了解	熟悉	熟悉	熟悉
			人伤调查工作流程		NA	NA	了解	了解
			报价工作流程		了解	熟悉	掌握	精通
			核价核损工作流程		了解	熟悉	熟悉	掌握
			医疗审核工作流程		NA	NA	了解	了解
			立案及理算缮制工作流程		了解	了解	了解	了解
			核赔工作流程		了解	了解	熟悉	熟悉
			特殊赔案处理		NA	了解	了解	了解
	报价操作规范课程	授课讲解/现场观摩/自我学习	报价岗工作内容		了解	熟悉	掌握	精通
			报价岗工作要求		了解	熟悉	掌握	精通
			报价岗操作流程		了解	熟悉	掌握	精通
			报价岗操作规范		了解	熟悉	掌握	精通
			报价岗考核要点		了解	熟悉	掌握	精通
			报价争议处理		了解	熟悉	掌握	精通

注：图中"NA"表示不需要。

5. 绘制学习地图

根据不同职类/职种成长路径要求，将学习资源整理形成相应的晋级包，至此可形成清晰完整的企业学习地图。展示了不同职类/职种、不同阶段素质要求及对应的学习资源。员工可以同时关注本专业族群和其他职类/职种的成长路径图、核心课程。通过学习地图，一名新员工可以找到自己从进入企业开始，直至成为公司内部专家的学习发展路径。学习地图是面对员工个人的，旨在让员工快速了解个人成长过程中的学习路径，以及个人成长与组织战略目标实现之间的关联，这就保证了学习地图不会像人力资源其他制度、流程、文件、体系一样被束之高阁。

如某财险公司根据能力素质模型针对报价职种绘制了四类知识的学习地图（见表9-8至表9-11）。随着级别的上升，员工所需掌握的知识量与深度也有所增加。

表9-8 某财险公司报价职种专业技能课程

课程分类	专业技能课程																						
课程名称	理赔实务									报价操作规范课程					业务系统操作课程				信息系统建设课程				
培训方法	授课讲解/现场观摩/自我学习									授课讲解/现场观摩/自我学习					授课讲解/在岗学习/自我学习				授课讲解/导师辅导/座谈讨论				
报价通道 课程知识点	接报案及调度流程	查勘定损工作流程	人伤调查工作流程	报价工作流程	核价核损工作流程	医疗审核工作流程	立案及理算缮制工作流程	核赔工作流程	特殊赔案处理	报价岗工作内容	报价岗工作要求	报价岗操作流程	报价岗操作规范	报价岗考核要点	系统简介	业务处理范围	系统操作流程	系统登录与退出	需求调查与分析	可行性研究	信息系统总体规划	信息系统设计	信息系统实施与测试
二级理赔	熟悉	熟悉	了解	精通	掌握	了解	熟悉	了解	精通	精通	精通	精通	精通	精通	精通	精通	精通	精通	熟悉	熟悉	熟悉	熟悉	熟悉
三级理赔	熟悉	熟悉	了解	掌握	熟悉	了解	熟悉	了解	掌握	掌握	掌握	掌握	掌握	掌握	掌握	掌握	掌握	掌握	了解	了解	了解	了解	了解
四级理赔	了解	熟悉	NA	熟悉	熟悉	NA	了解	NA	熟悉	熟悉	熟悉	熟悉	熟悉	熟悉	熟悉	熟悉	熟悉	熟悉	NA	NA	NA	NA	NA
五级理赔	了解	了解	NA	了解	NA	NA	了解	NA	了解	了解	了解	了解	了解	了解	了解	了解	了解	了解	NA	NA	NA	NA	NA

注：图中"NA"表示需要。

表9-9 某财险公司报价职种专业能力课程

课程分类	专业能力																
课程名称	管理能力课程								客户管理课程								
培训方法	授课讲解/现场观摩/案例研究/座谈讨论								授课讲解/案例研究/座谈讨论/现场观摩								
报价通道 课程知识点	从技术走向管理的角色定位和角色转换	从技术走向管理必备的好习惯	研发管理者如何与领导沟通	目标与计划	组织与分派工作	控制与纠偏	领导与激励	成功实现从技术向管理转变的关键	客户管理的认识	如何建立客户关系	如何保持客户忠诚度	如何挽留流失的客户	管理客户生命周期	建设与管理客户信息库	渠道客户关系管理	大客户关系管理	客户关系管理与营销
二级理赔	掌握	掌握	掌握	掌握	掌握	掌握	掌握	掌握	精通	精通	精通	精通	精通	精通	精通	精通	精通
三级理赔	熟悉	熟悉	熟悉	熟悉	熟悉	熟悉	熟悉	熟悉	掌握	掌握	掌握	掌握	掌握	掌握	掌握	掌握	掌握
四级理赔	了解	了解	了解	了解	了解	了解	了解	了解	熟悉	熟悉	熟悉	熟悉	熟悉	熟悉	熟悉	熟悉	熟悉
五级理赔	NA	NA	NA	NA	NA	NA	NA	NA	了解	了解	了解	了解	了解	了解	了解	了解	了解

注：图中"NA"表示不需要。

表9-10　某财险公司报价职种基础能力课程

课程分类	基础能力													
课程名称	人际沟通课程				团队合作课程				自我学习课程				服务意识课程	
培训方法	授课讲解/在岗学习/自我学习				授课讲解/在岗学习/自我学习				授课讲解/在岗学习/自我学习				授课讲解/在岗学习/自我学习	
报价通道 课程知识点	沟通的基本内容	沟通中的障碍	职场沟通	客户沟通技巧	团队合作的重要性	如何融入团队	团队内沟通技巧	团队冲突解决方法	团队领导与激励	学习的必要性	树立学习目标	掌握正确的学习方法	学习目标与计划制定	学习的自我评价与调节	信息时代的学习	时间管理能力	什么是服务	服务的重要性	如何提高服务质量	案例分析
二级理赔	精通	精通	精通	精通	精通	精通	精通	精通	精通	精通	精通	精通	精通	精通	精通	精通	精通	精通	精通	精通
三级理赔	掌握	掌握	掌握	掌握	掌握	掌握	掌握	掌握	掌握	掌握	掌握	掌握	掌握	掌握	掌握	掌握	掌握	掌握	掌握	掌握
四级理赔	熟悉	熟悉	熟悉	熟悉	熟悉	熟悉	熟悉	熟悉	熟悉	熟悉	熟悉	熟悉	熟悉	熟悉	熟悉	熟悉	熟悉	熟悉	熟悉	熟悉
五级理赔	了解	了解	了解	了解	了解	了解	了解	了解	了解	了解	了解	了解	了解	了解	了解	了解	了解	了解	了解	了解

表9-11　某财险公司报价职种基础知识课程

课程分类	基础知识															
课程名称	保险知识课程					车辆知识课程										
培训方法	授课讲解/导师辅导/在岗学习/自我学习					授课讲解/导师辅导/在岗学习/自我学习										
报价通道 课程知识点	保险与法的基本知识	保险法相关条款	保险合同相关知识	互动业务相关法规	公司承保政策	民事诉讼法、物权法、合同法、继承法、仲裁法、侵权责任法等相关法律	道路交通安全法	汽车的定义及分类	汽车的组成	汽车配件	发动机原理	车辆电子、电器系统	汽车悬挂系统	汽车修理基础	汽车VIN代码解读汽车铭牌	汽车的编号规则、汽车铭牌	汽车的功能构成	车身分类及构成	高端车、特殊外观易损件维修标准及工艺	高档车辆车型与新车型相关知识	承载式和车架式车身结构及板件
二级理赔	精通	精通	精通	精通	精通	精通	精通	精通	精通	精通	精通	精通	精通	精通	精通	精通	精通
三级理赔	掌握	掌握	掌握	掌握	掌握	掌握	掌握	掌握	掌握	掌握	掌握	掌握	掌握	掌握	掌握	掌握	掌握
四级理赔	熟悉	熟悉	熟悉	熟悉	熟悉	熟悉	熟悉	熟悉	熟悉	熟悉	熟悉	熟悉	熟悉	熟悉	熟悉	熟悉	熟悉
五级理赔	了解	了解	了解	了解	了解	了解	了解	了解	了解	了解	了解	了解	了解	了解	了解	了解	了解

(三) 员工职业发展通道与学习地图

如果员工在某一条通道（职种）内向高级别发展，那么员工需要具备晋升至上个级别的晋级包知识。如 6 级查勘理算晋升到 5 级，需要培训"晋级包 5"的课程。如果员工跨通道发展，那么需要具备相应的转岗包知识。如人伤 3 级晋升到车损 3 级，需要培训相应的"转岗包 A1"知识。图 9-15 显示了某财险公司职业发展通道与学习地图的关系。

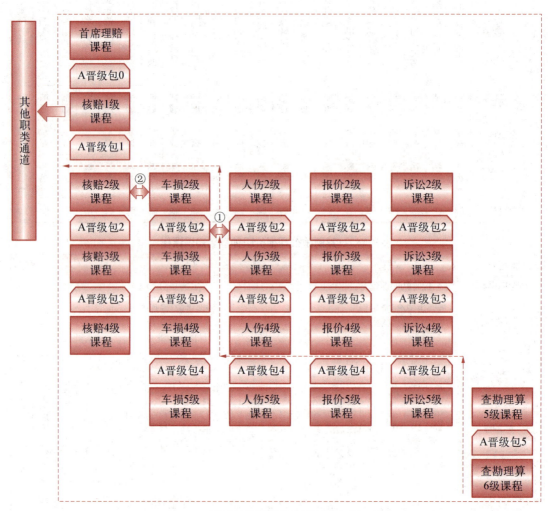

图 9-15　某财险公司职业发展通道与学习地图

注：图中①为转岗包 A1，②为转岗包 A2。

跨通道发展应遵循以下原则：
- 跨通道发展要求专业和能力差距较小或具有可承接性。
- 跨通道发展要有利于组织发展。
- 跨通道发展员工要同时符合原通道和跨通道的能力素质标准要求。

第三节 培训效果评估

一、培训效果评估的程序与方法

培训效果评估是一个运用科学的理论、方法和程序，从培训结果中收集数据，并将其与整个组织的需求和目标联系起来，以确定培训项目的优势、价值和质量的过程，其实质是对培训信息进行效益评价的过程。

培训效果评估是一个完整的培训流程的最后环节，它是对整个培训活动实施成效的评价与总结，而评估结果又是以后培训活动的重要输入，为下一个培训活动需求的确定提供了重要信息。培训效果评估要通过不同测量工具评价培训目标的达成度，并据此判断培训的有效性，以作为未来举办类似培训活动的参考。它是一个系统地收集有关人力资源开发项目的描述性和评判性信息的过程，其目的是便于企业在选择、调整各种培训活动以及判断其价值时作出更明智的决策。图 9-16 显示了培训评估的实施流程。

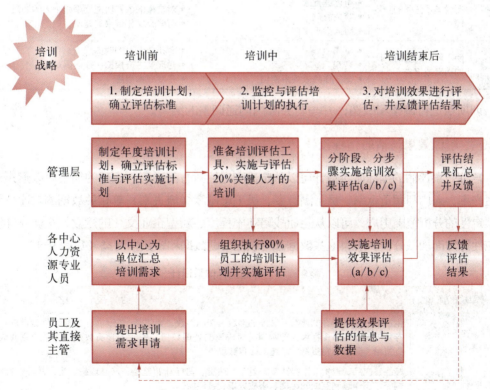

图 9-16 培训效果评估的实施流程

培训评估的方法有多种，表 9-12 列出了一些方法。

值得注意的是，得到培训结果并不意味着工作的结束。在进行培训评估后，企业需要根据评估结果来审视整个培训过程，并判断培训目标是否已经有效达成。通常情况下需要

表9-12 培训效果评估的方法

方法	具体的过程	优 点	缺 点
访谈	和一个或多个人进行交谈，以了解他们的信念、观点和观察到的现象	• 灵活 • 可以进行解释和澄清 • 能深入了解某些信息 • 私人性质的接触	• 引发的反应在很大程度上是回应性的 • 成本很高 • 面对面的交流有障碍 • 需要花费很多人力 • 需要对观察者进行培训
问卷调查	用一系列标准化的问题去了解人们的观点和观察到的现象	• 成本低 • 匿名的情况下可提高可信度 • 可以在匿名的情况下完成 • 填写问卷的人可以自己掌握速度 • 有多种答案选项	• 数据的准确性可能不高 • 如果是在工作中完成问卷填写，那么对这个过程很难进行控制 • 不同的人填写问卷的速度不同 • 无法保证问卷回收率
直接观察	对一项或多项任务的完成过程进行观察和记录	• 不会给人带来威胁感 • 是用于测量行为改变的极好的途径	• 可能会打扰当事人 • 可能会造成回应性的反应 • 可能不可靠 • 需要受过训练的观察者
测验和模拟	在结构化的情景下分析个人的知识水平或完成某项任务的熟练程度	• 费用低 • 容易记分 • 可迅速批改 • 容易施测 • 可大面积采样	• 可能会带来威胁感 • 也许与工作绩效不相关 • 对常模的依赖可能会歪曲个人的绩效 • 可能有文化带来的偏差
档案记录分析	使用现有的资料，比如档案或报告	• 可靠 • 客观 • 与工作绩效关系密切	• 要花费大量的时间 • 对现实进行模拟往往很困难 • 开发成本很高

对培训项目进行调整和改造，并与有关部门沟通调整的结果。

二、培训效果评估的指标设计

培训效果评估的指标体系设计可以从定量和定性两方面进行。定量的结果可以通过对劳动生产率、人均利润贡献率、员工满意率、员工忠诚度（流失率）等相关数据的对比分析得到；定性的分析范围更广，可以从企业战略实施程度、新型企业文化的建立、企业对环境的适应性等方面加以分析。所有这些数据都可以归为硬数据和软数据两类（见表9-13）。

表9-13 评估指标体系设计

数据类型	项目	评估指标
硬数据	产量	生产的数量、制造的吨数、装配的件数、售出件数、销售额、窗体加工数量、贷款批准数量、存货的流动量、探视病人的数量、对申请的处理数量、毕业的学员数量、任务的完成数量、订货量、奖金、发货量、新建的账目数量
	质量	废品、次品、退货、出错比率、返工、缺货、与标准的差距、产品瑕疵、生产故障、存货的调整、工作顺利完成的比例、事故数量、客户投诉
	成本	预算的变化、单位成本、财务成本、流动成本、固定成本、营业间接成本、运营成本、延期成本、罚款、项目成本节约、事故成本、规划成本、销售费用、管理成本、平均成本节约
	时间	运转周期、对投诉的应答时间/次数、设备的停工时间/次数、加班时间、贷款的处理时间、管理时间、培训时间、开会时间、修理时间、效率（以时间为基础）、工作的中断时间、对订货的回应时间、晚报告时间、损失的时间（天数）

(续表)

数据类型	项目	评估指标
软数据	工作习惯	旷工、消极怠工、看病次数、违反安全规定、沟通破裂的次数、过多的休息
	新技能	决策、问题的解决、冲突的避免、倾听理解能力、阅读速度、对新技能的运用、对新技能的运用意图、对新技能的运用频率、新技能的重要性
	氛围	歧视次数、员工的投诉、工作满意度、组织的承诺、员工的离职比率
	满意度	赞成性反应、工作满意度、态度的变化、对工作职责的理解、可观察到的业绩变化、员工的忠诚度、信心的增加、顾客/客户的满意度
	主动性	新想法的实施、项目的成功完成、设定目标

硬数据和软数据各有优缺点。硬数据比较客观，容易衡量和量化，更容易转化成货币价值，衡量管理业绩的可靠性较高，是衡量组织机构业绩的常用标准。相比之下，软数据在多数情况下是比较主观的，有时很难衡量和量化，很难转化成货币价值，作为对业绩的衡量标准可信度较差，而且往往是行为导向的。但软数据更具有弹性和动态性，弥补了硬数据单一、固化、抽象的缺点。因此，实际应用时，兼顾两者可以使评估的效果更加真实可靠。在实际的评估工作中，我们还应该注意考查一些具有明显特征的指标（如表9-14所示）。

表9-14 常见指标分类

等级	正向指标	负向指标
反应和特定活动	上课准时，课程中点头、微笑、参与度高、精神集中、手机干扰少	打瞌睡、缺席、迟到、早退、借故不参加、无精打采、窃窃私语、抱怨连连
学习	课后对内容有清晰的记忆，能准确说出重点与收获，明确自己的收获	记忆模糊，说不出重点，观念不清晰，忘记重要内容，看教材依然说不出重点
行为	感觉课程与工作需求相符，实用性强，可以立即使用从而明显提高工作绩效	与工作需求不符，实用性差，过于抽象导致难以掌握且没有投入使用
业务结果	回到工作现场后，改变工作态度、行为或工作方式	依然故我，我行我素，没有任何变化
投资回报率	培训带来的效果与所付出的直接与间接成本相比，回报大于投资	比较结果与成本，回报小于投资

第四节 培训开发技术与方法

一、传统培训方法

传统的培训方法包括在课堂上的学习、自我指导的学习，以及通过专家传授来接受培训学习。技术技能的培训可以利用教师和专家的指导，具体知识能力的提高可以参加自我指导的培训项目。

（一）课堂培训

1. 讲座和讨论

讲座和讨论是开展培训最常用的方法，它是指培训者向受训者进行课堂讲授，并辅以问答、讨论、自由发言等形式。这种方法能够以最低的成本、最少的时间耗费向大量的受训者提供某种专题信息。受训者在培训中学会并能够运用到工作中的信息量与受训者参与培训的积极程度和知识掌握程度有关。但是，课堂培训只能同等程度地传授教材内容，不能恰到好处地根据学习者个体在能力、态度和兴趣上的差异而采取不同的方式。有经验的培训者可以通过安排丰富的讲课内容，给予受训者积极反馈，并且有效地引导讨论和发言来克服这一缺点。

2. 案例研究

案例研究的技术可以帮助受训者建立起分析和解决问题的技能。在案例研究中，受训者会收到向他们描述组织面临的困境或难题的详细书面报告，这个报告可能是实际的或者虚拟的。受训者可以根据诸如人、环境、规则等因素来分析问题，提供解决方法。案例研究过程中的自我思考和自我发现有助于受训者对原理进行更好的理解和更牢固的记忆，受训者也更加愿意投入。

3. 角色扮演

在这个技术中，受训者在特定的场景中或情境下扮演分派给他们的角色。角色扮演主要运用在对人际问题的分析、态度的改变以及人际关系技能的发展等方面。这个技术为受训者提供了体验工作困境的机会。受训者通过尝试各种不同的方法解决问题，并且考虑哪种方法更成功以及为什么成功。角色扮演的学习效果取决于参与者是否愿意融入角色，如在真实的工作环境中一样来表现自我。

（二）自我指导学习法

自我指导学习法是指由雇员自己全权负责的学习——什么时候学习以及让谁来帮助自己学习等。受训者不需要任何指导者，只需按自己的进度学习预定的培训内容。培训者只是作为一名辅助者负责评估雇员的学习情况并回答他提出的问题。培训者不控制或指导学习过程，而完全由受训者自己掌握。

开发一个有效的自我指导学习计划有几个必要的步骤：

（1）进行工作分析以确认工作包括的主要任务。

（2）列出与任务直接相关的，以受训者为中心的学习目标。因为学习目标取代了指导教师的地位，它们必须指明哪些信息是重要的，受训者应采取哪些行动，以及他们应掌握哪些内容。

（3）制定学习计划。计划的内容要按照以受训者为核心的学习目标来制定，还要考虑用于沟通培训内容的媒介因素（如文稿、录像、计算机、网络等）。

（4）将内容分若干板块。第一个板块要从学习目标开始，并包括评估受训者学习行为的方法。每一板块之后要附加实践练习。

（5）开发一份评估计划。包括对受训者的评估及对自我指导学习内容的评估。

自我指导学习法既有优点也有缺点。从个人方面来说，它使得受训者可以按照自己的节奏进行学习并能够得到关于学习绩效的反馈。从公司角度来说，自我指导学习不需要太多的培训者，降低了培训成本，并且使得在多种场合进行培训变得更为现实。自我指导培训的局限性就在于受训者必须是愿意学习并且喜欢自学这种学习方式的人，而且这种培训方法的开发时间也比其他类型的培训项目更长。

（三）专家传授法

专家传授法是一种要求受训者积极参与学习的培训方法，包括在职培训（On The Job Training, OJT）、情境模拟、商业游戏和行为示范等。这种培训法主要用于以下几种情况：开发某种特殊的技能，理解如何将技能和行为转化到实际工作之中，体验完成一项任务的过程中会遇到的各个方面的内容，处理在工作中所产生的各种人际问题，等等。

1. 在职培训

在职培训的基本假设是：雇员在组织内可以通过观察并模仿自己的管理者的行为来进行学习。

在职培训通常用于以下几种情况：新员工培训；在引进新技术时提高有经验员工的技能水平；对同一个部门或单位内的员工进行跨职能培训；使调动工作或者得到晋升的员工适应新的岗位。有效的在职培训都必须具备下述特征：

（1）有一份解释在职培训目的的公司政策说明，并且强调公司的支持。
（2）清楚地说明谁有资格成为能够对其他雇员进行在职培训的人。
（3）对同行业中其他公司的在职培训实践进行尽可能详细的调查。
（4）由管理人员或同事根据结构性在职培训的原则进行培训。
（5）制定出在职培训时员工所使用的课程计划、程序手册、培训手册、学习协议书及培训进度报告表等。
（6）在进行在职培训之前对员工的基本技能水平进行评价。

2. 情境模拟

情境模拟是一种模仿现实生活中的场景的培训方法。它使受训者可以看到他们的决策在一种人工的、没有风险的环境中所可能产生的影响，这种影响与在类似的实际工作中的结果相似，从而可以向受训者传授生产和加工技能以及管理和沟通方面的技能。在采用情境模拟培训方法的时候要注意模拟环境必须与实际的工作环境有相同的构成要素，必须能够准确地对受训者所发布的指令作出反应。正是由于这种原因，开发模拟环境的成本是很高的，并且当获得了新的工作信息之后，还需要对这种模拟环境进行不断改进。

3. 商业游戏

商业游戏要求受训者收集信息并对其进行分析，然后作出决策。商业游戏主要用于管理技能的开发。游戏可以刺激学习，因为参与者会积极参与游戏并按照商业的竞争规则进行。参与者在游戏中所作的决策可以涉及各个方面的管理活动：劳工关系（谈判合同的签订）、市场营销（为新产品定价）及财务预算（支持购买新技术）。游戏多采用团队方式进行，参与者从游戏中学到的内容将以备忘录的形式记录下来。

4. 行为塑造

行为塑造适于学习某一种技能或行为，而不太适合于事实信息的学习。有研究表明，行为塑造是传授人际关系技能的最有效方法之一。行为示范培训项目的开发包括明确关键行为（完成一项任务所必需的一组行为）、设计示范演示、提供实践机会及促使培训成果的转化。

课堂培训、自我指导的学习方法以及各种模拟培训在可预见的将来都是重要的培训方法。但是传统的方法有许多不足：成本较高；标准化而不是个体化地来满足受训者的需要；许多传统的培训项目是在特定的时间段里进行，造成培训不及时或者未能有效满足培训需求；传统培训在技能练习方面也有局限性，练习常常被限制在一定的现场或时间段内。

二、新培训方法

传统培训方法的不足促使企业寻求新的培训方法，主要有远程学习、多媒体培训、网络培训、智能化辅导系统、虚拟现实培训以及教练技术（详见本章第五节）等。新的培训方法可以规避传统培训的不足，使培训效果更显著。

1. 远程学习

允许不同地点的人同时进行学习的培训形式叫作远程学习。通过声音和信息的交换，身处不同地方的受训者与培训者可以进行实时互动。远程学习的发展反映了培训需求的快速变化，组织在寻找成本更小、时间更灵活以及更加客户化的培训形式。

2. 多媒体培训

多媒体是由计算机驱动，使各种类型的文本、图表、图像和声音信息交互性交流的系统。各种形式的多媒体相互结合可以保证使用者以多种不同的方式获得不同的培训内容，并且自由掌握学习进度。

3. 网络培训

通过网络开展培训有许多潜在的优点。网络培训保证了培训内容的及时更新。学习者可以决定接受培训的时间和课程的难度等，使培训更加个性化。

4. 智能化辅导系统

这是以计算机为基础的培训项目，强调培训的完全个体化。智能化辅导系统能够诊断出受训者现有的理解和行动水平，并且选择适当的干预方法使受训者向更加专业化的方向进步。智能化辅导系统使培训经历对于个体来说更加客户化，能够更好地满足个体的特殊需要。

5. 虚拟现实培训

通过虚拟现实培训（VR），受训者能够看到他们在工作中可能遇到的各种情境的 3D 世界。在这个虚拟世界中受训者能够观看、接触并参与其中。VR 培训受到提倡是因为它能够高度激励和吸引员工，可以把学习经历迁移到模拟情境中去，并且不受环境和时间的限制。

三、团队培训的方法

高效的团队应该具有下列特征：第一，高效团队成员必须熟练掌握多种技能，并能够高效完成团队必须完成的各种任务。除了具备广泛的基础技能，团队中的个体也必须具有某个方面的技术专长，这样才能够帮助团队最大限度完成他们的目标。第二，有效团队必须具有良好的团队工作技能，个体成员需要理解他们怎样协作才能够使团队整体运行起来。团队工作技能是指一个团队的各个成员作为一个整体合作的能力，包括适应性、共同的情境知觉性、行为监控和反馈、领导和团队管理、人际关系、协调、交流和决策。这些技能强调的是团队成员独立完成的任务之间的交互作用。第三，高效团队应该允许成员创造性地解决限制团队绩效的有关问题。过程提高的关键是问题解决的能力，培养这一能力可以帮助成员判断关键问题、分析问题的根源、寻求解决方法，最终团队的实际操作能力得以提高。高效团队并不总是安于现状，相反，他们往往是组织变革的推动力。

从培训的观点来看，把一群个体转变为一个有效的工作团队要求建立大量的团队胜任力。团队胜任力指的是有效完成团队任务所需要的知识、技能和态度（KSAs）。以团队为基础的工作系统迫切要求提高团队成员的任务工作技能与团队工作技能，下面介绍了一些团队建设和团队培训的基本技术。

（1）**冒险性学习**：又叫做野外培训或户外培训，注重利用有组织的户外活动来开发团队协作和领导技能。它最适用于开发与团队效率有关的技能，如自我意识、问题解决、冲突管理和风险承担等。

（2）**交叉培训**：指让团队成员熟悉并实践多种工作，以便在有人暂时或永远离开团队后其他成员可以介入并填补空缺职位。通过交叉培训，团队的成员能够获得超越自身已有的知识和技能，成功地完成团队中其他成员的工作。交叉培训的实施办法是通过员工技能的多样性来应对雇员的变动，并通过允许团队进行自我管理来加强主动性。

（3）**协作培训**：指对团队进行的旨在确保信息共享和共同承担责任的培训，其目的在于实现团队绩效的最大化。协作性培训对于那些必须通过共享信息才能作出决策的团队尤为有效。

（4）**团队领导技能培训**：指团队管理者或辅导人员接受的培训，包括培训管理者解决团队内部冲突和增强团队协作性的能力等。

（5）**行动学习**：行动学习是雷格·瑞文斯（Reg Revans）于20世纪30年代在英国提出的。他认为："没有行动就没有学习，没有学习也就没有理智的和深思熟虑的行动。"行动学习最先被英国石油公司采用，后来通过 GE 公司使得行动学习法在全球得以推广（将在本章第六节中详细介绍）。

（6）**团队的自我管理**：交叉培训和行动学习的一个重要结果是允许团队更加具有主动性。团队的自我管理强调能够管理它的内部过程，如把人员分配在工作项目中，评价团队的成功性，采取行动提高团队的能力和监控自我学习。其关键是要求团队能为团队学习创造良好的环境，有效管理团队的资源，并且能够从关于团队绩效表现的反馈中进行学习。

四、培训方法的选择

在为培训项目选择合适的培训方法之前，通常要对各种培训方法的优缺点进行评价。首先就是要确定培训所希望产生的学习成果有哪些，这些成果包括言语信息、智力技能、认知策略、态度和运动技能，不同培训方法可能会影响一种或几种学习成果。一旦根据不同培训方法在培训成果方面的差异确定了学习方法之后，下一步就要考虑这种方法对学习和培训成果转化的有利程度、开发和使用这种方法的成本，以及它的有效性问题。另外，团队建设方法的独特性就在于它既注重个人学习也强调团队学习，那些希望提高小组或团队效率的培训者应选择一种团队建设方法（如冒险性学习、交叉性学习、行动学习等）。最后，开发培训方法的预算会影响培训方法的选择。预算紧张的培训者应选择相对便宜且有效的在职培训，而资金雄厚的培训者则可考虑更有利于培训成果转化的方法，如情境模拟和商业游戏等。新培训技术虽然具有良好的学习环境、管理费用低廉、允许学习者自行控制以及信息共享等特点，但是这些方法需要高昂的研发费用（如购买硬件和软件、项目开发、项目改造），因此在选择时需要慎重考虑。在以下几种情况下，可以考虑采用新技术培训方法：

（1）有充裕的资金来开发和使用某项新技术；

（2）受训者分布于不同的地域，为此培训的交通费用相当高昂；

（3）受训者乐于采用网络、个人电脑和 VR 等新技术；

（4）新技术的日益推广是公司的一项经营战略，新技术可以运用于产品制造或服务过程中；

（5）雇员的时间与培训项目日程安排发生冲突；

（6）现有的培训方法对实践、反馈和评估的实施有所限制。

表 9-15 根据不同的特点，从学习成果、学习环境、培训成果的转化、成本和效果等方面对一些常见的培训方法进行了评价。

表 9-15 各种培训方法比较

		讲座	案例研究	角色扮演	自我指导学习	在职培训	情境模拟	商业游戏	行为塑造	冒险性学习	行动学习
学习成果	言语信息	是	是	否	是	是	否	是	否	否	否
	智力技能	是	是	否	是	是	是	是	否	否	否
	认知策略	是	是	是	是	是	是	是	是	是	是
	态度	是	否	是	否	是	是	是	是	是	是
	运动技能	否	否	否	是	是	是	否	是	否	否

（续表）

		讲座	案例研究	角色扮演	自我指导学习	在职培训	情境模拟	商业游戏	行为塑造	冒险性学习	行动学习
学习环境	明确的目标	中	中	中	高	高	高	高	高	中	高
	实践机会	低	中	中	高	高	高	中	高	中	中
	有意义的内容	中	中	中	高	高	中	中	中	低	高
	反馈	低	中	中	高	高	高	高	高	中	高
	观察并与别人交流	低	高	高	中	高	高	高	高	高	高
培训转换		低	中	中	高	高	高	高	高	低	高
成本	开发成本	中	中	中	高	中	高	高	中	中	低
	管理成本	低	低	低	中	低	低	中	中	中	中
效果		对言语信息来讲效果好	一般	一般	一般	对有组织的OJT效果好	好	一般	好	差	好

资料来源：雷蒙德·A. 诺伊，《雇员培训与开发》，中国人民大学出版社 2015 年版。

第五节　教 练 技 术

一、教练技术的历史起源

教练技术始于 20 世纪 70 年代中期，源自体育教练，但又有所发展。在 1975 年，美国前网球冠军 W. 蒂摩西·加尔韦（W. Timothy Gallwey）在其所写的《网球的内心游戏》（*The Inner Game of Tennis*）一书中声称，他可以让一个完全不会打网球的人在短短的 20 分钟之内学会网球的基本技巧并熟练地打球。此事引起了美国媒体的注意，他们纷纷派记者去现场采访加尔韦教练。在一次现场直播中，加尔韦教练面对摄像机镜头，在数百万美国人眼前兑现了他的承诺。在后来的采访中，这位网球教练解释道，他所采用的方法区别于传统的讲解规则的教练技术，而是以人们对自身学习和执行的先天能力的信念为基础的。这档节目的播出引起了美国电报电话公司（American Telephone & Telegraph，AT&T）公司高层领导人员的注意，他们请加尔韦教练为公司的经理们上课。不可思议的是，下课后那些经理们所记下的笔记完全与网球无关，反倒是一些企业管理相关的内容，原来听课的经理们已经将网球场上的教练技术迁移到企业管理中[①]。

随着教练技术在企业管理领域的不断传播，越来越多的美国公司开始聘请一些著名的体育教练，来为他们的销售人员和管理者进行培训，甚至帮助企业将教练技术、管理和领导力三者进行融合。因为教练技术能够帮助管理者和领导人支持他们的属下更好地掌控他们的工作和事业，并能获得在当时传统的"命令—控制"管理文化下少有的效果，因此进入 20 世纪 80 年代后，教练技术逐渐从美国走向全球。

二、教练的定义及内涵

教练的英文单词为 Coach，虽然很容易让人联想到品牌包——蔻驰（Coach）和四轮大马车等事物，但是它还有一个意思是教练。教练源于体育领域，并且延伸至企业管理领域，诸如职业生涯管理、绩效管理、情绪管理以及战略规划和冲突管理等方方面面。教练可以专注于个人、企业或者社会的任何一个方面，来协助它们完成各自的目标。

教练的定义形式非常多样化，主要依照客户的需求而采用不同的定义。从业者使用的称呼有高管、执行教练、心理教练、绩效教练等。国际教练联盟从教练使用的方法及效果方面对教练进行了定义：教练是创造性、挑战性地激发人们的热情，使其潜能实现最大化的发挥，其目标是使个人生活、职业发展更具成效。

全球知名教练公司埃里克森创始人玛丽莲·阿特金森博士从时间、空间等维度，对教练关注的要点进行了定义：教练是一个自我发展的独特过程，通过进行有力的提问，关注未来，与一个客户或团队建立同盟关系，是寻找以问题解决为焦点的行动步骤，而不是采取给建议的工作方式。

> 本书认为，教练是双方一起扩展思维、建立新视角的过程。在这一过程中，教练者要引导被教练者找到解决问题的方法，使其最大化地发挥内在潜能，并不断给予他支持与帮助[⑤]。

尽管学者们对教练的定义说法各异，但其核心理念是一致的，即：

（1）教练与被教练者之间是帮助、合作和平等的关系，不是命令与服从；

（2）重点在于协助被教练者自己去找到解决问题的方法，而不是直接给予建议；

（3）强调共同合作来制定目标，而教练不需要在被教练者的领域拥有高水平的理论基础或实战经验。

【HR 之我见】

徐斌：首都经济贸易大学劳动经济学院人才系主任，中国人力资源开发研究会人才测评学会副会长

扫描栏目中的二维码学习徐斌针对下列提问的精彩回答：

1. 目前您所接触的企业在培训与开发中有什么特色的做法？
2. 教练技术在企业培训或组织发展中的作用是什么？

视频版

文字版

三、教练技术的核心原理

教练技术是一门通过完善心智模式来发挥潜能、实现目标的管理技术。心智模式是一种深植于人们心中影响人们如何了解这个世界以及如何采取行动的许多假设和成见,甚至图像或印象。

这些观念和假设往往深植于人的心灵深处,可以是隐形的、只是模模糊糊意识到的,也可以是很强烈的个人信念。不管人们是否意识到自己的心智模式,心智模式就像一面筛子,使人们有选择地选取符合这种心智模式的信息,而对其他信息则完全可能视而不见,或者通过各种方式予以否定、选择性记忆或扭曲等。因此心智模式对个人的认知和行为以及个人所在组织的文化氛围产生重要的影响。

不同的心智模式使我们产生对"世界"和"问题"的不同认识。我们基于认识采取行动,而行为导致结果,一个个不同的结果累计起来,就形成了我们的现状。如果我们要改变现状,首先要认识到并改变我们的心智模式。因此教练技术不是从成果入手,也不是从行为入手,而是从心智模式入手,引导被教练者看到他的心智模式及其对行为成果产生的影响,进而引导他找出盲点,改善心智模式,重新看清客观世界或问题,跳出思维的框架勇于突破自我,去寻找更多发展和改变。

四、教练技术与传统培训的异同

首先,我们先来看看它们的定义。教练技术的定义上文已经介绍,而培训师的定义是:为培养客户在工作中尚未具备或掌握的能力和技能提供指导,将自己指导的知识和技巧通过讲授的形式转移到客户身上。下面我们用一个坐标轴来定位教练与培训师(见图9-17),坐标的横轴为时间轴,纵轴为使用方法轴。在方法轴中,往下是使用告诉、建议的方式;往上是使用提问的方式。时间轴同时也代表了教练的关注点,在一条时间轴上,关注未来也代表目标导向,关注过去也代表问题导向。

教练是无所不知、无所不晓的吗?实际上教练可能懂得还没有你多。培训往往向客户传授知识和技能,然而很多时候,人们表现欠佳,不是因为缺少了某些知识和技能,只是因为没有看清事实和真相而已。教练技术帮助客户厘清事实和真相,找到问题产生的真正原因以及解决问题的方法,增强客户解决问题的信心。这样一来,问题自然迎刃而解。综上所述,教练与培训师的区别如表 9-16 所示。

所以,企业培训模块的做法一般是通过教练式辅导激发员工的学习动力,让员工对自己有一个清晰的认识,帮助员工提升工作能力。其关键是通过

图 9-17 教练与培训师坐标轴

表 9-16　教练与培训师的异同

对比职业	异	同
教练	方法：提出问题，引领方向 数量：一对一或一对多	让当事人提升能力
培训师	方法：给出答案 数量：一对多	

教练的引导去发现自己的潜力，突破日常框架去实现一些自己认为不可能的目标，用成就感来刺激员工不断提升。

【学习资料 9-1】

教练技术的历史

教练技术是一项通过改善被教练者心智模式来发挥其潜能和提升效能的管理技术。

如果说引导技术是一种方法，那教练技术就更上一层，是一种管理。教练技术着眼于激发受训者的潜能，是一种态度的训练，而不是方法或技巧训练。古话说得好，"授人以鱼不如授人以渔"。教练技术的发展历史如表 9-17 所示。

表 9-17　教练技术的发展历史

时间	20 世纪 70 年代	20 世纪 80~90 年代初	20 世纪 90 年代末期
目标	标准化	高品质	创造新知识
方法	命令与控制	承诺与学习	激励与激发
技术	目标管理（MBO）	全面品质管理（TQM）	教练

教练就像一面镜子，通过聆听和发问，洞察受训者的心态，从而区分对方的行为是否有效，并给予直接的回应，使受训者调整心态、明晰目标、专注行动，最终取得相应的成果。通过一种持续的关注，让受训者把焦点集中在行动上，用以实现他们的目标和愿望。

教练和被教练者关系上是平等的，相互活动、相互行动，同时有着一致的目标，都是期望达成教练要求达到的目标。在教练看来，人是具有改变的能力的，他们会为了自己做出最好的选择。所谓教练，就是一种持续学习的过程。在这一过程中，被教练者得到提升，教练也得到了提升。这从表 9-18 所示的传统管理和教练技术的特点也可以看出来。

表 9-18　教练与传统管理的特点比较

传统管理者的特点	教练的特点
说话的时间占多	聆听的时间占多
给予指示	发问
补救	预防

(续表)

传统管理者的特点	教练的特点
假设	挖掘可能性
控制	承诺
命令	引导
上下级关系	中立关系
要求解释	要求成果

使用教练技术，需要具备四种能力：聆听、发问、区分和回应。

聆听时需要忘我、专心、具有求知心，要能够抛开已有知识限制的主观判断，坦诚开放。熟练并灵活使用"3R 技巧"，即接收（Receive）、反应（Reflect）和复述（Rephrase）。其目的在于听自己的，也听别人的，全盘接受所听到的事情。

发问是为了获取反馈以及相关信息向对方提出问题。目的在于了解员工的感受、启发员工进行思考、引导员工等。发问的类型无外乎封闭式发问和开放式发问。两者有其各自的优劣势（见表9-19）。

表9-19 封闭式与开放式的优劣比较

	优 势	劣 势
封闭式	节省时间，控制谈话内容	收集信息不全，谈话气氛紧张
开放式	收集信息全面，谈话氛围愉快	浪费时间，谈话不容易控制

区分的目的在于让对方更加清晰，哪些是对自己实现目标有帮助的，哪些是多余的。让被教练者提高自我洞察力，看到更多的选择和可能性，从而改变其心态。但作为教练，需要会区分事实和假设。

回应作为最后一种能力，是让被教练者知道真实状况，了解自己想做到的和实际到做的差异，及时发现问题所在，及时纠偏。

在具备了以上四种能力后，即可以按照厘清目标、反映真实、改善心态、目标行动四个步骤开展教练技术了。因此，在企业中的教练技术应用中，想成为一名教练不仅是学习一些教练技巧和工具，更要身体力行，对被教练者的成长始终带着一份坚持和热忱，将教练技巧有效地融入日常的语言、行为和行动。

资料来源：三茅网，https://www.hrloo.com/dk/72372。

【学习资料9-2】

教练技术的应用

小王是企业的人事总监，在制定绩效目标的时候，招聘主管小李向小王报告，他2018

年的年度招聘计划人数是100人，根本无法达到期望目标130人。以下是对话过程：

小李：这不可能。

小王：发生了什么？

小李：我们根本就无法完成。

小王：你是怎么知道的？

小李：根据今年的招聘情况。

小王：如果目标是130人，又会怎样呢？（这样的话，我们会取得什么成果呢？）

小李：当然公司可以不缺人了，公司的运转就比较顺畅。

小王：挺棒！什么限制了我们无法招到130人？

小李：现在的招聘人手不足，加上公司只要求招聘同行业的，候选人少。

小王：同行的情况有了解吗？

小李：这个暂时还没有了解。

小王：需要做什么可以让你可以招聘到130人？

小李：需要增加招聘人手，拓宽渠道，加强招聘管理。

小王：你分析得非常好，那你决定怎么做？

小李：从公司发展出发吧，先定目标130人，然后接下来做好编制分析，根据实际情况增加招聘人手，同时做好招聘实施方案和招聘计划，按照计划来执行。

小王：好，期待你的好消息。

资料来源：三茅网，https://www.hrloo.com/dk/72372。

第六节 管理人员的培训与开发

一、管理人员与管理培训

管理者通过别人来完成工作，他们做决策、分配资源、指导别人的行为以达到工作目标。管理者需要在组织中完成他们的工作，组织中有行政管理职务的人员都可以被称为管理人员，包括高层管理者（副总裁以上的企业领导）、中层管理者（职能经理、业务经理）和基层管理者（一线经理、项目经理），管理培训计划通常是为基层经理和中层经理而设的。表9-20简要列出了不同管理角色的职责划分。

表9-20 管理者职责划分

职位	职责
一线经理	帮助个体适应岗位、监督控制、对短期绩效负责
项目经理	产品的研发与推广直接面向客户、项目团队的沟通与协调、对外联络
职能经理	制定职能战略、咨询专家、变革推动者、为业务部门提供职能服务与参谋

(续表)

职　位	职　责
业务经理	创造短期利润、参与带来长期成功的战略制定、关注收益和成本并对其负责
企业领导	战略制定、重要人员的任免、企业文化倡导者、变革领导者、企业首脑

管理者的自身素质会影响到管理者的工作成效，其中有三点能力是至关重要的。

● 领悟力：瞬息万变的商业环境要求管理者能够快速掌握知识技能，并能举一反三地应用到其他情境中。

● 应对逆境：管理者面对逆境时更多的是要排除障碍，而不是将其作为失败的借口。

● 情商：人与人之间的相互作用是有效管理的最重要一环。

● 根据管理工作成效公式：管理工作的成效＝能力×结果，即要取得公认的新成绩并展示出相应的管理技能，管理培训的目标就是要提升管理者的能力，创造更高的管理业绩，以提高管理工作的成效，帮助管理者更好地面对来自企业内外环境的压力与挑战，发现并抓住新的市场机会。同时，管理培训也有助于引入利于组织变革的新观点、新态度、新技术，鼓励创新、鼓励学习行为。

良好的管理培训计划应该是企业战略导向的，并要能够得到参训管理者的认同。具体来说应包括以下要点：

● 基于企业经营战略、人力资源战略和雇佣政策，培训计划与培训活动要与人力资源管理的其他实践活动有效对接。

● 让管理者了解并认同企业的战略和目标以争取管理者对培训活动的支持和积极参与。

● 明确培训目的、培训责任以及培训工具手段。

● 明确在特定组织中做一位有效管理者应具有的特质。

● 明确有助于正确执行企业战略的管理者胜任力。

● 明确企业文化对管理者行为态度的要求是什么。

● 充分考虑到管理者个人的愿望与要求，制定弹性的培训方案，将管理者个人的发展需要与组织的发展需要相结合。

管理培训项目的开发流程与普通培训项目的流程相似，主要分为培训需求分析、计划制定、培训实施与培训评估几个阶段；同时，由于培训目的和培训对象的差异，管理培训项目的流程在某些细节上需要作相应调整，如图9-18所示。

与上文介绍过的培训开发技术方法相比，管理培训的方法在设计上要更多地关注建立特定的学习和发展机会来提高潜能员工以及整个组织的领导能力；另外，基于团队的工作系统和全球化的趋势也要求管理培训帮助管理者获得更加宽泛的技能来引领和促进组织的有效性。区别于上文已介绍过的培训开发技术方法，本节的重点将放在对管理技能进行培

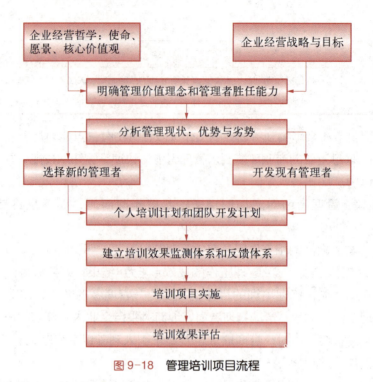

图 9-18 管理培训项目流程

训和开发的技术方法上。

1. 指导计划

指导计划是一种可以为指导双方带来收益的培训方式。一方面，个体可以通过向伙伴或指导者学习来获得领导技能的提高；另一方面，指导者也可以从指导他人的过程中获得满足与个人关系上的回报，同时指导过程也是一种管理方式的接替过程。指导者多是在组织中具有较高领导地位和领导水平的人，指导过程的目的是以集中的、有效的方式提高技能。一般来讲，这对被指导者有三个方面的作用：一是产生一个支持性的环境，在这个环境下被指导者可以和指导者讨论与工作相关的问题，由指导者来提供怎样处理问题的咨询；二是具有提高和发展的导向，指导者向被指导者提供反馈说明怎样学习、怎样在工作中提高绩效；三是使被指导者更加关注职业，指导者可以通过给予被指导者更具有挑战性的工作分工并增加他们同高级主管之间的接触机会来帮助被指导者为将来的晋升和职业生涯发展做好准备。

2. 工作轮换

工作轮换是管理人员培训常用的一种技术，主要目的是通过让受训者到各个部门去学习以扩大他们对整个企业各个环节工作的了解，也有助于管理者丰富自己的工作经验，找到适合自己的管理方式和管理领域。对于刚刚进入企业的人员来说，工作轮换意味着发现职业兴趣作为职业生涯的起点；而对于为企业高层培养接班人的继任计划的一部分，工作轮换意味着打通企业业务的各个环节、建立对公司文化和价值观的坚定认同、增长才干为晋升高层领导的位置做准备。

3. 敏感性训练

敏感性训练指在培训教师指导下进行的旨在提高参加者对自己行为以及他人行为洞察力的训练。这种训练的假设前提是，接受敏感训练而变得敏感的雇员会觉得比较容易作为一个小组的成员和其他组员和睦相处、协调工作。敏感性训练要求参与者在训练中公开表达情感，对态度和行为进行坦率而公正的讨论，努力达到提高人际敏感性的目的，鼓励参与者真诚地相互交流对各自行为的看法并说明其引起的情绪反应。

4. 多样化培训

劳动力的多元化趋势要求管理者更加有效地利用组织的人力资源，越来越多的企业开始进行一些多元化的培训项目，目标是提高管理者的知觉性、知识、理解力，以引起态度的转变和技能的提高。一般来讲，受训者首先需要完成一套问卷，问题包括对不同雇员的相似性和差异性的认识、典型的交流方式、对弱势群体的管理等；然后进行全体讨论，重点是消除对其他人的歧视和孤立等现象，最后根据问题提高知觉性以引发工作中的行为改变。多样化培训同样强调从各种不同的人那里获取信息的方法以及怎样以适当的方式进行沟通交流，此类培训有助于提高管理者的教练和指导技能、给予绩效反馈的技能以及解决人际冲突的技能等。

5. 评价中心

评价中心是一个结构化的测量方法，用以测量与领导有效性有关的知识和技能，包括公文筐练习（观察受训者在特定条件下如何处理许多备忘录和文件）、商业游戏和无领导小组讨论。评价中心最初的目的是在选拔过程中提高管理者的潜力，现在大部分公司使用评价中心来进行管理者的选拔和培训开发。

二、基于管理者胜任力的管理培训

胜任力就是将有效完成工作所需要具备的知识、技能、态度和个人特质等用外化的行为方式描述出来，这些行为应该是可指导的、可观察的、可衡量的，而且是对个人发展和企业成功极其重要的。它与我们通常所说的"能力"有所区别，后者更多的是指显性的知识和技能，而前者则囊括了包括态度、动机、个人特质在内的诸多隐含要素（具体参见第五章）。在企业经营战略明确的情况下，企业所需要的核心价值观与核心竞争力就成为推动企业战略实现的关键因素，相应地对企业人员的素质与结构也提出了要求，企业根据这些要求建立起胜任力体系后，人力资源的各项工作就围绕着企业的人员胜任力体系展开，包括人才吸引计划、激励计划、保留计划、发展计划等。企业通过这些人才策略的实践获得德才兼备的员工，为企业的客户提供优良的产品和服务，最终实现企业经营战略目标。

管理者胜任力的确认是基于管理者胜任力的管理培训的基础，是管理培训的依据，管理者能力与培训的有效对接有助于认清管理人员的能力短板，制定更具有针对性的培训计划,使培训真正成为培养和发展管理能力的手段。一般来说,管理者的胜任力应包含三个部分(见图9-19)。其中,通用胜任力指管理人员应具备的基本素质和基本知识技能;业务胜任力指管理者分管业务的胜任力,如客户关系管理、业务知识运用、产品技术知识等能力;专业胜任力对于管理者来说就是管理能力,即管理技巧和个人特质。表9-21列出了常见的管理能力要素。管理者职位越高,对其专业胜任力(管理能力)的要求就越高,而对其业务胜任力的要求则越低。

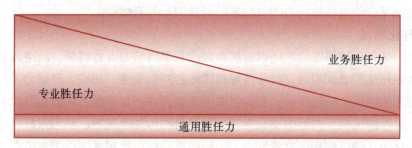

图9-19 管理者胜任力构成

表9-21 常见的管理能力要素

能力要素	解释
沟通能力	使他人及时掌握重要信息的能力,这些信息包括日常运作、面临的危机或长期计划的进展情况等
影响力	影响他人、驾驭他人的能力
决断能力	及时作出决策的能力,也包括行动时机到来之时对时局的控制能力。在其最高层次表现为即使在压力极大的情况下,风险很高、形势不明朗,也能够作出明智的决策
决策素质	决策内容是否明智,抗干扰的能力,决策创新的能力
正直诚信	对自我接受的程度,对他人与工作的正确态度
团队建设能力	建立相互合作且高水平运作的工作小组
激励他人	提高他人对工作的投入程度的能力
授权他人	授权他人,在集中精力完成具有更高附加值的职能的同时,帮助被授权者提高责任感和工作能力
培养他人	为员工提供机会和奋斗目标,对员工的行为和绩效提出反馈意见
远见卓识	领导者用以创造并传达催人奋进的企业的使命、远景目标和价值体系的能力
战略思维能力	领导者借助其对组织自身、组织在市场中的地位和经营趋势的理解来创造并实施组织经营战略的能力
开拓进取能力	积极寻找商机,周密计算经营风险,使组织不断成长
管理变革过程的能力	调动各种力量改变众人的习惯、信念和感情。领导变革的人必须是一个沟通者、激励者、分析师、富于远见者、战略思想家和斗士
建立对组织的忠诚	在组织中建立团结的氛围,使员工的态度行为与组织使命、远景目标和奋斗目标保持一致
确定工作重点	确保其下属能够与经营目标保持一致,资源能够按照优先顺序合理分配

可以说，胜任力最重要的作用就在于培养和发展。为了这一目的，企业要做的就是确认对于企业来讲特定的管理者胜任力，然后对现有人员的能力进行准确评估（评估主体可以包括自己、上下级、同事、团队、专家、直接客户等），对评估结果进行沟通以达成共识并制定具体的培训开发行动计划（包括系统地设计培训课程和设定每一职业发展阶段所需要的职业技能培训和专业培训）。其中，对现有任职人员的胜任力进行准确评估是整个过程的关键一环，通过评估和比较可以发现个体的能力优势和弱势，从而找到组织整体的能力短板，然后有针对性地制定能力培养发展计划，以各种培养手段提高个体乃至组织整体的专业能力。

三、管理继承人计划（继任计划）

管理继承人计划（Succession Planning）是指确定和持续追踪高潜能雇员的过程。继任计划的职位包括需要更高胜任力的管理职位，如业务经理、职能经理或首席执行官（CEO）。它通过内部提升的方式系统有效地获取组织人力资源，能够有效地避免外部招聘带来的一系列弊端（如空降部队与地面部队的矛盾、文化与价值观的冲突、缺乏组织忠诚与归属感）。继任管理是由人力资源管理与战略管理各自延伸、相互交融而形成的一个新领域，它通过预测组织未来发展的需求，识别、评价、开发、管理、储备组织核心的人力资本，将一系列人力资源开发与员工职业生涯管理活动同企业战略与未来发展紧密联系。继任管理与企业人力资源管理密切相关：它的实施与推进过程涉及人力资源管理中的绩效测评、培训开发与职业生涯规划等方面，因此企业继任管理的实施必须借助人力资源管理的工具与结果；另一个方面，继任管理关注的是组织中特殊的对象——主要是企业经营者、高层管理者及具有特殊潜质的核心人员，它的实施效果对企业的现状及未来关系重大，影响深远；此外，由于继任管理的任务是为组织储备未来的领导人，它更关注的是人员的潜力与未来的发展。因此，继任管理需要有特殊的管理模式、操作流程与应用工具，它是现代人力资源管理的重要组成部分。

继任管理在国外不同企业的应用中有不同的内容，这种差别主要取决于企业与企业领导人对继任管理应用的广度。继任管理提供的是一个宽带，在最窄的一端，它只包括为企业寻找新的CEO；在最宽的一端，它深入企业人员的招聘、甄选、培训、开发和晋升等环节。但不管范围如何，开发一个有效的继任管理系统有以下几个基本步骤。

（一）确定组织的能力需求

确定关键的能力需求通常是制定继任管理规划的第一步。组织的关键能力来源于企业战略，包括企业的行业战略、竞争战略、管理战略等。企业未来的领导人是战略实施的组织者与领导者，他所具备的能力必须符合企业战略的要求。因此，继任管理首先要从企业战略规划引出实现企业的使命、愿景与目标所需的能力和行为。

在这里，有可能许多企业需要重新确认符合环境发展趋势及公司资源条件的战略目标和文化使命。在国外许多公司，这一步骤的具体实施过程是由公司的核心人员提供有关公司面临的挑战、环境变化的可能、企业未来的发展的看法，由持股的高层经理主持讨论，再结合以往各个管理层级总结的有效管理能力，列出需要培养的能力清单，进行分析。最后，通过向各个层级的管理者发放调查问卷，确定有效管理或应对未来挑战所需的能力。这样，每一层次所需的能力和关键行为就确定下来了。

（二）建立能力评估体系

继任管理的第二步是根据明确的组织及职位未来的能力要求指标，对潜在的候选人进行评估。这些候选人一般是通过了一段时间的观察而入围的，能否入围的依据一般为一段时间内的绩效水平及改进程度、在工作中表现出来的能力与潜质等。常用的评估工具包括绩效考核的数据，来自上下级全面的反馈。此外，也可以运用在招聘甄选中惯用的个性和心理测试、角色扮演、评价中心等方式。

美国智睿咨询有限公司（Development Dimensions International，DDI）是一家全球性的管理咨询公司，在继任管理咨询服务方面有着丰富的经验。它们提出了一套继任管理中用于评估候选人潜力和诊断发展需要的模型。表9-22描述的是评估候选人员的标准和诊断发展需要的方式。

表9-22 继任管理的评估和诊断模型

标　准	识别有潜力者	诊断发展需要
组织 赞同组织价值观 表现出对他人的尊重 管理水平		
领导能力 领导动机和期望 能够承担领导责任 充分利用资源和人 领导团队使之士气高昂		
人际关系技能 清晰和有效的沟通能力 有效的表达能力 良好的交际能力 值得信赖，受到尊重		
业绩 优秀的团队业绩 成功的指标（销售额、生产率、利率、质量等） 完成分配的任务		
发展潜力 对自己有清晰的认识 可塑性强，愿意接受意见 在新环境下快速学习的能力 能够从过去的工作中吸取经验教训		

（续表）

标 准	识别有潜力者	诊断发展需要
保留的重要性/离职的风险 有单一技能或技能组合 是否是猎头公司的目标		
组织知识		
工作的挑战		
不规范的行为		

评估方式及标准的选择在组织间可以有所不同，但它必须是有效和透明的。此外，员工的能力并不是静态的，需要重复不断地评估，特别是当企业的战略和组织结构有所变化时，员工能力等级的调整乃至评估标准本身的修订则更为重要。从内部识别和开发未来的继任人旨在保持组织文化、思维与行动方式及管理的延续性，选择正确的人并培养他们是继任管理过程成功的关键。从企业长远发展的战略出发确定评估的标准，根据这些标准确定的管理能力和评估标准可以帮助组织满足长期或短期的管理需要。此外，从上述评估过程可以看到，继任管理计划的制定及实施需要人力资源管理系统所提供的数据及方法的支持，这样决策者就可以得到及时准确的绩效数据，同时确保潜在的领导者拥有机会与资源来实现他们的潜能。

（三）建立加速跑道

为提名候选人建立加速跑道是许多成功的继任管理计划的共同的特点。进入加速跑道计划的人选是经过前一阶段的评估之后确定的候选人，他们在获得有关其绩效及能力评估的详细反馈的基础上，根据未来职位的素质模型确定培训需求，从而具备适合组织发展需要及胜任未来职位要求所需要的各种专业知识和能力。这一般表现为为继任候选人量身定做的职业生涯发展规划，包括正式的脱产教育、重点项目的参与、由上级或专家提供的单独指导等。同时，组织会为其分配具有挑战性的关键任务，并对各个候选人的表现进行比较。这样，双重的压力及动力使真正优秀的未来领导人能够脱颖而出。

成功的继任管理计划为有潜力的员工提供了多条跑道，如技术线的晋升通道和管理线的晋升通道两大系统，两个系统又细分为几条跑道，如管理体系有主管人员跑道、中层管理者跑道、高层管理者跑道。每条跑道包含几个等级，为有潜力的员工的职业生涯的发展设置阶段性的目标，也为职位候选人的晋升进行准备。进入加速跑道的候选人数量依赖于空缺职位的数量以及组织习惯的挑选比率。加速跑道的数量反映了组织业务及结构的多样性及弹性。

从很多公司的成功经验结果来看，"让候选人露面"是加速其发展的核心环节。但是否应当告诉员工谁进入了加速跑道是继任管理计划中一直争论的问题。当美国波音公司将保密的继任计划变为公开的时，增加了管理的透明度。而在澳大利亚的一些大公司，那些知道自己没有进入加速跑道的员工的积极性明显低于那些进入跑道的员工，也构成了团队工作的障碍。因此，决策者需要关注员工对于职位晋升的态度以及当前员工对职业生涯的规划情况，以确保候选人不会坐等自动提升，同时保证在整个过程中保持员工对组织的信任。

（四）关注职位空缺及候选人的继任者发展状况

继任管理计划的最终目标是保证组织在适当的时候能为职位找到合适的人选。因此，它关注的是职位与继任人两个方面，协同把握职位空缺及候选人发展的动态情况，包括职位空缺的可能性、现任任职者情况、现有候选人情况、应付突发情况的方案等。

（五）任命及交接班环节

继任管理并不以找到了组织未来的领导人为终点，它延伸至新的任职者真正接任工作、行使职权那一刻。在国外公司比较成熟的操作中，前后两代任职者的交接班过程中或繁或简的各项环节，如管辖权限的转移、后续事项的处理等，都在继任计划中进行了规划。特别是许多组织对其 CEO 的选任过程有非常规范的管理模式，避免在领导人交接班过程中造成权力及责任的模糊及公司资产的损失。以下将对一种 CEO 任命及交接班过程的管理流程进行简单介绍。

（1）公司董事会对任免企业经营者负有直接的责任；经营者的选择权是财产所有权的自然衍生物，因此也成为代表股东利益的董事会义不容辞的责任。产权的明晰化与人格化使董事会能够真正关心企业的接班人问题，并从企业长远发展利益的角度进行理性的选择。但在我国，治理结构障碍造成的产权边界模糊、产权主体虚置、所有者对资产关切程度低下等弊端，导致为企业确定候选人的过程中出现权责不清、效率低下、效果不良等问题。因此，企业领导者的接班人的选择，从表面上看涉及的是人的问题，从根本上看，却是企业治理结构的深层问题。

（2）董事会可以聘请外部专家（如律师、咨询顾问、猎头公司）等帮助公司寻找合适的继任人。

（3）董事会负责对原来的 CEO 的离职、继任者产生的程序和意见以及新的 CEO 的人选等相关的信息在组织内部和外部进行传达。

（4）CEO 的候选人可能需要获得有关公司经营及财务状况的公开或保密的信息，将哪些信息传达给哪部分候选人，也由董事会来决定。同时，董事会在将这些信息传达给候选人之前，会与他们签署保密协议，以防止信息外传。

（5）在 CEO 交接班过程中的恰当时机，董事会将聘请审计公司对公司状况进行审计，保证前后两任 CEO 的利益。通常会选择负责每年对公司进行财务审计的公司来承担这一任务，因为它对公司的情况比较熟悉。

继任管理计划的目的并不仅仅局限于要为特殊的职位准备特殊的继任人，而是旨在储备大量能够适应多种职位要求的人才。因此，它不单是一项高层的决策，而且还应该是一项组织的整体行为，以创造和保持一个识别、培养和任用优秀人才的氛围和机制。经验表明，高层管理者的明确支持及组织各个层级的理解是继任管理计划成功的基础。而人力资源管理部门在其中应起到辅助作用，与员工一起评价、管理其职业发展规划，辅助管理者指导下级。

良好的继任计划要保证在企业关键岗位的员工和高层管理者离职以后，企业能够迅速找到合适的继任者，要确保管理层拥有一支可供选择并予以任用的储备人才团队，企业可以通过开发有效的员工发展计划来实现这一目标。继任管理中的员工发展计划有两个方面的内涵：一方面是员工的自我发展和潜能实现，另一方面是组织继任管理计划的实施和修正，使继任管理有助于实现组织的目标和工作目标，而非仅仅增加现有的责任。按照职能种类的不同，员工发展计划分为主管人员（事业部经理、区域分公司经理、部门主管）和其他关键职位（中层管理者、技术主管）的员工发展计划。一般来讲，员工发展计划主要包括以下内容：

- 挑选潜在继任者的程序；
- 制订特殊职位的候选人继任要求；
- 细化员工适应新岗位和职责要求的时间和过程；
- 识别候选人员的培训需求，为他们制订发展规划；
- 制订"保护计划"，确保当前的任职者在继任者产生过程中的利益。

员工绩效考核系统在继任计划的实施过程中起着关键的作用。定期的绩效考核旨在检验这些潜在的候选人是否达到了组织的期望，是否实现了继任发展规划中所设定的目标。同时注意在制订员工职业发展规划及培训开发计划时，应将员工学习与组织及部门业务目标结合起来，并培养员工继续学习的能力。要通过职业发展规划使员工学习新的技能并改变他们的行为，组织在必要时需要为其提供资源方面的支持。

为了保证继任计划的成功实施，需要相关的程序、有效的控制、人力资源部门及管理者的参与。更重要的是，要修正那些关键职位的任职者的认识，使他们抛弃对继任者的敌意，不要将他们视为竞争对手，而应该视为秉承者，这是保证企业持续成功的重要因素。各个环节的推进、分阶段目标的实现、获得相关人员的一致支持并非易事，这需要组织上下的协同一心、同舟共济，继任计划的效果最终会在长期内得到检验。

讨论案例

腾讯公司的 Q-Learning

腾讯公司成立于1998年11月，是香港证券交易所上市公司，提供亚洲第一、全球第二的即时通信服务QQ，拥有近4 000名员工和超过3亿的活跃用户，是目前中国最大的互联网综合服务提供商之一，也是中国服务用户最多的互联网企业之一。针对互联网行业的发展特点和公司的实际需求，腾讯于2007年5月正式启动E-Learning项目，并根据腾讯公司的特色，将E-Learning的名称进行了中西合璧的个性化改变，改称Q-Learning，并将其再解释为"求学"。

Q-Learning 之基——企业文化与培训架构

腾讯将 Q-Learning 建立和依托在良好的企业文化之中。作为互联网行业中的佼佼者，腾讯公司视员工为企业的第一财富，强调以做人之道引领做事之道，坚持"正直、尽责、合作、创新"的价值观，坚持"关心员工成长、强化执行能力、追求高效和谐、平衡激励约束"的管理理念，以健康简单的人际关系、严肃活泼的工作气氛、畅快透明的沟通方式，使员工感受到与企业同步成长的快乐，不断地激发员工潜能，追求个人与公司共同成长。

腾讯 Q-Learning 顺利实施的另一重要依托便是腾讯学院独特的培训架构——"培训发展大厦"。大厦的"基石"是腾讯的愿景和战略目标；大厦的"台阶"是运营层面的职能平台，包括课程体系、讲师管理、导师制度，以及电子化学习平台等。按照培训对象的不同，公司的培训工作、人才发展工作被分成三个类别：一是针对公司新员工的培训，二是与所有员工专业化和职业通道相关的培训，三是腾讯管理干部领导力的培训，这三个方面的培训成为学院人才发展的三大支柱内容；大厦的屋顶便是由这三大支柱所支撑的腾讯战略和业务发展。Q-Learning 在整个培训体系中则处于基础平台位置。

在服务商方面，经过大量的调研和比较，腾讯锁定 Sum Total 的 Total LMS 系统。其拥有腾讯公司培训所需的大部分工具，可帮助传递、追踪和分析企业现在以及将来的学习状况，Tool Book 能够帮助腾讯创建对员工更具针对性的课程内容；另外，Sum Total 使用的 Dot Net 技术也同腾讯目前使用的技术吻合，有助于快速进行系统客户化，并保证以后的系统升级和服务。然而，Sum Total 虽是国际领先的学习管理系统，但鉴于腾讯对 Q-Learning 界面和易用性的更高要求，腾讯 Q-Learning 项目以 Sum Total 系统为基础又进行了二次开发，修改其操作步骤，增加了人性化设计，并对系统的界面和展现方式进行大量优化。除此之外，还新开发了很多模块集成到平台，如个人学习地图、公司学习地图等。

设计思路与改进

在 Q-Learning 项目设计之初，腾讯希望借以实现在现有培训投入基础上的"放大、穿透、继承、节省"效应，为员工提供 3A 式学习支持，营造学习型组织。其中，"放大"是试图利用 Q-Learning 让全公司所有有需求的员工获益，克服面授高成本、低收益的缺陷，这对于外地员工以及学习愿望强烈的员工尤为重要。"穿透"意味着 Q-Learning 不仅仅用于培训，还可以通过平台上的在线考试等功能，确保某些重要内容被员工真正阅读、了解和完成，比如公司高压线行为准则。"继承"是指通过各类培训、论坛活动等内容在平台上的不断积累，以及持续的内容管理，形成公司独特的知识体系。"节省"是指，Q-Learning 不但可以节约培训成本，更可以节省学员及培训师的时间成本。

由此，腾讯将 Q-Learning 的功能定位分阶段地推进，并逐步提高。第一阶段的主要功能是培训运行电子化和在线学习，主要包含六个方面：

- 在线学习——将课程推送到学员的桌面上，实现 3A 式学习；
- 培训档案——为员工建立培训档案；

- 课程体系——将课程体系更好地展现给员工，便于员工自己安排学习计划；
- PDI 选课——方便员工了解公司开课计划，并根据自身情况选择合适的课程；
- 培训流程——将培训运营流程迁移到线上，解放培训管理员的人力，提升专业度；
- 资料中心——通过 LMS，建设腾讯资料库，有效放大培训效果。

腾讯 Q-Learning 于 2007 年 12 月正式上线，其推广工作从"软"和"硬"两方面进行。

"软"的方面是充分利用公司的海报、折页、论坛、邮件、OA 等途径进行宣传，上线前夜将各种宣传途径全部用上，并利用圣诞节的机会推出。圣诞当天整个公司的各个角落都会看到 Q-Learning 的宣传内容，各种宣传手段波浪式地进行。此外，公司还事先引进员工需求度较高的课程。因此，系统推出当天最高同时在线人数达 1 863 人，也就是说，整个公司有一半左右的人在系统里浏览。"硬"的方面是指公司每年要做两个个人发展计划（PDI），选课是 PDI 的一个重要环节，2008 年的 PDI 选课工作规定要通过系统进行，每个员工必须登录到系统里选课。

Q-Learning 实施以来，平台上已有 102 门网络课程、165 个培训班，累计有 3 480 人次在该系统上进行了学习活动；参与率约 65%，其中点击课程的员工里，有超过 50% 的人自觉完成了网络课程。Q-Learning 每天同时在线人数都突破 200 人。

Q-Learning 的推广受到了公司各层人员的积极支持，员工学习热情普遍很高。但 Q-Learning 在推广过程中也发现了一些问题。

其一，是课程内容不够丰富，课程质量和适用性还有待提高。对此，腾讯在各个业务部门配备了兼职的系统培训管理员，负责在 Q-Learning 课程实施之前了解培训需求，实施过程中进行有效沟通和及时反馈。另外，为配合企业的发展战略，培训部门还会主动分析和研究业务部门的潜在培训需求，并依托 Q-Learning 为其提供培训支持和便利。

其二，Q-Learning 在实施过程中，遇到的比较大的困难便是系统的易用性不足。虽然腾讯对原系统的 UI、操作逻辑进行了大量的修改，但只是"治标"，尚不能满足公司的要求。由于对系统底层的逻辑结构不太清楚，很多的开发任务无法完成，提高系统的易用性仍是长期而艰巨的任务。

腾讯 Q-Learning 第一阶段的目标是在线学习和培训运营；今后第二阶段的目标便是优化和改善培训管理流程，加强知识的管理和分享，由腾讯学院搭建平台，鼓励员工自主分享知识，从而助力公司打造学习型组织。

腾讯目前使用双通道（管理通道和专业通道）的职业发展路线，每个员工都会属于某一个发展通道，并了解自己在该通道的级别（职级）；而每个发展通道的每个职级都有相对应的素质模型，每个素质模型又会对应相应的课程。通道、职级、素质模型和课程形成一个体系，每个员工都会在这个体系中找到自己的位置，也会清晰了解自己的发展方向，知道自己应该提升哪些能力，知道哪些课程可以帮助他提升这些能力，从而推动自己的职业发展。

员工可以借助 Q-Learning 平台规划"个人学习地图",并参照"公司学习地图"确定自身的发展方向和目标。"个人学习地图"是指将个人的通道、职级、素质模型、课程做好匹配关系,员工只要进入系统就清楚地知道自己该学习什么课程。"公司学习地图"则是个人学习地图的升级版,员工如果想了解整个公司的通道、职级、素质模型和课程的匹配关系,可以通过公司学习地图进行查询,这样员工如果想往某一个方向发展,就会清楚地知道该通道和职级所需要的能力,知道有哪些培训可以帮助其实现目标。在这一过程中,Q-Learning 大大优化和改善了培训管理的流程。

对于加强知识分享,腾讯 Q-Learning 还进行了许多卓有成效的探索。"腾讯大讲堂"网络课程就受到了员工的普遍欢迎,"大讲堂"主要是由腾讯内部专业人员介绍和讲解某些产品和技术,再以课件的形式上传到 Q-Learning 平台,加速知识的快速分享和传播。另外,腾讯还会在 Q-Learning 上搭建知识结构性管理平台、业务系统频道等内容,鼓励和激发员工自主开发课件、分享成功经验等,营造学习型组织氛围。

资料来源:根据腾讯公司相关资料编写。

案例讨论与思考

1. 简要阐述腾讯公司的学习系统为提高培训效果和投入产出比所采用的新技术与新手段。
2. 腾讯公司的学习系统有何创新之处?
3. 通过了解腾讯公司的学习系统建设过程,你认为实际建构公司培训系统时应注意哪些问题?你将如何应对?

本章思考题

1. 培训与开发的概念及其内涵是什么?
2. 培训与开发在人力资源管理中的地位和作用是什么?
3. 如何对培训效果进行评估?
4. 培训开发的流程和技术方法是什么?
5. 简要说一下你对教练技术的看法,以及它与传统的培训有何不同。
6. 什么是企业大学?它的主要作用是什么?
7. 简要阐述管理继承人计划。
8. 如何让培训提升企业的核心能力、支撑企业的发展战略?

注释

① 谢晋宇:《企业培训管理》,四川人民出版社 2008 年版。
② 加里·德斯勒:《人力资源管理(第 14 版)》,中国人民大学出版社 2017 年版。
③ 雷蒙德·A. 诺伊:《雇员培训与开发》,中国人民大学出版社 2007 年版。

④ 玛丽莲、切尔斯:《唤醒沉睡的天才——教练的内在动力》,科学技术文献出版社 2013 年版。
⑤ 徐斌、西楠、胡晖:《NLP 原理与教练式领导力》,人民邮电出版社 2015 年版。
⑥ 魏丽丽:《论企业大学在中国的适用范围》,《理论界》2008 年第 6 期,第 187—188 页。
⑦ 陈立:《企业大学:背景、定义与模式》,《宁波大学学报(教育科学版)》2009 年第 2 期,第 16—21 页。
⑧ 马克·艾伦:《下一代企业大学》,世界图书出版社 2010 年版。
⑨ 戴维·L. 达特里奇、詹姆斯·L. 诺埃尔:《行动学习——重塑企业领导力》,中国人民大学出版社 2004 年版。

本章阅读推荐

Lan Beardwell & Len Holden. (2001). *Human Resource Management —A Contemporary Approach*. Prentice Hall, London, p. 328.
爱尔文·戈尔茨坦、凯文·伏特:《组织中的培训》,清华大学出版社 2002 年版。
哈里·莱文森:《职业生涯的设计和管理》,商务印书馆 2010 年版。
杰弗里·H. 格林豪斯、杰勒德·A. 卡拉南、维罗妮卡·M. 戈德谢克:《职业生涯管理》,清华大学出版社 2010 年版。
荆涛:《企业大学:企业永续经营的核武器》,中国时代经济出版社 2009 年版。
佩勒林:《4D 卓越团队:美国宇航局的管理法则》,电子工业出版社 2013 年版。
王成、王玥、陈澄波:《从培训到学习:人才培养和企业大学的中国实践》,机械工业出版社 2010 年版。
王登亮、陈京雷、李永:《如何建设企业大学》,中国劳动社会保障出版社 2008 年版。
约翰·惠特默:《高绩效教练》,机械工业出版社 2013 年版。

第十章 员工关系管理

【本章要点】
通过对本章内容的学习,应了解和掌握如下问题:
- 什么是员工关系?员工关系管理主要包括哪些内容?
- 员工关系管理的职能和角色定位是什么?
- 当前员工关系管理有哪些新趋势?
- 劳动合同订立、续签、解除的依据和条件是什么?如何预防和处理劳动争议?
- 如何构建和谐的员工关系?怎样平衡企业所有者与经营者的关系?
- 如何评价员工关系管理?如何进行员工满意度调查?

【导读案例】

违纪员工是说"开"就"开"吗？

夏某系某食品公司员工，2017年9月16日17:30分左右，已经是下班时间，全体员工在公司大厅聚餐（该大厅与生产车间有明显距离），为部分员工庆祝生日。在聚餐期间，夏某与几位同事一起吸烟，被总经理林某看到，林某指示公司人事经理去制止吸烟，夏某遂把烟灭了。后聚餐间隙，林某与夏某为聚餐时能不能吸烟发生争论，林某认为夏某的争辩是顶撞领导，遂当众辱骂夏某，还试图殴打夏某，同事及时拉开了他。第二天，公司人事部即以"在厂区内吸烟，经公司领导批评，不接受，在全体员工面前当众顶撞领导，造成极恶劣影响"为由，发出处罚单给予夏某除名处罚。夏某不服公司除名处罚，以公司违法解除劳动合同为由，将食品公司告上了仲裁庭，提出要求公司撤消除名处罚，承担违法解除劳动合同赔偿金16 800元等诉讼请求。

分析：

员工直接承认违纪事实的证据一般较难以取得，单位应侧重收集客观旁证，注重证据的书面性、收集的及时性。

单位在职员工由于属于利害关系人，他们的证言在目前司法实践中证据效力较低，人事部门仅凭证言作出违纪处罚需要承担一定的法律风险。

用人单位规章制度是企业的内部法律，也是对员工奖惩的依据。以往，因为员工严重违反规章制度而解除劳动合同的占解雇方式的很大比例，但是《劳动合同法》及其配套法规的出台，让违纪解除这把利剑成了一把难以把控的双刃剑，企业一旦运用不当，即会造成违法自伤的恶果。可见，违纪员工绝对不是单位说开除就能开除的。

综合上述的案例与分析，你认为林经理的做法合理吗？企业在进行纪律管理时应如何合理运用规章制度？通过对本章的学习，相信你能得出结论。

资料来源：中国人力资源开发网，https://zl.hrloo.com/file/497492。

第一节 员工关系管理概述

一、员工关系管理的内涵

（一）员工关系的概念

"员工关系"一词由西方人力资源管理中的劳资关系发展而来。19世纪后期，由于工业的发展，劳动者与资本家的矛盾日益凸显。这种矛盾给企业的正常发展带来了极为不利的影响，劳资关系开始受到人们的重视。后来，随着管理理论的发展、对人性本质认识的深入，以及劳动法律体系的建立和完善，人们对组织中各种关系的关注不再局限于劳资关系，还强调加强内部沟通、提高员工参与程度、注重组织内部和谐与合作等方面。这就使组织中的关系演变成了既包括劳资关系又包括员工与管理者、员工与员工之间等关系的更为宽泛的员工关系。其目的不仅在于缓和劳方与资方的冲突和矛盾，更在于培养和塑造组织中员工之间良好、融洽的关系，提升员工对组织的满意度和幸福感，最终提升员工和组织绩效。

目前对员工关系的研究更多地是从劳动关系的角度，侧重于法律层面的探讨，即以《中华人民共和国劳动法》（以下简称《劳动法》）、《中华人民共和国劳动合同法》（以下简称《劳动合同法》）等相关法律为依据对员工关系进行研究，其内容主要涉及员工关系的建立、劳动关系的保护、集体谈判、劳动争议处理、劳动合同解除和终止等，主要目的是站在雇主的角度，保证组织能在法律框架下对员工关系进行处理，尽可能地保护组织利益。而本书是从人力资源管理角度对员工关系进行分析，主要内容既包含员工关系的建立和解除，也包括在此期间员工和组织间的互动参与，主要目的是从利益相关者平衡的角度，通过员工关系的管理，充分调动员工的积极性和主动性，从而提升员工对组织的满意度和幸福感，最终促使员工个人绩效和组织绩效的提升。因此，在本书中，员工关系管理与人力资源管理的其他职能模块一样，作为企业人力资源管理的一项基本职能和管理行为而存在。

目前，学术界尚没有统一的"员工关系"概念，国内部分学者从劳动关系角度对员工关系的概念进行界定，主要有如下几种观点：

（1）程延园提出，员工关系又称雇员关系，是指管理方与员工及团体之间产生的，由双方利益引起的，表现为合作、冲突、力量和权利关系的总和，并受到经济、技术、政策、法律制度和社会文化背景的影响。

（2）许云华提出，广义的员工关系是在企业内部以及与企业经营有密切关联的集体或个人之间的关系，甚至包含与企业外部特定团队（供应商、会员等）或个体的某种联系；狭义的员工关系是指企业与员工、员工与员工之间的相互联系和影响。

（3）李建新提出，员工关系是指员工与企业组织之间的一种相互影响和相互制约的工作关系,这种工作关系以雇佣契约为基础,以工作组织为纽带,主要表现为在组织既有的管理过程中的一种人际互动关系。这一关系的实质是企业组织中各利益群体之间的经济、法律和社会关系的特定形式[①]。

本书从利益相关者平衡和人力资源管理的角度出发,认为员工关系至少包含以下几个方面:

一是企业所有者与经营者之间的关系。按照现代公司治理制度,企业所有者和经营者是两个相对独立的行为主体。所有者追求的是投资回报最大化,他的一切利益都来自企业的发展,而经营者的行为目标是多元的,除了个人的经济利益目标外,还有名誉、社会地位、权势、自我价值的实现等个人目标。经营者对经济利益及其他个人目标的追求有可能损害所有者的资本收益。因此,在现代企业如何处理好所有者与经营者之间的关系,是关系企业长远发展的重要课题。

二是企业经营者与一般员工的关系。企业与员工的关系主要是指雇主与员工之间的关系。现代企业作为法人与在企业中就业的自然人(员工)之间的相互关系,是企业中各种关系的一个重要方面。应该说,企业与员工的关系是对等的,是相互选择的博弈。员工可以选择企业,包括员工作为出资人选择企业和员工作为就业者选择企业,也就是说,员工可以在企业之间充分流动。同时,企业也可以选择员工(包括出资人和就业者),也就是说,既可以辞退就业者,也可以放弃出资人。因此,企业与员工的关系具有流动性和动态性,而不应是固态和僵化的。由于企业经营者和一般员工处于不同的地位,拥有不同的权利,承担着不同的责任,两者之间发生矛盾是不可避免的。例如,有的企业实行年薪制,企业发展很快,但一般员工对高层领导的高薪很不理解,甚至反对,这反映出企业的共同价值观远未达到对两者利益的认识协调一致的程度。

三是企业内部员工与员工的关系。从纵向来看,这主要是指企业内上下级之间的关系;从横向来看,这主要是指同级职能部门、科室、班组之间和员工之间的关系。现代企业经营管理是一个相互联系、相互依存的开放系统,员工之间是否融洽、团结、目标一致决定着组织能否充满生机,能否具有竞争优势和发展潜力。处理好员工与员工的关系有利于团结稳定、端正风气、提高工作效率、促进企业经营管理工作的整体推进。一个企业的生产、管理、营销及研发等活动都是由各级员工完成的,他们之间的职责分工和相互依赖使他们常常会发生各种矛盾,例如,生产人员可能抱怨存货过多,营销人员则可能指责生产人员供应不足。搞好内部公关有助于对企业价值链重新认识和评估,从而协调各方利益,实现效率最大化。

四是员工个人的行为和心理之间的关系。和谐融洽的关系离不开积极、友好的行为互动,其基础是员工健康的心理。当个体的心理不健康时,就容易出现攻击性行为,导致建立和维持良好的关系非常困难。因此,员工关系管理的前提是组织中的个体都能保持积极、健康的心理。基于此,本书对员工关系的定义是:

> 员工关系（Employee Relations）是组织中以契约精神为基础，通过工作而产生的不同主体之间的各种经济、法律和工作关系的总和。

（二）员工关系管理的概念

员工关系管理（Employee Relations Management，ERM）兴起于20世纪80年代，是人力资源管理的一个特定领域。

一般来说，员工关系管理是指管理者，特别是人力资源职能管理人员，通过拟订和实施各项人力资源政策和管理行为，调节企业的所有者、经营者、员工等因素之间的相互联系和影响，以实现企业发展目标。具体来说，主要体现为对企业所有者与经营者、企业与员工、管理者与被管理者，以及员工与员工之间的各种工作关系、利益冲突和社会关系进行协调和管理的制度、体系和行为。

员工关系管理的内涵体现了如下基本性质：

（1）员工关系管理是人力资源管理的一项重要的基本职能。员工关系贯穿员工管理的各个方面以及人力资源管理的各个环节，是人力资源管理的基础职能之一。有效的员工关系管理可以保证人力资源管理各环节工作的顺利开展，和谐的员工关系管理可为其他人力资源管理职能（如招聘、培训、绩效、薪酬等）提供保障。员工关系管理提倡从员工角度出发制定和实施一系列人力资源管理策略和措施，强调运用非强制性的、柔性的、激励性的方法和手段实现员工的行为管理和绩效提升。

（2）员工关系管理是企业人才管理的有效手段。按照弗雷德里克·赫兹伯格的双因素理论，以具有竞争力的薪资吸引人和留住人，其效果未必能长久，创建和维护积极的员工关系环境则是员工的内在需求。在这样的工作环境中，员工的聪明才智得到充分发挥，自我实现的需要得到更大满足，更利于留住优秀员工。

（3）为了保证企业经营管理的正常运行，员工关系管理需要在既定的制度和规则下运行。在进行员工关系管理的过程中，一方面，要运用制度、规范、惩罚、争议和冲突处理等约束性手段规制组织成员的行为；另一方面，要通过协调、沟通、帮助、关爱以及合作等激励性措施激发员工的积极性和创造性。

（三）员工关系管理的主要内容

从人力资源管理职能来看，员工关系管理的主要内容包括：

（1）员工关系的建立与维护，主要包括劳动合同的订立、续签、终止和解除等。

（2）劳动争议的协调与处理，主要包括员工关系维护和发展过程中员工抱怨、员工申诉以及劳动争议的处理等。

（3）员工关系的诊断与管理评价，主要包括员工关系诊断、员工满意度调查等。

（4）员工参与和沟通管理，主要包括建立员工参与机制和管理制度，选择恰当的方式推动员工参与管理活动，保证沟通渠道的畅通，引导企业与员工之间及时沟通，完善员工建议制度。

（5）员工离职管理，包括员工离职的影响因素、员工离职的流程、离职面谈以及员工在离职过程中的其他事项。

（6）员工保护与帮助、员工的心理健康管理，主要包括通过实施员工帮助计划，帮助员工克服困难，解决工作与生活压力所造成的身体和心理不健康问题，提升员工幸福感。

（7）员工纪律管理，即通过奖励和惩罚措施来纠正、塑造以及强化员工行为。

（8）员工职业健康安全管理。对于劳动过程中的不安全和不卫生因素，劳动法规定了劳动者有获得劳动安全卫生保护的权利，以保障劳动者在劳动过程中的安全和健康，企业应依法担负起保障员工职业健康安全的责任。

二、员工关系管理的职能定位与角色分工

（一）员工关系管理的职能定位

员工关系管理作为人力资源管理的一项基本职能，贯穿人力资源管理的各项职能工作（见图10-1）。

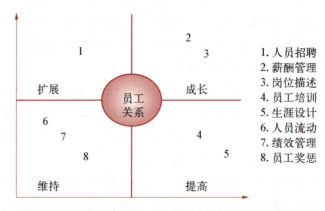

图10-1 员工关系管理与人力资源管理职能之间的关系

根据图10-1，可以从两个视角理解员工关系管理在人力资源管理中的地位，及其与人力资源管理各职能之间的关系。企业人力资源管理活动可以沿着纵、横两个维度划分为四个类型，其中纵向代表企业人力资源规模的增长，横向代表企业人力资源质量的提升，依据两个维度的组合，员工关系管理贯穿四类基本管理方面。如果把人力资源管理职能作为一个流程，则员工关系管理渗透于人力资源管理的各个环节。

1. 人力资源吸纳中的员工关系管理

人力资源吸纳主要是指新员工的引进与安置。在这一环节中，员工关系管理的主要工作是劳动关系的建立、新员工价值观的培育以及试用期管理等。

（1）人员招聘结束后，企业通过与新员工订立书面的劳动合同建立正式的劳动关系，

这是员工关系管理的法律前提，主要是为了防范相关的风险等。

（2）试用期管理。试用期是企业与新录用的劳动者在劳动合同中约定的相互考查和了解的特定时间。在试用期，企业需要设定具体的录用条件，并根据这些条件对试用员工进行考查，与不符合企业期望的员工及时解除劳动合同。

（3）新员工企业文化宣导和价值观的灌输。招聘的新员工需要认同企业的价值观，与企业价值观契合度越高，员工与组织的关系就会越和谐。因此，在招聘制度、候选人甄选流程和标准、岗位描述和评价标准等方面，企业需要制定明确的政策。

（4）新员工入职培训。通过入职培训，能够让员工更快地融入组织和团队，接受组织价值观，适应岗位要求，提高工作效率。

2. 人力资源开发中的员工关系管理

人力资源开发主要是通过员工培训和职业生涯开发促进员工的个人发展，实现员工和组织的共同成长，主要包括多层次的培训和开发体系，从岗位技能培训、产品和服务知识培训、管理培训、职业素养开发、企业文化培训到构建学习型组织。通过培训和职业生涯开发，最大限度地激发员工的工作动机、发展潜能、增强员工的归属感，强化员工的心理契约。

3. 人力资源使用中的员工关系管理

人力资源使用主要是借助薪酬管理、职位评价、绩效评估、人员流动、纪律与安全管理等方式，尽力发挥员工积极性，保证和促进绩效提升。这些环节职能多、内容广，涉及的问题也比较敏感，容易产生人际关系紧张和员工抱怨等现象。其中，薪酬管理中的程序公平、人际公平问题，员工流动管理中的轮岗与离职问题，绩效管理中的结果反馈问题，以及职业卫生安全问题等都是员工管理中的重点。因此，加强这些环节的员工关系管理，可更好地防范可能出现的矛盾和冲突，提高员工满意度，改善管理效能。

4. 人力资源退出中的员工关系管理

企业人力资源退出主要是指根据企业发展战略需要，在持续实现人岗匹配、能效匹配、绩效与薪酬匹配等过程中而产生的降职、调岗、离职培训、解雇和退休等人力资源管理活动；企业人力资源退出也包括辞职、离职管理等。人力资源管理退出中的员工关系比较复杂，争议和冲突时有发生。对于不同层次的人力资源退出，员工关系管理应该采取不同的策略、方式和方法。

（二）员工关系管理中的角色分工

良好的员工关系管理需要整合多方面的角色，主要包括高层管理者、员工关系管理者（或人力资源部经理）、直线经理、员工以及员工组织等。通过多角色的力量整合，构建伙伴关系，促进员工关系向良性方向发展（如图10-2所示）。

1. 高层管理者的角色

在员工关系管理中，高层管理者主要承担战略决策支持、政策制定和行为表率的职责。

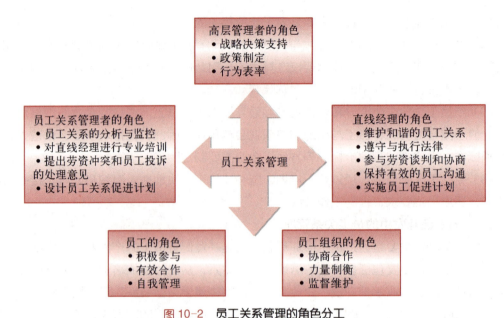

图 10-2 员工关系管理的角色分工

资料来源：李新建、孙美佳，《员工关系管理》，中国人民大学出版社 2015 年版。

2. 员工关系管理者的角色

作为职能人员，员工关系管理者在员工关系管理中扮演着核心角色，主要负责员工关系的分析与监控、对直线经理进行专业培训、就劳资冲突和员工投诉提出处理意见、设计员工关系促进计划等。

3. 直线经理的角色

直线经理是员工关系管理活动的实施者和员工关系的直接维护者，主要负责维护和谐的员工关系、遵守与执行相关法律法规、参与劳资谈判和协商、保持有效沟通，以及实施员工关系促进计划等。

4. 员工的角色

员工是员工关系的主体之一，他们既是管理和服务的对象，也是主要参与者和自我管理者。员工的自我管理更是现代员工关系的一个重要特征。

5. 员工组织的角色

员工组织在管理中扮演合作者和员工利益维护者的角色，主要职责包括：帮助企业和管理者协调好企业、管理者、员工之间的关系，推动各种有利于员工关系发展的计划和方案等；当企业方出现无视或忽视员工利益或不利于员工关系协调的政策、制度和行为时，工会和职代会等员工组织应该站在员工一方，督促、协助和采取措施维护好员工的正当权益，处理好员工关系管理中各种可能出现的矛盾和冲突。

（三）员工关系管理者的角色与行为

要成为一名成功的员工关系管理者（通常指员工关系经理），关键要扮演好人力资源管理专家、员工服务者和变革推动者这三个角色（见表 10-1）。

表 10-1　员工关系管理者的角色、行为及其工作成果

角　色	行　　为	工 作 成 果
专家	运用法规、专业知识和技能研究开发企业人力资源产品和服务，对公司员工关系及相关方面进行诊断，为企业人力资源管理问题的解决提供咨询和建议	提升员工满意度 提升人力资源开发与管理的有效性
员工服务者	与员工沟通，及时了解员工需求，为员工提供支持	增强员工忠诚度
变革推动者	参与变革与创新、组织变革（并购与重组、组织裁员、业务流程再造等）过程中的人力资源管理实践	提高员工对组织变革的适应能力，妥善处理组织变革过程中的各种人力资源问题，推动组织变革进程

资料来源：徐恒熹，《员工关系管理》，中国劳动社会保障出版社 2007 年版。

作为员工关系管理专家，员工关系管理者掌握着公司最宝贵的资源，对公司所有人才信息了如指掌，应该全面把握员工满意度状况，开发适合公司健康发展的人力资源产品和服务，对公司员工关系的问题具有较高的敏感性，并能提出解决问题的咨询建议。

作为员工服务者，员工关系管理者要深入员工当中，保持与员工的深度沟通，及时了解他们的需求，为他们排忧解难，提供各方面的支持。

作为变革推动者，员工关系管理者最了解实际情况，能够根据变革的要求，提高员工适应变革的能力，激发员工积极参与变革与创新的意愿，提出稳妥、可操作的变革措施，推动组织变革与创新。

三、员工关系管理的演变与发展

（一）从劳资关系到员工关系

员工关系管理最早起源于西方的劳资问题，是劳资关系在组织中的内在化表现。18 世纪中期的资本主义工业化时代，雇主的剥削与工人的反抗使得劳资关系总体上处于直接对立状态。19 世纪中期到 20 世纪初，工人运动蓬勃发展，工会组织广泛建立，工人的力量不断增强，资方开始让步，改进管理，激励工人，增加对劳动者的工作保障；同时，政府通过立法、建立机构来干预劳资关系，劳资关系总体上告别了直接对立，改革雇佣关系的运动开始兴起。以弗雷德里克·泰罗为首的科学管理学派，强调运用科学手段处理劳资问题，通过劳资双方的分工与合作，科学地挑选、训练工人来改进管理，从而提高劳动生产率，并为工人提供更加公平合理的竞争环境。以约翰·康芒斯（John R. Commons）等为代表的制度学派认为，劳工问题的解决需要寻找其产生的经济根源和制度因素。康芒斯认为，工会是工人们联合起来的一种特殊力量，也是一项经济制度。通过集体谈判可使劳资双方平等地组织起来，平衡劳资双方的力量。他强调企业为工人提供工作保障是提高生产效率以及改善员工关系的最为重要的一个先决条件。同时，一些工业心理学家主张用心理学方法促进工作效率和员工满意度的提高。

（二）现代人力资源管理的兴起与员工关系管理

人力资源管理与员工关系管理相伴相生。20 世纪 50 年代以来，随着人力资本理论

的正式提出、行为科学的不断发展，以及人力资源会计学科的出现，人力资源管理运动开始兴起。现代人力资源管理突破了过去以工作为中心、让人去适应工作的人事管理模式，强调根据人的特点和特长来组织工作，从而使人力资源的能量得到最大限度的发挥。

20世纪80年代以后，战略人力资源管理理论开始盛行。战略人力资源管理通常需要满足两个方面的基本要求：一是能够推动组织总体经营战略的实现；二是包括一整套相互补充并且具有内部一致性的各种人力资源管理实践，包括工作分析与工作设计、招聘与甄选、培训与开发、绩效管理、薪资结构、奖金与福利、劳动关系与员工关系等。

（三）心理契约理论与员工关系管理

20世纪60年代，阿吉里斯（Chris Argyris）在《理解组织行为》一书中提出了"心理契约"的概念。他强调，在组织和员工的相互关系中，除了正式的经济契约规定的内容外，还存在隐含的、非正式的相互理解和预期。后来，沙因（Edgar H. Schein）将心理契约定义为"个人将有所奉献与组织欲望有所获取之间，以及组织将针对个人期望收获而有所提供的一种匹配"。广义的心理契约是雇佣双方基于各种形式的（书面的、口头的、组织制度和组织惯例约定的）承诺对交换关系中彼此义务的主观理解；狭义的心理契约是员工出于对组织政策、实践和文化的理解和各级组织管理者作出的各种承诺的感知而产生的，对其与组织之间的、并不一定被组织各级管理者所感知到的相互义务的一系列信念。心理契约理论被广泛应用于企业经营管理实践，对员工关系管理的影响巨大。心理契约理论关注员工的满意度，这与员工关系管理的目的非常一致。

在员工关系管理中，企业应该重视员工的心理契约问题。虽然心理契约只存在于员工的心中，但它的无形规约能使企业与员工在动态的条件下保持良好、稳定的关系，使员工视自己为人力资源开发的主体，将个体的发展充分整合到企业的发展之中。所以，只有充分把握心理契约，参与员工心理契约的构建过程，才能增强企业的发展活力。

（四）人本的现代员工关系管理理念

从管理思想的发展演变看，大致经历了X理论、人际关系理论、Y理论、Z理论、超Y理论等若干演变过程。现代人本管理倡导人既是管理的主体又是管理的客体，认为组织不仅要关心其成员的物质利益，更要关心其自我价值的实现。因此，现代员工关系管理要以尊重人、关心人和热爱人为出发点，强调弘扬人性、给人以尊严，提倡开发人的潜能、体现人的价值，最终达到员工自我实现的目的。

（五）员工关系管理发展的新趋向

1. 能力本位的员工关系管理

随着知识经济、信息经济的快速发展，员工关系管理在重视构建和谐劳动关系的基础上，更加重视员工的知识、能力、技能和创新能力的发挥、发展。基于能力发展的员工关系管理丰富了人力资源管理的知识体系，也扩展了人力资源管理的实践领域。以人为本，能力为先，高度重视员工在组织中的主体地位和主导作用，进而强调要围绕人的积极性、主动性和创造性构建积极合作的员工关系，推进企业人力资源管理向更高层次跨越。

2. 战略驱动的员工关系管理变革

企业战略既是企业生产经营活动的依据和出发点，也是人力资源管理实践的依据和出发点。不同的企业战略对企业人力资源管理提出了不同的要求，也对企业员工关系管理提出了不同的要求。如果企业实行低成本战略，就需要有效降低成本，特别是减少人工成本的管理方式。如果企业实行的是差异化战略，会强调员工的创新意识和奉献精神，企业则可能提倡更多的员工参与、自我管理等。企业战略影响企业生产经营管理的方方面面，不同的企业经营战略会形成不同的员工关系管理类型。

此外，员工关系管理需要时时刻刻关注企业的战略及其变化，及时准备相应的制度、政策、策略、措施，为战略实现乃至战略变革提供支撑。不同发展阶段需要不同的战略导向，也就需要员工关系管理及时作出相应的调整并给予支持。员工关系管理事关企业发展，涉及广大员工的切身利益，影响每个部门的工作业绩与效益，是一项全局性和系统性的工作。高层管理者要从企业未来发展战略出发，主动承担员工关系管理的领导责任，成为创造和谐员工关系的倡导者和建设者。各级管理人员作为人力资源管理工作的直接执行者，要执行好企业的人力资源政策和制度，将下属员工的发展作为重要职责，营造宽松的工作氛围，加强人才培养，注重能力提升，努力实现团队的工作目标，建立良好的员工关系。人力资源部门作为员工关系管理政策的制定者与执行的监督者，要大力推进企业人力资源管理制度的优化，协助和指导各级管理者做好各项人力资源管理工作，从而实现员工关系的不断优化。

3. 员工关系管理推动企业文化建设

企业目标能否实现很大程度上取决于员工能否与企业达成共同愿景。形成共同的价值观是企业与员工共同成长的重要条件，企业文化建设则是实现这一重要条件的有力武器。宣传企业文化，把企业的愿景、价值观和理念转化为员工自己的愿景、价值观和习惯，通常缺乏适宜的介质来落实。而员工关系管理就是一个有效的介质。员工关系管理覆盖企业经营管理活动的方方面面，渗透到员工工作生活的点点滴滴。比如，对于一个大型集团公司来说，通常涉及若干不同产业或不同地域的分（子）公司，需要有效的员工关系政策和方法来贯彻落实集团公司的战略决策、核心价值观和经营理念。

4. 企业社会责任推动员工关系管理的发展

企业社会责任（Corporate Social Responsibility，CSR）是当今各国政府、企业界、学术界和社会各界都十分关注的热点问题。企业社会责任是指企业在创造利润、对股东承担法律责任的同时，还要承担对员工、消费者、社区和环境的责任。20 世纪 80 年代，企业社会责任运动开始在欧美发达国家兴起，包括环保、劳工和人权等方面的内容，由此导致消费者的关注点由单一关心产品质量转向关心环境、职业健康和劳动保障等多个方面。特别是 20 世纪 90 年代初期，美国劳工及人权组织针对成衣业和制鞋业所发起的"反血汗工厂运动"，就是为了促使企业履行自己的社会责任，在谋求经济利益最大化的同时，充分考虑员工、消费者、环境等方面的利益。

企业社会责任运动直接推动了员工关系管理的发展，为员工关系管理打开了新的局面。履行企业社会责任，善待自己的员工，对企业获取核心竞争力具有重要意义。面对激烈的竞争，企业的生存和发展越来越依赖员工的主动性与创造性，员工的认同将使企业有更大的潜力。员工关系管理就是通过满足员工的需要，形成良好的员工关系，来发挥他们的主动性和创造性。那些能够很好履行社会责任、充分考虑员工利益和员工发展的企业，往往会获得其他企业难以超越的核心竞争力，以及良好的员工关系和人力资源竞争优势。

5. 关注员工关系管理的风险及其防范

员工是财富，是企业发展的第一资源，但也可能对企业发展带来潜在的威胁和风险。比如招聘失败的风险、企业员工关系政策的风险、劳动关系方面的风险、核心员工离职的风险等，都会影响企业的正常运转。要高效地解决这些问题，规避员工关系管理的风险，不仅需要企业的员工关系管理职能人员有足够的人力资源专业知识以及丰富的从业经验，更需要对《劳动法》《劳动合同法》等相关法律法规有深入的研究，并且熟悉仲裁和诉讼的处理程序。

6. 新网络媒体、员工社区时代对员工关系管理产生影响

随着互联网的迅猛发展、新网络媒体的出现，网站、博客、微博、微信层出不穷，从某种程度上讲，这些新的网络媒体形式改变了我们获取信息的方式，也给企业员工关系管理带来新的课题和挑战。同时，信息沟通的便捷和迅速，有助于人们对员工关系问题产生新的认识，从而使员工关系管理变被动为主动，营造良好的企业员工关系氛围。

作为员工关系管理的专业人员，应能够对可能出现的员工关系方面的风险加以识别和评估，并根据风险的性质、严重程度、紧迫性等采取有效措施进行化解。

【HR 之我见】

徐新峰：广东爱旭科技股份有限公司人力资源及行政总监

扫描栏目中的二维码学习徐新峰针对下列提问的精彩回答：

1. 您为什么选择从事 HR？
2. 在过去的几年里，员工关系领域发生了怎样的变化？
3. 这些单位的工会实践是什么样的，以及中国的工会和国外的工会有什么不同？
4. 您对未来希望从事 HR 工作的学生有何建议？

视频版：　　　　　　　文字版：

四、员工关系管理的影响因素

组织是社会中的一个有机体，难免受到社会环境、政策、文化的影响，同时员工关系作为组织关系的一个方面，又难免受到组织内部结构、企业文化管理方式等方面的影响。根据组织所处的环境，我们把影响员工关系管理的因素分为两个方面，即外部环境因素和内部环境因素。

（一）外部环境因素

1. 经济环境

经济环境影响员工的工资福利水平、就业、工作转换，以及工人运动和工会的发展，乃至劳动关系的整体状况。经济环境能够改变员工关系主体双方的力量对比，同样，偶发的经济冲击以及有规律的经济周期也会影响组织内部的劳动关系调整机制。经济冲击往往会造成产量骤减，不同的企业会因为对未来的预期不同而制定不同的人力资源政策。在经济周期的影响下，组织内部的调整也会随着经济的起落而变化。一般来说，当经济繁荣时，员工的力量就会较强，管理方会做更多的让步；而当经济处于低谷时，管理方让步的空间很小，员工的力量相对较弱，在谈判和冲突中处于更为不利的地位。

2. 技术和政策

技术和政策影响劳动力市场以及组织中的员工关系。技术革新往往会增强相关岗位员工的力量，同时会影响劳动力市场上不同技术种类工人的供求状况。政策主要包括政府的就业政策、教育和培训政策等。教育和培训政策有利于提高劳动力的素质和技术水平，最终影响由雇主提供的工作种类，以及工资和工作条件。就业政策对于劳动力市场以及就业组织中的员工关系的影响最为直接。它往往通过对供求状况的调整来改变双方劳动力市场的力量，以经济激励和惩罚措施来改变双方在组织内部关系中的力量。例如，我国出台了促进残疾人就业的政策，对安置残疾人的比例达到一定标准的组织给予税收、费率等方面的优惠。这些政策从客观上促进了企业雇用更多的残疾人。

3. 相关法律法规

相关法律法规的完善程度会影响员工关系发展的水平。相关的法律、法规旨在规范、协调员工关系，规定雇佣关系双方的权利义务，具有相对的稳定性。建立和发展和谐的员工关系，离不开较完善的法律法规体系。比如，在我国，《劳动法》规定了集体谈判中双方的权利义务、员工的最低工资、健康和安全保护等。法律要求雇主承认工会，并同工会进行集体谈判，这一规定提高了工会有效代表其会员的能力，进而影响了工会会员的工资和工作条件。

4. 社会文化

社会文化通过习俗、习惯、价值观、信仰等影响员工关系。比如，在强工会文化背景下，政府和企业就要高度重视工会的作用，通过制定政策，加大工会的密度，扩大工会的影响力。在跨国公司的员工关系管理中，还要特别注意来自不同文化背景的员工的特点，制定相应的员工关系管理策略。

(二) 内部环境因素

1. 组织结构

组织结构是指对于人员和工作任务进行分工、协调与合作的制度性安排，不同类型的组织结构决定了不同的员工关系管理模式和管理特点。比如，官僚式的组织结构主要强调等级化、层级分明、高效率。扁平化的组织结构主要通过减少组织层次来提高组织效率，强调组织更强的适应性，鼓励员工更多地参与组织事务。工作团队的组织结构主要是通过成员的合作产生积极的协同效应，注重成员之间的平等和协调、员工参与事务的充分程度和积极性。

2. 工作环境

工作环境分为物理环境和人文环境。这两方面的环境都可以对员工关系产生影响，并影响员工管理的实施和效果。比如，与封闭性的环境布局相比，开放式的办公环境布局更有利于组织员工之间的交流和沟通，有助于建立平等的关系，但也可能导致员工之间的摩擦、矛盾增多。除了物理环境外，组织的人员结构、规章制度、亚文化也可能影响员工之间的关系。

3. 管理方式

管理方式包括企业占主流的人性假设，管理者允许员工参与管理的程度，员工对企业的忠诚、信任、支持等。不同的管理方式会影响员工对组织和其他员工的相互认识，从而影响员工关系的管理。

4. 企业文化

企业文化是组织成员相互认可的一系列价值观和态度的总和。企业文化是企业在长期的发展过程中逐渐积累和沉淀下来的，不同的文化会影响员工之间的态度、价值和行为方式之间的差异，最终影响员工之间的行为和关系。

第二节 员工关系的确立与终止

一、员工关系确立的基础——劳动关系的建立

员工关系源于劳动关系，没有劳动关系就没有员工关系。也就是说，特定企业与员工之间劳动关系的确立是员工关系建立的基础，而劳动关系是通过劳动合同这种法律契约的签订来实现的，即劳动者与用人单位一旦订立了劳动合同，就确定了正式的劳动关系。如果用人单位与劳动者在用工前订立劳动合同，劳动关系则自用工之日起建立。

(一) 劳动关系的概念

劳动关系是指劳动者与所在单位之间在劳动过程中发生的关系，具体而言是指由雇佣行为产生的关系。它是作为劳动力所有者的劳动者与作为生产资料所有者的企业或雇主之间，为进行生产和经营、实现劳动力与生产资料之间的结合而建立的一种社会交换关系。

其内容主要包括：所有者与全体员工（包括经营管理者）的关系、经营管理者与普通员工的关系、经营管理者与工会组织的关系、工会与员工的关系。

劳动关系主要包括主体、客体和内容三个要素。主体是指劳动法律关系的参与者，包括劳动者、劳动者的组织（工会、职代会）和用人单位。客体是指主体的劳动权利和劳动义务共同指向的事物，如劳动时间、劳动报酬、安全卫生、劳动纪律、福利保险、教育培训、劳动环境等。内容是指主体双方依法享有的权利和承担的义务。

（二）劳动关系的特征

从形式上看，劳动关系具有两个主体之间进行交换的平等性特征。劳动力作为一种商品，是劳动关系双方买卖的对象。劳动者作为劳动力的所有者，有依法按照约定为用人单位提供劳动的义务，相应地，有获得劳动报酬的权利；用人单位有依法按照约定支付劳动者报酬的义务，相应地，有要求劳动者提供劳动的权利。

从实质上看，劳动关系具有从属性的特征。一方面，劳动力是一种商品，但不是普通商品，普通商品一经买卖，买方即取得该物的所有权，即占有、使用、收益、处分的权利；而劳动力这种商品是依附于人身的，与人身不可分割的属性决定了其特殊性。另一方面，尽管劳动者与用人单位之间的劳动关系是建立在平等自愿、协商一致基础上的，但劳动关系一旦建立，双方在职责上就具有从属关系。

（三）劳动关系的分类

根据劳动者一方是个体还是集体，劳动关系可以分为集体劳动关系和个别劳动关系。前者是作为劳动者代表的工会或劳动者选举的代表与用人单位或用人单位组织之间的关系，后者是劳动者个人与用人单位之间的劳动关系。本章所涉及的劳动关系主要是指个别劳动关系。

按实现劳动过程的方式，劳动关系分为两类：一类是直接实现劳动过程的劳动关系，即用人单位与劳动者建立劳动关系后，由用人单位直接组织劳动者进行生产劳动的形式，当前这一类劳动关系占绝大多数；另一类是间接实现劳动过程的劳动关系，即劳动关系建立后，通过劳务输出或借调等方式由劳动者为其他单位服务实现劳动过程的形式。

按劳动关系的规范程度，可分为规范的劳动关系（即依法通过订立劳动合同建立的劳动关系），事实劳动关系（指未订立劳动合同，但劳动者事实上已成为企业、个体经济组织的成员，并为其提供有偿劳动的情形），以及非法劳动关系（例如，招用童工和无合法证件人员，无合法证照的用人单位招用劳动者等情形）。

（四）劳动关系的载体——劳动合同

《中华人民共和国劳动法》（以下简称《劳动法》）、《中华人民共和国劳动合同法》（以下简称《劳动合同法》）施行后，我国全面实行劳动合同制度，个别劳动关系的建立、解除和终止表现为劳动合同的订立、解除和终止。也就是说，劳动合同是劳动关系的载体。

劳动合同是指劳动者与用人单位之间确立劳动关系、明确双方权利和义务的协议。

根据《劳动法》和《劳动合同法》，员工进入企业工作，企业必须与员工签订劳动合同，从而对员工和企业双方当事人产生约束力。如果发生劳动争议，劳动合同是解决劳动争议的直接证据和依据。除了合同文本外，企业和员工双方还可以协商制定劳动合同的附件，进一步明确双方的权利、义务的具体内容，附件和合同文本具有同样的法律效力。

劳动者与用人单位一旦签订劳动合同，即确立了正式的劳动关系，劳动者成为用人单位的员工，用人单位承担对员工进行管理的权利与义务；个别或内部的劳动关系的协调机制在某种意义上也就部分地转换成了员工关系的管理机制。

员工与企业之间的劳动关系的确立和存续是员工关系存在的基础。劳动合同的订立是劳动关系得以确立的重要标志。

二、员工关系的终止——劳动合同的终止和解除

员工关系建立的基础是劳动关系，而劳动关系的确立是以劳动合同的签署为依据的，因此，员工关系的终止也是以劳动合同的终止和解除为依据的。

（一）劳动合同的终止

劳动合同终止是指劳动合同期满或终止合同的条件出现时，用人单位依法与劳动者解除劳动关系的一种法律行为。我国 1995 年开始实施的《劳动法》对劳动合同的终止只规定了两种情形：法定终止（即劳动合同期满终止）和约定终止（即当事人约定的终止条件出现）。为避免用人单位利用自己的不平等地位随意与劳动者约定劳动合同终止条件而损害劳动者权益及其他考虑，2008 年 1 月 1 日开始实施的《劳动合同法》取消了劳动合同的约定终止，规定劳动合同只能因法定情形出现而终止，并列举了劳动合同终止的情形，2008 年 9 月 18 日开始实施的《中华人民共和国劳动合同法实施条例》（以下简称《劳动合同法实施条例》）在此基础上又增加了 4 种可以终止劳动合同的情形。

根据《劳动合同法》及《劳动合同法实施条例》的相关规定，有下列情形之一的，劳动合同终止：① 劳动合同期满的；② 劳动者开始依法享受基本养老保险待遇的；③ 劳动者死亡，或者被人民法院宣告死亡或者宣告失踪的；④ 用人单位被依法宣告破产的；⑤ 用人单位被吊销营业执照、责令关闭、撤销或者用人单位决定提前解散的；⑥ 自用工之日起一个月内，经用人单位书面通知后，劳动者不与用人单位订立书面劳动合同的，用人单位应当书面通知劳动者终止劳动关系；⑦ 用人单位自用工之日起超过一个月不满一年未与劳动者订立书面劳动合同，有证据证明是劳动者不与用人单位订立书面劳动合同的，用人单位应当书面通知劳动者终止劳动关系；⑧ 劳动者达到法定退休年龄的，劳动合同终止；⑨ 以完成一定工作任务为期限的劳动合同因任务完成而终止；⑩ 法律、行政法规规定的其他情形。

同时，上述法律也规定了劳动合同到期不得终止的情形（即例外条款）：① 女员工在孕期、产期、哺乳期的；② 患病或者非因工负伤，在规定的医疗期内的；③ 在本单位连续工作满 15 年，且距法定退休年龄不足 5 年的；④ 从事接触职业病危害作业的劳动者未进

行离岗前职业健康检查，或者疑似职业病病人在诊断或者医学观察期间的；⑤ 在本单位患职业病或者因工负伤并被确认丧失或者部分丧失劳动能力的，但是部分丧失劳动能力劳动者的劳动合同的终止，应当按照工伤保险的有关规定执行；⑥ 基层工会专职主席、副主席或者委员自任职之日起，其劳动合同期限自动延长，延长期限相当于其任职期间；非专职主席、副主席或者委员自任职之日起，其尚未履行的劳动合同期限短于任职期限的，劳动合同期限自动延长至任期期满；⑦ 法律、行政法规规定的其他情形。

（二）劳动合同的解除

劳动合同解除是指劳动合同履行过程中，劳动合同期限届满之前，因出现法定的或用人单位与劳动者约定的情形，一方单方通知或双方协商提前终止劳动关系的法律行为。劳动合同解除分为双方协商解除、用人单位单方解除、劳动者单方解除等几种情况。

1. 双方协商解除劳动合同

经劳动合同当事人协商一致，劳动合同可以解除。双方协商解除劳动合同的条件：一是双方自愿，二是平等协商，三是不得损害另一方利益，四是双方达成解除劳动合同的书面协议。

2. 用人单位单方解除劳动合同

具备法律规定的条件时，用人单位享有单方解除权，无须双方协商达成一致。用人单位单方解除劳动合同有以下三种情况：

（1）随时解除，即因劳动者的过失，用人单位单方解除劳动合同。一般适用于因劳动者不符合录用条件或者严重违纪、违法的情形。根据《劳动法》第 25 条及有关规定，劳动者有下列情形之一的，用人单位可解除劳动合同：① 在试用期间被证明不符合录用条件的；② 严重违反劳动纪律或用人单位规章制度的；③ 严重失职，营私舞弊，对用人单位利益造成重大损害的；④ 被依法追究刑事责任的；⑤ 劳动者同时与其他用人单位建立劳动关系，对完成本单位工作任务造成严重影响，或经用人单位提出，拒不改正的；⑥ 劳动者违反《劳动合同法》相关规定致使劳动合同无效的。

（2）须预告的解除，即用人单位应当提前 30 日以书面形式通知劳动者本人方可解除合同。根据《劳动法》第 26 条的规定，劳动者有下列情形之一的，用人单位可解除劳动合同：① 劳动者患病或者非因工负伤，医疗期满后，不能从事原工作，也不能从事由用人单位另行安排的工作的；② 劳动者不能胜任工作，经过培训或者调整工作岗位，仍不能胜任工作的；③ 劳动合同订立时所依据的客观情况发生变化，致使原劳动合同无法履行，经当事人协商不能就变更劳动合同达成协议的。

（3）经济性裁员，即用人单位濒临破产进行法定整顿期间或者生产经营状况发生严重困难，用人单位为改善生产经营状况而辞退成批人员。用人单位濒临破产进行法定整顿期间或者生产经营状况发生严重困难，确需裁员 20 人以上或者裁减人员不足 20 人但占企业员工总数的 10% 以上的，应当提前 30 日向工会或者全体员工说明情况，听取工会或者员工的意见。经向劳动部门报告后，可以裁减人员。用人单位依照该规定裁减人员，又在 6

个月内录用人员的，应当优先录用被裁减的人员。

3. 劳动者单方解除劳动合同

具备法律规定的条件时，劳动者享有单方解除权，无须双方协商达成一致。劳动者单方解除劳动合同有两种情况：

（1）预告解除。劳动者应当提前 30 日以书面形式通知用人单位，方可解除劳动合同。劳动者无须说明任何法定事由，只需提前告知用人单位，超过 30 日，劳动者可以向用人单位提出办理解除劳动合同的手续，用人单位应予办理。同时为防止劳动者滥用这一权利而损害用人单位的利益，《劳动法》规定，劳动者违反该法规定的条件或者违反劳动合同的约定解除劳动合同，或违反劳动合同中应当遵守的保密义务，给用人单位造成经济损失的，应当依法承担赔偿责任。

（2）无须预告的解除。即劳动者无须提前告知用人单位，只要具备法律规定的正当理由，劳动者可随时通知用人单位解除劳动合同，还应对因用人单位的违约行为和侵权行为造成的损失要求用人单位予以赔偿，并有权提请有关机关追究用人单位的行政责任和刑事责任。适用的情形有：① 劳动者在试用期内；② 用人单位以暴力、威胁或者非法限制人身自由的手段强迫劳动；③ 用人单位未按照劳动合同约定支付劳动报酬或者提供劳动条件。

当劳动合同解除和终止时，劳动关系就不复存在，同时员工关系也就终止了。

第三节　员工关系的处理

员工在组织中会面临各种各样的关系，这些关系会或多或少、或强或弱地影响员工对组织的认识，并以此影响员工的行为，最终影响员工和组织绩效。员工关系管理就是通过制定和实施各项人力资源政策以及采取管理行为，调节企业的所有者、经营者、员工等因素之间的相互关系和影响，以实现企业发展目标。本节首先介绍对员工关系中心理因素的管理，因为良好关系的建立离不开积极、健康的心理。然后介绍几种主要的员工关系管理措施，包括员工职业健康安全管理、员工纪律管理、员工参与管理、员工抱怨管理、员工申诉管理、员工争议管理和员工离职管理，通过这些方式在企业员工之间建立和谐关系，将促进组织目标的最终实现。

一、员工心理健康管理

（一）员工心理健康管理概述

员工心理健康是指员工在工作情景下的一种持续良好的心境。在这种状态下，员工的认知活动、情绪反应和意志行动处于积极状态，而且具有正常的和适当的调控能力，能充分发挥其身心的潜能。

员工心理健康按健康程度一般可分为正常、不平衡和不健康三种状态。一是正常状态，即常态，指员工个体在没有较大困扰的情况下，心理正常。个体的常态行为基本与个人价值观、道德水平和人格特征以及组织倡导的价值观相一致，这种状态一般称为心理健康。二是不平衡状态，也称偏态，在不平衡状态下，员工通常会表现出焦虑、压抑、担忧、矛盾、后悔、自责、倦怠等心理。员工往往通过心理防御机制进行自我调节或借助外力进行疏导，以消除不平衡并恢复到正常状态。我们通常所说的员工心理健康问题一般是指员工处于这种状态中所表现出来的心理和行为反应。三是不健康状态，包括神经症、人格障碍、精神分裂症等。此时，员工已经不适合工作，需要辞退或休假，到医疗部门接受心理治疗和药物治疗。这种状态一般也称为心理疾病或精神疾病。

员工心理健康管理的目的是通过创造良好的工作环境，为员工提供愉悦的心理氛围，同时针对员工的心理亚健康和不健康的状态采取一定的保护措施，通过一些缓解和治疗手段，帮助员工从职业心理焦虑中解脱出来，减少因工作带来的心理伤害，提升心理健康的水平。

（二）员工幸福感[2]

1. 幸福感的内涵

幸福感是衡量人们生活质量的综合性心理指标[3]。关于幸福感的界定有快乐论和实现论两种视角，前者主张幸福是由兴奋和快乐组成的，后者主张幸福并不仅仅停留在快乐层面，更重要的是个体的潜能发挥和自我实现[4]。快乐论以迪纳（Diener）提出的主观幸福感（Subjective Well-being, SWB）概念为代表，把幸福感定义为人们对生活的认知评价和情感体验，幸福是较高的生活满意度、较多的正性情感和较少的负性情感[5]。赖芙（Ryff）提出了心理幸福感（Psychological Well-being, PWB）的概念，即幸福不止于快乐的获得，更是个体对于完美的努力追求以表现出个人的潜能和天赋，强调个人价值和目标的实现、优秀的个人品质以及从事有意义的活动[6]。

2. 员工幸福感概念界定

员工幸福感是员工在工作场域中的积极心理状态，反映了个体在工作中的生理唤醒状态和心理满意水平，是衡量员工心理健康的指标[7]。21世纪初，随着积极组织行为学的兴起，员工幸福感逐渐成为组织研究的主题[8]。虽然，关于幸福感的界定有快乐论和实现论之分，但工作情境中的幸福感更多地体现为员工主观幸福感，即员工对于自己工作状况的认知评价和情感反应，其内涵包括三方面：整体工作满意度、情感幸福感和工作层面（如同事、薪酬、晋升等）的满意度和情绪体验。近年来，幸福感的外延逐渐得到拓展，其中身体幸福感（Physical Well-being）［即健康幸福感（Health Well-being）］和社会幸福感（Social Well-being）［即关系幸福感（Relationships Well-being）为多数学者所青睐］。身体幸福感涉及客观的生理状况和身体的主观体验，是与员工健康有关的生理和心理指标；而社会幸福感则涉及员工与他人或社区的关系，包括员工与雇主或者同事的关系、信任度、社会支持、互惠、领导成员交换、合作协调[9][10][11][12][13]。

国内学者张兴贵、陈玮瑜认为，总的来说，员工幸福感的衡量指标主要有以下几个方面：① 认知评价，是对生活和工作质量的整体评估，即生活满意度和工作满意度。② 积极情感，包括诸如愉快、高兴、振奋、自豪、觉得生活有意义、精神饱满等情感体验。③ 消极情感，包括忧郁、悲伤、孤独、厌烦、难受等情感体验，但不包括重性情感障碍和神经症。其中，认知评价是主观幸福感的关键指标。积极和消极情感属于情感维度，总称为快乐感。④ 身体幸福感，包括压力和过度疲劳等与健康有关的指标。⑤ 社会幸福感，包括组织公平、参与感、社会接纳度等员工与组织关系的指标。在不同的研究中，学者们用不同的指标来界定员工幸福感，但工作满意度、快乐感、身体幸福感、社会关系幸福感是常见的测量指标。

【HR之我见】

郭金山：格略集团幸福企业研究院院长，复旦大学心理学与管理学双博士后，中组部领导干部考评中心特聘专家

扫描栏目中的二维码学习郭金山针对下列提问的精彩回答：

1. 您为什么选择从事 HR？
2. 您认为员工幸福感对于组织的影响和价值是什么？
3. 人力资源咨询的使命是什么？它对人力资源管理的核心贡献是什么？
4. 您对未来希望从事 HR 工作的学生有何建议？

视频版： 　　　　　文字版：

（三）影响员工心理健康的因素

心理健康问题的出现受一系列因素的影响，它是社会、组织和个人三个方面相互作用的结果。中国经济的快速增长一方面给企业带来了快速发展的机遇，另一方面也带来了快速增长的压力。组织兼并、重组、裁员、新管理手段的运用等带来的冲击使员工长期处于亚健康状态，饱受工作不安全感、工作压力与工作倦怠的困扰。与此同时，企业为了保持竞争力不断开拓新的市场，扩大组织规模，进行组织变革，对员工提出了更多、更高的要求。然而，企业并未改变僵化的企业文化、等级化的管理模式，员工长期超负荷工作，体力和精神严重透支，变得厌倦、易怒、紧张、焦虑、抑郁、情绪低落。企业对这些潜在的问题长期不予重视，最终导致员工出现心理健康方面的问题。此外，员工产生心理健康问题也和员工自身的特质有关。

1. 社会方面

社会政治背景、宏观经济环境、劳动力供求关系、生活居住环境、物价水平、相关的

突发事件等社会因素都会影响员工的心理健康[14]。中国社会较大的贫富差距、失衡的收入分配格局带来的诸多问题始终是社会各界关注的焦点，经济危机、社会问题等各类突发事件也对员工心理健康造成危害。

2. 组织方面

从企业劳动关系的情况看，影响员工心理健康的因素主要有：一是工作方面的压力，包括工作任务繁重、工作难度大、知识技能不能满足要求等；二是工资福利待遇方面的差异，表现为同工不同酬、个人能力业绩与报酬不相称、长时间不加薪等；三是人际关系方面的困惑，既有同事之间的，也有上下级之间的，还有业务活动中遇到的；四是安全卫生保护方面的担心，害怕工作岗位安全卫生环境、职业危害防护等存在隐患；五是职业不稳定的忧虑，害怕劳动合同期满后单位不续订，难以找到合适的工作等。

3. 个人方面

影响员工心理健康的因素还包括个人因素。社会因素和组织因素往往是针对大众的、多数人的，但是对于同一社会事件和组织现象，有的人心理受影响而有的人却不受影响，这说明决定因素在于员工的心理素质。这些因素主要包括先天遗传因素、身体状况、个人成长环境、个人经历、性格、能力、情绪等。

（四）员工心理健康管理措施

尽管影响员工心理健康的因素有很多，但本书侧重于讨论通过对组织因素的干预来提高员工的心理健康水平。从组织的角度来说，对员工心理健康管理的干预主要包括两种：一是认识和排除压力源以缓解压力，二是防止心理性疾病和精神障碍性疾病的发生。

1. 认识和排除压力源以缓解压力

工作压力（Job Stress），也称工作紧张或工作应激，是指与工作相关的不良刺激对个体所引起的负面主观体验和心理、生理反应。紧张和压力是导致员工产生不良的心理反应和不正常精神状态的主要原因。例如，一种最常见的心理失衡现象——精力衰竭，就是因为过度紧张的工作所导致的生理反应。

工作中的不良刺激是引起工作压力的原因，称为"工作压力源"或"应激源"。当这种不良刺激使个体受到挫折或被感知具有潜在的危害时，就会引起负面情绪及其心理和生理反应，从而构成了工作压力的主要特征。当这些负面情绪能被个体适当缓解时，一般不会造成长期的心理与生理上的损害。但如果负面情绪持续时间太长，个体又无法应付，就会造成健康损害。

当工作的强度、复杂性以及竞争程度的增加给个体带来长期的压力，并得不到有效的缓解时，过高的工作要求、个体应对资源的长期不平衡或工作应激的延长，将导致心理和身体症状的适应过程出现问题，个体逐渐产生心理、生理上的疲惫，工作能力下降，工作热情丧失，工作责任感消退，对他人日益冷漠等过劳（Burnout）表现。过劳会严重损害个体健康和组织的竞争力。

克里斯蒂娜·马斯拉奇（Christina Maslach）和迈克尔·P. 莱特（Michael P. Leiter）

的研究表明，在当今社会频繁出现的过劳现象主要源于人与工作间的六类矛盾冲突：工作负荷过大，对工作失去控制能力，工作回报过低，集体精神瓦解，处事不公，以及价值观冲突。对于过劳现象的解除和预防，马斯拉奇和莱特认为，需要从企业战略目标的方向着手，强调对企业工作环境的改造和提高，而不是对员工个人自身素质的改造，即致力于对影响企业日常经营管理的企业结构和生产服务流程进行改造，而非解决员工们所遭遇的具体的过劳危机。

同时，生活方面的压力（比如丧偶、离婚、分居、亲友去世等）都是一些重大的压力源。表10-2中列出了常见的压力源的影响程度。

表10-2 压力源

事 件	分 值	事 件	分 值
丧偶	100	被取消抵押品赎回权	30
离婚	73	工作职责变化	29
分居	65	子女离开家庭	29
判刑	63	与亲家产生矛盾	29
亲属死亡	63	取得突出的个人成就	28
受伤或生病	53	妻子开始或停止工作	26
结婚	50	学业开始或结束	26
被解雇	47	生活条件改变	25
复婚	45	恢复个人习惯	24
退休	45	与老板有冲突	23
家庭成员健康发生问题	44	工作条件或时间变化	20
怀孕	40	住址变动	20
性别差异	39	转学	20
新添家庭成员	39	消遣变化	19
业务调整	39	社交活动变化	19
经济条件变化	38	睡眠习惯改变	16
密友死亡	37	家庭成员人数变化	15
改换工作	36	饮食习惯发生变化	15
和配偶发生争执	35	轻微违法	11

资料来源：魏秀丽，《员工管理实务》，机械工业出版社2009年版，第244页。

员工的压力若长时间得不到缓解，会产生严重后果（如图10-3所示）。

企业领导者和人力资源管理者应充分关注、调查、分析员工体会到的压力源及其类型，在组织层面拟定并实施各种压力减轻计划，有效管理并减轻员工压力。具体的方案包

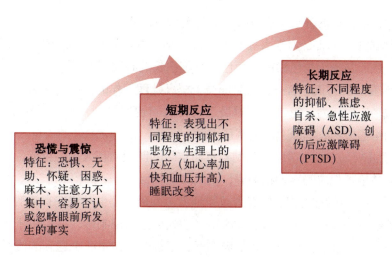

图 10-3　创伤影响三阶段

括以下三方面。

（1）改善组织的工作环境和条件，减轻或消除工作条件恶劣给员工带来的压力。领导者或管理者力求创造高效率的工作环境并严格控制对环境的干扰因素。给员工提供舒适的工作空间，有利于减轻员工压力。另外，要确保员工拥有做好工作所需的良好工具、设备。

（2）营造良好的企业文化氛围，鼓励并帮助员工提高心理保健能力，学会缓解工作带来的压力，自我放松。企业应该向员工提供压力管理方面的信息、知识。企业可为员工订阅有关保持心理健康与卫生的报纸、杂志，让员工免费阅读。这体现了企业对员工成长与健康的关心，会使员工感受到关怀与尊重，从而成为一种有效的激励手段，激发员工提高个人绩效进而提高整个组织的绩效。

企业可开设宣传专栏，普及心理健康知识，有条件的企业还可以开设有关心理健康管理的课程或定期邀请专家做讲座。可告知员工长期压力的严重后果、代价；让员工了解压力的早期预警信号；让员工学习压力自我调适的方法，筑起"心理免疫"的堤坝，增强心理抗压能力。

向员工提供保健或健康项目，鼓励员工养成良好、健康的生活习惯。如有些企业建立了专门的保健室，向员工免费提供各种锻炼身体、放松身心的设备，为员工配备了专职的健康指导员。

另外，企业可聘请资深专业人士担任心理咨询员，免费向承受压力的员工提供心理咨询，帮助其提高社会适应能力，缓解心理压力，保持心理健康。

（3）将员工的心理健康管理与企业人力资源管理的各个环节有机结合在一起，在组织制度、程序上帮助员工减轻压力。

- 人力资源招聘方面：注意识别人力资源的特点，选拔与工作要求（个性要求、能力要求、智力要求等各方面）相符合的人力资源，避免员工上岗后因无法胜任工作而产生巨大的心理压力，从选拔的源头上控制员工心理健康的水平。
- 人力资源配置方面：力求人与事的最佳匹配，并清楚地定义员工在岗位上的角色、职责、任务，从而减轻因角色模糊、角色冲突等引起的心理压力。
- 人力资源培训方面：第一，可培训员工提高处理工作的技能，使员工工作起来更加得心应手，减轻工作压力；第二，可对员工进行时间管理培训，消除时间压力源；第三，可培训员工的沟通技巧，消除人际关系压力源。
- 职业生涯规划方面：帮助员工抛弃不切实际的期望值和太高的目标，建立现实客观的发展目标，并给予相应的培训和指导，帮助其实现目标。
- 人力资源绩效管理方面：领导者或管理者应向员工提供与组织有关的信息，及时反馈绩效评估的结果，并让员工参与公司决策，增强员工的控制感，减轻由于不可控、不确定性带来的压力；各级主管应与下属积极沟通，了解他们在生活中遇到的困难并尽可能给予安慰和帮助，减轻各种生活压力源给员工带来的不利影响和压力。
- 薪酬福利制度方面：向员工提供有竞争力的薪酬，并保持企业内部晋升渠道的畅通，有利于帮助减轻或消除社会压力源给员工带来的压力；建立公平的报酬制度和奖励制度，尽力满足员工的经济性和非经济性需求，使员工体会到一种公平、民主的企业环境和文化氛围；完善员工的保障制度，增强员工的安全感。
- 工作再设计方面：可以对员工的工作内容进行横向或纵向的再设计，增加员工工作内容的多样性，防止员工对工作感到倦怠；在可能的情况下采用弹性工作制，舒缓工作时间上的压力。

2. 员工援助计划

（1）员工援助计划概述。员工援助计划（Employee Assistance Programs，EAP）是美国20世纪70年代以来在企业界推行的一种帮助员工解决健康、心理、经济等方面问题的福利方案。EAP有利于提高员工在企业中的工作绩效，也有助于管理人员提高管理效能，在一定程度上为组织改进和完善管理体制提供建议和帮助。

在欧美等发达国家，一些企业为了保持和提高员工的心理健康程度，要求员工定期接受心理咨询，并将之作为制度化的福利措施；也有企业运用行为疗法等心理咨询治疗技术改善员工的不良行为。由于对提高组织综合效率、形成积极健康的组织文化具有重要作用，员工援助计划已成为世界知名企业进行人力资源管理的重要手段。

在美国《财富》杂志评选的世界500强企业中，75%的企业聘请了员工援助计划专业服务机构，为管理者和员工服务，80%以上的企业建立了员工援助计划项目。

国外员工援助计划的服务内容相当广泛，包括压力管理、职业心理健康、裁员心理危机乃至法律纠纷、理财问题等各个方面，力求帮助员工全面解决个人问题。

员工援助计划走进中国还不到10年，所以国内一些员工援助计划机构提供的服务内容不像国外那么全面，国内各界对EAP的认识也不够深入，对其具体运作尚处于探索阶段。

（2）员工援助计划的定义。它是由企业为员工设计的一套系统的、长期的福利与支持项目。通过专业人员对组织的诊断、建议和对员工及其直系亲属提供专业指导、培训和咨询，帮助解决员工及其家庭成员的各种心理和行为问题，提高员工在企业中的工作绩效。

员工援助计划国际协会主席唐纳德·G. 洛根森（Donald G. Jorgensen）认为，员工援助计划不仅仅是员工的福利，也是为管理层提供的福利。因为在行为科学的基础上，员工心理援助专家可以为员工和企业提供战略性的心理咨询，确认并解决问题，以创造一个有效、健康的工作环境。通过对员工的辅导、对组织环境的分析，他们帮助处理员工关系的死角，消除可能影响员工绩效的各方面因素，进而增强组织的凝聚力，提升组织形象；帮助识别员工所关心的问题，并且给予解答，这些问题会影响员工的工作表现，同时影响整个组织业绩目标的实现。

（3）员工援助计划的内容。员工援助计划包括压力管理、职业心理健康、裁员心理危机、灾难性事件、职业生涯发展、健康生活方式、家庭问题、情感问题、法律纠纷、理财问题、饮食习惯、减肥等各个方面，帮助员工全面解决个人问题。员工援助计划主要提供以下七类服务：

① 管理员工问题、改进工作环境、提供咨询、帮助员工改进业绩、提供培训和帮助、将反馈信息传递给组织领导者，以及对员工及其家属进行有关员工援助计划服务的教育。

② 对员工隐私加以保密并提供及时的评估服务，以保证员工的个人问题不会对他们的业绩表现带来负面影响。

③ 对那些有个人问题以致影响到业绩表现的员工，运用建设性的咨询、激励和短期的干涉方法，使其认识到个人问题和表现之间的关系。

④ 为这些员工提供医学咨询、治疗、帮助、转介和跟踪等服务。

⑤ 提供组织咨询，帮助他们与服务提供商建立和保持有效的工作关系。

⑥ 在组织中进行咨询，使得政策的覆盖面涉及相关的不良现象或行为，并进行医学治疗。

⑦ 确认员工援助计划在组织和个人表现中的有效性。

（4）员工援助计划的意义。通过改善员工的职业心理健康状况，员工援助计划能给企业带来巨大的经济效益，美国的一项研究表明，企业为员工援助计划每投入1美元，可为企业节省运营成本5~16美元。

企业员工若不具备良好的心理状态，便会情绪低下、失去工作热情，进而导致工作满意度、工作效率及工作质量下降。而员工援助计划可以通过帮助员工缓解工作压力、改善工作情绪、提高工作积极性、增强自信心、有效处理与客户的关系、迅速适应新的环境、克服不良嗜好等，使企业获得很大的收益。

因此，我们可以从两个方面归纳员工援助计划的作用和实施效果。

从员工个人层面来讲，员工援助计划有如下作用：

① 帮助员工获得健康心理。员工援助计划通过一系列访谈、咨询，缓解员工的工作

压力，消除员工的心理负担；通过对员工心理进行积极的正确引导，帮助员工增强心理的自我调节能力，从而获得健康的心理。

② 帮助员工建立良好的人际关系。员工援助计划通过与员工之间的交流，帮助员工发掘改善人际关系的途径和方法，化解员工之间的矛盾，为员工营造积极健康、和谐温馨的工作氛围。此外，它还能够帮助员工化解家庭危机，为员工建立良好的婚姻关系创造条件。

③ 帮助员工获得职业生涯发展。员工援助计划服务能够根据员工的实际情况，为员工制定详细的职业生涯发展计划，明确奋斗目标，并定期检查员工个人的发展情况，及时调整员工职业生涯规划的内容，确保员工获得成功。

④ 帮助员工在遇到重大变故时渡过难关。企业在发展过程中不可避免地会发生裁员、机构兼并、组织重组等情况，员工往往由于个人利益受到影响而产生情绪波动，甚至诱发心理危机。员工援助计划服务的及时介入，能够帮助员工调节由于企业变动、变革带来的压力，使他们尽快调整心态，融入新的工作环境。此外，当员工本人或家庭遇到突发性灾难时，员工援助计划也可以通过心理治疗和咨询服务，帮助员工尽快走出阴影，开始新的生活。

从组织层面来讲，员工援助计划有如下作用：

① 提高生产效率。组织中的员工出现了心理问题，自然会影响员工的工作热情，降低员工效率，进而影响组织绩效。员工援助计划通过为员工提供援助，帮助他们缓解压力、消除心理困扰、改善工作情绪，组织的生产效益随之得到提高。

② 优化人力资源管理。员工的心理问题不解决，会导致缺勤率、事故率上升，影响组织的人力资源管理效率。员工援助计划的实施有助于降低缺勤率和事故率，达到优化组织人力资源配置和管理的目的。

③ 降低人工成本和管理成本。员工由于心理问题容易出现离职、离岗等情况，导致组织不断更换员工来补充岗位需求，增大配置成本。招聘新员工不仅需要支付管理和培训费用，而且频繁的人员流动不利于员工情绪的稳定。一些实践也证明，组织为解决员工心理问题，避免员工离职、离岗而引入员工援助计划所支付的费用要远远低于为招聘和培训新员工所支付的直接和间接成本。

④ 增强组织凝聚力。员工一旦产生心理问题，必然会影响工作积极性，也会影响周围的同事和整体的工作氛围，导致组织内的人际关系紧张，不利于团结。EAP 在解决员工心理问题的同时，也有助于改善人际关系，增强组织的凝聚力和向心力。

一些西方企业的实践经验证明，员工援助计划的实施达到了上述目标。例如，美国贝尔电话公司实施的酗酒复健方案，使该公司员工的复健率达到 77%，工作效率良好率由 10% 上升为 60%，工作事故减少 60%，工伤事故减少 42%，因请假率降低、生产力提升而节省了 127 万美元。通用汽车公司在北美洲的 130 家工厂中推行员工援助计划，有 44 000 余人参加，成果显著，工伤事故率降低一半以上，员工损失工时下降 40%，伤病医疗支出降低 60%，员工抱怨减少一半以上，投资回报率上升了 33 个百分点。

（5）员工援助计划的运作模式。按照服务的来源，员工援助计划可分为以管理为基础的内部模式、以契约为基础的外部模式、专业化与灵活性相结合的混合模式、以资源共享为基础的联合模式和共同委托模式等五种模式。

① 内部模式。内部模式是指组织内部设置专门机构或在人力资源部等相关部门内新设职能，由内部专职人员负责援助项目的策划和组织实施。该模式员工援助计划的内容大多以短期咨询为主，如果需要长期咨询服务，一般会聘请外部咨询机构或专业人员。其运作流程如图 10-4 所示。

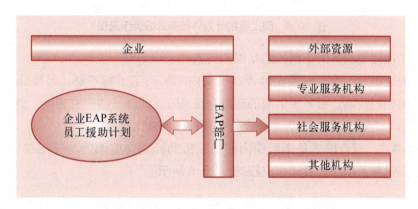

图 10-4　员工援助计划内部模式的运作流程

资料来源：孙景棠，《台湾企业推行员工协助方案对员工态度与组织绩效之研究》，台湾中山大学人力资源管理硕士学位论文，2001 年。

内部模式有如下优点：第一，容易了解和掌握组织问题，使服务更具有针对性；第二，由于服务提供者主要是本企业人员，可以为服务对象创造信任和熟悉的环境，有助于服务的顺利开展；第三，成本较低；第四，项目设计和实施的弹性大，有利于在本企业推广。

该模式也有一些缺点，比如，专职人员因为身处同样的环境，在设计员工援助计划的过程中难免带有主观性；因为员工的个人隐私问题影响服务质量；组织需要消耗较多的人力、时间和精力来设计和执行服务计划。

② 外部模式。外部模式是指组织通过契约的方式将员工援助计划外包，由外部具有社会工作、心理咨询和治疗知识及经验的专业人员或机构提供员工援助服务。在这种模式下，企业所需的服务几乎全部由外部提供，企业内部人员的工作职责主要是发现员工的问题，根据问题的特点选择合适的外部服务机构，并对外部服务效果进行监控。其运作流程如图 10-5 所示。

外部模式有如下优点：第一，组织不必设置专职服务人员，只需支付一定的费用就可以获得专业服务；第二，专职人员可以提供更专业化的服务，也可以借鉴和运用其他企业的经验；第三，提供的服务可以保持相对的独立性，因为服务提供者是组织外的第三方，

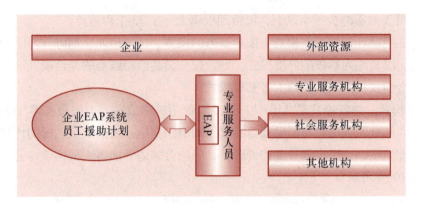

图 10-5　员工援助计划外部模式的运作流程

更能保证员工在接受服务时不顾虑隐私保护问题。

该模式的缺点为：由于服务提供者对组织内部和员工了解不够，可能缺乏服务针对性；服务费用相对较高；服务提供商的选择存在风险。此外一些研究表明，外部服务模式不适合规模小的企业，2 000 人以上的企业采用外部模式比较经济。

③ 混合模式。混合模式是指组织内部员工援助计划实施部门与外部专业机构联合，共同为员工提供服务项目。其运作流程如图 10-6 所示。

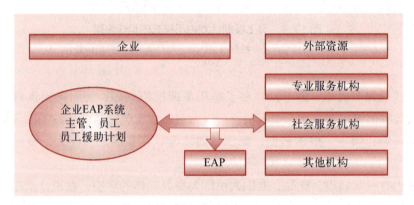

图 10-6　EAP 混合模式的运作流程

混合模式有如下优点：第一，由于专业服务机构的参与，保证了该模式中员工援助计划服务人员的专业性，也提升了员工对员工援助计划项目的信任度；第二，有组织内部人员参与，可以协助推进整体服务项目的实施，并对项目实施质量有效监督；第三，采用该模式的费用支出比外部模式低，适合一般的中小型企业。但是，混合模式也容易存在内部人员和外部人员权限界定不清晰、人员调配不顺畅等问题，影响服务质量。

④ 联合模式。联合模式是指几个组织联合成立一个专门为其员工提供援助的服务机构，该机构由专人管理，聘请具有社会工作、心理咨询等知识和经验的专业服务人员，为各企业的员工提供服务。其运作流程如图 10-7 所示。

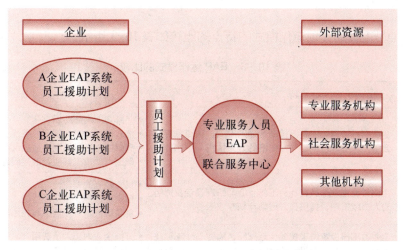

图 10-7 员工援助计划联合模式的运作流程

联合模式有如下优点：第一，通过联合若干组织，成立专门的员工援助计划服务机构，实现员工援助计划服务的共享，可以最大限度地节省费用；第二，有利于促进组织之间的沟通与合作。该模式的运行需要一定条件，目前在中国实施有难度，因为对员工援助计划有明确要求的组织并不多，很难形成规模；另外，在人员配置、职责权限、薪酬待遇等方面，组织之间如果协调不好，容易出现争端。

⑤ 共同委托模式。共同委托模式是指几个企业共同委托具有专业能力的服务人员与机构，提供员工援助计划服务。其运作流程如图 10-8 所示。

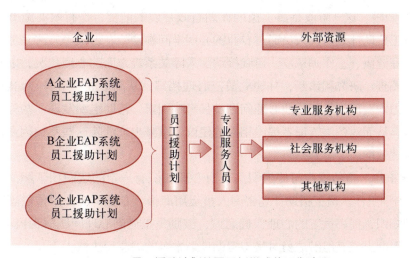

图 10-8 员工援助计划共同委托模式的运作流程

共同委托模式比较适合规模较小的企业，通过共享资源，为员工提供帮助。但在实施中，只有共同委托的企业具备相似的产业背景和员工特色，才能发挥这种方式的最大效益。此外，还需要相对专业、完善和有规模的服务提供商，方能满足多家企业的共同服务需求。

上述五种员工援助计划运作模式的特点的比较如表10-3所示。

表10-3　EAP运作模式的比较

模式	特色	优点
内部模式	企业自行设置负责员工援助计划的部门，聘请具有社会工作、心理咨询等专业资格的人来执行	• 了解企业内部组织文化 • 能较好配合其他部门业务 • 有弹性、量身定制企业内部所需的服务 • 随时帮助员工解决及时性问题
外部模式	企业付费由外部具有社会工作、心理咨询等专业资格的人员或机构，提供员工援助计划专业服务	• 具有较强的专业性 • 保密性较好，员工较信任 • 易获得最新专业信息与技术服务
混合模式	企业内部已设置员工援助计划部门，需要与外部专业机构合作，共同为员工提供服务	• 分担企业内部人员费用 • 灵活满足员工需要
联合模式	几个企业联合成立一个专门提供各企业员工援助计划的联合服务中心，并由具有社会工作、心理咨询知识和经验的专业服务人员提供帮助	• 资源共享，比较经济 • 具有全面且深入的专业性服务 • 容易获得最新专业信息与服务
共同委托模式	几个企业共同委托具有专业能力的专业服务人员与机构，为员工提供服务	• 资源共享，比较经济 • 整合企业意见，互相补充 • 容易获得最新的专业信息与技术服务

（6）员工援助计划的实施流程。员工援助计划计划是一个全面、系统的服务过程，包括发现、预防和解决问题的整个过程。不同组织的员工援助计划模式并不完全相同，但实施过程都包括组织调研、宣传推广、教育培训、心理咨询四个环节。

① 组织调研。这一阶段是员工援助计划有效开展的前提，是有效实施员工援助计划的基础。员工援助计划咨询人员通过专业的心理学问卷测验、访谈等方法来考查组织成员的压力、心理健康、工作满意度、自我接纳、人际关系等方面的心理状况，以对员工的心理状况进行调查、研究和诊断，并建立员工心理档案，从而形成一个身心健康评估系统。与此同时，力求发现和诊断职业心理问题及其影响因素，帮助组织发现一些导致员工问题的管理因素，从而对各层管理者提出相应的建议，以减少或消除这些不良因素，并最终提高组织的管理效能。

② 宣传推广。宣传推广可使组织员工对心理知识有一定的认识和了解，可以认为是"面"上的培训工作。员工援助计划咨询人员运用海报、专题讲座、宣传栏等媒介宣传心理健康基础知识，提高员工的心理保健意识，鼓励员工遇到心理问题时积极寻求帮助等。这可在一定程度上提高组织成员对员工援助计划本身的关注和热情。

③ 教育培训。教育培训是对具体的员工群体进行的极具针对性的心理知识培训工作，相对于宣传推广阶段"面"上的培训，可以将教育培训看作"线"上的培训。针对组织中不同的员工群体，根据群体的工作性质以及在组织调研中发现的问题，员工援助计划服务机构提供有针对性的教育培训课程：一方面是针对管理者的培训，使之了解一定的心理

咨询理论和技巧，在工作中预防、辨识和解决员工的心理问题，使管理转向支持、帮助的方式；另一方面是针对某一部分员工的培训，开展压力管理、保持积极情绪、工作与生活协调、自我成长等专题的培训或团体辅导，以提高员工自我管理、自我调节的技能，增强对心理问题的抵抗力，融洽上下级之间的关系。

④ 心理咨询。这是员工援助计划中解决组织成员心理问题的最后步骤，员工可以主动到员工援助计划中心寻求心理辅导，当然也可以在管理者的鼓励下向专业心理咨询人员请教，这是对组织成员具体的"点"上的指导。这方面的具体工作就是建立有效的求助渠道和服务平台，如开通热线电话、开辟网上沟通渠道、建立心理咨询室等，以保证员工能够顺利、及时地获得心理咨询及治疗方面的帮助和服务。

（7）有效实施员工援助计划应该注意的要点。员工援助计划通过对引起员工心理问题的原因的调研、分析来帮助员工解决问题，以提高个人绩效，帮助管理者提高管理效能，实为一举两得之良策。但要成功实施员工援助计划，在认识和实际操作上还有一些值得注意的地方：

① 员工援助计划针对的主要是正常的员工而不是已经出了问题的员工，因而更多的是预防而不是救火；不能仅仅帮助员工解决具体的、现实的问题，而应帮助员工学会分析问题、解决问题的方法；不能仅仅停留在具体的个人问题上，而应重视发现引起这些问题的组织因素，并对组织管理提出改进建议，因而具体实施员工援助计划时要既全面又深入。

② 员工援助计划的有效实施需要一个高效的反馈体系。员工援助计划咨询人员将调查、培训、咨询中发现的与企业管理相关的问题反馈给管理者，并向管理者提供管理咨询服务，预防员工心理问题的发生，从而帮助组织改进和完善管理效能。可见，有一个有效、顺畅的反馈体系十分重要。

③ 组织如果采用员工援助计划内部模式，则专职人员应特别注意保持客观、中立的态度和立场；如果采用员工援助计划外部模式，那么服务人员需要广泛而深入地了解、熟悉企业的内部情况，但这种模式在服务的主动性、细致程度和连续性等方面并没有内部模式好，因而组织在实际应用时，两全其美的方法是将内部模式和外部模式结合起来。

④ 在员工援助计划的实施过程中需要特别注意的问题是保密性，组织必须建立相关的保密制度。组织在采用员工援助计划内部模式时尤其要注意这一点。保密性得到保障，将有助于增强员工接受和参与员工援助计划的意愿。有些员工的问题涉及隐私，不论采用何种模式，员工援助计划咨询人员都必须严格遵守心理咨询的保密原则展开咨询工作。

⑤ 员工援助计划的实施能否成功很大程度上取决于组织员工有没有意愿接受这一计划，而要使员工接受这一计划，从根本上讲，要求管理者有一种新的管理理念，一种基于帮助的、以人为本的管理理念，而不是传统的基于惩罚的管理理念。只有这样，员工才会有积极的自我认同感，从而产生自我发展的需求，而不再依赖组织和上级管理者的认同。

⑥ 在实施员工援助计划的过程中，管理人员的角色定位非常重要，事实上，问题员工的上级在员工援助计划专业人员和员工之间起着非常重要的纽带作用。管理者比员工援助计划专业人员更加清楚问题员工的情况，在计划的实施过程中应主动协助员工援助计划专业人员开展工作，同时要敢于面对员工存在问题这一事实。

⑦ 支持性的组织气氛对于成功实施员工援助计划也是非常重要的。组织高层决策者对于员工援助计划的支持尤为重要，这不仅仅指高层管理者对其他员工使用员工援助计划的鼓励和支持，还包括高层管理者有使用员工援助计划的意愿，包括认同这样的管理理念，即每一位员工都是对组织有价值的人力资源。

⑧ 要成功实施员工援助计划，组织中的每一个成员都必须明确自己的责任，并主动承担这份责任：这一计划的管理责任通常是由人力资源管理部门承担的；员工的直接上司负责区分、识别和证明绩效下降的员工，并将这些员工介绍到员工援助计划服务专业人员那里时需要承担重要责任；员工个体的分责任是将员工援助计划作为一种提高工作绩效的工具和途径，校正自己的行为，积极地参与到员工援助计划的实施过程中，以实现企业和员工的共同发展。

⑨ 对员工援助计划的实施情况进行客观评价，对于改进、完善员工援助计划并使之更好地为组织服务是非常必要的。评价员工援助计划有效性不能仅仅测量满意度等指标，而应精心设计，开展调查研究，调查的内容包括：组织的哪些成员参加了员工援助计划？一些员工不接纳这个计划的原因是什么？有多少员工成功地解决了问题并提高了绩效？这些员工是不是还能保持可接受的工作绩效？员工援助计划与其他人事制度、组织程序的结合程度如何？引发员工问题的组织环境因素是什么，它们应如何得到改善？员工及管理人员是如何看待这个计划的，他们认为应怎样改进？这样的评价体系对于组织成功实施员工援助计划并使之不断完善发展是很有帮助的。

【学习资料10-1】

海底捞的人本管理与员工幸福感

在海底捞，有很多措施体现出公司的人本管理特征，有相关报道就曾指出，海底捞高层十分重视公司的服务型人才，通过诸多措施让员工体会到幸福，在物质待遇以外，还通过各种人文关怀来提升员工的幸福感知，公司较为完善的制度体系保证企业中员工相对公平的感受，良好的职业生涯管理让底层员工也有"奔头"，培训和学习机制的健全让员工不断自我成长与发展。具体来看，海底捞的人本管理有以下几点体现：

（1）良性的职业生涯管理体系。职业生涯体系是激发员工积极工作的重要因素，在海底捞大部分岗位有内部晋升通道，独特"师徒制度"也为员工提供了一个良好的学习方式，从刚入职场到"劳模"，员工可以通过海底捞既有的职业生涯通道有一个很好的发展。此外，海底捞职业生涯管理中所体现出来的公平性也是提升员工工作积极性的重要因素，公平环境基础上构建起来一个"必升"的职业生涯通道。

（2）关注员工学习与成长。服务型企业中员工一般不要求专业的技术，很多员工的教育水平较低，海底捞高度重视员工的学习与持续成长。完善的培训体系为员工学习提供了多样化的通道和方式，基于师徒制形式的学习模式让员工的服务水平和管理水平有了质的提升。公司聚焦员工的学习与成长，是对员工高层次需求的关注和满足，有利于员工的长远发展，在海底捞的员工往往能够体会到更多的自我价值。

（3）完善的薪酬与福利制度。在海底捞有一种特殊的福利制度，就是公司会给员工的父母发放福利，公司根据员工的表现，会给予员工家庭成员不同等级的薪酬奖励，此外，满足不同工作年限的员工也会获得特殊的奖励。在这种制度下，员工的自尊心受到高度的重视，自我价值得到实现，往往会对公司有更为一致的认可。员工将海底捞当做自己的家，积极提升自己的服务水平，从而为企业创造了更好的绩效。

（4）授权型文化与宽松的工作环境。与其他标准化流水线式服务模式相比，海底捞用独特的授权型文化和相对宽松的工作环境，在服务顾客的过程中，基于满足顾客需求的基本目的，服务人员可以享有诸多权限，如打折、换菜甚至免单，这种授权型文化和相对宽松、无束缚的工作环境给予员工以较大的工作权限，更大程度上调动了员工工作的积极性。此外，海底捞鼓励员工在实际工作过程中进行创新，很多创新点会以员工的名字进行命名，对员工来讲是一种莫大的鼓励和认可。

（5）关怀型文化与人本管理。海底捞不断努力，致力于打造一个和谐的工作氛围和企业文化，从而有助于提升员工的服务水平提升。海底捞的企业文化是典型的情感型文化，公司极力营造一种大家庭的文化氛围，传帮带的团队合作与组织团队学习，充分调动并激发员工的主动性与积极性，不断追求顾客与员工满意，关注内部沟通与协调，这些特点都是海底捞文化体系的独特之处，在这种关怀型文化和强调人本管理的管理体系中，员工会有较高的幸福感知。

资料来源：刘杨，《匹配视角下服务型企业员工幸福感的构建——以海底捞为案例》，《中国人力资源开发》2016年第22期，第61—64页。

二、员工职业健康安全管理

在企业的生产经营活动中，对员工职业健康安全造成侵害的因素主要源于两方面：生产过程中的安全事故；工作场所的有毒有害物质、对健康不利的工作环境与动作[15]。

针对劳动过程中的不安全和不卫生因素，劳动法规定了劳动者有获得劳动安全卫生保护的权利，以保障劳动者在劳动过程中的安全和健康。国际劳工公约和建议书中涉及劳动安全卫生内容的占一半左右。我国《劳动法》对劳动安全卫生做了专章规定。此外，还有一系列与《劳动法》相配套的劳动安全卫生法规和安全卫生的国际标准，如国务院1991年发布的《企业职工伤亡事故报告和处理规定》，1992年全国人大通过的《中华人民共和国矿山安全法》，原劳动部1994年颁布的《矿山安全监察员管理办法》，2002年全国人大通过的《中华人民共和国安全生产法》（以下简称《安全生产法》）等。

（一）员工职业健康安全法律体系[16]

1. 劳动安全卫生管理法规

为保障劳动者在劳动过程中的安全和健康，用人单位应根据国家有关规定，结合本单位实际制定有关安全卫生管理的制度。《劳动法》第52条规定："用人单位必须建立、健全劳动安全卫生制度，严格执行国家劳动安全卫生规程和标准，对劳动者进行劳动安全卫生教育，防止劳动过程中的事故，减少职业危害。"《安全生产法》第4条规定："生产经营单位必须遵守本法和其他有关安全生产的法律、法规，加强安全生产管理，建立、健全安全生产责任制度，完善安全生产条件，确保安全生产。"相关法规的内容包括：① 企业管理者、职能部门、技术人员和职工的安全生产责任制，如规定单位主要负责人对安全生产工作全面负责，应当建立、健全本单位安全生产责任制；组织制定本单位安全生产规章制度和操作规程；保证安全生产投入的有效实施；督促、检查安全生产工作，及时消除生产安全事故隐患；组织制定并实施生产安全事故应急救援预案；及时、如实报告生产安全事故等。② 安全技术措施计划制度，如规定用人单位应当保证安全生产条件所必需的资金投入，对由于安全生产所必需的资金投入不足导致的后果承担责任；建设项目安全设施的设计人、设计单位应当对安全设施设计负责。③ 安全生产教育制度，如规定用人单位应当对从业人员进行安全生产教育和培训，保证从业人员具备必要的安全生产知识，熟悉有关的安全生产规章制度和安全操作规程，掌握本岗位的安全操作技能；未经安全生产教育和培训合格的从业人员，不得上岗作业；特种作业人员必须按照国家有关规定经专门的安全作业培训，取得特种作业操作资格证书，方可上岗作业。④ 安全生产检查制度，如规定工会对用人单位违反安全生产法律、法规，侵犯从业人员合法权益的行为，有权要求纠正；发现单位违章指挥、强令冒险作业或者发现事故隐患时，有权提出解决的建议；发现危及从业人员生命安全的情况时，有权向单位建议组织从业人员撤离危险场所等。⑤ 安全卫生检察制度，如工会有权对建设项目的安全设施与主体工程同时设计、同时施工、同时投入生产和使用进行监督，提出意见。⑥ 伤亡事故报告和处理制度。

2. 劳动安全技术规程

劳动安全技术规程，是防止和消除生产过程中的伤亡事故，保障劳动者生命安全和减轻繁重体力劳动强度，维护生产设备安全运行的法律规范。《劳动法》第53条规定，劳动安全卫生设施必须符合国家规定的标准。《安全生产法》第24条规定，生产经营单位新建、改建、扩建工程项目的安全设施，必须与主体工程同时设计、同时施工、同时投入生产和使用。安全设施投资应当纳入建设项目概算。劳动安全技术规程的内容主要包括：① 技术措施，如机器设备、电气设备、动力锅炉的装置，厂房、矿山和道路建筑的安全技术措施；② 组织措施，即安全技术管理机构的设置、人员的配置和训练，以及工作计划和制度。

3. 劳动卫生规程

劳动卫生规程，是防止有毒有害物质的危害和防止职业病发生所采取的各种防护措施的规章制度，包括各种行业生产卫生、医疗预防、健康检查等技术和组织管理措施的规定。职业危害主要有：① 生产过程中的危害，如高温、噪声、粉尘、不正常的气压等；② 生产管理中的危害，如过长的工作时间和过强的体力劳动等；③ 生产场所的危害，如通风、取暖和照明等。

4. 伤亡事故报告和处理制度

伤亡事故报告和处理制度是对劳动者在劳动过程中发生的伤亡事故进行统计、报告、调查、分析和处理的制度。《劳动法》第 57 条规定："国家建立伤亡事故和职业病统计报告和处理制度。县级以上各级人民政府劳动行政部门、有关部门和用人单位应当依法对劳动者在劳动过程中发生的伤亡事故和劳动者的职业病状况，进行统计、报告和处理。" 1991 年国务院颁布的《企业职工伤亡事故报告和处理规定》对伤亡事故的种类、伤亡事故的报告和调查、伤亡事故的处理等方面均作了明确规定。

5. 劳动者的权利和义务

劳动者在劳动过程中必须遵守安全生产规章制度和操作规程，服从管理，正确佩戴和使用劳动防护用品，接受安全生产教育和培训，掌握本职工作所需的安全生产知识，提高安全生产技能，增强事故预防和应急处理能力，发现事故隐患或者其他不安全因素，应当立即向现场安全生产管理人员或者本单位负责人报告。

用人单位与劳动者订立的劳动合同，应当载明有关保障劳动安全、防止职业危害、依法为劳动者办理工伤社会保险的事项。用人单位不得以任何形式与劳动者订立协议，免除或者减轻其对劳动者因生产安全事故伤亡依法应承担的责任。

劳动者有权了解其作业场所和工作岗位存在的危险因素、防范措施及事故应急措施，有权对用人单位的安全生产工作提出建议，有权对安全生产工作中存在的问题提出批评、检举、控告，有权拒绝违章指挥和强令冒险作业。用人单位不得因此而降低其工资、福利等待遇或者解除与其订立的劳动合同。《劳动合同法》第 32 条规定："劳动者拒绝用人单位管理人员违章指挥、强令冒险作业的，不视为违反劳动合同。劳动者对危害生命安全和身体健康的劳动条件，有权对用人单位提出批评、检举和控告。"劳动者发现直接危及人身安全的紧急情况时，有权停止作业或者在采取可能的应急措施后撤离作业场所。单位不得因此而降低其工资、福利等待遇或者解除与其订立的劳动合同。因生产安全事故受到损害的劳动者，除依法享有工伤社会保险外，依照有关民事法律尚有获得赔偿的权利的，有权向所在单位提出赔偿要求。保障劳动者在工作过程中的安全与健康是用人单位的重要义务，法律赋予劳动者相应的权利以达到平衡双方权利义务、保障劳动者安全与健康的目的。

（二）员工职业健康安全管理流程

在生产经营的各个环节内，企业应建立起员工职业安全健康管理制度体系，着力避免安全事故的出现，并为员工营造安全、健康、舒适的工作环境，从而保障员工的生命安全与身心健康，促进企业生产经营活动的正常进行。

在制度建设上，企业应严格遵守国家法律的相关规定，建立安全管理责任制度、安全卫生技术管理制度、劳动安全卫生设施管理制度、劳动安全卫生培训制度、劳动安全卫生检察制度、劳动防护用品管理制度、伤亡事故与职业病统计报告处理制度等安全生产制度，形成系统完备的职业健康安全管理体系。

在管理流程上，企业可将职业健康安全管理融入企业生产经营管理与人力资源管理的各个环节与阶段，实现有机的系统化管理。

1. 工作分析阶段的职业健康安全管理

在工作分析阶段，应加入健康安全因素进行分析，确定完成特定岗位和职务的工作所需的环境条件，同时确定对员工健康安全造成影响的各项因素，从而能够提前采取相应预防措施，降低工作风险，提升工作中员工的健康、舒适程度。

2. 员工职业健康安全管理计划的制定

在企业的发展战略制定完毕后，应以此为基础，依据企业的未来发展规划制定相应的职业健康安全管理计划：结合企业长期发展战略，分析影响员工健康安全的内外部因素；依据企业发展所需的各类资源状况与中长期规划，进行安全管理的成本效益预测；配合企业战略制定具体的员工健康安全管理措施，如员工培训、安全考核等。

3. 在招聘与录用阶段的职业健康安全分析

在员工招聘环节，应依照职业健康安全管理计划，对应聘者进行严格筛选，从而确保录用者能够满足企业的健康安全生产要求。

4. 员工培训阶段的职业健康安全管理

在进行员工培训时，除工作所需的知识、技能与素质培训外，需重视对员工的职业健康安全意识的宣传教育，除此之外，亦应对企业的高层领导、安全专职管理人员、一线经理进行相应培训，提升管理者对于员工职业健康安全问题的重视与必要素养。

5. 绩效考核阶段的职业健康安全行为考核

在进行绩效考核时，可引入关于职业健康安全行为的考核，对员工及各级管理者的职业健康安全行为进行评价，以督促管理者完成其安全管理职责，同时避免因员工个人行为导致的伤亡事故与财产损失。

三、员工参与管理

（一）员工参与管理的内涵

员工参与管理最早起源于19世纪末英国的集体谈判制度，内容包括参与所有、参与管理和参与分配，并在第二次世界大战后的工业民主化运动中逐步得到法律承认。员工参与是依据企业管理过程中的"分享管理"和"机会均等"原则发展而来的，其核心是员工有权参与涉及自身利益问题的决策和管理。

员工参与管理是指不具有管理职权的员工不同程度地参与组织经营决策及各级管理实

践活动的制度、过程和行为，以激发员工的积极性，并最终提高员工工作效率和质量。通过参与管理，员工与企业的高层管理者基于平等的地位来研究和讨论组织中的重大问题，他们可以感受到上级主管的信任，因认识到自己的利益与组织发展密切相关而产生强烈的责任感。参与管理既对个人产生激励，又为组织目标的实现提供了保证。

员工参与管理是实现企业劳资双方合作的主要手段或形式。参与式管理强调通过员工参与组织的管理决策，改善人际关系，发挥员工的聪明才智，充分实现自我价值，同时达到提高组织效率、增加组织效益的目标。根据日本和美国公司的统计，实施参与管理可以大幅提高经济效益，一般可以提高50%以上，有的可以提高一倍至几倍。增加的效益一般有1/3作为奖励返还给员工，2/3成为组织增加的资产。

(二) 员工参与管理的形式

1. 目标管理

目标管理的概念是管理学家德鲁克率先提出的，其主要思想是强调员工参与目标制定的重要性，运用目标来激励而不是控制他人。企业在设定整体目标时，邀请员工尤其是老员工参与决策。公司的最高管理层在设定目标时认真听取他们的意见。员工反映的往往是最接近市场的信息，能够有效避免决策脱离实际。员工亲自参与目标的制定后，在实现目标时就会有很强的能动性，有利于目标的顺利实现。

2. 员工持股计划

员工持股计划的主要内容是：企业成立一个专门的员工持股信托基金会，基金会由企业全面担保，贷款认购企业的股票。企业每年按一定比例提取工资总额的一部分，投入员工持股信托基金会，偿还贷款。当贷款还清后，该基金会根据员工相应的工资水平或劳动贡献大小，把股票分配到每个员工的"持股计划账户"上。如果员工离开企业或退休，可将股票卖给员工持股信托基金会。

通过员工持股计划，员工与企业的利益融为一体，企业获得超常发展，员工也从持股中得到巨大利益。目前，我国有许多企业实施了员工持股计划。员工入股是员工参与在物质上满意的前提和保证，也是管理参与的物质基础。

3. 质量圈

质量圈也叫质量改善小组，是指从事相关工作的志愿人员组成的小组，在训练有素的领导者领导下定期聚会讨论和提出改善工作的方法或安排。实施质量圈计划的目的是给予工人更多地运用他们的经验和知识的空间，给员工提供发挥他们智慧的机会，提高生产力和质量，改善员工关系，让员工对企业有责任心。员工有可能对管理者和团队领导不了解的工作问题了解得更多，通过参加质量圈计划，员工能够在提出建议与解决问题的过程中获得心理满足，这有助于增进劳资双方的沟通。因此，质量圈是员工参与管理、提高企业生产效率的一个重要手段。

4. 自我管理型团队

自我管理型团队模式最早起源于20世纪50年代的英国和瑞典。沃尔沃的管理模式非常先进，在其位于武德瓦拉的生产基地，完全由自我管理型团队进行整辆轿车的装配。

自我管理型团队通常由 10~16 人组成，他们承担着以前自己的上司所承担的一些责任。一般来说，他们的责任范围包括控制工作节奏、决定工作任务的分配、安排工间休息。彻底的自我管理型团队甚至可以挑选自己的成员，并让成员相互进行绩效评估。自我管理型团队强调员工参与决策和控制决策，其主要特点是团队成员自我管理、自我负责、自我领导、自我学习、自我评估。

5. 合理化建议制度

合理化建议制度是指企业征求和处理员工对于企业经营和管理的建议的一种制度，通过合理化建议来提高企业经营绩效。

合理化建议能否成功实施取决于企业所制定的有关制度和程序，包括对员工提交建议的接受渠道、评审及反馈程序、奖励机制，避免因方案未被采纳而使他们感觉受到挫折的一系列措施等。最常见的方式是意见箱、意见表、海报、小册子及公司内刊等。处理员工合理化建议需要人力资源部和直接上级同时做好沟通和反馈工作。

6. 工人董事

20 世纪 70 年代董事会制度中开始出现工人董事的概念。工人董事是指由员工民主选举一定数量的员工代表进入公司董事会，代表员工参与决策、监督的制度。董事会中的员工代表称为工人董事。工人董事制度的意义体现在：使员工代表能够对公司决策进行监督，及时反映员工的意愿和要求；平衡员工与投资者、管理者的关系；把员工利益和公司利益结合在一起，共同承担风险、承担责任、共享利益；在促进公司发展、协调劳资关系方面起到重要作用。

7. 员工代表大会

员工代表大会，即企业民主管理制度，是我国国有企业实行企业民主的最基本形式，是员工行使民主管理权力的机构，它由民主选举的员工代表组成。员工代表大会制度对保障员工权益，充分发挥员工的积极性和主动性，提高劳动生产率，建立和谐的劳动关系，稳定社会秩序具有重大意义。员工代表大会的工作机构是企业工会，具有审议权、同意或否决权、决定权、监督权、选举权等职权。员工代表大会是组织员工参与企业管理、树立员工主人翁意识、发挥员工工作积极性的有效形式。

8. 员工俱乐部

员工俱乐部为员工提供了承担管理任务的机会，是一种非常好的激励手段和培训手段。让员工自己组建俱乐部，让他们尽情发挥个人所长，踊跃为俱乐部献计献策。通过参与管理，可以帮助员工提升管理技能，为其赢得晋升的机会，同时通过这种形式的内部沟通帮助员工进行一定的职业生涯规划。

四、员工纪律管理[17][18]

在员工关系管理中，制定合法的劳动纪律或规章制度是十分必要的，使得纪律管理有章可循，促进员工关系的和谐，同时能够为劳动争议的处理提供有效证据。[19]纪律管理是维持组织内部良好秩序的过程，也是利用奖励和惩罚措施来纠正、塑造以及强化员工行为的过程。

（一）纪律管理的概念及理论

1. 纪律管理的概念

对于任何一个组织而言，拥有并贯彻落实自己的规章制度是规范管理活动与员工行为、保证正常的工作与经营秩序、确保组织目标达成的重要前提。在企业生产经营活动中，良好的纪律能够确保全体成员的利益，对侵害员工利益和权利的行为起到防范作用。因此，在组织中如何构建、维持良好的纪律就成了管理者的重要任务。

广义上，纪律即秩序。纪律是企业员工自我控制的行为，生产经营活动在一定秩序下进行，显示了组织内部的真诚合作。纪律并不意味着僵硬的规定和严格的信条遵守，而是指正常而有秩序的活动。在组织中，良好的纪律能够在促使自身运作有序进行的同时，确保其内部全体成员的正当权利。

所谓纪律管理，是指维持组织内部良好秩序的过程，即凭借奖励和惩罚措施来纠正、塑造以及强化员工行为的过程。

现代纪律管理强调"影响员工改变其行为"的过程。根据其功能和作用，可以把它分为预防性和矫正性纪律管理两类。

（1）预防性的纪律管理。强调采用积极有效的激励方法，鼓励员工遵守劳动标准和规则，以预防违规行为的发生。其基本目的是鼓励员工自律、努力向上。

（2）矫正性的纪律管理。这是指当出现违规行为时，为了阻止违规行为继续发生，使员工未来的行为符合标准规范而采取的管理措施。矫正性纪律管理较为偏重惩戒方面，典型的矫正性措施是采取某种形式的处罚，如警告、降职，或暂停付薪等，其目的是为了矫正违规者，防止类似行为的发生。

纪律是一种行为规则。纪律问题的产生常常与员工的不当行为和工作态度、管理者的不当管理方法以及组织不合理的政策和期望联系在一起。直线管理者在工作中与员工接触密切，拥有观察员工行为的最佳条件，是纪律管理执行过程中的关键执行者。因此，管理者应尝试观察影响纪律的每一项因素，才能确保公平合理地对员工违纪行为进行处理。

2. 纪律管理的理论基础

纪律管理的基本理念源于管理者对人性的基本假设，其相关理论主要为X、Y理论，行为调适理论和内外控制理论。其中X、Y理论已在本书第二章介绍，在此不再赘述。下面着重介绍行为调试理论和内外控制理论。

（1）行为调试理论（Behavior Modification Theory）认为，人的行为会受到外在刺激的影响而改变。正面影响的刺激，如奖赏制度，将会使管理者所希望的行为不断地重复出现。相反，负面影响的刺激，如惩罚制度，会使管理者所不希望的行为出现的次数最少。

因此，管理者可以通过奖惩制度的设计影响企业员工的行为，使其产生管理者所预期的行为，以提升工作绩效。

行为调适理论与强化理论（Reinforcement Theory）类似，按照强化理论的观点，行为结果会对下一次行为的出现产生促进或抑制的效果。正强化是强化该行为的发生，而负强化则是抑制该行为出现。

（2）内外控制理论。一个人由内定的主宰机制来判断其认知的控制机制，即为内外控制理论。内控者认为自己是命运的主宰者，较倾向于自我约束，而不是外力的强制约束；相反，外控者则受制于外力的操纵，本身并无强烈的主动意愿。

由于员工个人性格特质不同，在纪律管理上也会有所差异。在内控方面，类似Y理论所强调的，着重于员工的自我约束及修正；而外控理论则类似X理论，较为强调禁止和处罚。

3. 纪律管理的程序

纪律管理的程序，主要包括确立纪律目标、拟订工作和行为规范、沟通目标与规范、行为评估、修正所期望的行为。管理者首先要确立纪律管理目标，与员工进行沟通，并据此来评价、修正员工行为。纪律管理程序的目的，是从积极方面促使员工自我约束，保护员工的合法利益与权利，协助员工成功，促使组织内部良好秩序的形成。

（1）确定纪律管理目标。制订纪律法规的目标，在于引导和规范员工工作行为，并使之井然有序，以提高企业生产力，达成组织目标。制订纪律管理目标的意义在于确保组织目标的实现，保障员工个人合法权益。

（2）拟订工作和行为规范。凡是直接或间接影响企业生产力或企业目标达成的事项，都应当拟订相关纪律法规，以规范员工工作行为。纪律法规应当公平合理，简单明确，避免模棱两可、含糊不清，造成执行中的困难，引发员工的反感和抗议。通常，纪律法规应当涵盖工作行为的各个层面。

（3）沟通目标与规范。纪律法规要得到切实执行和遵守，必须获得员工对其目标和内容的了解，因而制订纪律规范最好能有员工参与，确保员工对规则的支持与实践意愿。

（4）评估员工行为。定期和不定期地记录员工平时工作表现，并应用于绩效评估，对企业纪律政策及员工行为予以检讨和评估，作为管理决策的参考依据。

（5）修正员工行为。在绩效评估之后，应对员工不当工作行为予以提醒，并实施适当的惩戒措施予以修正。

4. 纪律管理的方式：奖惩制度

（1）奖惩的意义。奖励和惩罚是纪律管理不可缺少的方法。奖励属于积极性的激励诱因，是对员工某项工作成果的肯定，旨在唤起员工的上进心、荣誉感，促使其守法守纪、负责尽职，并发挥最大的潜能。奖励可以给员工带来高度的自尊、积极的情绪和满足感。惩罚则是消极的诱因，其目的是以畏惧感促使员工遵守企业内规则，约束员工行为。惩罚会使人产生愤恨、恐惧或挫折感，除非十分必要，否则不要滥施惩罚。

奖惩是管理者对工作努力或严重违反劳动纪律的员工所采取的激励或惩罚措施。要使得奖惩措施行之有效，则应在实施时符合预先设定的规则，并按照规定的程序进行；应明确奖惩的原因、奖惩依据、奖惩程度、奖惩的具体形式，且排除管理者的主观情绪。若奖惩不当，将会影响劳动生产率的提高和员工关系的改善。

（2）奖惩的种类。奖惩是管理者根据员工行为发生的事实、情节，依奖惩制度所给予的处理，一般可以分为精神奖惩和物质奖惩。除了非正式的口头赞许与责备之外，正式的奖惩措施主要有以下几种。

① 奖励：包括表扬、嘉奖、记功，发放奖金，发放奖状、奖牌，晋级加薪，调升职务，培训深造等。

② 惩罚：包括申诫、记过，降低薪酬等级，降调职务，停职，免职，追究刑事责任等。

这些奖惩措施可以同时使用，如对记大功者，可以同时发给奖金、表扬并调升职务；对受惩罚者，也可以同时记大过、降级以及降调职务。

管理者实施奖惩措施时，应当详细考查事实程度、功过轻重大小，妥善运用。惩罚员工，尤其应注意其错误的原因、动机、目的，做到不偏不倚，达到惩罚的预期效果。

（3）奖惩事实。奖惩事实，是指员工的哪种情形能够受到奖惩。通常可以从员工工作、品德、考勤等方面进行考量，包括工作、品德、考勤等方面。

① 奖励事实。

- 提案奖励：鼓励员工出谋划策，积极提出工作建议。对于员工所提建议或研究报告，若经采用，企业可视其贡献大小进行奖励，以鼓励员工多提议案。
- 工作方面：工作上有重大突破、显著成效；领导有方，拓展业务成绩显著；重大工作能够提前完成等。
- 品德方面：品行端正，足以成为楷模；拒绝收受贿赂，不受利诱；拾金不昧；劝人改过自新并有成效。
- 考勤方面：全年无请假、迟到、早退及旷工记录，提早上班、迟晚下班并足以成为楷模。
- 其他方面：如协助维护社会治安；热心公益，济助贫困并足以成为楷模；调解纠纷，处置得当等。

② 惩罚事实。

- 工作方面：擅离工作岗位；执行工作不力或懈怠疏忽；泄露职务上的机密；在外兼营与公司同类业务；对工作资料作不实记载或报告等。
- 品德方面：制造事端，扰乱秩序影响团结；在外行为不检，影响本企业声誉；盗窃物品；收受贿赂侵占公款等。
- 考勤方面的惩罚：旷工、迟到、早退、工作缺勤；伪造出差事由，伪造请假证明等。
- 其他方面：对同事不法行为隐瞒不报；违反国家法律、法规的行为。

此外，一些国家规定企业可以对员工实施惩处的情形还有：性骚扰、种族歧视；工作绩效不能令人满意、拒绝接受工作安排、参加法律禁止的罢工、使用毒品或麻醉剂、凌辱顾客等。

5. 奖惩制度的实施

奖惩制度是规范企业经营管理、约束员工行为的重要规范，大多数企业部根据自身需要出台了或繁或简的规章制度。制定包括奖惩措施在内的规章制度，是法律赋予企业的权利，也是企业用工自主权的重要内容，但法律在赋予企业此项权利的同时，为了防止此项权利的滥用导致员工合法利益受损也设定了相应的限制条件。这些限制条件包括：① 规章制度的内容合法，即管理制度的内容不能与现行法律法规、社会公德等相背离；② 规章制度要经过民主程序制定，即企业规章制度必须经过职工大会或职工代表大会，或至少是职工代表同意；③ 规章制度要向员工公示，即规章制度出台后要公开告知员工。我国法律规定，这三项限制条件缺一不可，如果企业制定的规章制度不符合上述任何一项条件，则不能作为人民法院审理案件的裁判依据。

对员工进行奖惩，应遵循一定的程序和步骤：① 建立绩效考核等规章制度。绩效考核一般通过绩效评价过程来确定，规章制度是获得高绩效的保证，应当与成功的工作业绩相关，其内容应合法、公正、具体、明确，具有可操作性。② 符合民主程序。制定规章制度和工作规则时，应直接或间接征求员工意见和建议，应符合法定的民主程序，如职工代表大会通过、集体谈判确认等。③ 向员工公示。管理方负有将绩效考核标准和规章制度传达给员工的责任和义务。④ 渐进性惩处。管理方对员工进行处罚，应采取逐步严厉的方式进行，即口头警告、书面警告、停职和解雇这种正常顺序，其目的是确保对所犯错误施以适当的惩处。处罚员工，应仔细、公正、规范，避免草率。⑤ 必要时，采取纠正性惩处行动。当员工的工作绩效低于预期或者违反了规章制度时，必须采取纠正措施。⑥ 调查和取证。奖惩应建立在事实清楚、证据确凿的基础之上，以充分、恰当的记录为依据。管理方要避免对员工进行草率惩罚，更不能在惩罚员工之后，再去搜集、寻找相关证据。

纪律管理在员工关系中发挥着重要作用。整体上看，纪律管理还存在许多问题，由此引发的争议也很多。从我国目前劳动争议案件的处理结果看，企业败诉的比例仍然较高，约占五成。企业胜诉率低的重要原因之一是对违纪员工的处罚标准没有具体细化、量化。我国现行劳动法律、法规对违纪行为的规定使用了大量的程度副词，如"严重违纪""重大损失"等，在这些情况下，企业可以解除劳动合同，但对什么是违纪行为、违纪行为达到何种程度才构成"严重违纪"等，却没有作出具体列举，这就需要企业在《员工守则》或者规章制度中根据不同岗位要求将其细化和量化。所谓细化，是指全面列举违纪行为的具体表现，最后使用兜底条款，如"公司认定的其他违纪行为"。所谓量化，是指在程度上尽量使用客观的数字说明、描述相应的行为。如不要使用"经常迟到早退",而应使用"迟到或早退累计达3次";不要使用"凡给公司造成严重经济损失的行为",而应使用"给公司造成经济损失达2 000元以上者"。在惩罚的程序和级别上分为口头警告、书面警告等。凡是违纪处罚,一定要有书面记录,即使是口头警告,也须有书面记录,并在员工档案中保存。

【学习资料10-2】

华为"EMT"团队自律宣言

华为公司除对普通员工进行纪律管理外,对于企业高层管理团队亦应通过规章制度加以约束、管理,确保管理人员能够在企业内实行更加公正、合理、高效的管理措施,在企业内部形成上下一致的良好纪律管理体系。

2017年1月11日上午9时,华为在深圳坂田基地召开干部工作作风宣誓大会。公司董事长孙亚芳,副董事长郭平、徐直军、胡厚崑、任正非,常务董事徐文伟、李杰、丁耘、孟晚舟以及监事会主席梁华,紧密地站成一排,一起举起右手,进行宣誓,内容包括8条:

(1) 我绝不搞迎来送往,不给上级送礼,不当面赞扬上级,把精力放在为客户服务上。

(2) 我绝不动用公司资源,也不能占用工作时间,为上级或其家属办私事。遇非办不可的特殊情况,应申报并由受益人支付相关费用。

(3) 我绝不说假话,不"捂盖子",不评价不了解的情况,不传播不实之词,有意见直接与当事人沟通或报告上级,更不能侵犯他人隐私。

(4) 我们认真阅读文件、理解指令。主管的责任是胜利,不是简单的服从。主管尽职尽责的标准是通过激发部属的积极性、主动性、创造性去获取胜利。

(5) 我们反对官僚主义,反对不作为,反对发牢骚讲怪话。对矛盾不回避,对困难不躲闪,积极探索,努力作为,勇于担当。

(6) 我们反对文山会海,反对繁文缛节。学会复杂问题简单化,六百字以内说清一个重大问题。

(7) 我绝不偷窃,绝不私费公报,绝不贪污受贿,绝不造假,我们也绝不允许我们当中任何人这样做,要爱护自身人格。

(8) 我们绝不允许跟人、站队的不良行为在华为形成风气。个人应通过努力工作、创造价值去争取机会。

华为高层带头宣誓不是第一次。华为董事会曾举行过反腐宣誓。2013年1月14日,华为公司召开董事会相关会议,十几名董事面对几百名中高层宣誓要自律反腐,并称"公司最大的风险来自内部","不从制度上寻找根源,那我们距离死亡就已经不远了"。

2013年华为的宣誓词为:"我们必须廉洁正气、奋发图强、励精图治,带领公司冲过未来征程上的暗礁险滩。我们绝不允许'上梁不正下梁歪',绝不允许'堡垒从内部攻破'。我们将坚决履行承诺,并接受公司监事会和全体员工的监督。"集体宣誓后,各位董事会成员依次进行个人宣誓。

资料来源:《华为开了个干部作风宣誓大会:要求不当面赞上级,反对讲怪话》,http://www.kaixian.tv/gd/2017/0117/281722.html。

【学习资料10-3】

高绩效工作系统与员工幸福感

纪律管理是维持组织内部良好秩序的过程,也是利用奖励和惩罚措施来纠正、塑造以及强化员工行为的过程。纪律管理中制定的企业规章制度和劳动纪律能够为企业管理提供依据,降低管理成本、提升管理的公平性,促进员工关系的和谐,同时能够为劳动争议的处理提供有效证据。

基于社会认知理论,严格的纪律管理与奖惩制度能够促使员工不断努力、激发潜能,逐步提高自身素质,促进员工自我效能感的增强[20],使得员工在工作中能够将不断精进的知识与技能成功转化为行为,促使绩效的提升。

同时,符合企业实际的、切实有效的规范化纪律管理及能够防范与限制违规行为,对员工与各级管理者均起到约束作用,有助于维持全体员工的合理、合法权益。

尽管纪律管理对于企业的重要性显而易见,其可能造成的弊端仍不可忽视。从纪律管理的主要作用对象——员工的角度上看,长期实行严格的纪律管理会对员工幸福感造成负面影响。严格的纪律管理下,企业对员工的控制和规范保持在较高水平上,通过提高对员工的要求、塑造员工的行为来提升组织绩效,这就易使得员工的精神长期处于紧张状态,对员工的生理、心理和行为均造成潜在威胁[21],挫伤了员工幸福感。

严格的纪律管理属于典型的控制型人力资源管理实践,这一类型的管理实践趋向于以控制为导向督促员工完成工作,是较为传统的管理方式。除此之外,承诺型、参与型的人力资源管理实践亦在人力资源管理领域内十分盛行,各类人力资源管理实践通过有机组合构成不同的人力资源系统,其中,以提高组织绩效为目标的高绩效工作系统最受瞩目,得到了最广泛的研究。西方学者提出的高绩效工作系统普遍包括承诺型、参与型的人力资源管理实践,如参与管理小组、工作自主性和决策分权、内部晋升、员工建议系统、正式的信息分享制度等[22];而在中国的管理情境下,国内学者苏中兴提出了有别于西方的高绩效工作系统模型,即将控制型与承诺型的人力资源管理实践结合,在着力落实传统型基础管理职能的基础上,与员工建立较强的支持与信任关系[23],最终促使企业绩效的提升。

随着人们心理需求的提高与企业管理情境的变革,积极组织行为学所倡导的员工幸福感逐渐成为人力资源管理领域的研究重点，高绩效工作系统对员工幸福感的影响引发了国内外学者的关注。

总体来看，控制型的高绩效工作系统对员工幸福感的影响趋向于负面，而承诺型、参与型的高绩效工作系统对员工幸福感的影响趋向于正面。横向来看，高绩效工作系统可能会对某一类型的员工幸福感产生促进作用，同时又会抑制另一类型的员工幸福感，如高工作自主性、参与管理等高绩效工作实践会提升员工的主观幸福感、心理幸福感，却仍可能因工作强度过大损害员工的身体幸福感；纵向来看，高绩效工作系统对员工幸福感的影响并不是一成不变的，除此之外，高绩效工作系统对员工幸福感的影响还受到一系列中介变量、调节变量的影响，如管理情境、组织特征、员工个体特征等。

对于企业而言，要使得组织绩效与员工幸福得到平衡，在构建高绩效人力资源系统时，应针对不同员工群体的需求，切实关注对员工而言最迫切需要满足的幸福感类型，选用相应的人力资源管理实践，对不同员工群体采取有针对性的管理措施，有助于提高员工幸福感。同时，企业应注意到外部环境、组织特征、个人特征的可变性，对相关政策适时调整；亦应关注政策实施者的管理活动等中介因素对具体实践效果的影响，对实施流程进行适当监控，并定期开展员工幸福感调查，保证各项制度、政策在组合实施时对员工幸福感产生促进作用，达到预期效果。

五、员工抱怨管理

（一）员工抱怨的概念及特点

员工抱怨是指员工将在工作中感受到的不公平或不公正的待遇，以非正式的方式表达出来。

员工抱怨主要有以下几个特点：

（1）员工抱怨是一种正常的心理宣泄。这样的抱怨有助于缓解心中的不快，但是可能导致工作效率降低、拒绝执行工作任务，甚至破坏企业财物等过激行为。

（2）员工抱怨具有一定的传染性，个别员工的抱怨可能发展为群体抱怨。

（3）员工抱怨也是一种反馈。

（4）员工抱怨与员工的性格有关，与事件的相关性不大。

（二）员工抱怨的原因

员工可能会对很多事情产生抱怨，主要是因为薪酬与待遇、工作环境或工作条件、同事关系、部门关系、上下级关系等方面的问题。

（1）薪酬与待遇。这类问题主要涉及组织在员工薪酬的分配与支付方面的公平、公正和公开程度，以及员工职位的晋升、培训和嘉奖。如果员工发现与其他公司、公司内其他岗位或同事在这些方面存在差距，就容易产生抱怨情绪。

（2）工作环境或工作条件。这方面的抱怨几乎涉及工作的各个方面，小到公司信笺的质量，大到工作场所的地理位置等。

（3）同事关系。这方面的抱怨主要是由于工作分工协调不当、合作者之间性格不合以及沟通不畅，造成同事之间较难相处。工作交往密切的员工之间、部门或者团队内部员工之间的抱怨一般较多。

（4）部门关系。部门之间的利益冲突、部门之间工作衔接不畅，也会导致员工抱怨情绪的产生。

（5）上下级关系。员工对上级的管理方式或领导行为不满而产生抱怨。

（三）员工抱怨的处理

在处理员工抱怨时，不仅要依靠制度、规则和良好的沟通反馈机制，而且要靠耐心、诚心和娴熟的人际关系处理技巧。

（1）乐于接受抱怨，善于倾听抱怨。抱怨是一种情绪发泄，对于管理者来说，不带偏见地耐心倾听往往既能获得员工的信任，又能很好地平复员工的情绪，构建良好的员工关系。

（2）全面了解原因，积极沟通。要积极了解员工抱怨背后的原因，除了从抱怨者口中了解事件的原委以外，管理者还应该听听其他员工的意见。大多数抱怨是针对小事的抱怨或者不合理的抱怨，源于员工的习惯或敏感，对于这种抱怨，可以通过与抱怨者积极沟通来解决。管理者首先要认真听取抱怨者的抱怨和意见，其次对抱怨者提出的问题做认真、耐心的解答，并且对员工不合理的抱怨进行友善的批评。

（3）敢于面对，果断处理。有一些抱怨是因为公司的管理或某些员工的工作出现了问题。这时候要敢于面对，依据工作流程、岗位职责、规章制度等来处理。在规范管理制度时，应坚持民主、公开、公正的原则。如果是某些员工失职导致抱怨产生，要及时对当事人采取处罚措施，尽量做到公正严明。同时，在处理员工抱怨，特别是作为领导处理下属抱怨时，管理者要做到不忽视、不偏袒、不回避、不发火，保持积极、公正、冷静和担当的态度。

【学习资料10-4】

麦当劳处理员工抱怨之策

麦当劳每年会举行一次不记名的员工满意度调查，让不同级别的员工都表达自己的看法与意见；也会在各分店设立"同仁意见箱"，让员工申诉或提出新点子。但是，不定期的绩效考核才是麦当劳解决员工抱怨的秘密武器。不定期考核的方式是：请员工与部门的主管一同参与，为员工评定绩效。首先，由员工给自己打分，然后借这个机会，请个别员工与其主管交谈，提出意见与建议。若员工有严重的抱怨，麦当劳会针对事件中的特定对象或目的，举办临时座谈会，跨越该员工的直属主管，而由第三者来主持座谈会，收集员工与主管双方的不满，予以调停，在座谈会中求得当场解决。

资料来源：《员工抱怨的处理》，http：//www.docin.com/p-1089463489.html。

六、员工申诉管理

（一）员工申诉概述

员工申诉是指员工以口头或书面等正式形式，表示对企业有关事项的不满。申诉是员工表达意见和发泄不满的重要渠道之一。建立企业内员工申诉制度，有利于劳资双方在不同层次上协商，确保员工问题得到及时有效的解决。

依据申诉主体，员工申诉可以分为个人申诉和集体申诉。个人申诉多是由于管理方对工人进行惩处引起纠纷，通常由个人或工会的代表提出。争议的焦点是管理方侵犯了集体协议中规定的个人和团体的权利。集体申诉是为了集体利益而提起的政策性申诉，通常是工会针对管理方（在某些情况下，也可能是管理方针对工会）违反协议条款的行为提出质疑，集体申诉虽不直接涉及个人权利，但影响整个谈判单位的团体利益，通常由工会委员会的成员代表工会提出。

（二）员工申诉制度

一般而言，建立员工申诉制度可以从以下几个方面着手：

（1）明确员工的申诉责权。规定员工有申诉的权利和义务，鼓励员工通过企业内部申诉提出问题；同时说明员工必须对自己的申诉行为负责，如果申诉情况属实，员工将得到相应的补偿和奖励，如不属实则必须承担相应的责任。

（2）界定受理的申诉范围。界定员工可以提起申诉的事项范围，可以使组织和员工了解申诉的问题所在，从而使申诉制度运作方向更为明确。

（3）建立正式的申诉机构。建立正式的申诉机构，不仅能确保申诉渠道的畅通，而且能使管理者通过正式渠道了解员工的工作状况和心理反应。

（4）设计合理的申诉程序。一个合理的申诉程序应具备以下特征：员工有机会表达意见；企业有接受意见并处理的机构或执行者；申诉处理通过正式的渠道和程序进行；问题处理情况必须反馈给申诉者，明示申诉处理过程及结果；企业应定期整理并公布经申诉处理的事件及问题特征，让员工了解申诉问题的重点及处理情形。

（5）设定相应的保密条款。为保护当事人的权益，应当在员工提出申诉后和申诉调查期间对有关事项加以保密。

（三）员工申诉程序

员工申诉程序是由组织中雇佣双方共同确立的一种制度，用来处理和解决员工在人际关系等方面的不满并寻求管理层的公正裁决[24]。但一般而言，申诉之初由申诉者与管理者直接协商，然后由工会代表和工厂主管洽商，如争端仍未解决，最终通过仲裁解决。原则上，如果能在第一阶段解决问题，申诉就不再进入第二阶段。

在无正式工会组织的企业，员工若有任何抱怨与不平，大多由申诉人与其主管直接协商，如果没有解决，则依序向上一级提出，直至最高主管来解决。在有工会组织的企业内部，员工申诉程序往往通过正式的流程来处理。处理员工申诉，不管企业内部是否有工会组织，其主要程序可以归纳为四个阶段：

第一阶段，受理员工申诉。由申诉者与监督者、管理者商谈，管理者在接受申诉的过程中，要心平气和地接纳申诉者，通过其态度和谈话分析产生抱怨的关键原因。

第二阶段，查明事实。管理者要查明争议事实，如果事情涉及双方，则对双方的事实都要进行调查、了解。

第三阶段，解决问题。管理者在了解员工申诉的事实之后，应设法加以解决，并说明事实真相，消除员工的误解。

第四阶段，申请仲裁。如果员工申诉的问题不能在组织内部获得解决，则双方都可以诉诸第三者或公权力来仲裁。在我国，劳动争议仲裁委员会对争议进行裁决之后，双方当事人如果不服，可以在规定的期限内向人民法院提起诉讼。

七、劳动争议处理

（一）劳动争议概述

劳动争议是指劳动关系当事人之间因劳动的权利与义务发生分歧而引起的争议，又称劳动纠纷。其中，有的属于既定权利的争议，即因适用劳动法和劳动合同、集体合同的既定内容而发生的争议；有的属于要求新的权利而出现的争议，是因制定或变更劳动条件而发生的争议。各国对劳动争议的处理一般有专门立法，我国劳动争议处理的专门立法是2007年底颁布的《中华人民共和国劳动争议调解仲裁法》（以下简称《劳动争议调解仲裁法》）。

劳动争议的当事人是指劳动关系当事人双方——员工和用人单位（包括自然人、法人和拥有经营权的用人单位），即劳动法律关系中权利的享有者和义务的承担者。根据当事人的情况，可以将劳动争议分为个别争议和集体争议。个别争议是指雇主与员工个人之间的争议，集体争议是指雇主与员工团体之间的争议。

劳动争议的内容范围比较广，涉及劳动关系的方方面面。在我国，根据《劳动争议调解仲裁法》的规定，劳动争议的范围主要包括六个方面：① 因确认劳动关系发生的争议；② 因订立、履行、变更、解除和终止劳动合同发生的争议；③ 因除名、辞退和辞职、离职发生的争议；④ 因工作时间、休息休假、社会保险、福利、培训以及劳动保护发生的争议；⑤ 因劳动报酬、工伤医疗费、经济补偿或者赔偿金等发生的争议；⑥ 法律、法规规定的其他劳动争议。

（二）劳动争议的预防

员工关系管理专业人员和人力资源管理部门要不断提升企业的人力资源管理水平，建设积极和谐的员工关系，预防各种劳动争议。

第一，要根据《劳动法》《劳动合同法》《劳动争议调解仲裁法》《劳动合同法实施条例》等相关法律法规的要求，梳理企业现有的规章制度，特别是要对一些不完善甚至与国家法律法规冲突的管理制度进行修改、完善。

第二，在员工关系管理实践中，严格按照国家相关法律法规的规定执行，加强劳动合同管理，做好劳动合同的订立、续订、变更、终止和解除工作。

第三，积极构建和谐的员工关系。员工关系管理人员要清楚地了解员工的需求与愿望，与员工进行良好的沟通。这种沟通应更多地采用柔性的、激励性的、非强制的手段，从而提高员工满意度，支持组织其他管理目标的实现。提升员工关系诊断水平，强化日常员工管理，及时化解员工的抱怨和不满，构建良好的员工关系。在员工关系管理中，做好员工的心理疏导工作，促进劳动关系和谐，有助于预防劳动争议的发生。

第四，建立健全企业劳动争议调解委员会。通过推行企业内部的调解制度，尽最大可能将劳动争议的苗头扼杀在企业内部。企业劳动争议调解委员会的调解工作，往往可以使劳动争议不出企业就及时妥善地得到化解，把劳动争议消灭在萌芽状态。

（三）劳动争议的处理

根据《劳动争议调解仲裁法》，劳动争议的处理主要包括协商、调解、仲裁、诉讼。

1. 协商

协商是指劳动关系双方当事人采取自治的方法解决纠纷，根据劳动争议当事人的合意或者团体协议，双方进行磋商和讨论来解决争议。通过协商方式自行和解，是双方当事人应首先选择的解决争议的途径，也是解决争议过程中可以随时采用的途径。协商解决是以当事人自愿为基础的，不愿协商解决或经协商不能达成一致的，当事人可以选择其他方式。

2. 调解

调解是指由调解组织或法律规定的第三者调停争议，以帮助双方达成协议为目的，进行劝说和解决问题的过程。调解分为劳动争议调解委员会的调解和劳动争议仲裁委员会的调解两类。前者是自愿性的，即由当事人决定是否提请劳动争议调解委员会调解；后者是强制性的，即只要向劳动争议仲裁委员会申请仲裁，就必须先进行调解。这也是一项工作制度，一般经调解不成的，才进行裁决。

目前，劳动争议调解委员会设于企业，由企业的员工代表、行政代表和工会委员会代表组成，主任由各成员共同推举，委员会的工作受员工代表大会的领导。当事人一方提出申请，同时另一方表示愿意接受，劳动争议调解委员会才能进行调解。当事人任何一方不愿接受调解，或调解达不成协议，只能交付仲裁。应当注意的是，按规定因开除、除名、辞退违纪员工发生的争议必须直接提交劳动争议仲裁委员会，而不能向劳动争议调解委员会申请调解。另外，若发生劳动争议的员工一方人数为10名以上，并具有共同申请理由，可由当事人推举1~3名代表参加调解或仲裁活动。

实施调解的结果有两种：一是调解达成协议，这时要依法制作调解协议书；二是调解不成或调解达不成协议,这时要做好记录,并制作调解处理意见书,提出对争议的有关处理意见,建议争议双方当事人依照有关法规的规定,向劳动争议仲裁委员会提出仲裁申请。

调解协议由调解协议书具体体现。只要达成协议,争议双方当事人就要自觉执行调解协议;当然,双方当事人也有对调解协议反悔的权利。调解委员会对当事人的反悔只能说服、劝解,无权强制执行,但有建议仲裁的权利。只要一方当事人对协议反悔,或拒不执行协议,经调解委员会说服、劝解无效,就视为调解不成。

劳动争议调解委员会处理劳动争议,应当自当事人提出申诉之日起30日结案,到期未结案则视为调解不成。

3. 仲裁

仲裁是指劳动争议仲裁机构依法对争议双方当事人的争议案件进行居中公断的执法行为,其中包括对案件的依法审理和对争议的调解、裁决等一系列活动或行为。劳动争议仲裁委员会由劳动行政机关代表、工会代表和企业主管部门代表组成,三方代表应当人数相等,并且总数必须是单数,委员会主任由同级劳动行政机关负责人担任,其办事机构为劳动行政机关的劳动争议处理机构。

劳动争议仲裁委员会对于劳动争议双方来说是第三者,它的决定无须经双方同意,并具有法律强制力,因而仲裁是比调解更为有效的解决方法。按规定,劳动争议的任何一方不愿调解、劳动争议经调解未达成协议时,均可向劳动争议仲裁委员会提出仲裁申请,并提交书面申请书。申请书应写明争议双方当事人的情况、申请仲裁的理由、要求解决的问题及有关的证明材料等。申请人应根据争议双方的人数提交申请书若干份。

当事人申请仲裁,因履行劳动合同而发生的争议,应自争议发生之日起60日内或从劳动争议调解委员会调解不成之日起30日内,向劳动争议仲裁委员会提出。因开除、除名、辞退违纪员工而发生的争议,当事人应于企业公布处理决定之日起15日内申请仲裁。因特殊原因,当事人可在其知道或应当知道权利被侵害之日起1年之内提起追诉。超过规定期限,仲裁机构不再受理。

仲裁委员会在收到仲裁申请后一段时间(一般为7天)内要作出受理或不受理的决定。决定受理的,仲裁委员会要及时通知申请人和被诉人,并组成仲裁庭;决定不受理的,要说明理由。

在受理申诉人的仲裁申请后,仲裁委员会就需要进行有针对性的调查取证工作,其中包括拟定调查提纲,根据调查提纲进行有针对性的调查取证,核实调查结果和有关证据等。调查取证的主要目的是收集有关证据和材料,查明争议事实,为下一步的调解或裁决做好准备工作。

劳动争议仲裁委员会在处理劳动争议时,应先行调解。调解成功,劳动争议仲裁委员会制作调解书,由双方当事人签字,劳动争议仲裁委员会成员签名,并加盖委员会印章,调解书一经送达当事人,即发生法律效力,当事人必须执行。一方不执行,另一方当事人可申请法院强制执行。如调解不成，则应及时仲裁，由劳动争议仲裁委员会召开会议，并根据少数服从多数的原则作出仲裁决定。仲裁决定作出后，应制作仲裁决定书。由劳动争议仲裁委员会成员签名，并加盖委员会印章，送达双方当事人。

4．诉讼

劳动争议当事人不服仲裁，可以在收到仲裁决定书之日起 15 日内向法院起诉，由法院依民事诉讼程序进行审理及判决。法院审判劳动争议的最大特点在于它的处理形式的严肃性、权威性及其法律效力。企业劳动争议的法律诉讼一般包括五个阶段。

（1）起诉、受理阶段。起诉是指争议当事人向法院提出诉讼请求，要求法院行使审判权，依法保护自己的合法权益。诉讼请求要尽可能详细，明确被告，说明要求被告承担何种义务等；同时，要尽可能多地提供争议发生的时间、地点、争议经过等情况和有关事实根据以及相应的法律文书等。

受理是指法院接收争议案件并同意审理。法院在对原告的起诉进行审查以后决定是否受理。对决定受理的案件，法院要在规定的时间内通知原告和被告；对决定不受理的案件，法院也应在规定的时间内通知被告，并尽量说明理由。当然，对法院裁定为不受理的案件，原告可以上诉。

（2）调查取证阶段。法院的调查取证除了对原告提供的有关材料、证据或仲裁机构掌握的情况、证据等进行核实外，还要对争议的有关情况、事实进行重点的调查，包括查明争议的时间、地点、原因、后果、焦点问题以及双方的责任和态度等。法院的调查取证要尽可能对各种证据进行仔细、认真的收集和核实。

（3）进行调解阶段。法院在审理企业劳动争议案件时，也要先行调解。法院的调解以双方当事人自愿为基础，不得强迫调解。法院调解成功的，要制作法院调解书。法院调解书要由审判人员、书记员签名，并加盖法院的印章；法院调解书在由双方当事人签收后即具备法律效力，当事人必须执行。法院调解不成或法院调解书送达前当事人反悔的，法院应当进行及时判决。

（4）开庭审理阶段。开庭审理是在法院调解失败的情况下进行的，这一阶段的活动主要有法庭调查、法庭辩论和法庭判决等。法庭调查主要是由争议当事人向法庭陈述争议事实，并向法庭提供有关证据；法庭辩论一般按照先原告后被告的顺序由双方当事人及其代理人对争议的焦点问题进行辩论；法庭判决是在辩论结束以后，由法庭依法作出判决。法庭判决要制作法庭判决书，法庭判决书要在规定的时间内送达当事人。

（5）判决执行阶段。法庭判决书送达当事人以后，当事人在规定时间内不向上一级法院上诉的，判决书即行生效，双方当事人必须执行。当事人不服一审判决的，有权向上一级法院上诉。

八、员工离职管理

随着经济的发展和知识型员工的增多，员工流动成为一种普遍现象。虽然一定比例的人才流动对组织的发展是有好处的,但是过多的员工离职会给组织带来人力资源管理成本过高和核心人才流失等不利影响。因此,如何管理员工的离职行为是组织人力资源管理的一项重要工作,也是实现人力资源管理目标的必要条件。

(一)员工离职的内涵

员工离职有广义和狭义之分,广义的员工离职指员工个体作为组织成员状态的改变,即反映员工从一种工作状态到另一种工作状态的改变,包括工作岗位、工作地点、职位职务、工作对象和工作性质的变化,也就是说,员工的工作出现状态的调整,员工与组织的雇佣关系依然存在。而狭义的员工离职是指从组织中获取物质利益的个体终止其组织成员关系的过程和行为,即员工终止了与组织的雇佣关系的状态。我们这里所讲的员工离职是狭义的员工离职,即员工与组织终止雇佣关系的离职行为。

(二)员工离职的原因及影响因素

员工离职的原因是多方面的。根据国内外的研究,促成员工主动离职的原因可分为两个方面:一是离职意向的影响因素,二是从离职意向到离职行为的调节因素。

1. 员工离职意向的影响因素

离职意向的影响因素可以归为四个方面:

(1)个体因素。这主要包括人口学变量,与工作态度、工作激励和工作成就感等内部心理过程相关的变量。

第一,个体特征对员工的离职意向有较大的影响,如年轻人比中年人、男性比女性有更强的流动倾向,受到干扰的因素更多。同时,自主意识强、喜欢挑战以及乐于追求新事物和新环境的人可能更容易受到外部因素的影响。

第二,随着文化素养和知识水平的提高,员工更加注重自我价值的实现,更希望获得成就感。缺乏激励、工作内容单调、无挑战性、才能得不到发挥以及无法实现职业期望的组织和工作,容易使员工产生离职倾向和行为。

(2)组织因素。这主要包括薪酬福利、晋升和培训、公司效益、工作条件等因素。在很多情况下,组织能否提供这些条件是影响员工离职的因素,管理水平、管理方式、领导风格和组织文化则是保留员工的关键。

第一,薪酬福利。企业的薪酬福利水平和管理公平是吸引和保留员工的关键因素。企业在薪酬管理过程中也涉及公平问题,包括薪酬内部公平、薪酬外部公平、薪酬与贡献相符以及福利制度满意程度等四个方面。按照亚当斯的公平理论,员工会将其所得与企业内其他成员、企业外同类员工以及自己所作的贡献进行比较,如果感觉自己受到不公平的对待,就可能产生离职倾向。

第二,晋升与培训。员工为了实现自己的职业生涯目标,希望在组织里得到培训、晋升和更好的发展机会,而当他们认为组织内晋升机会有限、得不到培训机会、机会不公平或对职业前景不满意时,就可能选择离开组织。

第三,企业效益和前景。企业当前和未来的经营状况是影响员工去留的重要因素之一。对员工而言，对职业的忠诚可能高于对组织的忠诚。当公司效益不好，行业无良好发展前景时，有可能对员工产生"推力"；对期望流入的公司而言，效益高和预期前景好等则是员工流动最大的"拉力"因素。

第四，工作条件和环境。员工的工作时间、工作环境，以及为追求工作与生活之间的平衡而选择能更好地照顾家庭的工作地点等，都是导致员工离职的原因。

（3）个体与组织匹配性因素。这主要指员工与工作氛围和组织氛围之间的匹配性。如果员工认为个人特征与组织特征之间不匹配，就有可能选择离开。这些因素包括：

第一，企业文化。每个人都有自己独特的性格和个人品质，组织也会有独特的经营宗旨、价值观念和道德行为准则，这些因素组合在一起，便形成与众不同的企业文化。如果员工个人价值观与企业文化不匹配或者无法融合，便会引起员工的离职情绪。

第二，组织支持。员工在组织中没有归属感，员工遇到困难难以得到组织支持和关心，企业或团队缺乏凝聚力与合作精神，企业过分重视论资排辈等，都会使企业失去优秀的员工。

第三，人际关系。不良人际关系是导致员工离开的重要因素，企业或团队人际关系复杂、与上级关系处理不好、与同事之间存在矛盾，以及缺乏群体归属感等，都会使员工离职。

（4）外部环境因素。这主要包括劳动力市场状况、组织外工作机会、就业形势等外界因素。当本行业人员供不应求，就业形势相对比较好或组织外工作机会增多时，都会对员工流动产生"拉力"，并导致员工产生离职意向。

2. 员工离职决策的调节因素

员工产生离职意向之后并不一定立即产生离职行为。从离职意向到采取实际的离职行为还受到许多因素的调节。

（1）个体心理与环境支持因素。产生离职意向后，员工最终是否选择离开，首先会受到个体心理特征的影响。如果员工不自信（对自己再就业的能力）、心理承受能力不强以及有惰性而不愿改变现状，就可能改变离职决定。由于这些心理因素的存在，员工会寻找外部支持，这时，如果家庭和朋友均不支持其离开，同时外部也无更好的就业机会，员工离开的可能性就会很小。

（2）个体经济支持因素。员工产生离职意向后，最终是否离职还受其经济承受能力的影响。任何流动行为都会有成本，尽管引起员工流动的因素之一是对未来流动收益的预期，但是两者之间有一个时间差。当员工承受能力不强时，如果马上离职，可能给家庭或个人生活带来一定的困难。在没有找到另一份合适的工作或未来收益不确定的情况下，员工离开企业的可能性较小。

（3）组织支持因素。员工产生离职意向后，组织所做的努力和改变将会对员工最终的去留产生重要影响。如果组织努力挽留，并尽量满足员工的需求，同时给员工一些必要的承诺，会使得员工离职的阻力大大增加，甚至超过原来的推力和外部的拉力，唤起员工对组织的归属感,达到挽留员工的目的。

【HR 之我见】

李爱民:广东万家乐燃气具有限公司人力资源总监

扫描栏目中的二维码学习李爱民针对下列提问的精彩回答:

1. 您为什么选择从事 HR?
2. 贵公司在薪酬管理方面有哪些好的实践做法?
3. 贵公司是如何保留员工、降低离职率的?
4. 您对未来希望从事 HR 工作的学生有何建议?

视频版:

文字版:

(三)员工离职的流程与管理

1. 员工离职的流程

虽然组织采用各种方法和手段规避主动离职行为的发生,但仍有部分员工的离职难以避免。人力资源管理部门应该建立相应的制度、规范和流程,把员工的离职给组织带来的损失降至最低。员工离职一般包括以下几个步骤(见图 10-9):

图 10-9　员工离职的流程

(1) 辞职申请:组织要事先明文规定员工提前交辞职报告的时间、辞职报告接收人和辞职报告的基本内容等。

(2) 挽留程序:提出辞职申请的直接主管应当与辞职员工进行沟通,对于工作称职、业绩良好的员工进行挽留,并了解其辞职的原因,寻找解决的方法,减少组织因员工流失而造成的损失。如果直接主管挽留无效,则可由再上一级主管人员决定是否需要挽留并根据情况进行挽留谈话,还可以在批准辞职前为员工提供收回辞呈的机会,最大限度地挽留人才。

(3) 辞职审批:经挽留无效或没有必要挽留的员工,可以进入辞职审批流程,按照组织相关程序进行审批。完成审批流程后,应将有关书面文件交人力资源部门确认。

(4) 工作交接:人力资源管理部门收到书面审批文件后,通知有关部门主管进行辞职员工的工作交接。有关交接人员和负责人书面确认后,方可视为交接完成。

（5）用品收回：组织要收回工作证、名片，检查办公室桌椅是否完好，收回钥匙和非低值易耗办公用品等与组织相关、所有权为组织的物品。

（6）财务结算：组织应与离职员工做好借款、贷款等应收款项结算，工资、奖金、福利结算，违约金、承诺合同期未满的补偿费用等结算事宜。

（7）劳动关系解除：组织应为离职员工出具工作证明，办理退工手续，转调人事关系、档案和保险关系等。

（8）后续管理：员工与组织解除劳动关系后，从法律角度而言，不再是组织的员工，组织对员工的管理可以结束了，但是离职的员工（尤其是主动离职的员工）对组织依然具有价值。因此，进行离职员工的后续管理不仅可在员工离职时规避许多风险，在社会上树立良好的组织形象，还可以让他们今后成为组织重要的社会资本。

2．员工离职管理

（1）离职面谈的概念、流程及应注意的问题。

① 离职面谈的概念。离职面谈是指员工在离职之前，由企业的相关人员与递交了离职申请的人员面谈。从组织的角度讲，离职面谈可以使组织了解员工离职的原因，并促使企业对其管理进行改进。离职面谈也是企业将离职人员的知识和经验转移给其接任者的一次机会。由于离职人员往往比在职人员更加坦率、客观，他们的意见也更富有建设性，因此，企业甚至可以通过离职面谈，请离职人员就现有团队如何完成当前项目、解决现有问题以及进行合作提供建议。

② 离职面谈的流程（见图10-10）。

图10-10　员工离职面谈流程

- 面谈准备：了解离职者的基本情况，包括姓名、年龄、部门、职称、到职时间等；根据离职者的情况，准备面谈的话题；安排面谈的时间、地点并布置环境，力求让离职者表达自己真实的想法。
- 面谈的过程安排：营造轻松的谈话氛围，并提出尽可能广泛的问题，给对方充分的表达空间，同时在面谈的过程中注意对方情绪的变化，站在对方的角度考虑问题。
- 做好面谈记录。面谈前征求对方的意见，如果对方同意做记录，应在面谈过程中及时做好记录，企业人力资源部门通常应设计好员工离职面谈记录表。
- 整理记录、提出建议。面谈结束后，应及时对面谈记录进行整理，总结出该员工离职的原因，提交分析报告，经审核后保存。同时，面谈人也要总结自己在此次面谈中的得失，以期下次面谈做得更好。

③ 离职面谈应该注意的问题。

- 注重对离职员工信息的收集，保证组织离职沟通的有效性。具体而言，收集的信息应该包括三类：第一类是与离职员工有关的个人信息，包括职位信息、心理状态信息、阅历与经验信息、家庭背景信息等；第二类是与员工有关的绩效和薪酬信息，包括所获得的荣誉和奖励信息、薪酬福利信息、绩效表现等；第三类是员工离职信息，包括离职原因、离职后的目标单位、目标岗位。第一、第二类信息的获取相对简单，第三类信息的收集难度较大，但是此类信息的有效获得会有助于把握员工离职的核心原因，促进离职面谈的成功。

- 慎重选择面谈人。一般而言，离职面谈通常应由企业人力资源管理部门负责实施。对于核心员工，由于其所处地位在企业举足轻重，要选择高管主持面谈。选择离职面谈人有两种思路：一是可以由人力资源部门相关人员负责实施面谈；二是由企业管理人力资源业务的副总裁或者分管离职员工所在部门的副总裁执行。对于最为稀缺的人才，有时甚至需要企业最高领导亲自出马，表示企业对该员工的重视，以便尽最大努力挽留。

- 选择适当的面谈时机。人力资源部门只有把握好最佳面谈时机才能收到预期效果，应利用以下两个时间点与离职员工进行交流：第一个时间点是得到员工离职信息时，因为此时许多员工的离职意愿还不是非常明确、坚定，有时可能仅因为某件事情而萌生去意，如果及时沟通，往往能使员工收回辞职决定；第二个时间点是员工去意已决并办理完离职手续后，因为此时离职员工已无任何顾忌，最容易讲出心里话。

- 正确选择沟通策略。在员工离职前，对于面谈策略的恰当把握有助于降低离职率以及缓解员工的抱怨。通常面谈策略应根据面谈对象、面谈时机及面谈原因的不同有所差别。比如，对那些因为突发事件而产生离职意愿的员工和那些经过深思熟虑而产生离职意向的员工，就应该选择不同的沟通策略。

- 营造宽松的客观环境。在进行离职面谈时，首先要注意面谈的时间和地点的选择。由于离职面谈的特殊性，面谈地点应该具有一定的私密性，一方面不要让其他员工知晓，因为这毕竟不是普通的员工谈话；另一方面避免面谈被打断和干扰。好的面谈环境应该有利于离职员工自由地谈论问题。

- 积极地倾听。人力资源管理人员在面谈时不应该只是按照事先列出的问题逐一发问，而是应该积极地倾听员工的想法，同时要适时地保持沉默，让离职员工有足够的思考时间。人力资源管理部门应该在事先把握离职真实原因的基础上，充分了解面谈对象的性格特征，从细节之处捕捉面谈对象的心理状态，并预期其将产生的反应，以选择合适的面谈切入方式，避免面谈过程中出现冷场、情绪激化、失控并导致面谈不能继续和面谈失败的情形。

（2）重视离职员工的培育和维护。尽管员工一旦离职就结束了与组织的雇佣关系，但是如果组织能处理好与离职员工的关系，这些离职的员工仍然可以作为企业可利用的资源，使离职员工"流而不失"。

① 将离职员工作为企业再雇用的源泉。一些事例表明，与雇用新员工相比，企业再次雇用离职员工的成本要低，而且一旦重新雇用，离职员工为企业效力的时间往往比新人

更长。

② 依靠离职员工为企业介绍合适的员工人选。离职员工了解企业的文化及需求，由离职员工介绍的应聘者可能比较适合企业，可以为企业减少招聘费用。

③ 将离职员工作为企业的"外部资源"。由于离职员工具有相当丰富的知识素养和从业经验，能够帮助企业紧跟市场和技术潮流以抓住宝贵的投资机会，因此他们也是企业创新的智力源泉。很多企业都和离职员工保持联系，以利用他们的社会资源获取商业信息。例如，麦肯锡咨询公司不惜斥巨资培育广泛的离职顶尖人才的关系网，专门汇编了一本"麦肯锡校友录"，即离职员工的花名册，这一措施为公司带来了丰厚的知识资本回报。

④ 维护在职员工的信心和士气。公司与离职员工保持良好关系，会给现有员工传递正面的信息，使他们感觉企业会善待所有员工，包括主动离职的员工和不得不辞退的员工，以增加现有员工对企业的认同感和忠诚度。

第四节　员工关系管理评价

一、员工关系管理评价概述

员工关系管理评价就是通过对企业的员工关系政策、管理制度、管理项目、管理行为的效果进行评定，为进一步改进员工关系提供决策参考。

员工关系管理评价一般有三种方法。

一是横向方法，就是把员工关系管理评价指标放在企业人力资源管理综合评价指标之下，这可以充分反映员工关系管理对人力资源管理、企业战略目标实现的支持程度。比如，美国弗雷德·舒斯特（Fred Schuster）教授提出了人力资源指数，该指数由报酬制度、信息沟通、组织效率、关心员工、组织目标、合作、内在满意度、组织结构、人际关系、员工参与管理、工作群体、群体间的协作能力、一线管理和管理质量等因素综合而成。其中，诸如内在满意度、人际关系、员工参与管理、群体间的协作能力等因素可以作为员工关系管理的评价指标。

二是纵向方法，就是采用专门的员工关系管理评价指标体系进行评价。这可以充分体现员工关系管理本身的职能及特点。针对员工关系管理的评价要素主要包括企业的员工关系价值取向、员工关系管理政策、员工关系管理体系、员工关系改进机制、员工关系管理项目、员工关系管理能力等。

三是替代方法，根据企业管理的需要，通过对一些单项指标的调查分析，推断员工关系整体状况或者某些方面的好与坏，以此反映企业员工关系管理的效果，比如员工满意度调查、员工忠诚度调查等。

员工关系管理评价是人力资源管理活动中的持续过程。它既是员工关系管理的终了环节，又是新一轮员工关系管理的起点环节。在起点环节，通常采用员工满意度调查和员工关系诊断的方式进行评价；在终了环节，除了进行员工满意度调查和员工关系诊断，还要对企业一定时期以来的员工关系进行综合评价，并提出未来的员工关系改进计划。

二、员工关系管理评价模型

员工关系管理贯穿人力资源管理实践的方方面面。员工关系管理的效益也是人力资源管理系统的协调、效率与效果以及员工满意度的综合体现。因此，可以从适应性、执行性、有效性三方面来构建员工关系管理评价的指标框架（见图10-11）。

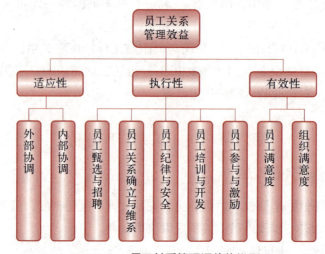

图 10-11　员工关系管理评价的模型

适应性是对员工关系管理系统内外部协调的反映。外部协调主要包括员工关系政策与相关法律的符合性，与企业发展战略、经营理念和企业文化的相容性，以及员工关系管理系统和企业其他子系统的协调与配合；内部协调主要是员工关系管理、人力资源管理各职能之间的协调，以及员工关系管理者、人力资源管理专业人员和一线管理人员之间的协调与配合。

执行性反映企业员工关系管理系统的内部运作情况。本书把内部运作中的协调纳入适应性加以评价，因此，这里的执行性主要是从时间、成本和质量角度反映员工关系管理活动的效率。

有效性反映员工关系管理活动的效果。员工对组织的满意度是人力资源管理系统满足员工个人目标的结果，部分地反映了员工关系管理的成效；而员工关系管理系统对组织目标实现的贡献程度主要通过员工参与管理、员工关系改进、提高劳动生产率、降低缺勤率等来反映，是组织满意度的体现。因此，满意度调查是员工关系管理评价的重要方面。

适应性、执行性和有效性的基本构架包含了员工关系管理系统的协调以及内部运作的效率和效果，能够比较系统和全面地评价员工关系管理的效果。

三、员工满意度调查

（一）员工满意度调查的意义

员工满意度是指员工对在组织中所扮演的角色的感受或情感体验，是员工对其工作或工作经历评估的一种态度的反映，它与工作卷入程度、组织承诺和工作动机等有密切关系。员工满意度是企业经营管理的一项重要指标，是衡量员工关系管理的重要指标之一。

通过员工满意度调查，可以适时了解员工工作状态以及企业管理上的成绩和不足，捕捉员工思想动态和心理需求，从而采取有针对性的应对措施，如通过调查发现了人员流动的意向和原因，及时采取改进措施就能预防一些人才的流失；可以了解企业在哪些方面亟待改进、企业变革的成效及其改革对员工的影响，为企业人力资源管理决策提供重要依据；可以收集员工对改善企业经营管理的意见和要求，真实地了解员工在想什么、有什么意见与建议、有什么困难、对什么不满意，激发员工参与组织变革，提升员工对组织的认同感和忠诚度。

（二）员工满意度调查的内容

员工满意度的影响因素构成了满意度调查的内容。早期行为科学家赫兹伯格在研究人的满意度因素的基础上，提出了有名的双因素理论（激励因素、保健因素）。洛克认为员工满意度的构成因素包括工作本身、报酬、提升、认可、工作条件、福利、自我、管理者、同事和组织外成员 10 个因素。阿诺德（Arnold）和弗德曼（Feldman）则认为影响员工满意度的因素包括工作本身、上司、经济报酬、升迁、工作环境和工作团体 6 个因素。这些研究对员工满意度维度的科学划分有着十分重要的影响。

从员工关系管理的角度来看，员工满意度的内容主要包括员工对"员工与员工的关系""员工与企业的关系""员工与工作的关系"的满意程度，由此便形成员工关系间的满意度、员工对企业的满意度和员工对工作的满意度。员工关系间的满意度主要是工作中人际关系的满意程度；员工对企业的满意度主要是组织认同满意度与管理水平满意度；员工对工作的满意度主要是工作回报满意度、工作内容满意度与工作环境满意度。

（三）员工满意度调查的流程

员工满意度调查的一般流程包括以下五个步骤。

1. 明确调查目的，制定调查计划

员工满意度调查的目的是通过调查来了解企业中员工关系的现状和存在的问题，并对产生这些问题的原因进行分析，随后制定相应的对策。调查目的一般分为两类：一是每年一度的员工满意度调查，二是针对特殊情况或者突发事件的员工满意度调查。在确定调查目的的基础上，应该制定具体的调查计划，包括调查对象、调查内容、调查方法、实施人员、时间安排等。

2. 选择调查方法，实施调查方案

根据事先拟订的调查计划，为了完成规定的调查任务，管理者可以灵活地选择不同的调查方法，比如访谈法、问卷法、抽样法等。调查要在公司高层的支持下进行。

（1）访谈法。主要通过设计开放式、不断深入的题目对员工进行访谈，由此了解企业中存在问题的类型和员工的深切感受。这种方法应该给被调查者足够的表达空间，以挖掘问题的原因。访谈主要分为结构化访谈和非结构化访谈。结构化访谈需要事先精心设计调查表；非结构化访谈不需要问题提纲，可自由发问。访谈法适合于部门分散的公司和全体人员参与调查的情况。

（2）问卷法。用一系列成熟的量表或问卷对员工关系进行调查，这种调查的好处是可以在短期内同时对多名员工的关系进行调查。

（3）抽样法。从公司的全体员工中抽取部分员工，对其进行访谈或问卷调查以获取员工对员工关系的看法和观点。

【学习资料 10-5】

员工满意度量表调查举例

1. 明尼苏达满意度调查量表

本量表由韦斯、达维斯、英格兰和洛夫奎斯特编制。量表分为短式和长式两种。短式包括20道题目，可测量工作者的内在满意度、外在满意度及一般满意度；长式则有120道题目，可测量工作者对20个工作构面的满意度及一般满意度。20个大项中每项下有5个小项目。这20个大项分别是：个人能力的发挥、成就感、能动性、公司的培训和自我发展、权力、公司政策及实施、报酬、部门和同事的团队精神、创造力、独立性、道德标准、对员工的奖惩、本人责任、员工工作安全、员工所享受的社会服务、员工社会地位、员工关系管理和沟通交流、公司技术发展、公司的多样化发展、公司工作条件和环境。

2. 彼得需求满意调查表

本量表主要针对管理工作的具体问题，每个问题都有两问，比如，"你在当前的管理位置上个人成长和发展的机会如何？理想的状况应如何？"此量表适用于管理人员。

3. 工作说明量表

本量表由史密斯、肯德尔和赫林编制。可衡量工作者对工作本身、薪资、升迁、上司和同事五个构面的满意度，而这五个构面满意度分数的总和，即代表整体工作满意度的分数。该量表的特点是不需要受测者说出内心感受，只要从不同构面（题数不一定相同）的不同描述词中作出选择即可，因此对于教育程度较低的受测者也很容易回答。

4. SRA员工调查表

本量表由芝加哥科学研究会于1973年编制，包括44个题目，可测量工作者对14个工作构面的满意度。

5. 工作诊断调查表

本量表由哈克曼和奥尔德姆编制，可测量工作者一般满意度、内在工作动机和特殊满意度（包括工作安全感、待遇、社会关系、督导及成长等构面）；此外，可同时测量工作者的特性及个人成长需求强度。

6. 工作满足量表

本量表由哈克曼和劳勒编制,包括自尊自重、成长与发展、受重视程度、主管态度、独立思考与行动、工作保障、工作待遇、工作贡献、制定工作目标与方式、友谊关系、升迁机会、顾客态度及工作权力13项衡量满意度的因素。

7. 洛克、阿莫德和菲德曼量表

洛克认为满意度包括10个因素:工作本身、报酬、提升、认可、工作条件、福利、自我、管理者、同事和组织外成员。阿莫德和菲德曼提出,工作满意度的结构因素包括工作本身、上司、经济报酬、升迁、工作环境和工作团体。

3. 分析调查结果,提出改进措施

通过对问卷和调查报告进行检验、归类、统计,形成用文字、图表表达的调查结果,并对现存问题进行总体评价分析,提出改革的具体措施,最终提交综合报告。

改进措施要综合考虑问题的严重程度、关键程度、企业的承受能力、措施实施的可行性。在企业人、财、物有限的情况下,企业要衡量各种解决方法所需的成本和未来的效益,从中选择最优方案去改善最关键的问题。

4. 制定行动计划,实施改进措施

有了改进措施,需要得到有效的执行,这样员工满意度调查才能充分发挥其应有的效用。在实施改进措施时,应该动员全体员工参与制定行动计划。行动计划必须完善、细致、具有可行性。通常包括以下关键信息:问题报告、目标、建议的行动、时间限制和跟踪的程序。管理人员的责任不仅包括制定计划,而且包括执行、指导、监督,这样才能将改进措施真正落实,从而满足员工的需求,提高满意度,改进员工关系,提升企业经营绩效。

5. 跟踪反馈效果

在提出改进措施并实施整改之后,应该进行阶段性的跟踪反馈调查,以评价改进措施的经济性和实用性,即是否对员工绩效提高和员工满意度提升有所促进。可对企业的销售收入、利润率和员工出勤率、离职率等指标进行考核。这有利于评价整个调查活动及改进措施的实施效果,也有利于发现新的问题,使员工满意度得到提高。

讨论案例

外国人安某与提普公司竞业限制纠纷上诉案

【基本案情】

外国人安某于2012年2月1日进入提普公司工作,担任转向轴事业部设计工程师。

双方签订了《保密和竞业禁止协议》，约定在合同期限以及期满后的三年内，除非为了合同的目的服务该公司，员工将不在从事生产或销售任何与该公司产品存在竞争关系的转向轴产品或同一性质产品的任何其他公司、机构、组织或实体内担任任何职务，或协助任何其他公司、机构、组织或个人研发、管理、生产或销售与该公司产品存在竞争关系的任何转向轴产品。2016 年 7 月 31 日，安某向提普公司提出辞职。安某离职之后，提普公司曾经多次向安某银行账户内支付竞业限制补偿金，但都因安某的原因被退回。2016 年 12 月 13 日安某进入了案外公司工作，该案外公司的经营范围与提普公司的经营范围存在相同及相似的地方。后提普公司提起仲裁，要求安某继续履行保密及竞业限制义务，从案外公司离职。仲裁委员会对提普公司的请求决定不予受理。提普公司不服，向一审法院提出诉讼，请求判决安某继续履行与提普公司签订的《保密和竞业禁止协议》。

【裁判结果】

一审法院认为，根据相关规定，外国人在中国就业的，除在最低工资、工作时间、休息休假、劳动安全卫生等方面适用国家有关规定外，当事人履行其他劳动权利义务，可按当事人之间的书面劳动合同、单项协议等予以确定。本案中，提普公司与安某签订的《保密和竞业禁止协议》属单项协议，系双方真实意思的表示，理应按约履行。经查明，安某就职的案外公司的经营范围与提普公司的经营范围确实存在相同及相似的地方，因此，安某的行为显然有违双方签订的《保密和竞业禁止协议》。提普公司要求安某继续履行《保密和竞业禁止协议》的诉讼请求，一审法院予以支持。上海一中院认为，安某与提普公司就保密和竞业限制问题进行约定，不违反强制性法律法规的规定，合法有效。案外公司的业务领域包含汽车转向系统的开发、生产和组装，安某在案外公司任职，违反《保密和竞业禁止协议》关于不得在与提普公司存在竞争关系的转向轴产品的公司任职的约定。安某离职后，提普公司已经通过银行转账的方式向安某支付了竞业限制补偿金，但因安某本人原因将该补偿金退回，不能免除安某继续履行《保密和竞业禁止协议》的义务。据此判决驳回上诉，维持原判。

【提示】

外国人在中国就业的，除在最低工资、工作时间、休息休假、劳动安全卫生等方面适用国家有关规定外，当事人履行其他劳动权利义务，可按当事人之间的书面劳动合同、单项协议等予以确定。外国人与用人单位就保密和竞业限制问题进行约定，不违反强制性法律法规规定的，应属合法有效。

 **本章思考题**

1. 什么是员工关系？员工关系管理主要包括哪些内容？
2. 员工关系管理的职能和角色定位是怎样的？
3. 简述员工关系管理的发展历程。当前员工关系管理有哪些新趋势？

4. 简述员工关系确立的基础。
5. 劳动合同订立、续签、解除的依据和条件是什么？如何预防和处理劳动争议？
6. 简述员工关系终止的形式。
7. 如何构建和谐的员工关系？有哪些方式？
8. 如何对员工的心理健康进行管理？
9. 怎样平衡企业所有者与经营者的关系？
10. 如何评价员工关系管理？
11. 如何进行员工满意度调查？

注释

① 李新建等：《员工关系管理》，南开大学出版社2009年版。
②㉓ 张兴贵、陈玮瑜：《超越绩效：人力资源管理视野中的员工幸福感研究》，《西北师范大学学报（社会科学版）》，2017年第5期，第127—136页。
③ Diener, E., Suh, E. M., Lucas, R. E. & Smith, H. L. (2013). Subjective Well-being: Three Decades of Progress. *Psychological Bulletin*, 125 (2), 276-302.
④ Warr, P. (2007). Work, Happiness, and Unhappiness. *Journal of Positive Psychology*, 4 (2), 193-195.
⑤ Diener, E., Oishi, S. & Lucas, R. E. (2003). Personality, Culture, and Subjective Well-being: Emotional and Cognitive Evaluations of life. *Annual Review of Psychology*, 54 (1), 403-425.
⑥ Ryff, C. D. (2010). Psychological Well-being in Adult Life. Current Directions in *Psychological Science*, 4 (4), 99-104.
⑦ Kathryn M. Page & Dianne A. VellaBrodrick. (2009). The 'What', 'Why' and 'How' of Employee Well-being: A New Model. *Social Indicators Research*, 90 (3), 441-458.
⑧ Fisher, C. D. (2010). Happiness at Work. *International Journal of Management Reviews*, 12 (4), 384-412.
⑨ Peccei, R. (2004). *Human Resource Management and the Search for the Happy Workplace*. Social Science Electronic Publishing, 82 (2 Supplement), 235-237.
⑩ Voorde, F. C. V. D. (2009). *HRM, Employee Well-being and Organizational Performance: A Balanced Perspective*. Ridderprint Offsetdrukkerij B. V.
⑪ Karina, V. D. V., Paauwe, J. & Van Veldhoven, M. (2012). Employee Well-being and the HRM — Organizational Performance Relationship: A Review of Quantitative Studies. *International Journal of Management Reviews*, 14 (4), 391-407.
⑫ Kooij, D. T. A. M., Guest, D. E., Clinton, M., Knight, T., Jansen, P. G. W. & Dikkers, J. S. E. (2013). How the Impact of HR Practices on Employee Well-being and Performance Changes with age. Human *Resource Management Journal*, 23 (1), 18-35.
⑬ Grant, A. M., Christianson, M. K. & Price, R. H. (2007). Happiness, Health, or Relationships? Managerial Practices and Employee Well-being Tradeoffs. Academy of Management Perspectives, 21 (3), 51-63.
⑭⑮⑱ 李新建、孙美佳：《员工关系管理》，中国人民大学出版社2015年版。
⑯⑰ 程延园：《员工关系管理》，复旦大学出版社2018年版。
⑲ 吴思嫣：《劳动合同法对企业用人机制的影响及应对》，《中国人力资源开发》2007年第2期，第72—75页。
⑳ 苗仁涛、王冰、刘军：《高绩效工作系统与团队创新绩效：一个有调节的中介作用模型》，《科技管理研究》2016年第18期，第110—115页。
㉑ 孙健敏、王宏蕾：《高绩效工作系统负面影响的潜在机制》，《心理科学进展》2016年第7期，第1091—1106页。
㉒ 苏中兴：《转型期中国企业的高绩效人力资源管理系统：一个本土化的实证研究》，《南开管理评论》2010年第4期，第99—108页。
㉔ 张子源：《员工申诉程序管理：企业人力资源经理的必修课》，《现代管理科学》2010年第3期，第109—110页。

本章阅读推荐

刘昕：《现代企业员工关系管理体系的制度分析：一种全面的战略性人力资源管理视角》，中国人民大学出版社

2004年版。

刘杨:《匹配视角下服务型企业员工幸福感的构建——以海底捞为案例》,《中国人力资源开发》2016年第22期,第61—64页。

苏中兴:《转型期中国企业的高绩效人力资源管理系统:一个本土化的实证研究》,《南开管理评论》2010年第4期,第99—108页。

唐矿:《金融危机形势下的战略性劳动关系管理》,《新华文摘》2010年第6期,第19—20页。

吴思嫣:《劳动合同法对企业用人机制的影响及应对》,《中国人力资源开发》2007年第2期,第72—75页。

徐恒熹:《员工关系管理》,中国劳动社会保障出版社2007年版。

詹姆斯·N. 巴伦、戴维·M. 克雷普斯:《战略人力资源:总经理的思考框架》,清华大学出版社2005年版。

张晓彤:《员工关系管理》,北京大学出版社2003年版。

第十一章　企业人力资源外包

【本章要点】
通过对本章内容的学习，应了解和掌握如下问题：
- 人力资源外包的基本定义是什么？
- 人力资源外包的主要特点和价值是什么？
- 人力资源外包的基本流程是什么？
- 人力资源外包有哪些发展趋势？

【导读案例】

索尼电子在美国拥有 14 000 名员工，但人力资源专员分布在 7 个地点。尽管投资开发了 PEOPLESOFT 软件，索尼仍不断追求发挥最佳技术功效。索尼最需要的是更新其软件系统，缩短其预期状态与现状之间的差距。

在索尼找到翰威特之前，索尼人力资源机构在软件应用和文本处理方面徘徊不前，所有人力资源应用软件中，各地统一化的比率仅达到 18%。索尼人力资源小组意识到，他们不仅需要通过技术方案解决人力资源问题，还需要更有效地管理和降低人力资源服务成本，并以此提升人力资源职能的战略角色。

正是基于此，索尼电子决定与翰威特签订外包合同，转变人力资源职能。翰威特认为这将意味着对索尼电子的人力资源机构进行重大改革，其内容不仅限于采用新技术，还可以借此契机帮助索尼提高人力资源数据的质量、简化管理规程、改善服务质量并改变人力资源部门的工作日程，进而提高企业绩效。

在这样的新型合作关系中，翰威特提供人力资源技术管理方案和主机、人力资源用户门户并进行内容管理。这样，索尼可以为员工和经理提供查询所有的人力资源方案和服务内容提供方便。此外，翰威特提供综合性的客户服务中心、数据管理支持及后台软件服务。

索尼与翰威特合作小组对转变人力资源部门的工作模式寄予厚望。员工和部门经理期望更迅速、简便地完成工作，而业务经理们则期望降低成本和更加灵活地满足变动的经营需求。

此项目最大的节省点在于人力资源管理程序和政策的重新设计及标准化。通过为员工和经理提供全天候的人力资源数据、决策支持和交易查询服务，新系统大大提高了效能。经理们将查询包括绩效评分和人员流动率在内的员工数据，并将之与先进的模式工具进行整合和分析。这些信息将有助于经理制定更加缜密、及时的人员管理决策。经理们可以借此契机提高人员及信息管理质量，进而对企业经营产生巨大的推进作用。

项目启动后，索尼电子与翰威特通力合作，通过广泛的调查和分析制定了经营方案，由此评估当前的环境并确定一致的、优质的人力资源服务方案对于索尼经营结果的影响。

索尼电子实施外包方案之后，一些结果已经初见端倪。除整合、改善人力资源政策之外，这一变革项目还转变了索尼 80% 的工作内容，将各地的局域网、数据维护转换到人力资源门户网的系统上，数据接口数量减少了 2/3。新型的汇报和分析能力将取代原有的、数以千计的专项报告。

预计到第二年，索尼电子的人力资源部门将节省 15% 左右的年度成本，而到第五年，节省幅度将高达 40% 左右。平均而言，5 年期间的平均节资额度可达 25% 左右。

索尼现在已经充分认识到通过外包方式开展人力资源工作的重要性，可以由此形成规模经济效应并降低成本。此外，人力资源外包管理将人力资源视为索尼公司网络文化的起点。人力资源门户将是实施索尼员工门户方案的首要因素之一。索尼也非常高兴看到通过先行改造人力资源职能来进行电子化转变。

在多种因素的作用下，越来越多的企业使用人力资源外包的方式，那么，究竟什么是人力资源外包？哪些内容适合人力资源外包？如何进行人力资源外包管理呢？

案例来源：三茅人力资源网。

第一节　人力资源外包概述

一、人力资源外包的含义

> 人力资源外包是指将原来由企业内部人力资源部承担的工作职能,包括人员招聘、工资发放、薪酬方案设计、保险福利管理、员工培训与开发等,通过招标的方式,签约付费委托给专业从事相关服务的外包服务商来完成的做法。

从广义上说,任何以购买或付费的方式将企业内部人力资源活动交由企业外部机构或人员完成的做法,都可以视为人力资源外包。但这种外包方式并不总是正式的。

正式的人力资源外包过程应当包含以下要素:
- 外包提出方有外包项目需求说明。
- 外包承接方有外包项目计划书。
- 外包双方经协商达成正式协议或合同。
- 外包承接方根据协议或合同规定的绩效标准和工作方式完成所承接的活动,外包提出方按照协议或合同规定的收费标准和方式付费。
- 外包双方中的任何一方违反协议或合同规定,外包关系即行终止;外包提出方如果对外包承接方的服务不满意并有相应事实证明,可以提出中止外包关系。

外包承接方即外包服务商,是按照外包双方签订的协议和项目计划书为外包方提供相应服务的机构或组织,其主要包括大型会计师事务所、管理咨询顾问公司、人力资源服务机构、高级管理人才寻访机构等。目前它们通常提供单项人力资源职能服务,也有少数服务商提供全套人力资源职能服务。

二、人力资源外包的原因

促使企业采取人力资源外包的原因很多,美国休伊特管理顾问公司曾对此做过一次调查。以下我们对人力资源外包的最主要原因进行一些分析。

1. 成本的压力

能够同时为多家客户提供相同的服务,所产生的规模效益能在一定程度上降低单个客户支付的成本。因此,人力资源活动外包成为正在努力寻求摆脱巨大成本压力的企业的必然选择。

2. 对专家服务的需求

组织与人员精简是过去十年来一直支配着人力资源活动的一个主导思想,也是人力资源职能活动所面临的一个严酷的现实。例如,在美国,20世纪90年代初期,每天公布的解雇公告就有 3 100 件之多，每年有 65 万个工作岗位被取消。不少行业进行了整个行业的重构。在人力资源领域，40~50 岁富有经验的人力资源专家由于薪资较高而成为"诱人"的成本削减目标，他们中的不少人被裁减或办理提前退休，这必然导致有关企业的人力资源专业知识的流失。与此同时，企业对人力资源服务的要求不但没有因组织与人员精简而减少，反而是增加了。在这种情况下，为了做到在保持人员精干的同时适应企业人力资源活动的需要，很多企业对人力资源活动重新进行分析，将那些非必须由企业内部完成的人力资源活动，以及本企业不具备核心能力的活动外包出去，只保留"必须花时间并且擅长做的事情"。专业服务机构往往能够更广泛地整合专业人才资源，聚集富有专业经验的专业人员，而这在一般企业，尤其是中小型企业，几乎是无法做到的。因此专业服务机构通常能提供专业水平和工作效率更高的服务。

3. 人力资源信息技术的影响

随着信息技术的快速发展，人力资源信息技术也在不断创新，人力资源管理信息化浪潮正在席卷整个西方企业。许多人力资源服务商都安装了大型人力资源信息管理系统（HRIS）。这种系统能大大简化人力资源服务的事务性工作、提高人力资源活动效率，是重构人力资源工作岗位、工作流程以及整个人力资源部门的推动力量之一。但是对于单个企业来说，配置人力资源信息系统不仅有成本上的困难，而且在信息系统的管理和维护方面也面临着资源不足的问题。人力资源外包为企业提供了无须购置便能得到这种技术的途径。为获得技术能力而进行人力资源外包是一种工作需要，而且提升 HRIS 有某种重要的战略意义。例如，在向新的人力资源信息平台转换的过程中，人力资源部必须重新考虑和设计本部门乃至企业的工作流程。从另一种角度看，人力资源外包提供了另一种获取人力资源信息技术利益的方式，特别是在强调成本控制的组织文化下更是如此。

4. 人力资源职能部门再造

长期以来，人力资源职能主要纠缠于事务性活动，无法发挥战略作用，虽然人事部换招牌为人力资源部的初衷在于改变角色，聚焦于为企业的发展战略服务。为了改变这种状况，必须彻底改造人力资源部门的结构、流程以及资源配置方式。重新定义的人力资源角色为：变革的推动者、业务部门的合作伙伴、员工关系的维护者等。为企业战略变革实施提供行动方案并组织落实，深入各个业务单位去提供人力资源咨询和支持，领导企业文化重建等，成为人力资源职能部门的核心职能。在这种情况下，许多企业力图通过外包的方式将人力资源部从繁杂的事务性工作中解脱出来，帮助其担当起更能创造价值的角色。

三、人力资源外包的作用

1. 宏观：人力资源生态圈的构建

从人力资源整体发展来看，人力资源外包利于人力资源生态的构建。

人力资源生态是指打破单一组织边界，形成以人力资源管理为工作核心的社会关联网络。它包括企业与企业间关系和企业与个人关系两大类别。

企业与企业间关系又可以分为甲方公司与甲方公司间关系与甲方公司与乙方公司间关系。其中，乙方公司即人力资源服务商，如咨询公司、猎头公司等；甲方公司是与乙方公司相对的概念。甲方公司与乙方公司间关系多以合同关系形式存在。甲方公司提出服务需求，乙方公司为甲方提供服务。在这样的合作关系下，乙方公司可以为甲方节省管理成本，或完成甲方公司难以胜任的工作。甲方公司与甲方公司的关系通常以投资背景下的管理模式输出的形式存在。例如，腾讯在投资并成为58同城最大股东后，将自身人力资源管理的SDC平台输出给58同城，使得58同城以较低的成本学习并使用先进的管理模式。在这样的生态关系下，双方的利益都将实现最大化。

企业与个人的外包关系目前多以劳务派遣的形式存在。未来由于企业用工灵活性、员工工作需求多样性和社会保障水平的增加，灵活用工会成为人力资源外包的重要模块。目前，随着滴滴、58同城等平台性企业的快速发展，自由职业者数量的增加，灵活用工方式快速增多，甚至正在颠覆传统的用工方式。2017年，美国教授黛安娜·马尔卡希创作了《零工经济》一书引起巨大反响。她认为零工经济位于就职和失业之间，它的范围可以非常广泛。这种经济使双方均可受益：企业不需要支付太多的酬劳、缴纳保险费用；个人的时间可以任意支配，不受公司管制[①]。

2. 中观：降低企业管理成本

人力资源外包在相对长期保持有效的情况下，能够转化为企业的一种竞争优势。由于人力资源活动具有日常性、连续性、一致性特点，短期的人力资源外包项目虽然能满足企业一时的需要，暂时解决企业专业人员不够或专业能力不足的问题，但也会带来变动频繁、连续性或一致性不足、降低项目结束后同类工作成本效益的问题。而比较长期的人力资源外包项目如果能够有效进行的话，企业就可以比较放心地重构人力资源部门结构，减少人力资源职能人员，因此通常能够将低成本、高效率、高质量的人力资源服务转化为企业的一种竞争优势。同时，改造后的人力资源部可以利用外包所提供的时间资源，更多、更实在地关注对企业成功具有直接贡献的领域。人力资源职能人员的专业知识和专业能力也会因此得到重新组合和再开发，从而进一步提高人力资源活动的效益。

另一方面，在外包过程中，由于服务商承担了企业人力资源活动的某些风险和不确定性，比如，遵守劳动法规和政府规章以及技术手段变化方面的风险或难以预料的情况，能在一定程度上降低企业人力资源活动的风险和损失。这对于生存在人力资源管理高度法制化和信息技术高度发达环境下的西方国家的企业来说，具有非常现实的意义。实际上，面对人力资源管理领域的迅速发展变化，不少企业感到难以承受但又不得不去适应。因此，它们往往将人力资源外包作为"组成抵御风险托拉斯"的一个途径。

3. 微观：满足个体对工作灵活性的需求

在社会专业化分工下，外包产生了更多的工作岗位，为更多人提供了工作机会。而个人也可以根据自身需求，灵活选择不同工作组合。汽车共享公司热布卡（Zipcar）创始人罗宾·蔡斯说："我父亲一生只做了一份工作，我的一生将做六份工作，而我的孩子们将同时做六份工作。"未来，自由职业者的数量还会不断增加，人们不再隶属于某个组织，而是为多个公司提供服务。

四、人力资源外包的风险

毋庸置疑，人力资源外包会给企业带来诸多益处，但同时也存在诸多风险和弊端。

（1）如果规划和分析不充分，合同条款不全，外包双方合作关系基础不好或维护不力，服务商能力不足，可能导致外包达不到预期目标，甚至给企业造成重大损失。

（2）将人力资源职能外包出去后，企业可能失去对日常人力资源管理活动的控制，以及与员工沟通、互动的某些途径。

（3）建立外包合作关系的最初阶段通常成本较高。初期成本一般会高于目前由企业内部人力资源部开展同类活动的成本。

（4）在将人力资源职能外包出去，尤其是长期外包的情况下，现有部分人力资源工作人员可能会被裁减，失去工作。

（5）如果服务商选择不当，可能对内部员工的士气造成不良影响。员工可能抱怨外部供应商的干预为其工作活动带来了负面影响，从而使得人力资源部门承担较大压力。

（6）在将严格受法律、法规控制的人力资源职能外包的时候，如果不对服务商在开展人力资源活动过程中的守法状况进行严格控制，企业难以避免有关人力资源活动的诉讼甚至巨额赔偿风险。

（7）企业必须聘请有经验的人，如法律人员等，作为外包顾问。这也会导致费用增加。

（8）外包可能不利于公司内部人力资源部组织能力的提升。

五、人力资源外包内容的选择

根据国外许多企业的实践，人力资源外包主要包括以下内容：

（1）人力资源规划方面，如制定人员增长和扩展计划、制定人员精简计划、制定组织发展计划等。

（2）人员配置方面，如寻找求职者信息、发布招聘广告、进行招聘面试、预筛选、测试、求职者背景审查及推荐人调查、开展雇员租赁等[②]。

（3）培训方面，如技能训练、基层管理人员培训、管理人员培训、安全培训、团队建设训练、计算机培训等。

（4）薪酬管理方面，如职位说明书编写、职位评价、薪资调查、薪资方案设计、对管理人员做薪资方案培训、薪资发放等。

（5）组织发展方面，如管理人员继任计划设计、新员工岗前引导培训等。

（6）遵守劳动法规方面，如向政府有关部门提供各种与雇佣及社会保障相关的数据和报告等。

（7）员工关系管理方面，如员工管理指导，仲裁与解决争端，劳动合同谈判（可以与律师一起进行），人员精简，沟通企业人力资源战略、政策和计划，员工职业发展管理，工作绩效评价等。

（8）国际外派人员管理方面，如制作委派成本预算、委派信和有关文件资料，外派人员的薪酬和福利管理，对外派人员及其家属进行岗前引导培训等。

（9）人力资源信息系统方面，如建立计算机系统和维护技术性人力资源信息系统等。

（10）人事管理方面，如人事记录保管，雇员日常状态变化管理以及非技术性人力资源信息系统维护，现场人事档案管理等。

【HR之我见】

刘景华：泰纳瑞斯中国区董事总经理，新加坡南洋理工大学 MBA，美国斯坦福大学 EMBA

扫描栏目中的二维码学习刘景华针对下列提问的精彩回答：

1. 人力资源管理在企业的定位是什么，您对人力资源管理的印象和感受是什么？
2. 企业大学在企业中发挥的价值是什么呢？
3. 公司对哪些人力资源管理工作进行了外包？
4. 您对未来希望从事 HR 工作的学生有何建议？

视频版：

文字版：

六、人力资源外包方式的选择

1. 全面人力资源职能外包

全面外包是指将企业的绝大部分人力资源职能委托给服务商去完成的外包方式。这种方式对于中型和大型企业来说，可能并不适用。因为它们的人力资源活动不仅规模大，而且复杂程度高，在全面外包的情况下，要求服务商有很全面的系统管理能力，同时企业内部员工的沟通、协调工作量会很大。虽然全面人力资源外包可能是一个发展方向，但鉴于服务商的能力和企业对外包活动的控制力还在发育中，中型和大型企业实行全面人力资源外包还有待时日。而对于小型企业来说，全面外包人力资源职能则比较容易，因为它们的人力资源职能相对简单。目前实行全面人力资源外包的也主要是小型企业。

2. 部分人力资源职能外包

这是目前最普遍采用的方式。企业根据自己的实际需要，将特定人力资源活动（如人员配置、薪资发放、福利管理等）外包出去，同时在企业内部保留一部分人力资源职能。如果选择得当，能获得更好的成本效益。

3. 人力资源职能人员外包

人力资源职能人员外包是指企业保留所有人力资源职能，但让一个外部服务商来提供维持企业内部人力资源职能运作的人员。采用这类方法的企业常常要求外部服务商雇用他们现有的人力资源工作人员。

4. 分时外包

有些企业分时间段利用外部服务商。在这种情形下，由企业计划系统和设备的使用时间，由服务商提供技术人员，集中处理企业人力资源事务。这种做法成本较低，但对企业资源规划能力提出了较高要求③。

第二节 人力资源外包的步骤

人力资源外包不是一个简单的"包出去"工程。在人力资源外包决策和实施过程中，企业要考虑一系列战略问题，采取有效手段，保证合理决策和正确执行。图11-1总结了有效的人力资源外包过程通常包括的步骤。

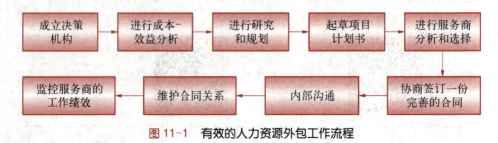

图11-1　有效的人力资源外包工作流程

一、成立决策机构

成功的人力资源职能外包方案始于清晰的短期和长期目的和目标。为了保证决策的正确性，企业从不同职能部门（如人力资源、财务、税务或法律）选派员工组成一个4~5人的人力资源外部工作委员会，负责审议所有的外包决定。由高级人力资源经理担任该委员会主席，负责主持有关外包问题的研究，寻找有关信息、资料，起草外包项目计划书要求等。该委员会应当研究本企业的整体业务、个性及文化，确定适合于这种个性和文化的外包方案。

在确定了目前以及预期服务需求及人员能力的基础上，企业能够确定哪些人力资源职能适于外包，从而作出"是购买还是自己做"的决策。

二、进行成本-效益分析

在做人力资源职能外包决策的时候，企业会非常关注外包的成本以及可能的投资回报，期望有完整的成本-效益分析，因为企业最关心的通常是利润，在人力资源外包问题上，最关心的总是提高人力资源效益、降低管理成本。在人力资源活动外包方面，比较常见的一种成本效益衡量方式是，核算现有工作人员完成某特定活动的成本（包括薪资、福利、办公空间、电话、计算机设备及其使用等），再将此成本与该活动外包的成本进行比较。

但是，这种分析可能是很不准确的。例如，通过外包腾出了办公空间、设备和物品。但如果不能立即卖掉或转租出去的话，企业就可能看不到即时的成本节省。而且，成本只是一个因素，还有很多需要考虑的问题。企业必须考虑员工和管理人员对以外包方式完成此项工作的满意度、现有职能人员的能力发展、企业技术现状等。人力资源外包决策者必须考虑，究竟什么会带来最高的回报率和最小的组织混乱。

总之，关于外包的成本效益分析方法还需探讨。大体上看，外包传统的人力资源职能，如福利、培训或人员配置，使企业有机会精简这些职能工作。在大多数情况下，会减少运营成本，免于为自购设备及其长期维护付出高昂的资金费用。随着在外包活动方面经验的积累，企业对人力资源外包成本效益的判断和分析也会日臻准确。

三、进行研究和规划

透彻地研究拟外包的人力资源职能领域非常重要，因为每个领域都有其特有的一系列机遇和风险。企业要研究的三个重要因素是：企业内部能力、外部服务商的可获得性，以及成本效益分析。在着手实施外包之前，要仔细调查潜在的服务商市场，认清外包不是一种产品甚至也不是一种流程。企业的任何人力资源活动的任何问题都不会只因将那些事情委托给第三方就消失了。在提供服务的过程中，服务商的问题就是企业自己的问题。外包是一种合伙关系，它要求发包与承包双方保持沟通和配合。因此，从产生外包念头开始，直到整个外包项目实施过程的各个环节，企业都应当进行深入的研究和完善的规划。

接下来，企业应确定外包计划各阶段的时间表。这种时间表为企业设定了一个时间线路，引导人力资源外包工作到达启动目标。它也可以随着企业计划的变化而修改。为了保证外包职能的顺利交接，所有参与制定和执行这个时间计划的人都应当提供意见。表 11-1 是一个时间表范例。

表 11-1　人力资源外包工作时间表范例

日　期	活　　动
8月1日	确定可能的服务商
8月10日	起草项目建议书要求并与外包委员会一起审议

（续表）

日 期	活 动
9月1日	完成项目建议书并提交给选出的服务商
10月1日	收到服务商的回复
10月10日	为深入分析比较服务商的答复而建立矩阵
10月12日	委员会审议服务商的答复并完成分析比较
10月25日	选定3家服务商，并邀请他们来做演示讲解
11月10日	最后一家服务商做演示讲解
11月20日	做出确定服务商的决定
12月1日	服务商提出合同文本
12月10日	本企业的顾问审核合同条款，定稿
12月15日	外包前期工作准备停当

资料来源：Mary F. Cook，*Outsourcing Human Resources Functions*，AMACOM，1998.

四、起草项目计划书

起草项目计划书是人力资源外包前期阶段的一项重要工作。然而一些企业由于缺少经验，往往不能意识到计划书起草的重要性，为后期项目的执行制造了很多人为风险。项目计划书应当对项目背景、目的、时间安排、地点设定、项目内容、最终达到的要求等多项内容进行明确的界定，以便潜在的服务商能充分理解企业需求，为企业合理匹配资源。项目计划书中也应明确说明对服务商的要求和选择标准，以便服务商能有针对性地进行准备。

五、进行服务商分析和选择

企业可以采用两种方式选择服务商：公开竞标与直接指定。对于合规性要求较高的企业来说，大多采用公开竞标的方式。

公开竞标是指企业对外公开发布外包需求，由服务商自行填报。企业根据服务商提供的信息首先进行资质初审，符合参与竞标要求的企业可以进入公开讲标的环节。在该环节，服务商会对自身企业的能力、特点以及可以为企业提供的服务进行展示说明，企业依据竞标价格、技术能力等因素为各服务商打分，根据分数排名确定最终的服务商。有时，以上两个环节也可能合并为一个环节同时进行。

直接指定是当企业前期与某服务商形成稳定的合作关系或存在较好的合作基础，并且该服务商的服务能力恰好能满足企业的外包需求，则企业可以直接与该服务商联系，确定合作机会。无论企业采取何种方式，都应参照项目计划书，对各家潜在服务商进行仔细筛选，再确定合作关系。

六、协商签订一份完善的合同

外包工作委员会应派最佳谈判代表去主持谈判。同时,谈判要采用最适合本企业的方式进行,一定不要在没有专家参与的情况下进入谈判。一个好的谈判代表不必在每个要点上都占上风。合同对于签约双方来说必须是一种双赢的结果。在努力达成最佳交易的过程中每一方都必须慎重,因为这将是一种不断发展的合作伙伴关系,合作双方都希望有良好的开端。

合同的重要内容之一是费用构成。因此,必须着重琢磨和审查合同的时间长短。在合同执行过程中是否有什么费用增加?如果有,何时增加?增加多少?最重要的是,如何决定这些增加?而且还要弄清隐含的费用。

在正式签署前,必须请有经验的律师对合同的所有条款进行最后一次审查。在设有法律部门的企业中,这一步骤通常交由法律部来完成。

七、内部沟通

沟通是使外包项目取得成功的至关重要的因素之一。在开始设计外包方案的时候,内部人力资源职能人员知道企业在考虑将某些人力资源职能外包出去的问题,他们自然会为自己的工作而担心。从这时起就要开始沟通。因为如果只打算将某些职能外包出去,同时还要保留其他职能的话,企业还需要保持相当部分的现有人力资源职能人员。

另外,由于人力资源活动往往会涉及公司全体员工,因此,外包的成功需要全体员工的理解和配合。尽早让员工了解有关外包信息,尤其是与他们切身利益紧密相关的服务方式、标准等的变化,非常重要。在外包工作时间表上应当明确各个必要的沟通时点,在这些时点上,企业有关负责人要与人力资源职能人员以及公司全体员工沟通。同时,还必须设计沟通的方法,如面对面的沟通、书面的沟通、全体大会等,都是有效的沟通方式,要根据沟通的对象特点、内容特点,确定沟通的方式、范围等。在必要时,应要求服务商一起进行沟通。

八、维护合同关系

完成了审议并最后选定了一家服务商之后,企业应当挑选任用一位服务商关系经理,负责与服务商联系和协调,并建立好合作伙伴关系。这个经理最好由外包工作委员会的成员或人力资源职能人员担任。

在与服务商建立关系的过程中,企业应当经常举行会议,与服务商代表共同讨论项目执行层面的问题,阐明外包工作的各种细节问题。通过这种沟通和讨论,外包双方应当完全明白各自应承担的具体职责。

企业应当明确,在必须具有连续性的人力资源活动领域一定要与服务商发展长期关系,因为要对这种必须具有连续性的人力资源活动实行外包,要求服务商对客户企业的文化有深刻的了解和高度的尊重，否则外包可能带来严重的后果。例如，在高级人才寻访活动方面，如果存在长期关系并且与人才寻访公司签约避免利益冲突，那么人才寻访公司可能就愿意提供某些猎取来的人才，并且真正做到不披露双方合作的核心信息。

当然，建立长期服务商关系并不是说不做新的选择。在人力资源活动外包方面，任何时候也不应当有无限期合同。企业应当选择以合理的价格提供合适服务的服务商。即使对需要保持长期关系的人力资源活动，企业也应当考虑周期性的，比如，每三年进行一次外包竞标活动。

九、监督服务商的工作绩效

外包项目从一开始就应建立绩效衡量标准，并同时说明工作绩效评价方式和报告程序。企业应当坚持要求服务商诚实报告、经常报告，出现问题及时通知。对服务商的绩效评价标准应当是明确、具体、可衡量的。例如，在人员配置方面，服务商工作绩效评价标准可以是：每雇用一人的成本、人员流动率等。通过绩效标准可以提高服务商的工作绩效。企业出于得到更好服务的动机实行人力资源职能外包，因此，要坚持对服务商的工作成果进行严格管理和评价，在评价时可利用内部客户调查来进行，充分重视员工的反馈。服务商只有在提供了合同所约定质量标准的服务之后才能得到报酬。

第三节 人力资源外包的发展趋势

一、人力资源外包内容不断丰富而深入

人力资源外包服务在劳动力主体驱动、产业跨界/整合驱动、政策驱动、资本驱动等多种因素累加作用下，服务范围变得更加广泛，市场响应速度更快，凡是有人力资源服务需求的地方会快速形成相应的人力资源服务。HRoot 在 2015 年的报告中预测了如下 10 种未来一段时间内将蓬勃发展的业务模式或服务细分市场[④]。

（1）灵活用工。根据民间职介国际同盟（CIETT）2015 年报告显示，截止到 2014 年，全球共有 26 万余家灵活用工服务机构，灵活用工的人数达到 6 090 万人，灵活用工的市场营业额超过 2 820 亿欧元，其中美国占有最大的市场份额，中国次之。灵活用工将为企业和员工个人提供更多的工作弹性，然而这一行业会受到各国政府用工政策的较大影响。

（2）管理服务提供商模式。对于传统的劳务派遣而言，其模式已经不能满足客户日益变化的需求，特别是对方案、应用、管理和服务的需求。而管理服务提供商（Managed Service Provider, MSP）模式则强调集约化、规模化、标准化，按照客户要求进行重新定制，这样的服务更加灵活，也节约了大量成本。MSP 主要帮助企业进行派遣制员工管理，主要职责包括项目统筹管理、汇报与追踪、供应商选择与管理、订单分配以及综合计费等。MSP 模式成为企业获取多样化人才的重要途径，通过实施全面的 MSP 模式对人才供应链进行管理，从而帮助企业获得新的竞争优势。

(3) 薪酬外包。随着员工纳税制度的不断规范，员工的薪酬管理难度不断增大。加之人才竞争强度的提高，使得薪酬管理更加重要，外部公平性成为重要的考虑因素。这些因素都将促进薪酬外包行业的快速发展。

(4) 自由职业者市场。全球劳动力市场在互联网浪潮的冲击下逐渐转型，在远程办公的技术条件和人的需求、条件都具备的情况下，人们对于工作的选择变得更加积极主动和灵活。科技可以把大量的工作分割成相对独立的任务，并在需要时将之分配出去，而相应的报酬则由工作的供需关系动态决定；同时，每一位工作者的表现也会被持续追踪，并由客户评估。这种按需用工模式的兴起，使得劳动者不再仅扮演一个全职者或个体户的角色，而是有了更多灵活的选择，可以从事多份工作[5]。

(5) 老龄雇佣市场。根据《中国人口老龄化发展趋势预测研究报告》，2013 年底中国成为世界上唯一一个 60 岁人口超过 2 亿的国家，老年人口数甚至超过了巴西、俄罗斯、日本的人口数量。并且在今后一段很长的时期内，还将保持很高的递增速度，预计 2020 年将达到 2.43 亿人，2025 年将突破 3 亿人，2033 年则将达到 4 亿人。人口老龄化推动老年就业人口的增加是一个必然趋势，中国政府也正在拟定延迟退休的相关政策。然而受限于法律、社保、老龄劳务服务机构缺失等问题，老龄劳动力雇佣市场还只限于"打零工"或自雇佣等"零散"的雇佣模式，而随着法律的成熟，老龄劳动力就业或将成为雇佣市场的另一个蓝海。

(6) "新蓝领"阶层。在欧美，蓝领工作更得到尊重且薪酬亦处于较高的水平。中国的新蓝领工资的大幅上涨也折射出就业市场的新趋势。许多招聘网站纷纷试水蓝领招聘市场。

(7) 互联网招聘的垂直领域。传统的在线招聘行业仍然存在着雇佣双方信息不对称的问题，而新模式的招聘机构更多的机会是在垂直领域。专注而高效的垂直招聘网站日益冲击传统招聘模式。目前，招聘领域已细化出中高端人才访寻、针对基层员工的平台、社交招聘等不同垂直领域。

(8) 招聘服务与雇主品牌。人才卖方市场倒逼企业改变坐等候选人投递简历的招聘方式，未来五年，人才争夺战将继续白热化，人才市场成为候选人卖方市场的现象将更严峻。招聘与营销学的概念的整合将帮助企业更好地找到在人力资源市场上的定位，并在目标群体中建立独特的雇主品牌，从而更好地吸引、激励和挽留最优秀的人才，实现企业的竞争优势。领英数据显示：强大的雇主品牌可以将招聘成本降低 50%，使员工流动率降低 28%。对于招聘服务商而言，从单纯的招聘服务到雇主品牌营销，或将开拓招聘服务更广的市场[6]。

(9) 人才数据。随着大数据技术的发展，大数据的应用价值正在被逐渐挖掘。这些数据为人才招聘、配置、激励、培养、保留提供了更多的参考。当企业人力资源数据分析管理力量尚薄弱时，专业的人才数据分析机构将满足企业的需求。

(10) 人力资本金融。企业年金市场是一个充满潜力的市场，未来将有更多的服务机构进入，为企业带来更多优质专业服务。根据资料显示，通过养老金产品，泰康资产已实现资金归集管理的中小资金规模企业年金客户超过 100 家。而目前已参与其养老金产品投资的客户超过 220 家，投资规模超过 100 亿元。据世界银行的预测，至 2030 年中国企业年金规模将高达 1.8 万亿美元，将成为世界第三大企业年金市场。可以预见，养老金产品将成为未来年金计划配置的重要工具。随着企业年金递延纳税新政以及未来一系列配套措施的出台，这一政策将为企业员工带来更多利好，企业年金作为企业人力资源管理战略的重要组成部分，也会成为企业吸引人才的重要利器。对于人力资源服务机构而言，企业年金市场未来商机无限。

此外，随着人力资源服务业的不断发展，其服务水平更加专业化与精细化，服务内容更加深入，以切实解决企业的实际问题。

概括来说，人力资源外包服务的内容呈现出范围扩大化和深度垂直化两个特点。随着沟通成本的降低、外包服务的发展，企业外包成本将不断降低、外包管理水平将不断提高，这将促进更多的外包服务与产品的产生，扩大人力资源外包服务的范围。外包行业的发展也会使得行业内竞争加剧，促进外包服务向精细化发展，深耕垂直领域，形成差异化发展，满足企业深入而多样化的需求。

二、服务商间并购联盟快速增加，一体化服务逐渐形成

全球范围内，人力资源服务商间的并购整合案例快速增加，具有影响力的服务商通过收购的方式不断拓展业务范围，逐渐形成覆盖招聘、测评、咨询、信息分析等多业务的一体化服务模式，提高了内部协同效率[⑦]。HRoot 机构统计了 2016 年下半年至 2017 年上半年发生的人力资源服务业的并购事件，怡安、美世、瑞可利、任仕达等具有影响力的人力资源服务商均发生了 1 起以上的收购。

表 11-2 2016.7—2017.6 人力资源服务商收购事件

时间	收购方 & 被收购方
2016 年 7 月	瑞可利（Recruit）宣布收购职位搜索引擎公司 Simply Hired
2016 年 7 月	英飞集团（Empresaria Group）宣布收购新西兰招聘公司 Rishworth
2016 年 8 月	任仕达（Randstad）收购 MONSTER Worldwide，改变人与工作的连接方式
2016 年 8 月	海德思哲（Heidrick & Struggles）收购英国猎头和咨询公司 JCA Group
2016 年 8 月	海德思哲收购美国新泽西领导力咨询公司 Philosophy IB
2016 年 8 月	万宝盛华（ManPowerGroup）宣布以 700 万美元收购 Ciber 的挪威业务
2016 年 9 月	凯业必达（Career Builder）收购雇用后服务公司 WORKTERRA
2016 年 9 月	美国职场社区 Glassdoor 收购巴西职场社区 Love Mondays
2016 年 10 月	克罗诺思（Kronos）收购有 50 年历史的 SaaS 公司，这是其第 70 次收购
2016 年 10 月	德科集团（Adecco Group）收购数据管理和电子发现服务供应商 D4

(续表)

时间	收购方 & 被收购方
2016年10月	英飞集团（Empresaria Group）收购信息技术人才派遣公司 ConSol 的多数股权
2016年11月	任仕达（Randstad）收购转职服务公司 Sageco
2016年12月	遨聚士（Allegis Group）收购瑞士派遣公司 The Stamford Group
2016年12月	美世（Mercer）收购全球领先的员工敬业度解决方案提供商 Sirota
2016年12月	Freelancer.com 收购西班牙语、葡萄牙语自由职业平台 Nubelo 和 Prolancer
2016年12月	任仕达（Randstad）将收购 BMC 的荷兰业务
2016年12月	美世（Mercer）将收购全球福利软件企业 Thomsons Online Benefits
2017年1月	Gartner 将以26亿美元的现金和股票收购 CEB
2017年1月	安德普翰（ADP）收购美国人力资本公司 The Marcus Buckingham Company
2017年1月	怡安（Aon）完成对健康和福利经纪业务与解决方案公司 Admix 的收购
2017年1月	印度人力资源服务供应商 TeamLease 收购 Keystone Business Solutions
2017年2月	万宝盛华（ManPowerGroup）将收购 Ciber 西班牙业务
2017年4月	私募股权投资公司购 GTCR 讨论收购凯业必达（CareerBuilder）
2017年5月	怡安（Aon）收购人才测评行业领导者 cut-e
2017年5月	英国招聘公司 Hydrogen Group 收购招聘公司 Argyll Scott
2017年6月	日本人力资源服务巨头瑞可利（Recruit）收购德国客户反馈平台 TrustYou

资料来源：《HRoot 全球人力资源服务机构100强榜单与白皮书》，http://rankings.hroot.com/global100/2017/review.html。

三、平台化与线上服务

互联网生态的发展使得人力资源服务业发生了深刻的变化。互联网服务、移动终端、大数据（Big Data）分析、云服务、O2O（Online To Offline，在线离线/线上到线下）等信息化技术催生了新的商业模式，也为人力资源服务业带来了新的挑战。未来，人力资源服务业依托信息化整合行业资源，提高运营的协同效应，降低成本。同时，人力资源服务业需要结合互联网的特性，利用云服务、大数据技术等信息化手段，进一步创新商业模式。

例如，目前很多公司正在寻找新的内部沟通方式来替代电子邮件。大众汽车等一些公司发现，员工每天都需要将大量时间花费在收发及阅读电子邮件上，然而实践证明，没有电子邮件也并不会影响人们正常工作。由于电子邮件的技术还较为基础，因为人们接受的电子邮件只能按照时间、收件人、发件人等少数选项排列或筛选，且多用于一对一交流。这对注重团队合作的互联网企业来说存在很大弊端。BlueKiwi 软件公司的产品则针对电子邮件的这些弊端，构建了基于大数据的社交网络。企业可以通过购买公司软件接入网络组织。网络组织中有众多群组供员工参与，这些群组代表了产品、内部课程等项目。与电子邮件不同，这些群组是全透明的，所有新成员都可以看到某一个问题的所有交流记录。这些对话不会推送到员工邮箱打扰到他们集中精力工作的时间，员工可以自由选择何时进入讨论⑧。

共享单车人力资源外包案例

一、人力资源外包的背景

2016 年是共享单车爆发的元年，用户高速增长，各类共享单车品牌如雨后春笋般不断涌现，但到下半年竞争出现明显的两极分化，且逐渐形成多强格局，几大品牌重叠用户扩大，竞争态势日趋激烈。2017 年 1 月底，时值农历新年前夕，某共享单车巨头（以下代称 A 公司）完成新一轮融资，当时 A 公司已进入全国 30 余座城市，计划 2017 年在全国新开城 100 余个。

业务的扩张也给人力资源提出了新的挑战，HR 需要配合业务扩张，迅速配置 2 000 多名车辆运营人员及其他辅助岗位人员，并对这些分布在全国各地的人员进行管理。单靠 A 公司内部 HR 团队显然难以完成这项艰巨的任务。

A 公司分析后认为需要一家有全国外包服务能力的供应商在春节后第一时间启动招聘项目，助力公司业务的迅速扩张。通过春节假期期间的多轮沟通，R 外包公司在众多供应商中以专业的执行方案和迅速响应的服务态度赢得了该项目，成为 A 公司车辆运营外包项目唯一的人力资源外包服务供应商。

二、人力资源外包的解决方案

R 外包公司对 A 公司的项目进行了充分的调研，对共享单车车辆运营人员的人力外包需求分析如下：

- 快速招聘：支持快速开城，提供高质量人才。
- 员工系统化管理：依托系统平台支持，使员工管理流程标准化。
- 灵活用工：针对业务形态的多样性，提供多种用工形式以降低用工风险。
- 成本优化：合理利用各地政策的优势，合法降低用工成本。

1. 招聘执行：零工期启动，保时保量

2017 年 2 月新年后第二个工作日，R 外包公司迅速组建一号工程专项小组，人员独立、资源独立、费用独立，集全国之力，迅速开始了第一批次的招聘工作，对 14 个城市中需求的 200 余名员工进行招聘。接下来的每个月，都有多个城市同时开展招聘工作，每月平均新增员工 300 人以上。

（1）线上：海量数据，精准匹配。R 外包公司通过自主研发的线上后台系统，储备了海量有效简历，并对简历进行标签识别。项目经理通过对 A 公司车辆运营人员的关键标签，如年龄、学历、工作经验等进行条件设定，精准筛选出简历库中符合条件的候选人，集中邀约到场面试。

（2）线下：R外包公司对A公司项目覆盖的150余所城市进行分类，根据城市类比制定不同的交付策略。

招聘项目的成效显著：2月底，A公司项目在岗300余人，5月在岗突破1 000人，截至9月底完成150个城市全职外包员工3 000余人外包在岗交付。通过半年多的努力，R外包公司在招聘交付上，向A公司交出了一份满意的答卷。

2. 人力资源外包服务：流程优化、保障有力、合法合规

（1）入职管理。线上资料审核+线下合同签订相结合，有效管理风险，提高线下签订效率。从招聘面试到人事管理环节，具体入职管理的流程如下：

系统发送offer→员工通过R外包公司微信公众号自助完善入职信息，提交入职资料电子版→系统审核+R外包公司驻巡场后台人工审核资料的完整度和准确性→入职当天纸质资料复核签字确认，员工培训（在线+线下）→合同签署，一周内盖章返还。

通过以上方式，极大地提高了员工入职信息反馈的及时性和准确性，提升了运作效能，即使远在拉萨、海南等地，也不会影响效率。

（2）离职管理。线上自助申请，线下离职访谈，规避离职风险。具体流程如下：

员工有离职意向或口头提出离职→驻巡场做离职面谈→确定无法挽留的员工，通过微信公众号提出离职申请→业务经理在线审批，安排员工完成工作交接→R外包公司驻巡场为员工办理离职手续并开具离职证明。

离职流程是容易发生劳动纠纷的环节，流程的不规范容易导致员工旷工或离职，进而给企业带来严重的风险隐患。R外包公司通过入职培训明确宣导离职流程及提前申请时间，规范了员工行为，结合手机微信端自助提交离职申请等方式，简化了外勤员工办理离职的烦琐流程，让离职申请及办理变得可操作、可监控。

（3）请休假/加班管理。无纸化系统管理，便捷流程，数据可追溯。

（4）考勤管理。灵活、准确、便捷，避免管理真空。R外包公司提供两种考勤方式，根据不同的项目特点灵活应用，考勤数据均直接同步到外包管理系统，参与薪资计算。

- 固定打卡：网络考勤机，固定地点打卡，数据直接同步到R公司外包系统，后台实时查看考勤报表。
- 移动打卡：手机移动端打卡，实时记录员工日常工作轨迹，轨迹异常提醒，后台实时查看考勤报表。

（5）薪资核算。线上统计，线下核对，实现薪资管理准确性、及时性、保密性。具体流程如下：

R外包公司驻巡场维护入离职信息完整→R外包公司社保专员办理社保增减员，出具社保账单→薪资专员根据系统中的基础数据及实时更新的考勤、绩效数据完成薪资核算，出具对账单→A公司HR确认账单→R外包公司发放薪资→系统后台自动群发工资发放提

示消息→员工通过微信公众号自助查询工资条。

此外，A公司还采用了R外包公司的用工风险管理、员工关怀、实习生转签、兼职用工管理等人力资源外包产品和服务。

三、人力资源外包的价值

在A公司与R外包公司的外包合作中，通过把非核心岗位和工作外包出去，让A公司将更多的精力聚焦在核心技术的研发上面，项目的服务价值有以下几点：

(1) 外包人员需求100%满足，助力A公司聚焦核心技术，凸显竞争优势，成为行业独角兽。

(2) A公司外包项目平均月度流失率控制在5%以内，业务运营稳定有保障。

(3) 结合A公司业务特点，探索多种用工模式，以最经济的方式进行人员配置，降低综合用工成本约15%。

(4) 为A公司提供高效安全的服务，确保项目合规运作，避免用工风险及用工纠纷，树立良好的公众品牌形象。

资料来源：冯喜良、张建国、詹婧、谢丽霞，《灵活用工：人才为我所有到为我所用》，中国人民大学出版社2018年版。

案例讨论与思考

1. A公司进行人力资源外包的原因是什么？
2. A公司采用的人力资源外包方式是什么？
3. R外包公司向A公司提供了哪些类型的人力资源外包产品和服务？
4. 案例中用以衡量人力资源外包价值的指标有哪些？

本章思考题

1. 人力资源外包的广义和狭义定义是什么？企业为什么会选择人力资源外包？
2. 人力资源外包会对企业带来哪些优势？又会带来哪些风险？
3. 人力资源外包的具体内容和方式有哪些？
4. 人力资源外包的具体操作步骤是什么？
5. 你认为人力资源外包有哪些发展趋势？这些变化带给你的启示是什么？

注释

① 黛安娜·马尔卡希：《零工经济》，中信出版社2017年版。
② 宋斌：《全球顶级的猎头公司》，中山大学出版社2018年版。
③ 庄志：《中国人力资源服务业外包业态观察（2016—2017年）》，苏州大学出版社2016年版。
④ 《2015中国人力资源服务业市场研究报告：现状、趋势与展望》。
⑤ 萧鸣政：《中国人力资源服务业蓝皮书2016》，人民出版社2017年版。
⑥ 余兴安：《人力资源蓝皮书·中国人力资源发展报告》，社会科学文献出版社2017年版。
⑦ 陆静波：《人力资源法律管理：互联网与新媒体时代企业用工管理》，中信出版社2015年版。

⑧ 戴维·布尔库什:《新管理革命》,中信出版社 2017 年版。

本章阅读推荐

陈国海、马海刚:《人才服务学》,清华大学出版社 2016 年版。
冯喜良、张建国、詹婧、谢丽霞:《灵活用工:人才为我所有到为我所用》,中国人民大学出版社 2018 年版。

第十二章　大数据与人力资源管理

【本章要点】
通过对本章内容的学习，应了解和掌握如下问题：
- 什么是大数据？
- 什么是大数据人力资源管理？
- 如何进行大数据人力资源分析？
- 人力资源大数据有哪些指标？
- 大数据技术是如何应用在人力资源管理当中的？

【导读案例】

近二十年来,数字技术正以前所未有的速度向前发展,社会进入了全新的数字经济时代。大数据、云计算、人工智能、机器学习、物联网等技术的出现不断颠覆着人们的生活方式,也促使行业间前所未有地相互渗透,并从根本上改变了商业环境。为了在飞速发展的环境中立于不败之地,企业数字化转型势在必行。然而当企业向数字化转型迈出第一步时,所面临的关键障碍不是来自于技术或市场的变化,而是没有足够的数字化人才可以支撑公司未来战略发展的需要。根据德勤与麻省理工学院(MIT)合作的数字化变革研究发现,在接受访谈的一千位多位CEO(组织规模各异,遍及131个国家与27个产业)中有近90%的高阶主管认为自己的企业正遭受数字商业模式的破坏或重新改造,有近70%的人认为,自己没有可应对变局的适当技能、领导人或营运架构。

大数据是什么?大数据又将怎样影响企业的商业活动和人力资源管理?本章,我们一同探究大数据在人力资源管理中的应用。

资料来源:德勤 & 华为,《数字化技术加速人才转型》,2017年12月。

第一节 大数据概述

一、大数据的内涵及特点

（一）数字化与大数据的产生

戈登·摩尔（Gordon Moore）在1965年提出了著名的摩尔定律：在价格不变的条件下，每隔18~24个月，集成电路可容纳的元件数量可增加1倍，即集成电路的性能增加1倍，因此，计算机的性能也将增加1倍。摩尔定律揭示了计算机性能随着时间呈指数型增长的规律。由于计算机性能的提升及其善于处理数字信号的特点，越来越多的数据以数字数据的形式记录下来。数字化信息具有传播速度快、动态性强、更新快等特点。据统计，截至2000年，人类仅存储了约12 EB的数据；但到2014年，人类每天产生的数据就超过2 EB。据调研机构Wikibon的预测，中国的大数据总量在2020年将达到8.4 ZB，占全球数据量的24%，届时将成为世界第一数据大国和"世界数据中心"。数字化成为大数据产生与发展的必要条件。

人类社会数据的产生方式分别经历了三个阶段。第一阶段是数据库系统运营阶段，数据产生是被动的；第二阶段是基于WEB2.0的原创内容阶段，数据产生是主动的；第三阶段是基于智能传感器或可穿戴设备的感知式阶段，数据产生是自动的。自动化数据的出现使得数据量迅速增大，数据类型也在快速增多，为大数据的产生创造了基本条件。

2018年，腾讯公司发布的《中国互联网+指数报告》显示，2017年中国数字经济体量为26.7万亿元人民币，较去年同期增长17.24%。数字经济占国内生产总值（GDP）的比重由2016年的30.61%上升至32.28%。数字化正在向着政务、经济、文化、生活等展开全方面渗透。

（二）大数据的内涵

2008年9月，《科学》（Science）杂志发表文章《大数据：PB时代的科学》，首次唤醒人们对大数据的认知。在专刊中，大数据被定义为"代表着人类认知过程的进步，数据集的规模是无法在可容忍的时间内用目前的技术、方法和理论去获取、管理、处理的数据"[1]。2011年，国际数据资讯公司（International Data Corporation，IDC）在研究报告《从混沌中提取价值》中提出3个主要观点：① 全球数据量约每两年翻一倍；② 2010年，全球数据量跨入ZB时代，预计2011年，全球数据量将达到1.8 ZB；③ 预计到2020年全球数据量将达到40 ZB，并且85%以上的数据以结构化或半结构化的形式存在[2]。IT从业者将这类数据量大，但存储和处理都十分困难复杂的数据称为大数据。

数据是对客观世界的测量和记录[3]。而大数据本身是一个比较抽象的概念，单从字面来看，它表示数据规模的庞大。但是仅仅数量上的庞大显然无法看出大数据这一概念和以往的"海量数据"(Massive Data)、"超大规模数据"(Very Large Data)等概念之间有何区别。目前对大数据的界定众说不一,比较有代表性的有以下几种。

(1)高德纳公司(Gartner)将大数据定位为:一种信息资产,它具备海量、高增长率、多样化的特点,它必须用新的处理方式才能用于决策、发现和流程优化。

(2)维基百科将大数据定义为:一种可以达到企业经营决策目的的资讯,但是涉及的数据规模非常大,以至于主流的数据处理相关软件无法在有限的时间内完成对如此庞大规模的数据存储和处理。

(3)麦肯锡将大数据定义为:一个超大规模的数据集,传统的数据库处理软件工具不能在规定的时间内对这些数据进行抓取、储存、管理和处理④。总而言之,大数据是一种庞大的数据信息资源,它因巨大的体量产生了量变到质变的效果,从而具备了以往数据库所不具备的特点。

(三)大数据的特点

随着对大数据认识的不断深入,学者为大数据总结出越来越多的特点。最早也最无争议的是3V模型,即规模性(Volume)、多样性(Variety)和高速性(Velocity);之后又产生了4V模型[IBM认为大数据还具有真实性(Veracilty)的特点];此后发展成为5V模型[国际数据公司认为大数据还应当具有价值性(Value)]。

(1)规模性:用来描述大数据的数据量巨大,这是大数据区别于传统数据的首要特征。世界上现有的90%的数据是在过去两年中产生的,数据量呈爆炸式增长,尤其是来自互联网的数据往往只能用"拍字节"(PB,1 PB = 1 024 GB)、"艾字节"(EB,1 EB = 1 024 PB)、"泽字节"(ZB,1 ZB = 1 024 EB)来度量。而在国家组织领域中,如今接收的数据量已经用"尧字节"(YB,1 YB = 1 024 ZB)来表示⑤。

(2)高速性:用来描述大数据的数据产生和传播的高速,而且这个高速还在不断加快。

(3)多样:大数据包括多样化的数据格式与形态。大部分的数据是非结构化的,包括文本性、音频和视频等格式,而且还不断地有新的数据格式产生。

(4)精确性:对数据质量进行描述,大数据所包含数据的数据质量通常参差不齐,为数据分析的精确性造成了困难,很多传统的数据处理方法已经不再有效。

(5)价值:对大数据进行科学的数据挖掘分析可以发现其中包含的深度价值。

尽管大数据具有以上诸多有意义的特点,但在实际应用中,大数据也具有难以搜集和使用的特点,这也是大数据发展中最大的障碍之一。有机构做过一个估计,在目前的整个数据世界里,能够被人们访问到、被爬虫爬到、被搜索引擎检索到的数据,只占到15%左右。而剩余85%的数据,好比处在数据世界的暗黑之海下面,没有联网、没有数字化,分散在一个个孤岛里,单纯地存储在数据库里,无法被利用⑥。

(四)大数据思维

思维方式是指人的大脑活动的内在特点,包括方式、方法、程序、角度等。思维方式的产生受到环境与时代条件的影响与制约，而又进一步影响了人的行为方式。舍恩伯格将大数据思维解释为：" 一种认为公开的数据一旦处理得当，就能为千百万人急需解决的问题提供答案的意识。" 我国学者王爱敏将其解读为 " 一种能帮助人们寻找答案的思维"。

大数据思维的对立面是工业化思维，工业化思维是指工业化阶段产生的与当时生产方式相适应的思维方式。例如，强调标准化、规模化、规范化等。经济基础决定上层建筑，生产力水平与生产方式决定了人们的思维方式。相较农业社会的农耕思维方式，工业化思维无疑是一种历史的进步，但又无法满足当今新的生产力水平和生产方式的要求。因此，大数据思维的产生和发展也就成了必然趋势。

同时，大数据思维是伴随着人们可以收集、利用的数据极大增长而产生的新的思维方式。中智集团总经理助理冯馨莹将不同体量的数据下的思维方式分别概括为机械思维、直觉思维和数据思维。① 机械思维对应于小数世界。需要大胆假设、小心求证。经过做出假设、建构模型、数据证实、优化模型、预测未来等几个步骤，具有确定性、简明性、普适性等特点。经典的力学定律等都是机械思维的代表。② 直觉思维对应于中数世界。人脑对于突然出现在面前的事物、新现象、新问题及其关系的一种迅速识别、敏锐而深入洞察，直接的本质理解和综合的整体判断。具有迅捷性、直接性、本能意识等特点。③ 数据思维对应于大数世界。它是一种新的、客观存在的思维观，即全量取代样本、混杂取代精确、效率取代精准、相关取代因果、不确定取代确定性、概率性思维凸显⑦。

具体说来，大数据思维具有以下特点。

1. 强调"一切皆可量化"

大数据思维是将一切形式的资料量化与数据化的思维方式。信息社会与工业社会相比，量化的对象大大增加了，颗粒度更加细微了。如今，文字、图像、声音、视频、电影都可以数据化。我们周围的一切乃至我们自己都可以用数据描述。

2. 强调"数据也是生产要素"

在农业时代，土地是最重要的生产要素；工业时代，资本是最重要的生产要素；而在信息时代，数据可能成为新的重要生产要素。所谓生产要素，是指社会生产经营活动是所需要的各种社会资源，是维系国民经济运行及市场主体生产经营过程中所必须具备的基本要素。走进大数据时代，应该认识到，大数据是一种生产要素。将它公布于社会，能够创造出新的生产力；将它应用于企业生产管理系统，可以创造价值，进一步提高企业生产与服务效益；将它应用于更为广泛的社会管理领域，可以创造出巨大的社会效益与经济效益。

脸书 2014 年通过大数据分析之后发布精准广告，每天利润达 822 万美元，它的员工数量为 8 000 名。中国石油公司 2014 年每天利润 4 585 万美元，它的员工数量为 150 万名。也就是说，当创造的利润相同时，中国石油公司需要脸书公司约 34 倍的员工数量。

3. 强调数据的完整性

目前人们已经掌握了大规模数据的存储、分析和处理办法，因此大数据可以对全部数据进行分析，而非部分数据。大数据研究者需要将全部数据收集、存储起来，进行有目的的分析处理。此前由于信息收集和处理能力的有限，社会科学研究中往往采用抽样调查的方法，用样本的情况来预测总体的情况，这对样本的代表性提出了很高的要求。而采用全部数据进行分析无须研究者主观选择数据以及用样本预测总体情况，进一步提高了分析结果的准确性。

4. 强调数据的复杂性

小数据强调数据的精确性，大数据则强调数据的复杂性，客观世界是复杂的，只有承认客观事物的复杂性才能认清和把握世界，更深入地了解世界本源，避免因忽略了某些信息而造成认知与决策的失误。大数据的庞大规模允许研究者利用多个源头的数据相互印证一个事实。庞大的多维度数据为研究者提供了更多的分析角度，以便更加准确地描述事物真相。

5. 强调事物的关联性

世界万物的一个基本特点就是相互之间存在某种联系，即相关性。但人们往往过于重视因果关系而忽视了相关关系。其实，相关关系是因果关系存在的必要前提，挖掘数据的相关性有利于更好地发挥数据价值。

马云曾分享过这样一件事：你知道全国哪个省、市、自治区的人喜欢穿比基尼吗？一般人会想到东部沿海地区，然而实际上，最喜欢穿比基尼的是新疆地区的人。这是淘宝销售的真实数据。这是为什么呢？卖家先不用管原因，只要锁定新疆地区的用户群体来宣传就没有错。

6. 强调发展事物规律性

世间万物都有规律，有时人们感到不好把控、难以描述，往往是因为观察不够。大数据思维，重视从多方面收集信息，多角度分析数据，从而比较容易认识到隐藏在事物背后的大概率现象，即规律性。从这样的意义上讲，大数据思维能够提升人们对于事物本质的认识，以利于更好地认识与改造世界。

【学习资料 12-1】

2017 年，当你来到高盛纽约总部的美国现金股票交易大厅，你一定感到惊讶而困惑，怀疑自己是否走错了地方。你的脑海中对交易大厅的认识还停留在人声鼎沸、喧喧嚷嚷的阶段，而这里却只有两名股票交易员"留守空房"。在 2009 年鼎盛时期，这里雇用了 600 名交易员替投行金主的大额订单进行股票买卖操作。然而这一切如今已经被 Kensho 开放的程序所取代。拿着年薪 35 万美元的分析师们 40 小时才能完成的工作，程序只需 1 分钟便可完成，错误率可以大大降低，并且你永远不需要给机器放假。

第十二章 大数据与人力资源管理 623

(a) 2009 年高盛纽约总部美国现金股票交易大厅

(b) 2017 年高盛纽约总部美国现金股票交易大厅

图 12-1 高盛纽约总部美国现金股票交易大厅的变化

二、大数据分析

（一）大数据分析的特点

随着数据存储和分析技术的改变，大数据分析相比于数据分析产生了诸多变化。它使很多在数据分析中无法实现的操作成为可能。

1. 不是随机样本，而是全体数据

很长一段时间以来，准确分析大量数据是一种挑战。过去，因为记录、存储和分析数据的工具不够好，我们只能收集少量数据进行分析。为了让分析变得简单，我们会把数据量缩减到最少。如今，技术条件已经有了非常大的提高，我们可以向着利用所有数据的方向去转变。舍恩伯格认为，当我们可以轻易收集和处理数据时，我们必须建立起"样本＝总体"的思维方式，收集所有的数据。

通过使用所有的数据，我们可以发现在样本时代可能会在大量数据中被淹没的情况。例如，信用卡诈骗是通过观察异常情况来识别的，只有掌握了所有的数据才能做到这一点。在这种情况下，异常值是最有用的信息，你可以把它与正常交易情况进行对比。这是一个大数据问题。而且因为交易是即时的，所以你的数据分析也应该是即时的。

2. 不是精确性，而是混杂性

执迷于精确性是信息缺乏时代和模拟时代的产物，只有5%的数据是结构化且能适用于传统数据库的。如果不接受混乱，剩下95%的非结构化数据都无法被利用，只有接受不精确性，我们才能打开一扇从未涉足的世界的窗户。

在越来越多的情况下，使用所有可获得的数据变得更为可能，但为此也要付出一定的代价。数据量的大幅增加会造成结果的不准确，与此同时，一些错误的数据也会混进数据库。从"小数据"向"大数据"转变需要学会接受这些错误数据。因为放松了容错的标准，人们掌握的数据也多了起来，还可以利用这些数据做更多新的事情。这样就不是大量数据优于少量数据那么简单了，而是大量数据创造了更好的结果。

3. 不是因果关系，而是相关关系

沃尔玛是世界上最大的零售商，它的成功经验一方面源于人们熟知的良好的供应链与库存管理，另一方面也源于其对销售数据的深度挖掘。事实上，沃尔玛对数字的管理很大程度上提高了其供应链管理水平。通过将产品信息转化为数据信息，沃尔玛精准掌握各超市的库存情况，并合理安排进货时间，避免存货的风险并降低了库存成本。此外，通过对顾客购物清单和销售额的分析，沃尔玛可以准确发现天气与购物偏好等相关关系。

有了大数据的相关分析，人们可以先发现结果，再分析原因；而不是像以往先探究原因再去印证。相关关系为管理者的管理提供了直接的答案，很多情况下，管理者只需按照大数据所揭示的答案直接操作便可，而不需要再探究答案为什么是这样。

（二）大数据价值的衡量

大数据是一项应用技术，只有在各行业的应用中才能发挥大数据的实用价值。

国内著名大数据研究学者王通讯认为，大数据的价值取决于5个维度：数据的颗粒度、新鲜度、多样性、关联度、规模度。这些维度强调了大数据深入程度、时效、维度、相关性和规模等方面的特点[⑧]。

【学习资料 12-2】

1. 王永庆卖米（颗粒度）

王永庆是台塑集团的创始人。当年靠 200 旧台币卖米起家。一开始店里冷冷清清，因为人们习惯到老店买米。他就挨门挨户拜访，了解买米的是谁、家里人口数、米缸大小、发工资的日期，然后把这些数据仔细记录在小本子上。依据这些琐碎的数据，他可以大致估算出每家用米量、买米的时间和频率。进而他可以按时间帮助客户清理旧米，换上新米，保证客户不会积攒旧米。日复一日，良好的服务终于赢得了客户的信任，从每天卖 12 斗发展到 100 斗。王永庆的家业就此奠定基础。

2. 穿孔卡片与美国人口普查（时效）

美国在 1880 年进行的人口普查，耗时 8 年才完成数据汇总。因此，他们获得的很多数据都是过时的。1890 年进行的人口普查，预计要花费 13 年的时间来汇总数据。

后来，美国人口普查局和当时的美国发明家赫尔曼·霍尔瑞斯（Herman Hollerith）签订了一个协议，用他的穿孔卡片制表机来完成 1890 年的人口普查。经过大量的努力，霍尔瑞斯成功地在 1 年时间内完成了人口普查的数据汇总工作。它标志着自动处理数据的开端，也为后来的 IBM 公司的成功奠定了基础。

2014 年，亚信数据资产管理产品线总经理高伟在有一次演讲中对数据资产的概念进行了定义："数据资产是企业及组织拥有或控制，能给企业及组织带来未来经济利益的数据资源。"[⑨]如果要使数据成为资产，需要满足以下三个条件：

第一，"所有权"，也就是说不一定是企业在内部信息系统中拥有的数据资源，也可能是通过合作，从外部获取使用权的各种数据形式；

第二，"未来收益权"，是指直接或间接导致资金或现金等价物流入企业的潜力，这种潜力可以是将数据作为一种经济资源参与企业的经济活动，通过为企业的管理控制和科学决策提供合理依据，减少和消除了企业经济活动中的风险，从而预期给企业间接带来经济利益，也可以通过交易或事项直接给企业带来经济收入；

第三，"可以货币化"，这是一般资产定义的必要属性之一。但是目前还不具备完善的数据资产价值评估方法，如何以货币形式对数据进行估价成为数据资产形成过程中的一个难题。

对此，出于对数据价值的认可，一些企业在业务需求的拉动下，尝试采用限额等量交换的方式进行数据交换；也有一些公司以单对单的方式定价出售数据。但在缺乏交易规则和定价标准的情况下，数据交易双方交易成本很高，直接制约了数据资产的流动。金融市场是现代金融体系的重要组成部分，由于其具有融资、调节、避险和信号的功能，对于资产的优化配置和合理流动起到了巨大的促进作用。与之相似，推动数据交易市场的建设必然能加速数据资产化的进程。

2015年4月14日，全国首家大数据交易所在贵阳成立，该所的大数据交易以电子交易为主要形式，通过线上大数据交易系统撮合客户进行大数据的交易，定期对数据供需双方进行评估，为大数据交易提供一个公平、可靠的环境。

大数据正在形成一种新的生产力。但是，建立与大数据生产力相适应的生产关系和制度是一个非常重大的挑战。目前，大数据面临一系列的问题，比如数据的所有权、数据的隐私保护等。让大数据成为一个新的商业和经济要素，围绕数据形成一系列制度创新，这是未来的一个制度大挑战[10]。

（三）大数据分析的过程

大数据分析包括大数据取得与整理及大数据分析与应用两个基本环节[11]。

1. 大数据取得与整理

大数据取得与整理包含数据收集、数据存储、数据计算等几个环节。

（1）数据收集。虽然目前数据产生的速度极快，量级极大。然而，数据往往分散在各种信息渠道上，如果不能根据需求有目的地收集和汇总数据，零散的数据难以支撑大数据的研究，缺少了聚集效应的数据也无法发挥其价值。因此，大数据分析的第一个环节是将分散的数据收集起来。

大数据技术在应用过程中对数据源的使用主要呈现出两种状态。

第一类，稳定的数据源能提供充足的数据。这种情况在IT行业内部比较普遍，数据在每时每刻不断地大量生成，比如互联网平台的日志数据，又如电商平台的交易记录等。

第二类，先确定了大数据分析要达成的目的或者要解决的问题，根据确定的商业理解来构建算法和数据模型，然后再回溯获取所需的数据。当大数据技术与其他行业结合时，这种情况就更加常见，例如，在人力资源领域运用大数据技术分析某一类型岗位的需求度，就需要行业和不同公司提供这一类型岗位所需的知识背景、能力技能和健康状态等方面的数据。而且随着算法模型逐渐演化得更复杂，需要补充更多、更全面的数据。

在数据收集的过程中，爬虫技术（Web Crawler）已经被广泛使用。网络爬虫又被称为网页蜘蛛或是网络机器人，它可以系统性和持续性地从互联网上获取数据。最新的网络爬虫使用了大数据存储和计算机技术，可以把互联网上数据全部收入系统。大家所熟悉的搜索引擎，如百度和谷歌等公司背后都有网络爬虫技术的应用和支撑。

（2）数据存储。收集起来的数据需要放入大数据数据库进行存储，以便后续应用。总体来说，大数据数据库需要达到三个标准（3H）。

① 高性能（High Performance）。满足对大规模数据的读写和检索的需求。对于拥有大

量用户的互联网应用，满足用户的同时访问是一个挑战。网络访问如同交通一般，如果大量用户同时访问就类似于上下班的通勤高峰容易形成交通堵塞。

② 高存储量（High Storage）。满足对海量数据的高效率存储和访问的需求。计算机应用为了把数据保存起来会把数据写入硬盘中，这一过程被称为持久化。互联网上，每时每刻都有大量的数据被写入硬盘保存起来，根据使用场景不同，数据会被保存在硬盘上不同类型的数据库。随着大数据时代的来临，满足大数据使用场景的新型数据库不断地被创造出来，而且还在不断地改进和优化。数据在不断地增长，而这些数据库则会从不满足地把数据不断吞入。

③ 高扩展性和高可用性（High Scalability and High Availability）。在大数据时代，数据增长的速度往往超出人们的预期，如果数据库在使用一段时间之后达到存储极限之后就需要扩展。现有的大数据技术通常使用集群技术来实现扩展，这样做的好处是会尽量减少对原有业务和架构的影响，与此同时，采用集群的方式可以方便地实现数据分布式存储和冗余机制；把同一数据存储在不同的节点上，即使个别节点的数据损坏，仍然可以通过其他节点得到恢复，以此获得更高的数据可用性和可靠性。

（3）数据计算。仅仅实现数据存储是远远不够的，数据的存储与数据计算紧密相连。对数据进行任何的操作都会涉及同一个过程：从数据存储介质中获取目标数据，把读取的数据传送到 CPU 进行计算，然后 CPU 把计算的结果数据保存到数据存储介质中。由于数据处理量的庞大，目前多采用分布并行运算的处理方式。把一个大的计算任务分解成为多个可并行解决的小任务来执行，在每个小任务完成之后再进行汇总。Apache Hadoop 和 Apache Spark 是目前最有代表性和使用最广泛的大数据平台。

2. 大数据分析与应用

大数据分析的另一个重要环节就是数据的分析与应用，这里介绍数据挖掘和数据可视化两个概念。

（1）数据挖掘。数据挖掘是从大量的、不完全的、有噪声的、模糊的、随机的实际数据中，提取隐含在其中的、人们不知道的、但又潜在有用的信息和知识的过程[12]。

广义的数据挖掘等同于"在数据中发现知识"，是指一切知识发现的环节。狭义的数据挖掘只是知识发现过程中的一个基本步骤，知识发现过程涉及的步骤依次为：

- 数据清洗：消除噪声和删除不一致的数据。
- 数据集成：多种数据源可以组合在一起。
- 数据选择：从数据库中提取与分析任务相关的数据。
- 数据变换：通过汇总或聚集操作，把数据变换和统一成适合挖掘的形式。
- 数据挖掘：基本步骤，使用智能方法提取数据模式。
- 模式评估：根据某种兴趣度度量，识别代表知识的真正有趣的模式。

数据挖掘融合了统计学、机器学习、数据库与数据仓储、高性能计算和众多计算机应用领取的技术。由于数据挖掘与商业应用之间表现出很强的关联性，近年来，机器学习和数据库与数据仓储技术变得更加热门。

（2）机器学习。机器学习算法主要包括监督学习、非监督学习、半监督学习以及强化学习。监督学习和非监督学习的区别在于，监督学习的训练数据不仅有输入数据，而且有输出的目标值，学习效果可以比照目标值进行修正；而非监督学习没有目标值，属于开放性问答。监督学习的主要任务包括分类和回归。非监督学习的主要任务是聚类、降维处理和关联分析。强化学习是一种非常类似于生物学习过程的机器学习方法。它的因素包括进行学习的对象、环境和对象状态、对象的动作和反馈。简单说来，就是在与环境交互的过程中，对象完成动作，据此给予对象反馈——奖励或者惩罚，通过这个过程来使对象进行学习。

（3）数据库与数据仓储技术。在数据挖掘过程中最丰富、最常见的数据来源是关系型数据库。关系型数据库的整理需要遵循一系列的规则，即范式。它包括各种类型的表，表的内容则是记录的数据。数据库系统全称为数据库管理系统（Database Management System，DBMS）。数据库系统在 20 世纪 70 年代开始发展成熟，很快便应用于商业应用成为信息系统不可或缺的一部分，包括了客户关系管理系统（CRM）、财务系统、物流系统以及之后的企业资源计划系统（ERP）等。数据仓库又被称为企业数据仓库（Enterprise Data Warehouse），其技术的出现完全是因为商业需求的推动。它的主要特征包括：面向主题（Subject-oriented）、集成的（Integrated）、时变的（Time-variant）和易失的（Nonvolatile）。数据仓库从不同的数据来源收集异构的数据，经过处理形成同构的高质量数据，然后数据仓库对于特定的主题进行数据建模，如销量、顾客、物流等。数据仓库把结果通过报表和知识可视化方式输出，进而提供决策支持。

三、大数据在企业中的应用

（一）大数据在企业中的应用

大数据意味着一个大时代，对于企业来说，大数据也将会有广泛且深入的影响。电商们在利用大数据进行准确、智能化的广告推送，很多创新意识突出的商业地产在利用大数据推行其智能商业的概念，谷歌、微软等 IT 大佬等早已扎根大数据并谋划未来，大数据还可以被用于企业管理，例如，老板们可以运用大数据把握员工的情绪。大数据的应用类别可以归为五个方面。

（1）通过大数据创造透明度。数据是相对标准化的语言，在环节、流程或部门均能够实现数据化并且能够有效共享的情况下，大数据通过透明度的增加可以带来效率或效益的提升。史蒂文·约翰逊（Steven Johnson）在《伟大创意是怎样诞生的?》一书中所述的液态创新环境，在大数据的条件下成为现实，这样的环境对于创新的推动将非常有效。例如，在制造业领域，通过研发、设计、制造等各个运营环节由数据整合即可带来大量的时间节约和显著的质量改进。

(2) 通过大数据进行分析预测。现在的商业环境变化十分剧烈。对于企业今后的活动来说，在将过去和现在进行可视化的基础上，预测接下来会发生什么事情尤为重要。对大数据进行分析，是企业预测的有效手段。例如，阿里巴巴在 2014 年双 11 "购物节"之前利用大数据对客户交易行为进行了准确预估。

(3) 利用大数据将个性化做到极致。零售商通过大数据，甚至可能把市场细分到每一个客户，以推出完全个性化的服务或产品。在大数据的世界下，数据化的个体客户将是透明的，因此在商业经营中，个体都有可能成为特殊的"上帝"。

(4) 基于大数据的自动化算法可以高效、准确地替代人为的决策。例如，利用根据大数据进行自动化的库存调节，或者进行适时的价格响应等。

(5) 利用大数据创造新的商业模式。在大数据的大时代里，有无数的创新型商业模式在等待企业们去挖掘。

(二) 企业大数据的来源

大数据应用的基础是大数据的积累。获得大数据的渠道，可以来自企业自身，也可以来自外部渠道。

1. 企业内部大数据的来源

(1) 来自企业数据化的档案。每个企业都会有历史档案，一些企业还会有很多。历史档案资料中，那些与财务、客户、员工、地理、人文，甚至是天气等相关的资料会蕴含着可观的数据挖掘潜力。著名的啤酒与尿布的故事就是通过对历史销售数据进行分析，才发现两者之间的相关性。又如，在房地产企业的销售中，可以通过历史档案数据与当时天气、地理等数据的结合，有针对性地进行一些营销活动。当然，利用历史档案的前提是档案的数据化，借助于现代的图像、文字、音视频等的识别技术，将大量的历史档案转为数据资料，是档案大数据挖掘的重要基础。

(2) 来自企业信息化系统。企业的信息化系统包括 OA、ERP、CRM 等多种类别。在这样的信息化系统中，每天都会有大量的数据产生并沉淀。例如，OA 系统中各种办公流程所产生的人事、财务、业务、项目等方面的数据，以及后台的日志数据；ERP 系统中关于企业人、财、物、时间、空间等资源与企业供应链方面的数据；CRM 系统中客户的信息与交互数据等。需要说明的是，这样的信息化系统本身就是良好的数据分析平台，其报表生成、运营分析等各种分析功能也能够为企业带来诸多的分析价值。

(3) 来自企业物联网络。企业数据化的一个重要领域是物联网，那么企业内部能有哪些物联数据产生渠道？一方面，物联网的技术存在于企业产品的智能化互联，例如，施奈德电气通过电梯设备的数据化物联网，可以将电梯的等待时间降低 50%。另一方面，物联网的大数据还可来自关于企业内部管理的物联网络。例如，美国的 Sociometric Solutions 公司是一家社会经济学解决方案提供商，这家公司推出了一款智能工牌，内置了多种物联传感器。这种智能工牌可以记录员工的交流行为——包括声调、姿态和身体语言。当员工之间在聊天时身体有向前靠的举动，则有可能说明两人的合作状态不错。类似于这种的物联网系统所产生的大数据，其应用潜力是巨大的。

2. 企业外部大数据的来源

（1）互联网的大数据。美国信息可视化服务商 Domosphere 在 2014 年 4 月发布的《数据永不眠》（2.0 版）显示，每分钟脸书上有 246 万的帖子被分享，推特上有 28 万条推送，Youtube 上能收到 72 小时时长的视频，谷歌上收到 400 万次搜索请求。每分钟如此，每天、每年的数据量只能用"海量"来概括。这里，还需要重点关注的是现在的社交网络，美国的推特与中国的微博，美国的脸书、Whatsapp 与中国的微信，已呈现出"统治一切"的节奏，这些应用所带来的数据量时刻都在向前翻滚，这样的一个世界所带来的大数据价值也将不可估量。

（2）物联网的大数据。除了互联网，外部大数据的渠道仍然需要说到能量更大、影响更深的物联网（Internet of Things）世界。一架波音 787 飞机，每一次飞行所产生的物联网数据量大约有 500 G。据著名咨询公司 Gartner 预计，到 2020 年全球将有 250 亿台设备通过物联网连接，如汽车、家电、办公设备等，这些连网设备中各式各样的音频、视频采集器及多样的虚拟感官系统（视觉、听觉、嗅觉等），其数据产生速度肯定会大于关于人的互联网世界。

（3）公共渠道的大数据。企业所面对的政府、协会、其他中介组织等，也会拥有大量的数据信息。例如现在许多城市所推动的智慧城市建设蓝图，其基本思路之一就是推动各种公共渠道大量数据的共享，从而为城市的各种智慧化应用提供数据支撑，其服务对象当然也包括广大的企业。在任何一家企业的基本情况与报表信息都可以在网上查到的情况下，如果能够对这样的数据资源进行归集整理，其中的价值不可小视。

【HR 之我见】

李直：中国人力资源开发研究会常务副秘书长，中国人力资源开发研究会企业人才分会秘书长，《中国人力资源开发》杂志社社长、副主编

扫描栏目中的二维码学习李直针对下列提问的精彩回答：

1. 您是如何与人力资源管理结缘的？为什么选择 HR 这个行业？
2. 您见证了人力资源行业哪些重大的变化？
3. 共享经济、大数据等新理念对人力资源管理产生了哪些影响？
4. 行业协会以及人力资源专业杂志在这个领域中起到什么样的作用？
5. 您对未来希望从事 HR 工作的学生有何建议？

视频版：

文字版：

第二节　大数据人力资源管理

一、大数据人力资源管理的发展——从信息化到大数据

伴随计算机技术的发展和应用，人力资源管理也经历了从信息化大数据应用的过程转变。

企业人力资源管理信息化指的是企业将信息技术引入人力资源活动，将信息技术软件与员工管理活动有机结合在一起的一种新型管理模式。

这种管理模式的最大好处在于能够有效地节约企业的人力资源管理的成本，它通过数据信息集中管理、资料共享、信息自动化处理等方式来提升人力资源管理的效率，提高企业员工的整体素质。

企业人力资源管理信息化的作用主要体现在三个方面。首先，提高人力资源管理的工作效率；其次，优化人力资源管理业务流程；最后，避免人事决策运作风险。具体来说，由于人力资源管理信息化解放了人力，一方面提高了有关管理部门的工作效率，另一方面也有效地避免了人力管理部门都可能出现的信息分散、信息隔离的问题。此外，由于人力资源管理信息化向企业提供了丰富信息源，这就使得企业管理层在进行相关决策时能够以大量信息数据为依据，进而避免决策失误的发生。

人力资源管理信息化的发展历程是企业人力资源管理水平提升和信息技术发展的直观体现。美国学者安德鲁·麦卡菲在2006年提出了企业2.0的概念。他认为，企业2.0是指在企业内部、企业与其合作伙伴之间、企业与客户之间的成长性社交软件平台的应用，是企业信息化进入新的阶段，即由ERP为核心的信息化演变为ERP+企业社交平台的信息化。具体表现在：① 建立了统一的工作平台；② 搭建起企业网络社交平台；③ 实现知识管理社会化；④ 建立起企业云档案。有了以上基础，企业内部的一切行为都可转变为数据，以便开展数据挖掘[13]。纵观人力资源信息化系统的发展，可以分为4个阶段。

第一代，简单的薪资计算系统。20世纪60年代，国外大型企业由于手工计算工资费时费力，时而出现计算差错，为了解决这个矛盾，企业开始用计算机来辅助薪资核算。受限于存储技术，第一代系统仅用于薪资核算，不存储结果数据。

第二代，人事数据存储系统。20世纪70年代末，关系型数据库技术的出现，为人事基础信息以及薪资结果的存储提供了可能。这个阶段的系统主要应用于基础数据的收集和存储，也有了初级的报表和统计分析功能。

第三代，传统人力资源管理系统。20世纪90年代末，随着电脑的普及，数据库、服务器技术的发展，使得人力资源管理系统发生了革命性的变化，在人力资本理论的影响下，系统用集中的数据库将所有人力模块的数据（组织、职位、人事、招聘、培训、绩效、薪酬等）统一管理起来，形成企业人力资源管理的工作平台。

第四代，新型人力资源管理系统。随着云服务、数据库与移动应用等技术的发展，新型

人力资源管理系统将传统系统作为底层数据库，甚至越来越多的企业将系统搭建在云端，超大型企业借助数据库技术实时获取人事统计信息，借助移动应用查询数据、将绩效考核社交评分化等，从根本上解决了员工自助查询、用户操作不人性化等问题，也由此，非结构化数据与结构化数据均纳入系统管理范畴，使得人力资源管理有了大数据分析与挖掘的基础。

> 因此，大数据人力资源管理是以员工在工作中产生的非结构化数据作为出发点，通过数据分析技术、经验、工具，向员工和管理者提供人才方面有实时性或洞察力的决策参考[14]。

【HR 之我见】

沙梅：哈药集团股份有限公司副总裁、中国人力资源开发研究会企业人才分会副会长

扫描栏目中的二维码学习沙梅针对下列提问的精彩回答：
1. 您为什么选择从事 HR？
2. 您认为人力资源管理在企业当中扮演的角色是怎样的？
3. 您认为大数据对于人力资源管理，会产生哪些重要的影响？
4. 您对未来希望从事 HR 工作的学生有何建议？

视频版

文字版

二、人力资源大数据的特点

人力资源大数据具有相关性、流转性、分散性等特点[15]。

1. 相关性

（1）人力资源内部业务数据：基于员工在"工作、生活、学习、发展"四个领域产生的各种各样的信息（包括结构化数据、非结构化数据），彼此联系又相互影响。

（2）人力资源外部数据：一是基准数据，比如各地关于五险一金的政府规定，这些基数的调整就会影响到公司的人工成本；不同城市对社保缴纳年限对于买车买房的限制、积分落户、租房补贴等的政策规定，可能影响人才的流动等；二是行业对标数据，比如薪酬调研报告、劳动力市场趋势报告等；三是竞品公司各方面的对标数据。

（3）企业经营数据也会影响到人力资源的数据分析。公司效益好时，人力资源方向的投入也会增加，比如增加人才招聘力度与培训费用、提高员工薪酬福利待遇等；当效益不

好时，可能采取关停并转、减员增效等措施。

2. 流转性

大部分人力数据贯穿在"入离升降调、选用育留管"的各个流程中，前后端到端流通并交互，确保业务正常运转。流转确保了数据的连续性与一致性，并且流程中产生的数据都有记录，积累下来可用于未来的进一步大数据分析。

人力资源数据提供接口到下游系统，以便支撑其他业务系统需要；同时其他业务系统的一些数据与人力资源数据可以有交互。

3. 分散性

人力资源本身的数据分散在不同系统里，这可能是由于系统规划建设的局限性，有些系统不是互联互通的，如招聘数据、培训数据、测评数据、评估数据等。

人力资源之外的数据，如经营数据，涉及财务、销售、业务等部分，掌握在各个部门自己手里，由于利益交错盘结，数据尚未共享。

外部行业对标数据大多分散在不同的地方，需要花费较大人力物力去收集、整理、汇总。即使收集齐了，由于维度的不同，综合分析也具有难度。

4. 非标准化

人力资源数据缺乏统一表征，从统计指标、统计口径到计算公式都缺少统一标准。这一特点和财务数据形成了鲜明对比，也使得人力资源大数据应用难度大大提高。

（1）统计指标没有标准。比如，分析人工成本投入和产出，既可以利用百元人工成本创利、百元人工成本创收，也可以用劳动分配率、人事费用率、人工成本占总成本费用比等指标，具体用哪些指标需要企业自己选择，所以不同企业可能有不同算法。

（2）统计口径没有标注。比如，最常见的劳动生产率，有些企业的统计口径是以与公司签订了劳动合同的员工来计算，有些企业则会将派遣员工合并计算，还有企业可能会将外包业务的员工也统计进来[⑯]。

从实践角度来说，目前人力资源数据存在一定问题，一是数据量不够多，目前很多企业信息化系统建设不够完善，数据收集与积累有限，绝大多数企业还处于传统意义的分析。即使信息化比较完善的企业，由于缺少数据挖掘方面的专业人才，数据的积累仍停留在起步阶段。二是技术限制不易分析，绝大多数人力资源从业者不懂大数据技术，而大数据专家也不懂人力资源管理。这使得对已有数据无法充分挖掘和使用，大数据的价值无法体现。

三、公司大数据人力资源管理的构建

目前，百度、腾讯、京东等公司都开始充分挖掘大数据在人力资源管理领域中的应用价值。一个组织如果想抓住大数据机遇，至少需要做好两方面的准备。

第一，拥有收集和分析数据的工具。例如，百度的人力资源大数据共享平台已经迭代到3.0版本，从人才管理、运营管理、组织效能到文化活力、舆情分析等，做了相应的指标体系建设和建模，为管理层的人才决策提供参考与建议。逸橙科技公司利用机器学习算

法、数据挖掘等技术打造出基于算法的招聘服务 SaaS 平台，提升建立与岗位的匹配效率，激活企业及猎头等招聘机构的闲置简历资源，提高存量简历利用率。

第二，拥有具有大数据管理和分析能力的人才。人力资源大数据人才需要同时了解大数据及人力资源管理两个专业领域知识，具有跨专业学习和应用的能力。目前，这类人才可以分为三类。第一类为数据分析师。他们熟悉大数据的概念和原理，具有一定的数理和统计学知识，能够熟练操作和使用数据软件和工具，他们的工作需要将大数据和人力资源紧密结合在一起。目前，这类人员为企业中需求量最高的人员。第二类为数据工程师。他们能够开发和搭建数据平台和应用，并且熟悉数据挖掘的流程和原理，为大数据技术应用在各个领域提供解决方案。第三类为数据科学家。数据科学家需要熟悉各种大数据技术的原理和相对的优劣势，合理利用各种技术来设计大数据平台的架构，根据数据挖掘的使用需求和商业理解来设计和开发算法。

大数据人才具有人才保有量不足、供应量少、需求量大、培养周期长等特点，这使得对大数据人才的竞争十分激烈。若从大学开始计算，培养一名合格的大数据人才至少需要 5～10 年的时间，然而目前很多大学都尚未开设大数据等相关课程。大数据人才培养速度明显低于大数据发展和应用的速度。

由于大数据人才的极度稀缺，大数据相关职位变得炙手可热。据科瑞国际分析，2017 年，算法工程师、数据挖掘工程师的薪酬达到 50 万～80 万元，涨幅高达 50%～60%。二线城市的智能制造相关岗位成为热需，企业甚至愿意支付比一线城市更高的薪酬来获取高端人才。如江浙地区的人工智能专家年薪可达 100 万～150 万元。此外，区块链等新兴行业板块薪酬涨幅也非常明显，相关专家的年薪可达 80 万～100 万元。⑰

四、大数据人力资源的分析过程：IMPACT 模型

保罗·艾森在《人力资源管理大数据》一书中介绍了影响周期模型（IMPACT）。这个模型由六个闭环相连的阶段组成（见图 12-2）⑱。

（1）识别问题：分析现状，在纷繁复杂的现状中识别出关键性问题，并明确解决方案的时间表和工作安排。

（2）掌握数据：收集、分析、综合能够帮助解答问题的所有可用信息，制作成简单明了的形式使数据易于理解。

（3）提供意义：结合已经确定的商业问题，对数据做出清晰简明的阐释和直观展示。

（4）开展行动：基于对数据的阐释，提出周全的建议，并尽可能为企业提供最大限度增加效益和减少成本的建议。

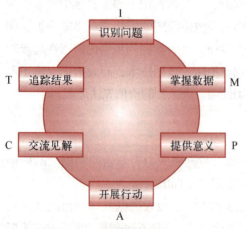

图 12-2　大数据人力资源分析的 IMPACT 模型

（5）交流见解：使用多元的沟通策略让参与者尽可能地深入了解彼此想法。可以采取大家都能够参与的互动形式，如午餐时间内的交流或是能够传阅的管理者备忘录。

（6）跟踪结果：追踪人才分析见解所产生的影响，确保大家一起跟踪了采取措施后产生的结果，并将做了什么、影响是什么以及由此产生需要帮助解决的新的关键性问题记录下来。

五、人力资源大数据分析的三个层次

在实际应用中，大数据分析可以分为描述性分析、预测性分析、处方性分析三个层次。

（1）描述性分析。传统的人力资源管理包含了相对高效的工具，如员工流动率、岗位空缺时间、招聘成本、雇员人数和培训人数等。描述性人力资源分析描述了不同因素之间的关系和历史数据所包含的模式。这是一切分析的基础，其中包括仪表盘、计分卡、劳动力分布、基本模式的数据挖掘和周期报告。

（2）预测性分析。预测性分析运用统计、建模和数据挖掘等技巧，通过分析现有的和历史数据对未来进行预测。分析结果是关于概率和可能的影响，如预测性分析通过建模来提高雇用、培训和选拔正确员工的概率。

（3）处方性分析。通过分析复杂的数据来预测结果，提供决策选项并展示其他的商业影响（如组织优化、业务发展等）。

六、人力资源大数据的类型与人力资源指标

组织内的人力资源管理数据可以分为四类：① 原始数据，如年龄、学历、专业、工龄、岗位、职务；② 能力数据，如培训经历、考核记录、参赛结果、奖惩；③ 效率数据，如任务完成效率、坏件率、故障率等；④ 潜力数据，如工效提升率、收入涨幅水平、职称提升频率。

根据人力资源大数据的应用场景，可以分为人才管理指标体系、人力资源运营管理指标体系和组织效能指标体系三大部分[⑲]。

（一）人才管理指标体系

人才管理指标体系包含人员结构、人才队伍建设、队伍状态及职能类别等（见表12-1）。

表 12-1　人力资源指标体系——人才管理

模块	指标	指标适用场景	公式
人员结构	公司总人数	可用于判断目前的员工队伍人数是否可以支撑业务发展，正式员工、关键人才的人数比例是否合理	（月初在职总人数+月末在职总人数）/2
	正式员工人数		（月初在职正式员工数+月末在职正式员工数）/2
	关键人才人数		（月初在职关键人才数+月末在职关键人才数）/2
	人员齐备率		当月在职人数/当月 HC 人数

(续表)

模块	指标	指标适用场景	公式
人员结构	员工类型分布	反映公司用工类型及稳定性是否合理	正式员工、劳务派遣、实习生等各类员工占比
	员工学历分布	反映公司员工教育状况	各学历层次员工占比
	员工年龄分布	反映公司员工年龄梯队状况	各年龄段员工占比
	员工司龄分布	反映公司员工队伍的稳定性	各司龄段员工占比
人才队伍建设	关键岗位人才储备完整率	反映关键岗位人员供给的连续性状况	有后备人员的关键岗位数/所以关键岗位数
	关键岗位后备人员绩效分布	反映关键岗位后备人员的素质能力情况	统计
	90天内合同到期人数	根据90天内合同到期人数和以往的合同续签率来判断短期内可能出现的人才流失风险,为招聘工作做好准备	90天内合同到期的人数
	劳动合同续签率		合同到期后续签的员工人数/合同到期的员工总数
	无固定期限合同人数		签订无固定期限合同的人数
职能类别	管理序列人数	反映员工在不同序列的分布合理性	属于管理序列的员工数量
	专业序列人数		属于专业序列的员工数量
	各岗位序列中关键人才占比	反映各序列关键人才的分布合理性	某序列月平均在职关键人才数/该序列月平均在职人数

(二)人力资源运营管理指标体系

人力资源运营管理指标体系主要包含招聘、培训、绩效、薪酬、离职等指标(见表12-2)。

表12-2 人力资源指标体系——人力资源运营

模块	指标	指标适用场景	公式
招聘	发布职位数	反映某段时间内招聘需求量	某段时间内发布的招聘职位总数
	招聘类型分布	反映某段时间内员工/劳务/实习生的招聘数量分布	正式员工、劳务派遣、实习生的招聘数量占比
	招聘渠道简历数	反映各渠道招聘有效性	公开网站、其他外部渠道、内部渠道等不同渠道的简历数量
	招聘渠道价值指数	反映各渠道招聘的成本收益情况	正式员工、劳务派遣、实习生等各类员工占比
	关键岗位平均空缺时间	反映关键岗位补充周期	Σ(当前时间-关键岗位空缺发布时间)/关键岗位平均空缺数
	简历初筛通过率	反映招聘的有效性	拟进行面试简历数/系统内简历总数
	一面总人数		进行第一轮面试的总人数
	一面通过率		通过一面的人数/参加一面的总人数
	二面总人数		进行第二轮面试的总人数
	二面通过率		通过二面的人数/参加二面的总人数
	录用率		拟录用人数/参加面试的总人数

(续表)

模块	指标	指标适用场景	公式
招聘	招聘完成率	反映招聘的有效性	实际入职人数/计划招聘人数
	职位平均招聘时长		各职位简历发布日期到入职日期的平均值
	offer 拒绝率		实际接受 offer 人数/发放 offer 人数
	offer 拒因分析		—
	入职率		最终入职人数/接受 offer 人数
	试用期通过率		试用期通过人数/入职总人数
	试用期离职率		试用期离职总数/入职总人数
培训	新员工培训完成率	反映新员工培训质量	完成入职培训的新员工人数/入职员工总数
	平均学习时长	反映员工学习参与度	员工在学习系统中学习时间总和/参与学习的人数
	培训满意度	反映员工对培训内容、讲师、培训组织等情况的满意度	问卷调查
	培训费用总额	公司为员工培训花费的总支出	统计
	人均培训费用	反映公司培训深度	培训费用总额/在职人数
	人均培训次数		员工参加培训总次数/在职人数
绩效	低绩效人数占比	反映绩效等级的合理性	处于低绩效级别的人数/考评总人数
	高绩效人数占比		处于高绩效级别的人数/考评总人数
	离职员工绩效分布	反映离职与绩效的关系	统计
	绩效申诉率	反映绩效管理的有效性	绩效申诉总数/考评总人数
薪酬	薪酬总额	反映用工成本	薪酬总额（基薪+津补贴+奖金+股票）
	福利总额		用于员工福利的支出总额
	人均薪酬		薪酬总额/员工总人数
	薪酬总额增长率	反映薪酬外部竞争力情况	（本期薪酬总额−上期薪酬总额）/上期薪酬总额
	人均薪酬增长率		（本期人均薪酬−上期人均薪酬）/上期人均薪酬
	关键人才薪酬增长率		（本期关键人才薪酬总额−上期关键人才薪酬总额）/上期关键人才薪酬总额
	薪酬市场竞争力水平		各职位薪酬水平与市场 50 分位比值
离职	离职率	反映人员流动性	某时间段离职人数/总人数
	主动离职率		某时间段主动离职人数/总人数
	被动离职率		某时间段被动离职人数/总人数
	关键人才离职率	反映关键人才流动性	某时间段关键人才离职人数/总人数
	离职原因分析	反映人才管理有效性	—
	离职补偿金	反映离职管理成本	统计

(三)人力资源组织效能指标体系

人力资源组织效能指标体系主要包含成本和收入等(见表12-3)。

表12-3 人力资源指标体系——人力资源组织效能

模块	指标	指标适用场景	公式
成本	年度人工成本总额	反映企业为员工工作和生活的支出总额	Σ(薪酬总额+五险一金+员工关怀支出)
	人均人工成本	反映企业间人工成本的结构差异	年度人工成本/年度平均在职人数
	人均人工成本增长率	反映人均人工成本的变化趋势	(本年度人均成本-上年度人均成本)/上年度人均成本
	人工成本占比	反映劳动效率状况	人工成本/总成本
	人力成本预算执行率	反映人力成本预算的发放进度,监控预算执行情况	发生额/预算额
收入	人均收入	反映劳动效率状况	年度总收入/年度平均在职人数
	人力资本回报率	反映投向人力资本薪酬福利方面的每一元钱所创造出的收入情况	营业收入/(薪酬费用+福利费用)
	人均利润率	反映人均贡献净利润的能力	年度净利润/年度平均在职人数
	人力资源比率	反映人力资源管理效率情况	人力资源序列员工数/总人数

七、大数据人力资源管理的复杂性

大数据分析尽管有诸多的优势,但同时也带来很多新的问题亟待解决,这也说明了目前大数据的发展尚不成熟,其发展潜力尚待挖掘。

(一)大量产生,难以捕捉

虽然现阶段,数据的产生速度已经达到十分高的水平并且未来的速度还会变得更快,但大数据的抓取和存储技术还无法满足数据的产生速度。一部分数据进入了我们的分析系统,但更多的数据仍流失在外,没有被真正利用。在大数据人力资源管理中,数据多是借助IT平台或人力资源平台收集汇总的,然而将传统的数据化人力资源平台演进为大数据人力资源平台还面临着诸多挑战。一方面,技术需要不断深化提升以捕捉到更多的数据信息;另一方面,应规范数据收集方式,提高数据收集质量并防范数据系统安全漏洞等问题。

(二)分析错误的风险

大数据分析对数据的分析能力有很高的要求,但由于分析方式是主观判断与选择的,无法保证大数据分析及预测一定会产生准确的结果,因此,大数据分析一定要承担数据分析错误的风险。

大数据在人力资源管理中的应用不同于其他领域,它需要直接对人产生干预。如根据大数据展现出的相关性改变招聘策略或采用新的培训方式等。因此,大数据人力资源管理会变得更加敏感。一旦将大数据的错误分析结果加以应用,会对员工产生负面影响。

(三) 大数据的所有权

关于大数据，还有一个无法回避的话题是谁拥有数据资源，即谁是数据的所有者。虽然目前有很多公司会使用员工数据来进行员工管理，然而能否利用员工数据信息来预测绩效、开放不同的培训内容甚至做出员工用留的决定仍是道德判断问题。哪些员工数据公司可以收集和使用，哪些数据在收集和使用时员工具有知情权？随着大数据人力资源的发展，这些问题都将进一步规范。

第三节　大数据在人力资源管理中的应用

随着大数据的发展，目前，大数据技术已经在企业的人力资源管理中得到了初步的应用。大部分企业仍在数据搭建的基础环节，距离大数据的成熟应用还相差甚远。但大数据对人力资源管理的渗透趋势已然明显，随着技术的进一步发展，大数据将在人力资源管理中呈现更加多样的应用形式，发挥更加重要的作用。

一、大数据在人力资源规划中的应用

人力资源规划包括人员配置计划、人员需求计划、人员供给计划、人员培训计划、人力资源管理政策调整计划、费用预算计划、关键任务风险分析及对策等多种规划内容。企业的人力资源规划对满足企业总体发展战略、促进人力资源管理活动开展、协调人力资源管理的各项计划以及使组织和个人发展目标一致有重要的作用。在大数据时代，人力资源规划一方面应将大数据纳入规划，树立大数据意识，积极搭建数据化平台；另一方面，应积极运用大数据的思维方式和技术手段进行规划，提高规划的质量和效果。

（1）培养大数据意识。数据化意识的培养应从人力资源部门深入至企业每个部门。要让人力资源部门意识到大数据背后隐藏的潜在价值，并依据大数据所隐藏的价值做出正确的人力资源规划。其次，要培养其他部门员工的大数据意识，他们大数据意识的建立有助于人力资源规划的顺利展开以及减少规划实行的偏差。

（2）积极搭建数据化平台。人力资源规划是基于现有的人力资源水平制定的，这需要企业用科学系统的方式对内部人力资源水平进行调研。大数据平台的建立将有效降低调研的成本和难度，将日常数据的记录直接汇总、分析并呈现出来。此外，数据化平台也适用于高层人员管理。它能及时记录管理人员所制定的企业目标和长期规划，向员工传递及时有效的年度目标、当月计划甚至每日生产计划，并及时统计往日情况以进行审核。

（3）挖掘大数据的预测功能。巴拉巴西（Barabasi）在《爆发》一书中写到，人的行为并不是随机的，其中93%都是可预测的。在人力资源管理中，通过深入挖掘相关关系，可以有效提高预测准确性。

美国著名的沃尔玛公司利用"雇佣预测回归"方法提升了人力资源规划水平。他们称：他们现在能够知道某个应聘者在其岗位上能够工作多长时间，能够知道这项预测有

多么精确。例如,某个应聘者的供职期限是 30 个月。回归方程还会单独报告一下,他供职不会超过 15 个月的概率是多少。这听起来非常不可思议,那沃尔玛是如何做到的呢?

沃尔玛发现,用"不墨守成规的人在每家公司都有生存空间"这样一个问题对应聘者进行测试,对其做出肯定性回答的人,比做出否定性回答的人供职期限要少 2.8 个月。有了这种提前性预测,人力资源规划就可以做到提前进行,而不是被动应付。

二、大数据在招聘中的应用

目前,招聘是大数据在人力资源服务业中渗透率最高的部分,在人才搜索、数据处理、数据挖掘中都有应用。借助大数据,求职信息与岗位信息将实现自动匹配、智能评估、双向推荐等功能。通过大数据算法,系统对求职者个人信息(如学校、学历、专业、技能、工作地点、工作经验、能力、意愿等)、用人单位岗位信息(如学校要求、专业要求、从业要求、地点要求、能力要求等)进行量化,然后对指标进行综合加权匹配,训练、调优,既可实现求职信息与岗位信息的智能评估与自动匹配,从而向用人单位自动筛选精确的求职者简历,提升招聘效率与产出;也可以向求职者推荐合适的岗位信息,达到用人单位主动吸引人才的目的,实现双赢。

智能匹配算法还会通过自我学习功能,根据输入信息变化、搜索历史、地域热度、人才储备等变化,自我修正指标,从而自动匹配,更加智能化。

欧孚视聘是国内第一家专注现代服务业的移动垂直招聘平台,整合了视频简历、移动互联网、云计算等技术。它的基于大数据、人才模型的"欧孚视聘招聘法"是一种高效率的招聘法。欧孚视聘董事长黄悦称:这种方法整合了人力资源专家、移动互联网专家、心理专家、视频技术专家、行为分析专家的智慧,共同研发而成。其所依靠的心理技术是"五大职业人格",而不同之处在于通过采取视频数据来读懂应聘者的形象、表情、气质、表达、手势,关键点在于应用了机器能力、分析算法,把大数据与人工智能作为武器,完成了将应聘者与所招聘职位的匹配。无论是从准确性来看还是从效率来看,都得到了成倍提升。

这种方法被国际学术界称为"科学读心法",又被称为"人工神入"(Artificial Empathy)。最大的革新之处在于不是通过直接询问,而是依据一个人释放的个体信息,包括表情、语言、体势语言、生理特征来判断其内心状态。移动手机用户可以通过微信把一段视频发过去进行分析。这种方法的主要优点是移动化、可视化、精准化、温情化。

2016 年,欧孚视聘所在的欧孚科技公司收入增长超过 560%,预示了大数据与人力资源结合的巨大潜力。

三、大数据在绩效管理中的应用

绩效管理对于企业来说至关重要,是整个企业价值输出的导向,传统的每年一次或两次的"批量"的方式已经过时，进入移动互联网时代，OKR、人单合一、阿米巴等方式开始流行。许多公司开始转向敏捷绩效，放弃强制分布和末位淘汰，员工与主管可以随时随地通过移动 APP 修改目标、反馈意见，也可以征求其他专家或项目经理的反馈意见，而且绩效的产出结果不与晋升、调薪直接挂钩。这种方式极大地加强了平时的沟通与反馈，随时调整与修正目标，随时辅导与激励，以便更大化价值的产出，也帮助员工个人及时调整个人发展路径、快速成长。

四、大数据在培训中的应用

随着网易云课堂、喜马拉雅、得到等知识平台的快速发展，碎片化学习成为人们一种主要的学习方式。自主学习、直播、个性化推荐课程、链接晋升、云化等成为移动互联网时代学习的新特点。在用户与内容的交互中可以产生大量数据以支撑培训管理。以个性化推荐为例，通过对用户在培训学习过程中的课程资源、学习任务、学习圈子、用户类型、用户行为、学习风格等偏好建模与提取，并进行深度分析，挖掘用户潜在偏好，为个性化推荐服务打下基础。接下来，按照学习地图对课程进行分级、标签化，进而形成用户若干个行为偏好特征标签，进而为用户进行个性化推荐。

春秋航空是首个中国民营资本独资经营的低成本航空公司专线，也是首家由旅行社起家的廉价航空公司。2014 年，它向美国通用电气（GE）公司购买了一个强大的数据库。该数据库是 GE 公司采集了 5 500 多架飞机的 7 800 多万小时的飞行数据，从中整合出 4 600 多个预置飞行模型，它的功能是帮助航空公司实现智能化飞行。这个数据库帮助春秋航空精确还原了 3 年内 23 万项飞行数据，能够看到每一个细小操作，并对飞行员的操作习惯进行了跟踪。之后又对数据进行了深度分析，在日后培训中有针对性地改善飞行员的不良驾驶习惯。

五、大数据在薪酬中的应用

在人力资源管理中，薪酬是最为直接的数字化的体现，大数据的理念也很早就被应用于薪酬管理领域，最为典型的就是市场对标以判断薪酬外部竞争力的强弱。大数据技术能够渗透人力资源薪酬管理、创新薪酬管理方法。如通过大数据多维数据仓库功能进行数据建模，提高大数据时代的人力资源薪酬制度的科学性。

大数据薪酬管理可以有四方面的应用。第一，基于日常数据进行人力资本测量。如计算日常考勤、加班情况、绩效能力等，从动态的视角给予人力资本科学的测量。第二，基于企业内部数据的企业环境估计。打破企业人力资源管理的信息孤岛状态，整合企业人力资源信息，将薪酬管理纳入更广泛的企业管理中。如计算企业的利润率与员工薪酬、涨薪幅度等关系，从数据出发，实现更加科学的管理。第三，基于外部环境大数据的企业环境判断。依据所在地区、所属行业的薪酬数据检视本企业的薪酬情况，依据市场变动情况及时调整本企业薪酬水平。第四，基于大数据绩效管理的薪酬定价。根据大数据所反映的更加精准的人力资本和绩效结果，薪酬定价的水平也将有显著提升。

六、大数据在员工关系管理中的应用

员工关系看似与数据联系不大，但是员工关系中蕴含着很多重要的数据，如试用期、基本工资、薪酬的支付方式、员工与企业纠纷的次数、员工的劳动合同解除率等。对于劳动关系，要用数据的思维去看待。在企业与员工劳动关系存续期间内的任何数据都应该记录，并进行分析。

例如，大数据可以帮助人力资源从业者更加准确地进行离职管理。HR可以借助大数据分析，探究员工离职概率及影响员工离职的主要原因，提早得到预警信息，以便在员工主动离职前有针对性地采取行动，如调薪、调岗等挽留动作，或提早补充人员，避免给工作带来较大影响。

七、大数据可视化

数据可视化分为科学可视化（Scientific Visualization）、信息可视化（Information Visualization）和可视化分析（Visual Analytics）。数据可视化起源于计算机图形学并随着计算机科技的发展不断地扩大其边界。

数据可视化对数据的展现要尽量满足直观、清晰、精确和高效的要求。对于数据变量的表达有多种不同的方式和细节，包括位置、形状、颜色、质地、大小等。对于图像的形式也有多种选择，包括柱状图、饼状图、散点图、线图和网络图等。

大数据可视化并不是大数据应用的目的，而是大数据分析的重要呈现方式。访谈中我们了解到的大量实践案例证明，大数据可视化是推动企业大数据发展的重要因素。企业高层领导者或许并不能理解大数据分析的原理和步骤，却对被大数据分析后所呈现出的各种图表分析结果感兴趣。设想，若你每天向公司领导者汇报当天的出勤率，领导者一定会感到厌烦。但若你将出勤率转变成"能源表"的形式，并当出勤率低于一定数值时自动触发"报警装置"引起领导者的注意，领导者就会有更好的获取信息的途径，并支持其背后的大数据管理的发展。

【HR 之我见】

刘强：美林数据技术股份有限公司人力资源总监、财务总监

扫描栏目中的二维码学习刘强针对下列提问的精彩回答：

1. 您为什么选择从事 HR？
2. 财务和人力部门在组织中的定位是什么样的？
3. 分享一下您对大数据的认识，以及大数据与人力资源管理有哪些新的结合点？

4. 大数据会对人力资源行业带来什么样的变化？

5. 您对未来希望从事 HR 工作的学生有何建议？

视频版：

文字版：

GE 绩效管理中的大数据应用[20]

许多公司正在放弃传统的业绩评估方式，通用电气也不例外。为了顺应移动互联网技术蓬勃发展时代下的员工特点，GE 推出了一款名叫"PD@GE"（PD 即 Performance Development，绩效发展）的绩效应用管理系统，以便更频繁地获得员工的工作反馈。

据商业新闻网站 Quartz 报道，在《财富》美国 500 强中排名第 8 的通用电气公司正在取消年度业绩评估政策，转而利用应用软件进行工作反馈。

以前，通用电气的经理们每年与下属进行一次面谈，给他们的表现打分，并淘汰排在最后的 10%。如今，许多公司已经放弃这种评估方式，通用电气人力资源主管苏珊·皮特斯对 Quartz 表示，这种方式"更多地变成了一种仪式，而不是推动公司前进的举措"。

通用电气的经理们现在能通过一款叫做"PD@GE"的应用，更频繁地得到员工的工作反馈。员工会得到一份具体的短期工作目标清单，经理会经常与员工讨论工作进展情况，员工还可以随时通过该应用征求反馈意见。

每年年底，经理们依然会与员工谈话，不过他们那时会更多地扮演教练的角色，指导员工如何最好地完成自己的目标。

案例讨论与思考

1. 什么是"PD@GE"管理系统？
2. "PD@GE"与活力曲线的区别与联系是什么？
3. 大数据是如何应用在绩效管理中的？如果您是数据架构师，怎么改善"PD@GE"？

1. 大数据的内涵和特点是什么？大数据在企业中有哪些应用？

2. 什么是大数据人力资源管理？人力资源大数据有哪些特点？

3. 人力资源大数据的类型有哪些？对应的指标有哪些？

4. 大数据在人力资源管理各领域的应用有哪些？

注释

① Graham-rowed, Goldstond, Doctorowc. (2008). Big data: Science in the petabyte era. *Nature*, 455 (7209), 8-9.

② 冯海超:《大数据时代正式到来》,《互联网周刊》2012 年第 24 期, 第 36—38 页。

③ 涂子沛:《大数据（第 3 版）》, 广西师范大学出版社 2015 年版。

④ 王元元:《大数据时代互联网企业人力资源管理研究——以 JCTS 公司为例》, 中央民族大学硕士论文, 2017 年。

⑤ 罗纳德·巴赫曼、吉多·肯珀、托马斯·格尔策:《大数据时代下半场:数据治理、驱动与变现》, 北京联合出版有限公司 2016 年版。

⑥ 大数据战略重点实验室:《DT 时代, 从"互联网+"到"大数据×"》, 中信出版社 2015 年版。

⑦ 冯馨莹:《大数据如何颠覆人才管理传统认知》, 2018 HRoot 人力资源管理创新峰会, 2018 年 4 月 11 日。

⑧⑬ 王通讯:《大数据人力资源管理》, 中国人事出版社 2016 年版。

⑨ 高伟:《大数据时代的炼金术:浅析数据资产的治理与运营》, 新浪网, 2014 年 8 月 22 日, http://blog.sina.com.cn/s/blog_4cc6846d0102v206.html。

⑩ 大数据战略重点实验室:《DT 时代, 从"互联网+"到"大数据×"》, 中信出版社 2015 年版。

⑪⑮⑲ 王爱敏、王崇良、黄秋钧:《人力资源大数据应用实践——模型、技术、应用场景》, 清华大学出版社 2018 年版。

⑫ W. Frawley and G. Piatesky-Shapiro and C. Matheus (1992). Knowledge Discovery in Databases: An Overview, *AI Magazine*, Fall: 213-228.

⑭ 西楠、李雨明、彭剑锋、马海刚:《从信息化人力资源管理到大数据人力资源管理的演进——以腾讯为例》,《中国人力资源开发》2017 年第 5 期, 第 79—88 页。

⑯ 蔡治:《大数据时代的人力资源管理》, 清华大学出版社 2016 年版。

⑰ 科瑞国际:《2018 年人才市场洞察及薪酬指南报告》。

⑱ 吉恩·保罗·艾森、杰西·S. 哈里奥特:《人力资源管理大数据:改变你吸引、猎取、培养和留住人才的方式》, 机械工业出版社 2016 年版。

⑳ 通用电气为什么要用这款 APP 来取代绩效评估? http://www.fortunechina.com/management/c/2015-08/23/content_246015.htm.

本章阅读推荐

Ciborra, C. U. (2011). The Platform Organization: Recombining trategies, Structure, and Surprises. *Organization science*, 7 (2), 103-118.

George, G., Haas, M. R. & Pentland, A. (2014). Big data and management. *Academy of Management Journal*, 30 (2), 321-326.

陈威如、徐玮伶:《平台组织:迎接全员创新的时代》,《清华管理评论》2014 年第 7 期, 第 46—54 页。

迈尔-舍恩伯格、库克耶:《大数据时代》, 浙江人民出版社 2013 年版。

吴军:《智能时代:大数据与智能革命重新定义未来》, 中信出版社 2016 年版。

图书在版编目(CIP)数据

人力资源管理概论/彭剑锋主编.—3 版.—上海：复旦大学出版社，2018.11(2023.4 重印)
(复旦博学. 21 世纪人力资源管理丛书)
ISBN 978-7-309-13964-8

Ⅰ.①人… Ⅱ.①彭… Ⅲ.①人力资源管理-概论 Ⅳ.①F243

中国版本图书馆 CIP 数据核字(2018)第 224716 号

人力资源管理概论(第三版)
彭剑锋　主编
责任编辑/张美芳

复旦大学出版社有限公司出版发行
上海市国权路 579 号　邮编：200433
网址：fupnet@ fudanpress.com　　http://www.fudanpress.com
门市零售：86-21-65102580　　团体订购：86-21-65104505
出版部电话：86-21-65642845
常熟市华顺印刷有限公司

开本 787×1092　1/16　印张 41　字数 866 千
2018 年 11 月第 3 版
2023 年 4 月第 3 版第 7 次印刷
印数 41 001—47 100

ISBN 978-7-309-13964-8/F·2506
定价：85.00 元

如有印装质量问题,请向复旦大学出版社有限公司出版部调换。
版权所有　侵权必究